CARLOS MARTINS
DR. RAIMUND SCHRIEK

DER TÄGLICHE BÖRSIANER

CARLOS MARTINS
DR. RAIMUND SCHRIEK

DER TÄGLICHE BÖRSIANER

★ ★ ★ ★ ★

366 zeitlose Lektionen zu Geld, Trading und Erfolg

DEUTSCHER
WIRTSCHAFTSBUCH
VERLAG

Bibliografische Information der Deutschen Nationalbibliothek
Die Deutsche Nationalbibliothek verzeichnet diese Publikation in der Deutschen Nationalbibliografie; detaillierte bibliografische Daten sind im Internet über dnb.dnb.de abrufbar.

Wir freuen uns auf eure Anregungen und Fragen
info@deutscherwirtschaftsbuchverlag.com

Wichtiger Hinweis
Die im Buch veröffentlichten Empfehlungen wurden von Verfasser und Verlag erarbeitet und geprüft. Der Inhalt dieses Buches beruht ausschließlich auf den persönlichen Erfahrungen des Autors und erhebt keinen wissenschaftlichen Anspruch. Die benutzten Begrifflichkeiten sind wertfrei. Eine Garantie kann dennoch nicht übernommen werden. Ebenso ist die Haftung des Verfassers bzw. des Verlages und seiner Beauftragten für Personen-, Sach- und Vermögensschäden ausgeschlossen.

1. Auflage 2026

Deutscher Wirtschaftsbuch Verlag GmbH, Christoph-Rodt-Straße 11, 86476 Neuburg an der Kammel
www.deutscherwirtschaftsbuchverlag.com

Auch wenn eine gendergerechte Sprache wünschenswert ist, gibt es aus Sicht des Verlages bisher keine befriedigende, gut lesbare Lösung. Der leichten Lesbarkeit zuliebe haben wir des Öfteren von der Doppelung männlicher und weiblicher Formen Abstand genommen. Selbstverständlich liegt es uns fern, dadurch einen Teil der Bevölkerung zu diskriminieren.

Redaktion: Susanne von Ahn
Layout und Satz: inpunkt[w]o, Wilnsdorf
Korrektorat: Christiane Otto
Cover- und Umschlaggestaltung: www.b3k-design.de, © 2026 Andrea Schneider & diceindustries
Illustration: ibnu budi / shutterstock.com
Druck: DZS Grafik, Slowenien
Printed in the EU

ISBN Print: 978-3-69066-172-0
ISBN E-Book (PDF): 978-3-69066-174-4
ISBN E-Book (EPUB, Mobi): 978-3-69066-173-7

GRUSSWORT

Liebe Leserinnen, liebe Leser,

als wir *Der tägliche Börsianer* entwickelten, verfolgten wir ein gemeinsames Ziel: **Finanzbildung alltagstauglich, inspirierend und nachhaltig zu gestalten.** Kein trockenes Fachbuch, kein theoretisches Konstrukt, sondern ein täglicher Begleiter, der Impulse gibt, Denkprozesse anstößt und Lust auf mehr macht.

Wir leben in einer Zeit, in der wirtschaftliche Zusammenhänge immer komplexer und Finanzentscheidungen immer wichtiger werden. Umso entscheidender ist es, sich regelmäßig mit Geld, Märkten und dem eigenen Denken darüber auseinanderzusetzen. Dabei wollten wir ein Format schaffen, das leicht zugänglich ist – und zugleich Substanz bietet: fundiertes Wissen, praktische Relevanz, psychologische Tiefe und historische Perspektive.

Der tägliche Börsianer ist bewusst so gestaltet, dass er mit Ihnen mitwächst. Manche Gedanken wirken beim ersten Lesen wie ein kleiner Impuls – beim zweiten Mal entfalten sie plötzlich Tiefe. Jede Seite bietet die Chance auf Erkenntnis, Perspektivwechsel oder einfach ein kurzes Innehalten.

Denn Finanzbildung bedeutet nicht nur, Zahlen zu verstehen – sie bedeutet auch, **sich selbst besser zu verstehen**: Wie treffe ich Entscheidungen? Wie gehe ich mit Unsicherheit um? Wie diszipliniert handle ich? In diesem Sinne ist Finanzbildung immer auch Persönlichkeitsentwicklung.

Ob Sie mit dem Ziel lesen, ein besserer Anleger oder Trader zu werden – oder einfach Ihre finanzielle Welt bewusster gestalten wollen: Es ist uns ein Anliegen, dass dieses Buch Ihnen dabei ein verlässlicher Begleiter ist. Tag für Tag.

Wir wünschen Ihnen Freude beim Lesen, viele Aha-Momente – und den Mut, Ihre Finanzreise aktiv und mit Entdeckergeist zu gestalten.

Herzlichst,

Carlos Martins & Dr. Raimund Schriek

EINLEITUNG

Willkommen zu *Der tägliche Börsianer – 366 zeitlose Lektionen über Geld, Trading und Erfolg*, Ihrem täglichen Impulsgeber für finanzielle Bildung, strategisches Denken und praxisnahe Umsetzung. Dieses Buch richtet sich an alle, die Geld nicht nur als Mittel zum Zweck sehen, sondern als Werkzeug zur Gestaltung eines souveränen Lebens – ob als Anleger, Trader oder einfach als neugieriger Mensch mit Interesse an wirtschaftlichem Denken.

Begeisterung für Finanzthemen beginnt mit täglicher Inspiration. Deshalb finden Sie in diesem Buch 366 kompakte Lektionen – eine für jeden Tag im Jahr. Viele Seiten enden mit einem

Aha-Moment – einer konkreten Idee oder Erkenntnis, die Sie direkt in Ihren Alltag oder Ihre Finanzpraxis übertragen können

sowie einem

Impuls für den Tag – einem prägnanten Gedanken oder Zitat, das zum Nachdenken einlädt.

Diese tägliche Auseinandersetzung fördert nicht nur Wissen, sondern auch mentale Stärke und strategisches Denken – Qualitäten, die an der Börse ebenso gefragt sind wie im Leben selbst.

STRUKTUR TRIFFT ORIENTIERUNG

Die Inhalte dieses Buches sind in **32 Rubriken** gegliedert – von **Börsenprodukte verstehen** über **Trader-Mindset, Geschichte des Geldes** bis hin zu **Geld, Risiko & Spiel**. Diese Rubriken bilden sechs übergeordnete Themenfelder:

I. Investing – Fundament & System

1. Börsenprodukte verstehen
2. Trader oder Investor – Ihr Weg an der Börse
3. Hebelprodukte verstehen
4. Wirtschaftsdaten verstehen
5. Investment-Grundlagen
6. Investment-Aufbau
7. Investing für Fortgeschrittene
8. Investment-Strategien
9. Kapitalstrategien der Großen

II. Trading – Umsetzung & Praxis

1. Trading-Grundlagen
2. Trading-Aufbau
3. Trading-Strategien
4. Trading-Logik & Berechnung

III. Märkte im Wandel – Innovation & neue Kräfte

1. Innovationen an der Börse
2. Börse im Alltag
3. Krypto & Blockchain
4. Digitale Titanen der Börse

IV. Märkte in Bewegung – Zyklen, Krisen & Geschichte

1. Börsenrhythmus
2. Börsencrashs
3. Betrug an der Börse
4. Börsengeschichte
5. Geschichte des Geldes
6. Gestalter der Geldwelt
7. Börsenlegenden

V. Verhalten, Psychologie & Entscheidung
1. Verhalten von Börsianern
2. Im Kopf von Börsianern
3. Börse & Neuroökonomie
4. Trader-Mindset
5. Börsenwissen (Quiz)

VI. Geld, Gesellschaft & Perspektive
1. Geld in der Gesellschaft
2. Börse über den Tellerrand
3. Geld, Risiko & Spiel

Jede Rubrik umfasst zwischen fünf und 22 Themen, die über das Jahr verteilt erscheinen. Viele Rubriken beginnen bereits im Januar – etwa **Die Geschichte des Geldes** oder **Börsengeschichte**. Andere wie **Börsencrashs** oder **Digitale Titanen der Börse** erscheinen an passenden Kalendertagen mit historischem Bezug.

▸ AM ENDE JEDER KALENDERSEITE FINDEN SIE EINEN HINWEIS AUF DEN NÄCHSTEN BEITRAG DERSELBEN RUBRIK. SO KÖNNEN SIE EINZELNE THEMEN GEZIELT DURCH DAS JAHR VERFOLGEN – ODER JEDERZEIT WIEDER AUFGREIFEN.

KALENDERSTRUKTUR MIT SYSTEM

Jede Seite ist datiert – zum Beispiel **13. Februar (44. Tag)** – und trägt zusätzlich die **Tagesnummer im Jahr**, basierend auf einem **Schaltjahr**. Diese Nummerierung ist zugleich die Grundlage für unser **umfangreiches Stichwort- und Literaturverzeichnis**, das Ihnen ermöglicht, gezielt nach Themen, Begriffen oder Personen zu suchen – ganz unabhängig vom Tagesdatum. Damit eignet sich *Der tägliche Börsianer* auch hervorragend als **Nachschlagewerk**.

QUIZ & SELBSTTEST

Am Ende jedes Monats finden Sie ein kompaktes **Wissensquiz** mit Multiple-Choice-Fragen zu den Lektionen der vergangenen vier Wochen. Es kann mehr als eine richtige Antwort geben – die Lösungen stehen im Anhang. Diese monatlichen Rückblicke helfen, Inhalte zu festigen, Wissen zu prüfen und spielerisch zu vertiefen.

FÜR HEUTE – UND FÜR VIELE JAHRE

Auch wenn dieses Buch als Jahresbegleiter gedacht ist, entfaltet es seinen Wert besonders dann, wenn es mehrfach gelesen wird. Viele Leserinnen und Leser werden beim zweiten oder dritten Durchlauf feststellen, wie sich ihre Wahrnehmung verändert hat – wie vertraute Themen plötzlich neue Tiefe gewinnen. Der Text bleibt derselbe – aber Sie wachsen mit jeder Seite ein Stück weiter.

Denn Finanzbildung ist weit mehr als das Aneignen von Wissen – sie ist Persönlichkeitsentwicklung. Wer sich regelmäßig mit Risiko, Timing, Strategie und Entscheidungsfindung auseinandersetzt, trainiert Denkdisziplin, Gelassenheit und Selbstverantwortung – Eigenschaften, die weit über das Börsengeschehen hinaus wirken.

PERSÖNLICHE WEGE DURCH DAS BUCH

Wenn Sie möchten, können Sie das Buch auch als thematischen Lernpfad nutzen. Verfolgen Sie beispielsweise gezielt die Rubrik **Trader-Mindset, Verhalten von Börsianern** oder **Strategien in der Praxis** durch das Jahr – und wählen Sie im nächsten Jahr neue Schwerpunkte.

So wird *Der tägliche Börsianer* zu Ihrem **persönlichen Finanzkurs** – flexibel, wiederholbar und mitwachsend.

Nutzen Sie die Inhalte auch als Gesprächsstoff – in der Familie, im Team oder mit Gleichgesinnten. Finanzbildung lebt vom Austausch.

Wir wünschen Ihnen ein erkenntnisreiches Jahr voller Aha-Momente, Impulse – und wachsende finanzieller Klarheit.

366 TAGE

Charlie Munger – Buffett-Partner und Meister des klaren Denkens

Charlie Munger war der leise Architekt hinter dem Erfolg von **Berkshire Hathaway** – und das intellektuelle Gegengewicht zu Warren Buffetts Instinkt. Während Buffett investierte, dachte Munger in Modellen, Prinzipien und Perspektiven. Er war kein Zahlenjongleur, sondern ein Denker, der die Kraft der Einfachheit in einer komplexen Welt nutzte.

Sein Ansatz: keine Hypes, keine Mode, sondern gesunder Menschenverstand, gepaart mit einem breiten, disziplinübergreifenden Wissen. Munger prägte den Begriff der **»Latticework of Mental Models«** – ein Denkgeflecht aus Psychologie, Wirtschaft, Mathematik, Biologie und Geschichte, das Entscheidungen robuster und intelligenter macht. Seine Überzeugung: Wer nur mit einem Hammer denkt, sieht überall Nägel – besser ist ein gut sortierter Werkzeugkasten.

Er war es, der Buffett davon überzeugte, nicht mehr auf sogenannte »**Zigarrenstummel**«-Aktien zu setzen – also unterbewertete, aber schwache Unternehmen –, sondern lieber großartige Firmen zu einem fairen Preis zu kaufen. Qualität statt Schnäppchenjagd. Diese Perspektive veränderte Buffetts Stil – und prägte die moderne Form von **Value Investing**.

Munger war bekannt für seine Klarheit – und seine Direktheit. In Reden sprach er lieber über Denkfehler als über Aktienkurse. Seine Philosophie: Fehler vermeiden bringt oft mehr als kurzfristiger Glanz. Oder wie er es formulierte:

»Nimm eine einfache Idee – und verfolge sie mit aller Konsequenz.«

Er war ein Meister der geduldigen Weisheit, des trockenen Humors – und ein Beispiel dafür, dass Scharfsinn, Bescheidenheit und Prinzipientreue kein Widerspruch sind, sondern ein Erfolgsmodell.

Aha-Moment: Munger zeigte: Klarheit schlägt Komplexität – und wer diszipliniert denkt, muss nicht ständig handeln.

Impuls für den Tag: Schärfen Sie Ihr Denken – nicht durch mehr Information, sondern durch bessere Fragen. Die Qualität Ihrer Entscheidungen wächst mit der Qualität Ihrer Perspektiven.

▸ TAG 9, RICHARD DENNIS – DER MANN, DER TRADER AUSBILDETE WIE SCHACHSPIELER

Investor oder Trader – welcher Weg passt zu Ihnen?

Es gibt nicht den einen richtigen Weg an der Börse. Entscheidend ist nicht die Strategie – sondern ob sie zu Ihrem Denken, Ihrer Zeit und Ihrem Umgang mit Risiko passt. Investoren und Trader verfolgen unterschiedliche Ansätze – mit klar unterscheidbaren Anforderungen an Zeit, Entscheidungen und Risiko.

Der entscheidende Punkt: Investoren nutzen Zeit. Trader nutzen Bewegung.

Investoren denken langfristig. Sie investieren in Aktien oder ETFs, profitieren von Wachstum, Dividenden und steigenden Märkten. Ihre Strategie funktioniert über die Zeit durch Wachstum, Erträge und steigende Märkte. Short-Positionen spielen hier kaum eine Rolle.

Trader handeln kurzfristiger. Sie nutzen gezielt kurzfristige Kursbewegungen – in beide Richtungen. Sie können auf steigende Kurse setzen (Long) oder von fallenden Kursen profitieren (Short).

Dafür nutzen sie häufig Hebelprodukte wie CFDs, Optionen oder Zertifikate. Entscheidungen entstehen schneller und müssen konsequent umgesetzt werden.

Viele erfolgreiche Marktteilnehmer kombinieren beide Ansätze: Sie investieren langfristig und handeln zusätzlich aktiv. Entscheidend ist die klare Trennung: Ein Investment folgt anderen Regeln als ein Trade. Wer diese Ebenen vermischt, verliert schnell die Kontrolle.

Beide Wege können erfolgreich sein. Der Unterschied liegt nicht im Markt, sondern im Umgang mit ihm. Investoren brauchen Geduld und Vertrauen in Entwicklung. Trader brauchen Struktur, Disziplin und die Fähigkeit, schnell zu reagieren.

Fragen Sie sich:

- Möchte ich Vermögen über die Zeit aufbauen – oder aktiv Bewegungen nutzen?
- Habe ich regelmäßig Zeit für Analyse und Entscheidungen?
- Bleibe ich ruhig bei Schwankungen – oder möchte ich eingreifen?
- Arbeite ich lieber mit Geduld – oder mit klaren, schnellen Entscheidungen?

Sie müssen sich nicht endgültig festlegen. Aber Sie sollten wissen, wie Sie handeln und warum.

Aha-Moment: Investoren profitieren von Zeit – Trader von Bewegung.

Impuls für den Tag: Beobachten Sie sich in den nächsten Tagen: Fällt es Ihnen leichter, zu warten – oder Entscheidungen zu treffen?

▶ TAG 17, BÖRSENWISSEN AUFBAUEN – WARUM WISSEN ALLEIN NICHT REICHT

Trendfolge – mit der Bewegung statt gegen sie handeln

Manchmal ist die beste Entscheidung an der Börse erstaunlich einfach: nicht klüger sein wollen als der Markt, sondern ihm folgen. Genau das ist die Idee der Trendfolge.

Steigen Kurse über längere Zeit, kann es sinnvoll sein, diese Bewegung zu begleiten. Fallen sie klar, ist Zurückhaltung oft klüger als der Versuch, das exakte Tief zu treffen. Trendfolge heißt: Stärke ernst nehmen, Schwäche respektieren – und sich nicht gegen die dominante Richtung stellen.

Der Reiz dieser Strategie liegt in ihrer Klarheit. Trendfolger suchen keine perfekten Wendepunkte, sondern orientieren sich an bestehenden Bewegungen. Sie steigen ein, wenn ein Trend sichtbar ist, und bleiben dabei, solange er intakt bleibt. Märkte bewegen sich oft längwer in eine Richtung, als viele erwarten. Genau darin liegt die Stärke dieser Methode.

Typische Werkzeuge sind gleitende Durchschnitte, Trendlinien oder die Struktur von Hochs und Tiefs. Entscheidend ist jedoch nicht der einzelne Indikator, sondern die Haltung: Sie handeln mit dem Markt, nicht gegen ihn.

Der entscheidende Punkt: Trendfolge funktioniert nicht, weil man oft recht hat, sondern weil man Fehler begrenzt und Gewinne laufen lässt.

Disziplin ist dabei zentral. Nicht jeder Trend hält, nicht jeder Ausbruch trägt. Die Strategie lebt von klaren Regeln für Einstieg, Stop-Loss und Ausstieg – nicht von Prognosen.

Woran Sie einen Trend erkennen:

- **Aufwärtstrend:** höhere Hochs und höhere Tiefs
- **Abwärtstrend:** tiefere Hochs und tiefere Tiefs
- **Bestätigung:** Ausbruch über Widerstände oder unter Unterstützungen
- **Bruch:** wenn die Struktur sichtbar verloren geht

Typische Fehler:

- zu früh gegen den Trend handeln
- Rücksetzer als Trendwechsel missverstehen
- Gewinne zu schnell sichern, Verluste laufen lassen
- ohne klare Ausstiegsregeln handeln

Trendfolge ist damit mehr als eine Technik. Sie ist eine Haltung aus Geduld und Disziplin.

Aha-Moment: Große Trends wirken erst im Rückblick offensichtlich – genau darin liegt ihre Chance.

Impuls für den Tag: Öffnen Sie einen Chart und bestimmen Sie nur die Richtung: aufwärts, abwärts oder seitwärts?

▶ TAG 30, MOMENTUM – SCHNELLE BEWEGUNGEN KONSEQUENT NUTZEN

Growth versus Value – zwei Wege zu guten Investments

An der Börse führen viele Wege zum Erfolg, doch zwei Denkweisen prägen die Geldanlage seit Jahrzehnten besonders stark: Growth und Value. Die eine setzt auf Zukunft und Tempo, die andere auf Substanz und Preisdisziplin. Beide Ansätze können sehr erfolgreich sein – aber selten gleichzeitig.

Growth Investing setzt auf Unternehmen, denen der Markt überdurchschnittliches Wachstum zutraut. Das sind oft Firmen mit stark steigenden Umsätzen, neuen Märkten, innovativen Produkten oder hoher Skalierbarkeit. Anleger akzeptieren dabei häufig höhere Bewertungen, weil sie darauf setzen, dass das Unternehmen in Zukunft deutlich größer und profitabler wird. Growth kauft Wachstum und bezahlt dafür heute einen Vorschuss auf morgen.

Value Investing folgt einer anderen Logik. Hier suchen Anleger Unternehmen, die im Verhältnis zu Gewinn, Vermögen oder Cashflow günstig erscheinen. Dahinter steht die Idee, dass Märkte Werte zeitweise falsch einschätzen und gute Unternehmen unter ihrem eigentlichen Wert notieren können. Value-Investoren achten deshalb stärker auf Bilanzqualität, stabile Erträge und nachvollziehbare Bewertungen. Value kauft Substanz und wartet darauf, dass der Markt sie wiederentdeckt.

Welche Strategie besser funktioniert, hängt oft vom Umfeld ab. In Phasen niedriger Zinsen, hoher Erwartungen und voller Zuversicht laufen Wachstumsaktien oft besonders stark. Werden Geld teurer, Unsicherheit größer und Gewinne im Hier und Jetzt wichtiger, rücken häufig Value-Titel in den Vordergrund. Growth und Value sind deshalb nicht nur Strategien, sondern zwei Reaktionsmuster auf das wirtschaftliche Umfeld.

Woran Sie den Unterschied erkennen:

- **Growth:** höheres Wachstum, oft höhere Bewertung, mehr Zukunftserwartung
- **Value:** günstigere Bewertung, mehr Substanz, oft stabilere Ertragsbasis
- **Growth:** lebt von Dynamik, Innovation und Erwartung
- **Value:** lebt von Bewertung, Stabilität und Geduld

In der Praxis müssen Sie sich nicht zwingend vollständig für eine Seite entscheiden. Viele Anleger mischen beide Ansätze oder nutzen ETFs, die gezielt Growth- oder Value-Titel bündeln. Entscheidend ist nicht das Label, sondern ob Sie die jeweilige Logik verstehen und in schwierigen Phasen durchhalten.

Aha-Moment: Growth und Value sind keine Gegensätze von Richtig und Falsch, sondern von Zukunft und Bewertung.

Impuls für den Tag: Schauen Sie sich heute je eine typische Growth- und eine typische Value-Aktie an und fragen Sie sich: Zahle ich hier für Wachstum oder für Substanz?

▶ TAG 25, FACTOR INVESTING – QUALITÄT, VALUE, MOMENTUM & CO.

Psychologie des Sparens – wie unser Gehirn Sparer oder Konsumenten formt

Sparen gilt als Tugend. Doch im Gehirn ist es ein Drahtseilakt – zwischen Bedürfnisaufschub und Belohnungserwartung. Sparen klingt einfach, ist aber neurobiologisch ein kleiner Stunt: das Jetzt ignorieren, um ein mögliches Später zu belohnen.

Denn unser Belohnungssystem liebt das Sofortige. Vorfreude auf Konsum aktiviert das Dopaminsystem – Sparen tut das nicht. Für das Gehirn fühlt es sich deshalb oft schlicht »falsch« an. Dopamin ist der chemische Motor unserer Motivation – es wird nicht durch Vernunft aktiviert, sondern durch die Erwartung positiver Ergebnisse. Und das macht Sparen emotional unattraktiv – erst recht in einer Welt, die auf Sofortbelohnung programmiert ist.

Im Gehirn konkurrieren zwei Systeme: das dopamingesteuerte Belohnungszentrum, das nach unmittelbarer Befriedigung strebt – und der präfrontale Kortex, zuständig für Planung, Impulskontrolle und Zukunftsdenken. Nur wenn dieser gut aktiviert ist, gelingt der innere Kompromiss: heute verzichten, um morgen belohnt zu werden (1).

Spannend ist: Unsere Fähigkeit zu sparen ist nicht angeboren – sie entwickelt sich. Eine Studie zeigt, dass schon Kinder, die beim berühmten **Marshmallow-Test** – einem Klassiker zur Belohnungsaufschiebung – warten konnten, später häufiger sparen und investieren (2).

Die neuronale Architektur für Selbstkontrolle bildet sich früh – und bleibt trainierbar.

Sparverhalten ist auch emotional gefärbt: Wer in seiner Kindheit Unsicherheit oder Mangel erlebt hat, legt oft mehr zurück – nicht aus Strategie, sondern aus dem tiefen Bedürfnis nach Sicherheit. Wer hingegen Sparen mit Belohnung verknüpft – etwa durch konkrete Ziele, kleine Erfolge oder sichtbare Fortschritte –, kann das System neu justieren. Dann fühlt sich Sparen nicht nach Verzicht an, sondern nach Kontrolle und innerer Stärke.

Aus Sicht der Neurowissenschaft bringt Sparen nicht nur finanzielle Vorteile – es stärkt auch die mentale Architektur. Jedes bewusste Nein zum Sofortimpuls stärkt die Verbindungen im Stirnhirn – und damit Entscheidungsfähigkeit, Disziplin und Frustrationstoleranz. Sparen heißt, die Zukunft zu gestalten. Nicht weil man muss, sondern weil man die Fähigkeit entwickelt hat, Verantwortung für sich selbst zu übernehmen. Und das ist vielleicht die größte Belohnung: Nicht der Kontostand, sondern das Gefühl, selbst am Steuer zu sitzen.

Aha-Moment: Ohne emotionale Bedeutung oder greifbares Ziel bleibt Sparen für das Gehirn wie ein Geschenk ohne Schleife – es entfaltet keinen Reiz.

Impuls für den Tag: Welche Entscheidung könnten Sie heute treffen, auf die Ihr zukünftiges Ich mit Dankbarkeit, Klarheit und innerer Ruhe zurückblicken würde?

▶ TAG 36, VERLUSTAVERSION – WARUM VERLUSTE EMOTIONAL STÄRKER WIRKEN ALS GEWINNE

Jenseits von Preis und Wert – was wirklich kostbar ist

Ein Kilo Äpfel? 4 Euro. Ein Sonnenuntergang? Nichts – und doch ist er unbezahlbar.

In einer Welt, in der fast alles mit Preisschildern versehen ist, lohnt sich der Blick auf das, was wirklich zählt – aber keinen Preis hat. Auf das, was wertvoll ist – aber nicht bezahlbar.

Wir leben in einer Zeit, in der Daten, Güter und sogar Aufmerksamkeit gehandelt werden. Likes, Klicks, Reichweiten – alles scheint messbar, skalierbar, in Geld verwandelbar. Doch wirklich kostbar sind oft die Dinge, die keinen Marktpreis haben: Zeit. Nähe. Vertrauen. Stille. Gesundheit. Würde.

Und doch fasziniert uns auch das Gegenteil: das Extremwertige. Was macht einen Gegenstand unbezahlbar? Ist es die Seltenheit, der Aufwand seiner Herstellung oder die pure Exklusivität – oder schlicht das Prestige, ihn zu besitzen?

Antimaterie – das Gegenteil unserer bekannten Materie – wird auf 100 Billionen Dollar pro Gramm geschätzt. Californium-252 kostet rund 27 Millionen. Der Diamant »Pink Star« wurde für über 70 Millionen verkauft. Und ein Gemälde wie **da Vincis** »Salvator Mundi« brachte es auf 450 Millionen. Solche Objekte stehen an den äußeren Rändern dessen, was wir für bezahlbar halten – und zeigen zugleich: Wahre Bedeutung beginnt oft dort, wo Geld endet.

In philosophischen Schriften von **Aristoteles** bis **Hannah Arendt** wird zwischen Tauschwert und ideellem Wert unterschieden. Letzterer entsteht nicht durch Knappheit, sondern durch Bedeutung. Er wächst mit Erinnerung, Verbundenheit, Leben – und ist oft tief in unseren Erfahrungen verwurzelt, nicht im Besitz. Und manche Dinge erkennt man erst dann als kostbar, wenn sie fehlen: Frieden, Freiheit, Freundschaft, ehrliches Gespräch, frische Luft. Oder das Gefühl, verstanden zu werden.

Manche Dinge lassen sich nicht in Währungen messen, sondern nur in Wirkung. Ein Blick, der tröstet. Ein Versprechen, das gehalten wird. Oder ein Moment, der bleibt. Wert entsteht oft dort, wo Worte fehlen – und Zahlen nichts mehr zählen.

Aha-Moment: Was teuer ist, ist nicht immer wertvoll. Und was wirklich wertvoll ist, lässt sich oft nicht bezahlen – nur bewahren.

Impuls für den Tag: Was in Ihrem Leben hat keinen Preis – aber höchsten Wert?

▶ TAG 61, WAHRE WERTE IN DER HAND – FARBEDELSTEINE ALS STILLE STÄRKE

Aktien verstehen – was Sie wirklich kaufen

Aktien werden oft auf Kurse, Charts und tägliche Schwankungen reduziert. Tatsächlich steht hinter jeder Aktie ein klar definierter Eigentumsanteil. Wer eine Aktie kauft, erwirbt keinen »Zettel mit Preis«, sondern einen rechtlich verankerten Anteil an einem realen Unternehmen. Sie investieren in Geschäftsmodelle, Produkte, Mitarbeitende – und in die Fähigkeit eines Unternehmens, dauerhaft wirtschaftlichen Wert zu schaffen.

Aktien sind Eigenkapital. Als Aktionär sind Sie Miteigentümer einer Gesellschaft – mit Anspruch auf Dividenden, Mitbestimmung bei Stammaktien und im Fall einer Liquidation auf einen Anteil am verbleibenden Vermögen. Unternehmen geben Aktien aus, um Kapital für Wachstum, Innovation oder Übernahmen zu erhalten – als bewusste Form der Beteiligung, nicht als Verpflichtung gegenüber Gläubigern.

Langfristig bieten Aktien Chancen auf Vermögensaufbau durch Kurssteigerungen und Dividenden. Gleichzeitig tragen Aktionäre das unternehmerische Risiko: Kursschwankungen gehören ebenso dazu wie die Möglichkeit eines Totalverlusts bei Insolvenz. Im Vergleich zu Anleihen beruht die Rendite einer Aktie auf Beteiligung, nicht auf Rückzahlung. Erfolg und Misserfolg des Unternehmens wirken direkt auf den Anteil.

Arten von Aktien:

- Stammaktien mit Stimmrecht auf der Hauptversammlung
- Vorzugsaktien meist mit höherer Dividende, jedoch ohne Stimmrecht
- Inhaber- und Namensaktien mit Unterschieden in der Übertragbarkeit und Registrierung

Konkretes Beteiligungsbild: In der Praxis kauft niemand »1 Prozent« eines Unternehmens. Jede einzelne Aktie repräsentiert jedoch einen exakt definierten Bruchteil des Unternehmenswerts. Mit ihr erwerben Sie einen anteiligen Anspruch auf zukünftige Gewinne, Verluste und Vermögenswerte. Wächst das Unternehmen durch Innovation, Effizienz oder Markterfolg, spiegelt sich das langfristig im Wert der Aktie wider. Entwickelt sich das Geschäftsmodell schwächer, zeigt sich auch das im Kurs. Dividenden sind Ausschüttungen aus erwirtschafteten Überschüssen – sie setzen wirtschaftlichen Erfolg voraus, sie ersetzen ihn nicht.

Drei Fragen vor dem Einstieg:

- Habe ich einen ausreichend langen Anlagehorizont?
- Verstehe ich das Geschäftsmodell und die Risiken dieses Unternehmens?
- Kann ich Schwankungen als Teil unternehmerischer Entwicklung akzeptieren?

Aha-Moment: Eine Aktie ist Eigenkapital. Ihr Wert entsteht aus unternehmerischer Leistung. Sie investieren in Wertschöpfung, nicht in Kursbewegung.

Impuls für den Tag: Wählen Sie ein Unternehmen aus Ihrem Alltag. Fragen Sie sich: Würde ich mich gern an diesem Geschäftsmodell beteiligen – unabhängig vom aktuellen Kurs?

▶ TAG 35, ETFS – INVESTIEREN MIT STRUKTUR UND GELASSENHEIT

Inflation erklärt – wenn steigende Preise die Börse bewegen

Stellen Sie sich vor, Ihr Wocheneinkauf kostet schon wieder mehr, obwohl fast dieselben Produkte im Wagen liegen wie beim letzten Mal. Genau so zeigt sich Inflation im Alltag: Ihr Geld ist nicht verschwunden, aber seine Kaufkraft schrumpft. Was gestern mit 100 Euro möglich war, reicht heute vielleicht nur noch für 97 Euro. Das klingt zunächst unspektakulär, verändert auf Dauer aber Ihr gesamtes finanzielles Leben.

Für Verbraucher ist das ärgerlich, für Anleger ist es von zentraler Bedeutung. Denn an der Börse zählt nicht nur, was Sie nominal verdienen, sondern was davon real übrig bleibt. Bringt eine Geldanlage weniger ein als die Inflationsrate, wächst Ihr Vermögen vielleicht auf dem Papier, verliert aber tatsächlich an Kaufkraft. Genau deshalb ist Inflation kein Randthema, sondern eine der wichtigsten Größen für jede Vermögensentscheidung.

Steigt die Inflation, reagieren Zentralbanken oft mit höheren Zinsen. Kredite werden teurer, Investitionen werden gebremst und die Konjunktur verliert an Schwung. Das belastet häufig die Aktienmärkte. Gleichzeitig geraten Anleihen unter Druck, weil feste Zinsen an Reiz verlieren, wenn das Geld selbst an Wert einbüßt. Dann gewinnen Sachwerte wie Aktien, Rohstoffe oder Gold an Attraktivität.

Doch auch am Aktienmarkt gibt es Unterschiede. Besonders gefragt sind in solchen Phasen Unternehmen mit Preissetzungsmacht, also Firmen, die höhere Kosten an ihre Kunden weitergeben können, ohne sofort Absatz zu verlieren. Inflation wirkt deshalb nicht nur belastend, sondern trennt robuste Geschäftsmodelle von anfälligen.

Für Anleger lautet die entscheidende Frage daher nicht: Wie hoch ist meine Rendite? Sondern: Wie viel Kaufkraft bleibt nach Inflation und Steuern tatsächlich übrig?

Wichtige Inflationskennzahlen und ihr Börsenbezug:

KENNZAHL	BEDEUTUNG	BÖRSENEINFLUSS
Verbraucherpreisindex	Preisentwicklung privater Haushalte	bewegt Zinsen, Kaufkraft und Börsenkurse
Kerninflation	Verbraucherpreisindex ohne Energie & Lebensmittel	zentral für Zinserwartungen und Geldpolitik
Erzeugerpreise	Preise auf Herstellerebene	Frühsignal für Kosten-, Preis- und Margendruck

Aha-Moment: Nicht die Nominalrendite zählt, sondern was nach Inflation und Steuern real von Ihrem Vermögenszuwachs übrig bleibt.

Impuls für den Tag: Prüfen Sie heute, ob Ihr Vermögen nach Inflation und Steuern real wächst oder nur nominal größer aussieht.

▶ TAG 45, LEITZINS & ZENTRALBANKEN – WIE GELDPOLITIK DIE MÄRKTE STEUERT

Richard Dennis – der Mann, der Trader ausbildete wie Schachspieler

Richard Dennis war kein gewöhnlicher Trader. Er war ein Visionär – und ein Provokateur. In den 1970er-Jahren startete er mit geliehenen 1600 US-Dollar. Zehn Jahre später waren daraus über 200 Millionen geworden. Mit Wetten auf Zins-, Rohstoff- und Währungsmärkte wurde er zur Wall-Street-Legende. Doch seine größte Idee hatte nichts mit Geld zu tun, sondern mit Menschen.

Gemeinsam mit seinem Partner **William Eckhardt** stellte Dennis eine fundamentale Frage: Werden erfolgreiche Trader geboren – oder geformt? Um es herauszufinden, startete er ein einzigartiges Experiment: den »**Turtle Trader**«-Test (1). Er wählte Teilnehmer aus den unterschiedlichsten Berufen – Lehrer, Musiker, Programmierer – und brachte ihnen innerhalb weniger Wochen sein Handelssystem bei. Klare Regeln, Trendfolge, diszipliniertes Risikomanagement.

Das Ergebnis? Die Turtles erzielten Millionen. Dennis hatte nicht nur ein System weitergegeben, sondern bewiesen, dass Strategie, Disziplin und ein kühler Kopf mehr zählen als Intuition oder Genialität. Sein Denkmodell: Märkte sind trainierbar wie Schach, und Trader sind keine Glücksritter, sondern Strategen.

Er veränderte damit nicht nur das Selbstbild des Tradings, sondern zeigte, dass Exzellenz weniger auf Talent als auf Wiederholung, Methodik und mentaler Stärke beruht. Seine Lehre: Erfolg ist wiederholbar – wenn Prozesse konsequent angewendet werden. Das Talent lag nicht im Spürsinn, sondern im Vertrauen in das System. Dennis zeigte: Man muss Märkte nicht erraten – man muss sie lesen. Und handeln, wenn der Moment kommt. Auch in Krisen bewies er Haltung: Als später hohe Verluste aufliefen, wich er nicht aus, sondern reflektierte, analysierte, justierte. Für ihn war Misserfolg keine Niederlage, sondern eine Rückmeldung des Systems.

Später zog er sich zurück, engagierte sich politisch und für soziale Gerechtigkeit. Doch seine Ideen leben weiter. Das Turtle-System wird bis heute gelehrt – als Denkmal für eine einfache, aber revolutionäre Erkenntnis: Konstanz schlägt Charisma, Methode schlägt Mythos.

Aha-Moment: Richard Dennis bewies: Trading ist kein Geheimnis – es ist Handwerk mit Haltung.

Impuls für den Tag: Vertrauen Sie weniger auf Talent – und mehr auf ein System, das Sie diszipliniert anwenden.

▶ TAG 19, PETER LYNCH – MIT »10-BAGGERN« UND BAUCHGEFÜHL ZUM ERFOLG

Naturalgeld – als der Wert noch im Alltag lag

Bevor Geld gezählt, geprägt oder gedruckt wurde, war es Teil des Lebens. Was knapp war, nützlich oder begehrt, wurde getauscht – nicht als Symbol, sondern als Substanz. Naturalgeld war kein Konzept, sondern gelebte Praxis: Wert war, was man brauchte – und was anderen half.

Ob Salz, Getreide, Muscheln, Teeziegel oder Vieh – Naturalgeld war überall verschieden, aber immer funktional. In den Savannen Afrikas galten Eisenwerkzeuge als Zahlungsmittel, in Asien Teeziegel (gepresste, getrocknete Blöcke aus fermentiertem Tee), in Nordamerika Wampum (perlenbesetzte Gürtel aus Muschelschalen, oft mit symbolischer Bedeutung). Kein universeller Standard, sondern lokale Logik war bestimmend. Das, was man geben konnte – gegen das, was man brauchte.

Naturalgeld war mehr als ein Mittel zum Kauf: Es regelte Beziehungen, Verpflichtungen, Rituale. Ein Brautpreis in Rindern, ein Tribut in Fellen, eine Schuld in Speerspitzen – all das bedeutete: Geld war eng mit Kultur, Status, Alltag und Identität verbunden. Und damit nie neutral, sondern immer sozial aufgeladen.

Doch Naturalgeld hatte Grenzen. Es war nicht beliebig teilbar, nicht lange haltbar, schwer vergleichbar. Wie viele Fische sind ein halbes Zelt wert? Wie transportiert man zehn Säcke Salz durch die Wüste? Und wer garantiert den Wert – wenn der Bedarf plötzlich schwindet? Aus diesen praktischen Hürden entstand der Wunsch nach etwas, das zwar weniger nützlich, aber besser handelbar war: abstraktes Geld. Eine neue Phase begann.

Trotzdem: In Notzeiten kehrt Naturalgeld oft zurück. Ob Zigaretten im Krieg, Seife in Krisen oder Konservendosen auf Tauschbörsen – wenn das Vertrauen in Systeme schwindet, zählen wieder Dinge, die man essen, heizen oder tragen kann. Der Tausch wird wieder konkret.

Naturalgeld war der Anfang der Geldgeschichte – bodenständig, greifbar, menschlich. Es zeigt, dass Geld ursprünglich kein Zeichen war, sondern ein unmittelbarer Bedürfnisausgleich – und damit auch ein Spiegel menschlicher Nähe.

Aha-Moment: Das Wort »Geld« stammt vom althochdeutschen »gelt« – und bedeutete ursprünglich »Vergeltung«, »Entschädigung« oder »Ausgleich«.

Impuls für den Tag: Was in Ihrem Leben ist wirklich nützlich – auch wenn es sich nicht bezahlen lässt?

▶ TAG 39, GOLD & SILBER – WIE GLÄNZENDE METALLE ZU WÄHRUNGEN WURDEN

Bitcoin verstehen – digitales Gold oder künftige Weltwährung?

Mit Bitcoin begann 2009 nicht einfach nur eine neue Anlageklasse, sondern ein neuer Blick auf Geld. Kein Schein, kein Tresor, keine zentrale Instanz – stattdessen ein digitales System, das Besitz und Übertragung ohne klassische Bank organisieren will. Genau deshalb wirkt Bitcoin für viele Anleger bis heute faszinierend, irritierend und schwer einzuordnen.

Was Bitcoin überhaupt ist: Bitcoin ist eine dezentrale digitale Kryptowährung, die auf der Blockchain basiert. Sie funktioniert wie ein öffentliches Register, das auf Tausenden Rechnern weltweit gespeichert ist. Jede Transaktion wird dort dauerhaft festgehalten. Miner bestätigen neue Blöcke mit Rechenleistung und erhalten dafür Bitcoin sowie Transaktionsgebühren. So entsteht ein Zahlungssystem, das ohne zentrale Abwicklung auskommen will.

Eine zentrale Regel ist die Obergrenze von 21 Millionen Einheiten. Mehr kann das System nicht hervorbringen. Diese künstliche Knappheit weckt Vergleiche mit Gold. Der entscheidende Gedanke dahinter: Wert soll nicht durch eine Notenbank entstehen, sondern durch feste Regeln, begrenztes Angebot und Vertrauen in das Netzwerk.

Bitcoin ist keine Aktie, kein Unternehmen und kein Produkt im klassischen Sinn. Es ist ein offenes Protokoll, das Geld digital und dezentral organisiert. Sein Preis entsteht nicht aus Gewinnen oder Dividenden, sondern aus Angebot, Nachfrage, Knappheit, Vertrauen und Netzwerkeffekten.

Typische Missverständnisse tauchen immer wieder auf:

- **»Bitcoin ist anonym«:** Transaktionen sind nicht anonym, sondern pseudonym. Sie bleiben dauerhaft nachvollziehbar und lassen sich technisch auswerten.
- **»Bitcoin ist illegal«:** Der Besitz von Bitcoin ist in vielen Ländern legal, doch Regeln für Handel, Besteuerung und Verwahrung unterscheiden sich teils deutlich.
- **»Bitcoin ist eine Aktie«:** Bitcoin verkörpert weder einen Unternehmensanteil noch einen Anspruch auf Gewinne, Dividenden oder Substanzwerte.

Im Alltag spielt Bitcoin als Zahlungsmittel bislang nur eine Nebenrolle. Für viele Anleger steht heute eher die Frage im Mittelpunkt, ob Bitcoin als digitales Gold, spekulativer Vermögenswert oder langfristiger Wertspeicher einzuordnen ist. Gerade diese offene Einordnung erklärt, warum Bitcoin so stark polarisiert und zugleich so viel Aufmerksamkeit auf sich zieht.

Aha-Moment: Bitcoin ist nicht deshalb besonders, weil es digital ist, sondern weil es Knappheit, Besitz und Übertragung erstmals ohne zentrale Instanz organisieren will.

Impuls für den Tag: Wer Bitcoin kauft, kauft keine klassische Unternehmensbeteiligung, sondern vor allem Knappheit, Vertrauen und starke Schwankung. Prüfen Sie, ob das zu Ihrem Plan passt.

▸ TAG 38, ETHEREUM & SMART CONTRACTS – DAS BETRIEBSSYSTEM DES WEB3?

FTX – der Krypto-Kaiser und das Ende einer Illusion

Es war der größte Fall der Krypto-Ära – und einer der spektakulärsten Finanzskandale des 21. Jahrhunderts: Der Zusammenbruch der Kryptobörse FTX im November 2022 erschütterte das Vertrauen in eine ganze Branche. Gründer **Sam Bankman-Fried**, einst gefeiert als Wunderkind und Krypto-Milliardär, inszenierte sich als Philanthrop mit Hoodie – und baute hinter den Kulissen ein Kartenhaus aus Interessenskonflikten, Intransparenz und dreistem Missbrauch von Kundengeldern.

FTX war mehr als eine Handelsplattform. Mit klarem Branding, aggressivem Sponsoring (unter anderem bei der Formel 1 und der NBA-Arena in Miami) und cleverem Marketing wurde es zum Inbegriff des Krypto-Aufschwungs. Investoren steckten Milliarden in das Unternehmen, während prominente Unterstützer wie **Tom Brady** dafür warben. Was niemand wusste: Kundengelder wurden systematisch zweckentfremdet, zur Spekulation über das Schwesterunternehmen Alameda Research weitergeleitet – und das ohne jede Sicherung. Die Sogwirkung war enorm: Selbst große Venture-Capital-Firmen und staatliche Fonds investierten ohne ausreichende Prüfung – im Glauben, Teil des nächsten großen Tech-Wunders zu sein.

Was wie technologische Brillanz wirkte, war in Wahrheit ein riskanter Bluff. Viele ließen sich blenden – von der schnellen Skalierung, dem Tech-Jargon, den großen Namen. Dass grundlegende Kontrollen fehlten, fiel lange niemandem auf – oder wollte nicht gesehen werden. Die Gier nach dem nächsten Hype überdeckte die Fragen nach Substanz. FTX zeigte, wie gefährlich es wird, wenn Technologienarrative, fehlende Regulierung und charismatische Gründer aufeinandertreffen – ein toxisches Gemisch aus Glaube, Gier und Gruppendynamik. Selbst erfahrene Investoren ignorierten Warnzeichen, geblendet vom vermeintlichen Momentum.

Als Zweifel aufkamen und Wettbewerber Binance einen Rückzug signalisierte, kollabierte das System innerhalb weniger Tage. Milliarden waren verloren, Hunderttausende Kleinanleger betroffen. Der **»Madoff der Krypto-Welt«,** wie ihn einige nannten, wurde festgenommen – sein Imperium entlarvte sich als Finanzfiktion im Blockchain-Mantel.

Der Fall FTX war ein Reality-Check für die gesamte Krypto-Industrie: Ohne Kontrolle, Transparenz und Verantwortlichkeit kann keine Technologie Vertrauen ersetzen – nicht einmal die Blockchain.

Aha-Moment: Nicht jeder, der mit Tech-Jargon und Visionen glänzt, baut etwas Reales. Vertrauen entsteht nicht durch Trend, sondern durch Transparenz.

Impuls für den Tag: Nicht jede Erfolgsgeschichte hält, was sie verspricht. Auch im digitalen Goldrausch bleibt gesunder Zweifel ein kluger Begleiter.

▸ TAG 34, DIE FLICK-AFFÄRE – MACHT, GELD UND MORALISCHES VERSAGEN

Alan Greenspan – der Maestro der Märkte und der Geldpolitik

Wer den Beinamen »**Maestro**« trägt, dirigiert nicht nur, er bewegt. Über fast zwei Jahrzehnte hinweg stand Alan Greenspan an der Spitze der US-Notenbank – und steuerte mit minimalen Gesten, Halbsätzen oder dem legendären Hochziehen einer Augenbraue die globalen Finanzmärkte. Kein Zentralbanker vor ihm, und kaum einer nach ihm, wirkte mit vergleichbarer Mischung aus Zurückhaltung, Autorität und Intuition.

Zwischen 1987 und 2006 war Greenspan Chairman der Federal Reserve – unter vier US-Präsidenten, in einer Ära geprägt von Börsenbooms, Rezessionen, Terroranschlägen, Globalisierung und technologischem Wandel. Inmitten all dessen wurde er zur verlässlichen Konstante – zur Stimme aus dem Maschinenraum der Weltwirtschaft.

Sein Stil war einzigartig: kryptisch, analytisch, fast philosophisch. Seine Reden galten als Meisterwerke des »**Fedspeak**« – absichtlich mehrdeutig, um Märkte zu lenken, ohne sie zu erschüttern. Er spielte mit Erwartungen und beeinflusste damit Verhalten, lange bevor gehandelt wurde. Greenspan wusste: Manchmal reicht ein Zögern, um ein Beben auszulösen – oder zu verhindern.

Er war überzeugt von der Effizienz freier Märkte, dem Zusammenspiel von Angebot und Nachfrage und dem Grundsatz, dass Geldpolitik sich zurücknehmen sollte, solange die Wirtschaft im Gleichgewicht ist. Und doch zeigte er in entscheidenden Momenten Entschlossenheit – etwa nach dem Börsencrash 1987 oder während der Krise nach den Anschlägen vom 11. September 2001, als er schnell Liquidität bereitstellte und Vertrauen stiftete.

Kritik blieb nicht aus. Nach der Finanzkrise 2008 wurde sein Glaube an die Selbstregulierung der Märkte hinterfragt. Greenspan selbst zeigte sich selbstkritisch, räumte ein, dass einige seiner Annahmen nicht standhielten. Dennoch: Sein Einfluss auf die moderne Geldpolitik bleibt unbestritten. Er verwandelte Zentralbankpolitik in eine Kunstform – und machte die Fed zum Taktgeber der Weltwirtschaft.

Greenspan war kein Redner im klassischen Sinne. Doch er war ein Meister der Wirkung – mit Intellekt, Erfahrung und einem tiefen Gespür für Timing. Für viele war er das stille Orakel von Washington – und selbst nach seinem Rückzug hörte die Welt noch hin, wenn er sprach.

Er war nicht nur ein Ökonom. Er war der Taktgeber einer ganzen Ära.

Aha-Moment: Alan Greenspan zeigte: In der Geldpolitik entsteht Wirkung nicht durch Lautstärke, sondern durch Timing, Klarheit und das Gespür für den richtigen Ton.

Impuls für den Tag: Führung zeigt sich oft in der Kunst des Abwägens. Manchmal entsteht Stärke, wenn man spricht – manchmal, wenn man wartet.

▶ TAG 44, ALFRED HERRHAUSEN – DER BANKER MIT VISION FÜR GESELLSCHAFTLICHE VERANTWORTUNG

KI an der Börse – Algorithmen als Co-Piloten

Künstliche Intelligenz (KI) ist im Finanzsektor kein Zukunftsthema mehr, sondern operative Realität. Leistungsfähige Modelle verändern Beratung, Portfoliokonstruktion und Risikosteuerung. Es geht nicht um einen kurzfristigen Technologieschub, sondern um eine stille Verschiebung der Entscheidungsmacht hin zu datengetriebenen Systemen. Institutionelle Investoren arbeiten längst systematisch mit KI. Die eigentliche Innovation liegt dabei weniger im Code als in der neuen Rollenverteilung: Maschine analysiert, Mensch entscheidet über Richtung und Risiko.

Die strategische Kernfrage lautet: Macht KI Märkte effizienter – oder fragiler? Wenn viele Modelle auf ähnliche Daten trainiert sind, reagieren sie ähnlich. Synchronisierte Algorithmen können Trends beschleunigen, Liquidität entziehen und Volatilität verstärken. Märkte werden schneller, aber nicht automatisch stabiler.

Was KI leisten kann: Sie erkennt Muster in riesigen Datenmengen – von historischen Kursreihen über Orderbuchstrukturen bis zu Echtzeitnachrichten – und berechnet Wahrscheinlichkeiten oder setzt Regeln automatisiert um. Hedgefonds wie Renaissance Technologies nutzen quantitative Systeme seit Jahrzehnten. Auch Privatanleger greifen indirekt über Robo-Advisors oder Sentiment-Tools darauf zu. KI erweitert damit die analytische Reichweite, ersetzt aber nicht strategische Verantwortung.

Typische Anwendungsbereiche:

- **Musteranalyse und Prognosemodelle:** Identifikation nichtlinearer Zusammenhänge in Kursdaten
- **Sentimentanalyse:** systematische Auswertung von Nachrichten und Social Media
- **Portfoliosteuerung und Risikooptimierung:** dynamische Portfolioanpassung
- **Hochfrequenzhandel und Optionsstrategien:** Umsetzung komplexer Regeln in Millisekunden

Die Herausforderung: KI verlängert Muster der Vergangenheit in die Zukunft. Sie berechnet Wahrscheinlichkeiten, aber sie versteht keinen Kontext. Wenn Daten verzerrt sind, sich Marktbedingungen grundlegend ändern oder außergewöhnliche Ereignisse eintreten, geraten Modelle ins Straucheln. Wer KI nutzt, muss wissen, unter welchen Bedingungen sie zuverlässig ist – und wann sie systematisch irrt.

Aha-Moment: KI kennt kein Zögern, aber auch kein Urteil.

Impuls für den Tag: Nutzen Sie KI als Beschleuniger Ihrer Analyse. Die letzte Entscheidung bleibt Ihre.

▸ TAG 57, ROBO-ADVISORS – AUTOMATISCH INVESTIEREN MIT SYSTEM

Systemische und unsystemische Risiken – was Sie wirklich beeinflussen können

Risiko ist kein Störfaktor – es ist der Preis, den man für Chancen zahlt. Doch nicht jedes Risiko ist gleich. Die entscheidende Frage lautet: Was können Sie beeinflussen – und was nicht?

Die Finanzwelt unterscheidet zwei Risikoarten. Die Kunst ist nicht, sie zu vermeiden, sondern sie zu verstehen und gezielt zu steuern.

Systemisches Risiko: Das Risiko des gesamten Marktes – es betrifft fast alle gleichzeitig.
Beispiele: Finanzkrisen, Kriege, globale Rezessionen
Es ist nicht durch Diversifikation reduzierbar – es bleibt selbst im besten Portfolio bestehen.

Unsystemisches Risiko: Das Risiko einzelner Unternehmen, Branchen oder Regionen.
Beispiele: Wirecard, Klagerisiko bei Bayer, Managementversagen
Es kann durch Streuung (Diversifikation) deutlich gesenkt oder fast eliminiert werden.

Was heißt das konkret? Wer nur eine Aktie besitzt, trägt das volle Einzeltitelrisiko. Ein Portfolio mit 15 bis 20 Titeln aus verschiedenen Branchen kann das unsystemische Risiko um bis zu 90 Prozent senken. Aber das systemische Risiko bleibt – in der Krise fallen oft alle Kurse gemeinsam.

Was Sie beeinflussen können:

- Ihre Diversifikation (Branchen, Länder, Anlageklassen)
- Ihre Verlustgrenzen, Ihre Barreserven und Ihre Sicherungsstrategien
- Ihre Disziplin beim Einhalten von Stopps, angemessenen Positionsgrößen (also wie viel Sie pro Investment riskieren) und dem Festhalten an Ihrer Strategie

Was sich Ihrer Kontrolle entzieht:

- Makroökonomische Schocks, Leitzinsen, geopolitische Ereignisse
- Kettenreaktionen (Schwarze Schwäne)
- Korrelationen in Extremsituationen

Fazit: Systemisches Risiko ist die Welle – unsystemisches Risiko das Leck im Boot. Die Welle lässt sich nicht stoppen. Aber Sie entscheiden, ob Ihr Portfolio seetüchtig ist.

Aha-Moment: Systemisches Risiko ist unvermeidbar – unsystemisches ist beherrschbar. Das eine ist Schicksal, das andere Verantwortung.

Impuls für den Tag: Wie konsequent nutzen Sie Ihren Einfluss auf das, was Sie wirklich steuern können?

▶ TAG 47, VOLATILITÄT ENTSCHLÜSSELT – WIE DER VIX & VDAX IHRE STRATEGIE STEUERN

Warum Investieren Vermögen schafft – und wann Sparen trotzdem wichtig ist

Geld kann zweierlei für Sie tun: Es kann warten oder es kann arbeiten. Genau darin liegt der Unterschied zwischen Sparen und Investieren. Sparen gibt Sicherheit, Investieren eröffnet Wachstum. Beides ist wichtig, aber nicht für denselben Zweck.

Wer nur spart, schützt zwar seine Liquidität, baut langfristig aber oft zu wenig Kaufkraft auf. Denn Inflation entwertet ruhendes Geld, wenn Zinsen nicht mithalten. Preisstabilität bedeutet gerade deshalb Schutz der Kaufkraft (1). Für echten Vermögensaufbau zählt also nicht nur, wie viel Geld Sie haben, sondern was davon real übrig bleibt.

Investieren setzt genau hier an. Aktien und andere Sachwerte schwanken zwar, boten historisch über lange Zeiträume aber deutlich bessere reale Renditechancen als viele kurzfristig sichere Anlageformen (2). Der eigentliche Beschleuniger ist dabei der Zinseszinseffekt: Erträge werden wieder angelegt und erzeugen neue Erträge. Aus 10 000 Euro werden bei 7 Prozent Rendite in 30 Jahren mehr als 76 000 Euro (3). Zeit macht aus kleinen Anfängen große Unterschiede.

Für die Praxis hilft ein einfacher Dreiklang: erstens ein **Notgroschen** für Unvorhergesehenes, zweitens **Zielsparen** für mittelfristige Ausgaben, drittens **langfristiges Investieren** für Vermögensaufbau, Altersvorsorge und finanzielle Freiheit. So muss Geld mit kurzer Frist nicht ins Risiko, während Geld mit langem Horizont seine Stärke über die Zeit entfalten kann.

Sparen und Investieren erfüllen unterschiedliche Aufgaben:

BEREICH	HAUPTZIEL	STÄRKE	SCHWÄCHE
Sparen	Liquidität und Sicherheit	sofort verfügbar, planbar, stabil	Kaufkraftverlust bei zu niedriger Verzinsung
Investieren	langfristiger Vermögensaufbau	höhere Renditechancen, Zinseszinseffekt	stärkere Schwankungen, Geduld nötig

Die Stärke guter Finanzplanung liegt also nicht im Entweder-Oder, sondern in der klugen Verbindung von Sicherheit und Wachstum.

Aha-Moment: Sparen hält Sie handlungsfähig, Investieren lässt Ihr Geld für Sie arbeiten.

Impuls für den Tag: Teilen Sie Ihr Geld heute in drei Töpfe: Notgroschen, Zielsparen und Investieren. Genau so beginnt Vermögensaufbau mit System.

▶ TAG 54, BUY & HOLD – DIE KUNST, INVESTIERT ZU BLEIBEN

Börsenwissen aufbauen – warum Wissen allein nicht reicht

Viele starten an der Börse mit Informationen – und verlieren genau daran den Überblick. Videos, Foren, Meinungen, Kursbewegungen: Alles scheint relevant. Doch mehr Input führt selten zu mehr Klarheit.

Der entscheidende Punkt: Wissen bringt Sie nur dann weiter, wenn es Ihr Verhalten verändert.

Gerade Einsteiger verwechseln Konsum mit Fortschritt. Sie lesen, schauen, hören – aber treffen keine besseren Entscheidungen. Information wird erst dann zu Wissen, wenn Sie sie einordnen, anwenden und überprüfen.

Unser Gehirn liebt neue Impulse, aber es lernt durch Wiederholung und Struktur. Wer ständig zwischen Themen, Meinungen und Märkten wechselt, bleibt an der Oberfläche. Fortschritt entsteht nicht durch Vielfalt, sondern durch konsequenten Fokus.

Ein klarer Lernansatz macht den Unterschied: wenige gute Quellen, feste Themen, praktische Anwendung und bewusste Reflexion. So entsteht Wissen, das trägt.

Lernen mit System:

- Haben Sie ein konkretes Lernziel?
- Nutzen Sie strukturierte Quellen statt zufälliger Tipps?
- Wenden Sie das Gelernte praktisch an?
- Reflektieren Sie Ihre Entscheidungen?
- Lernen Sie in klaren, wiederholbaren Einheiten?

Werkzeuge für Börsenwissen:

- Bücher – für Grundlagen und Tiefe
- Kurse und Webinare – für Struktur und Praxis
- Demokonten – für Erfahrung ohne echtes Risiko
- Podcasts und Videos – gezielt statt impulsiv

Nicht die Menge entscheidet, sondern die Umsetzung. Wer nur versteht, bleibt Zuschauer. Wer anwendet, wird handlungsfähig.

Aha-Moment: Mehr Wissen führt nicht automatisch zu besseren Entscheidungen – nur angewendetes Wissen tut es.

Impuls für den Tag: Wählen Sie ein Thema, wenden Sie es konkret an und prüfen Sie danach, was wirklich funktioniert hat.

▶ TAG 33, BÖRSE LERNEN – BÜCHER, KURSE ODER MARKT?

Die Fibonacci-Magie – wie Zahlen die Märkte lenken

Die Finanzmärkte wirken oft chaotisch: mal euphorisch, mal panisch, mal scheinbar völlig unberechenbar. Doch unter der Oberfläche dieses Durcheinanders gibt es Strukturen – und eine der faszinierendsten folgt einem uralten mathematischen Muster: dem der **Fibonacci-Zahlen**.

Diese berühmte Zahlenreihe – 0, 1, 1, 2, 3, 5, 8, 13, … – beruht auf einem einfachen Muster: Jede Zahl ist die Summe der beiden vorhergehenden. Ihre eigentliche Faszination liegt jedoch im sogenannten **Goldenen Schnitt** – einem Verhältnis von etwa 1,618, das sich aus dem Quotienten aufeinanderfolgender Fibonacci-Zahlen ergibt. Dieses Verhältnis taucht überraschend oft in der Natur auf: etwa in der Spiralform von Schneckenhäusern, der Anordnung von Sonnenblumenkernen oder im Wuchs von Farnblättern. Viele sehen darin sogar ein Prinzip, das sich in Kursbewegungen an den Finanzmärkten widerspiegelt.

Im Börsenalltag nutzen Händler sogenannte **Fibonacci-Retracements** – ein Analysewerkzeug, mit dem sich abschätzen lässt, wie stark ein Kurs zurückfallen könnte, bevor er seine ursprüngliche Bewegung fortsetzt. Die dabei verwendeten Prozentmarken – etwa **38,2 Prozent**, **50 Prozent**, **61,8 Prozent** – leiten sich aus mathematischen Verhältnissen der Zahlenreihe ab:

- **61,8 Prozent** ergeben sich, wenn man eine Zahl durch die nächstgrößere teilt (z. B. 89 ÷ 144).
- **38,2 Prozent** sind das Verhältnis einer Zahl zur zwei Stellen höheren (z. B. 55 ÷ 144).
- **50 Prozent** sind kein echter Fibonacci-Wert, gelten aber als psychologisch wichtiger Richtwert.

Diese **Fibonacci-Marken** markieren häufig beobachtete Unterstützungs- oder Widerstandspunkte im Kursverlauf – Stellen, an denen Kurse oft ihre Richtung wechseln.

Warum das funktioniert? Vielleicht, weil Märkte von Menschen gemacht werden – und Menschen dazu neigen, in Mustern zu denken, rhythmisch zu handeln und Zahlen zu vertrauen. Fibonacci verbindet Mathematik, Natur und Psychologie – und erinnert uns daran: Auch im Chaos folgt vieles einem unsichtbaren Takt.

Aha-Moment: Wenn genug Menschen dieselben Marken beachten, werden Zahlen zu Signalen und Muster zu Bewegung.

Impuls für den Tag: Struktur liegt oft dort verborgen, wo wir nur Bewegung sehen. Wer das Chaos lesen kann, erkennt Chancen, bevor sie sichtbar sind.

▶ TAG 64, KONDRATIEFF-ZYKLEN – DIE GROSSEN WELLEN DER WIRTSCHAFT

Peter Lynch – mit »10-Baggern« und Bauchgefühl zum Erfolg

Peter Lynch war kein Mathematikgenie, kein Erbe einer Finanzdynastie, kein Visionär im Silicon Valley, sondern ein Mann mit Blick fürs Naheliegende. Als Manager des **Magellan Funds** bei **Fidelity Investments** machte er diesen zwischen 1977 und 1990 zum erfolgreichsten Aktienfonds der Welt: durchschnittlich über 29 Prozent Rendite pro Jahr – und das über mehr als ein Jahrzehnt.

Sein Erfolgsgeheimnis? Lynch glaubte nicht an »heilige Aktien« oder abstrakte Modelle, sondern an das, was Menschen täglich erleben: Produkte, Dienstleistungen, Marken, die sie lieben.

Seine Devise: *»Investiere in das, was du kennst.«*

Wer im Supermarkt neue Produkte entdeckt oder an der Tankstelle unbekannte Anbieter bemerkt, ist oft näher an künftigen Kursgewinnen als jeder Analyst. Alltag war für ihn ein Frühwarnsystem – kein Zufall, sondern Research mit offenen Augen.

Seine berühmt gewordenen **»10-Bagger«** – also Aktien, die sich verzehnfachen – fand er nicht an der Wall Street, sondern im echten Leben. Mit dieser Philosophie traf er den Nerv unzähliger Privatanleger – und bewies, dass Börsenerfolg nicht nur Profis vorbehalten ist.

Lynch war kein Theoretiker, sondern ein Praktiker mit Leidenschaft. Er las Geschäftsberichte wie Romane, telefonierte lieber mit dem Finanzvorstand als mit dem CEO – und besuchte Produktionshallen, Kantinen, Filialen. Er wollte nicht hören, was ein Unternehmen sagt – er wollte sehen, wie es funktioniert.

Seine Stärke? Intuition gepaart mit Disziplin. Seine Spontaneität war ebenso gefürchtet wie sein Instinkt für unentdeckte Gewinner – aber er verließ sich nie auf sein Gefühl allein. Seine Maxime: *»Wissen, woher der Impuls kommt – und prüfen, ob er trägt.«*

Nach seinem Rückzug mit nur 46 Jahren blieb Lynch der Börse verbunden – als Autor, Philanthrop und Mentor. Sein Buch *One Up on Wall Street* (1) wurde zur Einstiegsbibel für zahllose Anlegerinnen und Anleger weltweit.

Aha-Moment: Peter Lynch bewies, dass Wissen nicht nur in Zahlen liegt, sondern im Alltag. Wer hinsieht, erkennt Chancen, bevor sie im Kurs sichtbar werden.

Impuls für den Tag: Vertrauen Sie Ihrem Blick für das Offensichtliche – oft liegen die besten Investmentideen genau vor Ihrer Nase.

▶ TAG 37, ANDRÉ KOSTOLANY – BÖRSENPHILOSOPH MIT INSTINKT UND INTELLEKT

Geld & Sie – warum Ihre Geldgeschichte mitentscheidet

Die Beziehung zu Geld beginnt oft früher als jede Investition – und reicht tiefer, als uns bewusst ist. Wer in den Märkten erfolgreich agieren will, sollte dorthin schauen, wo alles beginnt: zur eigenen Geldgeschichte. Denn Geld ist nicht nur Kapital – es ist Emotion, Erinnerung, Prägung. Geformt durch Erziehung, Herkunft und Erlebnisse.

Wann haben Sie zum ersten Mal bewusst Geld in der Hand gehalten? War es ein Geschenk – oder mussten Sie etwas dafür tun? Welche Gefühle waren damit verbunden? Stolz? Unsicherheit? Leichtigkeit? Unsere ersten Erfahrungen mit Geld wirken oft unbewusst weiter – gerade im Umgang mit Risiko und Gewinn.

Denken Sie an Ihr erstes selbst verdientes Geld. Kam es aus eigenem Antrieb – oder war es Reaktion auf Erwartungen? Haben Sie es gespart, investiert, verschenkt? Diese biografischen Etappen sagen oft mehr über Ihr finanzielles Selbstbild als jede Kontozahl.

Nehmen Sie sich die Zeit, Ihre persönliche Geldgeschichte zu skizzieren: Erfolge und Rückschläge, Gewinne, Verluste, Bauchentscheidungen und Brokerwechsel. Zeichnen Sie Ihre Entwicklung auf einer Zeitachse. Wann waren Sie Anleger, wann Trader? Und was war der Unterschied – im Ertrag und im Erleben?

Denn es macht einen Unterschied, ob Sie mit selbst verdientem Geld handeln oder mit geerbtem. Ob Sie nach Ergebnissen jagen – oder auf Erkenntnisse hoffen. Woher stammt das Geld, mit dem Sie heute handeln? Und wie verändert sich Ihr inneres Erleben, wenn Sie gewinnen – oder verlieren?

Wie wir mit Geld umgehen, spiegelt oft unsere innersten Muster. Wer Mangel kennt – emotional, psychisch oder materiell –, spürt Verluste tiefer und oft an ganz bestimmten Stellen im Körper. Beobachten Sie sich selbst: Was geschieht in Ihnen während eines Trades? Welche Gefühle tauchen auf – und was bleibt, wenn der Bildschirm dunkel wird?

Denn Trading ist nicht nur Marktbeobachtung. Es ist Selbstbeobachtung. Es ist kein reines Zahlenhandwerk, sondern ein mental-emotionales Spielfeld, das Wünsche, Ängste und Muster offenlegt.

Aha-Moment: Ihr Verhältnis zu Geld ist kein Nebenschauplatz, sondern das Fundament Ihrer finanziellen Entscheidungen.

Impuls für den Tag: Nehmen Sie sich eine Stunde Zeit für Ihre Geldgeschichte. Was Sie dort entdecken, ist oft wertvoller als jede Chartanalyse.

▶ TAG 51, IHR GELD-CODE – ÜBERZEUGUNGEN ERKENNEN UND TRANSFORMIEREN

Die Börse im Einkaufswagen – wie Ihr Supermarktbesuch zur Investmentidee wird

Ein Wocheneinkauf bei Rewe oder Edeka – und Sie bewegen sich mitten durch die globale Börsenlandschaft. Die Tiefkühlpizza stammt von Nestlé, das Shampoo von Procter & Gamble, der Orangensaft von PepsiCo. Was banal wirkt, ist ökonomisch hochrelevant: Sie kaufen täglich Produkte börsennotierter Konzerne, die mit Milliardenumsätzen, globaler Präsenz und jahrzehntelang etablierten Marken zu festen Größen an den Kapitalmärkten geworden sind. Der Supermarkt ist damit kein Ort des Konsums allein, sondern ein Spiegel realer Unternehmensmacht. Doch wie lässt sich dieses Alltagsphänomen gezielt in Investmentdenken übersetzen?

Im Einkaufswagen begegnen Ihnen Unternehmen, deren Geschäftsmodelle auf Gewohnheiten beruhen, nicht auf Moden. Gegessen, geputzt und gewaschen wird unabhängig von Konjunkturzyklen. Genau deshalb zählen viele dieser Konzerne zu den defensiven Branchen. Ihre Stärke liegt weniger im schnellen Wachstum als in planbaren Cashflows, hoher Markentreue und globaler Skalierung. Das macht sie in wirtschaftlich unsicheren Phasen besonders robust.

Typische Beispiele im Einkaufswagen:

- **Lebensmittel & Getränke:** Nestlé (Thomy, Wagner), Unilever (Langnese, Knorr), Danone (Actimel), PepsiCo (Punica, Lay's), Coca-Cola
- **Haushalt & Pflege:** Procter & Gamble (Ariel, Pampers, Head & Shoulders), Henkel (Persil, Schauma), Colgate-Palmolive
- **Snacks & Süßwaren:** Mondelez (Milka, Oreo), Lindt & Sprüngli (Lindt), General Mills (Häagen-Dazs)

Oft sind es genau diese Unternehmen, die durch starke Marken, weltweiten Vertrieb und operative Effizienz über Jahrzehnte hinweg solide Renditen ermöglichen – meist ohne spektakuläre Kursausschläge. Ihre Attraktivität liegt nicht im Hype, sondern in der Wiederholung. Gleichzeitig gilt: Auch bekannte Marken sind keine Selbstläufer. Kostensteigerungen, Preisdruck, regulatorische Eingriffe oder veränderte Konsumtrends wirken auch hier. Stabilität bedeutet nicht Risikofreiheit.

Gerade für Einsteiger eignen sich Konsumgüteraktien oder breit gestreute ETFs auf Basiskonsumgüter, um diese Alltagsökonomie strukturiert ins Depot zu holen. Denn Investmentkompetenz beginnt oft nicht mit Charts, sondern mit bewusster Wahrnehmung. Manchmal startet Ihre Börsenreise genau dort, wo Sie Milch, Shampoo und Lieblingssnacks kaufen.

Aha-Moment: Ihr Einkaufszettel zeigt nicht nur, was Sie konsumieren, sondern auch, welche Geschäftsmodelle Ihr Leben täglich finanzieren.

Impuls für den Tag: Beobachten Sie Ihren nächsten Einkauf. Welche Marken kaufen Sie routinemäßig – und warum gerade diese? Recherchieren Sie die Unternehmen dahinter.

▶ TAG 63, TECH IN DER HOSENTASCHE – WIE APPLE, GOOGLE & CO. UNSEREN ALLTAG PRÄGEN

NVIDIA – vom Nischenchip zum Motor der KI-Revolution

Was einst als Grafikchip für Computerspiele begann, ist heute das Herzstück moderner Technologie: NVIDIA hat sich vom Spezialisten für visuelle Rechenpower zum Taktgeber einer neuen Ära entwickelt. Kaum ein Unternehmen verkörpert den Wandel vom Gaming zur Künstlichen Intelligenz so eindrucksvoll wie dieser stille Riese aus Kalifornien.

1993 gegründet von **Jensen Huang, Chris Malachowsky** und **Curtis Priem**, setzte NVIDIA früh auf eines: Beschleunigung – im wörtlichen wie übertragenen Sinn. Der erste große Wurf: der RIVA 128. Der Durchbruch kam 1999 mit dem GeForce 256 – dem ersten Grafikprozessor (GPU) im modernen Sinn. Damit wurde NVIDIA zur Benchmark der Gaming-Szene – und zum Kult unter Hardware-Enthusiasten.

Am 22. Januar 1999 ging das Unternehmen an die Börse – Ausgabepreis: 12 US-Dollar. Was folgte, war ein Aufstieg in Etappen: vom Hardware-Lieferanten zur Innovationsmaschine. Der eigentliche Quantensprung kam jedoch, als Forscher entdeckten: GPUs eignen sich nicht nur für Bilder, sondern auch für Daten.

Die Rechenleistung, die Spiele realistischer machte, ermöglichte plötzlich: Deep Learning, neuronale Netze, KI. NVIDIA entwickelte CUDA – eine eigene Plattform zur Programmierung seiner Chips – und wurde zum Rückgrat der nächsten Technologiegeneration. Ob autonome Fahrzeuge, Sprachmodelle, Klimasimulation oder Robotik – moderne KI-Systeme rechnen fast immer mit NVIDIA.

Der Börsenkurs explodierte. Von unter 100 Milliarden auf über 2 Billionen Dollar Marktkapitalisierung – in nur wenigen Jahren. Aus einer Nische wurde ein Nervensystem. NVIDIA verkauft keine Computer – es liefert das Denken der Maschinen.

Parallel dazu expandierte das Unternehmen gezielt: Mit der RTX-Serie revolutionierte es Echtzeit-Raytracing. In Rechenzentren liefern H100-Chips die Rechenpower für KI-Anwendungen wie ChatGPT. In Forschung, Medizin und Industrie entwickelt sich NVIDIA damit zur Infrastruktur für intelligentes Rechnen – schnell, vernetzt und in Echtzeit.

NVIDIA zeigt: Wenn Technologie auf Weitblick trifft, entsteht Infrastruktur. Vom Spielechip zur Superintelligenz – ein Weg, der Geschichte geschrieben hat. Und gerade erst beginnt.

Börsengang: 22. Januar 1999 – **Börsenkürzel:** NVDA – **Börse:** NASDAQ

▶ TAG 73, MICROSOFT – DER AUFSTIEG ZUM SOFTWARE-IMPERIUM

Dogs of the Dow – dividendenstarke Blue Chips systematisch auswählen

Stellen Sie sich ein Hunderennen vor: Vorne jagen die Favoriten, doch manchmal holt der scheinbar träge Hund von hinten auf und überholt alle. Genau das beschreibt die Strategie »Dogs of the Dow«. Statt auf aktuelle Stars setzt sie auf die zehn dividendenstärksten Aktien im Dow Jones – also auf etablierte Unternehmen, deren Kurse gefallen sind, während deren Geschäft weiterhin solide läuft (1).

Die Regel ist einfach:

- die zehn Aktien mit der höchsten Dividendenrendite auswählen
- Gleichgewichtet investieren
- zwölf Monate halten
- jährlich neu sortieren

Die Stärke liegt nicht in Komplexität, sondern in konsequenter Wiederholung.

Die Logik ist antizyklisch: Eine hohe Dividendenrendite entsteht meist, wenn der Kurs gefallen ist. Die Strategie kauft also Unternehmen, die aktuell unbeliebt sind – in der Erwartung, dass sich ihre Bewertung wieder normalisiert. Im Kern folgt sie einer einfachen Value-Idee: günstig kaufen, wenn andere zögern – und regelmäßig neu ausrichten.

Historisch lag die Rendite langfristig leicht über dem Dow Jones – bei ähnlicher Schwankung. Die Mehrrendite entstand weniger durch einzelne Gewinner, sondern durch Dividenden, Bewertungsanpassung und das jährliche Umschichten in neue »Hunde«.

Entscheidend ist jedoch: Die Strategie funktioniert nur, wenn Kursschwächen vorübergehend sind. Bleiben Probleme dauerhaft bestehen, kann eine hohe Dividendenrendite zur sogenannten Value-Falle werden – ein scheinbar günstiger Titel, der weiter fällt.

CHANCEN	RISIKEN
▪ kare, transparente Regel	▪ hohe Dividendenrendite kann Warnsignal sein
▪ automatisch antizyklischer Ansatz	▪ nur auf zehn Titel begrenzte Streuung
▪ Fokus auf große, etablierte Unternehmen	▪ in starken Wachstumsphasen oft schwächer als der Markt

Dogs of the Dow ist keine Prognosestrategie. Sie ersetzt Meinung durch Regel und Emotion durch Disziplin.

Aha-Moment: Antizyklisches Investieren fühlt sich oft falsch an – genau deshalb ist es nicht überlaufen.

Impuls für den Tag: Kaufen Sie die Gewinner oder die gefallenen Dividendenriesen?

▶ TAG 53, LOW-VOLATILITY-STRATEGIE – STABILITÄT SCHLÄGT RISIKO

Die Psychologie hinter Geld – wie die Prospect Theory unser Handeln prägt

Wir glauben, wir wägten Chancen nüchtern ab. Doch in Wahrheit verzerrt unser Gehirn ständig Wahrscheinlichkeiten, Risiken und Gewinne. Die bahnbrechende Prospect Theory, entwickelt von den Psychologen **Daniel Kahneman** und **Amos Tversky** (1), zeigt: Menschen sind keine rationalen Entscheider, sondern emotionale Risikomanager mit systematischen Denkfehlern.

Zentraler Punkt: Wir bewerten Gewinne und Verluste nicht absolut, sondern relativ zu einem inneren Referenzpunkt – etwa dem Einstiegskurs einer Aktie. Ein Verlust fühlt sich etwa doppelt so schwer an wie ein gleich hoher Gewinn. Dieses Prinzip nennt sich Verlustaversion – und prägt unzählige Finanzentscheidungen.

Doch die Theorie reicht weiter. Sie erklärt, warum wir bei geringen Wahrscheinlichkeiten überoptimistisch sind (z. B. bei Penny Stocks, Lotterie oder Hype-Aktien) – und bei hohen Wahrscheinlichkeiten übervorsichtig (etwa bei Dividendenstrategien oder sicheren Anleihen).

Auch unsere Reaktion auf Gewinne und Verluste folgt keinem rationalen Muster:

- In der **Verlustzone** neigen wir zu riskanten Entscheidungen – in der Hoffnung, »wieder herauszukommen«.
- In der **Gewinnzone** sichern wir zu früh – aus Angst, das Erreichte zu verlieren.

Typische Muster, die sich daraus ergeben:

- Emotionale Kursbewegungen verleiten dazu, im Hype zu kaufen und in der Panik zu verkaufen.
- Langfristige Strategien wie ETF-Sparpläne oder Dividendenaktien wirken unattraktiv – weil sie keine schnellen Gewinne versprechen, obwohl sie statistisch stabilere Erträge liefern. (2).
- Kleine Gewinne werden schnell realisiert, Verluste hingegen ausgesessen – um sich Fehler nicht einzugestehen. Dieses Verhalten nennt sich Dispositionseffekt (3).

Die Börse ist kein Rechenmodell – sie ist Spiegel unserer Emotionen, Erwartungen und mentalen Verzerrungen. Wer die Prospect Theory versteht, erkennt: Börsenerfolg beginnt nicht bei der Aktie, sondern im Kopf.

Aha-Moment: An der Börse geht es den meisten nicht ums Gewinnen, sondern ums Nichtverlieren. Doch wer nur dem Schmerz ausweicht, verpasst oft die besten Chancen.

Impuls für den Tag: Was wäre, wenn Sie Ihre heutige Entscheidung nicht als Risiko, sondern als Investition in zukünftiges Wachstum betrachten würden?

▶ TAG 52, VERLUSTAVERSION – WARUM VERLUSTE UNSERE ENTSCHEIDUNGEN VERZERREN

Factor Investing – Qualität, Value, Momentum & Co.

Die Aktienwelt wirkt oft wie ein Dschungel aus Zahlen, Geschichten und Meinungen. Factor Investing schafft hier Struktur. Statt einzelne Aktien isoliert zu betrachten, folgt dieser Ansatz klaren Mustern: bestimmten Eigenschaften von Unternehmen, die sich über lange Zeiträume hinweg immer wieder als relevant für Rendite gezeigt haben.

Factor Investing sucht nicht nach der einen perfekten Aktie, sondern nach systematischen Merkmalen, die viele erfolgreiche Investments gemeinsam haben. Es geht nicht um Gewissheit, sondern um belastbare Wahrscheinlichkeiten. Genau darin liegt die Stärke – und zugleich die Grenze dieses Ansatzes.

Was Factor Investing leisten kann – und was nicht:
Es strukturiert Entscheidungen und reduziert spontane Impulse, indem klare Kriterien an die Stelle von Bauchgefühl treten. Doch kein Faktor funktioniert dauerhaft: Marktphasen wechseln, Stärken und Schwächen verschieben sich. Factor Investing ist deshalb kein Versprechen, sondern ein belastbarer Rahmen für bessere Entscheidungen.

Die wichtigsten Faktoren im Überblick:
- **Value:** Sie kaufen Unternehmen günstiger, als es deren Substanz vermuten lässt, und setzen darauf, dass sich Bewertungslücken schließen.
- **Momentum:** Sie folgen bestehenden Trends, weil sich Stärke an der Börse oft selbst verstärkt und Gewinner dazu neigen, weiterzulaufen.
- **Quality:** Sie folgen Stärke und setzen darauf, dass sich bestehende Trends eher fortsetzen als abrupt enden.
- **Size:** Sie wählen Unternehmen, die auch in schwierigen Phasen stabil bleiben und ihre Ertragskraft verlässlich zeigen.
- **Low Volatility:** Sie setzen bewusst auf ruhigere Aktien, die weniger stark schwanken und Stabilität ins Depot bringen.

Jeder dieser Faktoren hat Phasen, in denen er gut funktioniert – und Phasen, in denen er zurückbleibt. Gerade deshalb kombinieren viele Anleger mehrere Faktoren, statt sich auf eine einzelne Idee zu verlassen. So entsteht ein robusteres Gesamtbild.

Factor Investing verändert damit den Blick auf die Börse. Sie suchen nicht mehr nach der besten Geschichte, sondern nach wiederkehrenden Mustern im Marktverhalten. Das macht Entscheidungen ruhiger, klarer und oft disziplinierter,

Aha-Moment: An der Börse gibt es keine sicheren Strategien, aber systematische Muster, die Ihre Entscheidungen verbessern können.

Impuls für den Tag: Prüfen Sie einen Faktor-ETF und fragen Sie sich: Auf welches Muster setze ich hier – und halte ich dessen Schwächephasen aus?

▶ TAG 41, DIVIDENDENWACHSTUM – STARKE UNTERNEHMEN MIT STEIGENDEN AUSSCHÜTTUNGEN

Was ist Trading? – Der schnelle Handel erklärt

Stellen Sie sich eine pulsierende Börsenarena vor: Charts blinken, Kurse springen, Entscheidungen fallen in Sekunden. Genau hier beginnt das Trading – ein aktives Handwerk, das darauf abzielt, kurzfristige Marktbewegungen zu nutzen. Trading ist nicht Geduld auf Jahre, sondern Präzision im Moment. Trading ist die Kunst, Unsicherheit in kalkuliertes Risiko zu verwandeln. Investoren denken in Jahren, Trader in Sekunden bis Wochen.

Beispiel: Die Aktie eines Technologieunternehmens fällt nach einem schwachen Quartalsbericht. Sie eröffnen eine Position, sichern diese mit einem engen Stop-Loss und realisieren bei 3 Prozent Gewinn per Take-Profit. Ihr Trade dauert zwei Stunden – Einstieg, Absicherung, Ausstieg: klar definiert, emotionsfrei, regelbasiert. Das ist Trading: schnelle Entscheidungen mit klar definiertem Risiko.

Bekannte Trader betonen immer wieder: Der beste Trade ist nicht der mit dem größten Gewinn, sondern der rechtzeitig beendete Verlust. Im Trading gewinnt nicht, wer recht hat, sondern wer Verluste kontrolliert.

Es gibt verschiedene Trading-Stile – sortiert nach Zeithorizont:

- **Scalping:** Trades von Sekunden bis Minuten, viele kleine Bewegungen
- **Day-Trading:** alle Positionen werden am selben Tag geschlossen
- **Swing-Trading:** Positionen laufen über mehrere Tage bis Wochen
- **Positionstrading:** längere Setups, die Wochen oder Monate gehalten werden

Wichtige Begriffe für den Einstieg:

- **Long & Short:** Long heißt, auf steigende Kurse zu setzen (kaufen). Short heißt, auf fallende Kurse zu setzen (verkaufen, oft über Derivate).
- **Setup:** Das ist ein vorab definiertes Handelsszenario mit klaren Regeln: Einstieg, Stopp, Ziel. Ohne Setup ist jeder Trade nur Reaktion – kein Plan.
- **Bid & Ask:** Bid ist der Preis, den Käufer bieten. Ask ist der Preis, den Verkäufer verlangen. Die Differenz ist der **Spread** – eine Art unsichtbare Handelsgebühr.
- **Hebel:** Er verstärkt Gewinne und Verluste.
- **Margin:** Die Margin ist eine Sicherheitsleistung beim Handel mit Hebelprodukten.
- **Stop-Loss / Take-Profit**: Es geht um automatische Verlustbegrenzung und Gewinnmitnahme.

Trading wird oft mit Glücksspiel verwechselt. Doch wer eine Strategie hat, diszipliniert handelt und mit kleinen Summen beginnt, betreibt kein Zocken, sondern ein präzises Handwerk. Der Unterschied liegt nicht im Tempo, sondern im System.

Aha-Moment: Trading ist kein Glücksspiel – es ist Risikomanagement in Echtzeit.

Impuls für den Tag: Fragen Sie sich: Handele ich spontan – oder folge ich einem klaren Setup? Disziplin schlägt Geschwindigkeit.

▶ TAG 67, TRADING VERSUS INVESTIEREN – ZWEI WELTEN, EIN MARKT

Von Muscheln zu Märkten – die Geburt des Handels

Lange bevor es Banken, Börsen oder Bitcoins gab, tauschten Menschen, was sie hatten – gegen das, was sie brauchten. Der Handel ist älter als die Schrift, älter als das Geld. Und mit ihm begann etwas, das unsere Welt bis heute antreibt: Vertrauen.

Ob Kauri-Muscheln in Afrika, Salzbarren in der Sahara oder getrocknete Fischhäute im Norden – jedes Tauschmittel war mehr als nur ein Objekt. Es war ein Symbol für Wert, Beziehung – und für die Fähigkeit, mit Fremden ins Geschäft zu kommen. Der Markt wurde zur Bühne menschlicher Entwicklung: Wer handeln konnte, konnte wachsen. Wer fair war, wurde vernetzt.

Mit der Sesshaftigkeit kam die Spezialisierung – und damit die Notwendigkeit, Arbeit und Leistung vergleichbar zu machen. Hier lag der Ursprung der Preisbildung. Und spätestens mit dem Fernhandel der Antike – von Ägypten über Babylon bis ins frühe China – entstand ein globales Denken in Warenströmen, Risiken und Margen. Aus Tausch wurde Wirtschaft.

Der nächste Schritt: Handelsplätze. Orte, an denen Angebot und Nachfrage nicht mehr zufällig aufeinandertrafen, sondern strukturiert verhandelt wurden. Der Basar, der Marktplatz, später die Börse – all das ist die Evolution einer Idee: »Wir begegnen uns im Austausch, nicht im Kampf.«

Und mit dem Handel wuchs nicht nur Wohlstand, sondern etwas Fundamentaleres: Verlässlichkeit. Denn jeder Handel beginnt mit einer Annahme – der andere wird liefern. Dieses Urvertrauen trägt die Märkte bis heute – ob in Form von Terminkontrakten, Aktien oder dem flüchtigen Versprechen eines Mausklicks.

Die Geburt des Handels ist mehr als ein historisches Kapitel. Sie ist die Geschichte von Innovation, Kooperation und Psychologie. Und sie zeigt: Märkte sind keine Maschinen. Sie sind menschlich – von Anfang an.

Aha-Moment: Kauri-Muscheln dienten über 3000 Jahre lang als Zahlungsmittel – auf drei Kontinenten gleichzeitig.

Impuls für den Tag: Was ist der wahre Wert einer Sache – wenn nicht der Moment, in dem sich zwei einig werden?

▶ TAG 59, HANDELSWEGE, DIE DIE WELT VERÄNDERTEN – VON SEIDE BIS DATENPAKET

Wenn Kontrolle zur Währung wird – der digitale Euro im Blick

Der digitale Euro kommt – nicht über Nacht, aber geplant, pilotiert, politisch flankiert. Er soll effizienter sein, moderner, sicherer. Doch hinter all den Hochglanzbegründungen steht eine schlichte Frage: Wem nützt er – und wem dient er wirklich?

Offiziell soll der digitale Euro das Bargeld nicht ersetzen. Doch Schritt für Schritt wird Bargeld marginalisiert – im Alltag, im Handel, in der Mentalität. Erst weniger genutzt, dann weniger akzeptiert, irgendwann womöglich: weniger erlaubt.

Aber warum?

Weil Bargeld Freiheit ist.
Weil es keine Spuren hinterlässt.
Weil es keine Genehmigung braucht, kein Update, keine AGB.

Ein digitaler Euro dagegen lässt sich programmieren, begrenzen, rückverfolgen, im Extremfall sogar sperren. Er ist mehr als ein Zahlungsmittel – er ist ein Instrument. Für Ordnung. Für Kontrolle. Für Gehorsam.

Was wäre möglich?

- ein Ablaufdatum für Geld
- Negativzinsen direkt auf Ihr Konto
- Sanktionen per Knopfdruck
- Ausgabenlenkung: nur Bio, keine Zigaretten?
- vollständige Transaktionshistorie – nicht nur für Sie

Was heute als Bequemlichkeit verkauft wird, kann morgen zur Pflicht werden. Und was als Fortschritt erscheint, könnte in Wahrheit ein Tauschgeschäft sein: Ihre Privatsphäre gegen Systemkompatibilität.

In autoritären Staaten ist die lückenlose Zahlungsüberwachung längst Realität. Doch auch Demokratien verändern sich – oft schleichend, in kleinen Updates. Was als Ausnahme beginnt, wird Standard.

Vielleicht bleibt der digitale Euro freiwillig. Vielleicht auch nicht. Vielleicht existiert Bargeld weiterhin. Vielleicht auch nur im Museum. Wer glaubt, dass Freiheit erhalten bleibt, nur weil sie nicht explizit abgeschafft wird, unterschätzt, wie leise Systeme sich verändern.

Aha-Moment: Wenn Bargeld verschwindet, verlieren wir mehr als Münzen – wir verlieren die Selbstverständlichkeit, Geld zu geben, ohne es erklären zu müssen.

Impuls für den Tag: Hinterfragen Sie jede »Innovation«, die Ihre Freiheit gegen Komfort tauscht. Fortschritt ist nur Fortschritt, solange Sie selbst bestimmen, wohin er führt.

▶ TAG 100, KÜNSTLICHE KNAPPHEIT – WIE SELTENHEIT MÄRKTE ANTREIBT

Warum wir spielen – die Psychologie des menschlichen Spieltriebs

Was uns zum Spielen treibt, ist tief in unserem Gehirn verankert – und älter als jede Währung. Schon Kinder spielen instinktiv, lange bevor sie sprechen können. Tiere tun es auch: raufen, jagen, tricksen. Spiel ist Lernen, Übung, Test. Ein risikofreier Probelauf für den Ernstfall – und ein Ventil für Neugier, Wettbewerb und Kreativität.

Die heutige Psychologie kennt viele Erklärungen für den Spieltrieb: Er motiviert, belohnt, stärkt Bindungen – und er lässt uns Muster erkennen, wo das Leben chaotisch wirkt. Deshalb macht Spielen süchtig: Es verspricht Sinn. Gewinnen aktiviert das Belohnungszentrum, Verlieren reizt zur Wiederholung. Spiele haben Regeln – das echte Leben oft nicht. Wer spielt, erlebt Kontrolle, Struktur – und zugleich Spannung, Unsicherheit, Risiko.

Spiel ist manchmal Flucht aus dem Alltag. Aber auch ein Spiegel unserer Persönlichkeit. Risikofreude? Geduld? Täuschung? Fairness? Alles zeigt sich im Spiel. Besonders spannend: Im Spiel testen wir Grenzen – nicht nur die des Spiels, sondern auch unsere eigenen. Wer beim Gewinnen übermütig wird oder beim Verlieren die Nerven verliert, zeigt, wie nah Stolz und Scham beieinanderliegen. Spiel ist ein Spiegel – und manchmal auch ein Vergrößerungsglas. Darum ist Spielen nicht kindisch, sondern zutiefst menschlich. Es ist sozial, kulturell, emotional. Und wenn Geld ins Spiel kommt, wird aus Leichtigkeit schnell Ernst. Dann ringen Spieltrieb, Risikofreude und Selbstkontrolle miteinander.

Was früher Würfel, Karten und Joystick waren, sind heute Börsen-Apps, Meme-Stocks und Krypto-Games. Aus Spiel wird Spekulation – aus Spekulation manchmal Realität. Wer das Prinzip dahinter versteht, erkennt: Spielen ist mehr als Zeitvertreib – es ist ein Trainingsfeld für Entscheidungen, für Emotionen unter Druck, für die Kunst des Aufhörens.

Denn eine Frage bleibt immer: »Wann ist es Zeit, weiterzuspielen – und wann, den Einsatz zu lassen?«

Aha-Moment: Spielen ist ein Schlüssel, um unser Verhalten unter Risiko zu verstehen. Es zeigt, wie wir handeln, wenn Regeln gelten, aber keine Sicherheit besteht.

Impuls für den Tag: Beobachten Sie sich selbst: Wann spielen Sie – aus Freude, aus Langeweile oder aus dem Wunsch, der Situation zu entkommen?

▶ TAG 90, SPIELTHEORIE – WIE STRATEGISCHES DENKEN ENTSCHEIDUNGEN PRÄGT

Momentum – schnelle Bewegungen konsequent nutzen

Manche Kurse sind kein Zufall – sie sind Druck. Andere fallen so dynamisch, dass Erholungen sofort wieder verkauft werden. Genau hier setzt das Momentum an: indem Sie Stärke nicht bekämpfen, sondern nutzen.

Der Reiz dieser Strategie liegt in ihrer Dynamik. Momentum-Trader suchen Märkte, in denen bereits Bewegung steckt. Was stark läuft, kann oft weiterlaufen. Neue Käufer springen auf, Positionen werden geschlossen, Erwartungen beschleunigen sich. Momentum entsteht, wenn Verhalten Preise antreibt.

Der entscheidende Punkt: Momentum funktioniert nicht durch Geschwindigkeit allein, sondern durch gerichtete Kraft im Markt.

Das bedeutet konkret: Bewegungen sind nicht nur schnell, sondern finden Anschluss. Kurse werden weiter gekauft oder weiter verkauft. Genau diese Fortsetzung unterscheidet echte Stärke von kurzfristiger Unruhe.

Gute Setups zeigen klare Richtung: steigende Kurse ohne größere Rücksetzer, Anschlusskäufe nach Bewegungen und zunehmendes Handelsvolumen. Trader achten auf Trends, Ausbrüche, Volumen und relative Stärke gegenüber dem Gesamtmarkt. Momentum lässt sich auch messen, etwa über relative Stärke oder die Kursentwicklung über einen bestimmten Zeitraum – entscheidend bleibt jedoch die sichtbare Bewegung im Markt.

Da Momentum schnell kippen kann, braucht die Strategie klare Regeln für Einstieg, Absicherung und Gewinnmitnahme. Struktur schützt vor Geschwindigkeit.

Worauf Momentum-Trader achten:

- klare Richtung und hohe Dynamik
- Anschlusskäufe oder Anschlussverkäufe
- relative Stärke gegenüber dem Gesamtmarkt
- konsequente Absicherung bei Umkehr

Typische Fehler:

- zu spät in überdehnte Bewegungen einsteigen
- Hektik mit echtem Momentum verwechseln
- Gewinne zu früh sichern, Verluste laufen lassen
- ohne klares Setup nur der Bewegung folgen

Momentum belohnt nicht Geschwindigkeit, sondern Präzision im richtigen Moment.

Aha-Moment: Starke Bewegungen verstärken sich oft selbst – genau darin liegt ihre Chance.

Impuls für den Tag: Suchen Sie einen Wert, der deutlich stärker läuft als der Markt, und prüfen Sie: Steckt echte Stärke dahinter – oder nur kurzfristige Aufregung?

▶ TAG 42, MEAN REVERSION – AUF DIE RÜCKKEHR ZUR MITTE SETZEN

Ihr erstes Depot eröffnen – Schritt für Schritt

Der Weg an die Börse beginnt nicht mit der ersten Aktie, sondern mit einem Depot. Es ist Ihr digitaler Zugang zum Kapitalmarkt, Ihr Schließfach für Aktien, ETFs oder Fonds. Ohne Depot bleibt Investieren ein Plan. Mit Depot wird es möglich.

Viele zögern an genau diesem Punkt, weil sie den Prozess für technisch, bürokratisch oder aufwendig halten. Heute ist meist das Gegenteil der Fall: Die Depoteröffnung läuft oft vollständig digital und ist schneller erledigt, als viele erwarten. Die größere Hürde ist selten die Technik, sondern der Moment, in dem Sie wirklich anfangen.

So eröffnen Sie Ihr erstes Depot:

- **Broker auswählen:** Achten Sie auf transparente Kosten, einfache Bedienung, passende Produkte und seriöse Regulierung.
- **Antrag ausfüllen:** Geben Sie Ihre persönlichen Daten, Ihre Steuer-Identifikationsnummer und Ihr Referenzkonto an.
- **Identität bestätigen:** Meist tun Sie das per VideoIdent oder PostIdent.
- **Depot freischalten:** Nach der Bestätigung können Sie Geld auf das Verrechnungskonto überweisen und loslegen.

Wichtig ist: Mit der Depoteröffnung müssen Sie noch nichts kaufen. Sie schaffen sich zunächst nur den Zugang. Genau das macht den ersten Schritt so sinnvoll: Sie gewinnen Handlungsspielraum, ohne sich sofort festlegen zu müssen.

Worauf Sie besonders achten sollten:

- **Kosten:** Depotführung, Ordergebühren und Sparplankosten
- **Benutzerfreundlichkeit:** klare Oberfläche statt unnötiger Komplexität
- **Produktangebot:** Passt es zu Ihren Zielen?
- **Sicherheit:** seriöser Anbieter, klare Regulierung und verlässlicher Zugang

Ein Depot ist deshalb nicht das Ziel, sondern der Startschlüssel. Es schafft die Möglichkeit, aus Absicht Handlung zu machen und aus Interesse Vermögensaufbau.

Aha-Moment: Ein Depot ist noch kein Investment, aber ohne Depot bleibt Investieren nur ein guter Vorsatz.

Impuls für den Tag: Vergleichen Sie heute zwei Broker und legen Sie einen festen Termin für die Depoteröffnung fest. Der erste Schritt ist oft kleiner, als er wirkt.

▶ TAG 72, INVESTIEREN MIT KLEINEN BETRÄGEN – SO GELINGT IHR EINSTIEG

QUIZ 1

TAG 10: WELCHE AUSSAGEN ÜBER NATURALGELD STIMMEN?

A) Naturalgeld war in erster Linie ein Symbolwert, vergleichbar mit heutigen Banknoten.
B) In verschiedenen Regionen der Welt wurden unter anderem Teeziegel, Salz oder Vieh als Zahlungsmittel verwendet.
C) Naturalgeld war durch zentrale Institutionen wie frühe Banken garantiert.
D) In Krisenzeiten kann Naturalgeld wieder an Bedeutung gewinnen.

TAG 11: WELCHE FAKTEN ÜBER BITCOIN TREFFEN ZU?

A) Bitcoin basiert auf einer zentralen Datenbank, die von Banken kontrolliert wird.
B) Die maximale Anzahl an Bitcoin ist auf 21 Millionen begrenzt.
C) Bitcoin verkörpert einen Unternehmensanteil mit Anspruch auf Gewinne und Dividenden.
D) Transaktionen bei Bitcoin sind dauerhaft nachvollziehbar, auch wenn Nutzer nur pseudonym auftreten.

TAG 13: WELCHE GEDANKEN ÜBER ALAN GREENSPAN SIND RICHTIG?

A) Alan Greenspan war von 1987 bis 2006 Vorsitzender der US-Notenbank.
B) Seine Reden waren bekannt für klare und leicht verständliche Aussagen.
C) Er reagierte nach dem Börsencrash 1987 mit einer deutlichen Zinssenkung und starker Liquiditätsbereitstellung.
D) Er wurde nach der Finanzkrise 2008 für seinen uneingeschränkten Glauben an die Selbstregulierung der Märkte kritisiert.

TAG 23: WELCHE AUSSAGEN ZUR STRATEGIE »DOGS OF THE DOW« SIND ZUTREFFEND?

A) Die Strategie konzentriert sich auf die dividendenstärksten Aktien im Dow Jones.
B) Eine hohe Dividendenrendite kann auch ein Warnsignal für Probleme im Unternehmen sein.
C) Ziel der Strategie ist es, möglichst schnell auf neue Markttrends zu reagieren.
D) Die Strategie sieht vor, die ausgewählten Aktien täglich aktiv umzuschichten.

TAG 24: WELCHE ANNAHMEN ÜBER TRADING TREFFEN ZU?

A) Trading konzentriert sich meist auf kurzfristige Marktbewegungen und klar definierte Risiken.
B) Beim Day-Trading werden Positionen häufig über viele Monate gehalten.
C) Ein Setup beschreibt ein vorher festgelegtes Handelsszenario mit klaren Regeln für Einstieg, Stopp und Ziel.
D) Der Spread bezeichnet die Differenz zwischen Kauf- und Verkaufskurs.

TAG 29: WELCHE THESEN ZUM MENSCHLICHEN SPIELTRIEB SIND KORREKT?

A) Spielen dient ausschließlich der Unterhaltung und dem Zeitvertreib.
B) Im Spiel lassen sich Persönlichkeitsmerkmale wie Risikofreude oder Fairness erkennen.
C) Verlieren kann den Spieltrieb verstärken und zur Wiederholung anregen.
D) Spiele bieten Struktur und Kontrolle – Eigenschaften, die im echten Leben oft fehlen.

Die Gates Foundation – langfristig denken, global wirken

Großes Kapital muss nicht laut auftreten, um viel zu bewegen. Bei der **Gates Foundation** entsteht Wirkung nicht durch spektakuläre Einzelwetten, sondern durch Struktur, Geduld und klare Rollen. Die eigentliche Stärke liegt in der Trennung von Vermögensanlage und Förderung. Die Stiftung arbeitet gemeinnützig, während der **Gates Foundation Trust** das Investmentvermögen verwaltet und Erträge an die Stiftung weiterleitet. Genau diese Ordnung macht langfristiges Handeln möglich.

Das Prinzip dahinter ist ebenso einfach wie wirkungsvoll: Die Foundation finanziert weltweit Programme in Gesundheit, Bildung und Entwicklung. Das dafür nötige Kapital soll nicht aus spontanen Marktentscheidungen entstehen, sondern aus einem professionell geführten Anlagevermögen. So wird Wirkung nicht gegen Rendite ausgespielt, sondern durch Rendite erst tragfähig gemacht. Die Stiftung beschreibt ihre Finanzstruktur selbst als Verbindung aus langfristiger Vermögensverwaltung und planbarer Mittelbereitstellung für ihre gemeinnützigen Ziele.

Der Anlagehorizont ist dabei ausgesprochen lang. Schwankungen an den Märkten werden nicht dramatisiert, sondern eingeplant. Entscheidend ist nicht das nächste Quartal, sondern die Fähigkeit, über Jahre und Jahrzehnte handlungsfähig zu bleiben. Die Logik erinnert deshalb weniger an einen schnellen Investor als an eine Institution mit Atem. Dass diese Perspektive groß gedacht ist, zeigt auch die Größenordnung: Die Foundation weist für Ende 2024 ein Trust-Endowment von 77,2 Milliarden US-Dollar aus, im Juli 2025 unauditiert bereits 86 Milliarden US-Dollar.

Die Leitlinien dieser Kapitallogik sind klar:

- **langfristiger Horizont:** Planung in Jahrzehnten statt in Quartalen
- **breite Streuung:** Stabilität durch Struktur statt durch Prognosen
- **Trennung von Kapital und Wirkung:** erst Erträge, dann Förderung
- **Liquidität:** laufende Projekte müssen jederzeit finanzierbar bleiben
- **Disziplin:** Regeln schlagen Marktstimmung

Hinzu kommt eine zweite Ebene: die gezielte Verbindung von Kapital und Wirkung. Mit ihrem Strategic Investment Fund nutzt die Gates Foundation auch wirkungsorientierte Investments, um Innovationen in Bereichen wie Gesundheit, Landwirtschaft oder Finanzdienstleistungen anzuschieben. Hier wird Kapital nicht nur bewahrt oder vermehrt, sondern als Hebel eingesetzt, um Märkte überhaupt erst in Bewegung zu bringen.

Aha-Moment: Große Wirkung entsteht selten durch große Gesten, sondern durch die konsequente Trennung von Anlage, Liquidität und Zweck.

Impuls für den Tag: Prüfen Sie Ihr Vermögen einmal mit der Logik großer Kapitalträger: Was dient der Stabilität, was dem Wachstum und was einem klar definierten Zweck?

▶ TAG 50, YALE & HARVARD – DIE KUNST INSTITUTIONELLER KAPITALANLAGE

Börse lernen – Bücher, Kurse oder Markt?

Wissen ist der Einstieg – Lernen beginnt erst im Handeln. Nach den Grundlagen stellt sich die entscheidende Frage: Wo entsteht echte Fähigkeit? Hier geht es nicht darum, was Sie lernen sollten, sondern wo Sie wirklich lernen.

Bücher und Kurse geben Struktur. Sie erklären, wie Märkte funktionieren und welche Fehler typisch sind. Doch sie zeigen nicht, wie Sie unter Unsicherheit entscheiden.

Der entscheidende Punkt: Sie lernen, an der Börse zu agieren, nicht durch Wissen, sondern durch Entscheidungen unter Druck.

Der Markt ist kein Lehrbuch. Er reagiert nicht auf das, was Sie wissen, sondern auf das, was Sie tun. Erst im Handeln entstehen Unsicherheit, Tempo und Emotion – und genau dort entsteht Lernen.

Ein sinnvoller Lernweg verbindet beides: Verstehen und Anwenden. Starten Sie mit klaren Grundlagen, testen Sie im Demokonto und gehen Sie dann schrittweise in echte Entscheidungen über. Kleine Positionen sichern nicht nur Ihr Kapital, sondern Ihre Lernkurve.

Lernwege im Vergleich:

- **Bücher:** Struktur und Tiefe – aber ohne Entscheidungssituation
- **Kurse & Webinare:** Orientierung und Praxisbezug – Qualität entscheidet
- **Coaching:** direktes Feedback – gezielt, aber zeitintensiv
- **Markt:** echte Entscheidungen – maximaler Lerneffekt, reales Risiko
- **Trading-Tagebuch:** Reflexion – aus Erfahrung wird Fortschritt

Kein Weg funktioniert allein. Fortschritt entsteht dort, wo Wissen auf Entscheidung trifft und anschließend reflektiert wird. Er entsteht nicht durch neue Ideen, sondern durch das wiederholte Anwenden weniger klarer Ansätze. Wer nur versteht, bleibt passiv. Wer nur handelt, bleibt inkonsistent.

Aha-Moment: Sie lernen nicht aus Informationen, sondern aus den Konsequenzen Ihrer Entscheidungen.

Impuls für den Tag: Setzen Sie ein klares Setup im Demokonto um – und notieren Sie danach nicht den Markt, sondern Ihre Entscheidung.

▶ TAG 48, INFORMATIONSFLUT REDUZIEREN – QUALITÄT VOR QUANTITÄT

Die Flick-Affäre – Macht, Geld und moralisches Versagen

Es war ein Skandal, der die politische Landschaft der Bundesrepublik erschütterte – und das Vertrauen in die Integrität von Politik und Wirtschaft dauerhaft beschädigte: die Flick-Affäre. In den frühen 1980er-Jahren wurde bekannt, dass der Flick-Konzern, ein bedeutendes deutsches Industrieunternehmen, durch großzügige Parteispenden politischen Einfluss erkauft hatte.

Der Ausgangspunkt war ein Aktiengeschäft im Jahr 1975, bei dem der Flick-Konzern Daimler-Benz-Aktien im Wert von 1,9 Milliarden D-Mark an die Deutsche Bank verkaufte. Für dieses Geschäft beantragte **Friedrich Karl Flick** eine Steuerbefreiung, die zunächst von Wirtschaftsminister **Hans Friderichs** und später von seinem Nachfolger **Otto Graf Lambsdorff** genehmigt wurde. Statt der fälligen 986 Millionen D-Mark an Steuern blieb der Konzern steuerfrei – mit politischer Rückendeckung.

Die Affäre kam ans Licht, als der Steuerfahnder **Klaus Förster** 1981 bei Ermittlungen auf ein Kassenbuch des Flick-Generalbuchhalters **Rudolf Diehl** stieß. Darin waren Bargeldzahlungen an Politiker aller im Bundestag vertretenen Parteien verzeichnet, darunter hohe Summen an prominente Persönlichkeiten wie **Franz Josef Strauß, Helmut Kohl, Otto Graf Lambsdorff** und **Hans Friderichs.**

Der anschließende Prozess vor dem Bonner Landgericht zog sich über anderthalb Jahre hin. Verurteilt wurden schließlich **Eberhard von Brauchitsch**, langjähriger Flick-Manager und Organisator der Parteispenden, sowie die früheren Bundeswirtschaftsminister Hans Friderichs und Otto Graf Lambsdorff – wegen Steuerhinterziehung beziehungsweise Beihilfe dazu. Von Brauchitsch erhielt eine Bewährungsstrafe, Friderichs und Lambsdorff wurden zu Geldstrafen verurteilt. Eine direkte Einflussnahme auf politische Entscheidungen durch die Zahlungen konnte jedoch nicht nachgewiesen werden.

Die Flick-Affäre offenbarte die enge Verflechtung von Wirtschaft und Politik und führte zu einer intensiven Debatte über Transparenz und Korruption in der Bundesrepublik. Bis heute steht die Flick-Affäre exemplarisch für das Spannungsfeld von Macht, Geld und Verantwortung – und für die Notwendigkeit politischer Transparenz.

Aha-Moment: Die Flick-Affäre zeigte, wie finanzielle Zuwendungen politische Entscheidungen beeinflussen können – ein Weckruf für mehr Transparenz in der Politik.

Impuls für den Tag: Integrität ist unbezahlbar. Lassen Sie sich nicht von kurzfristigen Vorteilen blenden – langfristiges Vertrauen ist das wertvollste Kapital.

▶ TAG 56, NICK LEESON – DER HÄNDLER, DER DIE BARINGS BANK IN DEN ABGRUND RISS

ETFs – Investieren mit Struktur und Gelassenheit

ETFs stehen für einen modernen, souveränen Zugang zur Börse. Die Abkürzung ETF steht für *Exchange Traded Fund*, einen börsengehandelten Fonds. Statt auf einzelne Aktien zu setzen, bündeln ETFs viele Unternehmen in einem einzigen Investment und richten den Blick auf Märkte, Wertschöpfung und langfristige Entwicklung.

Ein ETF bildet einen Index oder ein klar definiertes Marktsegment regelbasiert ab. In einem einzigen Produkt vereinen sich Hunderte bis Tausende Unternehmen aus unterschiedlichen Ländern und Branchen. Damit beteiligen Sie sich nicht an einzelnen Geschichten, sondern an der wirtschaftlichen Entwicklung ganzer Volkswirtschaften – getragen von Innovation, Produktivität und globalem Handel.

Der entscheidende Unterschied zur Einzelaktie liegt im Fokus:

- Mit einer Aktie investieren Sie gezielt in ein einzelnes Unternehmen.
- Mit einem ETF investieren Sie breit in einen Markt.
- Während der Erfolg einer Aktie stark vom einzelnen Geschäftsmodell abhängt, verteilt ein ETF Chancen und Risiken auf viele Schultern.

Ein struktureller Unterschied: Entwickelt sich ein Unternehmen schwach, leidet die Einzelaktie deutlich. In einem ETF geht dieses Unternehmen im Gesamtmarkt auf – andere wachsen weiter und tragen die Entwicklung.

ETFs folgen klaren Regeln. Sie bilden Märkte ab, ohne Prognosen oder Eingriffe. Diese Einfachheit ist ihre Stärke. Viele breit gestreute Aktien-ETFs verursachen laufende Kosten von unter 0,3 Prozent pro Jahr. Klassische aktiv gemanagte Fonds liegen häufig bei 1,5 bis 2 Prozent – ein struktureller Unterschied, der über Zeit Wirkung entfaltet.

Auf den ersten Blick wirken ETFs ruhig. Auf den zweiten Blick zeigen sie ihre Qualität: Sie verbinden Wachstum mit Gelassenheit. Deshalb nutzen nicht nur Einsteiger ETFs, sondern auch professionelle Investoren und Vermögensverwalter – häufig als stabiles Fundament ihrer Portfolios.

ETFs bewegen sich mit dem Markt. Diese Bewegung gehört zur Wertentwicklung dazu. Wer ETFs hält, beteiligt sich am wirtschaftlichen Fortschritt, statt ihm hinterherzulaufen.

Aha-Moment: ETFs bedeuten: ein Produkt, viele Unternehmen, ein Markt. Sie ersetzen Einzelwetten durch Struktur und Geduld.

Impuls für den Tag: Vergleichen Sie eine Einzelaktie mit einem breiten ETF. Fragen Sie sich: Möchte ich ein Unternehmen begleiten – oder einen ganzen Markt?

▶ TAG 58, FONDS ODER ETFS – ZWEI WEGE ZUR MARKTTEILNAHME

Verlustaversion – warum Verluste emotional stärker wirken als Gewinne

Wer Geld gewinnt, freut sich. Wer Geld verliert, leidet. Doch das Verhältnis ist nicht ausgeglichen – es ist asymmetrisch. Studien zeigen: Ein Verlust wirkt etwa doppelt so stark wie ein gleich hoher Gewinn. Das ist kein Gefühl – das ist Neurobiologie.

Im Gehirn aktivieren finanzielle Verluste besonders stark die Insula – ein Areal, das auch auf Schmerz, Ekel und existenzielle Bedrohung reagiert (1). Gleichzeitig sinkt die Aktivität im Striatum – dem Zentrum für Belohnung und positive Erwartungen. Verluste werden also zweifach registriert: als Schmerz und als ausbleibende Belohnung. Das bedeutet: Verlust ist nicht einfach fehlende Freude, sondern messbarer Stress, mit Folgen für Puls, Atmung und hormonelle Reaktionen.

Dieses neuronale Ungleichgewicht erklärt, warum wir Verluste aussitzen, Gewinne zu früh mitnehmen – und Chancen meiden, selbst wenn sie objektiv sinnvoll sind. Unser Gehirn ist nicht dafür gebaut, rational mit Geld umzugehen, sondern emotional auf Gefahr zu reagieren. Der evolutionäre Code lautet: *»Vermeide, was dich schwächt.«*

Gleichzeitig bewertet der präfrontale Kortex potenzielle Verluste besonders intensiv – genau dort, wo geplant, abgewogen und logisch gedacht wird. Doch unter Stress – etwa bei starken Kursschwankungen – wird ausgerechnet dieses Kontrollzentrum gehemmt (2). Die Folge: mehr Reaktion, weniger Reflexion.

Verlustaversion ist keine Schwäche, sondern eine tief verankerte Schutzfunktion. Sie war überlebenswichtig, als Nahrung knapp und Fehler tödlich waren. Doch in der Finanzwelt verzerrt sie oft unser Verhalten: Aus Gestaltern werden Vermeider. Chancen bleiben ungenutzt, weil Risiken lauter schreien.

Die gute Nachricht: Verlustaversion lässt sich neu justieren. Wer Rückschläge bewusst anders bewertet, verändert ihre Wirkung im Gehirn. So wird aus Angst Erfahrung – und aus Verlust ein Anstoß für Wachstum. Wer Strategie, Zeit und Wissen klug kombiniert, trainiert sein Gehirn darauf, Alarmsignale wie Stress oder Druck wahrzunehmen – und sinnvoll einzuordnen.

Aha-Moment: Ein Verlust von 100 Euro löst im Gehirn etwa doppelt so starke Aktivität in Stresszentren aus wie ein Gewinn in gleicher Höhe. Das ist messbar – nicht nur spürbar.

Impuls für den Tag: Entscheiden Sie heute im Vertrauen auf Ihre Möglichkeiten – nicht aus Angst vor dem Verlust.

▶ TAG 62, RISIKO IM KOPF – WARUM MUT UND VORSICHT IM GEHIRN VERHANDELT WERDEN

André Kostolany – Börsenphilosoph mit Instinkt und Intellekt

Er rauchte Zigarre, sprach mit Akzent – und dachte wie ein Virtuose der Märkte: André Kostolany war kein klassischer Analyst, sondern ein Geschichtenerzähler mit außergewöhnlichem Gespür für die Börse. Er verstand die Finanzwelt nicht nurmit seinem Instinkt für Zahlen, sondern mit Gefühl, Intuition und Witz. Für ihn war die Börse keine Excel-Tabelle, sondern eine Bühne menschlicher Psychologie – mit Angst, Gier und Hoffnung in den Hauptrollen.

Kostolany wurde 1906 in Budapest geboren und überlebte die größten Erschütterungen des 20. Jahrhunderts: Hyperinflation, Weltkriege, Depressionen. Doch statt sich von der Unsicherheit lähmen zu lassen, machte er sie zu seinem Spielraum. In Paris, später in New York und München, wurde er zur Stimme des mündigen Anlegers – charmant, scharfzüngig und immer mit einem Augenzwinkern einen Gedanken weiter.

Seine bekannteste Regel? **»An der Börse ist alles möglich – auch das Gegenteil.«** Denn der Markt, so Kostolany, ist keine Maschine. Er wird von Emotionen gesteuert – und die ändern sich schneller als jede Prognose. Darum setzte er auf zwei Tugenden: Geduld und Unabhängigkeit. Sein Rat für langfristig denkende Anleger? **»Kaufen, Schlaftablette nehmen – und 20 Jahre später aufwachen.«**

Er war ein brillanter Erklärer, der komplexe Zusammenhänge in klare Bilder verwandelte. In Vorträgen, Büchern und Kolumnen brachte er Generationen von Anlegern zum Nachdenken – und zum Schmunzeln. Kostolany war mehr als ein Investor: Er war ein Stilist des Denkens, ein Erzähler mit Tiefgang. Seine Sicht auf Wirtschaft und Börse war fundiert und leichtfüßig zugleich – ein Tanz zwischen Ratio und Instinkt.

Seine Spuren wirken bis heute nach: In der Art, wie wir über Märkte sprechen. In der Erkenntnis, dass Börse weniger mit Bilanzen zu tun hat – als vielmehr mit Menschen. Und in der Hoffnung, dass Erfahrung, Haltung und Menschenkenntnis auch im Zeitalter der Algorithmen noch zählen.

Aha-Moment: Kostolany erkannte früh, dass Märkte selten rational handeln, sondern psychologisch reagieren.

Impuls für den Tag: Denken Sie selbst. Vertrauen Sie Ihrem Instinkt – gepaart mit Geduld, Disziplin und dem Mut, unabhängig zu bleiben.

»Geduld ist das wichtigste Kapital an der Börse – Zinsen gibt's gratis dazu.«
André Kostolany

▶ TAG 68, MURIEL SIEBERT – WALL-STREET-PIONIERIN FÜR FRAUEN IM HANDEL

Ethereum & Smart Contracts – das Betriebssystem des Web3?

Ein Klick, ein Auftrag, keine Bank als Vermittler – und trotzdem läuft alles nach festen Regeln. Genau das ist die Idee von Ethereum. Die Plattform ging 2015 an den Start und wollte von Anfang an mehr sein als nur digitales Geld. Ethereum versteht sich als offene Infrastruktur für ein neues Internet, oft Web3 genannt – ein Netz, in dem Anwendungen nicht zwingend von einem zentralen Betreiber abhängen, sondern direkt über die Blockchain laufen können.

Ethereum ist mehr als Geld: Im Kern nutzt Ethereum die Blockchain, also eine verteilte Datenbank, die nicht auf einem einzelnen Server liegt. Der große Unterschied zu Bitcoin besteht darin, dass hier **Smart Contracts** genutzt werden. Das sind Programme, die automatisch ausgeführt werden, wenn vorher definierte Bedingungen erfüllt sind. Ist die Bedingung erfüllt, folgt die hinterlegte Aktion – etwa eine Zahlung oder die Freigabe eines digitalen Objekts.

Auf dieser Basis entstehen **dApps**, also **dezentrale Anwendungen**. Sie laufen nicht nur bei einem einzelnen Anbieter, sondern auf der technischen Infrastruktur des Netzwerks. Bekannte Einsatzfelder sind **dezentrale Börsen (DEX), dezentralisierte Finanzanwendungen (DeFi-Anwendungen)** für Kredite oder Zinsen, **NFT-Marktplätze** (Handelsplätze für digitale Sammelstücke und Besitznachweise) und **Blockchain-Spiele**. Ether ist dabei der Treibstoff des Netzwerks, Ethereum die Plattform darunter.

Ein wichtiger technischer Einschnitt war **The Merge,** also die Umstellung auf **Proof of Stake (PoS)** als neues Verfahren zur Netzwerksicherung. Statt energieintensiver Rechenarbeit sichern heute Teilnehmer das Netzwerk, indem sie eigene Tokens hinterlegen. Das veränderte nicht nur die technische Architektur, sondern auch die Wahrnehmung von Ethereum als weiterentwickelbare Plattform.

Die Einordnungen zu Ethereum:

- **Ethereum ist mehr als eine Kryptowährung:** Ether ist der Coin, Ethereum das Netzwerk.
- **Smart Contracts sind keine klassischen Rechtsverträge:** Sie automatisieren technische Abläufe, ersetzen aber kein Rechtssystem.
- **Ethereum entwickelt sich ständig weiter:** Updates verändern Funktionen, Kapazitäten und Nutzungsmöglichkeiten.

Auch an klassischen Finanzmärkten spielt Ethereum inzwischen eine Rolle, etwa über Fonds, Zertifikate oder Unternehmen mit Bezug zu Web3-Anwendungen. Damit wird aus einer Blockchain-Plattform zunehmend auch ein Thema für traditionelle Anleger.

Aha-Moment: Ethereum ist weniger digitales Geld als eine offene Infrastruktur, auf der neue Finanz-, Eigentums- und Anwendungsmodelle entstehen können.

Impuls für den Tag: Schauen Sie sich heute ein Ethereum-Projekt an und fragen Sie sich: Löst es ein echtes Problem oder nur ein technisches?

▶ TAG 69, ALTCOINS IM CHECK – VIELFALT ENTDECKEN, CHANCEN RICHTIG BEWERTEN

Gold & Silber – wie glänzende Metalle zu Währungen wurden

Bevor es Zählbares gab, gab es Glanz. Lange bevor jemand Münzen prägte oder Werte auf Papier druckte, zogen Gold und Silber die Aufmerksamkeit auf sich – durch ihre Schönheit, ihre Seltenheit, ihre Beständigkeit. Genau diese Eigenschaften machten sie zur Urform universellen Geldes.

Gold rostet nicht. Silber lässt sich leicht teilen. Beide sind selten, aber auffällig – ideal, um Wert zu speichern, zu zeigen und zu transportieren. Schon in der Antike galten sie nicht nur als Schmuck oder Kultobjekte, sondern als Maßstab für Tausch und Vertrauen.

Weltweit – ob in Ägypten, Indien, China oder Mittelamerika – entwickelten sich Gold und Silber unabhängig voneinander zu anerkannten Zahlungsmitteln. Nicht durch Gesetz, sondern durch kollektives Vertrauen: Wer Gold besaß, verfügte über etwas, das fast überall akzeptiert war. Wer Silber trug, war Teil eines Handelsnetzwerks, das Werte nicht erfand, sondern erkannte.

Anders als Naturalgeld waren diese Metalle nicht regional gebunden. Sie wurden zur ersten echten Weltwährung – lange vor der eigentlichen Globalisierung. Sie verbanden Kulturen, überdauerten Reiche und übertrugen Kaufkraft über Jahrhunderte hinweg.

Ihre Bedeutung reichte weit über das Ökonomische hinaus: Gold wurde zum Sinnbild für göttliche Ordnung, Silber zum Symbol für Reinheit, Klarheit, Verlässlichkeit. Und ihr Besitz war nie nur wirtschaftlich – sondern immer auch ein Ausdruck von Status und Macht.

Auch heute, in einer Welt voller digitaler Zahlen, gelten Gold und Silber als letzte Zufluchtsorte. In Zeiten der Unsicherheit kehrt das Vertrauen dorthin zurück, wo es einst begann: in das Gewicht der Dinge.

Aha-Moment: Bis weit ins 20. Jahrhundert waren viele Währungen der Welt – darunter Pfund, Dollar und Rubel – durch den Wert von Gold oder Silber gedeckt.

Impuls für den Tag: Was in Ihrem Leben hat echtes Gewicht – nicht materiell, sondern im übertragenen Sinn?

▸ TAG 66, MÜNZGELD – DAS VERSPRECHEN VON WERT IN METALL GEPRÄGT

Die Tulpenmanie – als eine Blume Europa in den Rausch trieb

Es begann mit einer Blume – und endete mit einem Schock. Die Tulpe, einst exotische Schönheit aus dem Osmanischen Reich, wurde im Holland des 17. Jahrhunderts zur heißesten »Aktie« Europas. Ihre Farbenpracht faszinierte nicht nur Botaniker – sie elektrisierte Händler, Spekulanten, Bürgerliche. Wer etwas auf sich hielt, besaß eine seltene Sorte. Wer reich werden wollte, spekulierte auf steigende Preise.

Binnen weniger Jahre entstand ein Markt voller Euphorie, Gerüchte – und Papierverträge. Tulpenzwiebeln wurden für das 30-Fache eines Jahreslohns gehandelt. Meist nicht real, sondern als »Futures« auf die nächste Ernte. Maler verewigten sie, Kaufleute schmückten sich mit ihnen und Nachbarn tuschelten über den »Zwiebeladel«. An den Handelsplätzen von Alkmaar und Haarlem herrschte Aufbruchsstimmung – das neue große Ding blühte.

Doch im Februar 1637 kam der Knall. Ein Käufer erschien nicht zur Auktion – plötzlich wollten alle verkaufen. Panik machte sich breit. Die Preise fielen ins Bodenlose. Aus Reichtum wurde Ruin. Die Tulpenmanie endete abrupt – und hinterließ eine Lehre für alle Zeiten: Wenn Erwartungen schneller wachsen als Wurzeln, kippt das System.

Die Tulpenkrise war mehr als ein ökonomisches Phänomen. Sie war der erste große Spiegel menschlicher Psychologie an der Börse: Gier, Gruppendynamik, Hoffnung – und das Vergessen der Realität. Heute gilt sie als Lehrstück für Herdenverhalten und Marktüberhitzung. Die Tulpe wurde zum Symbol für die Macht der Illusion – und die Zerbrechlichkeit kollektiven Optimismus'.

Ob Meme-Stocks, Immobilienbooms oder Krypto-Hypes – die Mechanik bleibt gleich. Die Tulpen von damals zeigen, wie schnell aus Wertschätzung eine Wertüberhöhung wird – und warum Märkte nicht nur Fakten spiegeln, sondern auch Fantasien.

Aha-Moment: Die Tulpenmanie zeigt: Märkte gedeihen nicht auf Hoffnung allein. Wenn Fantasie die Realität überholt, blüht der Hype – und verwelkt mit dem ersten Windstoß.

Impuls für den Tag: Prüfen Sie heute: Was hat Fundament – und was ist nur Glanz?

▶ TAG 55, RUSSLAND-UKRAINE-KRIEG 2022 – EIN GEOPOLITISCHER SCHOCK FÜR DIE MÄRKTE

Dividendenwachstum – starke Unternehmen mit steigenden Ausschüttungen

Die attraktivsten Dividenden sind oft nicht die höchsten, sondern die, die Jahr für Jahr wachsen. Genau darauf zielt die Strategie des Dividendenwachstums: Sie investieren in Unternehmen, die ihre Dividende nicht nur zahlen, sondern über Jahre hinweg steigern. Nicht die Momentaufnahme zählt, sondern die Entwicklung.

Unternehmen, die ihre Ausschüttung kontinuierlich erhöhen, zeigen meist mehr als nur Großzügigkeit. Sie verfügen oft über stabile Geschäftsmodelle, verlässliche Cashflows und eine starke Marktposition. Wer steigende Dividenden zahlen kann, beweist oft Preissetzungsmacht, finanzielle Disziplin und unternehmerische Qualität. Eine wachsende Dividende ist deshalb weniger ein Geschenk als ein Signal für wirtschaftliche Qualität.

Der eigentliche Effekt entsteht über die Zeit. Wer früh investiert, profitiert davon, dass die eigene »persönliche Dividendenrendite« mit jeder Erhöhung wächst. Was anfangs unspektakulär wirkt, kann sich über Jahre zu einem spürbaren Einkommensstrom entwickeln. Gleichzeitig profitieren viele dieser Unternehmen auch von steigenden Kursen – laufender Ertrag und wachsender Unternehmenswert können so Hand in Hand gehen.

Doch nicht jede hohe Dividende ist automatisch attraktiv. Entscheidend ist, ob sie nachhaltig ist. Wichtiger als die aktuelle Rendite ist die Fähigkeit des Unternehmens, die Ausschüttung aus eigener Stärke zu tragen und weiter zu erhöhen.

Worauf Sie achten sollten:

- **Historie:** kontinuierliche Dividendensteigerungen über viele Jahre
- **Ausschüttungsquote:** genug Spielraum für Investitionen und Wachstum
- **Ertragsstabilität:** verlässliche Gewinne als Basis der Dividende
- **Geschäftsmodell:** robust auch in schwierigeren Marktphasen

Dividendenwachstum ist deshalb keine kurzfristige Strategie. Es ist ein Ansatz für Anleger, die auf Qualität, Zeit und Beständigkeit setzen. Nicht der schnelle Ausschüttungseffekt steht im Vordergrund, sondern ein wachsender Anteil am Unternehmenserfolg.

Aha-Moment: Die beste Dividende ist nicht die höchste, sondern die, die über Jahre zuverlässig wächst.

Impuls für den Tag: Prüfen Sie bei einer bekannten Aktie nicht nur die Dividendenrendite, sondern auch, ob das Unternehmen seine Ausschüttung über viele Jahre verlässlich steigern konnte.

▶ TAG 77, DEFENSIV ODER ZYKLISCH? – AKTIENWAHL IM RICHTIGEN TAKT

Mean Reversion – auf die Rückkehr zur Mitte setzen

Märkte übertreiben. Kurse steigen zu schnell, fallen zu tief und entfernen sich deutlich von ihrem üblichen Gleichgewicht. Genau hier setzt Mean Reversion an: Übertreibungen werden nicht fortgeschrieben, sondern korrigiert.

Der Reiz dieser Strategie liegt im Gegenimpuls. Mean-Reversion-Trader suchen keine Trends, sondern extreme Abweichungen. Ist ein Markt ungewöhnlich weit gelaufen, steigt die Wahrscheinlichkeit einer Gegenbewegung. Genau diese Rückkehr in Richtung des Durchschnitts soll genutzt werden.

Der entscheidende Punkt: Mean Reversion funktioniert nicht durch Mut allein, sondern durch die präzise Auswahl echter Übertreibungen.

Nicht jede Bewegung ist bereits extrem. Gute Setups zeigen klare Abstände zum Durchschnitt, technische Extremzonen oder ungewöhnliche Beschleunigung. Erst wenn sich Bewegung sichtbar vom Normalmaß löst, wird die Strategie interessant.

Da starke Trends länger anhalten können als erwartet, braucht Mean Reversion klare Regeln für Einstieg, Absicherung und Positionsgröße. Struktur schützt vor zu frühem Eingreifen.

Worauf Mean-Reversion-Trader achten:
- deutliche Abweichungen vom Durchschnitt
- überdehnte Aufwärts- oder Abwärtsbewegungen
- technische Extremzonen
- erste Anzeichen einer Gegenbewegung

Typische Fehler:
- zu früh gegen einen intakten Trend handeln
- normale Bewegung mit Übertreibung verwechseln
- ohne Absicherung auf sofortige Umkehr setzen
- in starken Trendphasen stur antizyklisch bleiben

Mean Reversion ist damit keine Wette gegen den Markt, sondern eine Wette auf die Rückkehr zum Gleichgewicht.

Aha-Moment: Je weiter sich Kurse vom Gleichgewicht entfernen, desto größer wird die Chance auf eine Gegenbewegung.

Impuls für den Tag: Suchen Sie im Chart eine Bewegung, die deutlich weiter gelaufen ist als vorherige. Ist das noch Trend – oder bereits Übertreibung?

▶ TAG 78, ANTIZYKLISCH HANDELN – GEGEN DIE MASSE, MIT SYSTEM

Setup-Qualität erkennen – nicht jeder Einstieg ist ein Trade

Kurse bewegen sich ständig. Doch nicht jede Bewegung ist eine Gelegenheit. Genau hier beginnt professionelles Trading: nicht beim Einstieg, sondern bei der Auswahl.

Der entscheidende Punkt: Ein Trade entsteht erst, wenn mehrere Bedingungen zusammenpassen.

Ein Setup ist der Filter zwischen Marktbewegung und Handlung. Es beschreibt die Situation, in der ein Einstieg überhaupt sinnvoll wird: Marktstruktur, relevante Zonen, Dynamik, Volumen, Einstieg, Stopp und Chance-Risiko-Verhältnis.

Ohne Setup sieht jede Bewegung wichtig aus. Mit Setup erkennen Sie, welche Signale Bedeutung haben – und welche nur Marktrauschen sind.

Gerade Einsteiger verwechseln Aktivität mit Fortschritt. Sie sehen Bewegung, wollen dabei sein und handeln zu früh. Profis denken anders. Sie fragen zuerst: Passt diese Situation wirklich zu meinem Muster?

Ein gutes Setup beantwortet klare Fragen:

- Befindet sich der Markt im Trend oder in einer Range?
- Sind Unterstützung und Widerstand klar erkennbar?
- Gibt es einen eindeutigen Trigger für den Einstieg?
- Passt das Chance-Risiko-Verhältnis?
- Sind Stop-Loss und Ziel vorab definiert?

Ein Setup wird erst dann wertvoll, wenn Sie es wiederholt handeln können. Ein einzelner guter Trade ist Zufall – ein wiederholbares Muster ist Ihr Vorteil im Markt.

Setup-Qualität zeigt sich nicht nur darin, wann Sie handeln. Sie zeigt sich vor allem darin, wann Sie nicht handeln. Wer jedes Signal nutzt, verliert Struktur. Wer filtert, gewinnt Kontrolle. Ohne diese Klarheit passen Sie sich dem Markt an. Mit einem Setup passt sich Ihre Entscheidung an klare Regeln an.

Aha-Moment: Ein gutes Setup bringt Ihnen nicht mehr Trades, sondern bessere.

Impuls für den Tag: Beobachten Sie heute mehrere mögliche Trading-Chancen – und entscheiden Sie bewusst, keine davon zu handeln.

▶ TAG 49, SETUPS FILTERN – WANN SIE BEWUSST NICHT HANDELN

Alfred Herrhausen – der Banker mit Vision für gesellschaftliche Verantwortung

Er war kein Banker wie jeder andere – und wollte es auch nie sein. Alfred Herrhausen, Vorstandssprecher der Deutschen Bank bis zu seinem gewaltsamen Tod 1989, war eine Ausnahmeerscheinung im Finanzwesen. Ein Mann, der das Denken der Wirtschaft verändern wollte – nicht durch Zahlenkolonnen, sondern durch Verantwortung.

Während andere sich an Märkten orientierten, dachte Herrhausen in Gesellschaften. Während manche Gewinne maximierten, fragte er: »*Was nützt wirtschaftliches Wachstum, wenn es den Menschen nicht dient?*« Damit war er seiner Zeit weit voraus – und stellte Fragen, die heute aktueller sind denn je.

Herrhausen war nicht nur Top-Banker, er war Vordenker, Brückenbauer, Störfaktor im besten Sinne. Er sprach offen über Schuldenerlass für Entwicklungsländer – zu einer Zeit, als das unter Großbanken fast undenkbar war. Er warnte vor einseitigem Shareholder-Denken, bevor es zum Dogma wurde. Und er forderte eine Wirtschaft, die Sinn stiftet, nicht nur Rendite.

Er glaubte an die Kraft der Vernunft – aber nicht an die Allmacht des Markts. Sein Ziel war ein »moralischer Kapitalismus«, in dem Unternehmen nicht nur ökonomisch, sondern auch gesellschaftlich führen. Die Idee des denkenden Bankers war für ihn kein Etikett, sondern Auftrag.

Seine Reden klangen eher nach politischem Ethiker als nach Vorstand. Er suchte den Dialog mit Intellektuellen, Künstlern, Studierenden – nicht, um zu gefallen, sondern um zu lernen. Er war überzeugt: Wirtschaft braucht Gesellschaft – und umgekehrt.

Sein plötzlicher Tod im Jahr 1989 durch ein Attentat der RAF erschütterte nicht nur das Finanzwesen – es verstummte eine Stimme, die bereit war, unbequeme Wahrheiten auszusprechen. Der Anschlag traf nicht nur einen Menschen, sondern eine Haltung: offen, mutig – und für die Zukunft notwendig.

Was bleibt, ist sein Erbe – in Stiftungen, in Impulsen, in der drängenden Frage: Was wäre, wenn es mehr Führungskräfte gäbe wie ihn?

Alfred Herrhausen war Banker, Stratege, Vordenker – und ein Mensch mit Haltung. Sein Mut, Wirtschaft neu zu denken, bleibt ein Vermächtnis, das bis heute herausfordert.

Aha-Moment: Alfred Herrhausen zeigte: Verantwortung beginnt nicht im Rückblick – sondern im Vorausdenken. Wer gestalten will, muss über die eigene Bilanz hinausblicken.

Impuls für den Tag: Wirtschaft braucht Richtung, keine bloße Bewegung. Fragen Sie sich: Dient mein Handeln nur der Bilanz – oder auch der Gesellschaft?

▶ TAG 104, MARIO DRAGHI – DER EURO-RETTER MIT DREI WORTEN: »WHATEVER IT TAKES«

Leitzins & Zentralbanken – wie Geldpolitik die Märkte steuert

Der Preis des Geldes heißt Zins. Deshalb gehören Leitzinsen zu den wirksamsten Stellschrauben der Wirtschaft. Zentralbanken wie die US-Notenbank Fed oder die EZB beeinflussen mit ihren Entscheidungen die Kreditkosten, die Attraktivität des Sparens und die Dynamik von Konsum, Investitionen und Finanzmärkten.

Steigen die Leitzinsen, verteuern sich Kredite für private Haushalte und Unternehmen. Das bremst oft Konsum, Investitionen und Wachstum. Sinkende Zinsen wirken umgekehrt: Finanzierung wird günstiger, die Wirtschaft gewinnt Spielraum, und risikoreichere Anlagen wie Aktien werden attraktiver.

Besonders sensibel reagieren Bereiche, in denen Erwartungen an die Zukunft eine große Rolle spielen. Wachstumsaktien geraten unter Druck, wenn steigende Zinsen künftige Gewinne geringer gewichten. Am Anleihemarkt fallen bei steigenden Zinsen in der Regel die Kurse ausgegebener Papiere, während neue Anleihen mit höheren Renditen attraktiver werden. Auch Währungen reagieren auf veränderte Kapitalströme. Immobilien und Konsum folgen oft verzögert, weil höhere Finanzierungskosten die Nachfrage dämpfen.

Die eigentliche Macht der Zentralbanken liegt jedoch nicht nur im Zinsschritt selbst, sondern auch in ihrer Kommunikation. Diese vorausschauende Kommunikation heißt Forward Guidance. Oft genügt schon eine kleine sprachliche Nuance, damit Anleger ihre Erwartungen neu einordnen.

Deshalb bewegen nicht nur Entscheidungen die Märkte, sondern vor allem Abweichungen von dem, was zuvor erwartet wurde. Nicht der Beschluss allein lenkt die Kurse, sondern das Überraschungsmoment. **Die wichtigsten Zentralbanken und ihr Einfluss:**

NOTENBANK	BEDEUTUNG	EINFLUSSBEREICH
Fed	Taktgeber des globalen Zinsumfelds	US-Dollar, Weltbörsen, Anleihemärkte
EZB	bestimmt die Geldpolitik im Euroraum	Euro, europäische Banken, Anleihen
Bank of England	früher Seismograf geldpolitischer Wendepunkte	Britisches Pfund, britische Märkte
Bank of Japan	Symbol extrem lockerer Geldpolitik	Yen, globale Kapitalströme durch Niedrigzinsen

Aha-Moment: Nicht der Leitzins allein bewegt die Börse, sondern die Abweichung zwischen Entscheidung und Erwartung.

Impuls für den Tag: Achten Sie beim nächsten Zinsentscheid nicht nur auf die Zahl, sondern auf jedes Signal zwischen den Zeilen.

▶ TAG 75, BRUTTOINLANDSPRODUKT (BIP) – DER PULS EINER VOLKSWIRTSCHAFT

Was ist ein Hebel? Das Prinzip, das alles verändert

Ein Hebel verstärkt die Wirkung von Kursbewegungen auf Ihr eingesetztes Kapital. Mit einem vergleichsweise kleinen Einsatz kontrollieren Sie einen deutlich größeren Betrag im Markt. Schon kleine Kursänderungen wirken dadurch überproportional auf Ihr Ergebnis.

Hebel = gehandelter Betrag ÷ eigener Einsatz

So wirkt der Hebel: Kleine Kursänderungen führen zu großen Effekten auf Ihr eingesetztes Kapital.

EINSATZ [€]	HEBEL	POSITIONSGRÖSSE [€]	KURSÄNDERUNG [%]	ERGEBNIS [%]	GEWINN/VERLUST [€]
1000	5	5000	+1	+5	+50
1000	10	10 000	+1	+10	+100
1000	20	20 000	+1	+20	+200
1000	5	5000	-5	-25	-250
1000	10	10 000	-5	-50	-500
1000	20	20 000	-5	-100	-1000 (Einsatz verloren)

Der entscheidende Punkt: Der Hebel verändert nicht den Markt, sondern die Geschwindigkeit, mit der Gewinne und Verluste entstehen.

Er wirkt in beide Richtungen. Gewinne steigen schneller, Verluste ebenso. Bereits kleine Gegenbewegungen können den Einsatz stark reduzieren oder vollständig aufbrauchen. Wer ohne klare Regeln handelt, verliert hier schnell die Kontrolle.

Zentral ist die Margin – die Sicherheitsleistung für die größere Position. Je kleiner der eigene Einsatz im Verhältnis zur Positionsgröße, desto höher der Hebel – und desto schneller wirken sich Marktbewegungen auf Ihr Kapital aus.

Hebel sind keine Abkürzung zum Reichtum, sondern ein präzises Werkzeug mit klarem Risiko. Sie verlangen Struktur, Disziplin und ein klares Risikomanagement. Entscheidend ist nicht, wie viel Sie gewinnen, sondern wie schnell Sie verlieren können.

Aha-Moment: Ein Hebel verkürzt den Weg zum Gewinn – und genauso schnell zum Verlust.

Impuls für den Tag: Berechnen Sie für eine Position mit Hebel, bei welcher kleinen Kursbewegung Ihr Einsatz stark reduziert wäre. Würden Sie diesen Trade bewusst eingehen?

▸ TAG 82, HEBELPRODUKTE – WARUM KLEINE BEWEGUNGEN GROSSE WIRKUNG HABEN

Volatilität entschlüsselt – wie der VIX & VDAX Ihre Strategie steuern

Volatilität ist kein Alarmzeichen – sondern ein Stimmungsbarometer. Wer sie richtig liest, erkennt Muster, wenn andere im Nebel tappen. Volatilitat misst nicht Risiko an sich, sondern Schwankungsbreite – also die Nervosität im Markt.

Für den deutschen Aktienmarkt gilt der **VDAX** als wichtigstes Maß für die erwartete Volatilität. Er zeigt, wie stark der DAX in den kommenden 30 Tagen voraussichtlich schwanken könnte – und zwar nicht auf Basis vergangener Kurse, sondern von aktuellen Optionspreisen abgeleitet.

Denn sowohl der VDAX als auch sein US-Pendant, der **VIX**, messen die **implizite Volatilität**: also die Schwankung, die Anleger aktuell erwarten – sichtbar in real gehandelten DAX- beziehungsweise S&P-500-Optionen (Verträge, die das Recht auf Kauf oder Verkauf eines Basiswerts zu einem bestimmten Preis gewähren). Je nervöser der Markt, desto stärker steigt die Nachfrage nach Absicherung – und desto höher sind die Optionspreise. So wird Emotion direkt messbar gemacht.

Typische Bandbreiten im VDAX helfen bei der Einordnung: Ein Wert unter 17 signalisiert ruhige Märkte, 17 bis 25 gilt als normales Schwankungsniveau, über 25 zeigt erhöhte Nervosität bis Stress. Ein hoher VDAX ist aber kein Grund zur Panik. Wer Volatilität versteht, erkennt Risiken früher, plant gezielter – und entdeckt Chancen, wo andere aussteigen.

Was bedeutet das für Ihre Strategie? Bei niedriger Volatilität sind Optionen günstig, Risiken werden oft unterschätzt. Bei hoher Volatilität schwanken die Märkte stärker, Absicherung wird teuer – aber Einstiegschancen entstehen dort, wo andere aussteigen.

Was bedeutet das konkret? Ein VDAX von 25 bedeutet: Der Markt rechnet mit einer täglichen Schwankung von etwa 1,57 Prozent. Bei einem DAX-Stand von 24 000 Punkten entspricht das einem möglichen Kursausschlag von rund ±377 Punkten – pro Tag, in beide Richtungen.

Nutzen Sie Volatilität gezielt: zur strategischen Feinjustierung, für Absicherungen und Optionsgeschäfte – und um Emotion von Struktur zu unterscheiden. Wer Volatilität versteht, plant ruhiger – auch wenn es wackelt.

Aha-Moment: Volatilität zeigt, was der Markt für möglich hält – nicht, was sicher eintritt. Wer sie liest, denkt einen Schritt weiter.

Impuls für den Tag: Wie gut spüren Sie, wann der Markt zittert – und wann er nur atmet?

▸ TAG 83, WENN'S WEH TUT – WIE VIEL VERLUST HALTEN SIE WIRKLICH AUS?

Informationsflut reduzieren – Qualität vor Quantität

An der Börse fehlt es nicht an Informationen, sondern an Auswahl. Nachrichten, Meinungen, Daten und Kurse sind jederzeit verfügbar. Doch mehr Information führt selten zu besseren Entscheidungen.

Der entscheidende Punkt: Nicht die Menge an Informationen verbessert Ihre Entscheidungen, sondern die Qualität Ihrer Auswahl.

Viele verwechseln Informiertheit mit Aktivität. Sie lesen, schauen, vergleichen – und verlieren dabei den Überblick. Je mehr Quellen Sie verfolgen, desto schwieriger wird es, Relevantes von Rauschen zu trennen. Entscheidungen entstehen dann nicht aus Klarheit, sondern aus Reizüberflutung.

Börseninformationen sind selten neutral. Sie sind zugespitzt, verkürzt oder auf kurzfristige Bewegungen ausgerichtet. Wer alles verfolgt, reagiert ständig – statt strukturiert zu handeln.

Klarheit entsteht durch Auswahl. Wenige verlässliche Quellen, klare Themen und ein definierter Zeithorizont reichen aus. Gute Informationen ordnen ein – sie treiben Sie nicht zum Handeln.

Filter für bessere Entscheidungen:

- Begrenzen Sie Ihre Quellen auf wenige verlässliche Anbieter.
- Trennen Sie Nachricht und Einordnung.
- Achten Sie auf den Zeithorizont der Information.
- Nutzen Sie einen Wirtschaftskalender, um relevante Termine gezielt zu verfolgen.
- Meiden Sie Informationsquellen, die Zeit kosten, aber Ihre Entscheidungen nicht verbessern.
- Ignorieren Sie kurzfristiges Rauschen, wenn Sie langfristig denken.

Auch Daten brauchen Kontext. Einzelne Zahlen wirken oft bedeutend, erst Entwicklungen über die Zeit machen sie relevant. Wer nur Schlagzeilen folgt, verliert diese Perspektive.

Informationsflut wirkt nicht nur kognitiv, sondern auch emotional. Ständige Impulse erzeugen das Gefühl, handeln zu müssen – obwohl oft gerade Nichthandeln die bessere Entscheidung ist.

Weniger Information bedeutet nicht weniger Wissen, sondern mehr Klarheit und bessere Entscheidungen.

Aha-Moment: Sie brauchen nicht mehr Informationen, sondern bessere Filter.

Impuls für den Tag: Legen Sie fest, welche Informationen für Sie relevant sind – und wann Sie sie bewusst nutzen.

▶ TAG 85, DIE ERSTEN VERLUSTE – WIE SIE DADURCH BESSER WERDEN

Setups filtern – wann Sie bewusst *nicht* handeln

Der Markt liefert ständig Signale. Doch die meisten sind kein Trade. Wer alles handelt, handelt nicht besser – nur öfter.

Der entscheidende Punkt: Ihr Vorteil entsteht nicht durch die Trades, die Sie machen, sondern durch die, die Sie auslassen.

Filtern heißt streichen. Sie legen vorab fest, was nicht gehandelt wird. Erst wenn nichts dagegenspricht, kommt ein Trade infrage.

Einsteiger reagieren auf Bewegung. Profis definieren Ausschlusskriterien – und handeln nur, wenn kein Ausschlusskriterium greift.

Klare »Nein«-Kriterien:

- kein klarer Trend oder keine saubere Range
- unklare Zonen oder widersprüchliche Signale
- schwaches Chance-Risiko-Verhältnis
- fehlender Trigger
- ungeeignete Marktphase (z. B. wichtige Wirtschaftsdaten, Nachrichten, geringe Liquidität)

Trifft eines davon zu, handeln Sie nicht.

Filtern endet nicht beim Chart. Sie filtern auch Ihr Verhalten.

Ein Trading-Tagebuch zeigt, wann Setups funktionieren – und wann nicht. **Daraus entstehen Regeln:**

- nur bestimmte Tage handeln
- Long / Short gezielt begrenzen
- nach Verlusten pausieren oder Positionsgröße reduzieren
- maximale Anzahl der Trades pro Tag, Woche oder Monat festlegen

So filtern Sie Markt und Verhalten zugleich – und reduzieren systematisch schwache Entscheidungen.

Ein guter Trader erkennt Chancen. Ein besserer erkennt, wann es keine sind. Nicht zu handeln, ist kein Verpassen, sondern ein aktiver Teil Ihrer Strategie.

Aha-Moment: Ihr Vorteil entsteht oft genau dort, wo Sie bewusst nichts tun.

Impuls für den Tag: Definieren Sie drei klare Gründe, heute nicht zu handeln – und setzen Sie sie konsequent um.

▶ TAG 79, EINSTIEG, STOPP, ZIEL – PLANEN STATT HOFFEN

Yale & Harvard – die Kunst institutioneller Kapitalanlage

Hinter ehrwürdigen Bibliotheken und gepflegten Campusflächen arbeitet ein Kapitalapparat, der mit großen Fonds mithalten kann. US-Eliteuniversitäten finanzieren sich nicht nur über Studiengebühren und Spenden, sondern über gewaltige Stiftungsvermögen. Ihr Auftrag ist klar: Kapital soll Generationen tragen, nicht verbraucht werden.

Das Ziel ist präzise definiert: jährliche Ausschüttungen für Forschung, Lehre und Infrastruktur, ohne das reale Vermögen zu schmälern. Die Fonds funktionieren wie eine endlose Rente – Kapital arbeitet, die Institution profitiert.

Daraus entstand das sogenannte **Endowment-Modell,** geprägt vor allem durch Yale. Der entscheidende Unterschied zu klassischen Depots: Nicht Prognosen steuern die Anlage, sondern Struktur. Im Zentrum steht eine breite Streuung jenseits klassischer Aktien- und Anleiheportfolios. Die Fonds investieren global und nutzen Anlageklassen, die unterschiedlich auf Konjunktur, Inflation und Zinsen reagieren. Schwankungen werden akzeptiert – Liquidität wird geplant, nicht erhofft.

Die Bausteine dieser Kapitallogik:

- **Aktien:** global gestreut, langfristig gehalten
- **Private Equity:** Beteiligungen mit langfristigem Wachstumspotenzial
- **Immobilien:** laufende Erträge und reale Werte
- **Infrastruktur:** stabile Cashflows über Jahrzehnte
- **Rohstoffe:** Schutz vor Kaufkraftverlust

Die Stärke liegt in der Kombination. Während Aktien schwanken, liefern andere Bausteine Stabilität oder langfristige Wertsteigerung. Entscheidend ist nicht der einzelne Treffer, sondern das System.

Ein weiterer zentraler Punkt ist die Illiquidität. Ein großer Teil des Kapitals ist bewusst langfristig gebunden. Verzicht auf schnelle Verfügbarkeit wird hier gegen höhere Renditechancen getauscht. Diese Logik erfordert Disziplin und Vertrauen in den eigenen Plan.

Gerade in Krisen zeigt sich die Qualität dieses Ansatzes. Während kurzfristiges Kapital abgezogen wird, bleiben Endowments investiert oder nutzen Chancen, nicht aus Mut, sondern aus Struktur.

Aha-Moment: Große Vermögen werden nicht durch Timing aufgebaut, sondern durch konsequente Allokation über viele Anlageklassen.

Impuls für den Tag: Denken Sie Ihr Portfolio wie ein Endowment: Welche Bausteine arbeiten unterschiedlich – und wie stabil ist Ihr Gesamtsystem wirklich?

▸ TAG 107, PENSIONSFONDS – STABILITÄT ALS OBERSTES PRINZIP

Ihr Geldcode – Überzeugungen erkennen und transformieren

Hinter jedem Trade steht eine Überzeugung. Nicht immer bewusst, nicht immer hilfreich – aber immer wirksam. Wer langfristig erfolgreich handeln will, braucht mehr als Strategie. Er braucht Klarheit: über die eigenen inneren Programme, Prägungen und Denkgewohnheiten.

Denn am Ende traden Sie nicht nur Märkte – Sie traden sich selbst. Ihre Gedanken, Glaubenssätze und Annahmen beeinflussen jede Entscheidung: Einstieg, Ausstieg, Zögern, Panik – oder Konsequenz.

»Was der Denker denkt, wird der Beweiser beweisen.«
– Robert Anton Wilson

Glaubenssätze wirken wie unsichtbare Drehbücher. Viele stammen aus Kindheit, Umfeld oder früheren Erfahrungen. Einige helfen – viele limitieren. Vielleicht glauben Sie: »Geld verdirbt den Charakter«, »Wer hoch steigt, fällt tief« oder »Hin und her macht Taschen leer«.

Diese Sätze mögen vertraut klingen – aber sind sie auch wahr? Oder verhindern sie, dass Sie sich mit Freiheit, Vertrauen und Fokus im Markt bewegen?

Reflexionsaufgabe – wovon sind Sie überzeugt?

1. Schreiben Sie 20 Überzeugungen auf – über Geld, Erfolg, Risiko, Kontrolle und sich selbst.
2. Untersuchen Sie jede davon mit diesen Fragen:
   - Woher stammt diese Überzeugung?
   - Welche Wirkung hatte oder hat sie auf mein Denken, Fühlen und Handeln?
   - Ist sie hilfreich für mich – oder begrenzend?
   - Was hält mich davon ab, sie loszulassen?

Je bewusster Ihre Überzeugungen – desto freier Ihr Verhalten.

Viele Trader haben Regeln – und halten sich dennoch nicht daran. Nicht aus Unwissen, sondern weil innere Muster dagegen arbeiten. Vielleicht erkennen Sie sich hier?

- Sie ignorieren Ihre Regeln – aus dem Impuls, es »besser« zu wissen.
- Sie zweifeln – an der Strategie, am Markt oder an sich selbst.
- Sie erleben Regeln als Einschränkung – und wehren sich unbewusst.
- Sie sabotieren sich – um alte Überzeugungen zu bestätigen.

Selbstbeobachtung ist der erste Schritt zur Veränderung. Wer sich ehrlich hinterfragt, gewinnt Einfluss – auf die eigenen Entscheidungen und auf das Ergebnis.

Aha-Moment: Ihre Überzeugungen handeln für Sie – ob Sie es merken oder nicht. Ohne innere Klarheit folgen Sie keiner Strategie, sondern Ihrer Prägung.

Impuls für den Tag: Beobachten Sie heute eine spontane Geldentscheidung. Welche Denkgewohnheit steckt dahinter? Überzeugungen sind keine Fakten – sie sind trainierbar.

▶ TAG 80, REICHTUM BEGINNT IM KOPF – GELD, GLÜCK UND EIN ERFÜLLTES LEBEN

Verlustaversion – warum Verluste unsere Entscheidungen verzerren

Angst vor Verlusten? Willkommen im Club. Kein Anleger ist immun gegen das beklemmende Gefühl, wenn der Markt fällt. Doch wer an der Börse bestehen will, muss lernen, rational statt emotional zu handeln. Die Behavioral Finance zeigt: Viele scheitern nicht an der Auswahl ihrer Investments – sondern an ihrer Psychologie.

Ein zentrales Muster ist die **Verlustaversion**: Verluste wiegen psychologisch etwa doppelt so schwer wie gleich hohe Gewinne (1). Deshalb verkaufen viele ihre Gewinner zu früh, um sich das Erfolgserlebnis zu sichern – und halten Verlierer zu lange, in der Hoffnung auf eine Rückkehr zum Einstiegspreis. Doch wer sich zu sehr an Ankerpunkten wie dem Einstiegskurs orientiert, verliert den Blick für Chancen und Risiken im Hier und Jetzt.

Dieses Verhalten nennt man **Dispositionseffekt:** Gewinne werden zu schnell realisiert, Verluste dagegen ausgesessen (2). Oft, um sich keine Fehler einzugestehen – dabei gelangt die objektive Bewertung ins Hintertreffen. Wer Verluste sachlich bewertet und konsequent handelt, schafft Raum für langfristigen Erfolg.

Ein weiterer Denkfehler: Anleger beobachten ihr Depot zu oft – und reagieren übertrieben auf normale Marktschwankungen. Studien zeigen: Wer Verluste häufiger sieht, reagiert sensibler, ungeduldiger und steigt schneller aus dem Markt aus (3). Diese Kurzsichtigkeit – eine Form kurzfristiger Verlustaversion – erhöht unnötig die Risikoempfindlichkeit.

Und dann ist da noch der Wunsch, »wieder auf null zu kommen«. Nach Verlusten gehen viele Anleger riskantere Trades ein, nur um frühere Verluste auszugleichen. Dieser sogenannte **Break-even-Effekt** führt zu emotionalen Entscheidungen – oft ohne das zusätzliche Risiko klar zu erfassen (4).

Wie schlagen Sie die Verlustaversion?

- **Setzen Sie klare Regeln:** Definieren Sie Kauf- und Verkaufszeitpunkte fest – am besten schriftlich.
- **Denken Sie langfristig:** Kurzfristige Rückgänge sind kein Grund zur Panik, wenn die Strategie trägt.
- **Akzeptieren Sie Schwankungen:** Verluste gehören zum Investieren – entscheidend ist die Richtung über Jahre, nicht Tage.

Die Börse belohnt die Disziplinierten. Verluste prüfen unsere Haltung – nicht unsere Fähigkeiten.

Aha-Moment: In Handelsdaten zeigte sich: Investoren realisieren Verluste seltener als Gewinne – selbst wenn neue Chancen auf dem Tisch liegen.

Impuls für den Tag: Welche Ihrer finanziellen Entscheidungen treffen Sie aus Angst – und welche aus Überzeugung?

▶ TAG 84, MENTALE BUCHFÜHRUNG – WARUM WIR GELD IN SCHUBLADEN STECKEN

Low-Volatility-Strategie – Stabilität schlägt Risiko

Die klassische Finanztheorie besagt: Höheres Risiko wird langfristig mit höherer Rendite belohnt. Die Low-Volatility-Strategie widerspricht diesem Prinzip. Sie investiert gezielt in Aktien mit geringen Kursschwankungen – und zeigt, dass Stabilität nicht zwangsläufig Rendite kostet.

So funktioniert es:

- Auswahl von Aktien mit historisch niedriger Volatilität
- Messgröße: Standardabweichung oder Beta (Marktsensitivität)
- regelmäßige Überprüfung und Anpassung des Portfolios

Warum funktioniert das?

- Anleger überschätzen oft »heiße« Wachstumswerte und übersehen defensive Titel.
- Ruhigere Aktien bieten stabilere Kursverläufe.
- Empirisch belegte »Low-Volatility-Anomaly«: Weniger Schwankung bedeutet oft mehr Rendite (1).

Beispiel: Der MSCI World Minimum Volatility Index erzielte zwischen 1998 und 2020 rund 7 bis 8 Prozent Rendite pro Jahr – ähnlich wie der normale MSCI World (ca. 7 bis 9 Prozent). Doch die Schwankungen waren deutlich geringer: In der Finanzkrise 2008 verlor der Low-Vol-Index etwa 30 Prozent, während der Gesamtmarkt über 40 Prozent einbüßte. Das ergab weniger Stress und mehr Stabilität.

CHANCEN	RISIKEN
▪ ruhigeres Depot mit geringeren Drawdowns ▪ empirisch belegter Renditevorteil ▪ psychologischer Gewinn: leichter investiert bleiben	▪ Gefahr von Klumpenrisiken (oft Übergewicht in Versorgern, Basiskonsum, Gesundheit) ▪ In starken Bullenmärkten hinkt die Strategie meist hinterher. ▪ Fokus auf Vergangenheit: Niedrige Volatilität ist keine Garantie für die Zukunft.

Fazit: Die Low-Volatility-Strategie ist ein Beweis dafür, dass »langsam und stetig« an der Börse oft weiterkommt. Für Anleger, die Stabilität suchen, ist sie eine attraktive Ergänzung zur Depotstrategie.

Aha-Moment: Weniger Schwankung heißt nicht weniger Erfolg – oft ist das Gegenteil der Fall.

Impuls für den Tag: Vergleichen Sie heute den Chart des MSCI World mit dem des MSCI World Minimum Volatility. Welche Linie würden Sie lieber in Ihrem Depot haben?

▶ TAG 81, MAGIC FORMULA INVESTING – QUALITÄT TRIFFT GÜNSTIGE BEWERTUNG

Buy & Hold – die Kunst, investiert zu bleiben

Buy-and-Hold beginnt mit einer klaren Entscheidung: Sie investieren nicht für Tage oder Monate, sondern für Jahre oder Jahrzehnte. Entscheidend ist nicht das tägliche Auf und Ab der Börse, sondern ob ein Unternehmen langfristig Wert schaffen kann. Genau darin liegt der Kern von Buy-and-Hold: Qualität erkennen, investieren und der Zeit erlauben, für Sie zu arbeiten. Wer in starke Unternehmen investiert bleibt, profitiert nicht nur von steigenden Kursen, sondern auch vom Zinseszinseffekt. Reinvestierte Gewinne und Dividenden können Vermögen über lange Zeit deutlich wachsen lassen. Nicht jede Marktphase wird angenehm sein. Langfristig wirken Zeit und unternehmerischer Erfolg jedoch oft stärker als kurzfristige Nervosität. Genau das ist die Stärke dieser Strategie. Märkte können Unternehmen zeitweise zu hoch oder zu niedrig bewerten. Langfristig orientieren sich Kurse jedoch oft wieder stärker an der wirtschaftlichen Entwicklung. Wer geduldig bleibt, erhöht die Chance, an der langfristigen Wertentwicklung erfolgreicher Firmen teilzuhaben. Buy-and-Hold ist deshalb mehr als eine Methode – es ist eine Haltung der finanziellen Gelassenheit.

Warum Buy-and-Hold überzeugt:

- **Langfristige Perspektive:** Märkte schwanken, doch starke Unternehmen können über die Jahre und Jahrzehnte an Wert gewinnen.
- **Zinseszinseffekt:** Reinvestierte Dividenden und Erträge lassen Vermögen mit der Zeit überproportional wachsen. Aus 10 000 Euro werden bei 7 Prozent Rendite in 30 Jahren mehr als 76 000 Euro – ohne ständiges Umschichten.
- **Mehr Ruhe, weniger Fehler:** Wer nicht dauernd handelt, spart oft Kosten, Nerven und impulsive Entscheidungen.

Ein Blick auf führende Unternehmen zeigt, was Geduld bewirken kann. Firmen wie Apple, Nvidia oder Munich Re sind durch Krisen, Rückschläge und Zweifel gegangen – und haben ihren Wert dennoch teils massiv gesteigert. Nicht jedes Unternehmen wird diesen Weg gehen. Diese Beispiele zeigen, welche Kraft entsteht, wenn Qualität auf Zeit trifft.

Checkliste: Sind Sie ein Buy-and-Hold-Typ?

- Verstehen Sie, womit Ihre Unternehmen langfristig Geld verdienen?
- Können Sie Kursrückgänge aushalten, ohne in Panik zu verkaufen?
- Planen Sie, Ihr Geld mindestens zehn Jahre investiert zu lassen?
- Reinvestieren Sie Dividenden oder Ausschüttungen konsequent?
- Lassen Sie sich nicht von kurzfristigen Schlagzeilen treiben?
- Haben Sie ein ausreichend diversifiziertes Depot?

Aha-Moment: Zeit ist an der Börse einer Ihrer stärksten Verbündeten.

Impuls für den Tag: Schauen Sie auf Langfristcharts von Qualitätsunternehmen und fragen Sie sich: Wo hätte Geduld aus einer guten Entscheidung eine außergewöhnliche gemacht?

▶ TAG 89, TIMING ODER TIME-IN? – WAS BEIM EINSTIEG WIRKLICH ZÄHLT

Russland-Ukraine-Krieg 2022 – ein geopolitischer Schock für die Märkte

Am 24. Februar 2022 wachte die Welt in einer anderen Realität auf. Mit dem Angriff Russlands auf die Ukraine kehrte der Krieg nach Europa zurück – und die Märkte reagierten sofort. Ölpreise schossen nach oben, Energieaktien explodierten, der Rubel stürzte ab. Auch Gold als sicherer Hafen legte zu, der Volatilitätsindex VIX sprang an, besonders Europas Börsen gerieten unter Druck. Doch der Schock reichte tiefer als jede Kursbewegung: Es war ein Erdbeben für die globale Ordnung.

Plötzlich standen Themen im Vordergrund, die lange verdrängt worden waren: Energieabhängigkeit, Rohstoffversorgung, Rüstung, Cybersicherheit. Börsen begannen geopolitisch zu denken – in Pipelines, Häfen, Verteidigungshaushalten. Die Sanktionen gegen Russland, der Ausschluss aus Zahlungssystemen, eingefrorene Devisenreserven – all das zeigte, wie eng vernetzt und zugleich verletzlich das globale Finanzsystem ist. Selbst Agrarrohstoffe wurden zu politischen Druckmitteln, Weizen zum globalen Risikofaktor.

Doch es gab auch eine Gegenbewegung: Unternehmen zeigten Haltung, Staatsfonds und Investoren zogen Kapital aus russischen Vermögenswerten ab. Lieferketten wurden politisch neu bewertet und auch ESG-Kriterien gerieten in Bewegung. Das Kürzel für Umwelt (E), Soziales (S) und Unternehmensführung (G) wurde neu gelesen – denn »G« stand plötzlich für mehr als Aufsichtsstrukturen und Reportingpflichten. Geopolitik, Werteorientierung und politische Risiken rückten ins Zentrum. Eine neue Realität entstand: Wirtschaft und Werte ließen sich nicht länger trennen. Kapital war nicht länger nur ein Mittel zum Zweck der Gewinnmaximierung, sondern Ausdruck von Haltung.

Gleichzeitig rückten neue Branchen ins Zentrum des Interesses: Rüstung wurde wieder investierbar, Wasserstoff rückte ins Zentrum sicherheitspolitischer Strategien. Industriepolitik feierte ihr Comeback, viele Staaten begannen, technologische Souveränität und energetische Unabhängigkeit neu zu denken. Auch der Finanzsektor passte sich an: Begriffe wie Entkopplung, Diversifikation und Widerstandsfähigkeit wurden zur neuen Richtschnur für Investmententscheidungen.

Der Krieg war ein Schock – aber auch ein Weckruf. Er veränderte nicht nur Energiemärkte, Lieferketten und Inflationspfade, sondern auch das wirtschaftliche Denken. Denn Wirtschaft findet nicht im luftleeren Raum statt, sondern inmitten von Interessen, Abhängigkeiten und ethischen Spannungsfeldern.

Aha-Moment: Der Krieg zeigte: Nicht nur Märkte, auch Werte können in Bewegung geraten – und geopolitische Risiken sind längst ökonomische Realitäten.

Impuls für den Tag: Märkte spiegeln mehr als Zahlen – sie zeigen, woran wir glauben. Fragen Sie sich: Welche Werte handeln wir – und welche übersehen wir dabei?

▶ TAG 70, DIE DOTCOM-BLASE – WIE INTERNET-TRÄUME MILLIARDEN VERNICHTETEN

Nick Leeson – der Händler, der die Barings Bank in den Abgrund riss

Im Jahr 1995 erschütterte ein einzelner Mann die Finanzwelt: Nick Leeson, ein junger Derivatehändler, brachte mit riskanten und unautorisierten Spekulationen die traditionsreiche britische Barings Bank zu Fall. Gegründet 1762 galt sie als Inbegriff seriöser Finanzkultur – selbst die britische Königsfamilie zählte zu ihren Kunden.

Leeson begann im Backoffice, doch sein Ehrgeiz katapultierte ihn schnell nach vorn. 1992 wurde er nach Singapur versetzt, wo er sowohl den Handel als auch die Kontrolle über Transaktionen innehatte – eine riskante Machtkonzentration. Er nutzte ein geheimes Konto mit der Nummer 88888, um Verluste zu verstecken und Gewinne zu fingieren.

Seine Strategie: Verluste mit immer größeren Wetten zu kompensieren – ein riskanter Tanz auf dünnem Eis. Als 1995 das Erdbeben von Kōbe die asiatischen Märkte erschütterte, brach sein Kartenhaus endgültig zusammen. Die Verluste summierten sich auf 827 Millionen Pfund – das Doppelte des Eigenkapitals der Bank. Barings, einst ein Symbol britischer Finanzstabilität, wurde über Nacht zum Mahnmal systemischen Kontrollversagens. Der Fall wurde zum Weckruf für eine ganze Branche – und zeigte, wie gefährlich es ist, wenn Handel und Kontrolle in einer Hand liegen.

Leeson floh, wurde jedoch in Frankfurt verhaftet und nach Singapur ausgeliefert. Dort wurde er zu sechseinhalb Jahren Haft verurteilt, von denen er vier Jahre verbüßte. Während seiner Haftzeit schrieb er das Buch *Rogue Trader,* das später mit **Ewan McGregor** in der Hauptrolle verfilmt wurde.

Heute lebt Leeson in Irland und arbeitet als Redner sowie als Berater für Risikomanagement. Seine Geschichte steht exemplarisch für die Risiken entgrenzten Handelns – und unterstreicht, wie essenziell Kontrolle und Aufsicht in komplexen Finanzsystemen sind.

Aha-Moment: Nick Leesons Fall zeigt, wie fehlende Kontrolle und übermäßiges Vertrauen in Einzelpersonen selbst die etabliertesten Finanzinstitute zu Fall bringen können.

Impuls für den Tag: Vertrauen ist gut, Kontrolle ist besser – besonders wenn es um Milliarden geht.

▶ TAG 120, BERNIE MADOFF – DAS GRÖSSTE SCHNEEBALLSYSTEM DER GESCHICHTE

Robo-Advisor – automatisch investieren mit System

Ein Navigationssystem im Auto fragt nicht nach Ihrer Stimmung, sondern nach dem Ziel. Genau so funktionieren Robo-Advisor – zumindest im Idealfall. Sie versprechen automatisiertes Investieren ohne Emotion, konsequent und regelbasiert. Für Einsteiger klingt das nach Entlastung, für andere nach Kontrollverlust. Ein Blick hinter die Oberfläche zeigt, was wirklich geschieht.

Im Kern handelt es sich um digitale Vermögensverwaltung. Nach Fragen zu Zielen, Anlagehorizont und Risikobereitschaft erstellt das System ein Portfolio – meist aus ETFs. Algorithmen überwachen die Gewichtung und passen sie an, wenn Abweichungen entstehen. Dieses automatische Zurückführen auf die ursprüngliche Struktur nennt man Rebalancing. Der Mensch definiert den Rahmen, der Algorithmus setzt ihn diszipliniert um.

Die Stärke liegt in der Konsequenz. Viele Anleger kennen die Theorie – Diversifikation, Durchhalten, Kostenkontrolle –, scheitern jedoch an der Umsetzung. Automatisierung schließt genau diese Lücke. Sparpläne laufen weiter, auch wenn Märkte schwanken. Entscheidungen werden nicht täglich hinterfragt. Disziplin wird technisch abgesichert.

Doch hier liegt auch die Grenze. Robo-Advisor erklären keine Märkte, sie reagieren nur auf definierte Parameter. Sie interpretieren keine geopolitischen Risiken, keine geldpolitischen Brüche, keine strukturellen Veränderungen. Was sie tun, ist regelbasierte Umsetzung – nicht strategisches Denken. In turbulenten Phasen bleibt das System funktional, aber es bietet keinen Dialog, keine Einordnung. Ein Algorithmus kennt Ihr Risikoprofil, aber nicht Ihre Zweifel.

Was Robo-Advisor leisten:

- standardisierte, breit diversifizierte Portfolios
- Klare Risikoprofile
- automatisches Rebalancing
- kosteneffiziente Struktur

Fazit: Robo-Advisor ersetzen keine Strategie – sie automatisieren sie. Technologie schafft Struktur, ersetzt jedoch nicht Verantwortung. Wer seine Ziele kennt, gewinnt Struktur. Wer sie nicht kennt, automatisiert Unklarheit.

Aha-Moment: Ein Robo-Advisor diszipliniert Ihr Verhalten, aber er denkt nicht für Sie.

Impuls für den Tag: Prüfen Sie Ihre Strategie. Erst dann entscheiden Sie, ob Automatisierung Ihr Verbündeter ist.

▶ TAG 92, QUANTENCOMPUTING – DER NÄCHSTE GAMECHANGER FÜR MÄRKTE?

Fonds oder ETFs – zwei Wege zur Marktteilnahme

Sowohl klassische Fonds als auch ETFs bündeln viele Wertpapiere in einem Portfolio. Beide verfolgen das Ziel, Anlegern eine breite Beteiligung an Märkten zu ermöglichen. Der Unterschied liegt weniger im Produktnamen als im Umsetzungsprinzip, wie diese Beteiligung gestaltet wird.

Aktiv gemanagte Fonds setzen auf Entscheidungen. Ein Fondsmanagement wählt Wertpapiere aus, gewichtet sie um und passt das Portfolio laufend an. Anleger investieren damit nicht nur in Märkte, sondern auch in die Qualität von Analyse, Timing und Strategie des Managements. Die Erwartung: durch aktive Steuerung einen Mehrwert gegenüber dem Gesamtmarkt zu erzielen.

ETFs verfolgen einen anderen Ansatz. Sie bilden einen Markt oder ein klar definiertes Segment regelbasiert ab. Statt Entscheidungen zu treffen, folgt der ETF einer vorgegebenen Struktur. Der Fokus liegt auf Transparenz, Nachvollziehbarkeit und Effizienz.

Der Unterschied zeigt sich weniger im Markt als in der Kostenstruktur. Laufende Gebühren wirken Jahr für Jahr – und genau darin liegt ihr langfristiger Effekt. **Ein Beispiel macht das sichtbar:**

- Sie investieren 10 000 Euro über zehn Jahre in denselben Markt mit einer durchschnittlichen Entwicklung von 7 Prozent pro Jahr.
- Ein ETF mit 0,3 Prozent laufenden Kosten erzielt rund 6,7 Prozent jährlich.
- Ein aktiver Fonds mit 1,5 Prozent Kosten kommt auf etwa 5,5 Prozent.

Über zehn Jahre ergibt sich bei 10 000 Euro ein Abstand von rund 3000 Euro (ETF ca. 19 000 Euro vs. aktiver Fonds ca. 16 000 Euro), verursacht allein durch die laufenden Kosten.

Langfristige Auswertungen zeigen ein klares Muster: Nur wenige aktiv gemanagte Fonds schlagen ihren Vergleichsmarkt nach Kosten über längere Zeiträume. Kurzfristige Erfolge gibt es – sie lassen sich jedoch selten dauerhaft wiederholen. Für viele Anleger entscheidet deshalb weniger das perfekte Timing als die gewählte Struktur des Investments: Kosten, Breite und Zeit wirken verlässlicher als Auswahlgeschick (1).

Aha-Moment: Aktive Fonds investieren in Entscheidungen. ETFs investieren in Strukturen. Über die Zeit wirkt oft der leise Unterschied.

Impuls für den Tag: Vergleichen Sie Fonds und ETF auf denselben Markt. Fragen Sie sich: Möchte ich Entscheidungen delegieren oder einer Struktur Zeit geben?

▸ TAG 74, ANLEIHEN ERKLÄRT – STABILITÄT MIT SYSTEM

Handelswege, die die Welt veränderten – von Seide bis Datenpaket

Wer handeln will, muss verbinden. Seit jeher prägen die Wege zwischen **Angebot** und **Nachfrage** nicht nur Märkte, sondern Weltgeschichte. Die großen Handelsrouten der Menschheit waren nie bloß Verkehrsachsen. Sie waren Träger von Ideen, Kulturen, Technologien – und Kapital.

Die legendäre **Seidenstraße** verband China mit Europa, hier tauschte man Seide gegen Silber, Porzellan gegen Pferde, Papiergeld gegen Vertrauen. An ihren Knotenpunkten entstanden Märkte, Städte, Metropolen. Händler wurden zu Diplomaten, Karawanen zu Netzwerken. Jeder Tausch war auch ein kultureller Transfer – und ein Schritt in Richtung Globalisierung.

Auch die **Gewürzroute**, die **Bernsteinstraße**, der **Transsaharahandel** – sie alle machten aus Produkten Geschichten. Und aus Märkten Machtzentren. Spätestens im Zeitalter der Entdeckungen wurden Handelswege zu geopolitischen Strategien: Wer Häfen kontrollierte, bestimmte Preise, Einfluss – und Fortschritt.

Mit der **Industrialisierung** kam Tempo. Eisenbahnen, Dampfschiffe und Telegrafen revolutionierten die Geschwindigkeit des Austauschs. Und mit dem Container kam die Standardisierung – eine stille Revolution, die Märkte planbar und skalierbar machte.

Heute verlaufen Handelsrouten nicht nur über Ozeane, sondern durch **Glasfaserkabel, Satelliten** und **Datenzentren**. Ein Kauf in Frankfurt löst einen Prozess in New York aus, ein Klick in Tokio beeinflusst Lagerbestände in Rotterdam. Der Handel ist schneller, globaler – aber auch verletzlicher geworden.

Und doch: Das Prinzip bleibt. Handelswege schaffen Verbindung. Sie machen Märkte sichtbar – und Werte transportierbar. Sie sind die Adern einer Wirtschaft, die nie stillsteht.

Aha-Moment: Der Containerstandard aus den 1950er-Jahren hat den Welthandel stärker beschleunigt als jede andere logistische Innovation des 20. Jahrhunderts.

Impuls für den Tag: Worüber fließt Ihr Wert – und was sind Ihre persönlichen Handelsrouten?

▶ TAG 88, AMSTERDAM – DIE WIEGE DER MODERNEN BÖRSE

Neuroökonomie – die Wissenschaft hinter unseren Geldentscheidungen

Was passiert im Gehirn, wenn wir über Geld nachdenken? Wenn wir investieren, verzichten, vertrauen oder verkaufen? Die Neuroökonomie liefert keine Handlungsanweisungen – aber sie zeigt, wie tief unsere finanziellen Entscheidungen im neuronalen System verankert sind.

Geld ist weit mehr als ein Tauschmittel. Für das Gehirn ist es Reiz, Impuls, emotionales Signal. Gewinne aktivieren unser Belohnungszentrum – insbesondere das Striatum. Spannend dabei: Es reagiert nicht auf Besitz selbst, sondern auf die Erwartung, ihn zu steigern. Es ist dieser »Haben-wollen-Moment«, der den Dopaminrausch auslöst.

Verluste hingegen aktivieren die Insula – ein Hirnareal, das auch bei Schmerz, Ekel oder sozialer Ablehnung reagiert. Geld zu verlieren, tut also nicht nur symbolisch weh – es ist messbarer Stress. Deshalb neigen Trader in Verlustphasen oft zu überzogenen Reaktionen – nicht aus Logik, sondern aus innerem Selbstschutz.

Auch Entscheidungsprozesse verlaufen anders, als wir glauben. Mithilfe funktioneller Magnetresonanztomografie (fMRT) – einem Verfahren, das Veränderungen der Gehirndurchblutung sichtbar macht – wurde nachgewiesen: Im präfrontalen Kortex zeigen sich bis zu sieben Sekunden vor dem bewussten Entschluss bereits neuronale Aktivitätsmuster (1). Das bedeutet: Unser Gehirn »weiß« oft schon, was wir tun werden – bevor wir es bewusst wissen.

Bereits in den 1980er-Jahren zeigte **Benjamin Libet** mit dem sogenannten Bereitschaftspotenzial, dass das Gehirn Handlungen vorbereitet, noch bevor wir den bewussten Impuls dazu wahrnehmen (2). Die bewusste Entscheidung ist also nicht der Anfang – sondern der letzte Schritt einer unbewussten Kaskade.

Geldentscheidungen sind damit nicht rein rational – sie sind verkörpert. Emotionen, Hormone, sogar Körperhaltung beeinflussen unsere Risikobereitschaft. Unter starkem Stress etwa verändert sich die Aktivität im präfrontalen Kortex – jener Hirnregion, die Impulskontrolle, Abwägung und Zukunftsorientierung ermöglicht.

Kurz gesagt: Wir denken nicht nur über Geld nach – wir verarbeiten es mit unserem ganzen Nervensystem. Die Neuroökonomie ist keine Börsenstrategie. Sie ist ein Spiegel. Wer ihn nutzt, lernt nicht nur die Märkte besser kennen, sondern sich selbst.

Aha-Moment: Wir handeln an der Börse mit Zahlen – aber entscheiden mit Neurotransmittern. Wer das versteht, investiert nicht nur klüger, sondern bewusster.

Impuls für den Tag: Märkte reagieren auf Zahlen – wir reagieren auf Gefühle. Beobachten Sie heute nicht nur die Kurse, sondern auch Ihre Reaktion darauf.

▸ TAG 121, DAS VERTRAUENSSPIEL – WARUM WIR RISKIEREN, WENN WIR GLAUBEN

QUIZ 2

TAG 36: WELCHE AUSSAGEN ZUR VERLUSTAVERSION TREFFEN ZU?

A) Verlustaversion ist ein rein psychologisches Phänomen ohne messbare körperliche Reaktionen.
B) Finanzielle Verluste aktivieren im Gehirn Areale, die auch bei Schmerz und Bedrohung aktiv werden.
C) Der präfrontale Kortex wird bei Verlusten besonders aktiv und stärkt rationale Entscheidungen unter Stress.
D) Menschen reagieren auf Gewinne emotional stärker als auf gleich hohe Verluste.

TAG 40: WELCHE BEHAUPTUNGEN ZUR TULPENMANIE DES 17. JAHRHUNDERTS PASSEN?

A) Tulpen wurden damals ausschließlich gegen reale Ware und nicht auf Termin gehandelt.
B) Die Tulpenmanie gilt als eines der ersten dokumentierten Beispiele für eine Spekulationsblase.
C) Die Preise für bestimmte Tulpenzwiebeln stiegen auf das 30-Fache eines durchschnittlichen Jahreslohns.
D) Der Preisverfall erfolgte langsam über mehrere Jahrzehnte hinweg.

TAG 42: WELCHE AUSSAGEN ZUR STRATEGIE »MEAN REVERSION« STIMMEN?

A) Mean Reversion setzt darauf, dass sich starke Kursabweichungen wieder in Richtung ihres Durchschnitts bewegen.
B) Die Strategie funktioniert am besten, wenn Trader jedem starken Trend möglichst lange folgen.
C) Mean-Reversion-Trader achten häufig auf überdehnte Bewegungen und technische Extremzonen.
D) Ohne klare Absicherung kann Mean Reversion in starken Trendphasen riskant werden.

TAG 54: WELCHE ANNAHMEN ZUR BUY-AND-HOLD-STRATEGIE SIND RICHTIG?

A) Buy-and-Hold setzt darauf, langfristig in Unternehmen investiert zu bleiben.
B) Der Zinseszinseffekt entsteht unter anderem durch reinvestierte Dividenden und Erträge.
C) Buy-and-Hold bedeutet, auf kurzfristige Marktbewegungen aktiv zu reagieren und häufig umzuschichten.
D) Geduld und die Fähigkeit, Kursschwankungen auszuhalten, gehören zu den Grundlagen dieser Strategie.

TAG 56: WELCHE FESTSTELLUNGEN ZUR BARINGS-PLEITE DURCH NICK LEESON SIND KORREKT?

A) Nick Leeson spekulierte erfolgreich mit Derivaten und wurde dafür von der Bank ausgezeichnet.
B) Leeson hatte sowohl Handels- als auch Kontrollbefugnisse – eine gefährliche Machtkonzentration.
C) Der Zusammenbruch der Barings Bank wurde durch ein Erdbeben in Japan mit ausgelöst.
D) Leeson versteckte Verluste über ein geheimes Konto mit der Nummer 88888.

Wahre Werte in der Hand – Farbedelsteine als stille Stärke

In einer Welt voller digitaler Risiken, staatlicher Kontrolle und schwankender Märkte wünschen sich viele Anleger Sicherheit, Substanz – und die Freiheit, den Überblick über das eigene Vermögen zu behalten. Farbedelsteine bieten genau das: eine stille, glänzende Form von Kapitalbindung, die zeitlos, greifbar und unabhängig ist.

Rubine, Saphire und Smaragde sind mehr als schöne Mineralien – sie sind komprimierte Werte, gewachsen über Jahrmillionen und begehrt in allen Kulturen. Anders als Immobilien, Aktien oder Kryptowährungen sind sie nicht zentral erfasst, nicht öffentlich einsehbar, nicht fremdbestimmt. Wer sie besitzt, hat echtes Eigentum in der Hand – wortwörtlich.

Und doch sind Farbedelsteine keine spekulativen Fantasien. Ihr Markt ist klar strukturiert, international etabliert und durch zertifizierte Prüfstandards transparent – Echtheit, Herkunft, Qualität: alles objektiv belegbar. Das schafft Vertrauen und Transparenz – zwei Begriffe, die in anderen Anlageklassen oft zu Wunschdenken geworden sind (1, 2).

Ihr größter Vorteil? Mobilität und Werterhalt. Während Geld entwertet wird und Immobilien gebunden sind, lassen sich Edelsteine diskret aufbewahren – im Tresor, zu Hause oder professionell verwahrt. Sie sind robust gegen Inflation, unabhängig von Börsenzyklen und oft sogar vererbbar über Generationen. Wer hier investiert, denkt nicht in Quartalen – sondern in Jahrzehnten.

Farbedelsteine binden Kapital in einem Medium, das Schönheit mit Stabilität verbindet. Kein Börsengeschrei, kein algorithmischer Handel – nur ein kleiner, klarer Funke von Beständigkeit inmitten der Unruhe.

Aha-Moment: Ein Edelstein kennt keine Krise. Er liegt still – und bleibt wertvoll. Nicht weil er laut glänzt, sondern weil er echten Bestand hat.

Impuls für den Tag: Sichern Sie einen Teil Ihres Vermögens in etwas, das schützt und bleibt. Diskret, greifbar, generationenfest – ein Funke Wert in unruhiger Zeit.

▶ TAG 114, VON SCROOGE BIS GATSBY – GELD, MACHT UND MORAL IN DER LITERATUR

Risiko im Kopf – warum Mut und Vorsicht im Gehirn verhandelt werden

Was genau ist Risiko? Keine bloße Zahl. Nicht nur Volatilität. Sondern ein innerer Balanceakt. Denn Risiko wird nicht objektiv berechnet, sondern subjektiv empfunden. Es entsteht in einem neuronalen Spannungsfeld: zwischen Belohnung und Bedrohung, Impuls und Kontrolle, limbischem System und präfrontalem Kortex.

In Erwartung möglicher Gewinne wird das Belohnungszentrum aktiv – insbesondere das Striatum. Es reagiert nicht auf Wahrscheinlichkeiten, sondern auf die emotionale Wucht der Aussicht. Risiko wirkt hier wie ein Versprechen – und Mut wie reine Dopaminvorfreude (1).

Gleichzeitig scannt die Amygdala die Lage. Sie bewertet Unsicherheit als potenzielle Gefahr, warnt vor Kontrollverlust und aktiviert das Stresssystem, bevor wir bewusst eingreifen können (2). Ihre Aktivität steigt, sobald Verluste drohen – selbst dann, wenn der Verstand längst auf Optimismus setzt.

Faszinierend dabei: Menschen unterscheiden sich stark in ihrem inneren Gleichgewicht. Bei manchen dominiert das Belohnungssystem – sie gehen große Wetten ein, selbst wenn die Aussicht zweifelhaft ist. Bei anderen hat die Amygdala das letzte Wort – Risiko fühlt sich wie Gefahr an, selbst wenn es objektiv Chancen bietet.

Auch Hormone beeinflussen den inneren Kurs:

- **Testosteron** kann Risikobereitschaft steigern – und sogar Marktzyklen mit antreiben.
- **Cortisol**, das klassische Stresshormon, wirkt wie eine Bremse. Ist der Cortisolspiegel dauerhaft erhöht, sinkt die Bereitschaft zu riskanten Entscheidungen – selbst bei erfahrenen Tradern (3, 4).

Risiko ist also nicht nur Kopfsache, sondern auch Biochemie.

Das Entscheidende: Risiko entsteht nicht auf dem Chart, sondern im Kopf. Wer die eigenen Mechanismen erkennt, durchschaut Verzerrungen – und gewinnt Handlungsspielraum. Aus reflexhaften Reaktionen werden bewusste Entscheidungen. Aus einem vagen Gefühl ein gezielter Schritt.

Aha-Moment: Menschen mit stärkerer Aktivität im Belohnungszentrum (Striatum) gehen häufiger Risiken ein – selbst wenn objektiv kein Vorteil besteht.

Impuls für den Tag: Wer spricht heute lauter – Ihr Auto Belohnungssystem oder Ihre innere Alarmanlage? Und was würde Ihr künftiges Ich dazu sagen?

▶ TAG 96, GIER IM GEHIRN – WENN DAS BELOHNUNGSSYSTEM ÜBERNIMMT

Tech in der Hosentasche – wie Apple, Google & Co. unseren Alltag prägen

Smartphones sind längst keine Telefone mehr. Sie sind Zugangssysteme zu digitalen Ökosystemen. Sie organisieren Kommunikation, Navigation, Unterhaltung, Arbeit und Bezahlung – und verbinden Milliarden Menschen mit den Infrastrukturen weniger großer Technologieunternehmen.

Unternehmen wie Apple, Google (Alphabet), Microsoft, Amazon, Meta oder Samsung kontrollieren heute zentrale Schnittstellen unseres digitalen Alltags. Betriebssysteme, Clouds, App-Stores, Chips und Plattformen greifen ineinander und erzeugen Ökosysteme, die Nutzer nur ungern verlassen. Je stärker diese Systeme miteinander verknüpft sind, desto stabiler werden Reichweite, Datenzugang und Ertragsmodelle.

Typische Tech-Ökosysteme im Alltag:

- **Apple:** iPhone, iPad, App Store, Apple Music
- **Google (Alphabet):** Suche, Gmail, Maps, YouTube, Android
- **Meta:** Instagram, WhatsApp, Facebook, Meta Quest
- **Amazon:** Alexa, AWS, Prime Video
- **Microsoft:** Office-365, Teams, Azure, Xbox
- **Samsung:** Smartphones, Chips, Displays
- **Infrastruktur & KI:** Nvidia, TSMC, ASML

Aus Anlegersicht verkaufen diese Konzerne nicht nur Produkte, sondern digitale Infrastruktur. Sie kontrollieren Zugänge, Standards und Netzwerkeffekte. Wer einmal tief in einem Ökosystem verankert ist, wechselt selten. Genau daraus entstehen enorme wirtschaftliche Burggräben.

Doch technologische Dominanz ist nie garantiert. Regulierung, Innovation und neue Plattformen können Machtverhältnisse verschieben. Der entscheidende Faktor ist daher nicht, ob Technologie wächst – sondern welche Unternehmen dauerhaft digitale Zugänge kontrollieren.

Aha-Moment: Ihr Smartphone ist kein Gerät, sondern ein Zugang zu digitalen Ökosystemen mit enormer wirtschaftlicher Kraft.

Impuls für den Tag: Prüfen Sie Ihr Smartphone, Ihr Auto und Ihren Arbeitsplatz: Welche Plattformen steuern Ihren Alltag – und welche davon besitzen Sie im Depot?

▶ TAG 106, STREAMING, SHOPPING, SURFEN – DIGITALE DIENSTE UND IHRE AKTIEN DAHINTER

Kondratieff-Zyklen – die großen Wellen der Wirtschaft

Die Wirtschaft atmet in Wellen – Aufschwung, Abschwung, Umbruch. Doch dieser Rhythmus ist kein Zufall. Der russische Wirtschaftswissenschaftler **Nikolai Kondratieff** entdeckte in den 1920er-Jahren ein Muster, das über Jahrzehnte hinweg wirkt: die Theorie der **»langen Wellen«**. Sie beschreibt strukturelle Innovationszyklen, die Wirtschaft und Gesellschaft in Phasen von rund 40 bis 60 Jahren grundlegend verändern.

Jeder dieser Kondratieff-Zyklen beginnt mit einer tiefgreifenden **Basisinnovation** – einer Technologie, die ganze Industrien hervorbringt, Wachstum entfacht und bestehende Strukturen infrage stellt. Die **Dampfmaschine** läutete im 18. Jahrhundert den ersten Zyklus ein. Es folgten die **Eisenbahn, Elektrizität**, das **Automobil** und zuletzt die **Informationstechnologie**. Jeder Zyklus brachte neue Märkte, Lebensweisen und Denkmodelle hervor – und verdrängte zugleich das Alte.

Kondratieff-Zyklen sind mehr als wirtschaftliche Phasen – sie prägen ganze Generationen. Doch das digitale Zeitalter verändert das Tempo: Der fünfte Zyklus, der in den 1970ern mit dem Mikrochip begann, entwickelte sich rasant. Die digitale Welle – mit Computern, Internet und mobiler Technologie – zeigt, dass die langen Wellen kürzer und steiler werden können.

Mit jeder neuen Welle vollzieht sich ein Prozess, den der österreichische Wirtschaftsdenker **Joseph Schumpeter** als **»kreative Zerstörung«** bezeichnete: Innovationen schaffen Fortschritt – aber auch Verdrängung. Ganze Branchen verschwinden, während neue Ökosysteme entstehen. Wer sich zu lange an Bestehendem festklammert, wird vom Wandel überrollt.

Auch an der Börse zeigen sich die Spuren dieser Wellen. In Phasen technologischer Durchbrüche entstehen oft lang anhaltende Aufwärtstrends, während Übergangsphasen mit Korrekturen, Krisen oder Unsicherheit einhergehen. Seit den 1990er-Jahren spiegelt die Entwicklung des **Nasdaq** die digitale Welle in ihrer ganzen Dynamik wider.

Kondratieffs Theorie ist ein Kompass, der uns daran erinnert: Märkte reagieren nicht nur auf Zahlen und Nachrichten, sondern auf den strukturellen Wandel im Innersten der Wirtschaft. Wer die Wellen der Innovation erkennt, spürt früh, wo Neues entsteht – und wo das Alte langsam verblasst.

Aha-Moment: Technologischer Wandel verschiebt Kräfteverhältnisse – wer früh auf die nächste Welle setzt, gestaltet die Richtung mit.

Impuls für den Tag: Wer Veränderung kommen sieht, hat zwei Möglichkeiten: zuzusehen oder mitzugestalten. Sie entscheiden, ob Sie den Wandel antreiben – oder ihm hinterherlaufen.

▶ TAG 65, DER SECHSTE KONDRATIEFF – DIE MÄRKTE VON MORGEN GESTALTEN

Der sechste Kondratieff – die Märkte von morgen gestalten

Am Ende eines wirtschaftlichen Zyklus kündigt sich oft schon der nächste an. Während die digitale Revolution – getragen vom Mikrochip, Internet und mobilen Technologien – ihren Höhepunkt überschreitet, zeichnet sich ein neuer Strukturwandel ab. Der sechste Kondratieff-Zyklus kündigt sich an. Und er könnte der tiefgreifendste werden.

Im Zentrum stehen keine Chips oder Maschinen, sondern Antworten auf die zentralen Fragen unserer Zeit: Wie sichern wir unsere Ressourcen? Wie bleiben wir gesund in einer alternden Welt? Wie wirtschaften wir, ohne die Welt zu verbrauchen? Anders als frühere Zyklen, die meist von einer einzelnen technologischen Basisinnovation getragen wurden, wächst der sechste aus einem Netzwerk ineinandergreifender Umbrüche. Die Herausforderungen der Zukunft lassen sich nicht mit Einzellösungen beantworten – sie erfordern ein neues systemisches Denken, das Märkte transformiert, Branchen vernetzt und die Wirtschaft als Ganzes neu ausrichtet.

Die Basisinnovationen der kommenden Jahrzehnte entstehen an den Schnittstellen von Technologie, Nachhaltigkeit und Lebensqualität:

- **Erneuerbare Energien** ersetzen fossile Abhängigkeiten – und eröffnen Billionenmärkte.
- **Kreislaufwirtschaft** verwandelt Abfall in Ressource.
- **Biotechnologie** personalisiert Medizin und Ernährung.
- **Digitale Gesundheitslösungen** verbinden Prävention mit Effizienz.
- **Künstliche Intelligenz** verändert Diagnostik, Energieoptimierung und Produktionslogik.

Gemeinsam bilden sie das Fundament für eine neue wirtschaftliche Epoche.

Dieser Zyklus ist mehr als ökonomisches Ereignis – er ist auch ethisch motiviert. Es geht nicht nur um Wachstum, sondern um Märkte, die ökologische Grenzen achten und sozialen Fortschritt fördern. Unternehmen, die heute in Nachhaltigkeit, Gesundheit oder Bildung investieren, schaffen die Infrastrukturen von morgen. Auch an der Börse ist der Wandel sichtbar: Nachhaltigkeitsindizes, Cleantech- und Gesundheitsaktien folgen einer neuen Wachstumslogik – weniger linear, dafür tiefgreifend. Der sechste Kondratieff ist kein Hype, sondern ein globaler Strukturwandel. Wer genau hinsieht, erkennt: Die Märkte der Zukunft entstehen nicht aus alten Branchen mit neuer Software, sondern aus neuen Systemen mit echten Lösungen.

Aha-Moment: Zukunft entsteht dort, wo Märkte auf Bedürfnisse treffen. Der sechste Kondratieff zeigt: Nachhaltigkeit ist kein Trend – sie ist der neue Wachstumstreiber.

Impuls für den Tag: Gestalten Sie mit – bevor andere den Kurs bestimmen. Zukunft ist, was wir daraus machen.

▶ TAG 110, BÖRSENJAHRESZEITEN – SAISONALITÄT ALS ERFOLGSFAKTOR

Münzgeld – das Versprechen von Wert in Metall geprägt

Ein rundes Stück Metall, eine Prägung, ein Zeichen – und plötzlich entsteht Vertrauen: die Münze. Sie war nicht der Anfang des Geldes, aber ihr Siegeszug markierte einen entscheidenden Schritt in der Geschichte des Handels: die Verbindung von Staat, Wert und Alltag.

Anders als Naturalgeld oder rohe Edelmetalle war Münzgeld nicht einfach nur »wertvoller Stoff«, sondern Wert mit Ansage. Ab etwa 600 v. Chr. begannen erste Staaten – allen voran das antike Lydien –, Metallscheiben mit Symbolen, Portraits und Zahlen zu versehen. Damit wurde nicht nur das Material als kostbar betrachtet, sondern vor allem das Siegel des Staates darauf: »Diese Münze gilt – und wir stehen dafür ein.«

Das war ein Meilenstein. Jetzt konnte man mit einem Blick erkennen, was eine Münze wert war. Handel wurde einfacher, regionales Vertrauen wurde durch staatliche Autorität ersetzt. Die Münze wurde zum Instrument wirtschaftlicher Standardisierung – und zugleich zum politischen Werkzeug: Wer herrschte, prägte. Und wer prägte, schuf wirtschaftliche Ordnung.

Nicht Gold oder Silber allein machten die Münze zu Geld, sondern das System dahinter: Maße, Gewichte, Rechtssicherheit. Selbst Münzen aus Bronze oder Kupfer konnten im Alltag zirkulieren – weil klar war, welchen offiziellen Wert sie repräsentierten. Damit wurde die Münze zur Brücke zwischen Substanz und Symbol, zwischen Metall und Markt.

Mit der Münze begann die Vorstellung, dass Wert standardisiert, kodiert und staatlich garantiert sein kann – überprüfbar, vergleichbar, berechenbar. Und mit ihr wuchs das Vertrauen in abstraktere Geldformen, die später folgen sollten: Papiergeld, Giralgeld (also Buchgeld, das nur auf Konten existiert), Digitalgeld.

Heute ist Münzgeld meist nur noch symbolisch – als Wechselgeld, als Sparmünze im Glas, als Glücksbringer. Und doch: Es bleibt ein kulturelles Relikt mit enormer Wirkung. Denn es war die erste Form von Geld, bei der nicht das Material allein den Wert bestimmte – sondern das System, das es garantierte.

Aha-Moment: Das Wort »Münze« leitet sich vom römischen Tempel der Göttin Juno Moneta ab – dort begann die Geldprägung. Von »Moneta« stammt auch das englische »Money«.

Impuls für den Tag: Wofür stehen Sie mit Ihrem Namen – was ist Ihr persönlicher »Wertstempel«?

▶ TAG 95, PAPIERGELD – DIE ERFINDUNG, DIE DEN HANDEL REVOLUTIONIERTE

Trading versus Investieren – zwei Welten, ein Markt

Stellen Sie sich zwei Menschen vor, die denselben Kurseinbruch erleben. Der eine ist Investor: Er bleibt ruhig, prüft die Fundamentaldaten und sieht die Schwäche als Chance zum Nachkauf. Der andere ist Trader: Er erkennt ein Fehlsignal, zieht den Stop-Loss durch – und ist draußen. Zwei völlig unterschiedliche Reaktionen auf dieselbe Situation, weil die Spielregeln verschieden sind. Nicht der Markt bestimmt Ihr Ergebnis, sondern Ihre Methode.

Trading ist wie Tischtennis: schnell, reaktiv, jede Bewegung zählt. Investieren dagegen gleicht einer Partie Schach: strategisch geplant, mit langem Atem und vorausschauender Denkweise. Beides funktioniert – wenn die Rolle klar ist. Wer die Rollen vermischt, spielt mit widersprüchlichen Regeln. Märkte bestrafen Unklarheit.

Trader agieren kurzfristig – vom Sekundenchart bis zu wenigen Tagen. Sie suchen Muster in Charts, nutzen technische Indikatoren und handeln Bewegungen, unabhängig von der Unternehmensentwicklung. Ihr Ziel: schnelle Chancen – oft mit höherem Risiko und Hebel.

Ihr Kapital rotiert schnell – Ihre Nerven auch.

Investoren hingegen denken langfristig. Sie analysieren Geschäftsmodelle, Kennzahlen und Zukunftspotenziale. Ihre Käufe sind seltener, aber strategisch fundiert. Ziel ist nachhaltiger Vermögensaufbau – mit Geduld statt Adrenalin. Sie profitieren von Zinseszinseffekt, Dividenden und der Kraft der Zeit – nicht vom Tempo.

Die größte Falle entsteht, wenn man beide Welten vermischt. Ein Investor, der bei Kursrückgängen panisch verkauft, verliert seine Linie. Ein Trader, der eine Verlustposition endlos hält, verliert seine Disziplin. In beiden Fällen übernehmen Emotionen das Steuer. Die Methode wird aufgegeben – und damit der Vorteil.

Wichtig ist, dass beide Ansätze unterschiedliche Werkzeuge brauchen: Trader arbeiten mit Charts, Orderarten, Stopps und klaren Risikoregeln. Investoren brauchen Fundamentalanalyse, Branchenverständnis und eine klare langfristige Struktur ihres Portfolios. Die Strategie bestimmt das Werkzeug – nie umgekehrt.

Überlegen Sie: Beobachten Sie die Märkte täglich? Lieben Sie schnelle Entscheidungen – oder eher den strategischen Überblick? Kommen Sie mit kurzfristigen Verlusten klar – oder brauchen Sie Ruhe für den langen Aufbau? Ihre Antworten zeigen, welche Rolle wirklich zu Ihnen passt.

Aha-Moment: Trading und Investieren teilen denselben Markt, folgen aber unterschiedlichen Denklogiken.

Impuls für den Tag: Entscheiden Sie sich bewusst für eine Rolle. Klarheit ist wichtiger als Aktivität.

▶ TAG 105, ORDERARTEN VERSTEHEN – MARKET, LIMIT & STOP

Muriel Siebert – Wall-Street-Pionierin für Frauen im Handel

New York, 1967: Die Finanzwelt ist männlich, elitär, abgeschottet. Und dann betritt Muriel »Mickie« Siebert das Parkett – nicht als Assistentin oder Analystin, sondern mit dem Ziel, als erste Frau einen Sitz an der New York Stock Exchange (NYSE) zu erwerben. Von 1366 Mitgliedern ist keines weiblich. Siebert wird belächelt, blockiert – aber nicht gebrochen. Am Ende ist sie die Erste – und für lange Zeit: die Einzige.

Siebert war kein Zufallsprodukt der Emanzipation, sondern ein Kraftakt des Willens. Als man sie fragte, warum sie es wagte, antwortete sie schlicht:

»Ich wollte nicht Teil eines Clubs sein – ich wollte ihn verändern.«

Genau das tat sie, mit analytischer Schärfe, strategischem Instinkt und einer Haltung, die keinen Applaus brauchte. 1969 gründete sie ihre eigene Firma, **Muriel Siebert & Co.**, und zeigte: Auch Underdogs können die Regeln neu schreiben – wenn sie sie verstehen.

Ihre Karriere reichte weit über das Börsenparkett hinaus. Als erste Frau leitete sie New Yorks Bankenaufsicht. In ihrer Amtszeit ging keine Bank pleite – ein Zeichen von Stabilität in einer oft instabilen Branche. Doch ihr größter Hebel war Bildung. Siebert trat in Talkshows auf, sprach an Schulen, entwickelte Programme zur Finanzkompetenz junger Frauen. Sie sagte:

»Ich bin nicht an der Börse, um nett zu sein.
Ich bin hier, um zu gewinnen – und andere Frauen mitzunehmen.«

Sie war keine Symbolfigur. Sie war eine Macherin mit Haltung. Eine, die keine Türen eintrat, sondern neue öffnete. Sie zeigte: Kompetenz hat kein Geschlecht, Vision schon.

Und sie blieb unbequem. Wenn sie Missstände sah, sprach sie sie an – ob es um Intransparenz im Finanzsystem ging oder um die gläserne Decke: jene unsichtbare Barriere, die Frauen trotz Qualifikation den Zugang zu Spitzenpositionen erschwert. Keine offizielle Regel – aber ein System aus stillschweigenden Ausschlüssen, überholten Erwartungen und unausgesprochenen Grenzen. Siebert war eine Pionierin und eine Mahnerin: Fortschritt passiert nicht von allein. Er beginnt mit denen, die den Mut haben, zuerst zu gehen.

Aha-Moment: Muriel Sieberts Eintritt in die NYSE war mehr als ein persönlicher Sieg – es war der Startschuss zur Öffnung einer ganzen Branche.

Impuls für den Tag: Sie müssen nicht der Norm entsprechen, um etwas zu bewegen. Manchmal reicht ein Schritt, um Geschichte zu schreiben.

▶ TAG 76, GERALDINE WEISS – DIE KÖNIGIN DER DIVIDENDENSTRATEGIE

Altcoins im Check – Vielfalt entdecken, Chancen richtig bewerten

Wer an Kryptowährungen denkt, hat oft zuerst Bitcoin im Blick. Doch jenseits davon hat sich eine große Zahl sogenannter Altcoins entwickelt – also alternativer Coins und Tokens mit sehr unterschiedlichen Funktionen. Sie stehen für weit mehr als nur digitale Zahlungsmittel: Manche dienen als technische Infrastruktur, andere als Speziallösungen für einzelne Anwendungen. Genau das macht den Markt so spannend – und so unübersichtlich.

Die Welt der Altcoins ist vielfältig. Als Altcoins gelten alle Kryptowährungen außer Bitcoin. Einige, etwa **Ethereum** oder **Solana**, dienen als technische Basis für weitere Anwendungen. Andere verfolgen spezialisierte Ziele, etwa schnellere Transaktionen, geringere Gebühren, Smart Contracts (selbstausführende Programme) oder die Verbindung verschiedener Blockchains. Altcoins sind damit weniger eine einheitliche Anlageklasse als ein Sammelbegriff für sehr unterschiedliche Projekte.

Ein Teil dieser Projekte treibt neue Felder voran. DeFi ermöglicht Finanzanwendungen ohne klassische Bank, etwa für Handel, Kredite oder Zinsen. Im Bereich Blockchain-Gaming entstehen digitale Besitzrechte in virtuellen Welten. Auch Modelle rund um Künstliche Intelligenz, Infrastruktur oder Datennutzung werden teilweise über Tokens organisiert. Das klingt nach Zukunft, erhöht für Anleger aber nicht automatisch die Qualität eines Projekts.

Gerade darin liegt die Herausforderung. Viele Altcoins bleiben in einer frühen Entwicklungsphase stecken. Manche finden nie genügend Nutzer, andere scheitern an schwacher Finanzierung, technischer Unreife oder mangelnder Glaubwürdigkeit. Und einige entpuppen sich als reine Spekulationsmodelle oder enden in Betrugsfällen wie sogenannten Rug Pulls.

Für die Einordnung einzelner Altcoins helfen vor allem diese Fragen:

- **Nutzen:** Welches Problem wird gelöst – und für wen?
- **Technik:** Existiert eine eigene Blockchain oder wird auf bestehenden Netzwerken aufgebaut?
- **Team:** Sind Entwickler bekannt, erfahren und nachvollziehbar?
- **Community:** Gibt es aktive Nutzer und unabhängige Entwickler?
- **Transparenz:** Werden Fortschritte, Risiken und Rückschläge offen kommuniziert?

An den Märkten zeigt sich diese Vielfalt in teils extremen Schwankungen. Altcoins sind deshalb weniger eine einheitliche Anlageidee als ein Experimentierfeld für Technologien, Geschäftsmodelle und Erwartungen. Wer hier investiert, sollte nicht nur auf Kursfantasie schauen, sondern vor allem auf Substanz, Nutzung und Glaubwürdigkeit.

Aha-Moment: Altcoins sind kein einheitlicher Markt, sondern ein buntes Feld aus Ideen, Technologien und Risiken – genau deshalb ist hier eine besonders genaue Prüfung nötig.

Impuls für den Tag: Wählen Sie drei Altcoins aus und prüfen Sie bei jedem Projekt Nutzen, Technik, Team und tatsächliche Anwendung – nicht nur den Kurs.

▶ TAG 98, STABLECOINS ERKLÄRT – STABILE WÄHRUNG IN EINEM VOLATILEN MARKT

Die Dotcom-Blase – wie Internet-Träume Milliarden vernichteten

Es war eine elektrisierende Zeit: Das Internet eroberte die Welt, alles schien möglich. Start-ups wurden über Nacht zu Stars, Börsengänge zu Spektakeln. Die New Economy versprach nicht weniger als das Ende der alten Regeln. Und mit ihr wuchs eine Blase – genährt von Hoffnung, Visionen und grenzenloser Fantasie.

Ab Mitte der 1990er-Jahre floss Kapital in Strömen in Technologie- und Internetfirmen. Viele hatten kaum Umsatz, oft kein Geschäftsmodell – aber klangvolle Domains, smarte Pitches und jede Menge Schlagworte. Investoren wollten dabei sein, koste es, was es wolle. Der NASDAQ, das Barometer der Tech-Welt, stieg zwischen 1995 und 2000 um über 400 Prozent.

Das Internet veränderte tatsächlich alles – aber nicht sofort, nicht überall und nicht durch jeden Anbieter. Die Bewertungen waren himmelhoch, die Gewinne bestenfalls fern. Am 10. März 2000 erreichte der NASDAQ seinen historischen Höchststand – ein Moment der Euphorie, der sich rückblickend als Wendepunkt entpuppte. Denn kurz darauf wurde klar, dass die »neue Wirtschaft« die alte nicht einfach ablöst. Die Blase platzte. Und das krachend.

Im Frühjahr 2000 verlor der NASDAQ in wenigen Monaten fast 80 Prozent. Milliarden verdampften, Start-ups kollabierten. Auch Firmen wie Amazon oder Cisco verloren zeitweise über 90 Prozent und überlebten – mit Mühe. Es war nicht das Ende des Internets, aber das Ende der Illusion, dass Wachstum grenzenlos ist – ohne Substanz, Modell oder Geduld.

Die Dotcom-Blase war eine Wende: Sie reinigte die Märkte, entlarvte heiße Luft – und ebnete den Weg für eine belastbarere digitale Wirtschaft. Während viele Start-ups implodierten, legten Unternehmen wie Google, Salesforce und später Facebook das Fundament für die nächste Generation. Der Traum blieb – aber er wurde reifer.

Aha-Moment: Die Blase platzte – nicht aber der Fortschritt. Echte Innovation überlebt Hype, Absturz und Korrektur.

Impuls für den Tag: Träumen Sie groß – mit Bodenhaftung. Vision zählt, doch ohne Substanz wird sie zum Luftschloss. Echtes Wachstum braucht Erdung.

▶ TAG 71, COVID-19-CRASH – VON DER PANDEMIE-PANIK ZUR MARKTSTABILISIERUNG

Covid-19-Crash – von der Pandemiepanik zur Marktstabilisierung

Es war März 2020, als plötzlich alles zum Stillstand kam: Flugzeuge blieben am Boden, Lieferketten rissen, Straßen leerten sich – und an den Börsen brach Panik aus. Am 11. März erklärte die WHO (die Weltgesundheitsorganisation) COVID-19 offiziell zur Pandemie. Der Covid-19-Crash war kein klassischer Finanzkollaps, keine spekulative Blase, sondern ein globaler Schock aus der realen Welt. Innerhalb weniger Tage verloren die wichtigsten Börsenindizes mehr als 30 Prozent. Die Märkte taumelten, weil die Menschheit taumelte.

Doch was folgte, war ebenso beispiellos: Regierungen und Zentralbanken reagierten mit einer Geschwindigkeit und Wucht, wie sie die Welt noch nie erlebt hatte. Billionenschwere Rettungspakete, Zinssenkungen, Anleihekäufe, Soforthilfen für Unternehmen und Haushalte – die Weltgemeinschaft zog die wirtschaftliche Notbremse und spannte gleichzeitig das größte Sicherheitsnetz der Geschichte.

Besonders bemerkenswert: Nach dem Schock kam die Erholung. Getrieben von historischer Liquidität, Technologiewerten und einer neuen Generation digitaler Anleger – viele davon erstmals an der Börse aktiv – stiegen die Kurse schneller, als es selbst erfahrene Profis für möglich hielten. Die Hoffnung auf Impfstoffe, der globale Umstieg auf Homeoffice und neue Plattformmodelle verliehen Tech- und Gesundheitsaktien zusätzlichen Schub. Covid-19 wurde zur doppelten Zäsur: menschlich tiefgreifend, wirtschaftlich beschleunigend. Ein Katalysator für Digitalisierung, neue Geschäftsmodelle und globale Kooperation.

Der Crash offenbarte, wie eng Märkte heute mit gesellschaftlicher Stabilität, politischem Handeln und kollektiver Psychologie verflochten sind. Und er zeigte: Vertrauen ist kein abstrakter Wert – es ist der unsichtbare Rohstoff, auf dem Krisenbewältigung beruht. Die Covid-19-Krise lehrte: Widerstandskraft beginnt nicht an den Märkten, sondern in Köpfen, Systemen und Beziehungen. Die größte Stärke war nicht Schnelligkeit, sondern die Fähigkeit, gemeinsam flexibel zu bleiben.

Aha-Moment: Die Covid-Krise hat gezeigt: Märkte reagieren nicht nur auf Zahlen, sondern auf das Zusammenspiel von Angst, Hoffnung und Handlungsfähigkeit.

Impuls für den Tag: In unsicheren Zeiten ist nicht Wissen entscheidend, sondern der Mut, auf Lösungen zu vertrauen, bevor sie perfekt sind.

▶ TAG 93, US-POLITKRISE 2025 – MACHTSPIELE AM ABGRUND DER MÄRKTE

Investieren mit kleinen Beträgen – so gelingt Ihr Einstieg

Viele glauben noch immer, Investieren beginne erst mit großem Geld. Tatsächlich beginnt es mit einer Entscheidung. Schon kleine Beträge, etwa 25 Euro im Monat, können der Start in einen planvollen Vermögensaufbau sein. Moderne Sparpläne, niedrige Gebühren und die Möglichkeit, auch Bruchstücke von Wertpapieren zu kaufen, haben den Einstieg deutlich erleichtert. Entscheidend ist deshalb nicht die Größe des ersten Schritts, sondern dass Sie ihn gehen und durchhalten.

Gerade kleine Beträge entfalten ihre Stärke über die Zeit. Wer regelmäßig investiert, kauft zu unterschiedlichen Kursen und verteilt damit seine Einstiegszeitpunkte. Das senkt nicht das Risiko der Börse, aber das Risiko, ausgerechnet mit einem einzigen ungünstigen Zeitpunkt zu starten. Hinzu kommt der Zinseszinseffekt: Wieder angelegte Erträge können über viele Jahre selbst bei kleinen Sparraten eine überraschend große Wirkung entfalten. Nicht der Einzelbetrag macht hier den Unterschied, sondern Regelmäßigkeit und Zeit.

Ein Sparplan hilft zudem psychologisch. Er nimmt dem Einstieg die Hürde und dem Alltag die Ausrede. Wer automatisch investiert, muss nicht jeden Monat neu entscheiden und bleibt auch in unruhigen Marktphasen eher konsequent.

Ihr einfacher Vier-Schritte-Plan:

- **Depot eröffnen:** der erste Schritt vom Konsumieren zum Investieren
- **Sparbetrag festlegen:** lieber klein und dauerhaft als groß und kurzlebig
- **kostengünstigen, breit gestreuten ETF auswählen:** etwa auf einen großen Index
- **Sparplan automatisieren:** damit aus Vorsatz Gewohnheit wird

Investieren mit kleinen Beträgen ist deshalb keine Notlösung, sondern ein erstaunlich wirkungsvoller Anfang. Gerade für Einsteiger zählt weniger die Höhe der ersten Rate als die Fähigkeit, daraus ein System zu machen.

Aha-Moment: Vermögen beginnt oft nicht mit einem großen Betrag, sondern mit einem kleinen, regelmäßig wiederholten Schritt.

Impuls für den Tag: Prüfen Sie heute, welchen festen Monatsbetrag Sie realistisch und dauerhaft investieren könnten, und setzen Sie genau dort an.

▸ TAG 112, DER MSCI WORLD – GUTER START, ABER NICHT ALLES

Microsoft – der Aufstieg zum Software-Imperium

»*Ein Computer auf jedem Schreibtisch und in jedem Zuhause – mit Microsoft-Software.*« Was heute selbstverständlich klingt, war 1975 eine Vision. Und **Bill Gates** und **Paul Allen** machten sie zur Realität. Mit Microsoft gründeten sie nicht nur ein Unternehmen – sie legten den Grundstein für ein neues digitales Zeitalter.

Begonnen hat alles mit BASIC für den Altair 8800. Kein schönes Programm, aber es funktionierte. Der erste Auftrag kam von IBM: MS-DOS. Damit schaffte Microsoft den Durchbruch. Der große Sprung folgte 1985 mit Windows – der grafischen Oberfläche, die Millionen Menschen weltweit an den Computer brachte. Microsoft wurde zum Synonym für Software.

Am 13. März 1986 ging Microsoft an die Börse – zum Ausgabepreis von 21 US-Dollar. Wer damals investierte, erwarb mehr als Aktien: Er kaufte Anteile an einer neuen Ära. Innerhalb eines Jahres verdreifachte sich der Kurs. Microsoft wurde zum Liebling der Wall Street – und zur Blaupause des Tech-Booms.

Was folgte, war beispiellos. Microsoft Office wurde zum Standard. Word, Excel, PowerPoint – Anwendungen, die in Unternehmen wie im Alltag unersetzlich wurden. In den 1990ern dominierte Microsoft die Tech-Welt: Betriebssysteme, Software, Serverlösungen. Kaum ein PC ohne das Logo aus Redmond. An der Börse wurde Microsoft zum Giganten.

Doch mit der Größe kamen Kritik und Herausforderungen: Kartellverfahren, das Scheitern von Windows Phone, der verlorene Suchmaschinenkampf gegen Google. Microsoft wirkte phasenweise träge – ein Titan auf der Suche nach neuer Richtung. Und doch: Mit Satya Nadella kam der Wandel. Still, strategisch – und entschlossen.

Heute ist Microsoft führend im Cloud-Geschäft (Azure), dominiert Unternehmenssoftware, investiert in KI (Open AI), Gaming (Xbox, Activision), Suchtechnologie (Bing). Aus einem reinen Softwareanbieter wurde ein vernetzter Technologiekonzern – innovativ, skalierbar, stabil. Der Aufstieg zur wertvollsten Firma der Welt war kein Zufall, sondern die Konsequenz kluger Führung und technologischer Weitsicht.

Microsoft hat gezeigt: Software ist mehr als Funktion. Sie ist Infrastruktur. Sie schafft Produktivität, verbindet Menschen und prägt Märkte. Aus einer Vision in einer Garage wurde ein Imperium – gebaut auf Code, Strategie und dem Mut zur Erneuerung.

Börsengang: 13. März 1986 – **Börsenkürzel:** MSFT – **Börse:** NASDAQ

▶ TAG 94, SPOTIFY – DER SOUNDTRACK DES INTERNETS

Anleihen erklärt – Stabilität mit System

Anleihen sind der ruhige Taktgeber im Depot. Sie stehen für Berechenbarkeit, regelmäßige Erträge und eine andere Logik als Aktien. Wer Anleihen nutzt, jagt keine Geschichten, sondern baut Struktur – und ergänzt Wachstum um Verlässlichkeit.

Eine Anleihe ist ein Vertrag. Sie leihen einem Staat oder einem Unternehmen Geld und erhalten dafür Zinszahlungen sowie die Rückzahlung des Nennwerts am Laufzeitende. Als Anleger sind Sie Gläubiger, nicht Miteigentümer. Ihr Ertrag entsteht nicht aus Fantasie, sondern aus Vereinbarung: Wer leiht sich Geld, zu welchen Bedingungen – und in welcher Währung?

Staatsanleihen gelten oft als Inbegriff von Sicherheit. Doch auch Staaten unterscheiden sich. Bonität ist keine Selbstverständlichkeit, sondern das Ergebnis von Verschuldung, wirtschaftlicher Stärke und politischer Stabilität. Vertrauen ist die eigentliche Währung am Anleihemarkt – und es kann schwanken.

Anleihen reagieren zudem auf das Zinsumfeld. Steigende Zinsen drücken die Kurse bestehender Anleihen, sinkende Zinsen wirken stützend. Laufzeit und Zinsniveau bestimmen gemeinsam, wie sensibel eine Anleihe auf Veränderungen reagiert. Zeit ist hier kein Nebenschauplatz, sondern ein zentraler Faktor.

Hinzu kommt das Zinsumfeld. Anleihen reagieren sensibel auf Zinsänderungen. Steigen die Marktzinsen, verlieren bestehende Anleihen an Wert. Sinkende Zinsen wirken umgekehrt stabilisierend. Laufzeit und Zinsniveau bestimmen gemeinsam, wie stark diese Effekte ausfallen.

Hinzu kommt die Währung. Anleihen außerhalb des eigenen Währungsraums bringen zusätzliche Bewegung ins Spiel. Wechselkurse können Zinsen verstärken oder relativieren. Sicherheit entsteht deshalb nicht durch ein einzelnes Merkmal, sondern durch das Zusammenspiel von Bonität, Laufzeit, Zinsumfeld und Währung.

Unternehmensanleihen gehen einen Schritt weiter. Sie bieten höhere Zinsen als viele Staatsanleihen und verlangen im Gegenzug eine genauere Einschätzung der wirtschaftlichen Substanz des Emittenten. Auch hier gilt: Rendite entsteht dort, wo Unsicherheit getragen wird – Struktur entscheidet, ob sie tragfähig bleibt.

Aha-Moment: Anleihen sind kein Eigentum, sondern ein Versprechen. Ihre Ruhe entsteht aus Struktur – nicht aus Schlagzeilen.

Impuls für den Tag: Vergleichen Sie eine Staatsanleihe und eine Unternehmensanleihe. Fragen Sie sich: Welche Art von Sicherheit passt zu meinem Depot?

▶ TAG 97, ETCS & ETNS – ROHSTOFF- UND SPEZIALMÄRKTE STRUKTURIERT HANDELN

Bruttoinlandsprodukt (BIP) – der Puls einer Volkswirtschaft

An der Börse zählt nicht nur, was Unternehmen heute verdienen, sondern auch, in welchem wirtschaftlichen Umfeld sie morgen wachsen sollen. Genau deshalb ist das Bruttoinlandsprodukt, kurz BIP, eine der wichtigsten Kennzahlen für Anleger. Es zeigt, ob eine Volkswirtschaft an Dynamik gewinnt oder an Schwung verliert.

Das BIP misst die gesamte wirtschaftliche Leistung eines Landes. Es macht sichtbar, ob mehr produziert, investiert und konsumiert wird oder ob die Wirtschaft ins Stocken gerät. Schon kleine Veränderungen können große Wirkung entfalten. Denn für die Börse ist nicht nur wichtig, ob die Wirtschaft wächst, sondern auch, ob sie stärker oder schwächer als erwartet wächst.

Fällt das BIP besser aus als prognostiziert, werten viele Anleger das als Zeichen wirtschaftlicher Stärke. Unternehmen traut man dann eher steigende Umsätze und Gewinne zu. Enttäuscht das BIP, wachsen Zweifel an Konjunktur, Nachfrage und Ertragskraft. Genau dann geraten Aktienmärkte oft unter Druck, zumindest kurzfristig.

An den Märkten zählt nicht nur die Richtung des Wachstums, sondern auch dessen Dynamik. Bereits ein nachlassendes Tempo kann Erwartungen verändern, Gewinnerwartungen senken und die Stimmung an den Börsen drehen. Märkte reagieren häufig früher auf solche Veränderungen als die reale Wirtschaft selbst.

Schwächeres Wachstum bedeutet noch keine Krise. Doch schon die Sorge vor sinkenden Unternehmensgewinnen oder nachlassender Nachfrage kann genügen, um Anleger vorsichtiger werden zu lassen und Kurse unter Druck zu setzen.

Besonders aufmerksam verfolgen Investoren den Übergang von Abschwächung zu Rezession. Von einer technischen Rezession spricht man, wenn die Wirtschaftsleistung in zwei Quartalen in Folge zurückgeht. Das ist mehr als eine trockene Statistik. Es ist ein Warnsignal, das Erwartungen, Bewertungen und oft auch die Stimmung an den Finanzmärkten verändert.

Das BIP ist deshalb weit mehr als eine Zahl aus der Volkswirtschaftslehre. Für Anleger ist es ein Taktgeber der Konjunktur und ein Gradmesser dafür, wie günstig oder schwierig das Umfeld für Unternehmen gerade ist. Wer die Börse verstehen will, sollte auch den Puls der Wirtschaft im Blick behalten.

Aha-Moment: Die Börse schaut nicht nur auf Unternehmen, sondern auf den Herzschlag der ganzen Wirtschaft.

Impuls für den Tag: Beobachten Sie die nächste BIP-Meldung und notieren Sie, ob die Märkte auf die Zahl oder auf die Abweichung zur Erwartung reagieren.

▶ TAG 99, GELDMENGE & LIQUIDITÄT – TREIBSTOFF FÜR BÖRSENKURSE

Geraldine Weiss – die Königin der Dividendenstrategie

An der Wall Street der 1960er-Jahre galt Investieren als Männerdomäne. Geraldine Weiss nahm diese Hürde mit klarem Verstand – und ließ zunächst ihre Strategie für sich sprechen. Was niemand wusste: Hinter dem erfolgreichen Finanz-Newsletter »**G. Weiss**« steckte eine Frau. Erst Jahre später lüftete sie ihr Geheimnis – da war sie längst eine Legende.

Weiss war keine Spekulantin. Sie war analytisch, nüchtern, strategisch – und sie glaubte an die Macht verlässlicher Ausschüttungen. Ihr Ansatz: Der wahre Wert eines Unternehmens lässt sich über die Dividende ermitteln. Sie entwickelte ein ebenso einfaches wie wirksames System: Aktien sind dann kaufenswert, wenn ihre Dividendenrendite historisch hoch liegt. Ihr Leitsatz:

»Wenn ein Unternehmen dich bezahlt, während du auf den Kurs wartest – dann bist du auf dem richtigen Weg.«

Was sie besonders machte, war ihre Konsequenz. Während andere schnellen Trends folgten, setzte Weiss auf Beständigkeit. Ihre Stärke war Geduld – belohnt durch stetige Dividenden. Auch in Krisenjahren floss das Einkommen weiter, und ihre Strategie gewann an Profil. Der von ihr gegründete Newsletter »**Investment Quality Trends**« (1) wurde zur Pflichtlektüre für konservative Anleger mit langfristigem Blick.

Sie war nicht nur eine Pionierin der Dividendenstrategie, sondern auch eine der ersten Frauen, die sich in der männlich geprägten Finanzwelt behaupteten – und das mit unaufgeregter Kompetenz. Ihr Erfolg zeigte: Langfristiges Denken, gepaart mit Disziplin, schlägt jedes Börsengerücht.

Geraldine Weiss bewies: Man muss nicht laut sein, um Großes zu erreichen. Wer Zahlen versteht, Muster erkennt und den Zinseszins wirken lässt, baut Vermögen auf – leise, stetig und nachhaltig. Ihre Methode lebt bis heute – nicht nur in Büchern, sondern in Depots weltweit.

Aha-Moment: Geraldine Weiss zeigte: Disziplin schlägt Dynamik. Ihr Vorteil lag nicht im Tempo, sondern im Durchhaltevermögen.

Impuls für den Tag: Lassen Sie Dividenden für sich arbeiten – ruhig, verlässlich, langfristig. Oft wächst Vermögen nicht im Sturm, sondern im Stillen.

▶ TAG 130, BENJAMIN GRAHAM – DER ARCHITEKT DES VALUE INVESTING

Defensiv oder zyklisch? – Aktienwahl im richtigen Takt

Die Wirtschaft verläuft nicht linear, sondern in Wellen. Und genau darauf reagieren Aktien unterschiedlich. Für Ihr Depot bedeutet das: Nicht jede Aktie erfüllt dieselbe Aufgabe. Zyklische und defensive Werte stehen deshalb nicht im Wettbewerb – sie ergänzen sich.

Zyklische Aktien hängen eng von der Konjunktur ab. In Aufschwungphasen profitieren oft Autohersteller, Maschinenbauer oder Konsumgüteranbieter. Steigen Nachfrage und Investitionen, wachsen meist auch Gewinne und Kurse. Dreht die Konjunktur, reagieren diese Titel oft überproportional – in beide Richtungen.

Defensive Aktien entwickeln sich meist stabiler, weil ihre Produkte auch in schwächeren Phasen gebraucht werden. Dazu zählen Unternehmen aus Bereichen wie Lebensmittel, Gesundheit oder Telekommunikation. Sie wachsen oft langsamer, übernehmen dafür aber eine andere Aufgabe: Stabilität im Depot.

Der entscheidende Punkt ist die Funktion im Portfolio. Zykliker treiben das Depot in guten Phasen nach vorn. Defensive Werte begrenzen Rückschläge, wenn Märkte schwächer werden. Erst dieses Zusammenspiel macht ein Depot belastbar.

Der Unterschied auf einen Blick:

- **Zykliker** profitieren im Aufschwung, reagieren aber empfindlicher auf Abschwünge.
- **Defensivwerte** entwickeln sich stabiler, verzichten dafür oft auf starke Wachstumsspitzen.

Worauf es in der Praxis ankommt:

- **Konjunktur grob einordnen:** nicht perfekt, sondern ausreichend
- **Gewichtung bewusst wählen:** passend zu Risiko und Marktphase
- **Rollen verstehen:** Nicht jede Aktie soll dasselbe leisten.

Typische Fehler:

- **zu spät auf Zykliker setzen**, wenn der Aufschwung schon weit gelaufen ist
- **defensive Werte unterschätzen**, weil sie weniger spektakulär wirken
- **ohne klare Struktur investieren**, sodass das Depot ungewollt kippt

Aha-Moment: Nicht die einzelne Aktie entscheidet über Stabilität und Rendite, sondern ihre Rolle im Gesamtdepot.

Impuls für den Tag: Ordnen Sie jede Position in Ihrem Depot heute ein: Treiber oder Stabilisator? Genau daraus entsteht Struktur.

▶ TAG 91, UNTERNEHMENSBEWERTUNG VERSTEHEN – VOM KGV ZUM DCF

Antizyklisch handeln – gegen die Masse, mit System

Märkte neigen zu Übertreibungen. Euphorie treibt Kurse zu weit nach oben, Panik drückt sie zu stark nach unten. Genau hier setzt antizyklisches Handeln an: Nicht die Bewegung zählt, sondern ihr Extrem.

Der Reiz dieser Strategie liegt im Perspektivwechsel. Antizyklische Trader suchen keine Stärke, sondern Überhitzung. Sie kaufen nicht in Euphorie und verkaufen nicht in Panik. Stattdessen stellen sie die entscheidende Frage: Ist der Markt bereits zu weit gelaufen? Genau dort entstehen Gegenbewegungen.

Der entscheidende Punkt: Antizyklisches Handeln funktioniert nicht durch Widerspruch, sondern durch präzises Timing in Extremphasen.

Trends laufen oft länger, als viele erwarten. Deshalb sind klare Hinweise für Übertreibung wichtig: extreme Kursdehnung, einseitige Stimmung oder nachlassende Dynamik. Erst wenn Bewegung kippt, wird der Einstieg interessant.

Worauf antizyklische Trader achten:

- stark überdehnte Bewegungen
- extreme Stimmung (Euphorie oder Panik)
- nachlassende Dynamik
- klare Zonen für Gegenbewegungen

Typische Fehler:

- zu früh gegen einen Trend handeln
- jede Bewegung als Übertreibung deuten
- ohne Absicherung auf Umkehr setzen
- Trend und Extremphase verwechseln

Antizyklisches Handeln ist keine Gegenmeinung, sondern ein strukturierter Umgang mit Marktübertreibungen.

Aha-Moment: Die besten Chancen entstehen oft dort, wo Emotionen ihren Höhepunkt erreichen.

Impuls für den Tag: Suchen Sie eine besonders steile Bewegung und prüfen Sie: Trend oder bereits Übertreibung?

▶ TAG 87, BREAKOUT-TRADING – WENN AUS RUHE BEWEGUNG WIRD

Einstieg, Stopp, Ziel – planen statt hoffen

Ein Trade beginnt nicht mit dem Klick, sondern mit klar definierten Punkten. Für Trader sind das im Setup **Einstieg, Stopp** und **Ziel**.

Der entscheidende Punkt: Sie entscheiden den Trade, bevor Sie ihn eingehen.

Der Einstieg beantwortet die Frage: Warum genau hier? Nicht der Kurs ist entscheidend, sondern der Kontext. Ein sinnvoller Einstieg entsteht aus einem klaren Setup – Ausbruch, Korrektur oder definierte Struktur. Ohne diese Begründung reagieren Sie nur auf Bewegung.

Der Stopp definiert Ihr Risiko. Er liegt dort, wo Ihre Idee objektiv widerlegt ist. Er schützt Sie nicht vor Verlusten – er verhindert, dass diese außer Kontrolle geraten. Wer den Stopp verschiebt, ersetzt Planung durch Hoffnung.

Das Ziel gibt dem Trade eine klare Perspektive. Es legt fest, wann Sie Gewinne realisieren.

Ohne Ziel werden Gewinne zu offenen Möglichkeiten – und oft wieder zu Verlusten.

Erst das Zusammenspiel macht den Trade: Der Einstieg bestimmt den Zeitpunkt, der Stopp begrenzt das Risiko, das Ziel definiert die Chance. Daraus entsteht das Chance-Risiko-Verhältnis – und damit die Qualität des Trades.

Check vor jedem Trade:

- Ist der Einstieg klar begründet – oder nur eine Reaktion?
- Liegt der Stopp logisch dort, wo die Idee scheitert?
- Ist Ihr Ziel realistisch – und stimmt das Chance-Risiko-Verhältnis?

Ist eine Antwort unklar, verzichten Sie auf den Trade.

So ersetzen Sie spontane Entscheidungen durch Struktur. Ihre Trades werden vergleichbar, überprüfbar und wiederholbar. Nur so entsteht ein echter Lernprozess.

Aha-Moment: Ein Trade ist erst entschieden, wenn Einstieg, Stopp und Ziel feststehen.

Impuls für den Tag: Legen Sie Einstieg, Stopp und Ziel vor jedem Trade fest – und lassen Sie sie danach unverändert.

▶ TAG 86, TRADING-PROZESS AUFBAUEN – VOM SETUP ZUR SERIE

Reichtum beginnt im Kopf – Geld, Glück und ein erfülltes Leben

Was bedeutet Reichtum wirklich? Eine Zahl auf dem Konto? Ein Gefühl von Sicherheit? Oder das innere Wissen, frei entscheiden zu können? Gerade in der Trading-Welt wird Reichtum oft mit reiner Rendite verwechselt – und verliert dabei an Tiefe. Doch wer langfristig erfolgreich handeln will, braucht ein umfassenderes Verständnis: eines, das Kopf, Herz und Konto miteinander verbindet. Studien zeigen: Mehr Geld allein macht nicht automatisch glücklicher. Zufriedenheit entsteht vor allem dann, wenn Geld sinnvoll eingesetzt wird – für Erlebnisse, Beziehungen oder Zeitgewinn (1). Wer dagegen finanziellen Erfolg zum alleinigen Lebensziel macht, erlebt häufig das Gegenteil: mehr Stress, weniger Freude, weniger Erfüllung (2).

Wahrer Reichtum beginnt nicht im Depot, sondern in der inneren Haltung. Diese Fragen können helfen, ihn zu entdecken:

- Was bedeutet Reichtum für Sie – über Geld hinaus?
- Wann fühlen Sie sich innerlich reich – und woran merken Sie das?
- Welche Gefühle verbinden Sie mit finanzieller Freiheit?
- Gibt es in Ihnen einen Glaubenssatz wie: »Ich bin es nicht wert, wirklich reich zu sein«?
- Was suchen Sie wirklich – und glauben, über Geld erreichen zu können?
- Wie würde sich Ihr Leben verändern, wenn Sie das Gefühl von Fülle schon heute leben würden?

Tipp: Formulieren Sie Ihr persönliches Verständnis von Reichtum – eines, das nicht in Euro gemessen wird, sondern in Werten, Beziehungen und innerem Gleichgewicht.

Denn selbst Menschen mit Millionenvermögen können unter emotionaler Armut leiden –durch Angst vor Verlust, durch Misstrauen oder durch das ständige Gefühl, nie genug zu haben.

Aha-Moment: Innerer Reichtum entsteht nicht durch Anhäufen, sondern durch Klarheit, Sinn und die Fähigkeit, loszulassen. Wer erfüllt lebt, trifft bessere Entscheidungen. Auch am Markt.

Impuls für den Tag: Messen Sie Ihren Reichtum nicht nur in Zahlen. Messen Sie ihn in Momenten, Beziehungen, Erkenntnissen – und in der Fähigkeit, mit dem, was Sie haben, bewusst zu leben.

▸ TAG 111, MOTIVATION IM FOKUS – SO STÄRKEN SIE IHRE ENERGIE IM TRADING-ALLTAG

Magic Formula Investing – Qualität trifft günstige Bewertung

Anleger suchen oft nach der geheimen Formel für Börsenerfolg. Joel Greenblatt hat daraus eine klare, wiederholbare Regel gemacht (»Magic Formula«): Finden Sie Unternehmen, die ihr Geld im Kerngeschäft effizient verdienen, und kaufen Sie sie, wenn der Markt sie noch günstig bewertet.

So geht's:

- Ausgangspunkt ist ein großes Aktienuniversum (z. B. die 1000 größten US-Unternehmen).
- **Dann werden alle Aktien nach zwei Kennzahlen gerankt:**
  1. **Kapitalrendite**: Wie effizient verwandelt das Unternehmen gebundenes Kapital in operativen Gewinn? Hoher ROC steht für starke operative Leistung.
  2. **Gewinnrendite:** Wie viel operativen Gewinn erhalten Sie gemessen am aktuellen Unternehmenspreis? Hohe Gewinnrendite steht für einen günstigen Einstieg.
- Beide Ranglisten werden zusammengeführt, die bestplatzierten Unternehmen bilden die Auswahlliste.
- Daraus stellen Sie ein Portfolio mit 20 bis 30 Aktien zusammen.
- Einmal pro Jahr wird neu gerankt und konsequent angepasst.

Warum funktioniert das? Weil die Strategie zwei typische Anlegerfehler umgeht: Qualität zu übersehen, wenn sie unspektakulär wirkt, und Qualität überzubezahlen, wenn sie gerade »in« ist. Die Magic Formula kombiniert daher bewusst Qualität mit Bewertung und macht Investieren systematischer statt emotionaler. Greenblatt (1) berichtete für den US-Markt im Zeitraum von 1988 bis 2004 von durchschnittlichen Renditen von rund 30 Prozent pro Jahr – deutlich mehr als der Gesamtmarkt. Spätere unabhängige Untersuchungen kamen auf niedrigere, aber weiterhin attraktive Langfristergebnisse, häufig im Bereich von 10 bis 15 Prozent jährlich. In einzelnen Jahren kann die Strategie deutlich hinter dem Markt liegen – genau dann zählt Konsequenz.

Fazit: Magic Formula Investing ist kein Wundermittel, aber eine einfache, logische Strategie, die Qualität und Preis verbindet. Langfristiger Erfolg entsteht hier durch klare Regeln – und durch die Disziplin, sie auch in schwachen Phasen konsequent durchzuhalten.

Aha-Moment: Börsenerfolg entsteht oft nicht durch bessere Meinungen, sondern durch bessere Regeln.

Impuls für den Tag: Wählen Sie ein Unternehmen aus und prüfen Sie: Ist es operativ stark? Und bezahle ich dafür gerade einen fairen Preis?

▶ TAG 116, PIOTROSKI F-SCORE – BILANZCHECK FÜR VALUE-PERLEN

Hebelprodukte – warum kleine Bewegungen große Wirkung haben

Hebelprodukte verstärken Marktbewegungen auf Ihr eingesetztes Kapital. Mit wenig Kapital bewegen Sie eine deutlich größere Position im Markt. Schon kleine Kursänderungen können deshalb spürbare Gewinne erzeugen – oder erhebliche Verluste.

Der entscheidende Punkt: Der Hebel verändert nicht die Bewegung des Marktes, sondern ihre Wirkung auf Ihr Kapital.

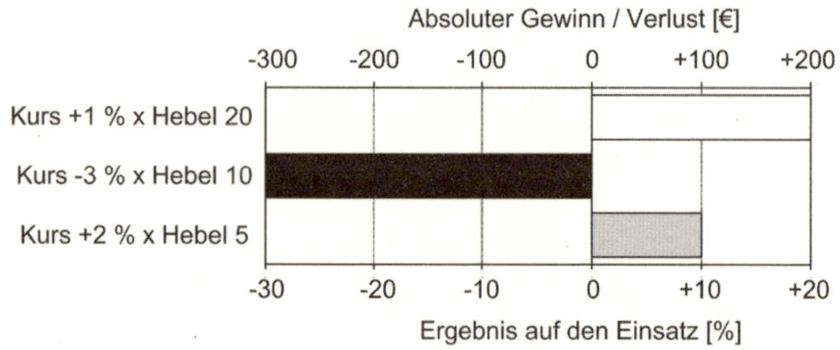

Die Abbildung zeigt, wie stark Hebel kleine Marktbewegungen verstärken können: Ein Kursanstieg von 2 Prozent führt bei einem Hebel von 5 zu einem Gewinn von 10 Prozent (100 Euro). Fällt der Markt dagegen um 3 Prozent bei einem Hebel von 10, entsteht ein Verlust von 30 Prozent (300 Euro). Besonders deutlich wird die Wirkung bei hohen Hebeln: Schon ein Kursplus von 1 Prozent führt bei einem Hebel von 20 zu 20 Prozent Gewinn (200 Euro).

Der entscheidende Punkt: Hebelprodukte erhöhen nicht die Trefferquote, sondern die Auswirkungen jeder einzelnen Bewegung.

Hebelprodukte wie CFDs, Optionsscheine oder Knock-outs sind keine Spielzeuge, sondern hochwirksame Instrumente mit eingebautem Risiko. Ihr Verstärkereffekt wirkt in beide Richtungen: Schon kleine Marktbewegungen können Ihr Kapital deutlich verändern. Wer ohne Strategie oder klare Positionsgröße handelt, verliert schnell die Kontrolle. Margin Calls, Knock-out-Schwellen und Finanzierungskosten können das Risiko zusätzlich verschärfen.

Der Schlüssel liegt im Verständnis: Stop-Loss, Margin, Liquidität und mögliche Nachschusspflichten sind Grundlagen, die jeder kennen muss. Ein strukturierter Einstieg über Demokonto oder kleine Positionsgrößen reduziert Fehler in der Lernphase.

Aha-Moment: Ein Hebel von 10 bedeutet: Schon eine Kursbewegung von 10 Prozent gegen Ihre Position kann Ihren Einsatz vollständig aufzehren.

Impuls für den Tag: Wählen Sie ein Hebelprodukt und berechnen Sie: Bei welcher Gegenbewegung wäre mein Einsatz stark reduziert? Würde ich dieses Risiko eingehen?

▶ TAG 108, CFDS – CHANCEN UND RISIKEN IM DETAIL

Wenn's weh tut – wie viel Verlust halten Sie wirklich aus?

Es geht um Rücksetzer in der Kapitalkurve – also um Phasen, in denen der Kontostand spürbar vom bislang höchsten Stand zurückgeht. Der sogenannte **Drawdown** beschreibt den maximalen Verlust, gemessen vom bisherigen Höchststand bis zum tiefsten Punkt dieses Rückgangs. Entscheidend ist nicht, wo Sie aktuell stehen, sondern wie tief es zwischenzeitlich ging. Drawdowns gehören zum Handwerk. Ob Sie investieren oder aktiv handeln: Rückschläge sind unvermeidlich. Die Frage ist, wie bewusst und konsequent Sie damit umgehen.

Ein zentraler Begriff ist der **strategische Drawdown** – also der größte Verlust, den eine bestimmte Strategie in der Vergangenheit erlitten hat. Er kann aus einer Serie von Verlust-Trades, einer Marktkrise oder einfach aus statistischen Schwankungen resultieren. Dieser Wert zeigt, mit welchen Rücksetzern realistisch zu rechnen ist.

Genauso wichtig ist der **persönliche Drawdown** – also der maximale Verlust, den Sie emotional und finanziell aushalten können, ohne in Stress zu geraten oder Ihre Strategie infrage zu stellen.

Beispiel: Sie handeln mit einem Konto von 15 000 Euro. Ihre persönliche Schmerzgrenze liegt bei maximal 20 Prozent Rückgang – also 3000 Euro. Wird diese Grenze überschritten, drohen emotionale Fehlentscheidungen. Das bedeutet: Ihre Strategie darf im Extremfall nicht mehr als 20 Prozent Drawdown aufweisen – weder in Tests noch im Livehandel.

Konsequenz 1: Wählen Sie nur Strategien, deren *historischer* Drawdown klar unter Ihrer persönlichen Toleranz liegt.

Konsequenz 2: Was tun, wenn Ihre Grenze doch erreicht wird? Dann helfen ein kühler Kopf und ein klarer Plan:

- erst analysieren, dann reagieren – keine Bauchentscheidungen, sondern mit Plan
- Strategie überprüfen: Was funktioniert noch, was nicht?
- bei Investitionen: Positionsgrößen reduzieren, Liquidität erhöhen oder absichern (z. B. mit Put-Optionen oder Short-ETFs)
- bei aktiven Tradern: Positionsgrößen anpassen, Regeln überprüfen, bewusst pausieren

Fazit: Rücksetzer sind kein Zeichen von Schwäche, sondern Teil jedes Weges. Entscheidend ist nicht, ob sie kommen, sondern wie gut Sie darauf vorbereitet sind. Wer den Sturm einkalkuliert, bleibt auch bei Gegenwind auf Kurs.

Aha-Moment: Ein Drawdown ist nicht das Ende – aber oft ein Test: Ihrer Strategie, Ihrer Gelassenheit, Ihrer Vorbereitung.

Impuls für den Tag: Was passiert, wenn Ihre Strategie an Ihre persönliche Grenze stößt?

► TAG 159, CHANCE TRIFFT RISIKO – DIE FORMEL FÜR NACHHALTIGEN BÖRSENERFOLG

Mentale Buchführung – warum wir Geld in Schubladen stecken

Nicht alles Geld ist gleich – zumindest nicht in unserem Kopf. Ob Erbschaft, Bonus, Dividende oder Gehalt: Wir versehen Geld mit Bedeutungen. Unser Denken führt **»geistige Konten«,** als hätte jedes einen festen Verwendungszweck. Dieses Verhalten nennt man **mentale Buchführung** – ein Konzept des Verhaltensökonomen **Richard Thaler** (1).

Ein Bonus fühlt sich wie Spielgeld an – und wird oft lockerer ausgegeben. Gehalt dagegen wirkt »ernster«; Verluste daraus schmerzen stärker. Ähnlich bei Spekulationsgewinnen: Sie fließen oft direkt zurück in den Markt – als wären sie nie wirklich unser Geld gewesen. Dieses Verhalten nennt man **House-Money-Effekt**.

Auch im Börsenalltag führt mentale Buchführung zu typischen Verzerrungen:

- Wir investieren risikofreudiger, wenn das Geld aus einem »Spaßkonto« stammt.
- Wir sparen lieber, als bestehende Schulden zu tilgen – obwohl das ökonomisch nachteilig ist.
- Wir betrachten jede Position isoliert, statt das Gesamtportfolio im Blick zu behalten (2).

Das Problem: Diese psychologische Einteilung fühlt sich plausibel an – ist aber oft ineffizient. Denn ein Euro ist ein Euro – egal, woher er stammt oder wofür wir ihn »gedanklich« reservieren. Unser Gehirn denkt nicht in Geldbeträgen, sondern in Bedeutungsrahmen – und genau das führt zu systematischen Fehlentscheidungen.

Studien zeigen: Anleger behalten riskante Investments oft zu lange – weil sie sich wie »verspielbares Kapital« anfühlen (3). Oder sie sichern kleine Gewinne zu früh, um ein mentales Konto »auszugleichen«. Solche Entscheidungen wirken überlegt – folgen aber meist dem Bauchgefühl, nicht dem ökonomischen Kalkül.

Mentale Buchführung kann helfen, Ordnung im Geldalltag zu schaffen. Doch sie darf nicht zur Denkfalle werden. Wer erkennt, dass dieses Schubladendenken kein Naturgesetz, sondern ein psychologisches Konstrukt ist, gewinnt Freiheit – und trifft bewusstere finanzielle Entscheidungen.

Aha-Moment: Menschen geben unerwartete Bonuszahlungen in Experimenten signifikant risikofreudiger aus, obwohl sie wirtschaftlich identisch mit ihrem regulären Einkommen sind.

Impuls für den Tag: Welche Ihrer finanziellen Entscheidungen treffen Sie, weil sie sich »richtig« anfühlen – und nicht, weil sie wirtschaftlich sinnvoll sind?

▶ TAG 115, DER ANKER-EFFEKT – WIE ZAHLEN UNSER DENKEN BEEINFLUSSEN

Die ersten Verluste – wie Sie dadurch besser werden

Der erste Verlust ist kein Moment – er ist ein Einschnitt. Aus einer Überzeugung wird ein Zweifel. Aus Kontrolle wird Unsicherheit.

Viele glauben, sie hätten ein Problem, wenn sie verlieren. In Wahrheit beginnt genau hier das eigentliche Lernen. Nicht, weil Sie falsch lagen – sondern weil Sie zum ersten Mal erleben, was Entscheidungen unter Risiko bedeuten.

Der entscheidende Punkt: Ein Verlust ist kein Fehler. Ein Verlust ohne Erkenntnis ist einer.

Märkte bewegen sich nicht, weil Sie richtig oder falsch liegen. Sie bewegen sich, weil Erwartungen sich verändern. Selbst eine gute Entscheidung kann kurzfristig zu einem Verlust führen. Wer das nicht versteht, sucht nach Sicherheit – statt nach Struktur.

In der Praxis zeigt sich das sofort: Sie kaufen eine Aktie aus Überzeugung. Der Kurs fällt. Der erste Impuls ist selten Analyse, sondern Reaktion. Verkaufen, sichern, vermeiden. Doch genau hier trennt sich Verhalten von Entscheidung.

Die zentrale Frage lautet nicht: »Wie groß ist mein Verlust?«

Sondern: »Gilt meine Annahme noch?«

Wenn sich die Grundlage nicht verändert hat, ist der Verlust zunächst nur ein Preis – kein Urteil. Wenn Sie jedoch ohne Prüfung reagieren, wird aus einem einzelnen Rückschlag ein wiederkehrendes Muster.

Verluste wirken stärker als Gewinne. Nicht, weil sie größer sind, sondern weil unser System darauf ausgelegt ist, sie zu vermeiden. Wer das nicht erkennt, trifft Entscheidungen, um kurzfristigen Druck zu reduzieren – nicht um bessere Ergebnisse zu erzielen.

Der erste Verlust zwingt Sie zur Klarheit:

- Wie viel Risiko trage ich pro Entscheidung?
- Wann überprüfe ich meine Annahme?
- Wann steige ich aus – unabhängig vom Gefühl?

Ohne diese Antworten bleibt jeder Verlust ein Ereignis. Mit ihnen wird er Teil eines Systems.

Erfahrene Marktteilnehmer vermeiden Verluste nicht. Sie begrenzen sie und lernen aus ihnen. Genau hier entsteht Entwicklung.

Aha-Moment: Ein Verlust ist nicht das Problem, sondern die fehlende Regel dahinter.

Impuls für den Tag: Nehmen Sie einen Ihrer letzten Verluste und beantworten Sie nur eine Frage: Welche klare Regel hätte diesen Verlust begrenzt?

▶ TAG 102, ZIELE SETZEN, DIE TRAGEN

Trading-Prozess aufbauen – vom Setup zur Serie

Ein guter Trade ist kein Ziel. Ein stabiler Prozess ist es. Solange Sie Trades einzeln bewerten, bleibt Ihr Ergebnis zufällig.

Der entscheidende Punkt: Ihr Erfolg entsteht nicht im einzelnen Trade, sondern in der Wiederholung eines klaren Prozesses.

Ein Setup definiert, wann Sie handeln. Ein Prozess definiert, wie Sie über viele Trades hinweg handeln.

Viele Einsteiger haben gute Ideen, aber keinen Ablauf. Jeder Trade steht für sich. Genau hier fehlt die Struktur.

Ein Trading-Prozess verbindet einzelne Trades zu einer Serie:

- gleiche Setup-Logik
- klare Regeln für Einstieg, Stopp und Ziel
- feste Risikostruktur
- gleiche Entscheidungsabfolge

Erst diese Wiederholung macht Ergebnisse vergleichbar. Ein einzelner Gewinn sagt nichts, ein einzelner Verlust auch nicht. Erst eine Serie zeigt, ob Ihr Ansatz trägt.

Deshalb beginnt Trading vor dem Einstieg:

- Welche Setups handele ich?
- In welchem Umfeld funktionieren sie?
- Wie viel Risiko trage ich pro Trade?
- Wann handele ich – und wann bewusst nicht?

Ohne Prozess reagieren Sie auf den Markt. Mit Prozess folgen Sie einem klaren Ablauf. Das reduziert spontane Entscheidungen, stabilisiert Ihr Verhalten und macht Ihre Trades auswertbar.

Ein Prozess ist kein starres System, sondern ein Rahmen, den Sie wiederholen und verbessern.

Aha-Moment: Sie traden keine einzelnen Setups – Sie traden einen Prozess.

Impuls für den Tag: Definieren Sie Ihren Trading-Ablauf in wenigen klaren Schritten – und halten Sie ihn für die nächsten Trades konsequent ein.

▶ TAG 103, KONSISTENZ IM TRADING – WARUM DER EINZELNE TRADE NICHTS ENTSCHEIDET

Breakout-Trading – wenn aus Ruhe Bewegung wird

Manche der spannendsten Börsenmomente beginnen nicht mit Lärm, sondern mit Ruhe. Kurse pendeln tagelang oder wochenlang in einer engen Spanne, als würde der Markt Kraft sammeln. Genau hier setzen Breakout-Trader an: Sie warten auf den Moment, in dem aus Ruhe Bewegung wird.

Das Grundprinzip ist einfach: Enge Handelsspannen zeigen ein Gleichgewicht zwischen Käufern und Verkäufern. Wird dieses Gleichgewicht aufgelöst, entsteht oft Dynamik. Ein Ausbruch über einen Widerstand signalisiert neue Stärke, ein Bruch unter eine Unterstützung zeigt zunehmende Schwäche. Breakout-Trading nutzt genau diese Übergänge von Gleichgewicht zu Bewegung.

Der entscheidende Punkt: Nicht der Ausbruch allein zählt, sondern seine Qualität. Gute Breakouts setzen sich fort – schwache fallen schnell wieder zurück.

Der Reiz dieser Strategie liegt in ihrer Klarheit. Sie handeln nicht im Marktgeräusch, sondern warten auf einen klaren Richtungsimpuls. Breakouts entstehen nach Nachrichten oder rein technisch. Je länger und sauberer eine Zone gehalten hat, desto kraftvoller ist ihr Bruch.

Worauf Breakout-Trader achten:
- klare Unterstützungs- und Widerstandszonen
- enge Seitwärtsphasen oder Konsolidierungen
- Ausbruch mit sichtbarer Dynamik
- Bestätigung durch Volumen oder Anschlussbewegung

Typische Fehler:
- zu früh vor dem Ausbruch einsteigen
- kleine Überschüsse als echten Breakout werten
- Fehlausbrüche ohne Stop-Loss aussitzen
- in überdehnte Bewegungen hineinspringen

Breakout-Trading ist mehr als das Handeln eines Kurssprungs. Es geht darum, Marktspannung zu erkennen und nur dann zu handeln, wenn sie sich wirklich entlädt.

Aha-Moment: Ruhige Phasen sind oft die Vorbereitung für starke Bewegungen.

Impuls für den Tag: Markieren Sie in einem Chart eine enge Seitwärtsphase und ihre Grenzen. Dort entsteht der nächste mögliche Impuls.

▶ TAG 117, PULLBACK-TRADING – IN TRENDS KONTROLLIERT EINSTEIGEN

Amsterdam – die Wiege der modernen Börse

Wenn es einen Geburtsort der modernen Börse gibt, dann ist es Amsterdam. Im frühen 17. Jahrhundert entstand hier etwas völlig Neues: Kapital konnte Anteile kaufen – nicht nur Waren. Damit wurde Handel plötzlich grenzenlos. Denn wer Anteile hielt, war Teil eines Unternehmens – ganz ohne Segel, Muskeln oder Gold.

Die Gründung der **Vereinigten Ostindien-Kompanie (VOC)** im Jahr 1602 war ein Wendepunkt. Erstmals wurde ein Unternehmen mit handelbaren Anteilen ausgestattet – und die erste echte Börse entstand: nicht als Gebäude, sondern als Idee. Auf dem Amsterdamer Damrak wurde nicht nur getauscht, sondern investiert, spekuliert, diskutiert.

Was dort geschah, war revolutionär:

- Risiko wurde verteilt.
- Kapital wurde mobil.
- Handel wurde abstrakt – und skalierbar.

Der Investor löste den Abenteurer ab. Der Aktienkurs wurde zur Information mit Wert. Und das Unternehmen bekam ein Gedächtnis: den Kursverlauf. Amsterdam wurde so zum Ursprung des Finanzkapitalismus – eine Stadt, in der Vertrauen, Information und Rendite eine neue Allianz bildeten.

Doch es war nicht nur ein wirtschaftlicher Meilenstein. Es war auch ein kultureller. Mit dem Wertpapier entstand ein neues Denken: über Risiko, Zukunft – und Teilhabe. Kein Zufall, dass ausgerechnet in den Niederlanden – mit ihrer offenen, kaufmännischen Kultur – der erste Börsenmarkt entstand, der öffentlichen Zugang mit privatem Gewinn verband.

Was in Amsterdam begann, ging um die Welt: London, Paris, Frankfurt, New York. Und bis heute hallt die Frage von damals nach: Was ist ein Unternehmen wert – wenn es noch nichts produziert hat, sondern nur ein Versprechen gibt?

Aha-Moment: Die VOC zahlte über 200 Jahre Dividenden – und gilt damit als das erstes »Blue chip«-Unternehmen der Geschichte.

Impuls für den Tag: Worin würden Sie investieren, wenn es keinen täglichen Kurs gäbe – nur Vertrauen?

▶ TAG 119, LONDON: TOWER, TEA UND TRADES – DIE GESCHICHTE EINER FINANZMETROPOLE

Timing oder Time-in? – Was beim Einstieg wirklich zählt

Emotionen können Anleger an der Börse viel Geld kosten. Die Angst, zum falschen Zeitpunkt zu kaufen oder in fallende Kurse hinein zu investieren, bringt selbst ruhige Menschen ins Grübeln. Viele stellen sich deshalb immer wieder dieselbe Frage: Wann ist der richtige Zeitpunkt für den Einstieg? Für die meisten Anleger führt jedoch ein anderer Gedanke weiter: Wichtiger als perfektes Timing ist die Zeit im Markt.

Genau darin liegt der Kern des Unterschieds. Beim **Timing** versuchen Anleger, besonders günstig ein- und möglichst teuer wieder auszusteigen. Beim **Time-in** zählt vor allem, gut auszuwählen und dann investiert zu bleiben. Für Privatanleger ist dieser Weg meist realistischer, ruhiger und langfristig oft erfolgreicher.

Der Unterschied zwischen Timing und Time-in:

STRATEGIE	AUFWAND	STRESSLEVEL	LANGFRISTIGES POTENZIAL
Market Timing	hoch	hoch	schwer planbar
Time-in Market	gering	niedrig	oft deutlich höher

Warum Time-in meist stärker ist:
- gründlich investieren statt hektisch reagieren
- geduldig bleiben, weil Sie Ihre Auswahl verstehen
- vom Zinseszinseffekt über Jahre profitieren

Für die meisten Privatanleger ist richtiges Timing kaum verlässlich umsetzbar. Weder für den idealen Einstieg noch für den perfekten Ausstieg gibt es dauerhaft sichere Signale. Wer ständig ein- und aussteigt, verursacht zudem oft mehr Kosten, mehr Stress und mehr Fehlentscheidungen. Die Suche nach dem perfekten Zeitpunkt wird so schnell zur Falle.

Ein guter Ausweg sind Sparpläne:
- Sie investieren regelmäßig einen festen Betrag, zum Beispiel in einen ETF.
- Dadurch kaufen Sie mal zu höheren und mal zu niedrigeren Kursen.
- Auf lange Sicht glätten sich so viele Einstiegszeitpunkte.

Entscheidend ist an der Börse oft weniger der perfekte Moment als die Zeit, in der gutes Kapital für Sie arbeiten kann. Wer solide auswählt und investiert bleibt, hat nach vielen Untersuchungen bessere Chancen auf eine starke langfristige Rendite.

Aha-Moment: An der Börse wächst Vermögen oft am stärksten, wenn gutes Kapital lange Zeit für Sie arbeiten darf.

Impuls für den Tag: Prüfen Sie heute, ob ein Sparplan für Sie ein guter Weg wäre, um dem Faktor Zeit mehr Raum zu geben als dem perfekten Einstiegszeitpunkt.

▶ TAG 124, DIVERSIFIKATION – STREUUNG ALS SCHUTZ VOR RISIKEN

Spieltheorie – wie strategisches Denken Entscheidungen prägt

Was haben ein Schachspieler, ein Pokerspieler und ein Investmentbanker gemeinsam? Sie alle handeln strategisch – unter Unsicherheit, oft mit Bluff und immer mit Blick auf den nächsten Zug der anderen. Willkommen in der Welt der Spieltheorie – dem Werkzeugkasten für kluge Entscheidungen in komplexen Wechselwirkungen.

Die Spieltheorie analysiert, wie rationale (oder auch emotional geprägte) Akteure handeln – wenn ihr Erfolg nicht nur von der eigenen Einschätzung abhängt, sondern auch von der anderer. Ob bei Verhandlungen, Auktionen oder Machtfragen – wo Strategie gefragt ist, spielt Spieltheorie mit.

Wer das berühmte **Gefangenendilemma** (1) kennt, erkennt: Kooperation ist oft riskanter als Egoismus – selbst wenn sie langfristig besser wäre. Zwei Verdächtige könnten schweigen und beide glimpflich davonkommen. Doch da jeder befürchtet, der andere könnte ihn verraten, verraten am Ende oft beide – und verlieren.

Und wer von **Nash-Gleichgewichten** (2) gehört hat, versteht: Stillstand ist manchmal kein Zufall, sondern das Ergebnis von strategischem Gleichmut – niemand ändert seine Strategie, solange die anderen bei ihrer bleiben. Selbst wenn alle wissen: Gemeinsam ginge mehr. Wie zwei Autofahrer, die gleichzeitig an einer schmalen Brücke stehen – keiner weicht, keiner fährt.

An der Börse zeigt sich das besonders deutlich: Trader handeln nicht nur mit Zahlen, sondern mit Erwartungen: Was denkt der Markt, dass ich denke. Und was machen die anderen daraus? Es geht um Taktik, Timing, Tempo. Wer ein paar Züge weiterdenkt, vermeidet oft die nächste Falle.

Auch in Politik, Unternehmen oder Alltag hilft die Spieltheorie, vielschichtige Situationen zu durchdringen: Lohnt es sich zu pokern? Ist es klüger zu kooperieren oder auszusteigen? Und wann führt Schweigen oder Nichtstun weiter als Aktion?

Sie macht sichtbar, was im Hintergrund wirkt: die strategische Dynamik hinter scheinbar spontanen Entscheidungen.

Aha-Moment: Spieltheorie zeigt, wie rationales Denken helfen kann, in emotional aufgeladenen Systemen Orientierung zu gewinnen – und klüger zu handeln.

Impuls für den Tag: Denken Sie heute wie ein Schachspieler – nicht nur an den nächsten Schritt, sondern auch an den übernächsten.

▶ TAG 151, MIT GELD SPIELEN – ROULETTE, POKER, BLACK JACK UND DER REIZ DES ZUFALLS

Unternehmensbewertung verstehen – vom KGV zum DCF

Eine Aktie zu kaufen, ohne ihren Wert zu prüfen, ist wie ein Haus zu kaufen, ohne hineinzusehen. Sie kennen den Preis, aber noch nicht den Gegenwert. Genau hier beginnt Unternehmensbewertung.

Die entscheidende Frage lautet nicht: Was kostet die Aktie? Sondern: Was ist das Unternehmen hinter der Aktie wert? Ein erster Zugang sind Kennzahlen. Das bekannteste Werkzeug ist das **KGV (Kurs-Gewinn-Verhältnis).** Es setzt den Aktienkurs ins Verhältnis zum Gewinn je Aktie. Niedrige Werte wirken oft günstig, hohe teuer. Doch das KGV zeigt nur die Gegenwart – nicht, was daraus werden kann.

Deshalb reicht gute Bewertung einen Schritt weiter. Ein wichtiger Ansatz ist das **DCF-Modell (Discounted Cash Flow).** Dabei schätzen Sie, welche Cashflows ein Unternehmen künftig erwirtschaften kann, und rechnen diese auf den heutigen Wert zurück. Die Grundidee ist einfach: Ein Unternehmen ist so viel wert, wie seine künftige Ertragskraft heute wert ist.

Genau hier beginnt aber auch die Unsicherheit. Bewertung ist keine exakte Wissenschaft, sondern Arbeit mit Annahmen. Wachstum, Zinsen, Risiken und Margen verändern den errechneten Wert oft deutlich. Deshalb liefert Bewertung selten eine exakte Zahl, sondern eher einen vernünftigen Korridor.

Wichtig ist dabei ein Perspektivwechsel: Märkte schwanken kurzfristig stark, doch langfristig kreisen Kurse immer wieder um die wirtschaftliche Substanz eines Unternehmens. Bewertung hilft deshalb nicht, den perfekten Preis vorherzusagen. Sie hilft, ein Gefühl dafür zu entwickeln, wann eine Aktie eher teuer, fair oder attraktiv erscheint.

Worauf es ankommt:

- **Kennzahlen einordnen** – nicht isoliert betrachten
- **Zukunft mitdenken** – Gewinne, Cashflows und Wachstum
- **Annahmen prüfen** – jede Bewertung steht und fällt mit ihnen
- **Bandbreiten akzeptieren** – den einen exakten fairen Wert gibt es nicht

Unternehmensbewertung ist deshalb weniger ein Rechentrick als eine Denkschule. Sie zwingt Sie, hinter den Kurs zu schauen und sich mit der Qualität eines Unternehmens wirklich auseinanderzusetzen.

Aha-Moment: Der Kurs einer Aktie ist sichtbar. Ihr Wert entsteht erst aus der Frage, was das Unternehmen künftig wirklich leisten kann.

Impuls für den Tag: Nehmen Sie eine Aktie aus Ihrem Depot und fragen Sie sich: Würde ich dieses Unternehmen zu diesem Preis heute neu kaufen?

▶ TAG 101, KENNZAHLEN RICHTIG LESEN – WIE PROFIS UNTERNEHMEN ANALYSIEREN

QUIZ 3

TAG 63: WELCHE FESTSTELLUNGEN ÜBER TECH-ÖKOSYSTEME UND IHREN EINFLUSS AUF ALLTAG UND BÖRSE SIND RICHTIG?

A) Große Technologieunternehmen verbinden oft Hardware, Software und digitale Dienste zu geschlossenen Ökosystemen.
B) Nutzer wechseln digitale Plattformen häufig problemlos und ohne größere Auswirkungen auf ihren Alltag.
C) Unternehmen wie Apple, Amazon oder Google profitieren unter anderem von Netzwerkeffekten und langfristiger Nutzerbindung.
D) Technologischer Fortschritt garantiert automatisch, dass heutige Marktführer dauerhaft dominant bleiben.

TAG 64: WELCHE DER FOLGENDEN AUSSAGEN ZU DEN KONDRATIEFF-ZYKLEN TREFFEN ZU?

A) Jeder Kondratieff-Zyklus beginnt mit einer Innovation, die schrittweise von staatlichen Institutionen eingeführt wird.
B) Die Digitalisierung gilt als Basisinnovation des fünften Kondratieff-Zyklus.
C) Kondratieff-Zyklen beschreiben kurzfristige Schwankungen der Konjunktur in einem Zeitraum von fünf bis sieben Jahren.
D) Technologische Umbrüche führen oft zu einer kreativen Zerstörung bestehender Strukturen.

TAG 68: WELCHE ANGABEN ÜBER MURIEL SIEBERT ENTSPRECHEN DER WAHRHEIT?

A) Sie war die erste Frau mit einem Sitz an der New Yorker Börse.
B) In ihrer Zeit als Bankenaufseherin ging keine Bank in New York pleite.
C) Sie wurde als Symbolfigur gefeiert, hatte aber nie eine eigene Firma.
D) Sie setzte sich aktiv für die finanzielle Bildung von Frauen ein.

TAG 73: WELCHE FESTSTELLUNGEN ÜBER MICROSOFT UND SEINE ENTWICKLUNG SIND KORREKT?

A) Microsoft wurde durch das Betriebssystem MS-DOS bekannt.
B) Microsoft Office wurde vor Windows veröffentlicht.
C) Microsofts Aktienkurs verdreifachte sich innerhalb eines Jahres nach dem Börsengang.
D) Unter Satya Nadella verlagerte sich der Fokus zunehmend auf Cloud, KI und Gaming.

TAG 75: WELCHE AUSSAGEN ZUM BRUTTOINLANDSPRODUKT (BIP) SIND ZUTREFFEND?

A) Das BIP misst die gesamte wirtschaftliche Leistung eines Landes.
B) Für die Börse ist oft entscheidend, ob das BIP stärker oder schwächer als erwartet ausfällt.
C) Eine technische Rezession liegt vor, wenn die Wirtschaft in zwei Quartalen in Folge schrumpft.
D) Das BIP spielt für Anleger kaum eine Rolle, da ausschließlich Unternehmensgewinne entscheidend sind.

TAG 91: WELCHE DER FOLGENDEN AUSSAGEN ZUR UNTERNEHMENSBEWERTUNG TREFFEN ZU?

A) Das KGV setzt den Aktienkurs ins Verhältnis zum Gewinn je Aktie.
B) Das DCF-Modell versucht, zukünftige Cashflows auf ihren heutigen Wert zurück zu rechnen.
C) Unternehmensbewertung liefert immer einen exakt berechenbaren fairen Wert.
D) Bewertung hilft Anlegern einzuschätzen, ob eine Aktie eher teuer, fair oder attraktiv wirkt.

Quantencomputing – der nächste Gamechanger für Märkte?

Stellen Sie sich einen Hochleistungskühlschrank vor, kälter als der Weltraum. Dort arbeiten Quantencomputer nahe dem absoluten Nullpunkt. Während klassische Rechner mit Nullen und Einsen rechnen, nutzen Quantencomputer Qubits. Diese können dank Superposition mehrere Zustände gleichzeitig annehmen. Was physikalisch fragil wirkt, eröffnet rechnerisch neue Dimensionen.

Ein Bild hilft: Ein klassischer Computer prüft im Labyrinth jeden Weg nacheinander. Ein Quantencomputer bewertet viele Wege parallel. Genau deshalb gilt er als Hoffnungsträger für Probleme mit extrem vielen Variablen – etwa in der Materialforschung, Logistik oder Portfoliooptimierung. Gerade bei komplexen Risiko- und Kombinationsproblemen könnte Rechenzeit zum strategischen Vorteil werden.

Noch steckt die Technik im Aufbau. Qubits sind störanfällig, Fehlerkorrektur verschlingt enorme Ressourcen. Dennoch investieren Konzerne wie IBM und Google Milliarden. Sie spekulieren auf den Moment, in dem Quantenalgorithmen Aufgaben lösen, die heutige Supercomputer überfordern.

Ein weiterer Aspekt betrifft die Sicherheit. Leistungsfähige Quantencomputer könnten bestehende Verschlüsselungen brechen. Finanzmärkte müssten ihre Infrastruktur neu absichern. Unternehmen, die Post-Quanten-Kryptografie entwickeln, rücken deshalb ins Visier von Investoren. Die Börse handelt hier weniger Produkte als Zukunftserwartungen.

Die Chance: Unternehmen mit technologischer Führungsposition könnten zu künftigen Marktführern werden. Gleichzeitig würde die Geldanlage selbst neue Rechenmöglichkeiten erhalten, nicht nur schneller, sondern strukturell anders funktionieren.

Die Realität: Noch gibt es keine belastbaren Geschäftsmodelle mit stabilen Gewinnen aus dieser Technologie. Viele Bewertungen basieren auf Visionen. Quantencomputing ist derzeit mehr strategische Option als operative Ertragsquelle.

Achtung: Noch ist es nicht so weit. Die Technologie steckt in den Kinderschuhen. Es gibt keine Unternehmen, die Ihnen heute bereits echte Unternehmensgewinne damit liefern. Die Geldanlage lässt sich damit auch noch nicht automatisieren. Noch ist vieles ein reines Marketingversprechen. Aber es wird eines Tages so weit sein.

Aha-Moment: Quantencomputing verändert Rechenlogik – aber noch nicht die Gewinne.

Impuls für den Tag: Beobachten Sie Technologieführer kritisch. Investieren Sie in Substanz, nicht in Schlagworte.

▶ TAG 135, BIG DATA & SENTIMENT – DAS DIGITALE OHR DES MARKTES

US-Politkrise 2025 – Machtspiele am Abgrund der Märkte

Im Frühjahr 2025 schauten die Märkte gebannt auf Washington – und hielten kollektiv den Atem an. Was zunächst wie ein vertrautes politisches Ritual wirkte, entwickelte sich zum beunruhigenden Stresstest für die Weltleitwährung, die US-Bonität und das Vertrauen in die globale Ordnung. Schuldengrenze, Haushaltsstreit, institutionelle Blockade – die USA standen vor dem Shutdown und die Börsen vor dem Kontrollverlust. Als sich der Kongress in einem ideologischen Kräftemessen über Wochen blockierte, gerieten zentrale Prozesse ins Wanken: Zahlungen der öffentlichen Hand verzögerten sich, Ratingagenturen warnten – und Moody's handelte. Im Mai 2025 verloren die USA auch dort ihre Bestnote: von Aaa auf Aa1. Damit hatten nun alle drei führenden Agenturen – Standard & Poor's (S&P), Fitch und Moody's – die volle Bonität aberkannt. Der Dollar schwankte, Renditen für US-Staatsanleihen zogen an, Aktienmärkte reagierten nervös. Die Börse, üblicherweise fokussiert auf Unternehmensergebnisse und Zinsausblicke, wurde plötzlich zum Seismografen politischer Unberechenbarkeit.

Doch es war nicht nur die Uneinigkeit über Haushaltszahlen, die beunruhigte – es war das Infragestellen institutioneller Verlässlichkeit. Die Vorstellung, dass die USA ihren finanziellen Verpflichtungen nicht mehr pünktlich nachkommen könnten, erschütterte das Fundament globalen Vertrauens. In einer Welt, die auf den Dollar als Reservewährung baut, war das mehr als ein symbolischer Knacks – es war ein systemisches Risiko. Hinzu kam ein zweiter Brandherd: Ein neu entfachter Zollstreit zwischen den USA, China und der EU eskalierte zur diplomatischen Belastungsprobe. Strafzölle, Gegenzölle und die Drohung neuer Handelsbarrieren sorgten für Unruhe auf den Märkten. Besonders exportabhängige Branchen gerieten unter Druck: Industrie- und Technologiewerte verloren deutlich, globale Lieferketten wurden neu bewertet. Die Börsen begannen, nicht mehr nur in Gewinnen und Prognosen zu denken, sondern in geopolitischen Risiken, politischen Allianzen und strategischer Verwundbarkeit.

Und doch zeigte sich auch diesmal: Märkte sind nicht naiv. Sie reagieren nicht bloß auf Schlagzeilen – sie kalkulieren Entwicklungen. Als sich erste Anzeichen einer Einigung im Kongress abzeichneten und die handelspolitische Rhetorik abkühlte, beruhigten sich die Kurse. Doch die Episode hinterließ Spuren – als Mahnung, wie schnell politische Blockaden systemische Risiken erzeugen können. Sie wurde zum Lackmustest für die Widerstandskraft demokratischer Institutionen – und zum Warnsignal dafür, dass selbst bewährte Ordnungen nicht immun sind, wenn politische Führung versagt.

Aha-Moment: Wenn Institutionen schwanken, wankt das Vertrauen – und Vertrauen ist das Fundament jeder Währung, jedes Marktes, jeder Bewertung.

Impuls für den Tag: Politische Stabilität ist kein Randfaktor – sie ist die Grundlage für jede Bewertung. Wer Märkte verstehen will, muss Institutionen mitdenken.

▶ TAG 127, DER FLASH-CRASH 2010 – SEKUNDEN, DIE DEN MARKT TAUMELN LIESSEN

Spotify – der Soundtrack des Internets

Früher kaufte man Musik. Heute streamt man sie – jederzeit, überall, sofort. Dieser Wandel hat einen Namen: Spotify. Was 2006 in Stockholm als mutige Antwort auf Musikpiraterie begann, wurde zur Plattform, auf der die Welt ihren Klang findet. Kein Besitz mehr, sondern Zugriff: keine Plattenläden, keine Downloads – nur Play.

Daniel Ek und **Martin Lorentzon** wollten das Musikgeschäft neu denken: legal, bequem, personalisiert. Der Schlüssel: Streaming in Echtzeit – schnell, grenzenlos, nutzerorientiert. Als Spotify 2008 startete, war das Modell noch ein Risiko. Doch es wurde zur Revolution.

Spotify veränderte nicht nur das Hören, sondern auch das Machen von Musik. Playlists wurden zum Marketingtool, Algorithmen zum Geschmacksguide, Streams zur neuen Währung der Branche. Künstler wurden weltweit entdeckbar, Genres globalisiert. Formate wie »Discover Weekly« schufen eine personalisierte Bühne für Millionen. Jeder hörte individuell – und doch gemeinsam.

Der Börsengang 2018 war ebenso ungewöhnlich wie das Produkt: keine klassisches IPO-Show, sondern eine Direktplatzierung an der NYSE (New York Stock Exchange) – ein Signal für Selbstbewusstsein und Substanz. Was als skandinavisches Start-up begann, wurde zur weltweit führenden Audio-Plattform.

Heute zählt Spotify über 500 Millionen aktive Nutzer – und denkt längst über Musik hinaus. Podcasts, Hörbücher, Live-Audio, exklusive Formate. Spotify wird zum Audio-Ökosystem, das Stimmen, Stimmungen und Storytelling bündelt. Kein Feed, sondern ein Flow.

Kritik blieb nicht aus – etwa an Künstlervergütung, Datenverwertung und Marktmacht. Doch Spotify blieb wachstumsorientiert und innovationsstark. Mit KI-gestützter Personalisierung, redaktioneller Vielfalt, Social Features und gezielter Expansion bleibt der Dienst Pionier – und Taktgeber für das Hören von morgen.

Spotify ist kein Sender. Spotify ist Resonanz. Eine Plattform, die Emotionen orchestriert. Ein digitales Mixtape für den Alltag. Und ein Beweis dafür, dass auch Europa globale Tech-Kultur hervorbringen kann: mit Klang, Code und klarem Taktgefühl.

»We're not in the music business – we're in the moment business.«

– Daniel Ek

Börsengang (Direktplatzierung): 3. April 2018 – **Börsenkürzel:** SPOT – **Börse:** NYSE

▶ TAG 109, ZOOM – VOM KONFERENZTOOL ZUR GLOBALEN KOMMUNIKATIONSPLATTFORM

Papiergeld – die Erfindung, die den Handel revolutionierte

Stellen Sie sich vor: Sie gehen auf den Markt – aber statt Silber oder Gold haben Sie nur noch einen bedruckten Zettel in der Tasche. Das klingt heute selbstverständlich, war einst ein radikaler Vertrauensvorschuss. Papiergeld ist eine der folgenreichsten Erfindungen der Geldgeschichte – und zugleich eine der riskantesten.

Der Ursprung liegt im China des 7. Jahrhunderts. Kaufleute der Tang-Dynastie ersetzten schwere Münzen durch sogenannte »fliegende Scheine« – handliche Quittungen, gedeckt durch Lagerbestände. Die Idee: Geld muss nicht schwer sein, sondern vertrauenswürdig. Der Staat griff das Konzept auf – und machte es zur offiziellen Währung. Europa brauchte fast 700 Jahre, um nachzuziehen.

Der Vorteil war enorm: Papiergeld vereinfachte den Handel, erleichterte Transaktionen über große Distanzen, senkte Transportkosten – und ermöglichte erstmals vernetzte Wirtschaftsräume. Doch mit der Leichtigkeit kam auch die Gefahr: Wer das Monopol auf die Geldschöpfung hat, kann wirtschaftliche Realitäten verzerren.

Papiergeld ist kein Wert an sich, sondern ein Versprechen. Es lebt nicht vom Edelmetall, sondern vom Vertrauen in die Institution, die es herausgibt. In stabilen Zeiten funktioniert das. In Krisen – etwa bei Hyperinflationen – zeigt sich, wie fragil dieser Glaube sein kann.

Und doch setzte sich Papiergeld weltweit durch. Mit Industrialisierung, Banken und Welthandel wurde es zum Treiber des ökonomischen Fortschritts. Es ermöglichte Kredit, Investition, Innovation – und leitete das Zeitalter des modernen Geldes ein.

Heute wird Papiergeld selbst zunehmend ersetzt: durch digitale Zahlungen, Karten, Apps. Doch sein Prinzip bleibt zentral: Geld ist Vertrauen – gedruckt, gespeichert oder programmiert.

Aha-Moment: Der erste moderne Geldschein Europas wurde 1661 von der Stockholms Banco ausgegeben – als Antwort auf Münzmangel. Ein Meilenstein in der Geschichte des Papiergelds.

Impuls für den Tag: Was in Ihrem Leben ist wertvoll, obwohl es »nur« auf Papier steht? Ein Liebesbrief? Ein Zeugnis? Ein Vertrag? Ein Versprechen? Ein letzter Wille?

▶ TAG 123, GOLDSTANDARD – ALS GELD DURCH GOLD GEDECKT WAR

Gier im Gehirn – wenn das Belohnungssystem übernimmt

Gier hat ein schlechtes Image – aber eine klare Adresse: das Striatum, unser Zentrum für Verlangen und Belohnung. Es wird aktiv bei Aussicht auf Gewinn – nicht bei Sicherheit. Es strebt nach mehr, nicht nach genug. Wenn es übernimmt, wird aus Planung Jagd.

Gier ist neurobiologisch keine Charakterschwäche, sondern dopamingesteuerte Motivation. Immer wenn wir Chancen wittern, Gewinne erwarten oder andere erfolgreicher erscheinen, steigt die Aktivität im *Nucleus accumbens* – dem Schaltkreis für Belohnung (1). Das Belohnungssystem zieht die Zügel an: erhöhte Wachsamkeit, gesteigerter Antrieb – ein Muster, das wir auch von Rausch, Reiz oder Risiko kennen.

Dabei verliert ein anderer Teil des Gehirns an Einfluss: der präfrontale Kortex – zuständig für Kontrolle, Abwägung und Zukunftsorientierung (2). Wer gierig wird, denkt nicht mehr vorausschauend – er reagiert. Risiko wird zur Nebensache. Die nächste Gelegenheit zählt mehr als der letzte Fehler.

Das Problem ist nicht Gier selbst – sondern ihr Tempo. Sie beschleunigt, blendet aus, was nicht zur Hoffnung passt – und schafft kollektive Blasen. Euphorie wirkt wie ein Verstärker: Wenn alle kaufen, steigt auch die neuronale Erwartungskurve – bis zur Überhitzung.

Doch Gier ist kein unausweichliches Schicksal. Wer ihre Signale erkennt – innere Unruhe, mentale Fixierung, Entscheidungsdruck –, kann gegensteuern. Achtsamkeit ist keine Börsentechnik. Sie ist neuronale Hygiene.

Die besten Trader spüren ihre Impulse – aber sie folgen nicht jedem. Sie regulieren, reflektieren, schauen voraus. Und sie wissen: Der wahre Gewinn ist oft nicht das Mehr, sondern die Fähigkeit, Nein zu sagen, wenn alle Ja schreien.

Aha-Moment: Gier aktiviert dieselben Gehirnareale wie Sucht. Der Kontrollverlust beginnt im Belohnungssystem – oft lange vor der ersten Entscheidung.

Impuls für den Tag: Spüren Sie heute den Moment, in dem Wunsch zu Drang wird. Und fragen Sie sich: Wäre ein klarer Kopf vielleicht mehr wert als der nächste Kick?

▶ TAG 126, PANIKREAKTION – WIE ANGST UNSERE FINANZENTSCHEIDUNGEN ENTGLEISEN LÄSST

ETCs & ETNs – Rohstoff- und Spezialmärkte strukturiert handeln

Neben Aktien, Anleihen und Fonds gibt es an der Börse weitere Instrumente, mit denen sich ganze Märkte abbilden lassen. Wer Preise statt Unternehmen handeln möchte, stößt auf zwei Formate: ETCs und ETNs. Sie eröffnen den Zugang zu Rohstoffen und Spezialthemen – direkt, transparent und börsentäglich.

ETC steht für *Exchange Traded Commodity* – ein börsengehandeltes Rohstoffprodukt. ETCs bilden einzelne Rohstoffe wie Gold, Silber, Öl oder auch Agrarrohstoffe ab. Viele Edelmetall-ETCs sind physisch besichert. Hinter dem Wertpapier liegt dann tatsächlich Gold oder Silber, das als Sicherheit verwahrt wird. Anleger investieren hier nicht in ein Unternehmen, sondern unmittelbar in die Preisentwicklung eines Rohstoffs.

ETN steht für *Exchange Traded Note* – eine börsengehandelte Schuldverschreibung. ETNs bilden ebenfalls Märkte oder Strategien ab, sind jedoch in der Regel **nicht** physisch besichert. Anleger stellen dem Emittenten Kapital zur Verfügung, dessen Rückzahlung an die Entwicklung eines zugrunde liegenden Index gekoppelt ist. Abgebildet werden können Rohstoffkörbe, Volatilitätsstrategien, Kryptowährungen oder andere Spezialthemen.

Der Unterschied liegt nicht im Marktzugang, sondern in der Konstruktion:

- ETCs sind meist rohstoffnah und oft besichert.
- ETNs sind Wertpapierkonstruktionen, bei denen zusätzlich das Emittentenrisiko eine Rolle spielt.

Beide Produkte werden wie Aktien an der Börse gehandelt. Kauf und Verkauf erfolgen über das Depot. Dadurch sind ETCs und ETNs leicht zugänglich und ermöglichen einen unkomplizierten Zugang zu Märkten, die sonst schwer investierbar wären.

Ihre Kursentwicklung folgt direkt der Entwicklung des zugrunde liegenden Marktes. Bei manchen Produkten geschieht dies eins zu eins, bei anderen mit zusätzlichen Mechanismen. Im Unterschied zu Aktien oder Anleihen entsteht der Wert nicht aus Erträgen oder Rückzahlungen, sondern allein aus Marktpreisen. Angebot, Nachfrage und Marktdynamik bestimmen den Kurs.

Ein Vorteil liegt in der Effizienz. Die laufenden Kosten sind häufig überschaubar, oft im Bereich von rund 0,5 Prozent pro Jahr. Dafür erhalten Anleger Marktzugang statt Beteiligung – fokussiert, schlank und transparent.

Aha-Moment: ETCs und ETNs sind keine Beteiligungen, sondern Werkzeuge für den Marktzugang. Sie handeln Preise und Entwicklungen, nicht Unternehmen oder Verträge.

Impuls für den Tag: Schauen Sie sich einen Gold-ETC an. Fragen Sie sich: Nutze ich ihn als Stabilitätsanker – oder bewusst als Preiswette?

▶ TAG 118, REITS – IMMOBILIEN AUF KNOPFDRUCK

Stablecoins erklärt – stabile Währung in einem volatilen Markt

Kryptowährungen sind für den Alltag vielen noch zu schwankungsanfällig. Genau hier kommen Stablecoins ins Spiel. Sie sollen digitale Handelbarkeit mit möglichst stabilen Werten verbinden und im Krypto-Markt eine ruhigere Rolle übernehmen. Für viele Anleger sind sie deshalb weniger Spekulation als Werkzeug.

Stablecoins bieten mehr Preisstabilität: Ihr Wert orientiert sich an einem externen Referenzwert, meist an einer Fiatwährung wie dem US-Dollar. Ziel ist es, den Wert möglichst konstant bei einem US-Dollar zu halten. Dafür gibt es unterschiedliche Sicherungsmechanismen. Am weitesten verbreitet sind **fiat-gedeckte Stablecoins**. Hinter ihnen sollen Reserven stehen, etwa Bargeld oder kurzlaufende Staatsanleihen. Stablecoins werden so zum digitalen Abbild klassischer Währungen.

Daneben gibt es **kryptogedeckte Stablecoins**. Sie sind mit anderen Kryptowährungen besichert, meist sogar überbesichert, um Kursschwankungen abzufedern. Noch riskanter sind **algorithmische Stablecoins.** Hier soll ein Mechanismus aus Angebot und Nachfrage den Preis stabil halten. Die Idee wirkt elegant, hat in der Praxis aber bereits spektakuläre Schwächen gezeigt.

Stablecoins sind vielseitig einsetzbar. Sie dienen als Recheneinheit, als Tauschmittel zwischen Kryptowährungen und oft auch als Zwischenstation für Kapital. Wer Gewinne realisiert, wechselt im Krypto-Markt häufig zunächst in Stablecoins, statt Geld direkt auf ein Bankkonto zurückzuführen. So bleibt Kapital im System, ohne sofort wieder volle Kursschwankung zu tragen.

Stellen Sie sich folgende Fragen, um einzelne Stablecoins einzuordnen:

- **Deckung:** Wodurch ist der Stablecoin abgesichert?
- **Transparenz:** Gibt es Berichte über Reserven und Prüfungen?
- **Emittent:** Wer gibt den Stablecoin heraus und unter welcher Aufsicht?
- **Einsatzgebiet:** Wird der Coin für Handel, Zahlungen oder DeFi genutzt?
- **Regulierung:** Welche rechtlichen Regeln greifen im Hintergrund?

An den Märkten sind Stablecoins keine klassische Anlage, beeinflussen aber Liquidität, Handelsvolumen und Kapitalflüsse. Wenn große Summen in Stablecoins fließen, stehen sie oft als Kaufkraft in Wartestellung bereit. Gerade deshalb sind Stablecoins im Krypto-Markt mehr als nur ein Parkplatz – sie sind ein wichtiger Teil der Marktmechanik.

Aha-Moment: Stablecoins sollen nicht durch große Kurschancen überzeugen, sondern durch ihre Funktion: Sie machen Kapital im Krypto-Markt beweglich, ohne volle Volatilität mitzunehmen.

Impuls für den Tag: Prüfen Sie bei einem Stablecoin nicht nur die Bindung an den Dollar, sondern vor allem Reserven, Emittent, Transparenz und Einsatzgebiet.

▶ TAG 125, TOKENOMICS VERSTEHEN – WIE DER COIN-WERT WIRKLICH ENTSTEHT

Geldmenge & Liquidität – Treibstoff für Börsenkurse

In den vergangenen Jahren haben wir an den Börsen immer wieder ein erstaunliches Bild gesehen: Die Kurse steigen deutlich, obwohl Unternehmensgewinne nur moderat zulegen. Der Grund dafür liegt oft nicht allein in den Fundamentaldaten, sondern in einem mächtigen Kurstreiber: der Liquidität. Gemeint ist das Geld, das im Finanzsystem verfügbar ist und nach Anlagemöglichkeiten sucht.

Verschiedene Geldmengengrößen zeigen, wie viel Geld in einer Volkswirtschaft tatsächlich verfügbar ist. Die engsten Definitionen umfassen Bargeld und direkt verfügbare Bankeinlagen. Weitere Abgrenzungen erfassen auch weniger schnell verfügbare Guthaben, wie Termin- oder Spareinlagen. Für Anleger ist das wichtig, weil mehr verfügbare Liquidität oft auch mehr Kapital bedeutet, das in die Finanzmärkte fließen kann.

Im einfachen Grundmuster gilt: Je mehr Geld und Liquidität im System vorhanden sind, desto größer ist die Chance, dass mehr Kapital in Aktien, Anleihen oder Immobilien fließt. Nicht jedes zusätzliche Geld landet automatisch an der Börse. Doch wenn sichere Anlagen wenig Rendite bieten und reichlich Liquidität vorhanden ist, steigen oft Risikobereitschaft und Anlagehunger.

Den größten Einfluss darauf haben die Zentralbanken. Sie steuern über den Leitzins, wie teuer Geld ist, und können durch Anleihekäufe zusätzlich Liquidität ins Finanzsystem bringen. Sinkende Zinsen und eine lockere Geldpolitik erhöhen tendenziell den finanziellen Spielraum im Markt. Steigende Zinsen und eine straffere Geldpolitik wirken meist in die Gegenrichtung.

Ist viel Geld im Umlauf, steigen häufig die Chancen auf höhere Bewertungen bei Aktien und Immobilien. Besonders wichtig ist dabei der Blick auf die USA. Wenn die US-Notenbank Fed Liquidität in den Markt gibt, wirkt sich das oft weit über Amerika hinaus aus. Der Dollar ist die Leitwährung des globalen Finanzsystems. Deshalb kann zusätzliche US-Liquidität auch Märkte wie den DAX mit anschieben.

Wie so oft an der Börse zählt jedoch nicht nur, was bereits da ist, sondern auch, was erwartet wird. Schon Hinweise darauf, dass mehr oder weniger Liquidität in den Markt kommt, können Kurse bewegen, bevor sich die Geldmenge sichtbar verändert. Deshalb lohnt es sich, genau hinzuhören, wenn an der Börse von Liquidität, Geldmenge oder Notenbankpolitik die Rede ist

Aha-Moment: Oft treibt nicht nur die Wirtschaft die Börse, sondern vor allem das Geld, das nach Rendite sucht.

Impuls für den Tag: Achten Sie heute bei einer Marktbewegung darauf, ob eher neue Wirtschaftsdaten oder das Thema Liquidität im Vordergrund stehen.

▶ TAG 132, ARBEITSMARKTDATEN – JOBZAHLEN ALS BÖRSENBAROMETER

Künstliche Knappheit – wie Seltenheit Märkte antreibt

Angebot und Nachfrage – das älteste Gesetz der Märkte. Doch was passiert, wenn das Angebot nicht natürlich begrenzt ist, sondern gezielt verknappt wird? Willkommen in der Welt der künstlichen Knappheit.

Ob bei limitierten Sneaker-Drops – stark nachgefragten Verkaufsaktionen von Turnschuhen, die bewusst in kleinen Stückzahlen und oft über Verlosungen angeboten werden –, bei Luxusuhren mit Warteliste oder digitalen NFT-Kollektionen (Non-Fungible Tokens, also digitale Besitznachweise für einzigartige Dateien): Verknappung schafft Wert – oder zumindest den Eindruck davon. Denn was selten wirkt, wird begehrenswert. Und wo Begehrlichkeit entsteht, fließt Kapital.

Marken wie Hermès oder Rolex produzieren bewusst weniger, als sie könnten – nicht aus Mangel, sondern aus Kalkül. Ein überfüllter Markt senkt den Preis. Ein verknappter Markt hebt das Prestige. Knappheit wird zur Strategie – und zur Inszenierung.

Auch digitale Märkte folgen dieser Logik. Bitcoin ist auf 21 Millionen Einheiten begrenzt – eine in Code gegossene Limitierung. NFTs leben vom Prinzip der Einzigartigkeit – auch wenn der Wert oft mehr aus Narrativ, Marke und Mythos entsteht als aus realem Nutzen.

Doch künstliche Knappheit ist nur eine Seite. Echte Ressourcenknappheit – etwa bei Lithium, Wasser oder Seltenen Erden – beeinflusst ganze Branchen. Der Elektroauto-Boom treibt die Nachfrage nach kritischen Rohstoffen, verändert Lieferketten und stellt Fragen nach Nachhaltigkeit. Hier entscheidet Knappheit nicht nur über Preise, sondern über Zukunftsfähigkeit und globale Abhängigkeiten.

Auch die Finanzwelt erschließt neue Märkte durch Regulierung: CO_2-Zertifikate, Lizenzrechte, limitierte Handelsvolumina. Wer Zugang hat, hat Vorsprung. Wer Knappheit steuern kann, gestaltet Macht.

Und doch: Knappheit wirkt nur, wenn sie glaubwürdig bleibt. Wird sie als künstlich entlarvt, kippt die Erzählung – und mit ihr der Preis. Der Wert verflüchtigt sich, wenn das Vertrauen schwindet.

Aha-Moment: Knappheit ist selten Zufall – meist Strategie. Und manchmal Warnsignal.

Impuls für den Tag: Was in Ihrem Portfolio ist wirklich rar – und was bloß gut erzählt?

▶ TAG 122, ETHIK AN DER BÖRSE – VERANTWORTUNG VON UNTERNEHMEN & ANLEGERN

Kennzahlen richtig lesen – wie Profis Unternehmen analysieren

Der Aktienkurs zeigt, was der Markt denkt. Kennzahlen zeigen, was ein Unternehmen leisten kann. Wer investieren will, muss deshalb hinter den Kurs schauen.

Kennzahlen sind keine Antworten, sondern Werkzeuge. Eine einzelne Zahl wirkt präzise – ist aber oft isoliert wertlos. Erst im Zusammenspiel entsteht ein belastbares Bild.

Im Kern geht es immer um drei Fragen:

- Verdient das Unternehmen Geld?
- Ist es finanziell stabil?
- Und kann es wachsen?

Daraus ergeben sich die entscheidenden Kennzahlen:

- **Freier Cashflow:** Bleibt nach Investitionen wirklich Geld übrig?
- **Marge:** Wie effizient arbeitet das Unternehmen?
- **Verschuldung / Eigenkapitalquote:** Wie robust ist die Bilanz?
- **Wachstum:** Entwickeln sich Umsatz und Gewinn nachhaltig?
- **Bewertung (z. B. KGV):** Welchen Preis verlangt der Markt dafür?

Erst im Zusammenspiel entsteht Aussagekraft. Nicht die einzelne Kennzahl entscheidet, sondern das Gesamtbild. **Kennzahlen müssen im Kontext gelesen werden:**

- im Vergleich zur Branche
- im Zeitverlauf
- im Zusammenspiel untereinander

Profis denken in Zusammenhängen, nicht in Einzelwerten. Genau deshalb erkennen sie Schwächen oft früher als der Markt. Sie betrachten neben den Zahlen auch Geschäftsmodell, Management und Kapitalverwendung. Kennzahlen sind der Einstieg – nicht das Urteil.

Wer zu viele Kennzahlen nutzt, verliert den Überblick. Wer die richtigen kombiniert, gewinnt Klarheit. Analyse bedeutet nicht mehr Daten, sondern bessere Entscheidungen.

Aha-Moment: Kennzahlen sagen Ihnen nicht, was Sie kaufen sollen, aber sehr schnell, worauf Sie genauer achten müssen.

Impuls für den Tag: Prüfen Sie eine Aktie nur anhand von drei Punkten: Cashflow, Verschuldung und Wachstum. Wenn diese stimmen, lohnt sich der zweite Blick.

▶ TAG 128, AKTIENRÜCKKÄUFE – SIGNAL FÜR STÄRKE ODER WARNZEICHEN?

Ziele setzen, die tragen

Ohne klares Ziel wird jede Entscheidung zufällig. An der Börse zeigt sich das schnell: Sie handeln, reagieren, passen an, aber ohne klare Richtung.

Der entscheidende Punkt: Ein Ziel ist nicht das Ergebnis, sondern der Maßstab für Ihre Entscheidungen.

Viele investieren ohne konkrete Vorstellung, wofür ihr Kapital arbeiten soll. Ohne Ziel fehlt der Maßstab für Fortschritt und Anpassung.

Ein tragfähiges Ziel ist mehr als eine Zahl. »Ich will mehr Rendite« hilft nicht – ein klarer Zweck schon. Ob Altersvorsorge, Kapital für eine Immobilie oder finanzielle Freiheit: Der Zweck bestimmt Zeithorizont und Risiko. Wer fünf Jahre Zeit bis zum Ziel hat, entscheidet anders als jemand mit einem Anlagehorizont von 30 Jahren.

Ein häufiger Fehler: Ziele werden an Kursen festgemacht. Doch Märkte sind nicht steuerbar – Ihr Verhalten schon. Ein Indexstand oder eine Rendite wirkt greifbar, gibt aber keine Orientierung, wenn Märkte schwanken.

Stattdessen ist ein Plan vonnöten:

Welches Ziel verfolgen Sie? In welchem Zeitraum? Mit welchem Risiko? Daraus ergibt sich, wie Sie investieren und wie Sie Entscheidungen einordnen. Der Kurs verändert sich – das Ziel bleibt.

Ziele strukturieren Ihr Handeln:

- **kurzfristig:** Liquidität und Rücklagen
- **mittelfristig:** größere Anschaffungen oder Projekte
- **langfristig:** Vermögensaufbau und Altersvorsorge

Diese Ebenen sollten getrennt werden. Wer alles vermischt, gerät in Zielkonflikte und trifft inkonsistente Entscheidungen.

Ziele dürfen sich ändern. Entscheidend ist, dass Anpassungen bewusst erfolgen – nicht aus dem Moment heraus. Ein klares Ziel wirkt wie ein Filter: Es hilft, Informationen einzuordnen, Produkte auszuwählen und ruhig zu bleiben, wenn Märkte schwanken.

Aha-Moment: Ziele verändern nicht den Markt – sie steuern Ihr Verhalten.

Impuls für den Tag: Formulieren Sie für Ihr Kapital ein konkretes Ziel mit Zeitraum und Risiko – und prüfen Sie jede Entscheidung daran.

▶ TAG 113, KLARE REGELN STATT MEINUNGEN – SO STABILISIEREN SIE IHRE ENTSCHEIDUNGEN

Konsistenz im Trading – warum der einzelne Trade nichts entscheidet

Ein einzelner Trade sagt nichts aus. Er ist ein Ergebnis, aber kein verlässlicher Maßstab.

Der entscheidende Punkt: Nicht der einzelne Trade entscheidet, sondern die Serie.

Ein Gewinn kann Zufall sein. Ein Verlust auch. Beides sagt nichts darüber aus, ob Ihr Ansatz funktioniert. Trading ist kein einzelnes Ereignis, sondern eine Serie vergleichbarer Entscheidungen.

Deshalb zählt nur eines: Konsistenz.

Nicht im Ergebnis, sondern in der wiederholbaren Umsetzung:

- gleiche Setups
- gleiche Regeln für Einstieg, Stopp und Ziel
- gleiches Risiko pro Trade

Nur so werden Trades vergleichbar.

Ohne Konsistenz entsteht ein typischer Fehler. Nach Gewinnen wird das Risiko erhöht. Nach Verlusten wird gezweifelt. Die Serie bricht – und jede Aussagekraft geht verloren.

Erst eine Serie macht Ergebnisse bewertbar. Nicht der einzelne Trade zeigt, ob Sie richtig liegen, sondern die Summe vieler gleich umgesetzter Trades.

Konsistenz bedeutet: Ihr Verhalten bleibt gleich, auch wenn die Ergebnisse schwanken.

Erst dann entsteht etwas Entscheidendes: ein Erwartungswert.

Nicht jeder Trade muss funktionieren. Aber Ihr Ansatz muss es über viele Trades hinweg.

Ohne Serie gibt es keine Aussage

Aha-Moment: Ein einzelner Trade ist Zufall – erst eine saubere Serie zeigt Ihren Vorteil.

Impuls für den Tag: Bewerten Sie Ihre letzten Trades nicht einzeln, sondern als Serie – und prüfen Sie, ob Ihr Verhalten dabei konstant war.

▸ TAG 129, HANDELN UNTER VOLATILITÄT – WENN DER MARKT SCHNELLER IST ALS SIE

Mario Draghi – der Euro-Retter mit drei Worten: »Whatever it takes«

Manche Sätze verändern Geschichte. Der von Mario Draghi war einer von ihnen: »Whatever it takes.« Mit diesen drei Worten stoppte er im Sommer 2012 die Eurokrise – nicht durch Zinsschritte oder milliardenschwere Programme, sondern mit etwas weit Seltenerem: Vertrauen.

Damals stand der Euro auf der Kippe. Finanzmärkte zweifelten an der Währungsunion, Anleihen von Krisenstaaten stürzten ab, die Angst vor dem Zerfall war greifbar. Und dann trat ein Italiener mit ruhiger Stimme ans Mikrofon – und schickte eine unmissverständliche Botschaft um die Welt: Die Europäische Zentralbank steht. Punkt.

Mario Draghi war nicht der Lauteste in der geldpolitischen Arena – aber er war zweifellos einer der Wirkungsvollsten. Als Präsident der EZB von 2011 bis 2019 steuerte er die Eurozone durch ihre turbulenteste Dekade. Sein Werkzeugkasten reichte dabei weit über klassische Zinspolitik hinaus. Mit Programmen wie OMT, Quantitative Easing oder Forward Guidance modernisierte er die geldpolitischen Instrumente Europas – und bewahrte die Eurozone vor dem Auseinanderbrechen.

Doch Draghi war nie nur Technokrat. Er verband analytische Tiefe mit politischem Fingerspitzengefühl. Für ihn war Geldpolitik kein abstraktes Modell, sondern Voraussetzung für wirtschaftliche, soziale und institutionelle Stabilität. Er sprach leise, aber entschlossen. Und gewann Vertrauen dort, wo andere hektisch reagierten.

Sein Spitzname: »Super Mario« – zuerst als Auszeichnung, später fast als Ehrentitel. Draghi wurde zum Fixpunkt in der europäischen Krise: verlässlich, unaufgeregt, professionell. Nicht weil er alle Antworten hatte – sondern weil er wusste, wann es Zeit war zu handeln und wann es klüger war zu schweigen.

Nach seinem Abschied von der EZB ging er zurück in die italienische Politik – erneut als Stabilisator in unsicheren Zeiten. Auch das ein Beweis: Es ging ihm nie um die Bühne, sondern um Wirkung – um das, was nötig ist.

Mario Draghi steht für Klarheit, Verantwortung und den Mut, in entscheidenden Momenten zu führen – nicht mit Pathos, sondern mit Präzision. Und manchmal reicht eben ein einziger Satz, um ein ganzes System zu retten.

Aha-Moment: Mario Draghi hat gezeigt, dass Vertrauen nicht erklärt wird, sondern entsteht, wenn Haltung und Handlung im entscheidenden Moment zusammenkommen.

Impuls für den Tag: Wenn alles in Bewegung ist, zählt nicht Lautstärke, sondern Klarheit. Was Sie heute entscheiden, kann morgen mehr bewirken, als Sie jetzt erahnen.

▸ TAG 134, CHRISTINE LAGARDE – DIE STIMME EINER NEUEN GELDPOLITIK

Orderarten verstehen – Market, Limit & Stop

Erinnern Sie sich: Jede Order ist eine Entscheidung über Kontrolle. Market ist Tempo, Limit ist Geduld, Stopp ist Schutz. Orderarten sind keine Technik – sie sind Risikomanagement in Aktion. Wer sie meistert, verwandelt Chaos in Klarheit – und Impulse in Strategie.

Stellen Sie sich vor: Der Markt kippt, Kurse rauschen nach unten, Panik macht sich breit. Viele verkaufen kopflos – doch ein erfahrener Trader bleibt ruhig. Warum? Weil seine Stop-Loss-Order längst gesetzt ist. Kein Zufall, sondern System. Genau das ist die Kraft von Orderarten: Sie geben Struktur in einem chaotischen Markt. Sie entscheiden nicht nur über den Preis, sondern über Ihr Verhalten.

An der Börse greifen Sie sofort zu – oder warten auf Ihren Preis. Orderarten sind Ihre Werkzeuge, um aus Emotionen klare Regeln zu machen – sie entscheiden, ob Sie Herr der Lage sind oder Spielball des Marktes. Kontrolle entsteht nicht im Moment der Entscheidung, sondern bei der Vorbereitung.

Drei Grundtypen sollte jeder Trader kennen:

- **Market-Order:** Sie gehen sofort rein oder raus zum aktuellen Kurs. Schnell, einfach, aber ohne Preisschutz.
- **Limit-Order:** Sie kaufen oder verkaufen nur zu Ihrem Wunschpreis. Sie kontrollieren den Preis – doch der Markt muss ihn erst liefern.
- **Stop-Order:** Sie wird erst aktiv, wenn ein bestimmter Kurs erreicht ist. Klassiker: der Stop-Loss zur automatischen Verlustbegrenzung. Oder der Stop-Buy, mit dem Sie auf den Ausbruch nach oben setzen.

Beispiel: Eine Aktie steht bei 100 Euro.

- **Market-Order:** Sie kaufen sofort zu circa 100 Euro.
- **Limit-Order bei 95 Euro:** Sie warten auf den Rücksetzer.
- **Stop-Buy bei 105 Euro:** Sie steigen erst ein, wenn der Aufwärtstrend bestätigt ist.

Für Fortgeschrittene gibt es Varianten wie **Stop-Limit-Orders** (Ausführung nur in einer Preisspanne) oder **Trailing Stops**, die automatisch nachziehen. Damit sichern Sie Gewinne und begrenzen Verluste dynamisch. Im Hebelhandel mit CFDs, Optionen oder Zertifikaten sind Stops überlebenswichtig – sie schützen Ihr Kapital, wenn Märkte beschleunigen. Im schnellen Markt überlebt nicht der Mutigste, sondern der Strukturierteste.

Aha-Moment: Nicht das Kaufen allein macht Sie erfolgreich, sondern wie Sie kaufen und verkaufen. Orderarten sind Ihr Schutz vor Panik – und Ihr Instrument für Disziplin.

Impuls für den Tag: Überprüfen Sie Ihren nächsten Trade: Habe ich eine klare Orderart gewählt – mit Zielkurs und Stop-Loss? Oder überlasse ich mein Depot dem Zufall?

▶ TAG 155, TRADING-ZEITEINHEITEN – VON TICK BIS TAGESCHART

Streaming, Shopping, Surfen – digitale Dienste und ihre Aktien dahinter

Digitale Dienste haben aus Gewohnheiten hoch profitable Geschäftsmodelle gemacht. Ob Netflix, Spotify, Amazon oder PayPal – viele Plattformen verdienen nicht durch einzelne Verkäufe, sondern durch wiederkehrende Nutzung. Aufmerksamkeit wird zu Umsatz, Bequemlichkeit zu Kundenbindung und Nutzung zu dauerhaftem Cashflow.

Wer Serien streamt, online einkauft oder cloudbasierte Dienste nutzt, erzeugt Daten, Reichweite oder direkte Erlöse. Für Anleger bedeutet das: Konsum wird planbarer Cashflow. Besonders attraktiv sind Geschäftsmodelle, die auf Abonnements, Netzwerkeffekten oder digitalen Marktplätzen basieren.

Ein zentraler Unterschied liegt im Ertragsmodell. Abos schaffen wiederkehrende Einnahmen und hohe Planbarkeit. Plattformen wie Amazon oder Airbnb profitieren zusätzlich davon, dass große Netzwerke immer attraktiver werden: Mehr Nutzer ziehen mehr Anbieter an – und umgekehrt. So entstehen Plattformen mit selbstverstärkender Dynamik.

Typische Börsenakteure hinter digitalen Diensten:

- **Streaming:** Netflix, Disney, Amazon
- **Online-Handel:** Amazon, Alibaba, Zalando
- **Cloud & digitale Dienste:** Adobe, Saleforce, Shopify
- **Kommunikation & Social Media**: Meta (Instagram, WhatsApp, Facebook)
- **Musik & Inhalte:** Spotify, Apple Music
- **Bezahlen & Transaktionen:** PayPal, Block, Adyen
- **Digitale Werkzeuge:** Zoom, Dropbox, Canva

Diese Unternehmen verkaufen oft keine physischen Produkte mehr, sondern Zugänge, Aufmerksamkeit und digitale Gewohnheiten. Ihr Wert entsteht aus Dauerbeziehungen, Daten und Skalierbarkeit. Genau darin liegen ihre Stärke – und ihre Verletzlichkeit. Technologische Brüche, Regulierung oder veränderte Nutzergewohnheiten können Geschäftsmodelle schnell verändern.

Für Anleger entscheidend ist deshalb weniger die Beliebtheit eines Dienstes als die Qualität des Geschäftsmodells: Wie stabil ist die Kundenbindung? Wie wiederkehrend sind die Einnahmen? Und wie schwer ist der Wechsel zur Konkurrenz?

Aha-Moment: Digitale Dienste verkaufen selten Inhalte allein – sondern Gewohnheiten, Aufmerksamkeit und Wiederholung.

Impuls für den Tag: Prüfen Sie Ihre täglichen Apps und Dienste. Welche davon leben von Abos, welche von Daten – und welche davon finden Sie im Depot wieder?

▶ TAG 146, REISEN MIT RENDITE – VON AIRLINES BIS HOTELS: ANLEGER UNTERWEGS

Pensionsfonds – Stabilität als oberstes Prinzip

Pensionsfonds haben ein klares Versprechen: Sie zahlen. Nicht vielleicht, nicht, wenn es gut läuft, sondern verlässlich. Genau dieses Versprechen bestimmt ihre gesamte Anlagestrategie.

Maximale Rendite ist nicht das Ziel. Planbarkeit ist es. Pensionsfonds verwalten Kapital, das zukünftige Verpflichtungen decken muss. Sie investieren nicht für Chancen, sondern für Verlässlichkeit über Zeit.

Der entscheidende Unterschied: Ein Pensionsfonds darf sich keine großen Fehler leisten. Stabilität schlägt Spekulation.

Die Struktur folgt diesem Prinzip. Aktien liefern langfristiges Wachstum, Anleihen, Infrastruktur und andere stabile Ertragsquellen sorgen für Ausgleich. Entscheidend ist nicht der einzelne Ertrag, sondern das Zusammenspiel.

Pensionsfonds denken in Jahrzehnten. Schwankungen werden nicht vermieden – sie werden eingeplant. Entscheidend ist nicht der nächste Marktzyklus, sondern die Fähigkeit, Verpflichtungen jederzeit erfüllen zu können.

Daraus entsteht eine klare Logik:
- **Planbarkeit vor Maximierung:** Verlässliche Erträge stehen im Vordergrund.
- **Breite Streuung:** Risiken werden systematisch verteilt.
- **Langfristigkeit:** Zeit wird genutzt, nicht gefürchtet.
- **Liquidität:** Auszahlungen müssen jederzeit möglich sein.
- **Risikokontrolle:** Verluste werden begrenzt.

Mit der Zeit verändert sich die Struktur. Je näher Auszahlungen rücken, desto defensiver wird das Portfolio. Kapital wird nicht nur aufgebaut, sondern gezielt geschützt.

Pensionsfonds handeln nicht impulsiv. Sie folgen Regeln – nicht der Marktlage. Gerade in Krisen zeigt sich ihre Stärke: Während andere reagieren müssen, können sie bleiben.

Aha-Moment: Ein Pensionsfonds investiert nicht, um zu gewinnen, sondern um seine Verpflichtungen jederzeit erfüllen zu können.

Impuls für den Tag: Denken Sie Ihr Vermögen in zwei Teilen: Was muss sicher funktionieren – und was darf wachsen?

▶ TAG 158, DER NORWEGISCHE STAATSFONDS – DISZIPLIN, GRÖSSE UND GENERATIONENLOGIK

CFDs – Chancen und Risiken im Detail

CFDs (Contracts for Difference) bilden nur die Kursbewegung eines Basiswerts ab – Sie besitzen den Wert nicht. Gewinn oder Verlust entsteht allein aus der Differenz zwischen Ein- und Ausstieg. Sie handeln die Bewegung, nicht den Besitz.

Das Besondere: Mit einer vergleichsweise kleinen Margin (Sicherheitsleistung) steuern Sie über den Hebel eine deutlich größere Position.

Margin = Positionswert ÷ Hebel

Der entscheidende Punkt: CFDs erhöhen nicht die Marktbewegung, sondern deren Wirkung auf Ihr Kapital.

Die Abbildung zeigt, wie sich Kursbewegungen bei einem Einsatz von 1000 Euro und einem Hebel von 10 auf das Ergebnis auswirken. Schon geringe Marktbewegungen können dabei zu deutlichen Gewinnen – oder ebenso schnell zu erheblichen Verlusten führen.

Bereits ein Rückgang von 10 Prozent kann den gesamten Einsatz aufbrauchen.

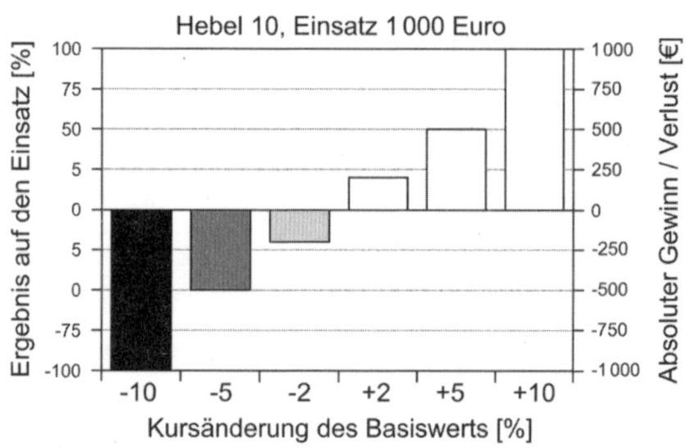

CFDs sind kein Nebenbei-Instrument, sondern ein präzises Werkzeug mit hohem Risiko. Ohne klare Regeln für Positionsgröße, Stop-Loss und Risiko verlieren Trader hier schnell die Kontrolle.

Check vor dem Handel:
- Verstehen Sie Hebel und Margin vollständig?
- Haben Sie einen klar definierten Stop-Loss?
- Handeln Sie nach einem festen Setup – oder spontan?
- Ist Ihr Risiko pro Trade klar begrenzt?

Aha-Moment: Bei CFDs entscheidet nicht die Richtung, sondern die Kontrolle über das Risiko.

Impuls für den Tag: Beobachten Sie im Demokonto, wie schnell kleine Kursbewegungen Ihr Ergebnis verändern.

▶ TAG 137, FUTURES – EIN BLICK IN DIE ZUKUNFT

Zoom – vom Konferenztool zur globalen Kommunikationsplattform

Noch vor wenigen Jahren war »Zoom« ein Begriff für IT-Teams. Heute ist es ein Verb im Alltag: Wir zoomen. In Konferenzen, Klassenzimmern, Geburtstagsfeiern, Therapiegesprächen – kein anderes Unternehmen wurde so sehr zum Symbol digitaler Nähe in Zeiten physischer Distanz wie Zoom.

Gegründet 2011 von Eric Yuan, einem chinesisch-amerikanischen Ingenieur, der zuvor bei Cisco an WebEx arbeitetet hatte, entstand Zoom aus einer simplen Frustration: Videokonferenzen waren umständlich, instabil, unpersönlich. Yuan wollte das ändern – mit einer Vision: stabile, einfache, menschliche Kommunikation – mit nur einem Klick.

Zoom startete leise – im Schatten von Microsoft, Cisco, Google. Doch es wuchs durch konsequente Benutzerfreundlichkeit, klare Funktionalität und hohe Stabilität. Schulen, Unternehmen, Universitäten entdeckten die Plattform – lange vor der Pandemie. Dann kam 2020.

COVID-19 katapultierte Zoom ins Zentrum der Welt. Was als Business-Tool gedacht war, wurde zur Lebensader für Millionen. Zoom ersetzte Meetingräume, Hörsäle – sogar Hochzeiten. Der tägliche Nutzerzuwachs stieg von 10 Millionen (Dezember 2019) auf über 300 Millionen im Frühjahr 2020.

Der Börsengang im April 2019 war vielversprechend – doch der wahre Durchbruch kam mit der Krise. Die Aktie explodierte, der Name wurde zur Infrastruktur. Zoom war plötzlich nicht nur eine App – sondern ein Fenster zur Welt.

Zoom nutzte den Moment – und entwickelte sich weiter. Das Unternehmen investierte in Sicherheit, Skalierung, KI-Funktionen, Übersetzungen, Eventlösungen, Telefonie. Aus einem Konferenztool wurde eine umfassende Kommunikationsplattform – für hybride Arbeit, digitale Bildung, Vertrieb, Coaching, Kultur. Integration statt Isolation.

Kritik blieb nicht aus: Datenschutz, »Zoom Fatigue«, wachsende Konkurrenz. Doch Zoom begegnete dem mit Innovation und Anpassung. Heute ist die Plattform längst mehr als ein Krisenprodukt. Sie ist Teil einer neuen Arbeits- und Kommunikationskultur – global, flexibel, effizient.

Zoom ist kein Ersatz – es ist eine Erweiterung. Für Orte, an denen Menschen Ideen teilen, Projekte starten, Beziehungen pflegen. Für eine Welt, in der Nähe nicht immer physisch sein muss, um verbindlich zu sein.

»Zoom is not about meetings – it's about people.«

– Eric Yuan

Börsengang: 18. April 2019 – **Börsenkürzel:** ZM – **Börse:** NASDAQ

▶ TAG 136, AMAZON – WIE JEFF BEZOS DEN HANDEL DIGITALISIERTE

Börsenjahreszeiten – Saisonalität als Erfolgsfaktor

Märkte haben Launen – und sie folgen Rhythmen. Wer genau hinsieht, erkennt: Die Börse hat ihre eigenen Jahreszeiten. Viele Kursbewegungen wiederholen sich – getrieben von Natur, Konsum und Kalender. Dieses Prinzip nennt sich **Saisonalität** – und es ist ein oft unterschätzter Schlüssel zu Timing und Strategie.

Besonders deutlich zeigt sich das bei Rohstoffen: Öl und Gas steigen oft vor Reise- oder Heizsaisons. Erdgas zieht im Winter an – wenn Heizungen laufen. Auch Edelmetalle zeigen saisonale Muster: Silber weist historisch häufig eine Stärke im ersten Quartal auf – auch wenn dieses Muster in den letzten Jahren weniger stabil war (1).

Bei **Agrarrohstoffen** wie Kaffee, Zucker oder Weizen bestimmen Wetter und Erntezyklen den Kurs. Frost in Brasilien, der größten Kaffeeregion der Welt, ließ im Juli 2021 die Preise um mehr als 30 Prozent steigen. Weizen zeigt im Frühjahr häufig eine Aufwärtsbewegung – besonders im April, wenn Unsicherheit über die Ernte herrscht (1).

Doch Saisonalität beschränkt sich nicht auf Rohstoffe. Auch **Konsum-** und **Einzelhandelsaktien** bewegen sich im Takt des Kalenders. Im Herbst steigt typischerweise das Interesse – das Weihnachtsgeschäft naht. Die **»Santa-Claus-Rallye«** beschreibt Kursanstiege zwischen Weihnachten und Neujahr – oft begleitet von Optimismus und geringer Volatilität. Selbst das Sommerloch ist real: Weniger Nachrichten, geringeres Volumen, Urlaubszeit – viele Kurse treten auf der Stelle.

Wer saisonale Muster gezielt analysieren möchte, findet auf der Plattform **Seasonax** (2) leistungsstarke Werkzeuge, um historische Trends über verschiedene Zeiträume hinweg – von Wochen bis Jahren – zu erkennen und zu nutzen. Ein wertvoller Kompass für strategisches Timing.

Saisonalität ist keine Garantie – aber ein verlässliches Orientierungssystem. Sie ist der stille Rhythmus hinter den Zahlen – messbar im Rückblick, wertvoll für alle, die vorausschauen.

Aha-Moment: Die Börse hat ihren eigenen Jahresrhythmus. Wer ihn kennt, erkennt nicht nur Trends, sondern weiß auch, wann Geduld und wann Entschlossenheit gefragt ist.

Impuls für den Tag: Timing ist kein Geheimnis – es ist eine Frage der Wiederholung. Beobachten Sie, was wiederkehrt. Kluge Strategien sind oft einfach: Sie folgen dem Kalenderrhythmus.

▸ TAG 150, SELL IN MAY – MYTHOS ODER STRATEGIE MIT TIMING?

Motivation im Fokus – so stärken Sie Ihre Energie im Trading-Alltag

Trading beginnt oft mit einem Versprechen: Freiheit, Unabhängigkeit, Flexibilität. Ein Konto eröffnen, Kapital einzahlen – und schon sind Sie »drin«. Die Einstiegshürde ist niedrig. Doch genau das macht es tückisch. Trader werden ist leicht, Trader bleiben ist die eigentliche Kunst. Denn wer auf Dauer bestehen will, braucht mehr als Technik und Timing: innere Klarheit, mentale Stabilität – und eine Motivation, die trägt.

Viele starten mit einer **Weg-von-Motivation**: dem Wunsch, dem ungeliebten Job zu entkommen, finanziellen Druck zu lindern oder sich von Fremdbestimmung zu befreien. Doch genau solche Beweggründe machen Trading oft zur Scheinlösung. Wer aus einem Mangel heraus handelt, reproduziert ihn meist – schneller, lauter, schmerzhafter.

Wenn Sie traden, um sich zu beweisen, anderen etwas zu zeigen oder sich selbst zu retten, wird der Markt zur Bühne ungelöster Themen. Ihr Kapital fließt dann nicht in Strategien, sondern in emotionale Kompensation.

Ganz anders wirkt eine **Hin-zu-Motivation**: Sie handeln, weil Sie wachsen, lernen, gestalten wollen. Sie interessieren sich für Märkte, Muster, Psychologie. Sie sehen Trading als Lernweg – nicht als Ausweg. Genau diese Haltung erzeugt Energie, Ausdauer und ein tragfähiges Fundament, auch wenn der Markt sich gegen Sie stellt. Denn Motivation ist kein Dauerfeuer. Sie braucht Pflege, Reflexion – und Ehrlichkeit mit sich selbst.

Reflexionsaufgabe – Ihr persönlicher Motivationskompass:

- Was reizt mich am Trading – wirklich?
- Ist meine Motivation eher »weg von« oder »hin zu«?
- Suche ich Kontrolle – oder Entwicklung?
- Gibt mir Trading Energie – oder raubt es sie?
- Was soll durch mein Trading in meinem Leben wachsen – und ließe sich das auch anders erreichen?

Schreiben Sie zehn persönliche Gründe auf, warum Sie traden – und ordnen Sie sie in zwei Spalten:

- Weg-von-Gründe
- Hin-zu-Gründe

Fokussieren Sie sich bewusst auf Ihre Hin-zu-Motive. Sie sind tragfähiger, entwicklungsorientierter – und wachsen mit Ihrer Erfahrung.

Aha-Moment: Wer seinen Antrieb kennt, handelt klar, fokussiert und kraftvoll. Motivation ist kein Zustand, sondern eine bewusste Entscheidung mit Richtung.

Impuls für den Tag: Fragen Sie sich heute: Was will ich erreichen – und was bedeutet es für mich? Motivation gewinnt an Tiefe, wenn Ihre Ziele mit Ihren Werten verbunden sind.

▶ TAG 141, DRUCK IM TRADING – WIE SIE UNTER SPANNUNG KLAR BLEIBEN

Der MSCI World – guter Start, aber nicht alles

Der MSCI World gilt für viele als idealer Einstieg in die Geldanlage. Ein ETF darauf ist einfach, kostengünstig und breit gestreut. Genau deshalb wird er so oft empfohlen. Doch der Name klingt umfassender, als der Index tatsächlich ist. Wer wirklich weltweit investieren will, sollte wissen, was im MSCI World steckt – und was nicht.

Der Index bündelt rund 1300 Unternehmen aus 23 Industrieländern. Das ist solide und für Einsteiger sehr attraktiv. Trotzdem ist der MSCI World kein Weltportfolio. Schwellenländer wie Indien, China oder Brasilien fehlen. Zugleich ist der Index heute stark von den USA geprägt und konzentriert sich auf große Standardwerte. Wer nur auf den MSCI World setzt, investiert also breit, aber nicht vollständig global.

Genau diese Begrenzung macht den Index jedoch nicht schwach, sondern verständlich. Seine Stärke liegt in der Einfachheit. Der MSCI World zwingt Anleger nicht sofort zu komplizierten Entscheidungen, sondern bietet einen klaren, gut nachvollziehbaren Einstieg. Für viele ist das ein echter Vorteil: lieber mit einer soliden Grundstruktur zu beginnen, als sich gleich in zu vielen Bausteinen zu verlieren. Ein gutes Depot muss am Anfang nicht vollkommen sein – es muss vor allem tragfähig und durchhaltbar bleiben.

Darin liegt auch seine richtige Rolle: Der MSCI World ist ein guter Kern, aber selten die ganze Lösung. Wer globaler streuen möchte, kann Schwellenländer und Small Caps ergänzen. Das erweitert den Blick über die großen Industrieländer hinaus und verringert die Abhängigkeit von wenigen Regionen und Marktsegmenten. Wichtig ist dabei jedoch, Streuung nicht mit Beliebigkeit zu verwechseln. Auch ein gutes Depot braucht Klarheit, nicht möglichst viele Bausteine.

Der MSCI World ist deshalb kein Fehler, sondern ein starker Anfang. Er bietet Einfachheit, Struktur und Breite – aber eben keine vollständige Weltabbildung. Genau das macht ihn für viele Anleger so nützlich: als Kernbaustein, nicht als automatische Gesamtlösung.

Aha-Moment: Der MSCI World ist kein Weltdepot, sondern ein sehr guter Kern für entwickelte Märkte.

Impuls für den Tag: Schauen Sie sich heute die Länder- und Branchenverteilung Ihres MSCI-World-ETF an. Oft wird erst dann sichtbar, wie »weltweit« der Weltindex wirklich ist.

▶ TAG 148, ETFS UND IHRE KOSTEN – TER, SPREAD & TRACKING ERROR

Klare Regeln statt Meinungen – so stabilisieren Sie Ihre Entscheidungen

An der Börse scheitern viele nicht am Wissen, sondern daran, dass sie ihre Meinung ständig ändern. Kurse bewegen sich, Nachrichten prasseln ein, Einschätzungen wechseln. Wer darauf reagiert, verliert schnell die Richtung.

Der entscheidende Punkt: An der Börse wechseln Meinungen täglich. Klare Regeln geben Entscheidungen Stabilität.

Ohne klare Regeln entstehen Entscheidungen aus dem Moment heraus. Kaufen, weil Kurse steigen. Verkaufen, weil Kurse fallen. Das fühlt sich aktiv an, ist aber oft nur Reaktion. Eine Strategie setzt hier den Gegenpol: Sie legt fest, was Sie tun, bevor der Markt Sie unter Druck setzt.

Ein Plan beginnt nicht im Markt, sondern bei Ihnen: Ziel, Zeitraum und Risiko bestimmen seine Regeln. Kurzfristige Ausgaben verlangen andere Entscheidungen als langfristiger Vermögensaufbau. Wer das klärt, entzieht sich dem täglichen Kurslärm.

Beispiel: Sie investieren für die Altersvorsorge mit langem Zeithorizont. Dann verlieren kurzfristige Schwankungen an Bedeutung. Der Plan könnte lauten: regelmäßig investieren, nicht auf einzelne Bewegungen reagieren, nur in festen Abständen überprüfen. Der Markt bewegt sich – Ihre Handlung bleibt stabil.

Regeln machen Entscheidungen berechenbar:

- **Ziel:** klar definiert
- **Struktur:** zum Beispiel Aufteilung nach Risiko
- **Umsetzung:** feste Vorgehensweise
- **Überprüfung:** zu klaren Zeitpunkten

Regeln nehmen Ihnen nicht die Verantwortung – sie verhindern impulsive Fehlentscheidungen. Sie schaffen Orientierung in unsicheren Phasen.

Erfahrene Marktteilnehmer verlassen sich nicht auf ihr Gefühl im Moment. Sie verlassen sich auf ein System, das sie vorher festgelegt haben. Nicht, weil Emotionen verschwinden, sondern weil sie begrenzt werden.

Aha-Moment: Kurse sind kein Signal zum Handeln, sondern ein Test für Regeln.

Impuls für den Tag: Formulieren Sie eine klare Regel, die Sie ab heute konsequent einhalten – unabhängig vom Markt.

▶ TAG 138, KONSEQUENZ SCHLÄGT TIMING – WARUM DRANBLEIBEN ENTSCHEIDET

Von Scrooge bis Gatsby – Geld, Macht und Moral in der Literatur

Literatur war schon immer ein Seismograf für gesellschaftliche Spannungen – und Geld eines ihrer schärfsten Motive. Es trennt und verführt, beflügelt und zerstört. In Romanen zeigt sich: Reichtum ist nie bloß Besitz – er ist ein Charaktertest.

Da ist **Ebenezer Scrooge**, der grantige Geizhals aus Dickens' *A Christmas Carol.* Er hat viel – und ist doch innerlich verarmt. Erst durch Geister, Erinnerung und Mitgefühl erkennt er: Geld zählt nur, wenn es geteilt wird. Der Archetyp der Wandlung – vom Zyniker zum Menschenfreund.

Jay Gatsby, der Glanzmann aus Fitzgeralds *The Great Gatsby.* Seine Welt: golden, flirrend, berauschend – und innerlich leer. Gatsby kauft Partys, Status, Aufmerksamkeit – in der Hoffnung auf Liebe. Sein Geld macht ihn sichtbar, aber nicht glücklich. Und am Ende: nicht unsterblich.

Und **Thomas Buddenbrook**, der Kaufmann in **Thomas Manns** Jahrhundertroman. Sein Vermögen steht für Bürgertum, Pflicht, gesellschaftlichen Aufstieg – aber auch für Überforderung, Traditionsdruck und inneren Zerfall. Am Ende zerbricht nicht nur der Reichtum, sondern eine ganze Weltanschauung.

Literarische Figuren zeigen, was Geld entblößt: Sehnsucht, Macht, Angst. Wer besitzt, aber nicht versteht, wird vom Besitz besessen. Wer mit Geld Gutes will, muss zuerst mit sich selbst im Reinen sein.

Ob bei **Balzac, Dostojewski, Jane Austen** oder **Elena Ferrante** – immer wieder geht es um das Gleiche: Was bleibt, wenn das Konto voll, aber das Herz leer ist? Oder umgekehrt: Kann man wenig haben – und dennoch reich sein?

In den besten Romanen ist Geld kein Nebenmotiv, sondern der Prüfstein, an dem Moral, Persönlichkeit und Zeitgeist sichtbar werden. Es enthüllt, was Menschen antreibt, wo ihre Grenzen liegen – und was sie wirklich wichtig nehmen. Denn manchmal zeigt nicht das Handeln, sondern der Umgang mit Besitz, wer jemand ist. Literatur deckt auf, was das Leben oft überdeckt: das Wesen hinter dem Wohlstand.

Aha-Moment: Große Literatur nutzt Geld nicht als Requisite, sondern als moralischen Resonanzkörper.

Impuls für den Tag: Wer wären Sie, wenn plötzlich Reichtum käme? Und was bliebe, wenn er geht?

▶ TAG 173, MONEY TALKS – WIE GELD MUSIK UND KÜNSTLER PRÄGT

Der Ankereffekt– wie Zahlen unser Denken beeinflussen

Wie viel ist eine Aktie wert? Oft entscheidet nicht der Markt – sondern die erste Zahl, die wir sehen. Dieses psychologische Phänomen nennt sich **Ankereffekt**: Eine willkürliche Zahl setzt sich im Kopf fest – und verzerrt alle späteren Einschätzungen.

Ob Kursziel, Einstiegspreis oder Allzeithoch – unser Gehirn orientiert sich unbewusst am ersten Referenzpunkt, selbst wenn dieser sachlich nebensächlich ist (1). Selbst beiläufig genannte Werte setzen mentale Maßstäbe – oft tiefer, als wir glauben (2).

Beispiel: Wird zuerst eine Aktie mit 150 Euro genannt, erscheint eine zweite – völlig unabhängige – Aktie im Vergleich günstiger oder teurer. Der erste Wert dominiert das Urteil (1, 2).

Der Ankereffekt wirkt nicht nur bei Zahlen, sondern auch emotional:

- Erste Verluste verankern überzogene Vorsicht.
- Erste Gewinne schüren überhöhte Erwartungen.
- Ein früheres Hoch wird zur »magischen Grenze«, die man unbedingt zurückerobern will.

Im Börsenalltag führt das zu typischen Verzerrungen:

- Wir halten an Verlustpositionen fest – der Einstiegskurs bleibt unser innerer Maßstab.
- Wir verkaufen zu früh – weil kleine Gewinne ausreichend erscheinen.
- Wir orientieren uns zu stark an Analystenschätzungen oder Kurszielen – selbst wenn die Fundamentaldaten dagegensprechen.

Beispiel: Probanden sollten schätzen, wie viele afrikanischer Länder in der UNO sind – nachdem sie eine Zufallszahl vom Glücksrad gesehen hatten. Zeigte das Rad eine »10«, lag der Schätzwert bei etwa 25. Zeigte es eine »65«, lag er bei über 45. Der Anker war irrelevant – aber wirksam (1).

Was hilft? Sich bewusst fragen: Welcher Anker beeinflusst mein Urteil – und warum? Denn selbst bei bewusster Korrektur ist die Anpassung oft zu schwach (3).

Aha-Moment: Selbst eine willkürliche Zahl – etwa vom Glücksrad – beeinflusst, wie Menschen den Wert eines unabhängigen Produkts einschätzen. Anker sitzen tiefer, als wir glauben.

Impuls für den Tag: Welche Zahl hat heute Ihre Entscheidung geprägt – und warum?

▶ TAG 145, VERFÜGBARKEITSHEURISTIK – WARUM WIR GLAUBEN, WAS WIR LEICHT ERINNERN

Piotroski F-Score – Bilanzcheck für Value-Perlen

Wie trennt man solide Value-Aktien von den »Value-Fallen«, die nur deshalb günstig wirken, weil sich das Geschäft schleichend verschlechtert? Genau dafür ist der Piotroski F-Score gedacht. Joseph Piotroski entwickelte ein Scoring aus Bilanz und Cashflow mit neun Kriterien, das finanzielle Qualität sichtbar macht (1).

So geht's:

- Zuerst wählen Sie ein Value-Universum (z. B. Aktien mit niedrigem Kurs-Buchwert-Verhältnis).
- Dann vergeben Sie pro erfülltem Kriterium einen Punkt, maximal neun Punkte.
- sieben bis neun Punkte: Das sind robuste Value-Kandidaten.
- null bis drei Punkte: Hier lauern mögliche Value-Fallen.

KRITERIUM	BEDEUTUNG
positiver Gewinn	Unternehmen arbeitet profitabel.
positiver operativer Zahlungsmittelüberschuss	Operativer Cashflow stützt die Gewinnqualität.
steigende Gesamtkapitalrendite	Effizienz im Einsatz des Vermögens steigt.
operativer Zahlungsmittelüberschuss > Gewinn	Gewinn ist nicht nur Papiergewinn.
Finanzstabilität	
sinkende Verschuldung	Finanzielles Risiko nimmt ab.
höherer Liquiditätsgrad	Kurzfristige Liquidität verbessert sich.
keine Aktienausgabe	Bestehende Anteile werden nicht verwässert.
Effizienz	
steigende Bruttomarge	Profitabilität im Kerngeschäft steigt.
steigende Kapitalumschlagshäufigkeit	Ressourceneinsatz wird effizienter.

Warum funktioniert das?

Der F-Score ergänzt »günstig« um »gesund«: Er unterscheidet günstige Aktien mit belastbarer Bilanz- und Cashflow-Qualität von Titeln, deren niedriger Preis auf nachlassende Fundamentaldaten zurückgeht. Piotroski zeigte, dass innerhalb des Value-Universums hohe F-Scores im Durchschnitt besser abschnitten als niedrige (1).

Aha-Moment: Value ist nicht gleich Value. Der F-Score trennt substanzstarke Werte von möglichen Value-Fallen.

Impuls für den Tag: Prüfen Sie eine Value-Aktie mit dem F-Score: Wie viele von neun Kriterien erfüllt sie – eher sieben bis neun oder eher null bis drei?

▶ TAG 140, CANSLIM – WACHSTUMSCHANCEN MIT SYSTEM

Pullback-Trading – in Trends kontrolliert einsteigen

Starke Trends laufen selten in einer geraden Linie. Selbst in klaren Aufwärts- oder Abwärtsbewegungen gibt es immer wieder kurze Gegenbewegungen. Genau hier setzt Pullback-Trading an: Sie folgen nicht dem Impuls, sondern nutzen den Rücksetzer.

Der Reiz dieser Strategie liegt in ihrer Balance. Sie handeln mit dem Trend, aber nicht in der größten Dynamik. Statt impulsiv hinter steigenden Kursen herzujagen, warten Sie auf eine kontrollierte Gegenbewegung und steigen strukturiert ein.

In Aufwärtstrends orientieren sich Einstiege häufig an früheren Ausbruchsbereichen, gleitenden Durchschnitten oder markanten Unterstützungszonen. In Abwärtstrends gilt das Prinzip umgekehrt.

Der entscheidende Punkt: Pullback-Trading funktioniert nicht durch Timing des Einstiegs allein, sondern durch die Kombination aus Trend und sauberem Rücklauf.

Pullback-Trading verlangt Geduld. Wer einem laufenden Kurs hinterherspringt, steigt oft nahe am kurzfristigen Hoch oder Tief ein – genau dort, wo Rücksetzer wahrscheinlicher werden. Das führt zu größeren Stop-Loss-Abständen oder schnellen Gegenbewegungen gegen die Position. Ein sauberer Rücksetzer ermöglicht dagegen einen Einstieg näher an einer Unterstützungs- oder Widerstandszone und verbessert so das Verhältnis zwischen möglichem Gewinn und begrenztem Risiko.

Worauf Pullback-Trader achten:

- klar erkennbarer Aufwärts- oder Abwärtstrend
- Gegenbewegung innerhalb dieses Trends
- markante Unterstützungs- oder Widerstandszone
- erneute Stabilisierung in Trendrichtung

Typische Fehler:

- zu früh in den Rücksetzer einsteigen
- Trendbruch mit normalem Pullback verwechseln
- gegen den übergeordneten Trend handeln
- ohne klare Absicherung agieren

Pullback-Trading ist damit keine Jagd nach Bewegung, sondern ein strukturierter Einstieg in bestehende Trends.

Aha-Moment: Die besten Einstiege liegen oft nicht im Ausbruch, sondern im ruhigen Rücksetzer innerhalb eines intakten Trends.

Impuls für den Tag: Markieren Sie in einem Trendchart die Rücksetzer an wichtigen Zonen. Dort entstehen oft die besseren Einstiege.

▶ TAG 143, RANGE-TRADING – ZWISCHEN UNTERSTÜTZUNG UND WIDERSTAND HANDELN

REITs – Immobilien auf Knopfdruck

REITs eröffnen einen direkten Zugang zum Immobilienmarkt – ohne Kaufvertrag, ohne Instandhaltung, ohne operative Verantwortung. Wer in REITs investiert, beteiligt sich über die Börse an Immobilien und verbindet Sachwerte mit der Flexibilität des Kapitalmarkts.

REIT steht für *Real Estate Investment Trust.* Dahinter stehen börsennotierte Immobiliengesellschaften, die Gebäude besitzen, betreiben und vermieten. Die Einnahmen stammen aus Mieten und Pachten. Ein Großteil dieser Gewinne wird regelmäßig an die Aktionäre ausgeschüttet. REITs sind damit keine Immobilienfonds im klassischen Sinn, sondern Immobilienunternehmen mit klaren Ausschüttungsregeln.

Gesetzlich sind REITs in vielen Ländern verpflichtet, einen hohen Anteil ihrer Gewinne auszuschütten – häufig rund 90 Prozent. Dadurch entstehen laufende Erträge, die REITs besonders für einkommensorientierte Anleger interessant machen. Gleichzeitig bleibt das Investment liquide: REITs werden wie Aktien gehandelt und können jederzeit gekauft oder verkauft werden.

REITs decken unterschiedliche Segmente ab. Dazu gehören Büro- und Wohnimmobilien, Einkaufszentren, Logistikflächen, Rechenzentren oder Gesundheitsimmobilien. In den USA ist der Markt besonders etabliert, mit bekannten Gesellschaften wie Realty Income oder Digital Realty. In Europa ist das Angebot kleiner, entwickelt sich jedoch kontinuierlich weiter.

Der Wert von REITs folgt zwei Kräften: dem Immobilienmarkt und dem Kapitalmarkt.

Steigende Mieten, stabile Auslastung und wirtschaftliches Wachstum wirken unterstützend. Steigende Zinsen oder konjunkturelle Abschwünge können hingegen belasten, da Immobilien häufig fremdfinanziert sind und höhere Finanzierungskosten die Erträge drücken. REITs reagieren deshalb sensibel auf Zinsveränderungen.

REITs ersetzen keinen direkten Immobilienbesitz, sie verändern die Perspektive. Statt einzelne Objekte zu verwalten, investieren Anleger in professionell gemanagte Immobilienportfolios. Aufwand wird ausgelagert, Liquidität gewonnen – dafür wird der Einfluss von Zins- und Marktbewegungen sichtbarer.

Aha-Moment: REITs machen Immobilien investierbar wie Aktien. Sie tauschen Besitz gegen Beteiligung – und Verwaltung gegen Struktur.

Impuls für den Tag: Schauen Sie sich einen REIT oder REIT-ETF an. Fragen Sie sich: Welche Immobilien trage ich – und wie zinsabhängig sind sie?

▶ TAG 131, THEMEN-ETFS & SMART-BETA – INVESTIEREN MIT STRATEGIE

London: Tower, Tea und Trades – die Geschichte einer Finanzmetropole

London – das ist nicht nur Big Ben und Buckingham, sondern auch das Ticken der Märkte, das Klicken der Trades, das Rauschen globaler Finanzströme. Kaum eine Stadt hat das moderne Finanzwesen so stark geprägt – und dabei so viele Wandlungen durchlebt – wie die Hauptstadt des einstigen Empire. London ist nicht nur Geschichte, sondern Kapital in Bewegung.

Alles begann mit **Kaffeehäusern**, in denen Händler, Schiffseigner und Abenteurer Risiken verteilten und Informationen austauschten. Einer dieser Orte, **Jonathan's Coffee House**, wurde zum Geburtsort der **London Stock Exchange (LSE)**. Aus Gesprächen wurden Kurse, aus Deals wurden Institutionen.

Im 18. und 19. Jahrhundert war London das Herz eines Imperiums, das die halbe Welt umspannte. Tee aus Indien, Baumwolle aus Ägypten, Gold aus Südafrika – alles floss durch die Metropole an der Themse. Mit dem Kolonialhandel kam das große Kapital – und mit ihm der Bedarf nach Strukturen: Börsen, Versicherungen, Clearinghäuser (zur Zahlungs- und Handelsabwicklung). London wurde zum Nervenzentrum des globalen Handels.

Und während sich andere Finanzzentren wandelten oder verschwanden, blieb London dynamisch – und offen. Die City of London entwickelte sich zu einem eigenen Kosmos: mit eigener Polizei, eigenen Regeln und einem globalen Netzwerk aus Banken, Kanzleien, Hedgefonds und Brokerhäusern, das bis heute zu den einflussreichsten der Welt gehört.

Doch London war nie nur ein Ort für Zahlen, sondern auch ein Ort des Stils: zwischen Maßanzug und Marktgespür, zwischen altem Geld und neuen Ideen. Selbst Krisen wie die Weltwirtschaftskrise, der Zweite Weltkrieg oder der Brexit konnten den Pulsschlag der City nur kurz dämpfen.

London steht für das, was jede Börse braucht: Vertrauen, Wandelbereitschaft und die Fähigkeit, sich immer wieder neu zu erfinden.

Aha-Moment: Noch heute sitzt in der City of London mehr internationales Finanzkapital als in jedem anderen Stadtviertel Europas.

Impuls für den Tag: Welche Entscheidung von heute könnte Ihr Fundament für die nächsten 50 Jahre legen?

▶ TAG 149, WALL STREET – WO TRÄUME GEHANDELT WERDEN

Bernie Madoff – das größte Schneeballsystem der Geschichte

Er war der »**König der Wall Street**«: Vorzeigeinvestor, NASDAQ-Gründer, Philanthrop – und der Mann hinter dem größten Anlagebetrug aller Zeiten. Bernard Lawrence Madoff versprach Stabilität in stürmischen Börsenzeiten. Und er lieferte – scheinbar. Über Jahrzehnte erzielte er angeblich konstante Gewinne, unabhängig vom Markt. Tausende Anleger – darunter Prominente, Stiftungen, Banken – vertrauten ihm Milliarden an. Doch das Fundament seiner Renditen war kein kluger Investmentansatz, sondern ein gigantisches Schneeballsystem.

Madoff zahlte alte Investoren mit dem Geld neuer aus – ohne echten wirtschaftlichen Hintergrund. Solange Kapital floss, funktionierte das System. Doch 2008, mitten in der Finanzkrise, wollten viele ihr Geld zurück. Da brach das Kartenhaus zusammen: Über 17 Milliarden US-Dollar ursprünglich investierten Kapitals waren verloren, der bilanzierte Gesamtschaden lag bei über 65 Milliarden US-Dollar.

Wie konnte ein derart massiver Betrug so lange unentdeckt bleiben? Die Antwort ist vielschichtig: Madoffs Ruf schützte ihn, seine Intransparenz wurde mit Exklusivität verwechselt, und Kontrolleure sahen oft nur oberflächlich hin. Whistleblower wie **Harry Markopolos** warnten früh – doch stießen sie auf taube Ohren. Am Ende gestand Madoff seinen Söhnen – die ihn selbst zur Anzeige brachten.

2009 wurde er zu 150 Jahren Haft verurteilt. Für viele ein Symbolurteil – ein Mahnmal für einen Finanzsektor, der zu leichtgläubig wird, wenn die Rendite stimmt. Für andere kam es zu spät: Viele verloren ihre Ersparnisse, ihre Stiftungen, ihr Vertrauen.

Madoffs Fall war mehr als ein Betrug. Er führte zur Neuordnung der US-Finanzaufsicht, zur Debatte über Anlegerschutz – und zur unbequemen Frage: Warum erkennen wir Warnzeichen oft erst, wenn der Schaden da ist?

Aha-Moment: Der größte Finanzbetrug der Geschichte war kein geniales System, sondern eine einfache Lüge, die durch Vertrauen wuchs.

Impuls für den Tag: Vertrauen ist kein Freifahrtschein. Prüfen Sie, wem Sie folgen – gerade, wenn etwas zu konstant, zu exklusiv oder zu gut klingt, um wahr zu sein.

▶ TAG 133, DER ENRON-SKANDAL – WIE EIN ENERGIERIESE INVESTOREN TÄUSCHTE

Das Vertrauensspiel – warum wir riskieren, wenn wir glauben

Vertrauen ist die stille Grundlage jeder Investition – ob in Menschen, Märkte oder Modelle. Aber wie entsteht Vertrauen? Und warum geben wir Geld aus der Hand ohne jede Garantie auf Rückkehr? Das sogenannte Vertrauensspiel gehört zu den zentralen Experimenten der Neuroökonomie (1). Es zeigt: Vertrauen ist nicht naiv – es ist im Gehirn tief verankert.

Die Versuchsanordnung ist einfach – aber aufschlussreich: Person A erhält Geld (z. B. 10 Euro) und kann freiwillig einen Teil an Person B weitergeben. Jeder übertragene Euro wird verdreifacht. Danach entscheidet Person B, wie viel sie an A zurückzahlt – oder ob sie alles behält. A geht also ein Risiko ein, ohne Sicherheit, allein auf Basis von Vertrauen. Und dennoch vertrauen viele. Warum?

fMRT-Studien (funktionelle Magnetresonanztomografie) zeigen: Wer vertraut, aktiviert Hirnregionen wie das Striatum und den präfrontalen Kortex – Areale, die an Belohnungsverarbeitung, Erwartungsbewertung und Vertrauensbildung beteiligt sind (2). Je größer das Vertrauen, desto stärker die neuronale Aktivität. Gleichzeitig wird Oxytocin ausgeschüttet – ein Hormon, das Angst reduzieren, Empathie fördern und soziale Bindung stärken kann (3).

Doch Vertrauen ist nicht blind. Wird eine Person im Spiel betrogen, reagiert die Amygdala – das emotionale Warnsystem des Gehirns. Und wer mehrfach enttäuscht wird, senkt nachweislich seine Investitionsbereitschaft. Das Gehirn lernt – und passt sein Verhalten an.

Spannend dabei: Die Neigung zu vertrauen unterscheidet sich von Mensch zu Mensch. Manche zeigen schon im Vorfeld eine stärkere Aktivierung im präfrontalen Kortex – jener Region, die auch für moralische Bewertung und soziales Verständnis zuständig ist. Für sie ist Vertrauen kein Risiko, sondern gelebte Norm.

Was das für Investitionen bedeutet? Mehr, als man denkt. Wer investiert, vertraut nicht nur auf Zahlen, sondern auf Absichten, Kontexte und Erfahrungen. Vertrauen ist kein Gefühl außerhalb des Finanzsystems. Es ist sein Fundament.

Aha-Moment: Vertrauen ist kein reines Wagnis – es belohnt uns schon beim Geben. Das Gehirn zeigt: Vertrauen fühlt sich wie ein kleiner Sieg an.

Impuls für den Tag: Wem vertrauen Sie heute – und woran erkennen Sie, dass dieses Vertrauen berechtigt ist?

▸ TAG 182, DAS ULTIMATUM-SPIEL – WARUM FAIRNESS OFT WICHTIGER IST ALS GEWINN

QUIZ 4

TAG 98: WELCHE AUSSAGEN ÜBER STABLECOINS SIND ZUTREFFEND?

A) Stablecoins sollen Kryptowährungen mit möglichst stabilen Werten darstellen.
B) Fiat-gedeckte Stablecoins sollen durch Reserven wie Bargeld oder Staatsanleihen abgesichert sein.
C) Algorithmische Stablecoins gelten allgemein als besonders sichere Form von Stablecoins.
D) Stablecoins spielen im Krypto-Markt häufig eine wichtige Rolle für Liquidität und Kapitalflüsse.

TAG 100: WELCHE THESEN ZUR KÜNSTLICHEN KNAPPHEIT SIND WAHR?

A) Bitcoin ist auf 21 Milliarden Einheiten begrenzt – ein Beispiel für digitale Überproduktion.
B) Künstliche Knappheit kann Markenwert steigern, selbst wenn genug Angebot vorhanden wäre.
C) NFTs schöpfen ihren Wert ausschließlich aus ihrem technologischen Nutzen.
D) Auch bei Rohstoffen wie Lithium oder Wasser spielt Knappheit eine zentrale Rolle für Märkte.

TAG 101: WELCHE FORMULIERUNGEN ÜBER UNTERNEHMENSKENNZAHLEN TREFFEN ZU?

A) Kennzahlen entfalten ihre Aussagekraft meist erst im Zusammenspiel und Kontext.
B) Ein niedriges KGV bedeutet automatisch, dass eine Aktie günstig bewertet ist.
C) Freier Cashflow zeigt unter anderem, ob nach Investitionen tatsächlich Geld übrig bleibt.
D) Professionelle Investoren betrachten neben Kennzahlen oft auch Geschäftsmodell und Management.

TAG 109: WELCHE AUSSAGEN ÜBER ZOOM SIND KORREKT?

A) Zoom wurde ursprünglich als reine App für Online-Events in der Unterhaltungsbranche entwickelt.
B) Zoom konnte sich unter anderem durch hohe Benutzerfreundlichkeit und Stabilität gegen etablierte Konkurrenten wie Cisco und Microsoft durchsetzen.
C) Der massive Nutzeranstieg während der COVID-19-Pandemie war ein entscheidender Katalysator für den globalen Durchbruch von Zoom.
D) Zoom war bereits 2005 als Open-Source-Projekt von Google gestartet und wurde später ausgegliedert.

TAG 121: WELCHE FESTSTELLUNGEN ZUM VERTRAUENSSPIEL SIND RICHTIG?

A) Im Vertrauensspiel erhält Person A eine sichere Rendite, unabhängig davon, wie Person B entscheidet.
B) Vertrauen aktiviert im Gehirn Regionen, die auch bei Belohnung und sozialem Verhalten eine Rolle spielen.
C) Oxytocin wirkt im Kontext von Vertrauen angststeigernd und dämpft soziale Bindung.
D) Enttäuschtes Vertrauen kann im Gehirn langfristig zu veränderter Investitionsbereitschaft führen.

Ethik an der Börse – Verantwortung von Unternehmen & Anlegern

Kann man mit gutem Gewissen Geld verdienen? Lange war das an der Börse Nebensache – Hauptsache Rendite. Doch das hat sich verändert. Heute zählen nicht nur Zahlen, sondern auch Haltung. Nachhaltigkeit, Transparenz und Verantwortung sind kein Randthema mehr, sondern Teil moderner Unternehmensstrategien.

ESG – das steht für Environmental, Social, Governance – also Umwelt, Soziales und gute Unternehmensführung. Diese Kriterien helfen, Unternehmen nicht nur nach Bilanz, sondern auch gesellschaftlicher und ökologischer Wirkung zu beurteilen. Impact Investing, nachhaltige Fonds, Klimaindizes: Was einst Nische war, ist heute Standard. Immer mehr Menschen fragen: Was bewirkt mein Kapital? Unterstütze ich Unternehmen mit Haltung – oder solche, die auf Kosten anderer wachsen?

Verantwortung beginnt nicht erst im Vorstand, sondern bei uns Anlegern. Jeder Trade ist auch ein stilles Votum: für oder gegen Klimaschutz, faire Löhne, Ressourcenverbrauch. Kapital lenkt. Kapital bezieht Stellung. Es signalisiert: Diese Art von Wirtschaft unterstütze ich. Doch Ethik ist selten eindeutig.

- **Rheinmetall?** Jahrzehntelang aus ESG-Fonds ausgeschlossen. Heute – in sicherheitspolitischen Umbrüchen – rückt Verteidigung in ein anderes Licht. Rüstung als Beitrag zur Freiheit? Oder ethisch nicht tragbar?
- **Tabakkonzerne?** Legal, profitabel – aber ihre Produkte machen krank. Viele ethische Fonds schließen sie aus. Andere sehen in »rauchfreien Alternativen« einen Transformationsansatz. Echte Veränderung – oder nur grüne Imagepflege?
- **Tech-Giganten?** Sie prägen unseren Alltag – Kommunikation, Bildung, Konsum. Aber sie stehen auch für Datenmacht, Monopole und fragwürdige Arbeitsbedingungen. Können Algorithmen ethisch handeln? Wie viel Verantwortung trägt ein Unternehmen für die Welt, die es mitgestaltet?

Diese Fragen zeigen: Nachhaltigkeit ist kein Schwarz-Weiß, sondern ein Spannungsfeld zwischen Legalität und Legitimität, zwischen Symbolik und Substanz.

Die nächste Stufe ethischen Investierens verlangt mehr als Ausschlusskriterien. Sie fragt nach Haltung unter Unsicherheit, nach Wirkung über Quartale hinaus – und nach dem Mut, auch dort hinzusehen, wo die Rendite stimmt, aber die Rechenschaft fehlt.

Wer Verantwortung ernst meint, muss hinschauen: Wie wird Geld verdient? Welche Wirkung entfaltet es – gesellschaftlich, ökologisch, langfristig? Welche Unternehmen handeln aus Überzeugung – und welche nur unter öffentlichem Druck? Denn Börse ist mehr als ein Ort für Kurse. Sie ist ein Spiegel – und ein Hebel: für Wandel, für Werte, für Wirkung.

Aha-Moment: Jeder Trade ist ein Stimmzettel – für die Welt, in der wir leben wollen.

Impuls für den Tag: Was erzählt Ihr Depot über Ihre Werte?

▶ TAG 277, KULTURELLE UNTERSCHIEDE – WIE MENTALITÄTEN MÄRKTE BEWEGEN

Goldstandard – als Geld durch Gold gedeckt war

Stellen Sie sich vor, jeder Schein in Ihrer Hand sei ein Ticket zu echtem Gold – sicher verwahrt in der Zentralbank. Dieses Prinzip war über ein Jahrhundert lang das Fundament der globalen Finanzordnung: der Goldstandard.

Sein Kern war einfach und wirkungsvoll: Geld war kein abstraktes Versprechen, sondern ein Anspruch auf Edelmetall. Jede ausgegebene Währungseinheit musste durch Goldreserven gedeckt sein. So entstand ein System, das auf Knappheit, Vertrauen und internationaler Stabilität beruhte – und wirtschaftliches Chaos eindämmen sollte.

Der Goldstandard wurde im 19. Jahrhundert zum internationalen Maßstab. Großbritannien führte ihn 1816 offiziell ein, andere Industriestaaten folgten. Der Vorteil: feste Wechselkurse, planbare Handelsbeziehungen, begrenzte Geldschöpfung. Staaten konnten nicht beliebig Geld drucken – das Goldlimit setzte natürliche Schranken.

Doch die Kehrseite war ebenso deutlich: Der Goldstandard begrenzte die geldpolitische Flexibilität. In Krisenzeiten konnten Regierungen kaum reagieren. Weltwirtschaftskrise, Kriege und Deflation zeigten die Schwächen des Systems. In den 1930er-Jahren gaben viele Länder den Goldstandard auf.

Ein letzter Versuch war das Bretton-Woods-System nach dem Zweiten Weltkrieg: Der US-Dollar blieb an Gold gebunden, andere Währungen an den Dollar. Doch auch dieses System brach 1971 zusammen, als US-Präsident **Richard Nixon** den Anspruch auf Gold gegen Dollar abschaffte – das Ende des klassischen Goldstandards.

Heute lebt er nur noch als Idee weiter: bei Goldanhängern, in Debatten über Geldwertstabilität oder als Referenz für alternative Geldsysteme. Doch sein Einfluss ist tief: Er prägte unser Bild von Geld als begrenzt, real, greifbar. Und er zeigt, wie stark Vertrauen und Substanz in der Geldgeschichte miteinander verknüpft sind.

Aha-Moment: Bis 1971 konnte man 35 US-Dollar offiziell gegen eine Unze Gold eintauschen. Mit Nixons Entscheidung endete dieser Bezug – das Zeitalter des »Fiatgeldes« begann.

Impuls für den Tag: Was gibt Ihren Entscheidungen Deckung – echte Substanz oder nur ein gutes Gefühl? Manches ist wertvoll, weil es begrenzt ist.

▶ TAG 152, BANKEN & INDUSTRIALISIERUNG – WIE GELD WACHSTUM MÖGLICH MACHTE

Diversifikation – Streuung als Schutz vor Risiken

Eine der ältesten Regeln vernünftiger Geldanlage ist ebenso einfach wie klug: Setzen Sie nicht alles auf eine Karte. Genau darum geht es bei der Diversifikation. Wer sein Vermögen auf mehrere Anlagen verteilt, macht sich weniger abhängig von einzelnen Unternehmen, Branchen oder Märkten.

In der Praxis ist das wichtiger, als viele denken. Viele Haushalte sind finanziell erstaunlich einseitig aufgestellt, etwa durch eine einzelne Immobilie, wenige Aktien oder eine starke Konzentration auf den Heimatmarkt. Gerät dann genau dieser Bereich unter Druck, kann das Vermögen empfindlich getroffen werden.

Profis streuen deshalb nicht nur innerhalb einer Anlageklasse, sondern oft auch über verschiedene Anlageklassen hinweg. Aktien, Anleihen, Edelmetalle oder Immobilien entwickeln sich häufig unterschiedlich, weil sie auf verschiedene wirtschaftliche Einflüsse reagieren. An den Märkten spricht man dann von einer geringen Korrelation: Die Anlagen bewegen sich also nicht gleichförmig in dieselbe Richtung. Genau darin liegt der Kern echter Diversifikation: Nicht alles soll gleichzeitig vom selben Risiko abhängen.

Diversifikation ist deshalb einer der wirksamsten Schutzmechanismen in der Geldanlage. Über die ideale Mischung und Gewichtung lässt sich streiten, denn sie hängt von Zielen, Zeithorizont und Risikoneigung ab. Trotzdem gibt es klare Grundprinzipien, an denen sich Anleger orientieren können.

DIMENSION	BEISPIELE	NUTZEN
Branchen	Technologie, Gesundheit, Industrie	Schwächen einzelner Sektoren besser abfedern
Regionen	Europa, USA, Schwellenländer	Abhängigkeit von einzelnen Ländern verringern
Anlageklassen	Aktien, Anleihen, Edelmetalle	unterschiedliche Reaktionen auf Konjunktur, Zinsen und Krisen

Schon eine breitere Auswahl an Aktien kann das Risiko deutlich senken. ETFs erleichtern diese Streuung zusätzlich, weil sie Zugang zu vielen Unternehmen zugleich bieten. Entscheidend ist dabei nicht die bloße Anzahl, sondern die tatsächliche Unterschiedlichkeit der Anlagen.

Aha-Moment: Diversifikation macht Rendite nicht spektakulärer, aber Vermögen oft deutlich widerstandsfähiger.

Impuls für den Tag: Prüfen Sie heute Ihr Vermögen darauf, ob einzelne Aktien, Branchen oder Anlageklassen ein zu hohes Gewicht bekommen haben.

▸ TAG 163, ASSET ALLOCATION – DIE RICHTIGE MISCHUNG IM DEPOT

Tokenomics verstehen – wie der Coin-Wert wirklich entsteht

Krypto-Coins klingen sprachlich nach Münzen, funktionieren wirtschaftlich aber ganz anders. Ihr Wert entsteht nicht an der Ladenkasse, sondern durch ein Regelwerk aus Angebot, Nutzung, Verteilung und Anreizen. Genau dieses Bauprinzip nennt man Tokenomics. Wer verstehen will, warum ein Coin steigt oder fällt, muss diese ökonomische Architektur kennen.

Tokenomics ist das Regelwerk eines Krypto-Projekts. Der Begriff verbindet **Token** und **Economics**. Gemeint ist damit die Frage, wie viele Tokens es gibt, wie sie in Umlauf kommen, wie sie verteilt sind und wofür sie im Netzwerk überhaupt gebraucht werden. Der Wert entsteht also nicht nur aus Hoffnung, sondern aus Knappheit, Nachfrage und klaren Regeln.

Die wichtigsten Bausteine der Tokenomics sind:

- **Gesamtmenge:** Gibt es ein fixes Maximum oder kann das Angebot wachsen?
- **Ausgabe:** Gelangen Tokens durch Mining, Staking (Hinterlegen zur Netzwerksicherung) oder Airdrops (kostenlose Verteilung) in Umlauf?
- **Verteilung:** Wie viel halten Gründer, frühe Investoren und Community?
- **Sperrfristen / Vesting:** Sind große Tokenbestände gebunden und werden schrittweise freigegeben oder können sie sofort verkauft werden?
- **Nutzung**: Wird der Token für Gebühren, Stimmrechte oder andere Funktionen wirklich gebraucht?

Ein Coin gewinnt jedoch nicht automatisch an Wert, nur weil er knapp ist. Ohne echte Nutzung bleibt auch ein begrenztes Angebot oft wirkungslos. Umgekehrt kann ein Token an Nachfrage gewinnen, wenn er im Netzwerk tatsächlich gebraucht wird. Genau hier entscheidet sich, ob ein Coin mehr ist als ein spekulatives Versprechen.

Was den Wert zusätzlich beeinflusst:

- **Token-Burning:** Ein Teil der Tokens wird vernichtet, das Angebot sinkt.
- **Anreize:** Belohnungen halten Nutzer und Kapital im System.
- **Gebühren:** Wiederkehrende Nutzung kann dauerhafte Nachfrage schaffen.

An den Märkten spiegeln sich diese Regeln direkt im Kursverlauf. Tokenomics verbindet deshalb Code, Anreize und Marktverhalten. Genau das erklärt, warum zwei Projekte mit ähnlichem Namen oder ähnlicher Technik wirtschaftlich völlig unterschiedlich bewertet werden können.

Aha-Moment: Der Wert eines Coins entsteht nicht nur aus Spekulation, sondern aus dem Zusammenspiel von Knappheit, Nutzung, Verteilung und Regeln.

Impuls für den Tag: Achten Sie bei einem Krypto-Projekt nicht nur auf den Kurs, sondern gezielt auf Angebot, Verteilung, Nutzen und Freigaberegeln der Tokens.

▶ TAG 162, WALLETS RICHTIG WÄHLEN – SICHER VERWAHREN MIT HOT & COLD STORAGE

Panikreaktion – wie Angst unsere Finanzentscheidungen entgleisen lässt

Wenn Kurse abstürzen, fällt oft zuerst etwas anderes: unser inneres Gleichgewicht. Panik ist keine Strategie – sie ist ein Notprogramm des Gehirns. Und es reagiert schneller, als uns lieb ist.

Im Zentrum steht die Amygdala – unser neuronales Frühwarnsystem. Sobald sie Gefahr erkennt, stößt sie eine Stresskaskade an: Der Puls steigt, Stresshormone fluten den Körper, der Fokus verengt sich drastisch (1). Doch das Denken wird nicht besser, sondern instinktiver. Das Gehirn greift auf Muster zurück, die einst über Leben und Tod entschieden: Flucht, Erstarren oder impulsives Handeln.

In Panik schaltet der Kopf auf Sofortmaßnahme. Die Aktivität im präfrontalen Kortex – Zentrum für Abwägung, Planung und Kontrolle – sinkt spürbar (2). Aus »Was ergibt Sinn?« wird »Was ist sicher?« – oder: »Was machen die anderen?«

An der Börse heißt das: verkaufen, weil andere verkaufen. Entscheidungen werden vom eigenen Urteil entkoppelt. Der Herdentrieb wird nicht zur bloßen Tendenz, sondern zur scheinbaren Überlebensstrategie. Panik ist kein Mangel an Verstand, sondern ein evolutionär gespeichertes Notfallprogramm. Eine neuronale Übersteuerung, die kurzfristig schützt, aber langfristig schadet. Gerade in komplexen Systemen wie den Finanzmärkten.

Und doch: Panik lässt sich erkennen – und unterbrechen. Wer die Signale kennt, kann sie benennen. Wer trainiert ist, kann gegensteuern. Und wer Strategien vorbereitet, kann im Sturm bei sich bleiben.

Atemtechniken, Reflexionspausen, mentale Notfallpläne – sie wirken wie neuronale Sicherheitsnetze, wenn das System überhitzt.

Bereits zwei Wochen achtsamkeitsbasierter Atemmeditation können nachweislich die Aktivität der Amygdala verringern – und gleichzeitig die Verbindung zum präfrontalen Kortex stärken. Studien belegen: Durch bewusste Atmung, Bewegung oder Sprache lässt sich die emotionale Reaktion des Gehirns gezielt beeinflussen (3, 4). Die Angst bleibt, aber sie verliert ihre Macht. Denn Panik beginnt im Kopf. Und sie endet, wenn Klarheit beginnt.

Aha-Moment: Unter akuter Angst schaltet das Gehirn von bewusster Entscheidung auf automatische Reaktion – oft lange, bevor wir es merken.

Impuls für den Tag: Welche Entscheidung würden Sie heute treffen, wenn Sie nicht auf Druck reagieren, sondern auf Ihre innere Klarheit?

▶ TAG 157, VERTRAUEN & ENTSCHEIDUNG – WIE UNSER GEHIRN RISIKEN UND MENSCHEN EINORDNET

Der Flash-Crash 2010 – Sekunden, die den Markt taumeln ließen

Es war der 6. Mai 2010. Um 14:32 Uhr New Yorker Zeit begann an den US-Börsen ein Schauspiel, das die Gesetze von Schwerkraft und Logik außer Kraft zu setzen schien. Binnen Minuten verlor der Dow Jones über 1000 Punkte – der größte Punktverlust seiner Geschichte bis dahin. Dann, ebenso abrupt, kehrten viele Kurse zurück. Ein Schockmoment – und ein Blick in die Zukunft des automatisierten Handels.

Was war geschehen? Kein Krieg, kein Skandal, keine Breaking News. Stattdessen: eine Kettenreaktion ausgelöst durch automatisierte Algorithmen, gepaart mit extrem niedriger Liquidität in einzelnen Marktsegmenten – und verstärkt durch einen einzigen, außergewöhnlich großen Verkaufsauftrag. Maschinen reagierten auf Maschinen. Rationalität wich Reflex.

Der Flash-Crash war kein gewöhnlicher Börsensturz, sondern ein Fenster in eine neue Realität. Eine Welt, in der Entscheidungen in Mikrosekunden fallen – und in der nicht mehr Menschen handeln, sondern Systeme aufeinander reagieren. In der ein einzelner Impuls reicht, um globale Märkte ins Wanken zu bringen. Selbst fundamentale Kennzahlen verlieren kurzfristig an Bedeutung, wenn Tempo zur Haupttriebkraft wird.

Für Regulierer war es ein Weckruf, für Investoren ein Kontrollverlust, für Technologen ein Systemtest unter Echtbedingungen. Der Vorfall machte deutlich: Die nach 1987 etablierten **»Circuit Breaker«** reichten nicht mehr aus – sie mussten angepasst werden, an eine Realität, in der Hochfrequenzhandel und blitzschnelle Orders das Tempo vorgeben. Neue Mechanismen wurden eingeführt, darunter zusätzliche Haltepunkte und Regeln für algorithmisches Verhalten in Stressphasen.

Doch die entscheidende Frage bleibt: Haben wir wirklich die Kontrolle über die Systeme, die wir geschaffen haben? Oder laufen wir Gefahr, sie nur noch zu beobachten, während sie sich gegenseitig verstärken?

Der Flash-Crash lehrte: Märkte sind nicht nur sensibel – sie sind schnell. Und wenn Geschwindigkeit zur dominanten Logik wird, verliert der Mensch leicht den Anschluss.

Aha-Moment: Es braucht keine Krise, keinen Skandal, keine Rezession. Manchmal reicht ein Algorithmus, um Milliarden zu bewegen – und Vertrauen gleich mit.

Impuls für den Tag: Verlassen Sie sich auf Technik – aber überlassen Sie ihr nicht die Verantwortung. Kontrolle beginnt mit Verstehen. Und mit dem Mut, im richtigen Moment einzugreifen.

▶ TAG 184, DIE ASIENKRISE 1997 – ALS DIE TIGERSTAATEN DIE WELT ERSCHÜTTERTEN

Aktienrückkäufe – Signal für Stärke oder Warnzeichen?

Wenn Unternehmen eigene Aktien zurückkaufen, klingt das nach Vertrauen. Doch nicht jeder Rückkauf ist ein gutes Zeichen. Manchmal stärkt er das Unternehmen – manchmal kaschiert er Probleme.

Beim Rückkauf reduziert sich die Zahl der ausstehenden Aktien. Der Gewinn verteilt sich auf weniger Anteile, das Ergebnis je Aktie steigt.

Der entscheidende Punkt: Der Unternehmensgewinn selbst bleibt unverändert. Der Effekt ist rechnerisch – nicht automatisch wirtschaftlich.

Deshalb zählt nicht die Maßnahme, sondern ihre Qualität. Warum kauft ein Unternehmen zurück – und womit?

Rückkäufe sind sinnvoll, wenn

- sie aus **freiem Cashflow** finanziert werden,
- das Unternehmen **unterbewertet** erscheint,
- sie **klar in die Strategie eingebettet** sind.

Sie sind kritisch, wenn

- sie über **Schulden** finanziert werden,
- sie zu **hohen Bewertungen** erfolgen,
- sie **operative Schwächen überdecken sollen.**

Rückkäufe verändern nicht das Unternehmen, sondern die Verteilung seines Gewinns. Genau deshalb können sie entweder Wert schaffen oder Substanz kosten. Profis achten weniger auf die Ankündigung als auf die Umstände. Nicht der Rückkauf zählt, sondern Timing, Finanzierung und Motivation.

Worauf es ankommt:

- **Finanzierung:** Aus Stärke oder aus Schulden?
- **Bewertung:** Günstig zurückgekauft oder teuer?
- **Geschäftslage:** Stabil oder unter Druck?
- **Kapitalverwendung:** Gibt es bessere Alternativen?

Aktienrückkäufe sind kein Qualitätsmerkmal. Sie sind ein Signal – und Signale muss man richtig lesen.

Aha-Moment: Rückkäufe können Wert schaffen – oder ihn nur besser aussehen lassen.

Impuls für den Tag: Prüfen Sie beim nächsten Rückkauf nicht die Schlagzeile, sondern die Substanz dahinter.

▶ TAG 147, IPO-INVESTMENTS – WAS BEIM BÖRSENGANG ZÄHLT

Handeln unter Volatilität – wenn der Markt schneller ist als Sie

Volatilität ist Bewegung. Und ohne Bewegung gibt es keine Trades. Doch je dynamischer der Markt wird, desto fehleranfälliger werden Entscheidungen.

Der entscheidende Punkt: Sie müssen nicht schneller reagieren – Sie müssen klarer entscheiden. Volatile Märkte bieten mehr Chancen, aber auch mehr Entscheidungsdruck. Kurse springen, Signale kippen. Wer reagiert, läuft hinterher. Viele erhöhen dann ihre Aktivität. Genau das ist der Fehler: Mehr Bewegung ist nicht mehr Qualität.

Professionelles Handeln unter Volatilität bedeutet: weniger, aber bessere Entscheidungen.

Typische Anpassungen in volatilen Phasen:
- nur die besten Setups handeln
- Positionsgröße reduzieren
- Stopps konsequent beibehalten (nicht ausweiten)
- weniger Trades eingehen
- auf klare Strukturen warten, statt Bewegung zu jagen

Volatilität verändert nicht nur den Markt – sie verändert Ihr Verhalten. Tempo erzeugt Druck. Druck erzeugt Fehler.

Ein häufiger Irrtum: »Jetzt passiert viel – jetzt muss ich handeln.« Doch Bewegung ohne Struktur ist kein Setup.

Gute Trader denken anders: Volatilität ist eine Chance – aber nur, wenn Sie kontrolliert handeln. Das bedeutet: Sie passen nicht Ihre Regeln an den Markt an – Sie passen Ihre Umsetzung an:
- weniger Risiko pro Trade
- mehr Abstand zum Markt
- klarere Auswahl

Nicht jede Phase ist handelbar. Und nicht jede Chance gehört Ihnen. Wer hier diszipliniert bleibt, schützt nicht nur Kapital, sondern seinen gesamten Prozess.

Aha-Moment: Volatilität schafft Chancen, aber nur für klare Entscheidungen.

Impuls für den Tag: Reduzieren Sie in schnellen Marktphasen bewusst Ihre Positionsgröße – und handeln Sie nur Setups, die Sie eindeutig erkennen.

▶ TAG 142, FEHLAUSBRÜCHE HANDELN – RISIKO ODER CHANCE?

Benjamin Graham – der Architekt des Value Investing

Wer wissen will, wie man den wahren Wert eines Unternehmens erkennt, muss bei ihm anfangen: Benjamin Graham. Kein Spekulant, kein Showman – sondern ein Lehrer mit dem Verstand eines Mathematikers und dem Herzen eines Philosophen. Graham revolutionierte das Investieren nicht durch eine neue Methode, sondern durch eine neue Haltung: Geduld statt Gier, Analyse statt Anekdoten.

In den 1930er-Jahren, als die Börse nach dem Crash von 1929 am Boden lag, formulierte Graham eine zentrale Erkenntnis: Märkte schwanken – Substanz bleibt. Der **innere Wert** eines Unternehmens lässt sich berechnen. Wer günstiger kauft, als ein Unternehmen tatsächlich wert ist, schafft sich einen Sicherheitspuffer – Grahams berühmte **»Margin of Safety«**. Damit legte er den Grundstein für das **Value Investing**.

Sein Buch *Security Analysis* (1) (1934, gemeinsam mit **David Dodd**) wurde für Generationen von Investoren das, was **Newtons** *Principia* (2) für die Physik war – ein Fundament. Und *The Intelligent Investor* (3) wurde zur Bibel langfristig denkender Anleger. Der bekannteste seiner Schüler? Ein gewisser **Warren Buffett**, der später sagte: *»Ich habe zu 85 Prozent von Ben Graham gelernt.«*

Grahams Stärke war sein klarer Blick. Er glaubte nicht an schnelle Gewinne oder Kursprognosen. Er wusste: **»Mr. Market«**, wie er das Börsengeschehen nannte, ist launisch, emotional, oft absurd – doch er bietet Chancen für jene, die rational bleiben. Für Graham war Investieren kein Glücksspiel, sondern ein Handwerk. Wer mit Disziplin, Zahlenverständnis und ruhigem Geist investiert, hat langfristig einen Vorteil.

Obwohl Graham nie nach Ruhm strebte, wurde er zur Legende. Nicht durch spektakuläre Trades, sondern durch eine Denkschule. Eine Schule, die auch heute – in Zeiten von Meme-Stocks, KI-Hype und Marktpanik – aktueller ist denn je.

Aha-Moment: Benjamin Graham zeigte, dass der Markt nicht immer recht hat – aber der disziplinierte Anleger auf lange Sicht fast immer.

Impuls für den Tag: Investieren Sie nicht in Aktien – investieren Sie in Unternehmen, die Sie verstehen und schätzen.

»The intelligent investor is a realist who sells to optimists and buys from pessimists.«
– Benjamin Graham

▶ TAG 208, JESSE LIVERMORE – DER GRÖSSTE SPEKULANT ALLER ZEITEN

Themen-ETFs & Smart-Beta – investieren mit Strategie

ETFs kennen Sie bisher als breite, marktnahe Investments. Doch es gibt eine zweite Ebene: ETFs, die nicht den Gesamtmarkt abbilden, sondern gezielt auf Ideen, Trends oder systematische Regeln setzen. Themen-ETFs bündeln Unternehmen rund um bestimmte Zukunftsfelder – von erneuerbaren Energien über Digitalisierung bis hin zu Spezialbranchen oder neuen Technologien.

Solche ETFs folgen eigens konstruierten Indizes. Die Auswahl und Gewichtung der Unternehmen basiert auf definierten Kriterien des Indexanbieters. Damit investieren Sie nicht in den Markt insgesamt, sondern in eine konzentrierte Erzählung über Wachstum, Wandel oder Innovation. Der Reiz liegt im Fokus – die Herausforderung in der Abgrenzung.

Smart-Beta-ETFs gehen einen Schritt weiter. Sie orientieren sich nicht an Themen, sondern an systematischen Faktoren, die historisch mit bestimmten Rendite- oder Risikomustern verbunden sind. **Dazu zählen unter anderem:**

- **Value:** Unternehmen, die im Verhältnis zu Gewinnen oder Vermögenswerten günstig bewertet sind
- **Quality:** Unternehmen mit stabilen Bilanzen, verlässlichen Erträgen und solider Finanzierung
- **Momentum:** Aktien, die von starken Kurs- und Gewinntrends getragen werden
- **Low Volatility:** Titel mit geringeren Kursschwankungen und ruhigerem Verlauf
- **Size:** kleinere Unternehmen, denen überdurchschnittliches Wachstum zugetraut wird

Beide Ansätze werden regelbasiert umgesetzt, transparent strukturiert und wie Aktien gehandelt. Die laufenden Kosten liegen meist höher als bei klassischen Index-ETFs, bewegen sich jedoch häufig um rund 0,5 Prozent pro Jahr. Damit bleiben sie effizient trotz ihrer stärkeren Ausrichtung.

Der besondere Reiz liegt in der Umsetzbarkeit: Nie war es einfacher, gezielt auf Trends oder Strategien zu setzen. Gleichzeitig gilt es, genau hinzuschauen. Manche Themen-ETFs bündeln sehr unterschiedliche Geschäftsmodelle unter einem attraktiven Label. Zudem unterliegen Modethemen Zyklen: Was heute im Fokus steht, kann morgen an Bedeutung verlieren.

Themen- und Smart-Beta-ETFs eignen sich daher weniger als Fundament, sondern als bewusste Beimischung. Sie verlangen eine klare Haltung: Warum dieses Thema? Warum jetzt? Und wie viel Platz darf es im Gesamtdepot einnehmen?

Aha-Moment: Themen- und Smart-Beta-ETFs sind keine Marktbreite, sondern Haltung. Sie investieren gezielt – und übernehmen bewusst mehr Verantwortung.

Impuls für den Tag: Prüfen Sie einen Themen-ETF. Fragen Sie sich: Ist das eine tragfähige Strategie – oder nur eine gut erzählte Idee?

▶ TAG 154, DERIVATE ENTZAUBERT – INSTRUMENTE FÜR PROFIS

Arbeitsmarktdaten – Jobzahlen als Börsenbarometer

Wenn Unternehmen einstellen, Überstunden zunehmen und Löhne steigen, sendet die Wirtschaft ein klares Signal: Sie läuft. Genau deshalb beobachten Anleger Arbeitsmarktdaten besonders aufmerksam. Zwar gilt der Arbeitsmarkt eher als nachlaufender Indikator, weil Unternehmen auf wirtschaftliche Veränderungen häufig erst zeitversetzt reagieren. Dennoch liefern Beschäftigung, Löhne und Arbeitslosigkeit wichtige Hinweise auf Konsumkraft, Unternehmensvertrauen und die Dynamik einer Volkswirtschaft

Arbeitsmarktdaten sind für die Börse weit mehr als Statistik. Neue Jobs stärken in der Regel Einkommen, Konsum und Nachfrage. Das gibt Unternehmen Rückenwind. Steigt dagegen die Arbeitslosigkeit, wachsen Zweifel an Konjunktur, Umsätzen und Gewinnen. Genau dann steigen Unsicherheit und Schwankungsanfälligkeit an den Märkten.

Besonders aufmerksam schauen Anleger auf die Daten aus den USA. Dort lösen die monatlichen Jobzahlen regelmäßig starke Bewegungen bei Aktien, Anleihen und Währungen aus. Der Grund ist einfach: Die amerikanische Wirtschaft prägt die Weltmärkte, und ihre Arbeitsmarktdaten beeinflussen zugleich die Zinserwartungen. Dadurch reichen die Folgen oft bis nach Europa und an den deutschen Aktienmarkt.

Entscheidend ist dabei nicht nur, wie die Zahlen ausfallen, sondern wie sie im Vergleich zur Erwartung ausfallen. Selbst gute Daten können Kurse belasten, wenn Anleger daraus schließen, dass die Notenbank länger an hohen Zinsen festhält. Umgekehrt können schwächere Zahlen Hoffnungen auf sinkende Zinsen wecken und die Börse stützen. Genau deshalb ist der Arbeitsmarkt für Anleger so spannend: Er ist Konjunktursignal und Zinsindikator zugleich.

Wer genauer hinschaut, achtet deshalb nicht nur auf die Zahl der neu geschaffenen Stellen oder auf die Arbeitslosenquote. Auch die Entwicklung der Löhne und die Veränderung zum Vormonat sind wichtig. Erst diese Details zeigen, ob die Wirtschaft an Schwung gewinnt, ob sie überhitzt oder ob erste Bremsspuren sichtbar werden.

So wird aus einem Arbeitsmarktbericht ein echter Markttest. Er zeigt nicht nur, wie es Beschäftigten und Unternehmen geht, sondern auch, wie Anleger die nächsten Schritte von Wirtschaft und Geldpolitik einschätzen.

Aha-Moment: Ein starker Arbeitsmarkt hebt nicht nur die Wirtschaft, sondern kann über Zinssorgen auch zur Belastung für die Börse werden.

Impuls für den Tag: Prüfen Sie bei den nächsten US-Jobdaten, ob die Börse stärker auf neue Stellen, steigende Löhne oder veränderte Zinserwartungen reagiert.

▶ TAG 161, EINKAUFSMANAGERINDEX (PMI) – FRÜHWARNSYSTEM DER WIRTSCHAFT

Der Enron-Skandal – wie ein Energieriese Investoren täuschte

Anfang der 2000er war Enron der Star am Börsenhimmel. Das US-Unternehmen, einst ein eher konservativer Gasversorger, galt als Inbegriff der New Economy – innovativ, smart, wachstumsstark. Unter der Führung von CEO **Jeffrey Skilling** und Chairman **Kenneth Lay** wurde Enron zum Symbol einer neuen, entfesselten Geschäftswelt. Doch hinter der glänzenden Fassade verbarg sich ein Abgrund aus Bilanztricks, Strohfirmen-Konstrukten und systematischem Betrug.

Enrons Geschäftsmodell war komplex – mit Absicht. Das Unternehmen streute aggressiv – Energiehandel, Telekommunikation, Breitband, sogar Wetterderivate. Gleichzeitig wurden Risiken in Zweckgesellschaften, sogenannten »Special Purpose Entities«, ausgelagert, um Verluste zu verbergen und Gewinne vorzutäuschen. Die Bilanzen glänzten – doch sie waren manipuliert.

2001 brach alles zusammen. Ein Whistleblower, interne Prüfungen und journalistische Recherchen deckten das Lügengebäude auf. Innerhalb weniger Wochen büßte Enron seinen Börsenwert von über 60 Milliarden Dollar ein – ein Desaster für Investoren, Mitarbeiter und die Finanzwelt. Tausende verloren ihre Altersvorsorge, viele ihre Arbeit.

Der Kollaps von Enron war mehr als ein Unternehmensskandal. Er war ein Erdbeben für das Vertrauen in die Kapitalmärkte. Es folgten Prozesse, Verurteilungen – und Reformen: Der **Sarbanes-Oxley Act** von 2002 wurde eingeführt, um Bilanzfälschungen zu verhindern und die Vorstandshaftung zu stärken. Enron wurde zum Weckruf: Regulierung ist kein Hemmschuh – sie ist das Sicherheitsnetz für Vertrauen.

Enron hinterließ Spuren, die bis heute wirken. Die Affäre zeigte, wie gefährlich finanzielle Intransparenz werden kann – und wie fragil Vertrauen ist, wenn Gewinnfantasien wichtiger werden als Werte. Der Fall ist längst Geschichte – doch seine Lektionen sind aktueller denn je.

Aha-Moment: Enron bewies: Selbst gefeierte Vorzeigeunternehmen können am Ende nur eines sein – Illusionen auf Kredit.

Impuls für den Tag: Prüfen Sie nicht nur die Zahlen. Fragen Sie, was hinter der Fassade steckt – gerade wenn alles zu gut klingt, um wahr zu sein.

▸ TAG 164, CUM-EX – MILLIARDENBETRUG AUF KOSTEN DER STEUERZAHLER

Christine Lagarde – die Stimme einer neuen Geldpolitik

Christine Lagarde betritt keine Bühne – sie erscheint. Wenn sie spricht, spitzt die Welt die Ohren: Börsenhändler, Staatschefs, Unternehmer, Journalistinnen. Die Worte der EZB-Präsidentin bewegen nicht nur Märkte – sie prägen Haltungen. In einer Zeit, in der Vertrauen zur härtesten Währung geworden ist, verkörpert sie Klarheit, Wandel und Haltung gleichermaßen.

Lagarde ist vieles – Juristin, Spitzenpolitikerin, Diplomatin –, aber keine Technokratin. Und genau das ist ihre Stärke. Als erste Frau an der Spitze des Internationalen Währungsfonds durchbrach sie gläserne Decken, bevor sie 2019 zur Präsidentin der Europäischen Zentralbank wurde – einem Amt, das bis dahin oft nüchtern, abstrakt, wenig greifbar erschien. Mit ihr zog eine neue Tonlage in die Welt der Geldpolitik ein: verständlich, verbindend, vorausdenkend.

Unter ihrer Führung wird Geldpolitik nicht nur verwaltet, sondern erklärt, eingeordnet, weiterentwickelt. Lagarde stellt Fragen, die zuvor als »nicht zuständig« galten: Was heißt Preisstabilität im digitalen Zeitalter? Wie wirkt sich Klimapolitik auf Finanzsysteme aus? Und welche Verantwortung tragen Zentralbanken für soziale Ungleichgewichte?

Inmitten von Pandemie, Energiekrise und geopolitische Verwerfungen wurde Lagarde zur Stimme der Stabilität – ohne das Neue aus dem Blick zu verlieren. Ihre Pressekonferenzen sind keine technokratischen Ritualsätze, sondern kluge Diagnosen in Echtzeit. Sie kommuniziert mit Ernst – und menschlicher Wärme. Lagarde modernisiert nicht nur die Sprache der Zentralbanken, sondern auch deren Rolle im öffentlichen Raum.

Ihr Verständnis von Geldpolitik reicht über Zinsen hinaus. Sie denkt die EZB als gestaltende Kraft – mit Blick auf Nachhaltigkeit, digitale Transformation, Inklusion und Strukturwandel. Unter ihr wird sichtbar: Zentralbankpolitik ist nicht neutral. Sie wirkt – und sie betrifft uns alle.

Christine Lagarde führt nicht durch Lautstärke, sondern durch Präsenz. Nicht durch Ideologie, sondern durch Offenheit. Und nicht durch Macht, sondern durch das Bewusstsein für Verantwortung.

Aha-Moment: Christine Lagarde zeigt: Geldpolitik denkt Zukunft – nicht nur Zinsen.

Impuls für den Tag: Führung beginnt dort, wo man neue Fragen zulässt. Denken Sie heute weiter als gewohnt – auch das ist eine Form von Stabilität.

▶ TAG 165, PETER THIEL – DAS THIEL-VERSE UND DER AUFSTIEG DES IDEOLOGISCHEN KAPITALS

Big Data & Sentiment – das digitale Ohr des Marktes

In Internetforen diskutieren Tausende Anleger über Aktien, Fonds oder Kryptowährungen. Zwischen Spekulation und Substanz entsteht ein permanentes Stimmengewirr. Wer all diese Daten lesen, strukturieren und bewerten könnte, hätte einen erheblichen Informationsvorsprung. Genau hier setzen Big Data und Sentimentanalysen an.

Big Data beschreibt riesige, schnell wachsende Datenmengen, die klassische Auswertungsmethoden überfordern. Dazu gehören Kursdaten, Nachrichten, Unternehmensberichte sowie Millionen Beiträge aus sozialen Netzwerken. Entscheidend ist nicht die Datenmenge, sondern die Fähigkeit, Muster darin zu erkennen. Daten werden erst dann wertvoll, wenn sie Bedeutung erhalten. Interpretation ist der eigentliche Wettbewerbsvorteil.

Sentiment misst die Marktstimmung – also ob Anleger eher optimistisch oder skeptisch sind. In der Praxis werden dafür unterschiedliche **Sentimentindikatoren** eingesetzt. Dazu gehören der **Fear & Greed-Index** von CNN (1), der die Marktstimmung zwischen Angst und Gier misst, der **VIX** (2), der die vom Optionsmarkt erwartete Schwankungsbreite des US-Aktienmarktes widerspiegelt und deshalb häufig als »Angstindex« bezeichnet wird (für den deutschen Aktienmarkt erfüllt der **VDAX** (3) eine vergleichbare Funktion) sowie das **AAII Sentiment Survey** (4), das wöchentlich die Stimmung privater US-Anleger erfasst. Hinzu kommen Kennzahlen wie die Put-Call-Ratio (5), das das Verhältnis von Absicherungs- zu Kaufoptionen zeigt, oder die **Commitments of Traders (COT)** (6), aus denen sich die Positionierung großer Marktteilnehmer ableiten lässt. Zusammen liefern diese Indikatoren ein Stimmungsbild, das häufig wertvolle Hinweise auf Übertreibungen liefert.

Diese Interpretationen werden in der Praxis vielfältig genutzt: Große Datenanbieter wie Bloomberg oder Refinitiv verkaufen solche Auswertungen an Fonds und Banken. Hedgefonds (weitgehend ungeregelte Fonds für kapitalstarke Anleger) nutzen sie für kurzfristige Strategien, etwa im Rahmen von »Quant«-Ansätzen (engl. für »quantitative« Ansätze), bei denen Algorithmen Anlageentscheidungen treffen. Auch Privatanleger profitieren indirekt, etwa über ETFs mit datenbasierten Modellen. Wer Marktpsychologie quantifiziert, versucht, Erwartung in Statistik zu übersetzen.

Doch Vorsicht: Big Data ersetzt keine Unternehmensanalyse. Bilanzzahlen zeigen Substanz, Sentiment zeigt Erwartung. Erst das Zusammenspiel aus beidem erklärt Marktbewegungen.

Aha-Moment: Märkte reagieren nicht nur auf Zahlen, sondern auf Erwartungen über Zahlen.

Impuls für den Tag: Beobachten Sie neben Fundamentaldaten auch die Stimmung. Prüfen Sie, was Kurse wirklich treibt.

▶ TAG 177, GAMIFICATION AN DER BÖRSE – WENN DER HANDEL ZUM SPIEL WIRD

Amazon – wie Jeff Bezos den Handel digitalisierte

Als Jeff Bezos 1994 in seiner Garage in Seattle begann, Bücher über das Internet zu verkaufen, hielten ihn viele für visionär – oder verrückt. Was er tatsächlich baute, war eine Plattform. Und diese Plattform veränderte alles: wie wir einkaufen, wie wir liefern, wie wir denken. Amazon war nie nur ein Online-Shop. Es wurde zur digitalen Infrastruktur des globalen Konsums.

Bezos glaubte an Tempo, Skalierbarkeit – und an radikale Kundenorientierung. Seine Maxime: »*Start with the customer and work backwards.*« Bücher waren nur der Anfang. Bald folgten CDs, Kleidung, Technik, Haushaltswaren – schließlich alles. Die digitale Warenwelt wurde Realität – rund um die Uhr, global, sofort verfügbar.

Der Börsengang 1997 war mutig. Die Aktie startete bei 18 US-Dollar. Amazon war defizitär, der Markt skeptisch. Doch Bezos versprach Geduld – keine kurzfristigen Gewinne, sondern langfristige Dominanz. Und er hielt Wort: Erst 2001 schrieb Amazon schwarze Zahlen. Doch die Strategie zahlte sich aus.

Denn während andere mit der Dotcom-Blase zerplatzten, investierte Amazon: in Logistikzentren, Datenanalyse, eigene Hardware. 2005 wurde Prime eingeführt – ein Abomodell, das Kundenbindung neu definierte. Der Kindle revolutionierte das Verlagswesen. Alexa brachte Sprache in den Alltag. Und Amazon Web Services (AWS) wurde zur tragenden Säule des Internets.

Amazon baute nicht nur ein Geschäft, sondern ein Ökosystem: vom Marktplatz bis zur Cloud, von Künstlicher Intelligenz bis zum Streaming. Heute ist Amazon Händler, Medienhaus, Cloud-Anbieter, Werbeplattform, Device-Hersteller – und globaler Infrastrukturbetreiber.

An der Börse wurde Amazon vom Langzeitexperiment zum Giganten. In zwei Jahrzehnten stieg das Unternehmen zur Billionenmarke auf – und prägte eine neue Ära des Plattformkapitalismus.

Kritik blieb nicht aus: Arbeitsbedingungen, Marktmacht, Datenschutz. Doch Amazon blieb beweglich – auch nach dem Rücktritt von Jeff Bezos. Mit **Andy Jassy**, einem Cloud-Veteranen, kam ein Stratege an die Spitze, der das Unternehmen effizienter, grüner und technischer ausrichtet.

Amazon steht für mehr als schnellen Versand. Es steht für den tiefgreifenden Wandel des Handels – und dafür, dass aus Geduld, Mut und kompromissloser Kundenorientierung ein Weltunternehmen entstehen kann.

Börsengang: 15. Mai 1997 – **Börsenkürzel:** AMZN – **Börse:** NASDAQ

▶ TAG 139, META (FACEBOOK) – VOM SOZIALEN NETZWERK ZUM DIGITALEN PARALLELUNIVERSUM

Futures – ein Blick in die Zukunft

Futures sind standardisierte Verträge, mit denen Käufer und Verkäufer einen Basiswert – etwa Rohstoffe, Indizes oder Währungen – zu einem festgelegten Preis in der Zukunft handeln. Ursprünglich zur Absicherung entwickelt, werden sie heute vor allem aktiv gehandelt. Im Unterschied zu Optionen sind Futures verbindlich: Beide Seiten müssen erfüllen – durch Lieferung oder Barausgleich.

Die Hebelwirkung entsteht, weil nur ein Teil des Kontraktwertes als Margin hinterlegt wird. Schon kleine Kursbewegungen führen dadurch zu klar definierten, oft überraschend großen Gewinn- oder Verlustbeträgen.

Futures-Preis = Spotpreis + Carry-Kosten

Carry-Kosten umfassen Zinsen, Finanzierung oder Lagerkosten. Sie erklären, warum der Futures-Preis vom aktuellen Marktpreis abweichen kann.

Der entscheidende Punkt: Futures wirken nicht durch Komplexität – sondern durch ihre präzise und direkte Hebelwirkung.

Ein zentraler Mechanismus sind Tickgröße und Tickwert – die kleinste Kursbewegung und ihr konkreter Geldwert. Im Future-Handel besitzt damit jede Marktbewegung eine unmittelbare finanzielle Wirkung. Beim DAX-Future entspricht ein Punkt 25 Euro. Eine Bewegung von 100 Punkten bedeutet daher bereits 2500 Euro Gewinn oder Verlust – unabhängig vom eingesetzten Kapital.

Für kleinere Konten gibt es Mini-Kontrakte mit reduzierter Größe. Sie funktionieren identisch, reduzieren aber das absolute Risiko.

Futures sind hochpräzise Instrumente – und entsprechend anspruchsvoll. Ohne klares Verständnis von Margin, Tickwert und Positionsgröße können schon kleine Kursbewegungen zu erheblichen Verlusten führen.

Aha-Moment: Bei Futures zählt nicht, wie viel Sie einsetzen, sondern wie viel ein Punkt im Markt wert ist.

Impuls für den Tag: Prüfen Sie einen Future-Kontrakt: Wie viel verliere ich bei einer normalen Tagesbewegung? Würde ich diese Schwankung ruhig aushalten?

▶ TAG 166, OPTIONSHANDEL – DAS SPIEL MIT ZEIT UND KURSEN

Konsequenz schlägt Timing – warum Dranbleiben entscheidet

Viele warten auf den perfekten Einstieg. Der Markt bewegt sich – und sie zögern. Währenddessen sind andere längst aktiv. Das wirkt kontrolliert, führt aber selten zu besseren Ergebnissen.

Der entscheidende Punkt: Erfolg entsteht nicht durch einzelne richtige Entscheidungen, sondern durch konsequente Umsetzung über viele Wiederholungen.

Märkte sind kurzfristig unvorhersehbar. Wer versucht, jeden Ein- und Ausstieg zu optimieren, trifft mehr Entscheidungen, aber nicht zwingend bessere. Der entscheidende Unterschied liegt nicht im Timing, sondern im Verhalten über die Zeit.

Konstanz bedeutet: ein klares Vorgehen – und die Disziplin, es umzusetzen. Nicht der einzelne Moment zählt, sondern die Wiederholung eines funktionierenden Ansatzes.

Für Investoren heißt das: ein Plan mit festen Regeln für Investitionen, Nachkäufe und Anpassungen. Entscheidungen entstehen nicht aus aktuellem Kursgeschehen, sondern aus dem System.

Für Trader heißt Konstanz: die konsequente Umsetzung einer getesteten Strategie mit positivem Erwartungswert. Nicht jeder Trade funktioniert – entscheidend ist, dass das System über viele Trades trägt.

Ohne Konstanz entsteht Druck. Jede Entscheidung wirkt isoliert und muss »richtig« sein. Mit Konstanz entsteht Struktur. Entscheidungen folgen Regeln – nicht dem Moment.

Im Vergleich:

- **Timing:** viele Einzelentscheidungen, hohe Erwartungen, anfällig für Reaktion
- **Konstanz:** klare Regeln, wiederholbare Umsetzung, stabiler Entscheidungsrahmen

Konstanz hat einen zweiten Vorteil: Erfahrung. Wer konsequent investiert oder handelt, durchläuft unterschiedliche Marktphasen und lernt, damit umzugehen. Nicht durch Vermeidung, sondern durch Wiederholung.

Aha-Moment: Erfolg entsteht nicht im einzelnen Trade, sondern in der konsequenten Umsetzung eines Systems.

Impuls für den Tag: Prüfen Sie: Folge ich einem klaren System – oder treffe ich Entscheidungen aus dem Moment heraus?

▸ TAG 153, VOM WISSEN ZUR UMSETZUNG – WARUM GENAU HIER DIE MEISTEN SCHEITERN

Meta (Facebook) – vom sozialen Netzwerk zum digitalen Paralleluniversum

Am Anfang war ein Profilbild. Ein Name. Ein »Like«. Als **Mark Zuckerberg** 2004 in einem Studentenwohnheim The Facebook gründete, ahnte niemand, dass daraus eine der mächtigsten Plattformen der Welt entstehen würde – ein soziales Netzwerk, das die Kommunikation von Milliarden Menschen veränderte.

Was als digitales Jahrbuch in Harvard begann, wurde binnen weniger Jahre zum globalen Schaufenster des Lebens. Freundschaften, Fotos, Feeds – Facebook wurde zur digitalen Identität. Und zur Infrastruktur für Aufmerksamkeit. Wer gesehen werden wollte, war hier. Wer wachsen wollte, auch.

Der Börsengang 2012 war ein Paukenschlag – der bis dahin größte IPO eines Tech-Unternehmens. Die Aktie startete bei 38 US-Dollar, der Konzern war auf einen Schlag über 100 Milliarden Dollar wert. Doch Facebook wollte mehr als Werbeumsätze. Es wollte Teilhabe, Kontrolle, Einfluss. Die Übernahmen von Instagram (2012) und WhatsApp (2014) zeigten: Meta sammelt nicht nur Nutzer, sondern ganze Ökosysteme.

Doch mit der Größe kamen Konflikte. Datenschutz, Desinformation, politische Einflüsse – Meta geriet ins Kreuzfeuer. Die Kritik: zu viel Macht, zu wenig Transparenz. Die Antwort? Ein radikaler Strategiewechsel. 2021 wurde aus Facebook Meta Platforms – ein neuer Name, ein neues Narrativ: Die Zukunft liegt im Metaverse.

Mit Milliardeninvestitionen in VR- (Virtual Reality) und AR-Technologie (Augmented Reality), dem Ausbau der Reality Labs und Plattformen wie Horizon Worlds will Meta nicht nur Teil des Internets bleiben, sondern dessen nächste Stufe gestalten: ein immersives, digitales Paralleluniversum, in dem Menschen arbeiten, spielen, einkaufen und kommunizieren – über physische Grenzen hinaus.

Meta denkt nicht in Plattformen, sondern in Welten. Und während die einen noch scrollen, baut Meta schon an der nächsten Realität. Ob sie sich durchsetzt, ist offen. Sicher ist: Kaum ein anderes Unternehmen hat unsere digitale Selbstwahrnehmung so geprägt – und die Frage so deutlich gestellt, wie viel Welt wir ins Netz verlagern wollen.

»Move fast and build things.«

– Mark Zuckerberg

Börsengang: 18. Mai 2012 (als Facebook) – **Umbenennung in Meta Platforms:** 2021 – **Börsenkürzel:** META – **Börse:** NASDAQ

▶ TAG 144, NETFLIX – WIE STREAMING FERNSEHEN NEU ERFAND

CANSLIM – Wachstumschancen mit System

Manche Anleger verlassen sich auf Intuition, andere auf Zahlen. William O'Neil entwickelte mit CANSLIM eine Strategie, die beides verbindet: Fundamentaldaten und die Bestätigung durch den Markt. Ziel ist es, Wachstumsaktien zu erkennen, bevor ein Trend zur »öffentlichen Meinung« wird.

So geht's – die sieben Buchstaben von CANSLIM:

- **C = Current Earnings:** starkes Gewinnwachstum pro Aktie im Quartal
- **A = Annual Earnings:** überzeugendes Gewinnwachstum über mehrere Jahre
- **N = New:** neue Produkte, neue Märkte oder neues Management als Kurstreiber
- **S = Supply and Demand:** Angebot der Aktien und Nachfrage über Volumen und Interesse
- **L = Leader or Laggard:** lieber Marktführer als Nachzügler
- **I = Institutional Sponsorship:** institutionelle Käufer als Rückenwind
- **M = Market Direction:** nur handeln, wenn der Gesamtmarkt mitspielt

Warum funktioniert das?

- Es verbindet Unternehmensqualität mit Marktpsychologie: Stärke zeigt sich im Kurs.
- Es fokussiert auf Gewinnerstrukturen: Wachstum, Führung, Innovationsimpulse.
- Es nutzt Trendbestätigung, um »gute Geschichten« ohne Nachfrage zu vermeiden.

Beispiel: O'Neil (1) analysierte historische Börsengewinner und fand wiederkehrende Muster: Starkes Gewinnwachstum, Führungsrollen in der Branche und Ausbrüche aus Konsolidierungen traten häufig vor großen Kursbewegungen auf. Die Kehrseite gehört zum System: In Seitwärts- oder Abwärtsphasen werden Ausbrüche anfälliger für Fehlsignale – deshalb ist das »M« (Marktrichtung) kein Detail, sondern der Sicherheitsgurt.

CHANCEN	RISIKEN
▪ klare Checkliste für Wachstumsaktien ▪ kombiniert Fundamentales mit Marktbestätigung ▪ fokussiert auf Marktführer und Innovationsimpulse	▪ hohe Schwankungen und schnelle Rücksetzer, besonders wenn der Gesamtmarkt dreht ▪ Fehlsignale bei Ausbrüchen, vor allem in Seitwärtsphasen und Korrekturen ▪ Trendabhängig: In fallenden Märkten entstehen wenige robuste Kaufgelegenheiten, Kapital steht an der Seitenlinie.

Fazit: CANSLIM ist kein Sicherheitsnetz, sondern ein klarer Prozess, um Wachstumsführer mit Rückenwind zu finden – und konsequent nur dann zu handeln, wenn Markt und Aktie gleichzeitig Stärke zeigen.

Aha-Moment: Die größten Börsengewinner sind selten Zufall – sie erfüllen systematisch wiederkehrende Muster.

Impuls für den Tag: Nehmen Sie eine Wachstumsaktie unter die Lupe. Welche der sieben CANSLIM-Kriterien erfüllt sie – und was sagt das »M« aktuell über den Gesamtmarkt?

▶ TAG 174, MOMENTUM INVESTING – GEWINNER BLEIBEN GEWINNER

Druck im Trading – wie Sie unter Spannung klar bleiben

Viele Trader wissen, wie man Risiken theoretisch steuert – doch unter realem Stress greifen diese Prinzipien oft ins Leere. Denn das eigentliche Risiko sitzt nicht im Chart, sondern vor dem Bildschirm: der Mensch.

Gerade Einsteiger unterschätzen die emotionale Dimension des Tradings. Gelockt von Versprechen und dem Wunsch nach schnellem Erfolg, steigen sie oft mit hohem Hebel ein – aber ohne innere Vorbereitung. Die Folge: Das Kapital schmilzt schneller, als die Erkenntnis wächst. Zurück bleiben Frust, Scham – und der nächste Versuch, wieder aus dem Mangel heraus. Ein gefährlicher Kreislauf.

Viele versuchen, diesen Druck mit Wissen zu kompensieren – durch Technische Analyse, Makrodaten, Indikatoren. Doch das reicht nicht. Die wahre Fähigkeit zeigt sich unter Spannung: Wenn der Puls steigt, Entscheidungen schwerfallen – und gerade dann Klarheit gebraucht wird.

Druck gehört zum Spiel – aber er lässt sich gestalten. Anders als Angestellte, die auch an schwachen Tagen ihr Gehalt bekommen, »bezahlen« Trader bei Verlusten doppelt: mit Geld und mit Gefühl. Und genau hier beginnt die eigentliche Leistung – nicht beim perfekten Einstieg, sondern in der Fähigkeit, fokussiert zu handeln, wenn alles im Außen unruhig wird.

Denn Druck hat fast immer eine Geschichte – biografisch, emotional, situativ. Wer sie kennt, kann sie verändern.

Reflexionsaufgabe – wo entsteht Ihr Druck?

- Welche Menschen setzen mich unter Druck – direkt oder subtil?
- Welche Ereignisse wirken nach – obwohl sie längst vorbei sind?
- Welche verpassten Chancen belasten mich – und wie bewerte ich sie heute?
- Welche Situationen lösen bei mir regelmäßig Stress aus?

Indem Sie Ihre Muster erkennen, holen Sie unbewussten Druck ins Bewusstsein. Und nur was sichtbar ist, lässt sich steuern.

Aha-Moment: Der Markt tobt – das ist sein Wesen. Ob daraus Druck entsteht, entscheiden nicht die Kurse, sondern Ihr innerer Zustand.

Impuls für den Tag: Führen Sie den Druck – bevor er Sie führt. Mit Atem, Struktur und mentalem Fokus wird Spannung zur Energiequelle. Das wirkt oft stärker als jede Analyse.

▶ TAG 172, WENN DER TRADE KIPPT – ENTTÄUSCHUNG ANNEHMEN, CHANCEN ERKENNEN

Fehlausbrüche handeln – Risiko oder Chance?

Ein Ausbruch wirkt wie ein klares Signal. Doch viele Ausbrüche scheitern. Fehlsignale gehören zum Markt – permanent.

Der entscheidende Punkt: Ein Fehlausbruch zeigt nicht die Schwäche des Signals, sondern die Stärke der Gegenbewegung.

Der Kurs durchbricht ein Niveau und fällt zurück. Was wie ein Einstieg aussieht, wird zur Falle. Viele Trader steigen genau dort ein, wo der Markt dreht. Doch genau darin liegt die Chance.

Fehlausbrüche sind keine Ausnahme. Sie sind ein wiederkehrendes Muster. Der Markt testet ein Niveau und weist es zurück. Diese Ablehnung ist oft stärker als der ursprüngliche Ausbruch.

Viele handeln den Ausbruch. Bessere Trader warten, ob er hält oder scheitert.

Typische Hinweise auf einen Fehlausbruch:
- Der Kurs fällt schnell zurück in die Range.
- Der Ausbruch hält nicht über wichtige Zonen.
- Anschlussbewegung bleibt aus.
- Das Volumen bestätigt den Ausbruch nicht klar.

Erst das Scheitern macht den Fehlausbruch handelbar. Das bedeutet: nicht antizipieren – reagieren. Nicht beim Ausbruch handeln – sondern bei seiner Ablehnung.

Ein mögliches Vorgehen:
- Rückkehr in die Range abwarten
- Einstieg in Gegenrichtung
- Stopp hinter dem Extrem
- Ziel zurück zur Gegenseite der Range

Nicht jeder Fehlausbruch ist ein Setup. Geduld ist hier Teil des Setups. Doch wenn Struktur und Timing passen, entsteht eine klare Gelegenheit. Fehlausbrüche zeigen mehr als Bewegung. Sie zeigen, wo der Markt »Nein« sagt.

Aha-Moment: Die stärkste Bewegung entsteht oft dort, wo ein Ausbruch scheitert.

Impuls für den Tag: Beobachten Sie Ausbrüche – und warten Sie bewusst auf die, die nicht halten.

▶ TAG 167, VOLUMEN IM HANDEL – DIE SPRACHE DER MÄRKTE

Range-Trading – zwischen Unterstützung und Widerstand handeln

Nicht jeder Markt hat eine klare Richtung. Oft bewegen sich Kurse über längere Zeit seitwärts und pendeln zwischen zwei klaren Marken. Genau hier setzt Range-Trading an: unten kaufen, oben verkaufen – solange die Grenzen halten.

Der Reiz dieser Strategie liegt in ihrer Klarheit. Trader nutzen keine Trends, sondern wiederkehrende Bewegungen innerhalb klarer Preiszonen. Unterstützung ist die Zone, in der Käufer wieder aktiv werden. Widerstand ist die Zone, in der Verkäufe einsetzen. Solange diese Bereiche halten, entsteht eine handelbare Struktur.

Der entscheidende Punkt: Range-Trading funktioniert nur, solange die Begrenzungen respektiert werden. Geduld ist dabei entscheidend. Wer mitten in der Spanne einsteigt, hat weder eine klare Chance noch ein begrenzbares Risiko. Die besten Einstiege liegen nahe an den Rändern – dort, wo der Markt bereits mehrfach gedreht hat. Hier lassen sich Stop-Loss-Marken eng setzen und Chancen klar definieren.

Bricht der Markt jedoch aus der Range aus, ändert sich die Situation sofort. Was vorher Unterstützung war, verliert seine Wirkung – und die Strategie muss angepasst werden.

Worauf Range-Trader achten:

- klar erkennbare Seitwärtsphase
- mehrfach bestätigte Unterstützungs- und Widerstandszonen
- wiederholte Richtungswechsel an denselben Marken
- Hinweise, ob die Range stabil bleibt oder bricht

Typische Fehler vermeiden:

- mitten in der Spanne statt an den Rändern handeln
- schwache Zonen als feste Grenzen interpretieren
- Ausbrüche gegen die eigene Position ignorieren
- ohne Stop-Loss auf das Halten der Range setzen

Range-Trading ist damit keine einfache »Seitwärtsstrategie«, sondern ein präzises Handeln klarer Preiszonen. Wer diese Zonen erkennt und diszipliniert nutzt, kann auch ohne Trend strukturierte Trades umsetzen.

Aha-Moment: Auch ohne Trend entstehen Chancen – wenn Sie verstehen, wo der Markt immer wieder dreht.

Impuls für den Tag: Markieren Sie in einem Chart eine Seitwärtsphase und zeichnen Sie Unterstützung und Widerstand ein. Genau an diesen Zonen entstehen die entscheidenden Trades.

▶ TAG 169, GAP-TRADING – KURSLÜCKEN RICHTIG EINORDNEN UND NUTZEN

Netflix – wie Streaming Fernsehen neu erfand

Was als DVD-Versand aus der Garage begann, wurde zur globalen Medienrevolution. Als **Reed Hastings** und **Marc Randolph** Netflix 1997 gründeten, wollten sie vor allem eins: den Frust über verspätete Rückgaben und Strafgebühren beenden. Doch hinter dem simplen Abo-Modell steckte ein Weitblick, der das Fernsehen für immer verändern sollte. Während andere noch auf Regalflächen setzten, dachte Netflix bereits in Datenströmen.

Der eigentliche Umbruch kam 2007: Mit dem Start des Streamingdienstes begann ein neues Zeitalter der Unterhaltung. Fernsehen wurde orts- und zeitunabhängig. Der Zuschauer wurde zum Programmdirektor.

Netflix veränderte nicht nur das Wie des Fernsehens, sondern auch das Was. Mit Eigenproduktionen wie *House of Cards,* *Stranger Things* oder *The Crown* wurde aus dem Verleiher ein Studio. »Netflix Original« wurde zum Qualitätssiegel – ein Beweis, dass Tech-Konzerne längst selbst zu kulturellen Playern geworden sind. Big Data traf auf Dramaturgie, Algorithmen auf Autorenräume.

Der Börsengang 2002 verlief leise. Doch wer investierte, wurde Zeuge eines der eindrucksvollsten Kursanstiege der digitalen Ära. Aus einem DVD-Versender wurde das wertvollste Medienunternehmen der Welt – disruptiv, datengetrieben, global.

Trotz wachsender Konkurrenz blieb Netflix Vorreiter: mit interaktiven Formaten (*Black Mirror: Bandersnatch*), lokaler Produktion in über 30 Sprachen, kultureller Diversität und KI-gestützter Personalisierung. Die Strategie blieb konstant: radikale Nutzerzentrierung gepaart mit Innovationsmut.

Netflix hat Fernsehen nicht ersetzt – es hat es neu erfunden und gezeigt: Revolutionen beginnen nicht immer mit einem Knall, sondern manchmal mit einem Ladebalken.

»You know, think about it: when you watch a show from Netflix and you get addicted to it, you stay up late at night. We're competing with sleep — and we're winning!«

– Reed Hastings

Börsengang: 23. Mai 2002 – **Börsenkürzel:** NFLX – **Börse:** NASDAQ

▸ TAG 181, TESLA – ELON MUSKS ELEKTRISCHE VISION FÜR DIE STRASSE

Verfügbarkeitsheuristik – warum wir glauben, was wir leicht erinnern

Was uns zuerst einfällt, halten wir oft für wahrscheinlicher – unabhängig davon, ob es tatsächlich zutrifft. Dieses kognitive Kurzschlussverfahren nennt sich **Verfügbarkeitsheuristik**: Unser Gehirn überschätzt Informationen, die emotional eindrücklich oder medial präsent sind – und vernachlässigt, was leise, abstrakt oder weniger sichtbar ist (1).

Ein aktueller Börsencrash bleibt stärker im Gedächtnis als zehn ruhige Wachstumsjahre. Eine Schlagzeile über einen Krypto-Hack wirkt bedrohlicher als hundert erfolgreiche Transaktionen – selbst wenn das Risiko objektiv gering ist. Warum? Weil unser Gehirn nicht mit Statistiken rechnet, sondern mit Bildern – und was leicht abrufbar ist, wirkt automatisch bedeutsamer.

Diese Verzerrung führt zu typischen Fehleinschätzungen:

- Die Angst vor dem »nächsten Crash« überstrahlt oft viele Jahre stabiler Entwicklung – und verstellt den Blick aufs große Ganze.
- Skandale wie die Wirecard-Pleite oder der Lehman-Zusammenbruch werfen lange Schatten und lassen ganze Branchen riskanter erscheinen, als sie sind.
- Erfolgsstorys wie Amazon oder Nvidia gelten schnell als Blaupause – obwohl sie eher Ausnahmen als Regeln sind.

Eigentlich ist die Verfügbarkeitsheuristik ein effizientes Denkwerkzeug: Sie spart Zeit und Energie, ersetzt komplexe Berechnungen durch intuitive Eindrücke (1). Doch was im Alltag hilfreich ist, kann an der Börse teuer werden. Wer sich auf abrufbare Erinnerungen verlässt, riskiert blinde Flecken – und lässt sich womöglich von der lautesten Schlagzeile leiten statt von Substanz.

Die Forschung zeigt: Menschen überbewerten systematisch Informationen, die emotional aufgeladen oder stark medial präsent sind (2). Besonders heikel wird es, wenn Aufmerksamkeit zum Kaufkriterium wird: Studien belegen, dass Privatanleger häufiger in Aktien investieren, über die aktuell berichtet wird – unabhängig von ihrer fundamentalen Qualität (3).

Gute Anleger wissen: Laut ist nicht gleich wichtig. Und präsent ist nicht gleich relevant. Der erste Schritt zur Korrektur ist Reflexion: Warum glaube ich, was ich glaube? Welche Informationen drängen sich auf – und welche verdienen wirklich Beachtung?

Aha-Moment: In Studien hielten Menschen Flugzeugabstürze für wahrscheinlicher als Autounfälle – nur weil sie dramatischer dargestellt und emotional einprägsamer waren.

Impuls für den Tag: Welche Ihrer heutigen Finanzängste basiert auf Erfahrung – und welche nur auf medialer Wiederholung?

▶ TAG 168, SELTENE EREIGNISSE – WARUM SIE UNSERE RISIKOWAHRNEHMUNG VERZERREN

Reisen mit Rendite – von Airlines bis Hotels: Anleger unterwegs

Ein Flug mit Lufthansa, eine Nacht im Hilton, bezahlt mit Visa, die Erinnerungen gespeichert auf dem iPhone. Jede Reise ist mehr als ein Erlebnis – sie ist eine Wertschöpfungskette. Vom Ticketkauf über die Unterkunft bis zur Bezahlung verdienen zahlreiche börsennotierte Unternehmen mit. Reisen bedeutet Konsum – und damit Umsatz, Margen und Börsenthemen.

Der globale Tourismus ist ein riesiger, stark vernetzter Markt, der zyklisch verläuft, langfristig aber wächst. Nach pandemiebedingten Einbrüchen hat sich die Reiselust dynamisch zurückgemeldet. Steigender Wohlstand, Urbanisierung und der Wunsch nach Erlebnissen treiben die Nachfrage – weltweit, nicht nur in Europa oder den USA.

Typische Akteure entlang der Reisekette:

- **Airlines:** Lufthansa, Ryanair, Delta Air Lines
- **Hotels & Resorts:** Hilton, Marriott, Accor
- **Kreuzfahrten:** Carnival, Royal Caribbean
- **Buchungsplattformen:** Booking, Expedia, Airbnb
- **Bezahldienste:** Visa, Mastercard
- **Reiseausrüstung:** Samsonite (Gepäck & Reiseaccessoires)

Aus Anlegersicht ist die Branche kein defensiver Dauerläufer, sondern ein zyklisches Investment mit Hebel auf Konjunktur, Energiepreise und Stimmung. Airlines reagieren sensibel auf Kerosinkosten, Regulierung und Klimapolitik, Hotels auf Auslastung und Geschäftsreisen, Plattformen auf Wettbewerb und Preisdruck. Reisen ist kein Grundbedürfnis, sondern ein Luxus, der schwankt.

Gerade deshalb lohnt der differenzierte Blick. Reisen sind kein Grundbedürfnis wie der tägliche Konsum. Nachfrage entsteht aus Einkommen, Stimmung und Mobilität – und kann ebenso schnell wieder einbrechen. Die Branche ist zyklisch und reagiert unmittelbar auf Konjunktur, geopolitische Ereignisse, Sicherheitsrisiken oder globale Krisen.

Nicht jedes Reiseunternehmen profitiert gleichermaßen. Starke Marken, effiziente Plattformen und skalierbare Geschäftsmodelle sind widerstandsfähiger als kapitalintensive Anbieter mit strukturell dünnen Margen. Fluggesellschaften stehen zusätzlich unter dem Einfluss von Kerosinpreisen, Regulierung und Klimapolitik, was ihre Ertragskraft stark schwanken lässt. Der Trend allein genügt nicht. Entscheidend ist, wer ihn wirtschaftlich beherrscht – und wer ihm ausgeliefert ist.

Aha-Moment: Reisen erzeugt Emotionen – an der Börse zählt Struktur. Rendite entsteht dort, wo Nachfrage planbar und Kosten kontrollierbar sind.

Impuls für den Tag: Denken Sie an Ihre letzte Reise. Wer hat daran am meisten verdient – und warum genau dieses Unternehmen?

▶ TAG 170, ENERGIE & MOBILITÄT – VON DER STECKDOSE INS DEPOT

IPO-Investments – was beim Börsengang zählt

Ein Börsengang wirkt wie eine Einladung: neue Aktie, große Aufmerksamkeit, hohe Erwartungen. Doch ein IPO ist kein Geschenk an Anleger, sondern ein Verkauf unter besten Bedingungen.

Ein IPO (Initial Public Offering) ist die erstmalige Platzierung von Aktien an der Börse. Investmentbanken strukturieren den Prozess, bewerten das Unternehmen und vermarkten die Story. Genau deshalb sehen IPOs oft besonders überzeugend aus – sie sind professionell vorbereitet.

Die entscheidende Frage lautet: Kaufen Sie ein Unternehmen – oder eine Geschichte darüber?

Viele IPOs leben von starken Narrativen: Wachstum, Marktführerschaft, Disruption. Doch Fantasie ersetzt keine Ertragskraft. Gerade in frühen Phasen sind Gewinne unsicher, Bewertungen ambitioniert und Annahmen optimistisch.

IPO heißt oft: Maximale Aufmerksamkeit trifft auf minimale Historie. Genau deshalb ist Vorsicht kein Nachteil, sondern Teil der Strategie

Worauf Sie achten sollten:
- **Geschäftsmodell:** Trägt es heute oder erst in einer ungewissen Zukunft?
- **Bewertung:** Passt der Preis zur Reife des Unternehmens?
- **Profitabilität:** Gibt es belastbare Erträge oder nur Wachstum?
- **Lock-up-Periode:** Wann dürfen Altaktionäre ihre Anteile verkaufen – und was bedeutet das für den Kurs?
- **Mittelverwendung:** Fließt Kapital ins Unternehmen oder an Altaktionäre?

Der häufigste Fehler ist Eile. Viele Neuemissionen durchlaufen nach dem Start eine Phase der Ernüchterung. Erst mit ersten Zahlen und etwas Abstand wird sichtbar, wie belastbar das Geschäftsmodell wirklich ist. Geduld ist bei IPOs oft der bessere Einstiegspunkt.

IPO-Investments sind deshalb keine Pflicht, sondern eine bewusste Entscheidung. Wer investiert, sollte nicht der Aufmerksamkeit folgen, sondern der Substanz.

Aha-Moment: Beim Börsengang wird ein Preis festgelegt – der Wert zeigt sich oft erst später.

Impuls für den Tag: Beobachten Sie den nächsten IPO und prüfen Sie nach einigen Monaten: Was ist von der ursprünglichen Geschichte übrig geblieben?

▶ TAG 156, LAUFENDE ERTRÄGE – DIE ZWEITE RENDITEQUELLE IM DEPOT

ETFs und ihre Kosten – TER, Spread & Tracking Error

Bei ETFs entscheidet nicht nur der Index, sondern auch die Kostenstruktur über Ihren Erfolg. Schon kleine Unterschiede wirken über Jahre spürbar auf die Rendite. Genau deshalb lohnt es sich, vor dem Kauf nicht nur auf den Namen des ETFs zu schauen, sondern auch auf die stillen Kosten im Hintergrund.

Die drei wichtigsten Kostenfaktoren sind:

- **TER** (Total Expense Ratio, Gesamtkostenquote): die laufenden jährlichen Kosten des ETFs, die direkt dem Fondsvermögen entnommen werden
- **Spread:** die Differenz zwischen Kauf- und Verkaufskurs; je größer der Spread, desto teurer wird der Einstieg oder Ausstieg
- **Tracking Error:** die Abweichung zwischen ETF und Index; je höher sie ausfällt, desto ungenauer bildet der ETF seinen Vergleichsindex ab

Gerade Einsteiger achten oft nur auf die TER. Das greift zu kurz. Ein ETF mit niedriger Kostenquote kann trotzdem unvorteilhaft sein, wenn der Spread hoch ist oder die Indexnachbildung schwach ausfällt. Nicht eine einzelne Kennzahl entscheidet, sondern das Zusammenspiel der Kosten.

Der Spread hängt oft auch vom Handelszeitpunkt ab. Bei sehr liquiden Handelszeiten ist er meist enger, in ruhigeren Phasen oder bei exotischeren ETFs oft breiter. Wer nicht unter Zeitdruck handelt, kann auch dadurch Kosten sparen.

So prüfen Sie in der Praxis:

- **TER vergleichen:** Wie hoch sind die laufenden Kosten?
- **Spread prüfen:** Wie teuer ist der tatsächliche Handel?
- **Indexnachbildung beobachten:** Wie nah bleibt der ETF wirklich am Index?

Plattformen wie justETF oder extraETF helfen dabei, diese Punkte transparent zu vergleichen. Es geht nicht um Perfektion, sondern darum, unnötige Renditeverluste zu vermeiden.

Aha-Moment: Bei ETFs zählt nicht nur, was Sie kaufen, sondern auch, wie viel Rendite unterwegs durch Kosten verloren geht.

Impuls für den Tag: Vergleichen Sie heute bei einem ETF nicht nur die TER, sondern auch Spread und Indexnachbildung. Genau dort verstecken sich oft die entscheidenden Unterschiede.

▶ TAG 183, EINE AKTIE RICHTIG LESEN – WORAUF ES ANKOMMT

Wall Street – wo Träume gehandelt werden

Die Wall Street – das ist mehr als eine Straße in Manhattan. Sie ist Mythos, Metapher und Maschine zugleich. Kein anderer Ort steht so sehr für Aufstieg, Risiko, Macht – und Fallhöhe. Hier wird Kapital geboren, verschoben, vermehrt – und vernichtet. Wer durch das eiserne Börsentor tritt, spürt: Hier wird Geschichte geschrieben – im Sekundentakt.

Alles begann 1792 unter einer Platane – dem legendären »Buttonwood Tree«. Dort unterzeichneten 24 Broker das **»Buttonwood Agreement«**: ein Pakt für Vertrauen, für fairen Handel – und für eine neue Zeit. Es war der Grundstein für die **New York Stock Exchange (NYSE)**, die bald zum Taktgeber der Weltmärkte wurde – und zur Bühne für Spekulanten, Strategen und Skandale.

Von dort aus trieb die Wall Street die Industrialisierung voran, finanzierte Eisenbahnnetze, Ölkonzerne, Banken, Fluggesellschaften – und später das digitale Zeitalter. Sie machte Rockefeller zum Titanen, J. P. Morgan zum Retter – und Tech-Unternehmen zu Weltmächten. Hier wurde Amazon gefeiert, Lehman beerdigt, Tesla bewundert, Gamestop verteidigt. Die Wall Street wurde zum Spiegel des amerikanischen Traums: Wer riskiert, kann gewinnen. Wer überzeugt, bekommt Kapital.

Doch mit der Macht kamen auch die Schattenseiten: Der Crash von 1929, der Schwarze Montag 1987, die Dotcom-Blase, die Finanzkrise 2008 – sie alle zeigten: Wo Träume gehandelt werden, kann Gier jederzeit eine Lawine auslösen. Aus der Parkettbörse wurde ein Rechenzentrum – doch das Prinzip ist geblieben: Ob Parkett oder Pixel – die Börse ist der Ort, an dem Erwartungen zum Preis werden.

Die Wall Street ist mehr als ein Finanzplatz. Sie ist eine Bühne – für Hoffnung und Hybris, für Disziplin und Wahnsinn. Wer sie verstehen will, muss die Massen spüren. Denn der Markt ist kein System – er ist Stimmung, Strömung, Spekulation. Er ist emotional, politisch, unberechenbar – und zutiefst menschlich.

Aha-Moment: Das tägliche Handelsvolumen an der Wall Street übersteigt heute das Bruttoinlandsprodukt ganzer Staaten – in wenigen Stunden.

Impuls für den Tag: Würde Ihr Traum auch dann überleben, wenn er minütlich bepreist wird?

▶ TAG 180, FRANKFURT – VON GOETHE ZUR GLOBALISIERUNG

Sell in May – Mythos oder Strategie mit Timing?

»**Sell in May and go away**« – kaum eine **Börsenweisheit** ist so bekannt. Doch steckt dahinter wirklich eine clevere Strategie oder nur ein überholter Mythos? Die Idee klingt zunächst schlüssig: Historische Daten zeigen, dass Aktien zwischen Mai und Oktober im Schnitt schwächer abschneiden als zwischen November und April (1). Doch wie eindeutig sind diese Ergebnisse wirklich?

Zwischen 1950 und 2020 erzielte der S&P 500 in den Wintermonaten eine durchschnittliche Rendite von rund 7 Prozent – in den Sommermonaten dagegen nur 1,6 Prozent (2). Auch europäische Indizes wie der DAX zeigen ähnliche Kalendereffekte. Der Grund: Im Sommer sinkt das Handelsvolumen. Viele Investoren machen Urlaub, Unternehmensmeldungen nehmen ab, und politische Impulse bleiben oft aus.

Aber Vorsicht: Ein genauer Blick auf die einzelnen Monate zeigt Überraschendes. Während der Mai oft unterdurchschnittlich abschneidet, zählt der Juli historisch zu den stärkeren Sommermonaten (3). Der Durchschnitt der Sommermonate ist jedoch kein verlässlicher Indikator für jeden einzelnen Monat. Wer zu früh verkauft, verpasst womöglich die beste Phase des Sommers.

Hinzu kommt: Unerwartete Ereignisse können jede Saisonalität aushebeln. Der Sommer 2020 etwa brachte eine Rallye nach dem Corona-Crash – entgegen aller saisonalen Erwartungen. Wer stur nach Kalender handelte, blieb außen vor.

Saisonale Muster sind ein nützliches Werkzeug – aber kein Autopilot. Erfolgreiche Anleger nutzen sie als Orientierung, kombiniert mit Technischer Analyse, Marktstimmung und klaren Zielen. Eine Alternative zum Verkauf: die Depotzusammensetzung im Mai justieren – etwa durch defensivere Branchen oder gezielte Umschichtungen.

Kurz gesagt: »Sell in May« mag funktionieren – aber nicht automatisch. Strategie schlägt Spruch. Wer den Markt versteht, statt nur dem Kalender zu folgen, trifft bessere Entscheidungen.

Aha-Moment: Saisonalität ist ein hilfreicher Kompass – aber kein Autopilot. Wer mitdenkt, steuert besser.

Impuls für den Tag: Börsenregeln sind keine Gesetze. Wer den Rhythmus spürt, kommt oft weiter als der, der nur Mustern folgt.

▸ TAG 171, KONJUNKTURZYKLEN – DIE UNSICHTBAREN TAKTGEBER DER MÄRKTE

Mit Geld spielen – Roulette, Poker, Black Jack und der Reiz des Zufalls

Es beginnt oft ganz harmlos: ein kleiner Einsatz, ein Nervenkitzel, ein Funke Hoffnung. Und dann dreht sich die Kugel, das Blatt wendet sich – oder eben nicht. Roulette, Poker, Black Jack – Spiele mit Geld, bei denen Glück, Wahrscheinlichkeiten und Psychologie aufeinandertreffen. Aber was macht sie so unwiderstehlich?

Zunächst: der Reiz des Zufalls. Unser Gehirn liebt Belohnung – vor allem unvorhersehbare. Studien zeigen: Ein unerwarteter Gewinn löst stärkere Glücksgefühle aus als ein kalkulierter Erfolg. Genau dieses Prinzip machen sich Casinos zunutze: Variabilität statt Verlässlichkeit – damit das Belohnungssystem auf Hochtouren läuft (1, 2).

Doch Geldspiele unterscheiden sich. Roulette ist reiner Zufall, mathematisch immer zum Vorteil der Bank. Black Jack erlaubt strategische Entscheidungen – und wer zählt, kann gewinnen. Poker wiederum ist ein psychologisches Duell: Wer andere besser liest, hat die Oberhand. Es geht nicht nur um Karten, sondern um Nerven, Täuschung und Timing.

Aber genau dort wird es gefährlich: Denn das Gefühl von Kontrolle – gerade bei Spielen, die scheinbar beeinflussbar sind – kann trügen. Und wenn Emotionen stärker werden als Logik, kippt der Reiz in Risiko. Spielsucht entsteht selten aus dem Wunsch, reich zu werden, sondern aus der Flucht vor Leere, Langeweile oder Kontrollverlust.

Was oft vergessen wird: Glücksspiele sind kein Phänomen der Moderne. Schon antike Kulturen kannten Würfelspiele, Wetten und Lotterien – als Zeitvertreib, Ritual oder sogar religiöses Symbol. Heute sind sie Teil einer milliardenschweren Industrie, deren Geschäftsmodell auf einem paradoxen Versprechen beruht: dem Traum vom Gewinn – bei garantierter Asymmetrie.

Spielen mit Geld ist wie Feuer: faszinierend, wärmend, gefährlich. Wer es versteht, kann Strategien erkennen, Wahrscheinlichkeiten kalkulieren, Grenzen setzen. Wer es unterschätzt, verliert schnell mehr als nur Geld – nämlich Urteilsvermögen und Distanz.

Aha-Moment: Der Zufall kann berauschen – beim Verlieren wie beim Gewinnen. Denn Euphorie verführt ebenso wie Frust: zur Unachtsamkeit, zum Weiterspielen, zum Risiko.

Impuls für den Tag: Spielen Sie noch – oder sind Sie längst Teil eines Spiels, das andere steuern?

▶ TAG 244, SPIELEND REICH? – ÖKONOMISCHE STRATEGIESPIELE IM REALITÄTSCHECK

Banken & Industrialisierung – wie Geld Wachstum möglich machte

Als die Welt im 19. Jahrhundert dampfte, stampfte und schnaubte, brauchte sie nicht nur Maschinen, Gleise und Stahl – sie brauchte Kapital. Die Industrialisierung veränderte nicht nur Produktion, Städte und Gesellschaften, sondern auch das Wesen des Geldes. Aus Tausch wurde Finanzierung, ausBesitz Investition.

Im Zentrum dieser Entwicklung standen Banken. Sie verwahrten nicht länger nur Ersparnisse – sie ermöglichten die Zukunft. Unternehmen brauchten Maschinen, Arbeitskräfte, Rohstoffe – oft lange, bevor erste Gewinne flossen. Genau hier setzt das moderne Bankwesen an: mit Krediten, Beteiligungen und starken Netzwerken.

Insbesondere in Deutschland, Frankreich und Großbritannien entstanden Geschäftsbanken, die nicht nur Zahlungsverkehr abwickelten, sondern aktiv wirtschaftliche Expansion mitgestalteten. Die Deutsche Bank etwa wurde 1870 mit dem Ziel gegründet, den Außenhandel zu stärken – ein klares Signal für die neue Rolle von Kapital im globalen Wachstum.

Banken wurden zum Motor der Industrialisierung. Sie lenkten Kapitalflüsse, ermöglichten Großprojekte, finanzierten Infrastruktur wie Eisenbahnen, Kanäle oder Kraftwerke. Parallel entwickelten sich die Finanzmärkte weiter: Aktienbörsen, Wechsel, Anleihen – Instrumente, um Risiko und Rendite systematisch zu organisieren.

Doch mit der Dynamik wuchsen auch Risiko und Verantwortung. Spekulationsblasen, Bankenkrisen und Wirtschaftseinbrüche zeigten: Wo Geld als Hebel wirkt, entsteht auch Absturzgefahr. Deshalb entstanden Aufsichtsbehörden, Zentralbanken, Regulierungen – und das Bewusstsein: Wachstum braucht Regeln.

Die Industrialisierung hat das Geld mobil gemacht. Nicht mehr nur gehortet, sondern gezielt gelenkt. Banken verwandelten passives Sparen in aktives Gestalten – ein Paradigmenwechsel, der bis heute wirkt.

Aha-Moment: Der Begriff »Kredit« kommt vom lateinischen *credere* – »glauben, vertrauen«. Modernes Wachstum entstand also aus einer uralten Währung: Vertrauen.

Impuls für den Tag: Was in Ihrem Leben verdient heute eine Investition – nicht nur in Form von Geld, sondern vielleicht in Mut, Zeit oder Zutrauen?

▶ TAG 179, GLOBALISIERUNG DES GELDES – EINE WELT, EIN HANDEL, VIELE WÄHRUNGEN

QUIZ 5

TAG 123: WELCHE AUSSAGEN ZUM GOLDSTANDARD TREFFEN ZU?

A) Der Goldstandard zwang Staaten dazu, nur so viel Geld zu drucken, wie durch Gold gedeckt war.
B) Der Goldstandard erlaubte es Regierungen, in Krisenzeiten unbegrenzt Geld bereitzustellen.
C) Das Bretton-Woods-System band den US-Dollar an Gold und andere Währungen an den Dollar.
D) Der klassische Goldstandard existiert bis heute in Form internationaler Goldanleihen.

TAG 125: WELCHE THESEN ÜBER TOKENOMICS SIND KORREKT?

A) Tokenomics beschreibt unter anderem, wie Tokens erzeugt, verteilt und genutzt werden.
B) Ein Coin gewinnt automatisch an Wert, sobald die Gesamtmenge begrenzt ist.
C) Sperrfristen und Vesting-Regeln beeinflussen, wann größere Tokenbestände verkauft werden können.
D) Token-Burning verringert das verfügbare Angebot eines Tokens.

TAG 127: WELCHE FORMULIERUNGEN ÜBER DEN FLASH-CRASH 2010 SIND WAHR?

A) Der Flash-Crash wurde durch politische Nachrichten und geopolitische Spannungen ausgelöst.
B) Der Flash-Crash zeigte, wie stark automatisierte Handelssysteme kurzfristige Marktbewegungen dominieren können.
C) Der Vorfall führte zu einer Überarbeitung von Handelsunterbrechungsmechanismen (»Circuit Breakern«).
D) Der Flash-Crash dauerte mehrere Handelstage und war nur mit Eingriffen der US-Zentralbank zu stoppen.

TAG 148: WELCHE AUSSAGEN ÜBER ETF-KOSTEN SIND ZUTREFFEND?

A) Die TER beschreibt die laufenden jährlichen Kosten eines ETFs.
B) Der Spread ist die Differenz zwischen Kauf- und Verkaufskurs eines ETFs.
C) Ein ETF mit besonders niedriger TER ist automatisch die beste Wahl.
D) Der Tracking Error zeigt, wie stark ein ETF von seinem Vergleichsindex abweicht.

TAG 150: SELL IN MAY – MYTHOS ODER STRATEGIE MIT TIMING? WELCHE AUSSAGEN SIND RICHTIG?

A) Historisch gesehen schneiden Aktien in den Sommermonaten zwischen Mai und Oktober tendenziell schlechter ab als im Winterhalbjahr.
B) Der Spruch »Sell in May and go away« garantiert langfristig überdurchschnittliche Renditen.
C) Der Juli gehört trotz der allgemeinen Sommerflaute häufig zu den stärkeren Börsenmonaten.
D) Saisonalitäten sind ein nützliches Werkzeug – aber sie ersetzen keine fundierte Anlagestrategie.

Vom Wissen zur Umsetzung – warum genau hier die meisten scheitern

Viele wissen, was zu tun ist – und handeln im entscheidenden Moment anders. Sie lesen, verstehen, planen – und weichen unter Druck davon ab.

Der entscheidende Punkt: Erfolg entsteht nicht durch richtiges Wissen, sondern durch richtiges Verhalten unter realen Bedingungen.

Der Bruch zeigt sich immer gleich: Der Plan ist klar, solange es ruhig ist. Sobald Tempo, Unsicherheit oder Verlust dazukommen, übernimmt der Moment. Aus Regel wird Ausnahme. Aus Ausnahme wird Muster.

Wissen bleibt abstrakt, solange es keine Auslöser hat. Umsetzung braucht klare Bedingungen, die Handeln automatisch machen – nicht verhandelbar im Moment.

So wird aus Wissen Handlung:

- **Setup in einem Satz:** Was genau muss passieren, damit Sie handeln?
- **Konkreter Trigger:** Welches Ereignis löst den Einstieg aus – eindeutig, sichtbar, prüfbar?
- **Vorab definierter Ausstieg:** Wo liegt Stopp, wo Ziel – bevor Sie im Markt sind?
- **Feste Positionsgröße:** Wie viel Risiko tragen Sie – immer gleich, nicht situativ?
- **Wiederholung:** Wie oft führen Sie dasselbe Setup unverändert aus?

Für Investoren bedeutet Umsetzung: regelmäßige Investition nach Plan, klare Regeln für Nachkauf, Reduktion oder Anpassung – unabhängig vom aktuellen Marktgefühl.

Für Trader bedeutet Umsetzung: ein definiertes Setup diszipliniert handeln – über viele Trades, mit positivem Erwartungswert.

Umsetzung scheitert nicht an Wissen, sondern an Variabilität im Moment. An zu vielen Optionen, zu vielen Ausnahmen, zu viel Spielraum.

Fortschritt entsteht, wenn Verhalten stabil wird. Nicht der einzelne Trade zählt, sondern die Qualität der Wiederholung.

Aha-Moment: Sie verlieren nicht gegen den Markt, sondern gegen Abweichungen von Ihrem eigenen Plan.

Impuls für den Tag: Definieren Sie ein Setup mit klaren Triggern und Regeln – und setzen Sie es heute ohne Abweichung um.

▶ TAG 201, DIE LERNKURVE AN DER BÖRSE – WARUM FORTSCHRITT NICHT LINEAR IST

Derivate entzaubert – Instrumente für Profis

Derivate eröffnen eine andere Ebene des Investierens. Sie erlauben es, nicht nur an steigenden Kursen zu partizipieren, sondern auch auf fallende Märkte zu setzen oder bestehende Positionen gezielt abzusichern. Wer Derivate nutzt, denkt nicht mehr nur in Kauf und Haltedauer, sondern in Szenarien, Wahrscheinlichkeiten und Risikostrukturen.

Derivate sind Finanzinstrumente, deren Wert sich aus einem Basiswert ableitet – etwa aus Aktien, Indizes, Rohstoffen oder Währungen. Zu den bekanntesten Formen zählen Optionen, Futures und strukturierte Produkte. Ihr zentrales Merkmal ist der **Hebel**: Mit begrenztem Kapitaleinsatz lassen sich größere Marktbewegungen abbilden. Der Hebel verstärkt nicht den Markt, sondern die Wirkung auf das eingesetzte Kapital – in beide Richtungen.

Derivate ermöglichen **Long- und Short-Positionen**. Long bedeutet, auf steigende Kurse zu setzen. Short bedeutet, von fallenden Kursen zu profitieren. Entscheidend ist dabei nicht die Marktrichtung, sondern die Konstruktion der Position: Wie groß ist das Engagement, welches Risiko wird getragen und wie reagiert die Position auf Zeit und Volatilität?

Viele Derivate erfordern eine **Margin** – eine Sicherheitsleistung, die nur einen Teil des tatsächlichen Positionswertes abdeckt. Der Rest wird finanziert. Daraus ergeben sich **Finanzierungskosten**, die insbesondere bei längeren Haltedauern an Bedeutung gewinnen. Zeit ist bei Derivaten kein neutraler Faktor, sondern Teil der Kalkulation.

Der Kern liegt im Verständnis. Derivate folgen klaren mathematischen Regeln und reagieren sensibel auf Preisveränderungen, Zeitverlauf und Volatilität. Wer diese Zusammenhänge beherrscht, kann Risiken gezielt steuern und Positionen präzise dosieren. Wer sie unterschätzt, erlebt schnell, wie der Hebel die Kontrolle übernimmt.

Nicht jedes Derivat ist gleich. Einige Instrumente sind klar strukturiert und begrenzen das Risiko, andere wirken kompromisslos und verlangen höchste Disziplin. Derivate ersetzen kein langfristiges Investieren. Sie sind Werkzeuge – wirkungsvoll, präzise und anspruchsvoll. Richtig eingesetzt erweitern sie den Handlungsspielraum erheblich. Sie ermöglichen Absicherung in unsicheren Phasen, gezielte Positionierung und eine differenzierte Steuerung des Depots. Der entscheidende Faktor ist nicht das Produkt, sondern das Verständnis seiner Mechanik.

Aha-Moment: Derivate sind kein Spiel, sondern ein Werkzeug. Sie verstärken Entscheidungen – Kompetenz bestimmt die Richtung.

Impuls für den Tag: Betrachten Sie ein Derivat nicht als Chance, sondern als Konstruktion. Verstehen Sie zuerst das Risiko – erst dann die mögliche Wirkung.

▶ TAG 178, OPTIONEN & FUTURES – BÖRSE MIT VORLAUF

Trading-Zeiteinheiten – von Tick bis Tageschart

Stellen Sie sich zwei Sportler vor: Der eine sprintet in Sekunden ins Ziel, der andere läuft konzentriert einen Marathon. Beide sind erfolgreich – doch Tempo, Fokus und mentale Belastung unterscheiden sich grundlegend. Genauso im Trading: Die Wahl der Zeiteinheit entscheidet, wie schnell Sie handeln, wie hoch Ihr Stresslevel ist – und welche Strategien überhaupt sinnvoll sind. Die Zeiteinheit bestimmt nicht nur das Signal – sie bestimmt Ihr Verhalten.

Was definiert eine Zeiteinheit?
Jede Kerze oder jeder Balken im Chart steht für einen Zeitraum:

- **Tick-Chart:** Es zeigt jede einzelne Transaktion – ultraschnell, fast nur für Profis.
- **M1 / M5 (1- oder 5-Minuten-Chart):** Jede Minute oder alle fünf Minuten entsteht eine neue Kerze – ideal für Scalper und Day-Trader.
- **H1 / H4 (1- oder 4-Stunden-Chart):** »H« steht für »Hour«. Jede Kerze bündelt eine beziehungsweise vierStunden Kursbewegung. Das Chart ist beliebt bei Swing-Tradern, weil sie kurzfristige Dynamik mit Übersicht verbinden.
- **D1 / W1 (Tages- oder Wochenchart):** »D« steht für »Day«, »W« für »Week«. Es geht ruhiger zu, weniger Signale, klarere Trends ergeben sich – ideal für langfristige Strategien.

Wann nehme ich was?

- **Scalping:** M1 oder M5, höchste Aufmerksamkeit, viele kleine Trades
- **Day-Trading:** M15 bis H1, Fokus auf Bewegungen innerhalb eines Handelstages
- **Swing-Trading:** H1 bis D1, Einstieg bei Rücksetzern im Trend, Haltedauer Tage bis Wochen
- **Investieren / Positionstrading:** D1 oder W1, klare Trendbilder, weniger Stress

Viele Profis kombinieren die Ebenen (»Top-down-Analyse«):

- Trend im D1 (Tageschart) bestimmen
- Setup im H4 (4-Stunden-Chart) prüfen
- Einstieg präzise im M15 (15-Minuten-Chart) timen

Profis wechseln nicht die Strategie, sondern die Perspektive – so entsteht Struktur.

Aha-Moment: Die Zeiteinheit ist Ihr Taktgeber. Wer im falschen Zeitrahmen handelt, sabotiert sein eigenes Setup.

Impuls für den Tag: Wechseln Sie heute bewusst die Zeitebene. Betrachten Sie denselben Chart in M15, H4 und D1 – und sehen Sie, wie sich Ihr Blick auf den Trend verändert.

▶ TAG 188, CHARTANALYSE FÜR EINSTEIGER – LESEN, WAS DER KURS ERZÄHLT

Laufende Erträge – die zweite Renditequelle im Depot

Nicht jede Anlage lebt von steigenden Kursen – manche Investments sind darauf ausgelegt, laufende Erträge zu erzeugen. Für viele Anleger entsteht daraus eine zweite Form der Rendite: regelmäßiger Cashflow statt ausschließlicher Hoffnung auf Kursgewinne.

Genau hier setzen **REITs** und **BDCs** an. **REITs (Real Estate Investment Trusts)** investieren in Immobilien wie Bürogebäude, Einkaufszentren oder Logistikflächen. Ein Großteil ihrer Gewinne wird verpflichtend ausgeschüttet. Anleger beteiligen sich damit indirekt an Mieteinnahmen – ohne selbst Immobilien zu besitzen oder verwalten zu müssen.

BDCs (Business Development Companies) verfolgen einen anderen Ansatz. Sie finanzieren kleinere und mittelgroße Unternehmen über Kredite oder Beteiligungen. Die Erträge stammen vor allem aus Zinsen und Gebühren und werden ebenfalls regelmäßig an Anleger weitergegeben.

Der gemeinsame Kern: laufender Cashflow statt reiner Kursfantasie. Doch genau dieser Fokus bringt eigene Risiken mit sich. REITs reagieren empfindlich auf Zinsänderungen und Entwicklungen am Immobilienmarkt. BDCs hängen stark von der Bonität ihrer Kreditnehmer und der wirtschaftlichen Lage ab. Erträge wirken stabil, sind es aber nicht immer.

Die entscheidende Frage ist deshalb nicht: Wie hoch ist die Ausschüttung?
Sondern: Wie robust ist die Grundlage?

Wofür sie im Depot stehen:

- **Ertrag:** regelmäßige Ausschüttungen
- **Abhängigkeit:** Zinsen, Konjunktur und Marktumfeld
- **Rolle:** Ergänzung, nicht Ersatz für Wachstum

REITs und BDCs sind damit kein Gegenentwurf zu Aktien, sondern eine Ergänzung. Während klassische Aktien auf Wachstum setzen, liefern sie laufende Einnahmen. Erst das Zusammenspiel schafft ein ausgewogenes Depot.

Aha-Moment: Hohe Ausschüttungen sind kein Geschenk – sie sind das Ergebnis eines Geschäftsmodells, das Sie verstehen müssen.

Impuls für den Tag: Schauen Sie sich einen REIT oder eine BDC an und fragen Sie sich: Woher kommt die Ausschüttung – und wie stabil ist diese Quelle?

▶ TAG 175, GOLD IM FOKUS – MYTHOS, SICHERHEIT ODER RENDITEBREMSE?

Vertrauen & Entscheidung – wie unser Gehirn Risiken und Menschen einordnet

Bevor wir investieren, investieren wir Vertrauen – in Zahlen, in Plattformen, in Menschen. Doch wie entscheidet unser Gehirn, wem oder was wir trauen? Die Antwort ist weder rein logisch noch rein instinktiv. Vertrauen entsteht aus dem Zusammenspiel von Emotion, Erfahrung und neurobiologischer Bewertung.

Vertrauen entsteht dort, wo soziale Nähe und Belohnung und Entscheidungsbewertung im Gehirn miteinander verknüpft werden – unter anderem im Striatum und im präfrontalen Kortex. Eine zentrale Rolle spielt dabei das Hormon Oxytocin (1). Es kann Empathie fördern, Wachsamkeit senken und soziale Nähe verstärken. Studien zeigen: Wird Oxytocin künstlich erhöht, steigt die Bereitschaft, finanzielle Risiken einzugehen. Vertrauen fühlt sich sicher an – selbst wenn es objektiv riskant bleibt.

Spannend: Das Gehirn bewertet nicht nur Fakten, sondern Gesichter, Tonlagen, Körperhaltungen. Schon in den ersten 100 Millisekunden registriert die Amygdala, ob jemand als vertrauenswürdig erscheint – lange bevor wir bewusst entscheiden (2).

Vertrauen ist oft ein neuronaler Reflex – kein Ergebnis rationaler Analyse.

- Darum glauben wir bekannten Stimmen mehr.
- Darum folgen wir eher Empfehlungen als Ratings.
- Darum ist Vertrauen so fragil: Es basiert auf Gefühl – nicht auf Garantie.
- Und es fällt schneller, als es wächst.

Doch genau das macht Vertrauen so zentral für die Märkte. Ohne Vertrauen kein Investment, kein Kredit, kein Handel. Wer investiert, glaubt an die Zukunft – und an die Integrität von Menschen, Märkten oder Systemen. Vertrauen ist die stille Grundlage jeder riskanten Entscheidung.

Und: Es ist lernbar. Wer erkennt, auf welche Signale er besonders stark reagiert – visuell, emotional, sozial –, gewinnt Selbstkontrolle. Vertrauen bleibt Gefühl. Aber wer es versteht, kann es bewusst steuern.

Aha-Moment: Oxytocin – das »Bindungshormon« – beeinflusst, wem wir vertrauen und wie viel Risiko wir eingehen. Vertrauen ist kein Gefühl allein, sondern ein neurochemischer Zustand.

Impuls für den Tag: Wem schenken Sie heute Vertrauen – und wann entscheiden Sie bewusst statt reflexartig?

▶ TAG 187, SELBSTKONTROLLE TRAINIEREN – WIE DAS GEHIRN LANGFRISTIGE ENTSCHEIDUNGEN STÄRKT

Der norwegische Staatsfonds – Disziplin, Größe und Generationenlogik

Während viele Staaten Einnahmen unmittelbar ausgeben, folgt Norwegen einer anderen Logik. Rohstoffe werden nicht verbraucht – sie werden in Zukunft verwandelt. Einnahmen aus Öl und Gas fließen nicht in den laufenden Haushalt, sondern in ein global investiertes Vermögen: den **Government Pension Fund Global**.

Die Idee dahinter ist so einfach wie konsequent: Natürliche Ressourcen gehören nicht nur der Gegenwart, sondern auch künftigen Generationen. Kapital wird deshalb nicht kurzfristig eingesetzt, sondern langfristig bewahrt und entwickelt. Ziel ist nicht maximale Rendite im nächsten Jahr, sondern der Erhalt und Ausbau von Kaufkraft über Jahrzehnte.

Mit dieser Perspektive ist der Fonds heute einer der größten Investoren der Welt. Er hält Beteiligungen an Tausenden Unternehmen und ist damit indirekt an einem erheblichen Teil der globalen Wirtschaft beteiligt. Er folgt dabei keiner Meinung, sondern einer Struktur.

Die Anlagestrategie ist bewusst unspektakulär. Der Schwerpunkt liegt auf Aktien, ergänzt durch Anleihen und Immobilien. Investiert wird breit gestreut, meist entlang globaler Indizes. Marktbewegungen sind kein Signal zum Handeln, sondern Teil des Systems.

Der eigentliche Vorteil: Der Fonds muss nicht reagieren. Er ist so konstruiert, dass er durchhalten kann.

Die Leitlinien dieser Strategie sind klar:

- **Aktienfokus:** Beteiligung an der globalen Wertschöpfung
- **breite Streuung:** Stabilität durch Vielfalt
- **regelbasierte Aufteilung:** Struktur statt Bauchgefühl
- **Transparenz:** Offenlegung von Beteiligungen und Entscheidungen
- **Ethikrahmen:** klare Grenzen bei schwerwiegenden Verstößen

Diese Kombination schafft eine besondere Form von Stärke: Größe ohne Hektik. Der Fonds agiert nicht gegen den Markt, sondern innerhalb des Marktes – mit einem Zeithorizont, den private Anleger selten erreichen. Gerade in Krisen zeigt sich diese Logik. Wenn Unsicherheit steigt und Kapital abgezogen wird, bleibt der Fonds investiert oder kauft nach. Nicht aus Mut, sondern aus Systematik. Der norwegische Staatsfonds ist damit weniger ein Investor im klassischen Sinne als ein stabilisierender Faktor. Kapital mit Geduld verändert Märkte – leise, aber nachhaltig.

Aha-Moment: Der größte Vorteil großer Kapitalträger ist nicht Information, sondern Zeit.

Impuls für den Tag: Prüfen Sie Ihr eigenes Portfolio: An welchen Stellen reagiere ich – und an welchen folge ich einer klaren Struktur?

▶ TAG 193, STAATSFONDS WELTWEIT – WIE NATIONEN VERMÖGEN STEUERN

Chance trifft Risiko – die Formel für nachhaltigen Börsenerfolg

An der Börse gewinnt nicht, wer immer richtigliegt, sondern, wer klug kalkuliert. Ein wichtiges Werkzeug dafür ist das **Chance-Risiko-Verhältnis (CRV)**. Es zeigt, ob sich ein Trade lohnt – nicht gefühlt, sondern gerechnet. Das CRV vergleicht das erwartete Gewinnpotenzial mit dem möglichen Verlust. Die Formel ist einfach, aber entscheidend:

CRV = (Kursziel – Einstiegskurs) ÷ (Einstiegskurs – Stoppkurs)

Beispiel: Sie kaufen eine Aktie zu 100 Euro, setzen das Kursziel auf 115 Euro und den Stoppkurs auf 95 Euro.
Gewinnpotenzial: 115 € – 100 € = 15 €
Verlustpotenzial: 100 € – 95 € = 5 €
CRV: 15 € ÷ 5 € = 3

Ein CRV von 3 bedeutet: Ihr potenzieller Gewinn ist dreimal so hoch wie Ihr kalkuliertes Risiko. Das senkt den Erfolgsdruck – denn selbst bei einer Trefferquote unter 50 Prozent könnten Sie langfristig profitabel handeln.

Warum das CRV so entscheidend ist:

- Ein gutes CRV (z. B. 2 zu 1 oder besser) kompensiert eine mittelmäßige Trefferquote (Verhältnis der Zahl der Gewinn-Trades ÷ Zahl der Verlust-Trades).
- Selbst viele Gewinne machen ein schlechtes CRV (z. B. 0,5) selten profitabel.
- Wer sich konsequent an ein CRV-Mindestmaß hält (z. B. 2 zu 1), handelt disziplinierter – und lässt schlechte Chancen aus.
- Das CRV ist ein rationaler Anker – gegen Übertreibung, Selbstüberschätzung und emotionale Schnellschüsse.

Tipp: Legen Sie Kursziel und Stoppkurs immer *vor* dem Einstieg fest. Denn nicht der Einstieg entscheidet über den Erfolg, sondern das Verhältnis von möglichem Gewinn zu kalkuliertem Verlust. Das CRV ist kein Randaspekt – es ist der Filter für Qualität in jedem Trade.

Aha-Moment: Ein Verlust-Trade ist kein Fehler – wenn das Chance-Risiko-Verhältnis gepasst hat. Ein echter Fehler liegt dort, wo das Risiko größer war als der mögliche Gewinn.

Impuls für den Tag: Setzen Sie heute eine klare CRV-Regel: Nur Trades mit einem Verhältnis von mindestens 2 zu 1 kommen ins Depot. Alles andere bleibt Beobachtung.

▶ TAG 160, PROFITFAKTOR VERSTEHEN – EINE KENNZAHL MIT SIGNALWIRKUNG

Profitfaktor verstehen – eine Kennzahl mit Signalwirkung

Vergessen Sie das Bauchgefühl – wer handelt, braucht Kennzahlen, die Klartext sprechen. Der Profitfaktor zeigt, ob Ihre Strategie wirklich stark ist – oder nur gut aussieht. Und das Beste: Die Formel ist einfach. Und aussagekräftig.

Profitfaktor = Trefferquote × (durchschnittlicher Gewinn ÷ durchschnittlicher Verlust)

Trefferquote = Anzahl der Gewinn-Trades ÷ Anzahl der Verlust-Trades

Beispiel: Sie haben 60 Trades durchgeführt – 40 davon mit Gewinn, 20 mit Verlust.

Die Trefferquote beträgt: 2,0 (40 ÷ 20).

Der durchschnittliche Gewinn lag bei 150 Euro (6000 Euro ÷ 40), der durchschnittliche Verlust bei 100 Euro (2000 Euro ÷ 20). Damit ergibt sich ein Verhältnis von 1,5 (150 € ÷ 100 €).

Der Profitfaktor beträgt somit 2,0 x 1,5 = 3,0.

Das bedeutet: Für jeden Euro Verlust erzielen Sie 3 Euro Gewinn – nicht Gefühl, sondern fundierte Statistik.

Warum das so wichtig ist? Der Profitfaktor vereint zwei zentrale Aspekte: wie oft Sie richtigliegen – und wie profitabel diese Treffer sind. Er zeigt, ob Ihre Strategie unter dem Strich wirklich Mehrwert schafft oder Kapital vernichtet – messbar, ehrlich, unbestechlich.

Faustregeln für den Profitfaktor:

- **unter 1,0:** Verluste überwiegen – Warnsignal
- **zwischen 1,0 und 1,5:** leicht positiv, aber wenig Spielraum für Gebühren, Slippage (Abweichungen zwischen erwartetem und tatsächlichem Ausführungskurs, z. B. bei schnellen Marktbewegungen) oder Fehler
- **ab 2,0:** Ihre Strategie hat Substanz und Widerstandskraft

Der Profitfaktor ist wie ein Stresstest für Ihre Strategie. Ob viele kleine Gewinne oder wenige große – entscheidend ist das Ergebnis im Zusammenspiel.

Aha-Moment: Einzelne Trades können täuschen – der Profitfaktor zeigt, ob Ihre Strategie als Ganzes funktioniert.

Impuls für den Tag: Berechnen Sie den Profitfaktor Ihrer Strategie. Und wenn er nicht überzeugt, optimieren Sie Ihr Vorgehen – nicht nur Ihre Erwartungen.

▶ TAG 176, POSITIONSGRÖSSE RICHTIG BERECHNEN – WARUM EIN PROZENT OFT IHR BESTER SCHUTZ IST

Einkaufsmanagerindex (PMI) – Frühwarnsystem der Wirtschaft

Stellen Sie sich vor, Sie könnten schon heute erkennen, wohin sich die Wirtschaft in den nächsten Monaten bewegt. Genau dabei hilft der Einkaufsmanagerindex, kurz PMI für Purchasing Managers' Index. Für Anleger ist er ein Frühwarnsystem der Konjunktur: Er zeigt, ob die Wirtschaft an Fahrt gewinnt oder ins Stottern gerät.

Was misst der PMI? Der PMI basiert auf monatlichen Umfragen unter Einkaufsleitern großer Unternehmen. Sie erkennen oft sehr früh, ob mehr Aufträge eingehen, Lieferketten stabil bleiben, Preise steigen oder Lagerbestände sinken. Aus ihren Einschätzungen entsteht ein Indexwert zwischen 0 und 100 Punkten:

- **Über 50 Punkte:** Die Wirtschaft wächst.
- **Unter 50 Punkte:** Die Wirtschaft schrumpft.
- **Exakt 50 Punkte:** Die Wirtschaft stagniert.

Sein besonderer Wert liegt in der Geschwindigkeit. Während BIP-Daten oder Arbeitsmarktzahlen oft mit Verzögerung erscheinen, liefert der PMI ein sehr aktuelles Bild der konjunkturellen Stimmung. Deshalb reagieren Märkte häufig sofort. Schon ein Rutsch über oder unter die Marke von 50 Punkten kann Aktienindizes, Anleihen oder Währungen deutlich bewegen. Für Anleger zählt dabei nicht nur der Wert selbst, sondern auch, ob der PMI besser oder schlechter ausfällt als erwartet.

Welche PMI-Varianten gibt es?

- **Industrie-PMI:** Stimmung in der verarbeitenden Industrie
- **Dienstleistungs-PMI:** Lage im Dienstleistungssektor
- **Composite-PMI:** Gesamtbild aus Industrie und Dienstleistungen

Selbst Zentralbanken wie die US-Notenbank Fed oder die Europäische Zentralbank nutzen den PMI, um die wirtschaftliche Lage besser einzuordnen. Für Investoren ist er damit eine Art Konjunkturradar – ein Instrument, das Wendepunkte oft früher sichtbar macht als viele andere Kennzahlen. Gerade deshalb gehört er zu den Daten, die an den Märkten besonders aufmerksam verfolgt werden.

Aha-Moment: Der PMI zeigt oft früher als andere Kennzahlen, ob die Wirtschaft an Tempo gewinnt oder an Schwung verliert.

Impuls für den Tag: Achten Sie beim nächsten PMI nicht nur auf den Wert, sondern auch darauf, ob er die Erwartungen übertrifft oder enttäuscht.

▶ TAG 196, IFO-GESCHÄFTSKLIMA – DER STIMMUNGSINDEX FÜR DEUTSCHLAND

Wallets richtig wählen – sicher verwahren mit Hot & Cold Storage

Der Kauf von Kryptowährungen ist oft nur einen Klick entfernt – die eigentliche Verantwortung beginnt danach. Denn digitale Werte liegen nicht in einem Tresor, sondern sind über kryptografische Schlüssel zugänglich. Wer sie kontrolliert, verfügt über die Coins. Wer sie verliert, verliert im Zweifel den Zugriff. Wallets sind deshalb keine Nebensache, sondern das Sicherheitszentrum Ihrer Krypto-Anlage.

Was eine Wallet wirklich speichert: Tatsächlich speichert eine Wallet keine Coins, sondern ausschließlich die Private Keys (privaten Schlüssel). Erst sie ermöglichen den Zugriff auf die Blockchain und damit auf das jeweilige Guthaben. Am ehesten lässt sich das mit einem Schlüssel zu einem Tresor vergleichen: Ohne ihn bleibt der Zugang verschlossen, unabhängig davon, wie viel Wert dahinter liegt.

Grundsätzlich gibt es zwei Formen der Verwahrung. **Hot Wallets** sind mit dem Internet verbunden. Sie eignen sich für häufige Transaktionen, Zahlungen oder aktiven Handel. **Cold Wallets** bleiben offline. Sie verringern die technische Angriffsfläche deutlich, sind dafür aber weniger bequem im Zugriff. Die Entscheidung ist deshalb immer auch eine Abwägung zwischen Komfort und Sicherheit.

Ihre Checkliste:

- **Hot Wallet:** online erreichbar, schnell nutzbar, höheres technisches Risiko
- **Cold Wallet:** offline gespeichert, geeignet für größere Beträge und längere Haltedauer
- **Private Keys:** entscheidend für Besitz und Kontrolle
- **Seed-Phrase:** Wiederherstellungssatz aus meist 12 oder 24 Wörtern – analoger Notfallplan
- **Eigenverwahrung:** macht unabhängiger von Börsen, Plattformen und deren Risiken

Typische Fehler vermeiden:

- Coins dauerhaft auf Handelsplattformen liegen lassen
- die Seed-Phrase digital statt offline sichern
- beim Versenden das falsche Netzwerk wählen

Wer Wallets versteht, versteht auch einen Grundmechanismus des Krypto-Markts: Sicherheit und Vertrauen hängen nicht nur am Kurs, sondern an der Frage, wer den Zugriff kontrolliert und wie gut dieser geschützt ist. Genau deshalb können Hacks, Börsenprobleme oder Insolvenzen so große Wirkung entfalten.

Aha-Moment: Eine Wallet ist kein bloßes Krypto-Portemonnaie, sondern der Schlüssel zur Kontrolle über Ihr digitales Vermögen.

Impuls für den Tag: Prüfen Sie heute, wo Ihre Kryptowährungen liegen, wie Ihre Seed-Phrase gesichert ist und ob Komfort und Sicherheit bei Ihnen noch im richtigen Verhältnis stehen.

▸ TAG 185, KRYPTOBÖRSEN ERKLÄRT – WORAUF SIE BEI AUSWAHL UND HANDEL ACHTEN SOLLTEN

Asset Allocation – die richtige Mischung im Depot

Die wichtigste Anlageentscheidung betrifft oft nicht die einzelne Aktie, sondern die richtige Mischung des gesamten Vermögens. Wie viel gehört in Aktien, wie viel in Anleihen, wie viel in Cash oder andere Anlageklassen? Genau darum geht es bei der Asset Allocation.

Als grobe Orientierung galt lange die Faustregel: 100 minus Lebensalter gleich Aktienquote. Wer also 50 Jahre alt ist, würde danach rund 50 Prozent in Aktien halten. Solche Regeln können einen ersten Anhaltspunkt geben, mehr aber auch nicht. Denn die richtige Vermögensaufteilung ergibt sich nicht einfach aus dem Alter, sondern vor allem aus Ihrer Risikotoleranz, Ihrem Anlagehorizont und Ihrer finanziellen Situation.

Profis denken deshalb in Anlageklassen statt in Einzelwerten. Sie fragen: Wie viel Schwankung halte ich aus? Wie lange kann mein Geld arbeiten? Und wie schnell muss ich im Zweifel darauf zugreifen können?

Die wichtigsten Bausteine der Asset Allocation:

ANLAGEKLASSE	EIGENSCHAFTEN	ROLLE IM DEPOT
Aktien	schwankungsanfällig, langfristig chancenreich	Renditetreiber
Anleihen	stabiler, laufend verzinst	Sicherheitsanker
Edelmetalle / Immobilien	sachwertnah, teils inflationssensibel	zusätzliche Stabilisierung
Cash	sofort verfügbar, niedrig verzinst	Flexibilität und Liquiditätspuffer

Eine ideale Asset Allocation lässt sich nicht allgemeingültig festlegen. Entscheidend ist, welche Mischung zu Ihren Zielen, Ihrer Lebenssituation und Ihrer inneren Ruhe passt. Denn erst in schwierigen Marktphasen zeigt sich, ob eine Vermögensaufteilung nicht nur auf dem Papier gut aussieht, sondern auch emotional tragfähig ist.

Ein Punkt wird dabei oft unterschätzt: die Liquidierbarkeit. Wie schnell können Sie einzelne Bausteine wieder zu Geld machen, wenn Sie umschichten oder auf neue Entwicklungen reagieren möchten? Genau deshalb hängt eine gute Asset Allocation nicht nur von Renditechancen und Risiken ab, sondern auch davon, wie beweglich Ihr Vermögen im Ernstfall bleibt.

Aha-Moment: Oft entscheidet weniger die einzelne Position über den Erfolg als die richtige Mischung des gesamten Vermögens.

Impuls für den Tag: Prüfen Sie Ihre Vermögensaufteilung heute einmal nach Chancen, Risiken und der Frage, wie schnell Sie einzelne Bausteine im Bedarfsfall liquidieren könnten.

▶ TAG 205, STRATEGISCH INVESTIEREN – MIT PLAN STATT IMPULS

Cum-Ex – Milliardenbetrug auf Kosten der Steuerzahler

Es war kein gewöhnlicher Betrug. Cum-Ex war ein genialer Trick – legal wirkend, aber moralisch hochgradig fragwürdig: Aktien wurden so rund um den Dividendenstichtag verschoben, dass der Staat Kapitalertragsteuer mehrfach erstattete, obwohl sie nur einmal gezahlt wurde. Ein Spiel mit System – und mit gewaltigen Summen. Der Schaden: über 10 Milliarden Euro. Bezahlt vom Steuerzahler.

Hinter dem scheinbar trockenen Steuertrick steckte ein systematischer Griff in die Staatskasse – clever konstruiert, hochprofitabel, jahrelang kaum geahndet. Beteiligte: Banken, Anwälte, Investmentprofis. Viele wussten genau, was sie taten. Die Politik schwieg – aus Komplexität, Lobbydruck oder mangelndem Mut. Die Justiz zögerte, die Öffentlichkeit blieb lange ahnungslos. Kontrolle? Kaum vorhanden. Verantwortung? Noch seltener.

Das Konstrukt war so verschachtelt wie wirkungsvoll – und genau das machte es so gefährlich. Wer nachhakte, galt schnell als Spielverderber in einem profitablen System. Niemand fühlte sich verantwortlich, Zuständigkeiten wurden weitergereicht. Es entstand ein Graubereich, in dem steuerliche und ethische Maßstäbe zunehmend verwischt wurden.

Erst wenige Mutige machten den Skandal sichtbar – eine von ihnen: Anne Brorhilker. Als Oberstaatsanwältin kämpfte sie jahrelang gegen Cum-Ex – zielstrebig, unbeirrbar, unabhängig. Weder Lobbydruck noch politischer Gegenwind konnten sie stoppen. Nach über einem Jahrzehnt im Staatsdienst zog sie einen Schlussstrich – nicht aus Frust, sondern aus Überzeugung: Sie wollte mehr bewegen. Heute setzt sie sich bei einer Nichtregierungsorganisation (NGO) für Transparenz und Steuergerechtigkeit ein –unbequem, klar, glaubwürdig.

Cum-Ex steht exemplarisch für ein strukturelles Problem: Wenn Geld, Macht und Verantwortung entkoppelt sind, entsteht Raum für Missbrauch. Doch der Fall zeigt auch: Einzelne können den Unterschied machen – wenn sie bereit sind, hinzusehen und zu handeln.

Aha-Moment: Nicht jede Lücke im Gesetz ist ein Freifahrtschein – moralische Intelligenz beginnt dort, wo juristische Schlupflöcher enden.

Impuls für den Tag: Denken Sie quer, wenn andere wegsehen – Aufklärung braucht Haltung, nicht Applaus.

▶ TAG 194, DIE HYPOTHEKENKRISE – DER ZÜNDFUNKE DER GLOBALEN FINANZKRISE

Peter Thiel – das Thiel-Verse und der Aufstieg des ideologischen Kapitals

Sie checken Mails, scrollen, liken, bestellen – im Hintergrund laufen Algorithmen, sammeln Daten, analysieren Verhalten. Der Alltag wirkt frei. Ist er das? Willkommen im Thiel-Verse.

Peter Thiel hat früh erkannt, wie sich digitale Macht in politische Richtung lenken lässt – ohne Mandat, aber mit Milliarden. Vom ersten Investor bei Facebook über die Datenfirma Palantir bis hin zu rechtskonservativen Politikern wie **Blake Masters** und **James David Vance**, die seine Ideologie in den US-Senat tragen.

Was klingt wie Science-Fiction, ist längst Realität: ein Unternehmer, der demokratische Prinzipien infrage stellt – und gleichzeitig die digitale Infrastruktur zur Kontrolle bereitstellt.

Das Thiel-Verse ist ein System aus Start-ups, Denkfabriken, Politkandidaten und Kapital – verbunden durch das Weltbild, dass Freiheit bedeutet, dass der Stärkere regiert. Vielfalt, Transparenz, Widerspruch? Für Thiel Schwächezeichen. Seine Werkzeuge: Kapital, Daten, technologische Dominanz.

Der Founders Fund, 2005 von ihm mitbegründet, verwaltet über 17 Mrd. US-Dollar – investiert in SpaceX, DeepMind, Anduril, Facebook. Palantir liefert Datenlogik fürs Pentagon. Über diesen Kanal lenkt Thiel nicht nur Innovation, sondern Ideologie – etwa mit Figuren wie Vivek Ramaswamy, dem Anti-ESG-Investor, und **Elon Musk**, einst PayPal-Partner, heute Sprachrohr eines radikalisierten Tech-Libertarismus.

In diesem Kosmos sind Investoren Weltgestalter. Daten sind Rohstoff, Plattformen Territorien. Demokratie stört – ein Fehler im System.

Thiel ist kein Banker, kein Zentralbankchef. Er steht für den Bruch mit der alten Finanzordnung: dezentral, ideologisch aufgeladen, resistent gegen Regulierung. Er investiert nicht in Märkte, sondern in Macht. In ein Betriebssystem, das Kontrolle als Fortschritt verkauft.

Kontrolle beginnt dort, wo kritisches Hinterfragen endet.

Aha-Moment: Nicht jede Vision dient dem Gemeinwohl. Nicht jede Plattform ist neutral. Hinter disruptivem Denken steckt oft ein strukturiertes Machtinteresse.

Impuls für den Tag: Wenn Sie heute Tech nutzen, fragen Sie sich: Dient es mir – oder trainiere ich gerade das System eines anderen?

▶ TAG 195, MAYER AMSCHEL ROTHSCHILD – DER ARCHITEKT DES INTERNATIONALEN BANKENSYSTEMS

Optionshandel – das Spiel mit Zeit und Kursen

Beim Optionshandel zählt nicht nur die Richtung, sondern auch der Zeitpunkt. **Optionen reagieren auf Kursbewegungen und Zeit zugleich.** Genau dieses Zusammenspiel macht sie anspruchsvoll – und strategisch interessant.

Eine Option gibt Ihnen das Recht, einen Basiswert bis zu einem bestimmten Termin zu einem festgelegten Preis zu kaufen (Call) oder zu verkaufen (Put). Dafür zahlen Sie eine Prämie.

Optionspreis = Innerer Wert + Zeitwert

- **Innerer Wert:** Differenz zwischen aktuellem Kurs und Ausübungspreis (sofern im Geld)
- **Zeitwert:** Preis für verbleibende Zeit und erwartete Schwankung

Der entscheidende Punkt: Bei Optionen verlieren Sie auch dann Geld, wenn der Markt sich nicht bewegt.

Mit jedem Tag sinkt der Zeitwert – unabhängig vom Kurs. Dieser Zeitwertverfall beschleunigt sich zum Laufzeitende. Eine Option kann daher an Wert verlieren, obwohl Ihre Markteinschätzung grundsätzlich richtig ist.

Beispiel: Steht eine Aktie bei 100 Euro und eine Call-Option (Strike 95) kostet 7 Euro, entfallen 5 Euro auf den inneren Wert und 2 Euro auf den Zeitwert. Sinkt der Zeitwert bis kurz vor Verfall auf 0,50 Euro, verliert die Option an Wert – selbst wenn sich der Kurs kaum bewegt. Gleichzeitig reagieren Optionen aufgrund ihres Hebels besonders empfindlich auf Kursbewegungen der zugrunde liegenden Aktie. Schon kleine Veränderungen können den Optionspreis deutlich bewegen – in beide Richtungen. Genau deshalb werden Optionen nicht nur zur Spekulation, sondern auch zur Absicherung und für strukturierte Strategien eingesetzt.

Optionen sind kein einfaches Hebelprodukt, sondern ein Instrument mit mehreren Einflussfaktoren: Kurs, Zeit und Volatilität. Wer dieses Zusammenspiel nicht versteht, trifft Entscheidungen gegen die Mechanik des Produkts.

Aha-Moment: Eine richtige Marktmeinung reicht nicht – sie muss zum richtigen Zeitpunkt eintreten.

Impuls für den Tag: Beobachten Sie eine Option über mehrere Tage: Wie verändert sich ihr Preis, obwohl sich der Kurs kaum bewegt?

▸ TAG 199, HEBEL IM VERGLEICH – CFD, OPTIONEN, ZERTIFIKATE & CO.

Volumen im Handel – die Sprache der Märkte

Kurse zeigen, was passiert. Volumen zeigt, wie überzeugend es passiert. Ein Anstieg ohne Volumen ist Bewegung – keine Bestätigung.

Der entscheidende Punkt: Volumen zeigt, ob der Markt eine Bewegung trägt – oder nur zulässt.

Volumen misst Beteiligung. Es zeigt, wie viele Marktteilnehmer eine Bewegung mitgehen.

Hohe Aktivität bedeutet Überzeugung. Geringe Aktivität bedeutet Zurückhaltung.

Wenn Preise steigen und das Volumen zunimmt, wird die Bewegung bestätigt. Bleibt das Volumen aus, fehlt der Rückhalt. Bewegungen werden anfälliger.

Typische Konstellationen:

- **Kurs steigt, Volumen steigt:** Bewegung mit Substanz
- **Kurs steigt, Volumen sinkt:** Bewegung ohne Überzeugung
- **Kurs fällt, Volumen steigt:** zunehmender Verkaufsdruck
- **Seitwärtsphase mit Volumenspitzen:** Positionierung größerer Marktteilnehmer

Gerade an wichtigen Zonen wird Volumen entscheidend. Ausbrüche mit Volumen tragen weiter – ohne Volumen scheitern sie oft.

Auch im Trend liefert Volumen Hinweise: Steigende Kurse bei fallendem Volumen zeigen nachlassende Dynamik. Der Trend wird fragiler.

Volumen ist kein Signal für sich. Es ist ein Verstärker. Es zeigt, ob hinter einer Bewegung echtes Kapital steht.

Der praktische Vorteil: Volumen hilft Ihnen, schwache von tragfähigen Bewegungen zu unterscheiden – bevor sich das Ergebnis zeigt.

Viele handeln nur den Preis. Erfahrene Trader lesen Preis und Volumen – und erkennen den Unterschied.

Aha-Moment: Der Preis zeigt die Richtung – das Volumen zeigt die Überzeugung.

Impuls für den Tag: Vergleichen Sie das aktuelle Volumen mit dem Durchschnitt – und prüfen Sie, ob die Bewegung im gehandelten Instrument tatsächlich vom Volumen getragen wird.

▶ TAG 197, ALGORITHMISCHES TRADING – WENN REGELN DEN HANDEL ÜBERNEHMEN

Seltene Ereignisse – warum sie unsere Risikowahrnehmung verzerren

Crashs, Kursraketen, Pleiten: Je seltener ein Ereignis, desto stärker prägt es sich ein. Unser Denken ist nicht objektiv – es wird von Eindrücken geprägt. Und je eindrücklicher ein Ereignis, desto größer sein Einfluss auf unsere Wahrnehmung.

Psychologisch spricht man vom **Salienz-Effekt**: Was heraussticht, drängt sich in den Vordergrund unseres Denkens – selbst wenn es nur selten vorkommt und statistisch kaum ins Gewicht fällt (1). Das Problem: Wir messen solchen Ausreißern oft mehr Bedeutung bei, als sie verdienen.

Was bedeutet das an der Börse?

- Anleger überschätzen die Wahrscheinlichkeit eines erneuten Crashs – weil der letzte so präsent ist.
- Erfolgsgeschichten wie »vom Krypto-Trader zum Millionär« wirken stärker als nüchterne Daten.
- Stabile, unspektakuläre Anlageformen wie ETFs oder Anleihen erscheinen im Vergleich langweilig – und werden unterschätzt.

Unser Kopf funktioniert nicht wie ein Rechenzentrum. Statt unaufgeregt Wahrscheinlichkeiten zu analysieren, orientieren wir uns an Eindrücken: Was auffällt oder emotional aufgeladen ist, erscheint automatisch bedeutsamer. So entsteht ein verzerrtes Bild vom tatsächlichen Risiko – seltene Ereignisse wirken übergroß, alltägliche Entwicklungen geraten in den Hintergrund (2).

Studien zeigen: Besonders bei extremen Risiken – etwa Crashs oder geopolitischen Krisen – verzerren wir Wahrscheinlichkeiten stark. Unter Stress ignorieren wir objektive Einschätzungen nahezu vollständig.

Spannend ist auch ein Wahrnehmungsparadox: Seltene Ereignisse werden eher überschätzt, wenn wir sie erzählt bekommen – und unterschätzt, wenn wir sie selbst erlebt haben. Medienberichte wirken emotional intensiver als persönliche Erfahrungen (3).

Doch seltene Ereignisse sind kein Maßstab für alltägliche Entscheidungen. Gute Investoren lassen sich nicht von Extremen leiten – sie nutzen sie als Impuls zum Nachdenken, nicht als Basis ihrer Strategie.

Aha-Moment: Ein einziger Kurssturz prägt unsere Erwartungen oft stärker als zehn Jahre stabiler Erträge.

Impuls für den Tag: Welche Ihrer Einschätzungen basiert auf Wahrscheinlichkeiten – und welche auf Ausnahmen?

► TAG 200, HERDENTRIEB – WIE DIE MASSE UNSER VERHALTEN STEUERT

Gap-Trading – Kurslücken richtig einordnen und nutzen

Manche Kursbewegungen beginnen nicht fließend, sondern mit einem Sprung. Der Markt eröffnet deutlich höher oder tiefer als am Vortag, und zwischen dem alten Schlusskurs und dem neuen Start bleibt eine Lücke. Genau das ist ein Gap. Für Trader sind solche Kurslücken besonders spannend, weil sie oft zeigen, dass neue Informationen oder plötzlicher Druck in den Markt gekommen sind.

Der Reiz dieser Strategie liegt in der Signalwirkung. Ein Gap ist mehr als ein Sprung im Chart. Es zeigt, dass Marktteilnehmer plötzlich bereit sind, deutlich andere Preise zu akzeptieren. Solche Lücken entstehen häufig nach Quartalszahlen, Konjunkturdaten oder unerwarteten Nachrichten.

Der entscheidende Punkt: Nicht jedes Gap ist ein Signal – entscheidend ist, wie der Markt danach reagiert.

Zur Einordnung: Manche Gaps werden schnell geschlossen, andere treiben die Bewegung direkt weiter. Genau diese Unterscheidung macht Gap-Trading interessant.

Gute Gap-Trader achten darauf, warum die Lücke entstanden ist, wie groß sie ausfällt und ob der Markt nach der Eröffnung weiterläuft oder sofort an Kraft verliert. Die erste Reaktion nach dem Gap ist oft entscheidender als das Gap selbst.

Worauf Gap-Trader achten:
- deutliche Kurslücken nach Nachrichten oder Zahlen
- erste Reaktion nach der Eröffnung
- ob das Gap geschlossen oder weiter ausgebaut wird
- Volumen und Dynamik als Bestätigung

Typische Fehler:
- jede Kurslücke als Einstiegssignal werten
- ohne Kontext der Nachricht handeln
- schwache Gaps mit echten Signalen verwechseln
- ohne Absicherung in die erste Bewegung springen

Gap-Trading ist damit kein reines Reagieren auf Kurslücken, sondern die Fähigkeit, neue Marktinformationen sofort richtig einzuordnen.

Aha-Moment: Ein Gap zeigt, dass sich Erwartungen im Markt schlagartig verschieben.

Impuls für den Tag: Suchen Sie ein Gap im Chart und prüfen Sie: Wird es geschlossen oder setzt sich die Bewegung fort? Genau daraus entsteht die Handelsidee.

▶ TAG 192, NEWS-TRADING – AUF ZAHLEN, EREIGNISSE UND ÜBERRASCHUNGEN REAGIEREN

Energie & Mobilität – von der Steckdose ins Depot

Wir leben in einer Phase tiefgreifender Umbrüche. Geopolitische Spannungen, Klimaziele, technologische Innovationen und veränderte Mobilitätsbedürfnisse prägen unsere Zeit. Energieversorgung und Mobilität rücken dabei enger zusammen. Was früher getrennte Branchen waren, verschmilzt zu einem neuen System aus Strom, Netzen, Speichertechnologien und Bewegung.

Die Energiewende ist nicht nur ein politisches Projekt, sondern ein wirtschaftlicher Transformationsprozess. Der Umstieg auf erneuerbare Energien, Elektromobilität und intelligente Netze verändert ganze Industrien. Nicht einzelne Produkte stehen im Fokus, sondern neue Wertschöpfungsketten – von der Stromerzeugung über Infrastruktur bis zur Nutzung im Alltag. Für Anleger entsteht hier ein langfristiges Investitionsfeld, getragen von Regulierung, Kapitalflüssen und Innovation.

Typische Akteure entlang der Energie- und Mobilitätskette:

- **Erneuerbare Energien:** Ørsted, Enphase, Brookfield Renewable, RWE
- **Ladeinfrastruktur:** ChargePoint, Wallbox, Tesla (Supercharger)
- **E-Fahrzeuge:** Tesla, BYD, Rivian, NIO
- **Autohersteller im Wandel:** Volkswagen, Mercedes-Benz, Ford
- **Batterien & Zulieferer:** CATL (Batterieweltmarktführer), Panasonic, Varta, LG Energy Solution
- **Rohstoffe:** Albemarle (Lithium)
- **Mobilitätsplattformen:** Uber, Lyft, Grab

Diese Unternehmen profitieren von einem strukturellen Wandel – doch nicht jedes profitiert gleich gut. Die Branche ist kapitalintensiv, politisch beeinflusst und technologisch umkämpft. Rohstoffpreise, Förderprogramme, regulatorische Eingriffe und technologische Durchbrüche können Geschäftsmodelle beschleunigen – oder abrupt ausbremsen. Der Trend ist gesetzt, die Gewinner sind es nicht.

Für Anleger lautet die entscheidende Frage daher nicht, ob Energie- und Mobilitätssysteme sich verändern, sondern wer Wertschöpfung beherrscht und wer nur Investitionskosten trägt. Breite Ansätze, etwa über thematische ETFs, können helfen, Chancen zu nutzen und Einzeltitelrisiken zu begrenzen.

Aha-Moment: Die Energiewende ist kein Produkttrend, sondern ein Systemumbau. Rendite entsteht dort, wo Infrastruktur, Skalierung und Regulierung zusammenwirken.

Impuls für den Tag: Beobachten Sie Ihren Alltag. Wo fließt Strom, wo wird er gespeichert, wo genutzt? Recherchieren Sie die Unternehmen hinter diesen Schnittstellen.

▸ TAG 211, BANKKARTE, VERSICHERUNG, RENTE – FINANZDIENSTLEISTER IM ALLTAG ERKENNEN

Konjunkturzyklen – die unsichtbaren Taktgeber der Märkte

Die Börse ist kein Zufallsprodukt – sie folgt einem verborgenen Rhythmus, der von der Realwirtschaft vorgegeben wird: den **Konjunkturzyklen**. Diese Zyklen aus Aufschwung, Boom, Abschwung und Rezession prägen das wirtschaftliche Klima und spiegeln sich auch in Marktstimmung und Kursverläufen wider. Wer diesen Puls versteht, kann Trends einordnen, Risiken besser managen und antizyklische Chancen nutzen.

Die klassische Konjunktur verläuft in vier Phasen:

- **Aufschwung:** Steigende Investitionen, wachsende Konsumfreude und niedrige Zinsen treiben die Wirtschaft an. Die Stimmung verbessert sich, Unternehmen schaffen Arbeitsplätze, die Aktienkurse steigen. Zyklische Branchen wie Industrie, Technologie oder Bau profitieren besonders. **Beispiel:** Der MSCI World legte nach der Finanzkrise 2009 innerhalb eines Jahres um über 30 Prozent zu.
- **Boom:** die Hochphase. Wachstum, Gewinne und Optimismus erreichen ihren Höhepunkt. Doch mit der Hitze kommt das Risiko: Inflation, Lieferengpässe, Überbewertung. Die Notenbanken beginnen oft mit Zinserhöhungen. Erste Anleger wenden sich defensiven Sektoren wie Gesundheit oder Versorgung zu.
- **Abschwung:** Der Takt verlangsamt sich. Unternehmen investieren weniger, Entlassungen nehmen zu, Konsum sinkt. Die Börse reagiert empfindlich – oft mit Korrekturen von 15 bis 25 Prozent. Die Marktstimmung kippt: Aus Euphorie wird Zurückhaltung.
- **Rezession:** die Talsohle. Produktion, Einkommen und Nachfrage gehen zurück. Doch zugleich beginnt die Weichenstellung für den nächsten Aufschwung. Notenbanken senken Zinsen, Staaten greifen mit Programmen ein. Mutige Anleger investieren jetzt in Qualität – wie 2020 nach dem Corona-Crash, als der S&P 500 innerhalb weniger Monate über 50 Prozent zulegte.

Konjunkturzyklen sind der Herzschlag der Kapitalmärkte. Wer den Rhythmus erkennt, handelt nicht nur schneller, sondern klüger. Er sieht, wann das Risiko sinkt, Bewertungen attraktiv werden und wie unterschiedliche Branchen auf die verschiedenen Phasen reagieren.

Die Börse folgt keiner Uhr. Aber sie hat ihren Takt. Und wer ihn hört, tanzt besser durch den Wandel.

Aha-Moment: Der Markt schwankt – aber selten grundlos. Oft steckt der Zyklus dahinter. Wer ihn erkennt, sieht Muster, wo andere nur Bewegung sehen.

Impuls für den Tag: Investieren ist wie Tanzen. Nicht der erste Schritt zählt, sondern ob Sie im Takt bleiben.

▶ TAG 210, ELLIOTT-WELLEN – DAS GEHEIMNIS RHYTHMISCHER KURSBEWEGUNGEN

Wenn der Trade kippt – Enttäuschung annehmen, Chancen erkennen

Ein emotional belastender Trade kostet oft mehr als nur Kapital – er trifft die Psyche. Enttäuschung, Frust, Selbstzweifel: All das gehört zur Realität. Entscheidend ist nicht, ob Rückschläge passieren – sondern, wie Sie mit ihnen umgehen.

Das eigentliche Risiko liegt selten im Chart, sondern direkt vor dem Bildschirm. Viele Trader wissen theoretisch, wie man mit Verlusten umgeht – doch unter echtem Druck versagen diese Prinzipien oft.

Dann übernimmt der innere Schweinehund: Er liebt das Bequeme, scheut Veränderung, klammert sich an das Vorhersehbare. Statt zu reflektieren, wird ausgeblendet. Statt zu wachsen, wird kompensiert. Das klingt hart – aber im Trading ist Trägheit gefährlicher als Volatilität. Wer in der Komfortzone verharrt, wird vom Markt früher oder später überrollt.

Doch genau hier beginnt die Chance. Denn Trading ist kein starrer Regelkatalog – es ist ein Lernprozess. Fehler sind kein Makel, sondern Feedback. Nicht jeder Verlust bedeutet Scheitern – jeder Fehler hingegen ist ein Entwicklungsimpuls, wenn Sie hinschauen.

Die Märkte sind mehr als Handelsplätze – sie sind Spiegel und Coach zugleich. Sie zeigen unbestechlich, ob Ihre Strategie trägt, ob Sie diszipliniert sind – oder in alte Muster zurückfallen. Wer dieses Feedback annimmt, wächst. Nicht nur als Trader, sondern als Mensch.

Reflexionsaufgabe – Ihre Muster bei Rückschlägen:

- Welche Emotionen steigen auf, wenn ein Trade kippt – Wut, Angst, Enttäuschung?
- Wie gehe ich mit dem Impuls um, sofort zu reagieren – retten, ausgleichen, »zurückholen«?
- Welche Geschichten erzähle ich mir in solchen Momenten über mich selbst?
- Gibt es alte Erfahrungen, die solche Gefühle unbewusst verstärken?
- Was liegt – jenseits des Kontostands – als Erkenntnis in dieser Situation?
- Was würde ich einem guten Freund raten – und was hält mich davon ab, diesen Rat selbst zu befolgen?

Wer sich diesen Fragen ehrlich stellt, erkennt: Der größte Hebel liegt im Umgang mit sich selbst.

Aha-Moment: Ein Verlust ist kein persönliches Versagen. Wer Enttäuschung bewusst verarbeitet, findet oft genau dort den Schlüssel zur nächsten Stufe.

Impuls für den Tag: Ein verlorener Trade kann Erkenntnis sein – und damit ein Gewinn. Fragen Sie sich: Was nehme ich heute wirklich mit?

▶ TAG 203, VISUALISIEREN SIE DEN TRADER IN IHNEN – MIT BILDERN ZUM BESSEREN SELBSTBILD

Money Talks – wie Geld Musik und Künstler prägt

Geld – eine Kraft, die Menschen antreibt, Träume entfacht und zugleich Konflikte schafft. Kein Wunder, dass es seit Jahrzehnten eines der beliebtesten Themen in der Musik ist. Von Glamour und Gier bis harter Arbeit und stillen Sehnsüchten: Künstlerinnen und Künstler haben den Einfluss des Geldes immer wieder in unvergesslichen Songs eingefangen.

ABBA machten mit *Money, Money, Money* die bittersüßen Träume des kleinen Mannes unsterblich. *»If I had a little money«* – eine Zeile, die weltweite Sehnsucht auf den Punkt bringt. Der Song spielt mit der Ironie des Wohlstands: Wer ihn hat, genießt – wer nicht, dreht sich im Hamsterrad. **Pink Floyd** bieten mit ihrem ikonischen Track *Money* eine düstere, fast satirische Perspektive. Der Beat pulsiert, Kassengeräusche klirren – *»Money, it's a gas«* klingt wie eine Hymne auf Konsum. Doch unter der Oberfläche brodelt Kritik am Materialismus: Besitz kann berauschen – und blenden. Auch **Die Prinzen** treffen mit *Millionär* einen Nerv. Charmant und augenzwinkernd zeigen sie, dass der Traum vom schnellen Reichtum oft mehr mit Fantasie zu tun hat als mit Realität. Und **Donna Summer** verneigt sich mit *She Works Hard for the Money* vor denen, die für finanzielle Sicherheit täglich kämpfen – eine Hymne an Anerkennung und Respekt.

Doch Geld beeinflusst nicht nur Texte, sondern auch Karrieren. Wer zahlt, bestimmt mit. Von **Mozarts** Schulden bis zu **Princes** Vertragsrebellion, von Plattenfirmenmacht bis Self-Publishing – Musik stand stets im Spannungsfeld zwischen Kunst und Kommerz. Gerade im Rap wird Geld zur Kunstform: Statussymbol, Traum, Trauma – alles in einem Beat.

Auch das Publikum hört mit doppeltem Ohr: Ein Song über Geld ist nie nur Unterhaltung, sondern Spiegel, Kritik, Wunschmaschine. **BTS**, die globalen K-Pop-Stars aus Südkorea, nehmen in *Go Go* Konsumverhalten und YOLO-Mentalität ironisch aufs Korn – ein satirischer Spiegel des materiellen Drucks junger Generationen. **Burna Boy**, der nigerianische Afrobeats-Star, zeigt in *Dangote,* wie Armut, Ambition und Aufstiegschancen im Alltag aufeinandertreffen. **Kendrick Lamar** wiederum macht in *Money Trees* klar: Reichtum ist nie neutral, sondern immer auch eine Frage von Moral, Risiko und Macht.

Musik macht das Unsichtbare hörbar: Gier, Hoffnung, Ungleichheit. Und sie erinnert daran, dass Geld nicht nur zählt, sondern klingt. Denn wo Melodie auf Message trifft, wird Reichtum zur Frage: *»Was ist dein Wert – und was ist er dir wert?«*

Aha-Moment: Geld spricht in der Musik – mal als Versprechen, mal als Warnung. Wer zuhört, erkennt: Es geht nie nur um Zahlen, sondern um Haltung.

Impuls für den Tag: Wenn Ihr Kontostand einen Soundtrack hätte – wäre es Soul, Punk, Funk oder Schweigen?

▶ TAG 186, WAS BLEIBT, WENN KEINER HINSEHEN KANN – DIE STILLE MACHT UNREGISTRIERTER WERTE

Momentum Investing – Gewinner bleiben Gewinner

An der Börse gibt es ein verlässliches Muster: Aktien, die zuletzt stärker gestiegen sind als der Markt, laufen häufig noch eine Zeit weiter. Dieses Phänomen heißt Momentum – und gehört zu den am besten dokumentierten Markteffekten. Statt nach »günstig« oder »dividendenstark« zu suchen, setzt Momentum Investing auf ein einfaches Prinzip: Stärke wird gekauft, Schwäche gemieden.

So geht's:
- Identifizieren Sie die Aktien mit der stärksten Performance der letzten drei bis zwölf Monate.
- Kaufen Sie die Gewinner und vermeiden Sie die Verlierer (teilweise auch Short-Ansätze möglich).
- Die Halteperiode beträgt meist drei bis zwölf Monate.
- Regelmäßige Anpassung (Rebalancing) erfolgt nach festen Regeln.

Warum funktioniert das?
- Anlegerreaktionen laufen oft zeitverzögert: Gute Nachrichten werden schrittweise eingepreist.
- Trends verstärken sich durch Aufmerksamkeit, Nachahmung und Kapitalzuflüsse.
- Gewinner ziehen weitere Käufer an, Verlierer verlieren Unterstützung.

Beispiel: Jegadeesh und Titman (1) untersuchten US-Aktien von 1965 bis 1989 und zeigten, dass eine einfache 6/6-Strategie – Gewinner der letzten sechs Monate kaufen und sechs Monate halten (Verlierer meiden bzw. verkaufen) – im Durchschnitt eine deutliche Überrendite gegenüber Verlierern erzielte. Vergleichbare Momentum-Effekte wurden auch außerhalb der USA, etwa in Europa, festgestellt (2).

CHANCEN	RISIKEN
▪ empirisch vielfach belegt und über lange Zeiträume beobachtet	▪ Hohe Umschlagshäufigkeit: Kosten und Steuern können die Rendite reduzieren.
▪ klare Regeln, leicht systematisierbar	▪ Trendbrüche können schnell und schmerzhaft sein (Momentum-Crash-Risiko).
▪ kann in Trendphasen attraktive Überrenditen erzielen	▪ In stark volatilen Märkten steigt die Fehleranfälligkeit.

Fazit: Momentum Investing nutzt die Trägheit von Märkten und das Verhalten von Anlegern. Die Strategie kann stark sein, wenn Trends tragen – sie ist aber nur so gut wie die Disziplin, Regeln auch dann einzuhalten, wenn sich der Markt plötzlich dreht.

Aha-Moment: Momentum ist selten Magie – oft ist es die Verzögerung, mit der Märkte und Menschen reagieren.

Impuls für den Tag: Schauen Sie auf die Gewinner der letzten sechs Monate. Würden Sie Stärke konsequent kaufen – oder fällt es Ihnen leichter, auf die Gegenbewegung zu hoffen?

▸ TAG 206, DIVIDEND GROWTH INVESTING – STETIG STEIGENDES EINKOMMEN

Gold im Fokus – Mythos, Sicherheit oder Renditebremse?

Gold wirkt zeitlos. Gerade in Phasen von Krisen, Inflation, geopolitischen Spannungen und politischer Unsicherheit rückt es immer wieder ins Zentrum. Wenn Vertrauen in Systeme schwankt, steigt oft die Nachfrage nach einem Gut, das kein Versprechen braucht.

Gold ist dabei ungewöhnlich. Es produziert nichts, zahlt keine Zinsen und erwirtschaftet keine Gewinne. Sein Wert entsteht allein durch Knappheit, Akzeptanz und Vertrauen. Genau das macht es zugleich faszinierend – und schwer einzuordnen. In den vergangenen Jahren hat Gold eine neue Rolle bekommen. Zentralbanken kaufen verstärkt, Anleger suchen Stabilität. Gold wird damit weniger zum Renditetreiber, vielmehr stärker zum Vertrauensanker.

Doch diese Rolle hat zwei Seiten. Gold kann in unsicheren Zeiten stabilisieren, bleibt aber abhängig von Zinsen und Vertrauen. Steigen reale Zinsen oder gewinnen andere Anlageklassen an Attraktivität, gerät Gold schnell unter Druck. Es schützt nicht immer, sondern vor allem in bestimmten Phasen.

Die entscheidende Frage lautet deshalb: Wofür brauchen Sie Gold in Ihrem Depot?

- **Absicherung:** Schutz in Krisen- und Stressphasen
- **Diversifikation:** andere Wertentwicklung als Aktien oder Anleihen
- **Liquiditätsreserve:** global handelbar, jederzeit veräußerbar

Gold ist damit kein Ersatz für produktive Anlagen wie Aktien. Es ergänzt ein Depot – es ersetzt es nicht.

Formen des Investments:
- **physisches Gold:** Barren oder Münzen, direktes Eigentum, unabhängig vom Finanzsystem
- **börsengehandelte Produkte (z. B. ETCs):** einfacher Handel, aber systemabhängig
- **Minenaktien:** indirekter Hebel auf den Goldpreis, jedoch mit Unternehmensrisiken

Worauf es ankommt:
- **Zweck klar definieren:** Absicherung oder Renditeerwartung
- **Gewichtung begrenzen:** Ergänzung statt Schwerpunkt
- **Form bewusst wählen:** Kontrolle versus Komfort

Gold ist kein Wundermittel. Es ist ein Baustein für Stabilität – nicht für Wachstum. Seine Stärke zeigt sich meist dann, wenn andere Teile des Systems unter Druck geraten.

Aha-Moment: Gold wirft keine Erträge ab – es gewinnt an Bedeutung, wenn Vertrauen knapp wird.

Impuls für den Tag: Entscheiden Sie bewusst: Soll Gold mein Depot beruhigen – oder soll es Rendite bringen? Davon hängt die Gewichtung ab.

▶ TAG 191, NACHHALTIG INVESTIEREN – ESG, SRI & IMPACT IM ÜBERBLICK

Positionsgröße richtig berechnen – warum 1 Prozent oft Ihr bester Schutz ist

Trading ist nicht nur die Kunst, Chancen zu erkennen, sondern Risiken gezielt zu steuern. Die Positionsgröße ist dabei Ihr wichtigstes Werkzeug. Eine bewährte Faustregel: Risiko pro Trade maximal 1 Prozent des Gesamtkapitals – für Stabilität und Handlungsspielraum. Warum das wirkt?

Ein Beispiel: Ihr Konto umfasst 20.000 Euro. Ein Prozent davon – also 200 Euro – ist Ihr maximaler Verlust je Trade einschließlich aller Nebenkosten. Angenommen, Sie kaufen eine Aktie zu 100 Euro und setzen den Stopp bei 95 Euro. Der Abstand zwischen Einstiegs- und Stoppkurs beträgt somit 5 Euro. Das maximale Risiko je Aktie liegt folglich bei 5 Euro.

Ohne Berücksichtigung weiterer Kosten ergibt sich zunächst: 200 € ÷ 5 € / Aktie = 40 Aktien

In der Praxis entstehen jedoch zusätzliche Kosten. Dazu zählen **Slippage** (Abweichung zwischen geplantem und tatsächlichem Ausführungskurs), der **Spread** (Differenz zwischen Kauf- und Verkaufskurs) sowie **Ordergebühren**. Sie verringern den tatsächlich verfügbaren Risikobetrag.

Die realistische Formel lautet:

Positionsgröße = (max. Risiko pro Trade – erwartete Kosten) ÷ (Abstand zum Stopp in Euro)

Wenn Sie mit 15 Euro Gebühren und 1 Euro Slippage rechnen, verbleiben nur noch 184 Euro als Risikopuffer. **Damit ergibt sich:**

200 € – 16 € = 184 €
184 € ÷ 5 € / Aktie = 36,8 Aktien
Sie würden daher maximal 36 Aktien kaufen.

Das klingt wenig – ist aber entscheidend. Wer diese »kleinen« Kosten ignoriert, riskiert langfristig zu viel. Gerade bei kleineren Depots oder häufigem Trading zählt jeder Euro. Präzise Positionsgrößen sind kein Extra, sondern Ihr Schutzschild im Spiel der Wahrscheinlichkeiten.

Aha-Moment: Das Risiko steckt nicht nur im Kurs, sondern im Gesamtpaket. Wer das erkennt, bleibt langfristig im Spiel.

Impuls für den Tag: Rechnen Sie nicht nur mit Chancen, sondern mit allem, was dazwischenkommt. Kontrolle beginnt mit Klarheit – und mit dem Taschenrechner.

▸ TAG 190, STOPPS MIT SYSTEM – VOLATILITÄTSBASIERT STATT BAUCHGEFÜHL

Gamification an der Börse – wenn der Handel zum Spiel wird

Smartphones prägen unseren Alltag. Mit ihnen hat sich auch der Zugang zur Börse radikal verändert. Der Handel ist heute jederzeit möglich – per App, mit wenigen Fingertipps, scheinbar mühelos. Was früher ein bewusster Akt war, ist heute Teil des digitalen Alltags.

Eine Animation feiert Ihren Aktienkauf, digitales Konfetti rieselt über den Bildschirm. Was wie ein Spiel wirkt, ist für viele der erste Kontakt mit Kapitalmärkten. Gamification bezeichnet den Einsatz spieltypischer Elemente in einem sachlichen Umfeld. Punkte, Ranglisten oder visuelle Belohnungen senken Hemmschwellen und erhöhen die Interaktion. Der Handel wird emotional inszeniert.

Vor wenigen Jahrzehnten erfolgte eine Order telefonisch über die Bank. Heute genügt ein Wisch. Anbieter wie Robinhood oder europäische Neobroker setzen bewusst auf intuitive Oberflächen. Der Kauf fühlt sich leicht an, fast beiläufig. Psychologisch ähnelt er einem Spielzug – nicht einer finanziellen Entscheidung mit realem Risiko. Die Distanz zwischen Handlung und Konsequenz schrumpft.

Auch Produktanbieter reagieren. Manche Fonds richten sich gezielt an jüngere Zielgruppen und setzen auf Trendthemen oder besonders wachstumsstarke Unternehmen. Solche Konzepte versprechen Dynamik, reagieren jedoch empfindlich auf Enttäuschungen. Trends wechseln schneller als Geschäftsmodelle. Was populär ist, ist nicht automatisch belastbar.

Mit sinkenden Hemmschwellen steigt die Aktivität. Eine kleine Investition von 50 Euro, begleitet von einer Gewinnanzeige und positiver Animation, aktiviert das Belohnungssystem. Verluste erscheinen dagegen nüchtern und reduziert. Diese Asymmetrie verstärkt impulsives Verhalten. Häufigeres Handeln bedeutet mehr Transaktionskosten und häufig geringere strategische Klarheit.

Wenn Millionen Nutzer gleichzeitig spielerisch reagieren, verändert sich nicht nur individuelles Verhalten, sondern Marktstruktur. Kurzfristige Liquidität kann anschwellen, Volatilität sich beschleunigen, Trends können sich selbst verstärken. Gamification verändert nicht nur Anlegerverhalten – sie verändert Marktbewegungen.

Beispiel: Bei Meme-Aktien entstand Dynamik weniger aus Fundamentaldaten als aus sozialer Verstärkung in Online-Foren. Kursbewegungen wurden zum kollektiven Ereignis.

Gamification ist daher kein Designdetail, sondern ein kultureller Wandel an der Börse. Sie verschiebt Risikowahrnehmung, Entscheidungsrhythmus und Marktmechanik

Aha-Moment: Wenn Investieren wie ein Spiel wirkt, verändert sich Ihr Umgang mit Risiko.

Impuls für den Tag: Prüfen Sie, ob Ihre App Sie informiert – oder stimuliert.

▶ TAG 215, BLOCKCHAIN & TOKENISIERUNG – VERMÖGENSWERTE DIGITAL HANDELN

Optionen & Futures – Börse mit Vorlauf

Optionen und Futures verschieben den Blick an der Börse nach vorn. Sie erlauben es, Preise, Risiken und Zeit im Voraus zu strukturieren. Wer sie nutzt, handelt nicht nur Märkte, sondern Erwartungen. Der Fokus liegt nicht auf dem aktuellen Kurs, sondern auf möglichen Entwicklungen: Was passiert, wenn sich der Markt bewegt? Und wie reagiere ich darauf?

Ursprünglich wurden Optionen und Futures für **Planung** und **Absicherung** entwickelt. Sie ermöglichten es, Preise und Risiken im Voraus kalkulierbar zu machen. Erst später fanden diese Instrumente ihren Weg an die Finanzmärkte – als Werkzeuge, um Unsicherheit zu strukturieren, nicht, um sie zu erhöhen.

Beide Instrumente gehören zu den **Termingeschäften**. Kauf oder Verkauf eines Basiswertes erfolgt nicht sofort, sondern zu einem festgelegten Zeitpunkt in der Zukunft – zu einem Preis, der heute definiert wird. Der entscheidende Unterschied liegt in der Verpflichtung: **Optionen geben ein Recht, Futures begründen eine Verpflichtung.** Eine Option kann am Ende der Laufzeit ausgeübt werden – oder bewusst verfallen. Ein Future muss erfüllt werden.

Optionen eröffnen strategische Spielräume. Sie ermöglichen es, Risiken gezielt zu begrenzen, Erträge zu strukturieren oder bestehende Positionen abzusichern. Der Preis dafür ist die Optionsprämie. Sie ist die kalkulierbare Kostenkomponente – unabhängig davon, wie sich der Markt entwickelt. Der besondere Reiz liegt in der Asymmetrie: Das Risiko ist begrenzt, das Potenzial offen.

Futures sind direkter. Sie bilden Erwartungen ohne Puffer ab und reagieren stark auf Preisbewegungen – präzise, schnell und mit klarer Wirkung in beide Richtungen.

Zentrales Merkmal beider Instrumente ist der Hebel. Mit begrenztem Kapitaleinsatz lassen sich größere Marktbewegungen abbilden. Dadurch gewinnt die Konstruktion der Position an Bedeutung. Nicht die Meinung zum Markt entscheidet, sondern wie Preis, Zeit und Risiko miteinander kombiniert werden.

Optionen und Futures erweitern das Investieren um Vorausdenken und Absicherung. Richtig eingesetzt, machen sie Portfolios robuster, flexibler und präziser. Sie ersetzen kein langfristiges Investieren – sie strukturieren Unsicherheit dort, wo Entscheidungen vor dem Ereignis getroffen werden müssen.

Aha-Moment: Optionen und Futures handeln Zeit und Risiko. Sie belohnen Planung – nicht Hoffnung.

Impuls für den Tag: Schauen Sie sich eine Option an. Fragen Sie sich: Welches Szenario bildet sie ab – und welches Risiko begrenzt sie?

▸ TAG 189, ZERTIFIKATE – KONSTRUKTE MIT TÜCKEN

Globalisierung des Geldes – eine Welt, ein Handel, viele Währungen

Wenn Container über Ozeane rollen, Aktien rund um die Uhr gehandelt werden und Transaktionen in Sekunden über Kontinente gehen, ist klar: Geld ist global geworden. Kein anderes Gut bewegt sich so schnell, so unsichtbar – und bleibt dabei so politisch wie Währung.

Die Globalisierung des Geldes ist das Fundament des modernen Welthandels. Ohne stabile Wechselkurse, Kapitalflüsse und verlässliche Zahlungssysteme wäre keine Volkswirtschaft mehr wettbewerbsfähig. Doch diese Ordnung ist jung. Erst im 20. Jahrhundert entstand ein weltumspannendes Finanzsystem, das Angebot und Nachfrage über Grenzen hinweg in Echtzeit verbindet.

Ein Meilenstein war das **Bretton-Woods-Abkommen** von 1944. Nach dem Zweiten Weltkrieg banden die Alliierten sich an den US-Dollar – und dieser wiederum an Gold. Ziel: Vertrauen, Stabilität und Wiederaufbau. Gleichzeitig entstanden Institutionen wie der **Internationale Währungsfonds (IWF)** und die **Weltbank** – Grundpfeiler der neuen Finanzarchitektur.

Mit dem Ende des Goldstandards 1971 begann die Ära flexibler Wechselkurse. Seither schwanken Währungen – beeinflusst durch Zinsen, Schulden, Inflation und Geopolitik. Heute sind sie nicht nur Zahlungsmittel, sondern Machtinstrumente und Stimmungsbarometer der Weltwirtschaft.

Der **US-Dollar** ist bis heute Leitwährung, gefolgt von **Euro**, **Yuan** und weiteren Schwergewichten. Doch mit der Digitalisierung wächst der Druck zur Vereinheitlichung: Krypto-Projekte, digitale Zentralbankwährungen (Central Bank Digital Currencies, kurz CBDCs) und globale Plattformen könnten den Zahlungsverkehr weiter entgrenzen – über nationale Währungen hinaus.

Dennoch bleibt der Traum vom »einen Geld für alle« Illusion. Denn Währungen sind auch Ausdruck nationaler Souveränität – und damit mehr als reines Tauschmittel.

Aha-Moment: Über 85 Prozent aller internationalen Finanztransaktionen werden in US-Dollar abgewickelt – selbst wenn die USA nicht direkt beteiligt sind.

Impuls für den Tag: Was verbindet Sie heute mit der Welt – jenseits von Geld? Vielleicht ein Gedanke, ein Gespräch, eine Geste?

▶ TAG 207, WÄHRUNGSREFORMEN – NEUES GELD, NEUES VERTRAUEN

Frankfurt – von Goethe zur Globalisierung

Frankfurt am Main – eine Stadt zwischen Fachwerk und Finanzalgorithmus, zwischen Buchmesse und Börsenparkett. Wer heute durch das Bankenviertel läuft, sieht gläserne Türme, spürt Tempo, hört Daten rauschen. Doch der Puls der Finanzwelt, der hier schlägt, hat tiefe Wurzeln: Frankfurt zählt zu den ältesten Finanzplätzen Europas.

Schon im 12. Jahrhundert war Frankfurt ein Handelszentrum und Treffpunkt für Kaufleute aus ganz Europa. Sie tauschten Güter, Münzen, Informationen – und vor allem: Vertrauen. Im 16. Jahrhundert entstanden die ersten festen Wechselstuben. Und 1585, mitten im Zeitalter des Umbruchs, wurde am Römerberg ein einheitlicher Wechselkurs für Währungen festgelegt. Die **Frankfurter Börse** war geboren – nicht als Gebäude, sondern als Prinzip: Ordnung im Handel.

Der junge **Johann Wolfgang von Goethe**, Sohn eines wohlhabenden Börsenkommissars, wuchs in dieser Umgebung auf. Vielleicht war es kein Zufall, dass er zeit seines Lebens zwischen Poesie und wirtschaftlicher Rationalität pendelte. Denn Frankfurt zeigt: Geld und Geist schließen sich nicht aus – sie inspirieren einander.

Mit dem Aufstieg Frankfurts zur Finanzmetropole des Kaiserreichs gewann auch die Börse an Bedeutung. Sie wurde zur Drehscheibe für Industrie, Anleihen, Infrastruktur – und später für globale Märkte. Trotz zweier Weltkriege, Währungsreformen und politischer Umbrüche blieb Frankfurt ein Symbol für Beständigkeit im Wandel.

Heute steht die Stadt für Hochfinanz, für die **Deutsche Börse**, den **DAX**, die **Eurex** und internationale Standards. Doch das Fundament ist geblieben: Klarheit, Verlässlichkeit, Innovationskraft. Frankfurt ist kein lauter Markt – aber ein konsequenter. Wer hier handelt, weiß: Die Zukunft beginnt nicht mit Spekulation, sondern mit Struktur.

Aha-Moment: Die Frankfurter Börse wurde 1585 gegründet – und ist damit über 200 Jahre älter als die Wall Street in New York.

Impuls für den Tag: Wie viel Tradition steckt in Ihrer nächsten Entscheidung – und wie viel Bereitschaft, sie neu zu denken?

▶ TAG 209, ZENTRALBANKEN & BÖRSEN – ZWEI KRÄFTE IM GLEICHGEWICHT DER WELTWIRTSCHAFT

Tesla – Elon Musks elektrische Vision für die Straße

Als Tesla 2003 gegründet wurde, war Elektromobilität bestenfalls ein ökologisches Randthema – langsam, teuer, belächelt. Kaum jemand glaubte, dass ausgerechnet ein Start-up aus Kalifornien die Autoindustrie revolutionieren würde. Doch **Elon Musk** dachte nicht in Kompromissen, sondern in Disruption.

Sein Ziel: das Auto neu erfinden. Nicht evolutionär – sondern radikal. Der erste Tesla, der Roadster (2008), war ein Statement: Elektromobilität kann sexy sein. Schnell. Begehrenswert. Es folgte ein klarer Masterplan: mit jedem Modell effizienter, erschwinglicher, massentauglicher werden.

Model S, Model X, Model 3, Model Y – keine Buchstabenfolge, sondern ein Code für Systembruch. Tesla brach mit Konventionen, integrierte Software ins Herz der Fahrzeuge, setzte auf Direktvertrieb, baute ein globales Supercharger-Netz – und dachte Mobilität als Gesamtsystem: Batterie, Produktion, Infrastruktur, Energie.

Der Börsengang 2010 war mutig – 17 US-Dollar je Aktie begleitet von großer Skepsis. Viele hielten das Projekt für überbewertet. Doch mit jeder Krise – von Produktionsengpässen bis zu Shortseller-Kampagnen – wuchsen Unternehmen und Überzeugung gleichermaßen.

Tesla wurde mehr als ein Autohersteller. Das Unternehmen entwickelte sich zum Symbol für technologischen Wandel, Elektromobilität und die Kraft visionärer Erzählungen an der Börse. Technologie, Marke, Storytelling und eine außergewöhnlich loyale Community verschmolzen zu einem Börsenphänomen mit globaler Strahlkraft.

Zeitweise wurde Tesla zum wertvollsten Autounternehmen der Welt und überschritt als erster Autobauer die Marke von 1 Billion US-Dollar Börsenwert. Gleichzeitig zeigt der zunehmende Wettbewerb, wie dynamisch und anspruchsvoll der Markt inzwischen geworden ist. Technologischer Vorsprung garantiert keine dauerhafte Dominanz.

Doch Tesla bleibt in Bewegung. Autonomes Fahren, Robotaxis, Energiespeicher, humanoide Roboter – die Vision reicht weit über die Straße hinaus. Was als Auto-Start-up begann, wird zur Plattform für eine Zukunft, die neu gedacht wird.

Tesla hat gezeigt: Die Straße ist nur der Anfang. Die eigentliche Reise heißt Zukunft.

»I think it is possible for ordinary people to choose to be extraordinary.«

– Elon Musk

Börsengang: 29. Juni 2010 – **Börsenkürzel:** TSLA – **Börse:** NASDAQ

▶ TAG 232, ALPHABET (GOOGLE) – DIE MACHT DER SUCHE UND DER DATEN

Das Ultimatum-Spiel – warum Fairness oft wichtiger ist als Gewinn

Was passiert im Gehirn, wenn uns jemand ein Angebot macht – und wir es als unfair empfinden? Warum lehnen wir manchmal Geld ab, obwohl es objektiv besser wäre, es anzunehmen? Das Ultimatum-Spiel gehört zu den bekanntesten Experimenten der Neuroökonomie – und zeigt eindrucksvoll: Gerechtigkeit hat im Gehirn ein eigenes Gewicht.

Die Versuchsanordnung ist einfach, aber aufschlussreich: Person A erhält eine Geldsumme, zum Beispiel 10 Euro, und darf frei entscheiden, wie viel sie Person B davon anbietet. Person B kann das Angebot entweder annehmen – dann erhalten beide ihren Anteil – oder ablehnen – dann gehen beide leer aus. Aus rein rationaler Sicht sollte Person B jeden Betrag größer als null akzeptieren. Doch genau das passiert häufig nicht. Viele lehnen »unfaire« Angebote – etwa 1 oder 2 Euro – konsequent ab. Lieber nichts als eine als ungerecht empfundene Verteilung.

Was auf den ersten Blick unlogisch wirkt, ist neurobiologisch nachvollziehbar. Mithilfe funktioneller Magnetresonanztomografie (fMRT) – einem Verfahren, das Veränderungen der Hirndurchblutung sichtbar macht – zeigt sich:

- Wird ein Angebot als unfair empfunden, reagiert die Insula – ein Areal, das auch bei körperlichem Schmerz, Ekel oder sozialer Zurückweisung aktiviert wird (1).
- Gleichzeitig nimmt die Aktivität im präfrontalen Kortex ab – jener Region, die für rationale Bewertung und sachliche Entscheidungsfindung zuständig ist.
- Die emotionale Reaktion dominiert – und überschreibt die rechnerisch »bessere« Option.

Fairness ist also kein moralischer Luxus – sie ist ein neuronales Grundbedürfnis. Wir erleben Unfairness nicht nur als Verlust, sondern als Kränkung. Nicht das Geld tut weh, sondern das Gefühl, nicht ernst genommen worden zu sein.

Und noch etwas zeigt das Experiment: Wenn Menschen wissen, dass das Angebot von einem Computer stammt – also keine echte soziale Entscheidung dahintersteht –, bleibt die Insula weitgehend ruhig. Fairness ist relational. Wir reagieren nicht auf Zahlen allein, sondern auf Absicht, Kontext und menschliche Interaktion.

Das hat weitreichende Folgen – auch im Trading. Denn Märkte mögen technisch sein – wir Menschen sind es nicht. Das Ultimatum-Spiel erinnert uns: An der Börse handeln wir nicht nur mit Geld, sondern mit Stolz, Erwartungen und dem tiefen Wunsch, fair behandelt zu werden.

Aha-Moment: Rationale Entscheidungen sind oft nur so stark wie unser Gefühl, fair behandelt zu werden. Fairness ist kein Nice-to-have – sie ist ein neuronaler Dealbreaker.

Impuls für den Tag: Achten Sie heute darauf: Ärgere ich mich über Zahlen – oder über das Gefühl, unfair behandelt worden zu sein?

▸ TAG 213, DAS DIKTATOR-SPIEL – ZWISCHEN ALTRUISMUS UND EIGENNUTZ

QUIZ 6

TAG 156: WELCHE AUSSAGEN ÜBER REITS UND BDCS TREFFEN ZU?

A) REITs investieren typischerweise in Immobilien und schütten einen großen Teil ihrer Gewinne aus.
B) BDCs finanzieren häufig kleinere und mittelgroße Unternehmen über Kredite oder Beteiligungen.
C) Hohe Ausschüttungen bedeuten automatisch, dass ein Investment besonders sicher ist.
D) REITs und BDCs werden oft als Ergänzung zu klassischen Wachstumsaktien genutzt.

TAG 159: CHANCE TRIFFT RISIKO – DIE FORMEL FÜR NACHHALTIGEN BÖRSENERFOLG. WAS STIMMT?

A) Ein gutes Chance-Risiko-Verhältnis (CRV) kann eine niedrige Trefferquote langfristig ausgleichen.
B) Ein CRV von 0,5 ist vorteilhaft, weil es zeigt, dass der Verlust kleiner ist als der mögliche Gewinn.
C) Ein CRV von 3 bedeutet, dass der mögliche Gewinn dreimal so hoch ist wie das Risiko.
D) Das CRV sollte erst nach Einstieg in einen Trade berechnet werden – wenn der Marktverlauf klarer ist.

TAG 164: WELCHE AUSSAGEN ZU »CUM-EX – MILLIARDENBETRUG AUF KOSTEN DER STEUERZAHLER« ENTSPRECHEN DER WAHRHEIT?

A) Beim Cum-Ex-Skandal wurde Kapitalertragsteuer mehrfach erstattet, obwohl sie nur einmal gezahlt wurde.
B) Cum-Ex war ein einfacher, transparenter Steuermechanismus, der sofort unterbunden wurde.
C) Anne Brorhilker setzte sich als Oberstaatsanwältin maßgeblich für die Aufklärung des Cum-Ex-Skandals ein.
D) Der Gesamtschaden durch Cum-Ex wird auf unter 1 Milliarde Euro geschätzt.

TAG 165: WELCHE BEHAUPTUNGEN ZU PETER THIEL STIMMEN?

A) Peter Thiel war einer der ersten Investoren bei Facebook.
B) Der Founders Fund investiert ausschließlich in gemeinnützige Projekte.
C) Palantir, ein Unternehmen mit Thiel-Verbindung, arbeitet unter anderem für das US-Verteidigungsministerium.
D) Thiel steht für eine ideologiefreie, neutrale Digitalpolitik.

TAG 171: WELCHE THESEN ÜBER KONJUNKTURZYKLEN SIND WAHR?

A) In der Aufschwungphase profitieren zyklische Branchen wie Bau und Industrie besonders.
B) In der Boomphase senken Zentralbanken meist die Zinsen, um das Wachstum zu fördern.
C) In der Rezession sinken Einkommen, Nachfrage und Produktion – oft begleitet von geldpolitischen Stimuli.
D) Der Abschwung ist häufig von Kurskorrekturen begleitet und lässt Anleger defensiver agieren.

TAG 175: WELCHE ANNAHMEN ÜBER GOLD ALS ANLAGE SIND KORREKT?

A) Gold erwirtschaftet selbst keine laufenden Gewinne oder Zinsen.
B) Gold wird häufig als möglicher Stabilitäts- und Diversifikationsbaustein betrachtet.
C) Steigende reale Zinsen können Gold unter Druck setzen.
D) Gold ersetzt langfristig produktive Anlagen wie Aktien vollständig.

Eine Aktie richtig lesen – worauf es ankommt

Wer eine Aktie kauft, erwirbt nicht einfach ein Kurssymbol, sondern einen Anteil an einem Unternehmen. Genau deshalb beginnt gutes Investieren nicht mit Tipps, sondern mit dem Blick auf das Aktienprofil. Es zeigt die wichtigsten Informationen auf einen Blick und hilft, Hypes, Halbwissen und spontane Bauchentscheidungen durch mehr Klarheit zu ersetzen.

Was ein Aktienprofil zeigt: Ein Aktienprofil bündelt die zentralen Daten eines Unternehmens in kompakter Form. Dazu gehören **Name, Ticker (Börsenkürzel)** und **ISIN (internationale Wertpapierkennnummer)** zur eindeutigen Identifikation. Der aktuelle Kurs und der Kursverlauf geben einen ersten Eindruck davon, wie sich die Aktie bisher entwickelt hat. Die Marktkapitalisierung zeigt, wie hoch der Börsenwert des Unternehmens ist und ob es sich eher um einen kleineren, mittleren oder großen Marktteilnehmer handelt.

Wichtige Kennzahlen für den Einstieg sind:

- **KGV (Kurs-Gewinn-Verhältnis):** setzt den Aktienkurs ins Verhältnis zum Gewinn je Aktie
- **Dividendenrendite:** zeigt die jährliche Ausschüttung im Verhältnis zum Kurs
- **EPS (Earnings per Share, also Gewinn je Aktie):** misst den Gewinn pro Aktie
- **Umsatzwachstum:** zeigt, ob das Unternehmen sein Geschäft ausweiten kann

Diese Kennzahlen helfen, eine Aktie schneller einzuordnen. Sie ersetzen aber keine eigene Prüfung. Erst im Zusammenspiel mit Geschäftsmodell, Wachstum, Wettbewerbsposition und Bewertung entsteht ein belastbares Bild. Auch eine hohe Dividendenrendite wirkt nur auf den ersten Blick attraktiv, wenn sie vor allem durch einen stark gefallenen Kurs entstanden ist.

Genau deshalb gilt: Nicht nur auf Kennzahlen schauen, sondern Fragen stellen! Wie ist das KGV im Branchenvergleich zu bewerten? Ist die Dividende nachhaltig? Wächst das Unternehmen überhaupt? Ein Aktienprofil ist kein Urteil, aber ein sehr guter Ausgangspunkt für bessere Entscheidungen.

Aha-Moment: Ein gutes Aktienprofil liefert keine Antwort, aber oft die richtigen Fragen.

Impuls für den Tag: Öffnen Sie heute das Aktienprofil einer bekannten Aktie und prüfen Sie bewusst KGV, Dividendenrendite, EPS und Beta. Danach sehen Sie die Aktie bereits mit anderen Augen.

▶ TAG 219, KENNZAHLEN FÜR EINSTEIGER – KGV, KBV & CO. VERSTEHEN

Die Asienkrise 1997 – als die Tigerstaaten die Welt erschütterten

Thailand, Südkorea, Indonesien, Malaysia – die sogenannten Tigerstaaten – waren die Shootingstars der Weltwirtschaft. Rasant wachsend, exportstark, kreditgetrieben, magnetisch für globales Kapital. Vertrauen schien die härteste Währung. Doch 1997 kippte die Stimmung und mit ihr ein ganzes Wirtschaftsmodell.

Am Anfang stand der Thai-Baht: massiv überbewertet, gestützt durch Devisenreserven, untergraben von einem chronischen Leistungsbilanzdefizit. Als internationale Spekulanten gegen die Währung wetteten, begann das Fundament zu bröckeln. Am 2. Juli 1997 kapitulierte die Zentralbank, der Baht wurde freigegeben und stürzte ab. Ein Dominoeffekt setzte ein.

Innerhalb weniger Wochen brach das Vertrauen in mehrere Volkswirtschaften ein. Kapital floh im Rekordtempo. Währungen kollabierten. Aktienmärkte rauschten in den Keller. Unternehmen implodierten. Die Schockwellen trafen Russland, Brasilien und erreichten selbst die Wall Street – lange unbeeindruckt, plötzlich verwundbar. Aus regionaler Instabilität wurde ein globales Zittern.

Was die Krise so gefährlich machte? Eine toxische Mischung aus hoher Auslandsverschuldung, mangelnder Transparenz und heißem Geld auf schwacher Struktur. Die Lektion war brutal, aber eindeutig. Wachstum ohne Struktur ist wie ein Hochhaus auf Sand.

Die Asienkrise war ein Weckruf für die internationale Finanzarchitektur. Der **Internationale Währungsfonds (IWF)** griff ein, unterstützte mit Milliardenhilfen und knüpfte sie an klare Reformauflagen. Viele Länder zogen Konsequenzen, bauten Reserven auf, professionalisierten ihre Aufsicht. Einige, wie Südkorea, kamen gestärkt aus der Krise. Andere verloren ein Jahrzehnt.

Diese Krise war kein Zufall, sondern das Ergebnis systemischer Schwächen in einer hypervernetzten Welt – wie sie heute aktueller denn je ist. Und sie zeigte: Selbst Erfolgsmodelle stürzen, wenn das Vertrauen kippt. Denn Vertrauen ist Kapital, aber nie garantiert.

Aha-Moment: Ein einziges Land kann im Zeitalter globaler Kapitalströme eine ganze Region erschüttern. Und eine gute Story reicht nicht, wenn der Boden fehlt.

Impuls für den Tag: Vertrauen lässt Märkte fliegen. Struktur hält sie in der Luft.

▸ TAG 253, DIE SÜDSEEBLASE 1720 – GOLDENE VERSPRECHEN, BITTERE WAHRHEIT

Kryptobörsen erklärt – worauf Sie bei Auswahl und Handel achten sollten

Der erste Kauf einer Kryptowährung wirkt auf viele wie der Eintritt in eine eigene Finanzwelt. Kurse laufen rund um die Uhr, Märkte reagieren ohne Pause und der Handel folgt anderen Regeln als an klassischen Börsen. Genau deshalb ist die Wahl der richtigen Kryptobörse keine Nebensache, sondern ein zentraler Teil der gesamten Anlageentscheidung.

Grundsätzlich gibt es zwei Typen: Zentrale Börsen werden von Unternehmen betrieben. Sie ähneln klassischen Handelsplattformen mit Benutzerkonto, Kundenservice sowie Ein- und Auszahlungen in Euro. Der Handel ist meist bequem und effizient. Die Verwahrung der Coins liegt dabei jedoch in der Regel bei der Plattform.

Dezentrale Börsen funktionieren anders. Sie bringen Käufer und Verkäufer direkt zusammen und werden über Programme gesteuert. Solche Systeme ersetzen das klassische Orderbuch durch automatisierte Mechanismen. Die Coins bleiben dabei in Ihrer eigenen Wallet. Damit steigt die Kontrolle, aber auch die Eigenverantwortung.

Worauf es bei der Auswahl ankommt:

- **Börsentyp:** zentral für bequemen Einstieg, dezentral für mehr Eigenverwahrung
- **Gebühren:** Handels-, Einzahlungs- und Abhebekosten unterscheiden sich teils deutlich.
- **Liquidität:** Hohes Handelsvolumen sorgt meist für fairere Preise und engere Spreads.
- **Sicherheit:** Zwei-Faktor-Authentifizierung und klare Schutzmechanismen sind unverzichtbar.
- **Regulierung:** Firmensitz, Aufsicht und rechtlicher Rahmen prägen das Risiko.

Typische Fehler vermeiden:

- Guthaben dauerhaft auf der Börse lassen
- beim Abheben das falsche Netzwerk wählen
- ungeprüfte Apps oder Webseiten nutzen

Ein wichtiger Unterschied zu klassischen Märkten: Der Kryptohandel kennt keine festen Börsenzeiten. Kurse reagieren deshalb jederzeit auf Nachrichten, Kapitalflüsse und Marktstimmung. Gerade hohe oder plötzlich austrocknende Liquidität kann dabei früh zeigen, wie nervös oder aufnahmefähig der Markt gerade ist.

Aha-Moment: Eine Kryptobörse ist nicht nur Handelsplatz, sondern auch Teil Ihres Sicherheitskonzepts: Verwahrung, Schutz und Kontrolle zählen mit.

Impuls für den Tag: Vergleichen Sie heute eine zentrale und eine dezentrale Kryptobörse nach Gebühren, Sicherheit, Regulierung und Verwahrung, bevor Sie an den ersten Kauf denken.

▶ TAG 222, KRYPTO-TRADING ODER INVESTMENT – ZWEI WEGE, ZWEI MINDSETS

Was bleibt, wenn keiner hinsehen kann – die stille Macht unregistrierter Werte

In einer Welt, in der Staaten Vermögen erfassen, Konten einfrieren und Kapitalströme überwachen, gewinnen bestimmte Sachwerte eine neue Bedeutung. Nicht wegen spektakulärer Renditen, sondern durch ihre Unabhängigkeit.

Es geht um Substanz, die außerhalb staatlicher Register existiert, nicht gemeldet, nicht zentral erfasst, nicht direkt zugänglich: Gold, das anonym erworben wurde, Kunstwerke, die in keinem Katalog stehen, Kryptowährungen, die selbst verwahrt werden, und Tauschgüter, die in keiner Bilanz auftauchen – aber im Ernstfall alles bedeuten können.

Diese Werte machen keine Schlagzeilen, aber sie schützen Vermögen dort, wo der Zugriff erschwert ist – weil niemand weiß, dass dieses Vermögen existiert. Keine Institution, keine Behörde, kein Algorithmus kann auf das zugreifen, was schlicht nicht sichtbar ist. Es gibt keine Schnittstelle zwischen Besitz und öffentlicher Ordnung – nur Sie kennen Ort, Form und Umfang.

Diese Werte schlagen keine Rekorde – aber sie schlagen Kontrolle. Sie zahlen keine Zinsen – aber sie schaffen Ruhe. In einer Zeit, in der alles digitalisiert und vernetzt ist, bleiben sie analog – und damit autonom. Was sich nicht automatisieren lässt, lässt sich auch nicht einfrieren.

Die Zukunft ist unvorhersehbar. Ob politische Eingriffe, finanzielle Repression oder technologische Überwachung – vieles, was heute als sicher gilt, kann morgen zur Einschränkung werden. Sachwerte, die sich diesem Zugriff entziehen, sind kein Rückzug, sondern ein souveräner Schritt zur Selbstbestimmung.

Denn echtes Eigentum beginnt dort, wo Dritte außen vor bleiben. Wo Ihre Werte nicht auf Knopfdruck sichtbar sind. Wo Sie nicht fragen müssen, ob Sie noch Zugriff haben, sondern nur entscheiden, wann Sie ihn nutzen.

Aha-Moment: Nicht jedes Vermögen muss wachsen. Manche Werte müssen einfach nur entzogen bleiben – dem Blick, der Kontrolle, der Zugriffsmöglichkeit.

Impuls für den Tag: Lagern Sie einen Teil Ihres Vermögens dort, wo nur Sie ihn finden – unsichtbar, unregistriert, unantastbar. Eigentum beginnt im Stillen.

▸ TAG 305, FRUGALISMUS – DIE KUNST, MIT WENIGER ZU LEBEN

Selbstkontrolle trainieren – wie das Gehirn langfristige Entscheidungen stärkt

An der Börse ist Geduld oft mehr wert als Wissen. Doch Geduld ist kein Charakterzug, sondern Ausdruck einer trainierbaren Fähigkeit des Gehirns. Und sie heißt: Selbstkontrolle. Im Zentrum steht der präfrontale Kortex – jene Hirnregion, die Impulse reguliert, Belohnungen aufschiebt und langfristige Ziele gegen kurzfristige Reize abwägt (1). Wenn wir also nicht sofort verkaufen, nicht aus Panik handeln oder ein Investment strategisch durchhalten, dann arbeitet genau dieser Teil des Gehirns – oft gegen unsere spontane Biochemie.

Denn gleichzeitig meldet sich das limbische System – insbesondere das Dopamin-Netzwerk, das auf schnelle Belohnung drängt. Es will etwas jetzt. Der präfrontale Kortex sagt: Warte.

Diese Spannung entscheidet, wie wir handeln – oder eben, ob wir impulsiv reagieren.

In diesem inneren Dialog zwischen Impuls und Planung entsteht Strategie. Oder sie zerfällt (2).

Das Beste daran: Selbstkontrolle ist keine feste Eigenschaft, sondern ein neuronaler Muskel.

Studien zeigen: Achtsamkeitsbasierte Meditation (3), strukturierte Entscheidungsrituale oder mentaler Abstand – etwa durch ein Trading-Tagebuch – stärken die Aktivität im präfrontalen Kortex und verbessern die Impulskontrolle (4). Wer regelmäßig trainiert, Belohnungen aufzuschieben, trifft klarere Entscheidungen – auch unter Druck.

Und: Schlaf, Ernährung, Energiehaushalt – all das beeinflusst, wie gut wir Impulse regulieren. Denn kognitive Kontrolle ist kein reiner Willensakt, sondern ein ressourcenabhängiger Prozess. Wer erschöpft ist, entscheidet impulsiver.

Wer regeneriert ist, denkt langfristiger – und handelt ruhiger.

An der Börse heißt das: Die besten Entscheidungen treffen nicht die Mutigsten oder Lautesten – sondern jene, die gelernt haben, mit dem ersten Impuls umzugehen. Nicht jeder Trade ist eine Chance. Manche sind ein Test.

Aha-Moment: Je aktiver der präfrontale Kortex, desto besser gelingt es, kurzfristige Reize auszublenden – zugunsten langfristiger, strategischer Ziele.

Impuls für den Tag: Was würden Sie heute anders entscheiden, wenn nicht das Jetzt, sondern Ihr zukünftiges Ich am Tisch säße?

▸ TAG 218, ENTSCHEIDUNGSLÄHMUNG – WENN ZU VIELE OPTIONEN DAS GEHIRN BLOCKIEREN

Chartanalyse für Einsteiger – lesen, was der Kurs erzählt

Ein Kursverlauf ist wie eine Landkarte: Wer ihn lesen kann, erkennt im Nebel der Märkte die entscheidenden Abzweigungen. Die Chartanalyse untersucht Kursmuster, Trends und Wendepunkte allein auf Basis der Preisbewegungen – frei nach dem Prinzip: Der Chart zeigt keine Meinungen, er zeigt Verhalten unter Unsicherheit.

Methoden der Chartanalyse für Einsteiger:
- **Linienchart:** einfachste Form, zeigt nur den Schlusskurs – ideal für den Einstieg
- **Balkenchart:** stellt zusätzlich Eröffnung, Hoch und Tief dar – gibt ein differenzierteres Bild
- **Kerzenchart:** beliebt bei Tradern, weil Farben und Formen Muster schnell sichtbar machen, Kerzen visualisieren Marktpsychologie – sie zeigen das Kräfteverhältnis zwischen Käufern und Verkäufern

Zentrale Werkzeuge:
Sie helfen, wiederkehrendes Marktverhalten sichtbar zu machen.
- **Unterstützung & Widerstand:** Preismarken, an denen sich der Kurs oft wendet
- **Trendlinien:** zeigen die übergeordnete Richtung
- **Volumen:** wichtig, um die Stärke eines Signals zu bestätigen
- **Chartmuster:** liefern Hinweise auf mögliche Wendepunkte oder Trendfortsetzungen

Klassische Chartmuster – Wende oder Fortsetzung?
Trendwende:
- **Doppelboden:** zwei Tiefs auf ähnlichem Niveau – möglicher Trendwechsel nach oben
- **Doppeltopp:** zwei Hochs auf ähnlichem Niveau – mögliches Umkehrsignal nach unten
- **Schulter-Kopf-Schulter:** drei Hochs, das mittlere am höchsten – klassisches Top-Signal

Trendfortsetzung:
- **Flagge:** kurze Gegenbewegung im Trend, danach Fortsetzung
- **Symmetrisches Dreieck:** Verengung der Schwankung, Ausbruch meist in Trendrichtung

Muster entstehen nicht zufällig – sie entstehen aus kollektivem Verhalten. Solange Menschen unter Unsicherheit ähnlich reagieren, entstehen ähnliche Muster.

Unser Gehirn sucht Muster – selbst wenn keine existieren. Fragen Sie kritisch: Ist das Signal robust oder nur Wunschdenken? Disziplin trennt Analyse von Projektion.

Aha-Moment: Der Kurs urteilt nicht – er spiegelt Verhalten. Wer seine Sprache versteht, handelt ruhiger und konsequenter.

Impuls für den Tag: Wählen Sie zehn Charts. Markieren Sie pro Chart zwei Unterstützungen, zwei Widerstände und eine Trendlinie. Regelmäßiges Üben schärft Ihr Marktgefühl.

▸ TAG 223, KERZENCHARTS LESEN – DIE SPRACHE DES MARKTES VERSTEHEN

Zertifikate – Konstrukte mit Tücken

Zertifikate wirken auf den ersten Blick elegant. Sie versprechen planbare Erträge, clevere Auszahlungsmechanismen oder einen scheinbaren Schutz vor Verlusten. Ihre Attraktivität liegt in der Verpackung: prägnante Begriffe, klare Szenarien, konkrete Versprechen. Genau hier beginnt jedoch die Komplexität.

Zertifikate sind keine Beteiligungen wie Aktien oder ETFs. Sie sind **Inhaberschuldverschreibungen**. Anleger stellen einer Bank Kapital zur Verfügung und erhalten eine Rückzahlung, die an bestimmte Bedingungen geknüpft ist. Diese Bedingungen beziehen sich auf die Entwicklung eines Basiswertes – etwa einer Aktie oder eines Index – sowie die Zahlungsfähigkeit des Emittenten.

Damit entsteht eine doppelte Abhängigkeit. Die Wertentwicklung hängt nicht nur vom Markt ab, sondern auch von der Bank, die das Zertifikat ausgegeben hat. Dieses Emittentenrisiko ist kein Randaspekt, sondern fester Bestandteil der Konstruktion – unabhängig davon, wie stabil das zugrunde liegende Marktumfeld erscheint.

Die Bandbreite ist groß. **Bonus-Zertifikate** zahlen einen zusätzlichen Betrag, solange bestimmte Kursmarken nicht unterschritten werden. **Discount-Zertifikate** ermöglichen einen Einstieg mit Abschlag, begrenzen dafür jedoch die Gewinnchancen. **Index-Zertifikate** bilden einen Markt schlicht ab. Andere Konstruktionen kombinieren Laufzeiten, Barrieren und vorzeitige Rückzahlungen. Produktnamen und Bezeichnungen sind frei wählbar und häufig Teil der Vermarktungslogik.

Je einfacher die Struktur, desto besser lässt sich das Produkt verstehen. Komplexe Bedingungen, mehrstufige Barrieren oder unklare Auszahlungslogiken erschweren die Einschätzung von Chancen und Risiken. Bei Zertifikaten gilt deshalb: Verständlichkeit ist kein Komfort, sondern ein zentrales Qualitätsmerkmal.

Ihr Vorteil liegt in der Flexibilität. Mit Zertifikaten lassen sich nahezu alle Markterwartungen schnell, kostengünstig und börsentäglich umsetzen. Ihr Nachteil liegt genau dort, wo diese Vielfalt entsteht: in der Konstruktion selbst. Wer Zertifikate nutzt, sollte weniger auf das Versprechen achten als auf die Mechanik und ihre Bedingungen.

Aha-Moment: Zertifikate sind keine Anlagen, sondern vertragliche Konstruktionen. Ihr Ergebnis hängt vom Markt **und** vom Emittenten ab.

Impuls für den Tag: Öffnen Sie das Produktinformationsblatt eines Zertifikats. Verstehen Sie die Rückzahlungslogik vollständig – oder nur den Produktnamen?

▶ TAG 227, CFDS – HEBELWIRKUNG VERSTEHEN, KONTROLLE BEHALTEN

Stopps mit System – volatilitätsbasiert statt Bauchgefühl

Ein Stoppkurs ist kein Notausgang, sondern Ihr wichtigster Risikoschirm. Trotzdem setzen viele ihn rein intuitiv: pauschal 5 Euro unter dem Einstieg oder »irgendwo ins Chartbild«. Das Problem: Solche Stopps ignorieren die tatsächliche Volatilität – und führen zu unnötigen Ausstiegen aus eigentlich intakten Positionen.

Besser: den Stopp dort setzen, wo der Markt atmet – orientiert an seiner durchschnittlichen Schwankung. Die passende Kennzahl dafür: der **ATR (Average True Range)** auf Deutsch: durchschnittliche wahre Handelsspanne. Sie misst, wie stark sich ein Wertpapier typischerweise in einem Zeitraum (z. B. 14 Tage) bewegt.

Typischer Richtwert: Stopp = Einstieg – (1,5 bis 2 × ATR)

Vergleich: Klassischer Stopp vs. ATR-Stopp

VOLATILITÄT	EINSTIEGS-KURS (€)	KLASSISCHER STOPP (€)	ABSTAND KLASSISCH (€)	ATR (14 TAGE) (€)	ATR-STOPP (2 × ATR) (€)	ABSTAND ATR (€)
niedrig	100	95	5	1,2	97,6	2,4
hoch	100	95	5	3,5	93,0	7,0

Was heißt das für Ihre Positionsgröße? Ein größerer Stoppabstand erfordert kleinere Positionsgrößen – damit das Verlustrisiko konstant bleibt.

Positionsgröße = Risiko pro Trade ÷ Stoppabstand

Beispiel: Berechnung der Positionsgröße bei 210 Euro Risiko:
- **Klassischer Stopp (Abstand: 5 €):** 210 € ÷ 5 € pro Aktie = 42 Aktien
- **ATR-Stopp, niedrige Volatilität (Abstand: 2,4 €):** 210 € ÷ 2,4 € pro Aktie ≈ 87 Aktien
- **ATR-Stopp, hohe Volatilität (Abstand: 7 €):** 210 € ÷ 7 € pro Aktie = 30 Aktien

Fazit: Der klassische Stopp bleibt starr – unabhängig von der Marktlage. Mit einem ATR-Stopp passen Sie den Abstand dynamisch an die Marktlage an – und damit auch die Positionsgröße. So reagiert Ihre Strategie auf den Markt, ohne die Risikodisziplin aus dem Blick zu verlieren.

Aha-Moment: Stopps, die sich am Markt orientieren, verbessern Ihre Überlebensfähigkeit – und oft auch die Qualität Ihrer Entscheidungen.

Impuls für den Tag: Prüfen Sie Ihre Stopps: Reagieren diese auf den Markt – oder nur auf Ihr Bauchgefühl?

▶ TAG 198, MINUS 50 PROZENT? WARUM SIE DANACH 100 PROZENT BRAUCHEN

Nachhaltig investieren – ESG, SRI & Impact im Überblick

Nachhaltigkeit klingt nach Haltung. An der Börse entscheidet sie über Kapitalströme. Wer ESG, SRI und Impact nicht sauber trennt, investiert schnell etwas anderes als gedacht.

Drei Begriffe – drei Logiken:
ESG (Environment, Social, Governance) bewertet Unternehmen nach Umweltaspekten, sozialen Standards und Unternehmensführung. Schlechte Werte erhöhen Risiken – regulatorisch, operativ oder reputativ. ESG ist deshalb kein Verzicht, sondern ein Risikofilter.

SRI (Socially Responsible Investing) setzt klare Grenzen. Bestimmte Branchen werden ausgeschlossen, etwa Waffen, Tabak oder fossile Energien. SRI bedeutet: bewusst nicht investieren – und damit Chancen begrenzen.

Impact Investing geht am weitesten. Kapital soll gezielt messbare Veränderungen bewirken, etwa in Klima, Bildung oder Infrastruktur. Rendite bleibt wichtig – steht aber neben dem gewünschten Effekt.

Der entscheidende Unterschied:
- **ESG** bewertet Risiken.
- **SRI** setzt Grenzen.
- **Impact** will Wirkung erzielen.

Unter dem Label »nachhaltig« wird das oft vermischt. Der Name ist gleich – die Strategie nicht.

Zugleich lenkt Nachhaltigkeit Kapital. Unternehmen mit guten ESG-Profilen erhalten oft leichter Finanzierung. Das kann Kurse stützen, garantiert aber keinen Erfolg.

Nachhaltiges Investieren ist deshalb keine Frage des guten Gefühls allein. Es ist eine strategische Entscheidung mit klaren Konsequenzen für Risiko, Rendite und Struktur Ihres Depots.

Aha-Moment: Nachhaltigkeit ist kein Stil, sondern eine Entscheidung darüber, wie Sie investieren wollen.

Impuls für den Tag: Prüfen Sie ein nachhaltiges Investment: Welcher Ansatz steckt wirklich dahinter – ESG, SRI oder Impact?

▶ TAG 202, WÄHRUNGSRISIKEN MEISTERN – DIE STILLE GEFAHR IM BLICK BEHALTEN

News-Trading – auf Zahlen, Ereignisse und Überraschungen reagieren

Manche Marktbewegungen entstehen nicht aus dem Chart, sondern aus neuen Informationen. Quartalszahlen, Inflationsdaten, Notenbankentscheidungen oder politische Überraschungen können Kurse in Sekunden verschieben. Genau hier setzt News-Trading an: Sie handeln nicht den Preis, sondern die Reaktion auf neue Information.

Der Reiz dieser Strategie liegt in ihrer Unmittelbarkeit. News-Trader handeln keine ruhige Entwicklung, sondern den Moment, in dem Erwartungen auf Realität treffen. Entscheidend ist nicht die Nachricht allein, sondern ihre Abweichung von der Erwartung. Gute Daten können Kurse fallen lassen, wenn mehr erwartet wurde. Schwächere Zahlen können Kurse steigen lassen, wenn Schlimmeres eingepreist war.

Der entscheidende Punkt: Nicht die Nachricht bewegt den Markt, sondern die Überraschung.

Im News-Trading entscheidet die Einordnung in Sekunden. Was ist wirklich neu? Und wie relevant ist es für den Markt? Erst darauf basierend entscheidet sich, ob eine kurze Reaktion oder eine tragende Bewegung folgt. Rund um Nachrichten steigen Volatilität, Spreads und Fehlsignale deutlich an. Struktur ist hier wichtiger als Tempo.

Worauf News-Trader achten:

- wichtige Termine wie Quartalszahlen, Inflationsdaten oder Notenbanksitzungen
- Abweichungen zwischen Erwartung und tatsächlicher Meldung
- erste Marktreaktion und ob sich die Bewegung fortsetzt oder sofort kippt
- Volatilität, Liquidität und Fehlsignale

Typische Fehler:

- nur die Schlagzeile handeln, ohne Erwartungen zu kennen
- in die erste hektische Bewegung hineinspringen
- Spreads und Richtungswechsel unterschätzen
- ohne Absicherung in volatile Phasen gehen

News-Trading ist damit keine Meinungsstrategie, sondern das strukturierte Lesen von Marktreaktionen in Echtzeit.

Aha-Moment: Nicht die Nachricht zählt, sondern die Differenz zur Erwartung.

Impuls für den Tag: Notieren Sie vor einem wichtigen Termin die Markterwartung – und beobachten Sie danach die tatsächliche Reaktion.

▶ TAG 217, EVENT-TRADING – QUARTALSZAHLEN, NOTENBANKEN UND SONDERLAGEN HANDELN

Staatsfonds weltweit – wie Nationen Vermögen steuern

Nicht alle Staaten denken in Wahlperioden. Einige denken in Generationen. Staatsfonds sind der Ausdruck dieser Perspektive. Sie bündeln Vermögen, investieren global und verfolgen ein Ziel: Stabilität und Wachstum über lange Zeiträume.

Die Ausgangspunkte sind unterschiedlich. Manche Länder nutzen Rohstoffe wie Öl oder Gas, andere erzielen Haushaltsüberschüsse oder bauen gezielt Kapitalreserven auf. Entscheidend ist nicht die Quelle, sondern der Umgang mit dem Kapital.

Der zentrale Gedanke: Staatsfonds entkoppeln Vermögen von der Tagespolitik. Kapital soll wirken, unabhängig von kurzfristigen Interessen.

Weltweit haben sich unterschiedliche Modelle entwickelt. Einige Fonds sichern staatliche Haushalte ab, andere finanzieren Rentensysteme oder investieren gezielt in Infrastruktur und Zukunftstechnologien. Daraus entstehen verschiedene Strategien – doch die Grundprinzipien ähneln sich.

Die meisten Staatsfonds setzen auf:

- **globale Aktienanlagen:** Beteiligung an der weltweiten Wertschöpfung
- **ergänzende Anleihen:** Stabilität und Liquidität
- **Sachwerte:** Immobilien, Infrastruktur oder Beteiligungen

Was sie verbindet: ein außergewöhnlich langer Zeithorizont. Staatsfonds müssen nicht auf kurzfristige Marktbewegungen reagieren. Sie sind so konstruiert, dass sie durchhalten können.

Gerade in unruhigen Marktphasen zeigt sich diese Stärke. Während kurzfristiges Kapital abgezogen wird, bleiben Staatsfonds investiert oder bauen Positionen aus. Nicht aus Mut, sondern aus Struktur. Damit übernehmen sie eine besondere Rolle: Sie wirken stabilisierend. Große Kapitalströme werden nicht beschleunigt, sondern geglättet. Extreme werden abgeschwächt, nicht verstärkt.

Der entscheidende Unterschied zu privaten Anlegern:
Staatsfonds handeln nicht aus Emotion – sie folgen Mandaten.

Zeit ersetzt Timing. Struktur ersetzt Reaktion.

Aha-Moment: Große Vermögen wachsen nicht durch bessere Prognosen, sondern durch konsequente Regeln über lange Zeit.

Impuls für den Tag: Denken Sie Ihr Portfolio einmal wie einen Staatsfonds: Welche Teile dienen Stabilität, welche Wachstum – und folgen beide klaren Regeln?

▸ TAG 239, FAMILY OFFICES – VERMÖGEN ÜBER GENERATIONEN SICHERN UND ENTWICKELN

Die Hypothekenkrise – der Zündfunke der globalen Finanzkrise

Es begann mit einem Traum: jedem Amerikaner ein eigenes Haus. Ab den frühen 2000er-Jahren vergaben Banken massenhaft Hypotheken – oft an Menschen, die sie sich kaum leisten konnten. Diese sogenannten **Subprime-Kredite** wurden gebündelt, in Wertpapiere verpackt und weltweit an Investoren verkauft. Das Risiko? Versteckt hinter Top-Ratings, komplexen Strukturen – und dem kollektiven Wunsch zu glauben, dass Immobilienpreise nur eine Richtung kennen: nach oben.

Was wie ein Wunder des modernen Finanzkapitalismus wirkte, war in Wahrheit ein Kartenhaus. Als erste Kreditnehmer ausfielen und die Blase platzte, entlud sich die Krise mit voller Wucht: Lehman Brothers kollabierte, Banken weltweit gerieten ins Wanken, Billionen an Marktwert wurden vernichtet. Die Hypothekenkrise von 2007 war der Anfang vom Ende eines Finanzsystems, das unbesiegbar schien – und der Zündfunke einer globalen Finanzkrise.

Im Zentrum des Sturms: ein Geflecht aus Leichtsinn, Gier und systemischer Intransparenz. Banken verkauften Produkte, deren Risiken sie selbst kaum noch verstanden. **Ratingagenturen** vergaben Bestnoten. Regulierer schauten weg – oder durchschauten nicht, was geschah. Es war das Versagen einer ganzen Branche, vielleicht sogar einer Denkweise.

Und doch war der Kollaps auch ein Weckruf. Begriffe wie *Too big to fail* (zu groß, um zu scheitern), *Moral Hazard* (Verantwortungslosigkeit durch Fremdhaftung) und *Systemic Relevance* (Systemrelevanz) prägten fortan die Debatte. Neue Regeln wie **Basel III** – ein internationales Regelwerk zur Stärkung der Eigenkapital- und Liquiditätsvorgaben für Banken – oder der **Dodd-Frank-Act** – eine US-Reform zur Eindämmung riskanter Finanzpraktiken – sollten Vertrauen zurückgewinnen. Doch reicht das?

Die Hypothekenkrise ist nicht nur eine Geschichte von Bankern in Nadelstreifen – sie ist eine Mahnung an uns alle: Märkte brauchen Kontrolle. Wachstum braucht Maß und finanzielle Intelligenz ethische Leitplanken.

Aha-Moment: Die globale Finanzkrise war kein plötzlicher Knall, sondern das Ergebnis von kollektivem Wegsehen, geschönten Risiken und einem System ohne Grenzen.

Impuls für den Tag: Jeder Aufschwung trägt auch den Keim der nächsten Krise. Vertrauen Sie nicht nur auf Dynamik – achten Sie auf die Fundamente.

▶ TAG 224, DER LIBOR-SKANDAL – WIE BANKER ZINSSÄTZE MANIPULIERTEN

Mayer Amschel Rothschild – der Architekt des internationalen Bankensystems

Manche Vermächtnisse sind größer als Reichtum. Sie sind Ideen, Strukturen – Netzwerke, die über Generationen hinweg tragen. Mayer Amschel Rothschild, geboren 1744 in der Frankfurter Judengasse, war der Begründer einer Familie, die nicht nur Vermögen anhäufte, sondern den Grundstein für ein grenzüberschreitendes Bankwesen legte, wie es die Welt bis dahin nicht kannte.

Er begann als Münzhändler, Berater und diskreter Verwalter für wohlhabende Familien – insbesondere für den Landgrafen von Hessen-Kassel. Doch Rothschild dachte weiter. Er erkannte früh: Vertrauen und Diskretion sind die stärksten Währungen. Und Geld muss nicht nur verwaltet, sondern vernetzt werden.

»*Vertrauen ist der Anfang von allem.*« – Dieser Gedanke war sein innerer Kompass und das Fundament seines Netzwerks.

Seine größte Innovation war nicht ein Produkt, sondern ein System: ein familiengeführtes Bankennetzwerk mit Niederlassungen in den Finanzzentren Europas – Frankfurt, London, Paris, Wien und Neapel. Jeder seiner fünf Söhne übernahm eine Stadt. Gemeinsam bildeten sie eine unsichtbare Infrastruktur für Kapital, Informationen und Einfluss – oft schneller als jeder diplomatische Kurier.

Mayer Amschel Rothschild selbst blieb im Hintergrund. Er glaubte an Kontrolle ohne Bühne, an Prinzipien wie Integrität, Diskretion und familiären Zusammenhalt. Der Leitsatz, den er seinen Söhnen mitgab, wurde zum Vermächtnis: »*Einigkeit ist Stärke.*«

In Zeiten politischer Instabilität – von den Napoleonischen Kriegen bis zur Neuordnung Europas – war das Haus Rothschild mehr als ein Financier. Es war Stabilitätsfaktor, Krisenmanager, Kapitalvermittler. Es finanzierte Staaten, baute Infrastrukturen und ermöglichte internationalen Zahlungsverkehr – Jahrzehnte bevor moderne Zentralbanken existierten.

Trotz antisemitischer Ressentiments und Argwohn gegenüber dem Einfluss seiner Familie blieb Rothschilds Wirken eine Meisterleistung strategischer Weitsicht. Er baute kein Imperium der Lautstärke, sondern eines der Verlässlichkeit.

Mayer Amschel Rothschild war ein strategischer Praktiker, ein Netzwerker mit Prinzipien und einer der stillen Architekten des internationalen Bankensystems.

Aha-Moment: Mayer Amschel Rothschild zeigte, dass Finanzmacht nicht auf Lautstärke beruht, sondern auf Netzwerken, Prinzipien und Vertrauen.

Impuls für den Tag: Manchmal ist die stärkste Wirkung die, die nicht gesehen werden muss, sondern getragen wird. Welche Netzwerke tragen Sie?

▶ TAG 226, AUGUST VON DER HEYDT – DER ERSTE ZENTRALBANKER IM DEUTSCHEN KAISERREICH

IFO-Geschäftsklima – der Stimmungsindex für Deutschland

Stellen Sie sich vor, Sie sitzen im Konferenzraum eines Unternehmens. Auf dem Tisch liegen Auftragsbücher, Marktberichte und Kalkulationen. Ein kurzer Blick auf die Zahlen genügt, und die Stimmung im Raum kippt oder hellt sich auf. Genau solche Einschätzungen bündelt das Ifo-Geschäftsklima.

Was misst der Ifo-Index? Jeden Monat befragt das Ifo-Institut Tausende Unternehmen in Deutschland: Wie wird die aktuelle Geschäftslage beurteilt und wie sehen die Erwartungen für die kommenden sechs Monate aus? Aus den Antworten entsteht ein Indexwert. Für Anleger ist er ein Frühindikator der Konjunktur, weil er Stimmungen sichtbar macht, noch bevor harte Daten wie das Bruttoinlandsprodukt veröffentlicht werden.

Warum ist der Index für Anleger wichtig? Unternehmen spüren Veränderungen meist früher als die amtliche Statistik. Genau deshalb ist der Ifo-Index für Anleger so wertvoll: Er zeigt früh, ob die Wirtschaft an Schwung gewinnt oder an Tempo verliert.

Der Index setzt sich aus zwei Teilen zusammen:

- **Geschäftslage:** Wie läuft es aktuell?
- **Geschäftserwartungen:** Was wird in den nächsten sechs Monaten erwartet?

Besonders wichtig sind oft die Erwartungen. Ein überraschend pessimistischer Ausblick kann Aktienmärkte belasten, selbst wenn die aktuelle Lage noch stabil erscheint. Umgekehrt reicht manchmal schon ein vorsichtig hellerer Ausblick, damit die Börse neue Zuversicht gewinnt. Wie so oft zählt dabei nicht nur der Wert selbst, sondern auch, ob er besser oder schlechter ausfällt als erwartet. **So lässt sich der Index lesen:**

KOMPONENTE	BEDEUTUNG	MARKTREAKTION
Geschäftslage	spiegelt die aktuelle Situation der Unternehmen wider	Bestätigung oder Dämpfer für die Börse
Geschäftserwartung	Blick auf die kommenden sechs Monate	oft besonders wichtig, weil die Börse Zukunft handelt
Gesamtindex	Kombination aus Lage und Erwartungen	Frühwarnsignal für Konjunktur und Märkte

Das Ifo-Geschäftsklima verdichtet Tausende Unternehmensstimmen zu einem einzigen Stimmungswert. Gerade deshalb ist der Index für Anleger mehr als nur Statistik: Er ist ein früher Blick auf die wirtschaftliche Großwetterlage in Deutschland.

Aha-Moment: Der Ifo-Index zeigt oft früher als viele harte Daten, ob Unternehmen zuversichtlicher oder vorsichtiger werden, und genau diese Veränderung bewegt die Börse.

Impuls für den Tag: Achten Sie beim nächsten Ifo-Update besonders auf die Erwartungen und darauf, ob der Index die Markterwartung übertrifft oder enttäuscht.

▶ TAG 228, VERBRAUCHERVERTRAUEN – WENN KONSUMLAUNE KURSE TREIBT

Algorithmisches Trading – wenn Regeln den Handel übernehmen

Ein Algorithmus handelt nicht. Er führt aus. Was er tut, haben Sie vorher festgelegt.

Der entscheidende Punkt: Algorithmisches Trading ersetzt Entscheidungen im Moment durch Regeln im Voraus.

Ein Algorithmus ist ein präziser Ablauf: Wenn Bedingung A eintritt, folgt Aktion B. Kein Zögern. Kein Bauchgefühl. Keine Abweichung.

Viele verbinden damit Geschwindigkeit oder Technik. Der eigentliche Vorteil ist Konsequenz.

Ein regelbasierter Ansatz wird immer gleich umgesetzt:
- gleiche Setups
- klare Regeln für Einstieg, Stopp und Ziel
- definierte Risikostruktur
- keine spontanen Eingriffe

Was festgelegt ist, wird umgesetzt. Punkt.

Algorithmen denken nicht – sie folgen. Ein guter Ansatz wird konsequent umgesetzt. Ein schlechter auch – nur mit schlechten Ergebnissen.

Deshalb beginnt algorithmisches Trading nicht mit Software, sondern mit Klarheit:
- Wann entsteht ein Signal?
- Wann ist die Idee ungültig?
- Wie wird Risiko gesteuert?
- Wann wird bewusst nicht gehandelt?

Unklare Regeln lassen sich nicht automatisieren.

Der praktische Vorteil: Ein klarer Regelansatz macht Ihr Trading testbar, vergleichbar und unabhängig vom Moment.

Nicht jeder muss automatisiert handeln. Doch jeder Trader profitiert davon, wie ein Algorithmus zu denken: klar, strukturiert, wiederholbar.

Aha-Moment: Ein Algorithmus ist kein Vorteil – klare Regeln sind es.

Impuls für den Tag: Formulieren Sie ein Setup so präzise, dass es auch ohne Ihr Eingreifen umgesetzt werden könnte.

▶ TAG 212, BACKTESTING – STRATEGIE TRIFFT REALITÄT

Minus 50 Prozent? Warum Sie danach 100 Prozent brauchen

Ein Verlust ist nie angenehm – doch sein Ausmaß wird oft unterschätzt. Viele glauben: *»Ich habe 50 Prozent verloren – dann brauche ich 50 Prozent zurück.«*

Falsch gedacht. Ein Beispiel: Sie starten mit 10 000 Euro. Ein Rückgang von 50 Prozent reduziert Ihr Depot auf 5000 Euro. Um wieder auf 10 000 Euro zu kommen, brauchen Sie keinen Gewinn von 50 Prozent – sondern von 100 Prozent.

Je größer der Verlust, desto steiler wird der Weg zurück. Ein Minus von 10 Prozent lässt sich mit 11 Prozent Gewinn ausgleichen. Doch bei 50 Prozent braucht es bereits eine Verdopplung, bei 70 Prozent fast das Dreifache. Diese Dynamik wird häufig übersehen.

Wer Verluste einfach aussitzt, läuft Gefahr, Chancen zu verpassen und seine emotionale Stabilität zu verlieren. Risikobegrenzung ist deshalb keine Schwäche, sondern die Grundlage nachhaltigen Investierens. Wer früh begrenzt, muss später nicht um den Wiedereinstieg kämpfen. Was das konkret bedeutet:

VERLUST [%]	BENÖTIGTER GEWINN [%]
10	11
20	25
30	43
40	67
50	100
60	150
70	233
80	400

Was lernen wir daraus?

- Kleine Rücksetzer sind wie Stolpern – man fängt sich schnell.
- Große Verluste reißen ein tiefes Loch – jeder weitere Prozentpunkt wiegt schwerer.
- Langfristig gewinnen nicht die Mutigen – sondern die Disziplinierten.
- Wer sein Kapital schützt, bleibt entscheidungsfähig – und muss keine Comebacks erzwingen.

Aha-Moment: Ein Verlust von 50 Prozent ist kein halber Rückschlag, sondern eine Verdopplungshürde, die psychologisch wie rechnerisch zur Belastungsprobe wird.

Impuls für den Tag: Wer nur mit Chancen rechnet, rechnet zu kurz. Begrenzen Sie Verluste früh – denn was Sie heute schützen, müssen Sie morgen nicht zurück erkämpfen.

▸ TAG 214, RISIKO ÜBER NACHT? WARUM DER BÖRSENSCHLUSS TRÜGERISCH IST

Hebel im Vergleich – CFD, Optionen, Zertifikate & Co.

Nicht jeder Hebel funktioniert gleich. Hebelprodukte unterscheiden sich weniger im Zugang zum Markt als in ihrer Mechanik und ihrem Risiko. CFDs, Optionen und Zertifikate ermöglichen alle den Handel mit geringem Kapitaleinsatz. Doch wie sie Gewinne und Verluste erzeugen, ist grundlegend verschieden.

Der entscheidende Punkt: Nicht der Hebel entscheidet über das Risiko, sondern das Produkt dahinter.

Vergleich der wichtigsten Hebelprodukte:

PRODUKT	FUNKTIONSWEISE	VORTEILE	RISIKEN / BESONDERHEITEN	TYPISCHER EINSATZ
CFDS	Differenzkontrakte (reine Kursbewegung)	flexibel, Long & Short, direkter Zugang	hohe Dynamik, konsequentes Risikomanagement nötig	kurzfristiges Trading
OPTIONEN	Recht (nicht Pflicht) zu kaufen / verkaufen	strategische Vielfalt, Prämieneinnahmen	Zeitwertverfall, komplex	Hedging, strukturierte Strategien
KNOCK-OUT-ZERTIFIKATE	fester Hebel mit Knock-out-Schwelle	einfach, transparent	Totalverlust bei Schwelle, keine Erholung möglich	sehr kurzfristige Trades
TURBO-ZERTIFIKATE	ähnlich Knock-out, variabler Hebel	flexibler als klassische Knock-outs	komplexere Preisbildung	kurz- bis mittelfristig

Kurz gefasst:

- **CFDs**: Direkte Kursabbildung – **Gewinne und Verluste wirken sofort.**
- **Optionen**: Kurs allein reicht nicht – **Zeit und Volatilität entscheiden mit.**
- **Knock-outs**: Feste Schwelle – **ein Ereignis kann alles beenden.**
- **Turbos**: Flexibler Hebel – **Preisbildung ist weniger intuitiv.**

Jedes Produkt hat seinen Platz, aber keines verzeiht fehlendes Verständnis. Die Wahl hängt von Ziel, Erfahrung und Risikobereitschaft ab. Wer das Produkt nicht versteht, handelt nicht den Markt, sondern das Risiko.

Aha-Moment: Der gleiche Hebel kann völlig unterschiedliche Risiken bedeuten – je nach Produkt.

Impuls für den Tag: Wählen Sie ein Produkt und prüfen Sie: Wie genau entsteht mein Gewinn – und wie mein Verlust?

▶ TAG 204, DER MARGIN-EFFEKT – WENN VERLUSTE GRÖSSER WERDEN

Herdentrieb – wie die Masse unser Verhalten steuert

Warum kaufen Menschen Aktien, nur weil alle es tun? Und warum verkaufen sie panisch, wenn Märkte fallen – ohne eigene Analyse? Der Grund liegt im **Herdentrieb**: einem Verhalten, das nicht auf Fakten basiert, sondern auf sozialer Dynamik. Psychologisch ist er ein tief verankerter Schutzmechanismus: In unsicheren Situationen erscheint die Mehrheit sicher – unabhängig davon, ob sie richtigliegt (1).

Das Denken in der Gruppe verändert unsere Wahrnehmung. Die Bewertung eigener Informationen tritt in den Hintergrund – entscheidend wird, was andere tun. Es entstehen Informationskaskaden: Entscheidungen orientieren sich nicht mehr an Daten, sondern am Verhalten anderer. An den Finanzmärkten führt das dazu, das Kurse nicht von Fundamentaldaten, sondern von Stimmungen und Signalen getrieben werden (2).

Bereits im 19. Jahrhundert beschrieb der Sozialpsychologe **Gustave Le Bon**, wie sich in der Masse das individuelle Urteil auflöst – zugunsten eines kollektiven Gefühlsrausches. Massen reagieren impulsiv, übernehmen Emotionen wie durch Ansteckung, verengen komplexe Zusammenhänge auf einfache Narrative. Kritisches Denken weicht Gruppendynamik. An der Börse zeigt sich das in spekulativen Blasen, Übertreibungen und abrupten Korrekturen. Was gestern Euphorie war, ist heute Panik – nicht wegen neuer Daten, sondern weil sich die Stimmung dreht (3).

Noch verstärkt wird dieses Verhalten, wenn sich auch institutionelle Anleger an der Masse orientieren – aus Angst, allein falschzuliegen. Das Ergebnis: eine doppelte Verstärkung des Herdentriebs. Auf mehreren Ebenen wird nicht analysiert, sondern reagiert – und die kollektive Bewegung treibt sich selbst weiter.

Doch Herdenverhalten ist kein Zwang. Wer es erkennt, kann sich ihm entziehen. Nicht durch reflexhaften Widerspruch, sondern durch eigene Analysen, einen kühlen Kopf und die Bereitschaft, gegen den Strom zu denken.

Aha-Moment: Die größte Gefahr an der Börse ist nicht der Markt, sondern die Menge, der wir folgen, ohne es zu merken.

Impuls für den Tag: Würden Sie Ihre Entscheidung auch treffen, wenn niemand sonst es täte?

▸ TAG 234, DISPOSITIONSEFFEKT – WARUM WIR VERLUSTE LIEBEN UND GEWINNE FÜRCHTEN

Die Lernkurve an der Börse – warum Fortschritt nicht linear ist

Sie lernen, machen Fortschritte – und erleben Rückschläge. Genau daran zweifeln viele.

Der entscheidende Punkt: Fortschritt an der Börse verläuft nicht in einer Linie, sondern in Sprüngen.

Am Anfang wächst Wissen schnell. Grundlagen, Begriffe, erste Zusammenhänge – alles scheint klarer zu werden. Doch mit den ersten echten Entscheidungen beginnt die zweite Phase: Unsicherheit. Märkte verhalten sich nicht wie erwartet, Ergebnisse schwanken, Überzeugungen werden infrage gestellt.

Viele interpretieren diese Phase falsch. Sie halten Schwankungen im Ergebnis für fehlenden Fortschritt – und wechseln Strategie, Ansatz oder Zeithorizont. Genau das unterbricht die Lernkurve.

Lernen entsteht nicht durch stetige Verbesserung, sondern durch Konfrontation mit Abweichung:

- Ein Trade funktioniert – Sie verstehen warum.
- Der nächste scheitert – Sie prüfen, was anders war.
- Erst im Vergleich entsteht Erkenntnis.

Fortschritt zeigt sich nicht im einzelnen Ergebnis, sondern in der Qualität Ihrer Entscheidungen über viele Wiederholungen.

Für Investoren bedeutet das: Schwankungen gehören dazu. Ein Depot verläuft nicht gleichmäßig nach oben. Wer in Phasen von Rückgängen den Ansatz infrage stellt, unterbricht die eigene Entwicklung.

Für Trader bedeutet es: Serien von Gewinnen und Verlusten sind normal. Selbst funktionierende Strategien liefern keine gleichmäßigen Ergebnisse. Entscheidend ist, dass die Umsetzung stabil bleibt.

Wer Fortschritt am Ergebnis misst, verliert die Orientierung. Wer ihn an der Umsetzung misst, entwickelt sich weiter. Entscheidend ist nicht das Ergebnis, sondern die Stabilität Ihres Verhaltens über viele Wiederholungen.

Aha-Moment: Fortschritt fühlt sich oft wie Rückschritt an – genau dort entsteht Lernen.

Impuls für den Tag: Bewerten Sie Ihre letzte Entscheidung nicht nach Gewinn oder Verlust, sondern danach, ob Sie Ihren Plan konsequent umgesetzt haben.

▶ TAG 230, ENTSCHEIDEN OHNE GEWISSHEIT – WIE SIE KLAR HANDELN

Währungsrisiken meistern – die stille Gefahr im Blick behalten

Sie investieren global, aber Ihre Rendite entsteht nicht nur im Unternehmen, sondern auch in der Währung. Genau hier liegt ein oft unterschätzter Einflussfaktor.

Steigt eine US-Aktie, während der Dollar fällt, kommt weniger bei Ihnen an. Ein Teil Ihrer Rendite wird unbemerkt aufgezehrt. Umgekehrt können Währungsgewinne Verluste überdecken. Beides geschieht leise – aber wirksam.

Sobald Sie außerhalb des Euroraums investieren, tragen Sie immer auch ein Währungsrisiko. Es ist in den Kursen enthalten, aber selten sichtbar. Gerade das macht es so tückisch.

Währungen folgen eigenen Regeln. Zinsen, Inflation, Kapitalströme und Politik bewegen sie – oft unabhängig vom Unternehmen selbst. Sie tragen damit ein Risiko, das nichts mit Ihrer eigentlichen Investmentidee zu tun hat.

Besonders wichtig wird das bei langfristigen Investments. Über Jahre können Währungsbewegungen einen erheblichen Teil der Rendite ausmachen – positiv wie negativ. Damit entscheidet nicht nur die Qualität eines Unternehmens über Ihren Erfolg, sondern auch die Entwicklung der Währung, in der es bilanziert.

Worauf es ankommt:

- **Einzelaktien im Ausland:** volles Währungsrisiko
- **globale Fonds:** Risiken verteilen sich
- **währungsgesicherte Fonds (hedged):** Schwankungen reduziert, aber nicht kostenfrei

Absicherung ist möglich, aber nicht kostenlos. Viele langfristige Anleger akzeptieren Währungsschwankungen bewusst als Teil der Gesamtentwicklung. Entscheidend ist nicht, sie zu vermeiden, sondern sie einzuordnen.

Währungen sind kein Nebeneffekt – sie sind ein zweiter, oft unsichtbarer Renditetreiber.

Aha-Moment: Sie investieren nie nur in ein Unternehmen, sondern immer auch in dessen Währung.

Impuls für den Tag: Prüfen Sie Ihr Depot: Welcher Anteil Ihrer Anlagen hängt vom Dollar oder anderen Währungen ab?

▶ TAG 216, INFLATION ABWEHREN – VERMÖGEN GEZIELT SCHÜTZEN

Visualisieren Sie den Trader in Ihnen – mit Bildern zum besseren Selbstbild

Was sehen Sie, wenn Sie sich als erfolgreichen Trader vorstellen? In der Welt des Tradings, geprägt von Zahlen, Kurven und Geschwindigkeit, bleibt oft wenig Raum für innere Klarheit. Doch echte Veränderung beginnt nicht auf dem Bildschirm – sondern im Kopf.

»Deine Vision wird nur dann klar, wenn du in dein eigenes Herz schaust. Wer nach außen schaut, träumt; wer nach innen schaut, erwacht.«
– Carl Gustav Jung

Wer langfristig erfolgreich handeln will, braucht ein klares inneres Bild – davon, wer man als Trader ist und wer man werden möchte. Nicht Wunschdenken, sondern eine bewusste Vision, die Orientierung gibt und Entscheidungen trägt.

Starke Ziele brauchen starke Bilder – und einen realistischen Blick auf Hindernisse. Eine Studie zeigt: Die Verbindung von Vision und realistischer Einschätzung stärkt Motivation und Durchhaltevermögen (1).

Visualisierung heißt nicht, sich etwas Schönes auszumalen, sondern kraftvolle innere Bilder zu entwickeln – Bilder, die Klarheit schaffen, Energie freisetzen und Ihre Haltung formen.

Reflexionsaufgabe – der Film Ihrer Geldgeschichte
Stellen Sie sich vor, ein Fernsehsender dreht in zehn Jahren eine Dokumentation über Ihren Weg mit Geld – über Ihre Entwicklung, Ihre Entscheidungen und Ihren Umgang mit Erfolg, Risiko und Verantwortung:

- Welche Bilder zeigt dieser Film?
- Welche Menschen begleiten mich?
- Was habe ich erreicht – finanziell, persönlich, innerlich?
- Welche Situationen waren besonders prägend – und woran bin ich gewachsen?
- Am Ende fragt der Moderator: *»Wie haben Sie das geschafft?«* – Was antworte ich?

Schreiben Sie Ihre Antworten möglichst konkret auf. Vielleicht entdecken Sie dabei den roten Faden Ihrer Motivation – Ihre Werte, Ihre Stärken oder Ziele, die bisher im Schatten lagen. Wiederholen Sie diese Übung regelmäßig. Ihre Vision wird greifbarer – und irgendwann Teil Ihrer Identität. Nicht nur Ihr Trading verändert sich, sondern auch Ihre Haltung.

Aha-Moment: Wer ein klares Bild von sich selbst entwickelt, entscheidet bewusster – und bleibt auch in schwierigen Phasen auf Kurs. Ihre Vision wird zum inneren Kompass.

Impuls für den Tag: Gönnen Sie sich zehn Minuten Stille – und stellen Sie sich vor: Wie handeln Sie, wenn Sie die beste Version Ihres Trader-Selbst sind? Beginnen Sie, diese Rolle zu verkörpern.

▶ TAG 233, SCHAFFEN SIE SICH EIN TRADING-FREUNDLICHES UMFELD – KONZENTRATION DURCH KLARHEIT

Der Margin-Effekt – wenn Verluste größer werden

Margin wirkt technisch – ihre Wirkung ist emotional. Sie ist die Sicherheitsleistung, mit der Sie eine größere Position kontrollieren.

Der entscheidende Punkt: Je höher der Hebel, desto empfindlicher reagiert Ihr Kapital.

Die Bewegung im Markt bleibt gleich – die Wirkung auf Ihr Kapital nicht.

Beispiel: Sie handeln mit 1000 Euro Einsatz und einem Hebel von 10.

Sie bewegen eine Position von 10 000 Euro.

Fällt der Kurs um 5 Prozent, verlieren Sie 500 Euro. Die Hälfte Ihrer Margin ist damit aufgebraucht.

Bei stärkeren Bewegungen wird es kritisch: Die Margin reicht nicht mehr aus. Der Broker fordert zusätzliches Kapital (Margin Call) – oder schließt die Position automatisch. Oft genau in der Phase größter Unsicherheit.

Besonders riskant: In volatilen Phasen erhöhen Broker die Margin-Anforderungen. Ihre Position wird teurer, während sie bereits gegen Sie läuft.

Die psychologische Falle: Margin Calls erzwingen Entscheidungen unter Druck. Sie kommen unter Druck – und erzwingen Entscheidungen.

Viele reagieren dann nicht nach Plan, sondern aus Stress:

- Verluste werden ausgeweitet.
- Kapital wird hektisch nachgeschossen.
- Risiken werden unkontrolliert erhöht.

So verstärkt der Hebel nicht nur Verluste, sondern auch Fehlentscheidungen.

Aha-Moment: Nicht der Markt allein entscheidet über Ihren Verlust – der Hebel bestimmt seine Wirkung auf Ihr Kapital.

Impuls für den Tag: Berechnen Sie vor jedem Hebeltrade, wie stark sich Ihre Position gegen Sie bewegen darf, bevor Ihre Margin kritisch wird.

▶ TAG 231, RISIKOMANAGEMENT BEI HEBELPRODUKTEN – SCHUTZ STATT SPIELTRIEB

Strategisch investieren – mit Plan statt Impuls

Ein Kompass für die Börse? Viele Anleger sind ohne ihn unterwegs. Sie lassen sich von Schlagzeilen, Emotionen oder Bauchgefühl treiben. Strategisch zu investieren, heißt dagegen, einen klaren Kurs zu haben und ihm auch in unruhigen Marktphasen zu folgen. Genau darin liegt langfristig oft der Unterschied zwischen Zufall und System.

Was strategisches Investieren bedeutet: Wer strategisch investiert, handelt nach klaren Regeln, statt aus dem Moment heraus zu entscheiden. Im Zentrum stehen ein klares Ziel, eine passende Vermögensaufteilung, feste Regeln für Risiken und ein verlässlicher Umgang mit Veränderungen.

Dazu gehören:

- ein langfristiges Anlageziel mit klarem Zeithorizont
- eine regelbasierte Auswahl und Gewichtung der Anlageklassen
- klare Regeln für den Umgang mit Risiken
- regelmäßige Überprüfung und, wenn nötig, Anpassung des Portfolios

Eine wichtige Voraussetzung ist, die eigenen Verhaltensmuster zu kennen. Angst, Gier und Herdentrieb verleiten schnell zu Fehlentscheidungen. Eine klare Strategie wirkt dann wie ein emotionaler Anker: Sie gibt Orientierung, wenn Märkte laut und Gefühle unruhig werden.

Ebenso wichtig ist der Umgang mit Impulsen. Medienhypes, Crashmeldungen oder soziale Netzwerke verleiten oft zu spontanen Reaktionen. Wer strategisch investiert, fragt zuerst: Passt das zu meinem Plan? Nur wenn sich die Grundlagen wirklich verändert haben, sollte auch das Regelwerk angepasst werden. Kurzfristige Marktgeräusche allein sind dafür meist kein guter Grund.

Ihr Strategiefahrplan in vier Schritten:

1. Ziel und Zeithorizont festlegen
2. Anlageklassen auswählen und gewichten
3. Überprüfungsrhythmus definieren
4. Anpassungsregeln schriftlich festhalten

Eine Strategie ist kein starres Korsett, sondern ein tragfähiger Rahmen. Wer mit Plan investiert, handelt ruhiger, klarer und oft erfolgreicher, weil er sich weniger von Stimmung, Moden und innerem Druck leiten lässt.

Aha-Moment: Eine gute Anlagestrategie verhindert Emotionen nicht, aber sie nimmt ihnen die Regie.

Impuls für den Tag: Schreiben Sie Ihre Anlagestrategie in wenigen Sätzen auf: Ziel, Zeithorizont, Anlageklassen, Risikoregeln und Anpassungskriterien.

▶ TAG 245, RISIKOMANAGEMENT – VERLUSTE KONTROLLIEREN STATT FÜRCHTEN

Dividend Growth Investing – stetig steigendes Einkommen

Stellen Sie sich Ihr Depot wie einen Baum vor: Der Stamm ist Ihr investiertes Kapital, die Jahresringe sind die Dividenden, die sich im Laufe der Zeit verdichten. Dividend Growth Investing setzt auf Unternehmen, die ihre Dividende über viele Jahre hinweg regelmäßig erhöhen. So entsteht kein »schneller Treffer«, sondern ein Einkommensstrom, der mit dem Unternehmen mitwächst.

So funktioniert's:

- Sie wählen Unternehmen, die ihre Dividenden über viele Jahre konsequent angehoben haben – bei den »Dividend Aristocrats« über mindestens 25 Jahre in Folge (1).
- Sie achten darauf, dass die Erhöhungen durch Gewinnkraft und Cashflow getragen werden, nicht durch Wunschdenken.
- Sie reinvestieren Dividenden, um den Zinseszinseffekt zu nutzen.
- Sie denken langfristig: Stabilität entsteht über Jahre, nicht über Wochen.

Warum das wirkt:

- Regelmäßige Dividendenerhöhungen sind oft ein Signal für Disziplin, robuste Cashflows und eine aktionärsfreundliche Kapitalpolitik (2).
- Langfristig kann der Mix aus Kurswachstum und Dividenden zu besseren risikoadjustierten Ergebnissen führen; S&P beschreibt für die Dividend Aristocrats über längere Horizonte höhere risikoadjustierte Renditen gegenüber dem S&P 500 (2).

CHANCEN	RISIKEN
▪ wachsende Erträge durch Unternehmen mit verlässlicher Dividendenpolitik ▪ oft ruhigerer Depotverlauf, weil viele diese Firmen stabiler wirtschaften ▪ Regelmäßige Dividendenerhöhungen können helfen, Kaufkraftverluste auszugleichen.	▪ In starken Boomphasen bleiben Dividendenwachstumswerte oft hinter dynamischen Wachstumsaktien zurück. ▪ Eine langjährige Dividendenserie kann enden – dann drohen Enttäuschung und Kursdruck. ▪ Wer nur auf die Dividende schaut, übersieht leicht, ob das Geschäftsmodell auch künftig stark genug ist.

Fazit: Dividend Growth Investing ist kein Spektakel, sondern ein Prozess. Wer auf verlässliche Erhöhungen plus Reinvestition setzt, baut sich einen Einkommensmotor, der nicht sprunghaft, sondern Schritt für Schritt an Kraft gewinnt.

Aha-Moment: Nicht die höchste Dividende zählt, sondern die, die über Jahre verlässlich wächst und wirtschaftlich getragen ist.

Impuls für den Tag: Wählen Sie ein Unternehmen und prüfen Sie: Steigt die Dividende seit Jahren – und wird sie durch Cashflow wirklich getragen?

▸ TAG 240, SECTOR-ROTATION-STRATEGIE – IM TAKT DER KONJUNKTUR INVESTIEREN

Währungsreformen – neues Geld, neues Vertrauen

Wenn Geld seine Glaubwürdigkeit verliert, bleibt nur eines: ein Neuanfang. Währungsreformen sind tiefgreifende Einschnitte – wirtschaftlich, emotional, kulturell. Sie verändern nicht nur Scheine und Zahlen, sondern auch das Verhältnis der Menschen zu ihrem Geld. Denn jede Reform ist auch ein Vertrauensakt.

Reformen geschehen selten freiwillig. Meist folgen sie auf Krisen: Hyperinflation, Krieg, Staatsbankrott. Dann, wenn Preise rasen, Löhne nichts mehr wert sind und Sparguthaben verpuffen. Die bekanntesten Beispiele zeigen: Geld kann verfallen – und wiedergeboren werden.

Die **Reichsmark** in der Weimarer Republik wurde 1923 durch eine galoppierende Inflation unbrauchbar. Millionen wurden über Nacht wertlos. Erst mit der Einführung der **Rentenmark** kehrte Stabilität zurück – gedeckt nicht durch Gold, sondern durch Grundbesitz. Vertrauen musste neu geschaffen werden – symbolisch wie strukturell.

Ein weiteres historisches Beispiel: die Währungsreform von 1948 in Westdeutschland. Die D-Mark ersetzte die Reichsmark – über Nacht. Sie war mehr als ein neues Zahlungsmittel: der Startschuss für das Wirtschaftswunder, für Ordnung im Chaos. Und für die Rückkehr zur Idee, dass man Geld wieder vertrauen kann.

Doch die Stabilisierung des neuen Geldsystems war nur ein Teil der Geschichte. Auch gesellschaftlich musste Vertrauen wiederhergestellt werden – besonders dort, wo Menschen durch Krieg und Vertreibung alles verloren hatten. Mit dem **Lastenausgleich** ab 1952 wurde ein solidarischer Ausgleich geschaffen: Wer Vermögen besaß, leistete finanzielle Beiträge, um jenen zu helfen, die enteignet oder heimatlos geworden waren. Keine klassische Geldpolitik – aber ein starkes Signal: Ein faires System braucht nicht nur neues Geld, sondern auch neue Gerechtigkeit.

Auch international gab es tiefgreifende Reformen – etwa nach dem Zusammenbruch der Sowjetunion oder bei der Einführung des **Euro**. Immer ging es darum, die Grundlagen des Zahlungsverkehrs neu zu verankern – und mit ihnen das Sicherheitsgefühl der Bevölkerung.

Doch Währungsreformen sind nie nur technisch. Sie betreffen Werte, Identität, Erinnerung. Menschen rechnen um, vergleichen, trauern Altem nach oder schöpfen Hoffnung. Das zeigt: Geld ist nicht nur Zahl – es ist psychologisch aufgeladen.

Aha-Moment: Bei der D-Mark-Einführung 1948 erhielten die Menschen in Westdeutschland zunächst nur 40 Mark in bar – ein Neubeginn, greifbar im Geldbeutel.

Impuls für den Tag: Manchmal braucht es einen klaren Schnitt, um neu zu vertrauen – auch jenseits von Geld.

▶ TAG 235, PLASTIKGELD – VON MÜNZEN ZU KARTEN UND KONTOBELEGEN

Jesse Livermore – der größte Spekulant aller Zeiten

Er war ein Kind der Finanzmärkte, ein Genie mit fatalen Schwächen – und ein Mythos, der bis heute Trader fasziniert: Jesse Livermore, geboren 1877 in Massachusetts, war kein gewöhnlicher Spekulant. Er war ein Visionär mit einem beinahe instinktiven Gespür für Kursbewegungen. Bereits mit 14 verließ er die Schule, begann als »Board Boy« bei einem Makler – und notierte heimlich Kursmuster, um daraus Gesetzmäßigkeiten abzuleiten.

Mit 15 verdiente er mehr als viele erwachsene Broker – und wurde bald aus sämtlichen Bucket Shops verbannt, weil er zu oft gewann. Livermore handelte nicht nach Gerüchten, sondern nach Mustern. Er wusste: Der Markt hat eine Sprache – und wer ihr zuhört, ist im Vorteil.

Seine größten Erfolge schrieb er in den dunkelsten Momenten der Börsengeschichte: während der Panik von 1907 und beim Schwarzen Donnerstag 1929. Als die Welt ins Chaos stürzte, baute Livermore gezielt Short-Positionen auf – und verdiente ein Vermögen. Man nannte ihn den **»Great Bear of Wall Street«**. Er wurde zum lebenden Beweis dafür, dass antizyklisches Denken – gepaart mit Mut, Strategie und Timing – zu außergewöhnlichem Erfolg führen kann.

Doch sein Leben war auch geprägt von dramatischen Abstürzen. Mehrmals verlor er sein gesamtes Vermögen – nicht, weil seine Methoden versagten, sondern weil Disziplin und Psyche mit der Zeit bröckelten. Livermore war ein Meister der Analyse – aber ein Getriebener seiner eigenen Impulse. Seine Geschichte ist eine Parabel auf das fragile Zusammenspiel von Intelligenz, Risiko und Selbstführung.

Sein Vermächtnis? Das Buch *Reminiscences of a Stock Operator* (1) – ein Klassiker der Finanzliteratur, der bis heute Trader weltweit inspiriert. Wer Livermore liest, spürt: Börse ist mehr als Zahlen – sie ist Psychologie, Timing, Charakterprüfung.

Aha-Moment: Livermore bewies: Es sind nicht nur Charts und Strategien, die über Erfolg entscheiden, sondern Mut, Geduld und der Blick jenseits des Lärms.

Impuls für den Tag: Hören Sie dem Markt zu – aber noch aufmerksamer sich selbst. Der größte Hebel liegt oft in der inneren Klarheit.

»An der Börse gewinnt nicht der Schnellste –
sondern der, der seine Nerven beherrscht.«

– Jesse Livermore

▶ TAG 220, ED SEYKOTA – TRENDS, TIMING UND TECHNIK – DIE ERFOLGSSTRATEGIE EINES PIONIERS

Zentralbanken & Börsen – zwei Kräfte im Gleichgewicht der Weltwirtschaft

Wenn Börsen die Nerven der Wirtschaft sind, dann sind Zentralbanken ihr Pulsschlag. Zwei Systeme, zwei Logiken – eng verwoben. Die eine Seite steht für Angebot, Nachfrage, Stimmung. Die andere für Stabilität, Steuerung, Vertrauen. Gemeinsam formen sie das Rückgrat des globalen Kapitalismus.

Zentralbanken gibt es seit dem 17. Jahrhundert. Die **Bank of England** (1694) war eine Antwort auf das Bedürfnis nach geordneter Finanzierung – für Kriege, Infrastruktur, Staatshaushalt. Es folgten Stockholm, Wien, Paris. Und 1913: die Gründung der **Federal Reserve** – Amerikas Antwort auf Paniken, Crashs und Chaos.

Zentralbanken wurden zur Architektur monetärer Ordnung. Sie regulieren die Geldmenge, steuern Zinsen, greifen in Krisen ein. Und doch sind sie keine stillen Verwalter. Ihre Entscheidungen wirken unmittelbar – auf Börsen, Anleihemärkte, Währungen. Global.

Denn Märkte brauchen Spielräume – aber auch Grenzen. Sie brauchen Liquidität – aber auch Disziplin. Hier beginnt die Spannung: Zentralbanken sind unabhängig, aber nicht isoliert. Sie beobachten die Märkte – und die Märkte sie. Ein einziger Satz aus dem Mund einer Person an der Notenbankspitze kann Billionen bewegen.

Ob **Alan Greenspan, Mario Draghi** oder **Christine Lagarde** – sie alle wurden zu Stimmen der Stabilität, zu Dirigenten eines Orchesters, das oft lauter spielt als geplant. Und spätestens seit der Finanzkrise 2008 ist klar: Ohne ihre Interventionen wären viele Börsen längst in den Abgrund gestürzt.

Die Beziehung zwischen Zentralbanken und Märkten ist kein Machtspiel, sondern ein Gleichgewicht. Ein feines Wechselspiel aus Vertrauen, Timing und Weitsicht. Nicht immer reibungslos, aber stets entscheidend.

Aha-Moment: In der Corona-Krise pumpte die US-Notenbank binnen weniger Wochen über 3 Billionen US-Dollar in den Markt – mehr als je zuvor in so kurzer Zeit.

Impuls für den Tag: Wo in Ihrem Alltag brauchen Sie klare Führung – und wo Vertrauen ins System?

▶ TAG 241, ROHSTOFFBÖRSEN – HANDEL MIT DER ZUKUNFT SEIT JAHRHUNDERTEN

Elliott-Wellen – das Geheimnis rhythmischer Kursbewegungen

Die Börse wirkt oft wie ein Sturm aus Nachrichten, Emotionen und scheinbar willkürlichen Kursbewegungen. Doch inmitten dieses Chaos entdeckte **Ralph Nelson Elliott** in den 1930er-Jahren ein verblüffend geordnetes Prinzip: ein psychologisch geprägtes **Wellenmuster**, das sich in allen Märkten und Zeitfenstern wiederholt. Elliott beobachtete, dass Märkte sich nicht beliebig bewegen – sondern in **Zyklen,** getrieben von kollektiven Emotionen: Euphorie, Angst, Hoffnung, Zweifel. Aus dieser Erkenntnis entwickelte er die **Elliott-Wellen-Theorie**, ein Modell, das Marktbewegungen als Abfolge von **Impuls** und **Korrektur** versteht – wie das Ein- und Ausatmen eines kollektiven Anlegerbewusstseins.

Das Grundmuster besteht aus fünf Wellen in Trendrichtung – drei Impulswellen und zwei Korrekturwellen –, gefolgt von einer dreiteiligen Gegenbewegung, dem sogenannten **A-B-C-Muster**. Die Abbildung zeigt den typischen Verlauf im Überblick. Sie verdeutlicht, wie sich Trend- und Korrekturphasen in wiederkehrenden Bewegungsmustern abwechseln und dabei typische Marktzyklen sichtbar machen.

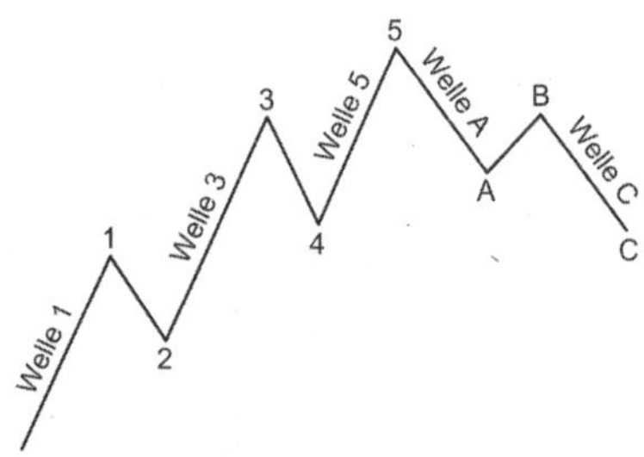

Beispiel: Zwischen 1995 und 2002 bildete der S&P 500 zur Zeit der **Dotcom-Blase** eine klassische Elliott-Struktur. Die Aufwärtsbewegung entsprach den ersten drei Impulswellen, der nachfolgende Crash spiegelte die anschließenden Korrekturwellen wider. Elliotts Theorie bot damals vielen Analysten eine Möglichkeit, den emotionalen Boom und anschließenden Einbruch nicht als Ausnahme, sondern als Teil eines größeren Musters zu deuten.

Was die Theorie zusätzlich faszinierend macht: Sie verbindet psychologische Dynamik mit mathematischer Struktur. Die Länge und Ausprägung der Wellen folgt dabei häufig den Fibonacci-Zahlen – insbesondere markanten Verhältnissen wie **61,8 Prozent, 38,2 Prozent** oder dem **Goldenen Schnitt (1,618)**. So wird aus Emotion berechenbare Bewegung.

Die Elliott-Wellen sind mehr als ein Analysewerkzeug – sie sind eine Einladung, die Sprache der Märkte zu lesen. Wer die Wellen versteht, erkennt im scheinbaren Chaos ein System. Und wer im richtigen Moment mitschwimmt, macht aus Emotion Strategie – und aus Bewegung Richtung.

Aha-Moment: Märkte folgen keinem Zufallsprinzip – sie bewegen sich im Rhythmus kollektiver Emotionen. Die Elliott-Wellen machen diesen Takt sichtbar.

Impuls für den Tag: Erkennen Sie das Muster – und bewegen Sie sich mit dem Rhythmus. Wer den richtigen Moment spürt, surft voraus.

▸ TAG 242, TIMING AM LIMIT – WENN DER KALENDER DIE KURSE TANZEN LÄSST

Bankkarte, Versicherung, Rente – Finanzdienstleister im Alltag erkennen

Geld ist heute unsichtbar, schnell und permanent in Bewegung. Ob Kartenzahlung im Supermarkt, Online-Shopping, Versicherungsvertrag oder Altersvorsorge: Finanzdienstleister sind die stille Infrastruktur unseres Alltags. Sie sorgen dafür, dass Zahlungen funktionieren, Risiken abgesichert werden und Vermögen verwaltet werden – meist unbemerkt, aber unverzichtbar.

Während früher Banken und Versicherungen die wenigen zentralen Knotenpunkte waren, ist daraus ein hochvernetztes Finanzökosystem entstanden. Zahlungsanbieter, Versicherer, Banken, Broker und digitale Plattformen greifen ineinander. Jede Transaktion, jede Police, jeder Sparplan erzeugt Gebühren, Prämien oder Margen. Genau daraus entsteht wirtschaftliche Substanz – und Börsenrelevanz.

Zentrale Akteure im Finanzalltag:

- **Zahlungsdienste:** Visa, Mastercard, PayPal, Adyen
- **Versicherer & Rückversicherer:** Allianz, AXA, Zurich, Munich Re
- **Banken:** JPMorgan Chase, UBS, ING, Deutsche Bank
- **Digitale Banken & Broker:** Trade Republic, Revolut, N26, Robinhood

Diese Unternehmen profitieren von langfristigen Trends: wachsendem Vermögen, steigender Eigenverantwortung bei Geldanlage und Vorsorge sowie der fortschreitenden Digitalisierung. Vertrauen wird dabei zur entscheidenden Währung. Anbieter, die Sicherheit, Regulierung und Technologie verbinden, schaffen stabile Geschäftsmodelle – oft über Jahrzehnte.

Aus Anlegersicht ist der Finanzsektor jedoch kein Selbstläufer. Er ist stark reguliert, politisch beeinflusst und anfällig für technologische Brüche. Fintechs verändern Wertschöpfung, neue Zahlungsformen entstehen, Zentralbanken arbeiten an digitalen Währungen. Wachstum entsteht nicht überall gleich, sondern dort, wo Skalierung, Vertrauen und Effizienz zusammenkommen.

Die Anlageidee liegt daher weniger im Trend als in der Struktur: wiederkehrende Erträge, hohe Eintrittsbarrieren und tiefe Verankerung im Alltag. Wer Finanzdienstleister analysiert, investiert nicht in Produkte, sondern in Systeme.

Aha-Moment: Finanzdienstleister verdienen nicht an einzelnen Transaktionen, sondern an Gewohnheiten. Genau das macht sie dauerhaft relevant.

Impuls für den Tag: Schauen Sie auf Ihre eigenen Verträge und Zahlungswege. Welche Anbieter begleiten Sie seit Jahren – und warum gerade diese?

▶ TAG 236, KLEIDUNG & PFLEGE – VON L'ORÉAL BIS NIKE: LIFESTYLE ALS INVESTMENT

Backtesting – Strategie trifft Realität

Eine Idee überzeugt schnell. Ein Ergebnis überzeugt erst nach vielen Wiederholungen. Genau hier beginnt Backtesting.

Der entscheidende Punkt: Backtesting zeigt nicht, ob ein Trade funktioniert, sondern ob ein Ansatz über viele Trades hinweg trägt.

Backtesting bedeutet, eine klar definierte Strategie auf historische Daten anzuwenden. Nicht, um die Vergangenheit zu erklären, sondern, um vor dem ersten echten Trade zu sehen, wie sich Ihr Ansatz verhält.

Was zählt, ist nicht der einzelne Treffer, sondern das Gesamtbild:

- Wie oft tritt das Setup auf?
- Wie hoch ist die Trefferquote?
- Wie groß sind Gewinne im Verhältnis zu Verlusten?
- Wie stark sind zwischenzeitliche Rückgänge?

Erst daraus entsteht ein realistisches Bild.

Viele testen zu kurz – oder zu selektiv. Ein paar gute Trades sagen nichts aus. Erst eine ausreichend große Serie zeigt, ob ein Ansatz belastbar ist.

Backtesting zwingt zur Klarheit:

- Nur was eindeutig definiert ist, lässt sich testen.
- Unklare Regeln führen zu zufälligen Ergebnissen.

Ein häufiger Fehler: Die Strategie so lange anzupassen, bis sie perfekt zur Vergangenheit passt. Das ist keine Stärke – das ist Selbsttäuschung. Ein überoptimierter Ansatz scheitert oft an der Realität.

Backtesting liefert keine Sicherheit. Aber es schafft realistische Erwartungen – und macht den Erwartungswert sichtbar.

Wer testet, versteht seinen Ansatz. Wer nicht testet, handelt auf Hoffnung.

Aha-Moment: Eine Strategie ist erst dann etwas wert, wenn sie sich über viele Trades bewährt – nicht in einzelnen.

Impuls für den Tag: Prüfen Sie ein Setup anhand vergangener Daten – und bewerten Sie es nicht nach Einzelergebnissen, sondern als Serie.

▶ TAG 260, WOCHENRÜCKBLICK – LERNEN AUS IHREN EIGENEN TRADES

Das Diktatorspiel – zwischen Altruismus und Eigennutz

Was passiert im Gehirn, wenn wir geben – obwohl wir es nicht müssen? Wenn Großzügigkeit weder kontrolliert noch belohnt oder beobachtet wird? Das Diktatorspiel ist ein neuroökonomisches Gedankenmikroskop: Es zeigt, was in uns geschieht, wenn niemand hinsieht – außer wir selbst.

Im Experiment erhält eine Person (der »Diktator«) eine bestimmte Geldsumme. Sie kann frei entscheiden, wie viel sie davon an eine andere, völlig machtlose Person weitergibt – oder ob sie alles für sich behält. Kein Urteil, kein Druck, keine Konsequenz. Trotzdem geben viele. Die meisten behalten nicht alles für sich – im Schnitt teilen sie freiwillig 20 bis 30 Prozent. Warum? Die Antwort liegt im Gehirn. Wer freiwillig teilt, aktiviert das Striatum – unser Zentrum für Belohnung und Wohlgefühl. Geben macht Freude (2).

Doch es geht um mehr als Glücksgefühle. Auch unser moralisches Selbstbild spielt mit. In bildgebenden Verfahren zeigt sich: Wer gegen sein eigenes Fairnessempfinden handelt, aktiviert Hirnregionen, die mit innerem Konflikt verknüpft sind – etwa im präfrontalen Kortex. Das Gehirn meldet: *»Das passt nicht zu dir.«*

In solchen Momenten kommt es zu einer kognitiven Dissonanz – einem Spannungszustand, den das Gehirn aktiv zu vermeiden versucht. Altruismus wirkt hier wie ein innerer Abgleich zwischen Selbstbild und Handlung

Kurz gesagt: Auch wenn wir allein entscheiden, sind wir nicht frei von inneren Erwartungen. Unser Gehirn ist sozial verdrahtet – selbst dann, wenn niemand hinsieht. Was bedeutet das für wirtschaftliches Handeln? Entscheidungen folgen oft nicht nur der Logik der Gewinnmaximierung. Auch Identität, Zugehörigkeit und moralische Werte fließen ein – bei Spenden, bei nachhaltigen Investments, bei Preisentscheidungen.

Das Diktatorspiel erinnert uns: Egoismus ist keine biologische Pflicht. Nur eine Option – oft weniger lohnend, als man denkt. Geben formt nicht nur Beziehungen – es festigt auch das Gefühl, im Einklang mit sich selbst zu handeln.

Aha-Moment: Geben aktiviert dasselbe Belohnungssystem wie Gewinn. Großzügigkeit ist kein moralischer Akt allein, sondern ein neurobiologisch verankerter Antrieb.

Impuls für den Tag: Was geben Sie heute – nicht aus Pflicht, sondern aus freier Entscheidung? Und was macht das mit Ihnen?

▸ TAG 274, NEUROMARKETING – WARUM WIR FÜR 9,99 EURO MEHR VERKAUFEN ALS FÜR 10

QUIZ 7

TAG 184: WELCHE FESTSTELLUNGEN ZUR ASIENKRISE 1997 PASSEN?

A) Die Krise begann mit einer Währungskrise in Thailand, als der Baht freigegeben wurde und stark abwertete.
B) Der Internationale Währungsfonds (IWF) griff mit Hilfspaketen ein und knüpfte diese an Strukturreformen.
C) Die Asienkrise war auf den regionalen Raum Südostasiens beschränkt und hatte keine globalen Auswirkungen.
D) Die betroffenen Staaten verfügten über hohe Haushaltsüberschüsse, was die Krise milderte.

TAG 190: WELCHE AUSSAGEN ZU »STOPPS MIT SYSTEM – VOLATILITÄTSBASIERT STATT BAUCHGEFÜHL« STIMMEN?

A) Ein klassischer Stoppkurs berücksichtigt automatisch die Schwankungsbreite eines Wertpapiers.
B) Der ATR-Stopp ist bei hoher Volatilität enger als bei niedriger Volatilität.
C) Der ATR (Average True Range) hilft dabei, Stoppkurse an die typische Marktbewegung anzupassen.
D) Die Positionsgröße bleibt immer gleich, unabhängig vom Stoppabstand.

TAG 195: WELCHE ANGABEN ÜBER MAYER AMSCHEL ROTHSCHILD SIND KORREKT?

A) Rothschilds größter Beitrag war der Aufbau eines europaweiten Bankennetzwerks, das auf familiärem Zusammenhalt basierte.
B) Das Haus Rothschild spielte in politischen Krisen eine stabilisierende Rolle und unterstützte Staaten mit Kapital.
C) Mayer Amschel Rothschild war bekannt für öffentlichkeitswirksame Auftritte und politische Reden.
D) Vertrauen, Diskretion und Einigkeit waren zentrale Prinzipien seines Bankmodells.

TAG 197: WELCHE DER AUSSAGEN ÜBER ALGORITHMISCHES TRADING TREFFEN ZU?

A) Algorithmisches Trading basiert auf vorher festgelegten Regeln und Abläufen.
B) Der größte Vorteil algorithmischen Tradings liegt ausschließlich in höherer Geschwindigkeit.
C) Unklare oder widersprüchliche Regeln lassen sich nur schwer automatisieren.
D) Auch ein schlechter Handelsansatz kann durch konsequente Automatisierung schlechte Ergebnisse liefern.

TAG 204: WELCHE BEHAUPTUNGEN ZUM MARGIN-EFFEKT STIMMEN?

A) Die Margin ist die Sicherheitsleistung, mit der eine größere Marktposition kontrolliert wird.
B) Ein hoher Hebel verändert die Marktbewegung selbst und macht Kursschwankungen größer.
C) Bei starken Verlusten kann ein Broker zusätzliches Kapital verlangen oder Positionen automatisch schließen.
D) In volatilen Marktphasen können Broker die Margin-Anforderungen erhöhen.

Risiko über Nacht? Warum der Börsenschluss trügerisch ist

Wenn die Börse schließt, endet der Handel – nicht aber das Risiko. Denn was über Nacht geschieht, bewegt oft die Kurse von morgen: Nach Börsenschluss schlägt die Stunde der Nachrichten – Zahlen, Krisen, Machtspiele.

Dieses sogenannte **Übernachtrisiko** wird oft unterschätzt. Wer eine Position über Nacht hält, ist dem Markt schutzlos ausgeliefert, bis am nächsten Tag der Handel wieder beginnt.

Warum das riskant ist? Weil viele glauben, ein Stoppsystem schütze sie jederzeit. Doch ein Stoppkurs greift nur während der Handelszeiten. Nachbörslich werden keine Stopps ausgeführt – sie werden erst am nächsten Morgen aktiviert, oft zum nächstverfügbaren Kurs.

Beispiel: Sie halten eine Aktie zu 100 Euro. Über Nacht veröffentlicht das Unternehmen eine Gewinnwarnung (also die Ankündigung schlechterer Geschäftszahlen als erwartet). Der Markt eröffnet am nächsten Tag bei 91 Euro. Ihr gesetzter Stopp bei 97 Euro löst zwar aus – aber erst zur Öffnung, also bei 91 Euro. Der Verlust: 9 Prozent statt geplanter 3 Prozent.

Besonders betroffen sind:

- Aktien vor Quartalszahlen oder Ad-hoc-Meldungen
- Märkte rund um Zinsentscheide oder geopolitische Krisen
- Indexpositionen vor politischen Wochenenden mit Kurspotenzial (z. B. Wahlen, Krisengipfel, brexitähnliche Abstimmungen)
- hochgehebelte Positionen

Was Sie tun können:

- **Offene Positionen hinterfragen:** Muss diese wirklich über Nacht gehalten werden – oder ist ein Ausstieg klüger?
- **Positionsgrößen reduzieren:** Je geringer das Risiko, desto entspannter ist die Nacht.
- **Wichtige Termine im Blick behalten:** Planen Sie Ergebnisberichte, Zinssitzungen, Ad-hoc-News rechtzeitig ein.
- **Absichern mit Optionen:** Put-Optionen (Verkaufsrechte, die bei Kursrückgängen im Wert steigen) helfen, Verluste außerhalb der Handelszeiten zu begrenzen.
- **Frühindikatoren nutzen:** Beobachten Sie Futures, Vorbörsen und Asienmärkte – sie liefern oft den ersten Impuls für den nächsten Tag.

Aha-Moment: Stopps schlafen, wenn der Markt schläft – das Risiko nicht.

Impuls für den Tag: Prüfen Sie heute Abend Ihre Positionen: Welche überstehen die Nacht – und welche nicht?

▸ TAG 229, DIVERSIFIKATION MESSEN – RISIKO STREUEN, CHANCEN ERHALTEN

Blockchain & Tokenisierung – Vermögenswerte digital handeln

Stellen Sie sich vor, Sie besitzen ein altes Gemälde. Bisher könnten Sie es nur als Ganzes verkaufen. Nun zerlegen Sie es in tausend digitale Anteile, die weltweit gehandelt werden. Genau dieses Prinzip steht hinter Blockchain und Tokenisierung – Technologien, die die Infrastruktur der Finanzmärkte neu denken.

Die **Blockchain** ist vereinfacht ein digitales, dezentrales Register. Transaktionen werden chronologisch gespeichert und gleichzeitig auf vielen Rechnern gesichert. Manipulation wird dadurch erheblich erschwert. Ein **Token** ist die digitale Repräsentation eines Vermögenswerts – etwa einer Aktie, Anleihe oder Immobilie – innerhalb dieses Netzwerks.

In der klassischen Finanzwelt existieren Wertpapiere zwar meist nur noch als Buchung, doch zahlreiche Zwischeninstanzen sind beteiligt: Verwahrstellen, Clearinghäuser, Börsenplätze. Tokenisierung verspricht einen direkteren Prozess. Eigentumsübertragung, Abwicklung und Dokumentation können in einem Schritt erfolgen. Effizienz ersetzt Komplexität – zumindest in der Theorie.

Beispiel: Sie investieren 1000 Euro nicht in eine ganze Anleihe, sondern in digitale Anteile davon. Ausschüttungen werden automatisch über sogenannte Smart Contracts abgewickelt – selbstausführende Programme auf der Blockchain.

Für Märkte bedeutet das mehr als Technik:

- Token können rund um die Uhr gehandelt werden – unabhängig von klassischen Handelszeiten.
- Liquidität verändert sich, weil Werte schneller und direkter transferiert werden können.
- Neue Anlageformen entstehen: Kunst, Rohstoffe oder Infrastrukturprojekte werden für Anleger zugänglich, die bisher außen vor blieben.

Tokenisierung senkt Eintrittsbarrieren und könnte Kapitalmärkte grundlegend öffnen. Gleichzeitig verschiebt sie Teile von Kontrolle und Abwicklung von klassischen Marktinstanzen hin zu digitalen Netzwerken.

Doch Risiken bleiben. Rechtsfragen sind nicht abschließend geklärt. Fehler im Code können erhebliche Folgen haben. Regulierung, Besteuerung und Anlegerschutz entwickeln sich parallel zur Technik. Zwischen Vision und Realität liegt noch ein weiter Weg.

Aha-Moment: Tokenisierung verändert nicht nur Produkte – sie verändert Marktstrukturen.

Impuls für den Tag: Informieren Sie sich über Blockchain-Anwendungen jenseits von Kryptowährungen. Zukunft entsteht oft in der Infrastruktur.

▶ TAG 251, NEOBROKER & TRADING-APPS – REVOLUTION DER GEBÜHREN

Inflation abwehren – Vermögen gezielt schützen

Inflation wirkt leise. Sie kommt nicht als Krise – sie bleibt als Dauerzustand. Während Sie nichts tun, verliert Ihr Geld Schritt für Schritt an Kaufkraft.

Im Alltag zeigt sich Inflation als steigender Preis. Im Vermögen zeigt sie sich als schleichender Verlust. 2 bis 3 Prozent pro Jahr wirken harmlos – über Jahre summiert sich daraus ein spürbarer Rückgang realer Werte.

Der entscheidende Punkt: Nicht was Sie verdienen zählt, sondern was real übrig bleibt. Wer dauerhaft unterhalb der Inflationsrate bleibt, verliert Vermögen. Sparzinsen können die Entwertung bremsen, aber selten ausgleichen. Stabilität ist nicht gleich Werterhalt. Die Antwort ist keine einzelne Anlage, sondern Struktur. Geld erfüllt unterschiedliche Aufgaben – und muss entsprechend eingesetzt werden.

Was schützt:

- **Liquidität:** für Sicherheit und kurzfristige Verfügbarkeit
- **produktives Kapital:** Unternehmen, Immobilien oder andere Sachwerte
- **Zeit:** Je länger Kapital arbeitet, desto stärker wirkt der Ausgleich.

Sachwerte haben dabei einen Vorteil: Sie können Preise anpassen und Erträge steigern – und so Kaufkraft mit entwickeln.

Inflation ist kein Ausnahmezustand, sondern ein fester Bestandteil moderner Wirtschaft. Genau deshalb entscheidet nicht ihr Auftreten, sondern Ihr Umgang damit.

Worauf es ankommt:

- **Realrendite denken:** nach Inflation, nicht nominal
- **Struktur schaffen:** Geld nach Funktion ordnen
- **Produktivität nutzen:** Kapital arbeiten lassen

Inflation lässt sich nicht vermeiden. Aber Sie entscheiden, ob sie Ihr Vermögen schwächt – oder Ihr System sie ausgleicht.

Aha-Moment: Inflation frisst nicht Geld – sie frisst Kaufkraft.

Impuls für den Tag: Schätzen Sie für Ihr Depot: Wie viel Rendite bleibt nach Inflation wirklich übrig?

▶ TAG 238, MAKROTRENDS ERKENNEN – FRÜHINDIKATOREN GEZIELT NUTZEN

Event-Trading – Quartalszahlen, Notenbanken und Sonderlagen handeln

Manche der stärksten Marktbewegungen entstehen nicht aus dem laufenden Trend, sondern aus klaren Ereignissen. Quartalszahlen, Notenbankentscheidungen, Inflationsdaten oder politische Sonderlagen können Kurse in kurzer Zeit deutlich verschieben. Genau hier setzt Event-Trading an: Sie handeln nicht den Markt, sondern den Moment, in dem sich Erwartungen entscheiden.

Der Reiz dieser Strategie liegt in ihrer Klarheit. Ein Event bündelt Aufmerksamkeit, Erwartung und mögliche Überraschung auf einen festen Termin. Spannung ist planbar – die Reaktion nicht. Entscheidend ist weniger das Ereignis selbst als die Differenz zwischen Erwartung und Ergebnis. Genau dort entstehen die Bewegungen.

Der entscheidende Punkt: Event-Trading funktioniert nicht durch Schnelligkeit allein, sondern durch klare Vorbereitung auf mögliche Szenarien.

Rund um wichtige Termine steigen Volatilität, Tempo und Unsicherheit deutlich. Im Event-Trading entscheidet die Vorbereitung vor dem Ereignis – nicht die Reaktion danach. Gute Trader definieren im Voraus: Was wird erwartet? Welche Szenarien sind möglich? Wo wird gehandelt – und wo bewusst nicht?

Worauf Event-Trader achten:

- wichtige Termine wie Quartalszahlen, Notenbanksitzungen oder Inflationsdaten
- Erwartung des Marktes vor dem Ereignis
- erste Reaktion und ob sie sich fortsetzt oder kippt
- Volatilität, Spreads und konsequente Absicherung

Typische Fehler:

- nur Schlagzeilen zu handeln, ohne die Erwartungen des Marktes zu kennen
- unüberlegt in die erste hektische Bewegung hineinzuspringen
- Spreads und plötzliche Richtungswechsel zu unterschätzen
- ohne klares Szenario in ein Ereignis zu gehen

Event-Trading ist damit keine spontane Reaktion, sondern das strukturierte Handeln vorbereiteter Situationen.

Aha-Moment: Die größten Bewegungen entstehen, wenn Realität und Erwartung auseinanderlaufen.

Impuls für den Tag: Wählen Sie ein bevorstehendes Event und notieren Sie die Markterwartung. Beobachten Sie danach: Bestätigt der Markt die Erwartung – oder überrascht er?

▶ TAG 247, SAISONALITÄT HANDELN – WIEDERKEHRENDE MUSTER GEZIELT NUTZEN

Entscheidungslähmung – wenn zu viele Optionen das Gehirn blockieren

Mehr Auswahl – bessere Entscheidungen? Nicht unbedingt. Im Gegenteil: Zu viele Möglichkeiten können das Gehirn lähmen. Die Neurowissenschaft nennt das Choice Overload – und Börsianer kennen das Gefühl nur zu gut.

Im präfrontalen Kortex – unserer Denkzentrale – werden Alternativen bewertet, gewichtet und gegeneinander abgewogen (1). Doch je größer die Auswahl, desto stärker wird das System belastet. Die Folge: kognitive Erschöpfung. Das Denken verlangsamt sich – bis es ganz stockt.

fMRT-Studien (funktionelle Magnetresonanztomografie) zeigen: Steigt die Anzahl der Optionen, wird ein Bereich im präfrontalen Kortex aktiv, der für inneren Konflikt und Unsicherheit zuständig ist (2). Entscheidungen fühlen sich dann nicht wie Chancen an, sondern wie Stress. Und Stress macht uns schneller – aber nicht besser. Wir entscheiden gar nicht. Oder zu schnell.

Gerade an den Finanzmärkten ist das ein Problem: Zu viele ETFs, zu viele Meinungen, zu viele mögliche Einstiegspunkte. Das Gehirn schreit: »Zu viel Risiko!« – obwohl die Zahlen etwas anderes sagen. Aus Analyse wird Überforderung, aus Wahlfreiheit Stillstand.

Aber es gibt Wege heraus: klare Entscheidungskriterien, Vorabregeln (»Wenn X, dann Y«), strukturierte visuelle Übersichten. Wer vorbereitet entscheidet, entlastet sein System. Wer erkennt, wann er blockiert ist, kann Abstand schaffen – bevor die Optionen übernehmen.

Denn Entscheidungslähmung ist kein Zeichen von Schwäche, sondern ein Hinweis auf geistige Überforderung. Und manchmal ist nicht die Entscheidung zu schwer, sondern der Lärm davor zu laut.

Aha-Moment: Menschen sind nachweislich zufriedener mit ihrer Wahl, wenn sie aus sechs statt aus 24 Optionen entscheiden – selbst bei gleichem Ergebnis.

Impuls für den Tag: Welche Entscheidung wäre heute leichter, wenn es nicht um mehr Auswahl, sondern um mehr Klarheit ginge?

▸ TAG 249, DOPAMIN & GEWINNE – WARUM BELOHNUNG UNSER VERHALTEN ANTREIBT

Kennzahlen für Einsteiger – KGV, KBV & Co. verstehen

Aktien sind Anteile an Unternehmen. Ob eine Aktie teuer oder günstig ist, zeigt sich deshalb nicht am bloßen Kurs, sondern erst im Verhältnis zur wirtschaftlichen Substanz des Unternehmens. Genau dafür gibt es Kennzahlen. Sie helfen, Bewertungen vergleichbarer zu machen und emotionale Schnellschüsse durch mehr Struktur zu ersetzen.

Das Kurs-Gewinn-Verhältnis (KGV)
Das **KGV** setzt den Aktienkurs ins Verhältnis zum Gewinn je Aktie. Ein KGV von 10 bedeutet vereinfacht: Der Markt bezahlt das Zehnfache des Jahresgewinns. Niedrige Werte wirken oft günstig, hohe eher teuer. Doch ein niedriges KGV kann auch bedeuten, dass der Markt nur geringe Wachstumschancen sieht oder dem Geschäftsmodell skeptisch gegenübersteht.

Das Kurs-Buchwert-Verhältnis (KBV)
Das **KBV** vergleicht den Börsenwert mit dem bilanziellen Eigenkapital eines Unternehmens. Ein KBV von 1 bedeutet vereinfacht: Der Markt bewertet die Firma ungefähr so hoch wie ihr bilanzielles Nettovermögen. Besonders bei Industrie-, Finanz- oder Substanzwerten kann das aufschlussreich sein. Doch auch hier gilt: Ein niedriger Wert ist nicht automatisch ein Schnäppchen.

Weitere wichtige Kennzahlen
Die **Dividendenrendite** zeigt, wie viel Ausschüttung Sie im Verhältnis zum Kurs erhalten. Die **Eigenkapitalquote** gibt Hinweise darauf, wie solide ein Unternehmen finanziert ist. Je nach Branche können auch **Umsatzwachstum**, **Margen** oder **Verschuldung** wichtig sein. Erst im Zusammenspiel entsteht ein brauchbares Bild.

Beispiel: Zwei Unternehmen haben dasselbe KGV. Das eine wächst langsam in einem reifen Markt, das andere expandiert international und gewinnt neue Kunden. Trotz gleicher Kennzahl unterscheiden sich die Perspektiven deutlich. Zahlen ohne Einordnung wirken präzise, können aber in die Irre führen.

Kennzahlen sind deshalb keine Kaufanleitung, sondern Orientierungshilfen. Sie helfen Ihnen, Unternehmen besser zu vergleichen und gezieltere Fragen zu stellen.

Aha-Moment: Kennzahlen sagen Ihnen nicht, welche Aktie Sie kaufen sollen. Sie zeigen Ihnen, welche Fragen Sie vor einem Kauf unbedingt stellen sollten.

Impuls für den Tag: Vergleichen Sie heute drei Aktien aus derselben Branche anhand von KGV, KBV, Dividendenrendite und Eigenkapitalquote. Oft entsteht schon dadurch ein klarerer Blick.

▶ TAG 258, VON DER WATCHLIST INS DEPOT – SO TREFFEN SIE ENTSCHEIDUNGEN

Ed Seykota – Trends, Timing und Technik: die Erfolgsstrategie eines Pioniers

Als andere noch Charts auf Millimeterpapier zeichneten, schrieb Ed Seykota bereits Computerprogramme, um Markttrends zu identifizieren. Er war ein Pionier der algorithmischen Analyse – und der lebende Beweis dafür, dass man mit System, Disziplin und der richtigen Psychologie enorme Erfolge erzielen kann. Aus nur 5000 US-Dollar machte er für einen Kunden über 15 Millionen – innerhalb weniger Jahre.

Seykota war kein Showman. Er trat selten öffentlich auf, gab kaum Interviews – und wenn, dann blitzscharf, konzentriert und oft überraschend spirituell. Für ihn war Trading weniger ein Kampf mit dem Markt als mit sich selbst.

»Das Element, das den meisten Tradern fehlt, ist nicht Wissen, sondern emotionale Kontrolle«, sagte er.

Seine Erfolge basierten nicht nur auf Zahlen, sondern auf einem tiefen Verständnis menschlichen Verhaltens – vor allem des eigenen. Für Seykota war der Handel ein Spiegel innerer Prozesse. Wer scheitert, tut das oft nicht am Markt – sondern an sich selbst.

Im Zentrum seiner Strategie stand das sogenannte Trend Following. Seykota suchte keine Wendepunkte – er ritt Wellen, solange sie trugen. Gewinne laufen lassen, Verluste früh begrenzen: eine scheinbar einfache Philosophie, die in der Praxis enorme Disziplin verlangt. Sein System war klar, regelbasiert – und ließ keinen Raum für Bauchentscheidungen oder impulsives Handeln.

Was ihn besonders machte: seine Mischung aus Technik und Selbstreflexion. Er war einer der Ersten, die erkannten, dass Erfolg an der Börse mehr ist als nur Zahlen – es geht um Emotionen, Glaubenssätze, Muster. Kein Wunder, dass er später auch psychologisches Coaching für Trader anbot – mit feinem Humor und einer Ernsthaftigkeit, die unter die Oberfläche ging.

Seine Philosophie wirkt bis heute weiter: in modernen Handelssystemen, in der Trading-Psychologie – und in der Einsicht, dass es nicht reicht, Märkte zu analysieren, wenn man sich selbst nicht versteht.

Aha-Moment: Ed Seykota zeigte: Der wichtigste »Markt« spielt sich im Inneren ab. Wer sich selbst nicht diszipliniert, wird vom Markt diszipliniert.

Impuls für den Tag: Folgen Sie dem Trend – aber vor allem: Erkennen Sie Ihre eigenen Muster. Nur wer sich selbst kennt, kann Märkte wirklich verstehen.

▸ TAG 221, RAY DALIO – PRINZIPIEN EINES HEDGEFONDS-PIONIERS

Ray Dalio – Prinzipien eines Hedgefonds-Pioniers

Ray Dalio gründete **Bridgewater Associates** 1975 in einer kleinen Wohnung in New York – heute zählt sein Hedgefonds zu den einflussreichsten der Welt. Doch was ihn besonders macht, ist nicht allein sein Anlageerfolg, sondern das System dahinter: ein Denken in Prinzipien, Prozessen und klarem Fokus.

Dalio ist kein impulsiver Trader, sondern ein strategischer Architekt langfristiger Perspektiven. Sein Buch *Principles* (1) wurde zur Pflichtlektüre für Führungskräfte, Investoren – und für alle, die in komplexen Zeiten klares Denken als Vorteil begreifen. Es ist ein Handbuch für bewusstes Entscheiden in einer oft überhitzten Welt.

Seine Philosophie beruht auf radikaler Transparenz, schonungsloser Fehleranalyse und intellektueller Bescheidenheit. Bei Bridgewater zählt nicht, *wer* etwas sagt, sondern, *was* gesagt wird. Relevanz und Argumentationskraft stehen über Status oder Hierarchie. Ziel ist eine Kultur, in der Wahrheit nicht verteidigt, sondern aktiv gesucht wird.

»*Wahrheit – oder genauer gesagt: ein möglichst präzises Verständnis der Realität – ist die entscheidende Grundlage für gute Ergebnisse*«, sagt Dalio.

Sein Investmentansatz ist makroökonomisch, historisch informiert und zukunftsorientiert. Er analysiert nicht, was als Nächstes im Trend liegt, sondern identifiziert die langfristigen Kräfte, die Märkte strukturell formen – etwa Schuldenzyklen, Inflation, geopolitische Machtverschiebungen. Mit seinem Modell der *Big Debt Cycles* (2) lieferte er ein Instrument, um wirtschaftliche Umbrüche nicht nur zu verstehen, sondern frühzeitig einzuordnen.

Dabei stilisiert er sich nicht zum Orakel – im Gegenteil. Für Dalio ist Lernen wichtiger als Rechthaben. Einer seiner Grundsätze: »*Schmerz plus Reflexion ergibt Fortschritt.*« Fehler sind für ihn keine Niederlagen, sondern Rohmaterial für Erkenntnisse.

Sein Denken ist systemisch, sein Handeln strukturiert – und seine Wirkung reicht weit über die Finanzwelt hinaus. Dalio hat gezeigt: Prinzipien geben Halt, wenn Märkte schwanken. Und Klarheit gewinnt – nicht Lautstärke.

Aha-Moment: Ray Dalio zeigt, dass Klarheit vor Geschwindigkeit geht – und dass starke Prinzipien langfristig mehr bewirken als schnelle Gewinne.

Impuls für den Tag: Formulieren Sie Ihre eigenen Prinzipien – schriftlich, ehrlich, verbindlich. Wer weiß, wie er entscheidet, entscheidet besser.

▶ TAG 225, GEORGE SOROS – DER GLOBALE STRATEGE MIT DEM GROSSEN WURF

Krypto-Trading oder Investment – zwei Wege im volatilen Markt

Der Krypto-Markt zieht ganz unterschiedliche Typen an. Die einen suchen schnelle Bewegungen, reagieren auf Charts, Dynamik und Marktstimmung. Die anderen interessieren sich stärker für Technologie, Netzwerkentwicklung und den langen Zyklus eines Projekts. Beides ist legitim – entscheidend ist nur, dass Sie klar unterscheiden, ob Sie traden oder investieren. Denn derselbe Markt verlangt je nach Ansatz ein völlig anderes Denken.

Krypto-Trading stellt die kurzfristige Kursbewegung in den Mittelpunkt. Trader nutzen Volatilität, also starke Schwankungen, als Arbeitsfeld. Sie handeln über Minuten, Stunden oder Tage, arbeiten mit Setups, Stop-Loss-Marken und klaren Ausstiegsregeln. Ziel ist nicht, an eine Zukunftsgeschichte zu glauben, sondern Bewegungen diszipliniert auszunutzen.

Krypto-Investment folgt einer anderen Logik. Hier geht es weniger um einzelne Kerzen im Chart als um die Frage, ob ein Projekt auf Dauer Bedeutung gewinnen kann. Investoren achten stärker auf Netzwerk, Nutzung, Regulierung, Marktstellung und technologische Entwicklung. Sie halten Positionen über längere Zeiträume und akzeptieren, dass starke Schwankungen zum Weg dazugehören. Volatilität wird dann ausgehalten oder für schrittweise Einstiege genutzt.

Gerade diese Volatilität macht den Unterschied zwischen beiden Ansätzen so sichtbar. Für Trader ist sie Rohstoff. Für Investoren ist sie Belastung und Chance zugleich. Wer sie aktiv handeln will, braucht Präsenz, Disziplin und klare Regeln. Wer langfristig investiert, braucht Überzeugung, Geduld und die Fähigkeit, auch größere Rücksetzer einzuordnen. Entscheidend ist die Passung zwischen Markt, Methode und Persönlichkeit.

Die wichtigsten Unterschiede auf einen Blick:

- **Zeithorizont:** Trading kurz, Investment lang
- **Fokus:** Trading auf Kursbewegung, Investment auf Substanz und Entwicklung
- **Aktivität:** Trading verlangt häufige Entscheidungen, Investment mehr Geduld.
- **Kosten:** Trading verursacht meist mehr Gebühren und Reibung.
- **Belastung:** Trading ist mental fordernder, Investment verlangt mehr Ausdauer.

Im Krypto-Markt treffen beide Welten ständig aufeinander. Kurzfristige Ausschläge entstehen oft durch Trader, größere Trends eher durch Kapital, das länger im Markt bleibt. Gerade deshalb ist es so wichtig, den eigenen Ansatz sauber zu wählen. Wer beides vermischt, handelt schnell ohne Plan: zu nervös für ein Investment, zu unstrukturiert für Trading.

Aha-Moment: Im Krypto-Markt ist Volatilität für Trader ein Werkzeug und für Investoren eine Bewährungsprobe.

Impuls für den Tag: Entscheiden Sie heute klar, ob Sie im Krypto-Markt traden oder investieren wollen, und prüfen Sie, ob Ihr Verhalten wirklich dazu passt.

▶ TAG 250, SICHERHEIT IM KRYPTO-MARKT – HACKS, BETRUG & SCHUTZSTRATEGIEN

Kerzencharts lesen – die Sprache des Marktes verstehen

Stellen Sie sich vor, der Markt erzählt Ihnen eine Geschichte – nicht in Worten, sondern in Bildern. Genau das leisten Kerzencharts (»Candlesticks«). Sie sind das Standardwerkzeug fast jedes Traders, weil sie Marktbewegungen kompakt und zugleich psychologisch greifbar machen: Man erkennt auf einen Blick, ob Käufer oder Verkäufer das Ruder in der Hand haben oder hatten. Jede Kerze verdichtet einen Machtkampf zwischen Angebot und Nachfrage in einem einzigen Bild.

Auch Balkencharts zeigen dieselben Informationen – mit Strichen für Eröffnung und Schluss –, doch wirken sie nüchterner. Kerzen hingegen machen Dynamik und Spannung sichtbar. Sie zeigen nicht nur das Ergebnis, sondern den Weg dorthin.

Kerzen oder Balken – was ist der Unterschied?

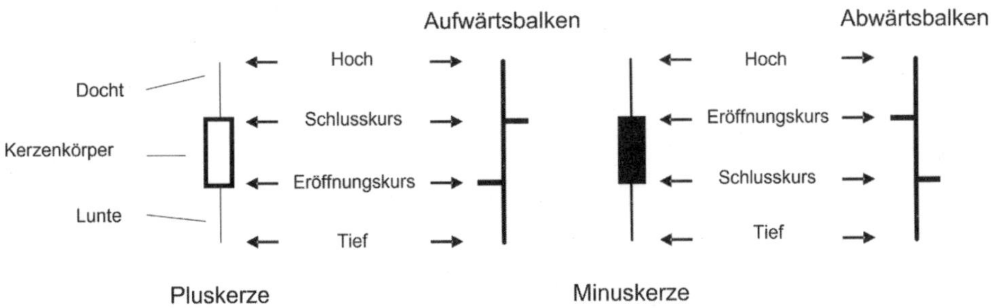

Wie liest man eine Kerze? Jede Kerze zeigt die Kursbewegung in einem bestimmten Zeitraum:

- Der »**Körper**« (Body) zeigt Eröffnung (Open) und Schluss (Close).
- Die »**Dochte**« (Shadows / Wicks) markieren Hoch (High) und Tief (Low).
- **Bullische Kerze:** Der Schluss liegt über der Eröffnung (oft grün / weiß).
- **Bärische Kerze:** Der Schluss liegt unter der Eröffnung (rot / schwarz).

Neben einzelnen Kerzen sind es vor allem **Kerzenformationen**, die Tradern wichtige Hinweise geben – etwa Umkehr- oder Fortsetzungsmuster. Diese Muster entstehen nicht zufällig, sondern aus wiederkehrenden Reaktionen auf Unsicherheit. Sie besitzen keine Garantie, aber statistische Aussagekraft und helfen, Wahrscheinlichkeiten besser einzuschätzen (1).

Aha-Moment: Kerzen verdichten Information und Psychologie in einem Bild. Sie zeigen Verhalten – nicht Vorhersagen.

Impuls für den Tag: Suchen Sie heute im Chart eine Kerzenformation und prüfen Sie mit Volumen und Trend, ob sie zur Marktstruktur passt.

▶ TAG 266, TECHNISCHE INDIKATOREN – DIE WERKZEUGE DES TRADERS

Der Libor-Skandal – wie Banker Zinssätze manipulierten

Was, wenn der Preis für Geld – der Zins – nicht vom Markt bestimmt wird, sondern von wenigen Akteuren gesteuert? Genau das geschah beim **Libor** (**London Interbank Offered Rate**) – jahrzehntelang einer der wichtigsten Referenzzinssätze der Welt. Er beeinflusste Hypotheken, Unternehmensdarlehen, Staatsanleihen und Finanzprodukte im Wert von Hunderten Billionen Dollar. Ein Maßstab für Vertrauen – und ein Einfallstor für Missbrauch.

Zwischen 2005 und 2010 manipulierten Händler und Banker weltweit den Libor. Nicht durch offene Eingriffe, sondern durch koordinierte, scheinbar kleine Anpassungen von Zinsmeldungen – so subtil, dass das wahre Ausmaß erst Jahre später sichtbar wurde. Die Motivation: Profit. Schon minimale Abweichungen konnten Millionen bewegen – auf Kosten von Kreditnehmern, Investoren und des Vertrauens in die Finanzordnung.

Aufgedeckt wurde der Skandal durch Whistleblower, hartnäckige Ermittlungen und Aufsichtsbehörden wie die britische **Financial Services Authority (FSA)** und das **US-Justizministerium**. Geldhäuser wie Barclays, UBS und die Deutsche Bank zahlten Milliardenstrafen. Einige Händler wanderten ins Gefängnis – doch das System als Ganzes blieb lange unangetastet.

Der Libor-Skandal war mehr als ein Fehlverhalten Einzelner. Er entlarvte strukturelle Schwächen: Warum basierte ein globaler Zinssatz auf freiwilligen Angaben? Wieso fehlten wirksame Kontrollen? Und reagieren Institutionen, wenn Vertrauen zur Handelsware wird?

Als Konsequenz wurde der Libor schrittweise ersetzt – etwa durch den **Secured Overnight Financing Rate (SOFR)** in den USA. Doch die Kernfragen bleiben: Wie viel Regulierung braucht ein freier Markt? Wie viel Transparenz ist realistisch? Und wie schützen wir das Fundament, auf dem Märkte beruhen?

Aha-Moment: Libor war kein Preis des Markts, sondern ein Preis des Vertrauens – missbraucht von denen, die ihn sichern sollten.

Impuls für den Tag: Vertrauen ist kein Selbstläufer. Es muss verdient und täglich geschützt werden. Auch und gerade im Finanzsystem.

▸ TAG 256, WIRECARD – DER ABSTURZ EINES DEUTSCHEN BÖRSENLIEBLINGS

George Soros – der globale Stratege mit dem großen Wurf

George Soros ist mehr als ein Investor – er ist ein Architekt strategischen Denkens auf globaler Bühne. Weltberühmt wurde er als »der Mann, der die Bank von England zu Fall brachte«. 1992 verdiente er mit einem einzigen Währungsspekulationsmanöver rund 1 Milliarde Dollar, indem er erfolgreich gegen das britische Pfund wettete. Doch dieser spektakuläre Coup war nur ein Schlüsselmoment in einer viel größeren Geschichte.

Soros' Denken ist tief verwurzelt in der Philosophie. Als junger Mann floh er vor den Nazis aus Ungarn, studierte in London bei **Karl Popper** – und übernahm dessen Idee der offenen Gesellschaft sowie das Prinzip der Fehlbarkeit des Wissens. Für Soros sind Finanzmärkte keine neutralen Systeme. Sie sind geprägt von Emotionen, Erwartungen und wechselseitiger Wahrnehmung. Seine Theorie der Reflexivität beschreibt, wie Gedanken Realitäten formen – und umgekehrt. Damit war er seiner Zeit weit voraus, denn er erkannte früh: Märkte verhalten sich nicht rational – sie reagieren auf Geschichten.

Er handelte mit Währungen, Anleihen, Aktien und geopolitischen Risiken – stets mit einem feinen Gespür für psychologische Spannungen hinter den Kursen. Wo andere Zahlen sahen, sah Soros Narrative, Dynamiken, systemische Widersprüche. Er war kein Anhänger von Technischer Analyse, sondern ein Meister darin, Marktstimmungen zu deuten. Sein Erfolgsrezept?

»Es geht nicht darum, recht zu haben – sondern früh genug recht zu behalten.«

Doch Soros ist nicht nur Spekulant, sondern auch Stifter und Intellektueller. Über seine Stiftung **Open Society Foundations** investierte er Milliarden in Bildung, Demokratie und Menschenrechte – oft unter heftiger Kritik, aber konsequent und mit Haltung. Für ihn ist Geld kein Selbstzweck, sondern ein Instrument, um offene Gesellschaften zu fördern – gegen Autokratie, Zensur und Ausgrenzung.

George Soros zeigt: Börse ist nicht nur Rechnen. Sie ist ein Spiel aus Erwartungen, Irrtümern und Macht – und sie verlangt Mut, Dinge anders zu denken, lange bevor sie sich durchsetzen.

Aha-Moment: Soros hat nicht nur verstanden, wie Märkte funktionieren – sondern wie Menschen auf Märkte reagieren. Diese Metaebene machte ihn unschlagbar.

Impuls für den Tag: Schauen Sie hinter die Zahlen. Die entscheidenden Bewegungen entstehen, bevor sie in Daten sichtbar werden – in Köpfen, Erwartungen, Stimmungen.

▶ TAG 243, WARREN BUFFETT – MEISTER DER GEDULD UND DER EINFACHHEIT

August von der Heydt – der erste Zentralbanker im deutschen Kaiserreich

Bevor es Notenbanken im modernen Sinne gab, bevor Zinssätze global diskutiert wurden, wirkte ein Mann, der die Grundlagen deutscher Geldpolitik mit schuf – August von der Heydt. Kein Ökonom im heutigen Sinne, aber ein Vordenker in einer Zeit, in der wirtschaftliche Ordnung alles andere als selbstverständlich war. Als preußischer Handels- und späterer Finanzminister bereitete er vor, was man später als zentrale Geldpolitik bezeichnen würde – lange bevor der Begriff überhaupt existierte.

Von der Heydt war ein Mann des Maßes und der Vernunft. Als er 1848 – inmitten revolutionärer Unruhe – ins Finanzministerium eintrat, war der Staatshaushalt unter Druck, das Vertrauen in Institutionen brüchig. Er erkannte früh, dass wirtschaftliche Stabilität eine politische Notwendigkeit ist – und dass eine funktionierende Finanzarchitektur mehr ist als Zahlen auf Papier. Seine Haltung: *»Es ist die Pflicht des Staates, das Vertrauen in seine Geldordnung nicht zu erschüttern, sondern täglich neu zu verdienen.«*

Seine wichtigste Bühne war die Preußische Bank, Vorgängerin der späteren Reichsbank. Von der Heydt setzte sich für ihre Seriosität, Effizienz – und relative Unabhängigkeit – ein. Er verstand, dass eine starke Notenbank nicht nur Papiergeld ausgibt, sondern Vertrauen erzeugt. In einem fragmentierten deutschen Staatenbund war er eine der ersten Stimmen für ein einheitliches Währungs- und Bankwesen.

Er war kein Lautsprecher, sondern ein Reformer mit ruhiger Feder. Kein Mann der Pose, sondern des präzisen Arguments, der strukturellen Tiefe. Seine Maßnahmen – oft technisch, gelegentlich unscheinbar – wirkten langfristig. Sie ebneten den Weg für das, was mit der Reichsgründung 1871 erst möglich wurde: eine zentrale Notenbank, eingebettet in ein funktionierendes Finanzsystem.

In einer Übergangszeit zwischen Feudalismus und Frühkapitalismus war August von der Heydt ein Stabilitätsanker, Strukturgeber – und ein Gestalter im Verborgenen.

Er war kein Mann für große Gesten, sondern ein Architekt langfristiger Ordnung. Und damit einer der stillen Wegbereiter der modernen Geldwelt.

Aha-Moment: August von der Heydt zeigte: Finanzstabilität entsteht nicht aus Visionen, sondern aus Struktur – und aus der Kunst, Vertrauen institutionell zu verankern.

Impuls für den Tag: Denken Sie heute nicht nur an Innovation, sondern an Infrastruktur. Oft ist das Unsichtbare entscheidender als das Neue.

▶ TAG 257, J. P. MORGAN – DER MANN, DER AMERIKAS FINANZWELT STABILISIERTE

CFDs – Hebelwirkung verstehen, Kontrolle behalten

CFD steht für *Contract for Difference* – einen Differenzkontrakt. Mit CFDs setzen Sie auf Kursbewegungen, ohne den zugrunde liegenden Wert zu besitzen. Sie handeln keine Aktie, keinen Index und keinen Rohstoff, sondern ausschließlich deren Preisveränderung. CFDs ermöglichen es, auf steigende und fallende Kurse zu reagieren. Eine **Long-Position** bedeutet: Sie setzen auf steigende Preise. Eine **Short-Position** bedeutet: Sie profitieren von fallenden Kursen. Damit eröffnen CFDs maximale Flexibilität – und verlangen gleichzeitig maximale Klarheit.

CFDs entstanden ursprünglich aus einem steuerlichen Motiv. In Großbritannien wurden sie entwickelt, um Marktbewegungen abzubilden, ohne Eigentum an Aktien zu übertragen – und damit ohne Stempelsteuer auszulösen. Aus dieser Konstruktion ergab sich ein zweiter Effekt: Märkte ließen sich handeln, ohne Besitz, ohne Lieferung und mit geringer Kapitalbindung. CFDs wurden so zu Instrumenten, mit denen Positionen schnell angepasst, Übergänge überbrückt und Marktphasen taktisch gesteuert werden konnten. CFDs sind daher keine Anlageform, sondern Reaktionsinstrumente.

Ein zentrales Merkmal von CFDs ist die **Margin**. Sie hinterlegen beim Öffnen einer Position nur einen Teil des tatsächlichen Positionswertes als Sicherheitsleistung. Dieser Einsatz bestimmt nicht den möglichen Gewinn oder Verlust, sondern lediglich, wie viel Marktvolumen Sie bewegen. Der Rest wird finanziert – und genau hier entsteht der **Hebel**.

Der Hebel beschreibt das Verhältnis zwischen eingesetztem Kapital und kontrolliertem Marktwert. Ein Hebel von 1 zu 10 bedeutet: Eine Bewegung von 1 Prozent im Markt wirkt wie 10 Prozent auf Ihr eingesetztes Kapital. Der Hebel verstärkt nicht den Markt – er verstärkt die Wirkung auf Ihr Konto.

Da CFDs kreditfinanziert sind, fallen Finanzierungskosten an. Bei Long-Positionen regelmäßig, bei Short-Positionen abhängig von Markt, Zinsumfeld und Basiswert. Zeit wirkt bei CFDs nie neutral.

CFDs reagieren unmittelbar. Kursbewegungen schlagen nahezu in Echtzeit durch. Es gibt keinen Puffer und keine Verzögerung. CFDs sind Werkzeuge für Bewegung, nicht für Geduld.

Strukturiert eingesetzt folgen sie klaren Regeln: Positionsgröße, Ausstieg und Verlustgrenzen stehen vor dem Einstieg fest. CFDs ersetzen kein langfristiges Investieren. Sie ergänzen es dort, wo Geschwindigkeit, Präzision und taktische Anpassung gefragt sind.

Aha-Moment: CFDs verstärken nicht nur den Markt. Sie verstärken Ihr Verhalten.

Impuls für den Tag: Beobachten Sie eine CFD-Position im Demokonto. Fragen Sie sich: Wie viel Bewegung halte ich aus – und wie schnell muss ich reagieren?

▶ TAG 254, WANDELANLEIHEN – ZWISCHEN ANLEIHE UND AKTIE

Verbrauchervertrauen – wenn Konsumlaune Kurse treibt

Ob Menschen zuversichtlich nach vorn blicken oder vorsichtiger werden, macht für Wirtschaft und Börse einen großen Unterschied. Denn wenn Verbraucher optimistisch sind, geben sie eher Geld aus, planen größere Anschaffungen und treiben damit Konsum und Unternehmensumsätze an. Sinkt das Vertrauen in die Zukunft, wird häufiger gespart statt gekauft und genau das kann das Wachstum bremsen.

Für viele Unternehmen und damit auch für die Börse ist deshalb entscheidend, wie stark die Konsumlaune der privaten Haushalte gerade ist. In vielen Volkswirtschaften, etwa in den USA, macht der private Konsum einen sehr großen Teil der Wirtschaftsleistung aus. Schon kleine Stimmungsänderungen können deshalb erhebliche Wirkung entfalten.

Wie wird das Verbrauchervertrauen gemessen? Die Messgrößen entstehen durch Befragungen von Haushalten. Dabei geht es um die aktuelle finanzielle Lage, die Erwartungen für die kommenden Monate und die Bereitschaft zu größeren Ausgaben. **Typische Fragen sind:**

- Wie ist Ihre finanzielle Situation heute?
- Erwarten Sie in den nächsten zwölf Monaten bessere Zeiten?
- Planen Sie größere Anschaffungen?

Die Antworten werden zu einem Index verdichtet. Wichtiger als die genaue Punktzahl ist für Anleger oft die Richtung: Verbessert sich die Stimmung oder kippt sie? Besonders aufmerksam verfolgen Märkte dabei die Erwartungskomponente, weil sie Hinweise darauf gibt, wie Verbraucher die Zukunft einschätzen. Wichtige Indikatoren des Verbrauchervertrauens:

INDEX / UMFRAGE	REGION	BESONDERHEIT
GfK-Konsumklima	Deutschland	monatlich, Fokus auf Kaufbereitschaft
Conference Board Confidence	USA	trennt aktuelle Lage und Erwartungen
University of Michigan	USA	stark beachteter US-Stimmungsindikator
EU-Kommission Sentiment	Europa	Stimmungsindex für EU-Staaten

Das Faszinierende daran: Erwartungen wirken nicht nur als Spiegel der Wirklichkeit, sie können selbst Verhalten verändern. Wer an bessere Zeiten glaubt, konsumiert eher. Wer unsicher wird, hält Geld zurück. So kann Stimmung wirtschaftliche Dynamik verstärken oder abbremsen.

Aha-Moment: Wenn Verbraucher zuversichtlich sind, stützt das oft nicht nur den Konsum, sondern auch die Erwartungen an Unternehmen und Märkte.

Impuls für den Tag: Achten Sie bei der nächsten Meldung zum Verbrauchervertrauen darauf, ob sich vor allem die Erwartungen verbessern oder verschlechtern und wie die Börse darauf reagiert.

▸ TAG 255, ZINSKURVE ERKLÄRT – WENN DIE KURVE REZESSION SIGNALISIERT

Diversifikation messen – Risiko streuen, Chancen erhalten

»Nicht alle Eier in einen Korb legen« – dieser Ratschlag ist alt. Doch wie viele Körbe sind vonnöten? Und wann ist ein Depot wirklich diversifiziert?

Nicht die Anzahl der Titel zählt, sondern ihre Unabhängigkeit. Wer nur ähnliche Werte hält, vervielfacht das Risiko – statt es zu streuen. Echte Diversifikation entsteht durch Vielfalt mit Unterschied: verschiedene Branchen, Märkte und Anlageklassen, die sich nicht im Gleichschritt bewegen. Wer dagegen nur einem Sektor vertraut, betreibt Scheindiversifikation.

Was bedeutet »Korrelation« – und wie nutzt man sie? Korrelation misst, wie stark sich zwei Anlagen im Gleichklang bewegen – mit einem Wert zwischen +1 und –1:

- **+1** = perfekte positive Korrelation: Beide Werte steigen und fallen nahezu gleichzeitig.
- **0** = keine Korrelation: Die Bewegungen verlaufen unabhängig voneinander.
- **–1** = perfekte negative Korrelation: Wenn der eine Wert steigt, fällt der andere.

Was zählt, ist: Je geringer die Korrelation, desto wirkungsvoller die Diversifikation. Denn echte Streuung entsteht dort, wo sich Kursverläufe nicht gleich verhalten.

Beispiel:

- Zwei Tech-Aktien reagieren meist ähnlich auf Marktereignisse – ihre Korrelation liegt oft bei **+0,8 oder höher**.
- Eine Tech-Aktie und ein Gold-ETC dagegen entwickeln sich oft unabhängig oder sogar gegensätzlich – ihre Korrelation liegt nahe **0 oder im negativen Bereich**.

Professionelle Diversifikation nutzt gezielt unkorrelierte oder nur schwach korrelierte Anlageklassen – etwa Aktien, Anleihen, Rohstoffe oder Immobilienfonds. Das senkt die Gesamtvolatilität eines Portfolios und macht es robuster gegenüber systemischen Schocks – ohne die Renditechancen aufzugeben.

Korrelationen zwischen Anlageklassen lassen sich zum Beispiel mit dem **Portfolio Visualizer** (1) analysieren – einem kostenlosen Online-Tool zur Portfolioauswertung und historischen Korrelation.

Aha-Moment: Diversifikation ist keine Zahlenspielerei. Nur wer versteht, wie Anlageklassen zusammenwirken, kann Risiken effektiv streuen – und Chancen gezielt erhalten.

Impuls für den Tag: Wie bewegen sich Ihre Depotwerte zueinander? Echte Streuung entsteht durch Unabhängigkeit. Prüfen Sie, wo Ihre Korrelationen brechen – dort entsteht Stabilität.

▶ TAG 237, COST-AVERAGE-EFFEKT – WIE REGELMÄSSIGES SPAREN IHR RISIKO SENKT

Entscheiden ohne Gewissheit – wie Sie klar handeln

Sie bekommen nie alle Informationen. Und trotzdem müssen Sie entscheiden. Genau hier trennt sich Analyse von Handeln.

Der entscheidende Punkt: Gute Entscheidungen brauchen keine Gewissheit, sondern klare Kriterien.

An der Börse gibt es keine Gewissheit – nur Entscheidungen unter Unsicherheit. Wer auf Sicherheit wartet, entscheidet nicht.

Der Fehler liegt im Warten. Viele sammeln Daten, prüfen Meinungen, suchen Bestätigung. Doch mehr Information beseitigt Unsicherheit nicht – sie verschiebt sie. Irgendwann wird aus Analyse entweder eine Entscheidung – oder ein Vermeiden.

Klarheit entsteht nicht durch Sicherheit, sondern durch Struktur. Sie handeln nicht, weil Sie sicher sind – sondern, weil Ihre Kriterien erfüllt sind.

So wird aus Unsicherheit Handlung:

- **Klare Kriterien:** Was muss erfüllt sein, damit Sie handeln?
- **Definierter Rahmen:** Wie viel Risiko tragen Sie?
- **Vorab festgelegter Ausstieg:** Wann ist die Idee nicht mehr gültig?
- **Konsequente Umsetzung:** Handeln Sie nach Regeln, nicht nach Gefühl.

Für Investoren heißt das: Entscheidungen treffen, obwohl die Zukunft offen ist – auf Basis von Ziel, Zeitraum und Risiko.

Für Trader heißt es: Setups handeln, ohne Gewissheit über den Ausgang – aber mit klarem Erwartungswert.

Der Unterschied liegt nicht darin, Unsicherheit zu vermeiden, sondern darin, trotz Unsicherheit zu handeln.

Unsicherheit verschwindet nicht. Sie wird handhabbar. Wer sie vermeiden will, entscheidet zu spät oder gar nicht. Wer sie akzeptiert, handelt strukturiert.

Gute Entscheidungen sind nicht die sichersten, sondern die konsequent umgesetzten.

Aha-Moment: Gewissheit ist kein Vorteil – sie ist oft das Hindernis für klare Entscheidungen.

Impuls für den Tag: Definieren Sie eine Entscheidung mit festen Kriterien – und treffen Sie sie, sobald diese erfüllt sind.

▶ TAG 322, IHR WEG IM MARKT – INVESTOR ODER TRADER, UND WAS DAS KONKRET BEDEUTET

Risikomanagement bei Hebelprodukten – Schutz statt Spieltrieb

Hebel verstärken nicht nur Gewinne, sondern auch Verluste und Fehlentscheidungen. Ohne klares Risikomanagement wird aus Trading schnell Kontrollverlust.

Der entscheidende Punkt: Nicht der Hebel entscheidet über Ihr Risiko, sondern der Umgang damit.

Professionelle Trader denken zuerst an das Risiko – nicht an den möglichen Gewinn. Deshalb riskieren sie pro Hebeltrade meist nur einen kleinen Teil ihres Kapitals, häufig 1 bis 2 Prozent. Grundlage dafür ist der Stopp: Er legt bereits vor dem Einstieg fest, wann die Idee gescheitert ist. Erst dadurch lässt sich die Positionsgröße sinnvoll bestimmen.

Beispiel: Sie verfügen über 50 000 Euro Kapital und riskieren pro Trade 1 Prozent – also 500 Euro. Liegt Ihr Stopp 5 Prozent unter dem Einstiegskurs, darf die Position maximal 10 000 Euro groß sein. Andernfalls würde der Verlust Ihr vorher festgelegtes Risiko überschreiten.

So begrenzen Sie Verluste, bevor sie gefährlich werden. Kein Stopp bedeutet deshalb nicht mehr Freiheit, sondern kein klar definiertes Risiko.

Hohe Hebel wirken attraktiv – machen Positionen aber extrem empfindlich gegenüber kleinen Marktbewegungen. Genau darin liegt die psychologische Falle: Ein hoher Hebel vermittelt oft das Gefühl größerer Kontrolle. Tatsächlich sinkt der Spielraum für Fehler.

Die größten Gefahren entsteht unter Druck:

- Stopps werden verschoben.
- Verluste werden ausgesessen.
- Positionen werden hektisch nachgekauft.
- Risiken werden spontan erhöht.

Dann steuert nicht mehr der Plan, sondern die Emotion. Risikomanagement schützt deshalb nicht nur Kapital. Es schützt Ihre Entscheidungsfähigkeit in Stressphasen.

Langfristig entscheidet nicht der große Gewinn über Erfolg, sondern die Fähigkeit, im Markt zu bleiben.

Aha-Moment: Erfolgreiches Hebeltrading beginnt nicht mit Chancen, sondern mit kontrolliertem Risiko.

Impuls für den Tag: Berechnen Sie vor jedem Hebeltrade zuerst Ihr Risiko – und erst danach die mögliche Chance.

▶ TAG 261, STOP-LOSS UND HEBEL – ÜBERLEBENSREGEL NUMMER EINS

Alphabet (Google) – die Macht der Suche und der Daten

Es begann mit einem Suchfeld. Zwei Studenten – **Larry Page** und **Sergey Brin** – wollten 1998 das Wissen der Welt neu ordnen. Was sie schufen, war mehr als eine Suchmaschine. Es wurde das Betriebssystem des digitalen Zeitalters. Google veränderte, wie wir denken, lernen, einkaufen, reisen – und wie Unternehmen sich positionieren.

Der Algorithmus von Page und Brin, PageRank, war ein Meilenstein. Er sortierte das Internet nicht nach Lautstärke, sondern nach Relevanz. Aus einer Studentenidee wurde ein globaler Index des Wissens. Google wurde in wenigen Jahre zum Synonym für Orientierung – zur Startseite des digitalen Lebens.

Der Börsengang im August 2004 war eine Zäsur: 85 US-Dollar pro Aktie, direkt ins Milliardenbewusstsein. Die ungewöhnliche Auktion, bei der jeder mitbieten konnte, spiegelte den Geist des Unternehmens – radikal anders, demokratisch, technologiegetrieben. Was folgte, war eine Expansion, wie sie selbst Science-Fiction kaum besser hätte schreiben können.

Doch Google blieb nicht bei der Suche. Mit Android eroberte es die mobilen Welten, mit YouTube die Bildschirme, mit Google Maps die Straßen. Es kaufte sich in die Zukunft ein: DeepMind, Waymo, Nest – Künstliche Intelligenz, autonomes Fahren, Smart Home. Mit der Holding-Struktur Alphabet ab 2015 wurde klar: Hier geht es nicht nur um Werbung – es geht um die Welt von morgen.

Die wahre Macht von Alphabet liegt nicht im Code, sondern im Verständnis für Muster, für Verhalten, für Sprache, fürDaten. Kaum ein anderes Unternehmen beeinflusst unseren Alltag so sehr – oft unsichtbar, aber allgegenwärtig.

Und doch bleibt die Mission bestehen: »*Organize the world's information and make it universally accessible and useful.*« Kein Slogan, sondern ein Versprechen – getragen von technologischer Eleganz, wirtschaftlicher Kraft und kulturellem Einfluss.

»The perfect search engine understands exactly what you mean –
and gives you exactly what you want.«

– Larry Page

Börsengang: 19. August 2004 – **Börsenkürzel:** GOOGL – **Börse:** NASDAQ

▶ TAG 309, SAP – EUROPAS ANTWORT AUF SILICON VALLEY

Schaffen Sie sich ein tradingfreundliches Umfeld – Konzentration durch Klarheit

Trading ist mehr als ein Mausklick – es ist eine anspruchsvolle Tätigkeit, die Konzentration, emotionale Stabilität und Raum für Reflexion verlangt. Genau deshalb ist Ihr Umfeld so entscheidend. Viele Trader erleben: Sobald sie offen über ihre Tätigkeit sprechen, stoßen sie auf Unverständnis, Skepsis oder ungefragte Ratschläge. Warum? Weil Trading Emotionen weckt – Ängste, Neid oder Erinnerungen an eigene Verluste. Schnell wird man zur Projektionsfläche für die Unsicherheiten anderer. Untersuchungen zeigen: Etwa die Hälfte der Trader beschreibt ihr Umfeld als neutral, knapp 20 Prozent erleben Unterstützung – doch jeder Sechste muss sich gegen Vorurteile behaupten. Besonders in Partnerschaften wird das Thema sensibel: Es geht um Vertrauen, finanzielle Sicherheit und gegenseitige Wertschätzung.

Reflexionsaufgabe – wie wirkt Ihr soziales Umfeld auf Ihr Trading?
- Wissen Familie und Freunde, dass ich trade?
- Erlebe ich Unterstützung oder eher Zurückhaltung?
- Kann ich offen über Ergebnisse sprechen – oder vermeide ich es bewusst?
- Gibt es Konflikte, die durch das Trading verstärkt werden?

Überlegen Sie, was Sie mit anderen teilen möchten – und wo eine gesunde Abgrenzung sinnvoll ist. Wenn jemand kritisch ist, genügt oft ein schlichtes: »Interessant, wie Sie das sehen.« Ganz ohne Rechtfertigung. Genauso wichtig wie der soziale Rückhalt ist der physische Raum: Trading braucht einen festen Platz. Ein klar eingerichteter Bereich schafft Konzentration, grenzt den Alltag ab – und stärkt Ihre Präsenz beim Handeln. Struktur im Außen unterstützt Struktur im Inneren.

Reflexionsaufgabe – wie gestaltet sich Ihr räumliches Umfeld beim Trading?
- In welcher Umgebung arbeite ich konzentriert und störungsfrei?
- Habe ich einen festen Ort – etwa einen Schreibtisch oder Raum –, der ausschließlich fürs Trading vorgesehen ist?
- Unterstützt die Gestaltung meines Arbeitsplatzes meine Klarheit – oder lenkt sie eher ab?
- Welche Rituale, Gegenstände oder Symbole helfen mir, fokussiert in den Trading-Modus zu wechseln?

Ein eigener Raum macht das Trading greifbar – und stärkt Ihre innere Haltung. Oft ist er entscheidender für den Erfolg als manch technisches Tool.

Aha-Moment: Ein unterstützendes Umfeld entsteht nicht zufällig – es wird bewusst gestaltet. Im Außen (Raum, Kommunikation) wie im Inneren (Grenzen, Klarheit).

Impuls für den Tag: Prüfen Sie heute Ihr Umfeld: Was stärkt Sie beim Trading? Was schwächt Sie? Entfernen Sie eine Störquelle und schaffen Sie Raum für Konzentration.

▸ TAG 264, TRADING-PAUSEN – WARUM IHRE TRADINGFREIE ZEIT ENTSCHEIDEND IST

Dispositionseffekt – warum wir Verluste lieben und Gewinne fürchten

Stellen Sie sich vor, Sie hielten zwei Aktien: eine im Plus, eine im Minus. Welche verkaufen Sie – und warum? Viele greifen zur Gewinneraktie – um sich über den Erfolg zu sichern. Doch genau das ist oft der falsche Schritt. Denn häufig wachsen die Gewinner weiter, während Verlierer Kapital binden.

Dieses Verhalten nennt sich Dispositionseffekt: Wir neigen dazu, Gewinne zu früh zu realisieren und Verluste zu lange zu halten (1). Der Grund? Gewinne fühlen sich gut an – sie bestätigen unser Handeln. Verluste hingegen schmerzen und rufen Selbstzweifel hervor. Also halten wir sie – in der Hoffnung auf eine Erholung.

Psychologisch wirken mehrere Kräfte zusammen: Verlustaversion, mentale Buchführung und der Wunsch, als kompetent zu gelten. Wer verkauft, gesteht indirekt: »Ich lag falsch.« Und genau das vermeiden viele – auch wenn es wirtschaftlich sinnvoll wäre. So kappen wir systematisch die Gewinner – und halten an Verlierern fest. Die Folge: niedrigere Rendite. Eine Studie zeigt, dass Privatanleger durch den Dispositionseffekt deutlich schlechter abschneiden – nicht wegen falscher Auswahl, sondern wegen falscher Entscheidungen (2).

Was hilft? Ein Perspektivwechsel – und drei Prinzipien:

- **Einstiegskurse ausblenden** – sie sind Vergangenheit, keine Entscheidungsgrundlage
- **Objektiv bewerten** – auf Basis von Fundamentaldaten, Strategie und Zeithorizont
- **Verluste realisieren** – und als normalen Teil des Prozesses begreifen

Der Markt kennt Ihre Käufe nicht – und kümmert sich auch nicht darum. Er straft nichts ab, er belohnt nichts – er reagiert nur.

Beim Investieren geht es darum, klare, konsequente Entscheidungen zu treffen. Wer reflektiert handelt, schützt nicht nur Rendite, sondern auch seine mentale Klarheit. Ihr Depot ist kein Ort für Rechtfertigungen, sondern für Chancen.

Aha-Moment: Anleger verkaufen doppelt so häufig Gewinner wie Verlierer – und verlieren dadurch oft genau die Titel, die langfristig den Unterschied machen.

Impuls für den Tag: Würden Sie dieselbe Entscheidung treffen, wenn Sie den Einstiegskurs nicht kennen würden?

▶ TAG 265, SELBSTÜBERSCHÄTZUNG – WARUM WIR UNS FÜR KLÜGER HALTEN, ALS WIR SIND

Plastikgeld – von Münzen zu Karten und Kontobelegen

Das Zeitalter des Plastikgeldes begann mit einer simplen, aber revolutionären Idee: Warum Bargeld transportieren, wenn man es überall verfügbar machen kann? Die Einführung der Kreditkarte in den 1950er-Jahren veränderte das Bezahlen grundlegend – von den ersten Diners-Club-Karten bis zu heutigen digitalen Wallets.

1950 entwickelte der Diners Club die erste Karte für Geschäftsleute, um Restaurantrechnungen bequem zu begleichen. Schnell erkannten Banken das Potenzial: In den 1960ern kamen Visa und Mastercard – und schufen globale Standards für bargeldloses Bezahlen. Was als Nischenprodukt begann, wurde zur Massenlösung.

Plastikgeld brachte Komfort, Sicherheit und Geschwindigkeit: kein Risiko mehr mit dicken Geldbörsen, dafür grenzenlose Zahlungsfähigkeit – sogar über Kontinente hinweg. Kreditkarten eröffneten erstmals breiten Bevölkerungsschichten den Zugang zu kurzfristigen Krediten – mit enormen Auswirkungen auf das Konsumverhalten.

Mit der Einführung von EC- und Debitkarten, kontaktlosem Bezahlen und mobilen Wallets wurde das Prinzip des Plastikgelds kontinuierlich weiterentwickelt. Heute ist physisches Geld oft nur noch eine Option – nicht mehr die Regel.

Und doch: Mit jeder Karte, jedem Klick entfernen wir uns weiter vom materiellen Charakter des Geldes. Die Zahl ersetzt den Schein, die Geste wird zum Scan. Geld ist nicht länger greifbar – sondern ein Zugriffspunkt im System. Das hat Bequemlichkeit geschaffen, aber auch Entfremdung. Der Geldbeutel wurde zur Benutzeroberfläche.

Plastikgeld steht für die Verschmelzung von Technologie, Kultur und Kontrolle. Es hat das Verhältnis zwischen Mensch und Geld neu codiert: schneller, flüchtiger, vernetzter. Und es zeigt, wie tief technische Innovationen in unser ökonomisches Selbstbild eingreifen.

Aha-Moment: Die erste Kreditkarte wurde 1950 in den USA eingeführt – heute sind weltweit mehr als 25 Milliarden Karten im Umlauf.

Impuls für den Tag: Wie viel Ihres Geldes haben Sie wirklich in der Hand – und wie viel nur als Zahl auf einem Bildschirm?

▶ TAG 263, GIRALGELD – WARUM DAS GELD AUF IHREM KONTO DER BANK GEHÖRT

Kleidung & Pflege – von L'Oréal bis Nike: Lifestyle als Investment

Ein T-Shirt von Nike, Jeans von Levi's, Sneakers von Adidas, eine Jacke von Zara. Kleidung und Pflegeprodukte begleiten unseren Alltag – und sie sind längst Teil globaler Kapitalmärkte. Was als Ausdruck von Stil verkauft wird, ist ökonomisch ein gut kalkulierbares Geschäft mit Marken, Margen und Wiedererkennung.

Mode und Pflege sind weit mehr als Design und Trends. Sie sind skalierbare Konsumindustrien, getragen von globalen Lieferketten, Marketingmacht und emotionaler Kundenbindung. Unternehmen wie LVMH, Inditex, Nike oder H&M stehen für Reichweite, Preissetzungsmacht und Markentreue – Faktoren, die an der Börse zählen.

Zentrale börsennotierte Akteure im Lifestyle-Segment:

- **Luxusgüter:** LVMH, Kering, Hermès
- **Sport & Athleisure:** Nike, Adidas, Puma, Lululemon
- **Fast Fashion:** Inditex (Zara), H&M, Fast Retailing (Uniqlo)
- **Online-Plattformen:** Zalando, Farfetch
- **Marken & Produzenten:** VF Corp (The North Face), PVH (Tommy Hilfiger)
- **Pflege & Kosmetik:** L'Oréal

Diese Unternehmen verkaufen keine Notwendigkeiten, sondern Bedeutungen: Status, Zugehörigkeit, Selbstbild. Genau darin liegt ihre Stärke – und ihr Risiko. Trends sind volatil, Modezyklen kurz, Geschmäcker wandelbar. Wer Preissetzungsmacht und Markenautorität besitzt, kann Kosten weitergeben. Wer sie verliert, verliert schnell Relevanz.

Die Branche ist zudem anfällig für Lieferkettenstörungen, Nachhaltigkeitsauflagen, Kosteninflation und intensiven Wettbewerb. Besonders im Fast-Fashion-Segment sind Margen dünn, während Luxusmarken von Knappheit und Exklusivität profitieren.

Für Anleger ist daher nicht der Trend entscheidend, sondern die Kontrolle darüber. Wer bestimmt Preise, Distribution und Wahrnehmung – und wer läuft ihnen hinterher?

Aha-Moment: Kleidung und Pflege sind keine Grundbedürfnisse mehr, sondern Ausdruck von Identität. An der Börse gewinnt, wer Trends setzt – nicht, wer ihnen folgt.

Impuls für den Tag: Denken Sie an ein Produkt, das Sie besonders schätzen. Warum genau diese Marke – und könnte genau diese Bindung auch wirtschaftlich tragfähig sein?

▶ TAG 273, GESUND DURCH DEN MARKT – PHARMA & MEDTECH ALS INVESTMENTCHANCE

Cost-Average-Effekt – wie regelmäßiges Sparen Ihr Risiko senkt

Jeden Monat 50 Euro in einen ETF investieren – egal, wie der Markt steht? Klingt unspektakulär, ist aber klug. Dahinter steckt der Cost-Average-Effekt – auf Deutsch: Durchschnittskosteneffekt. Wer konstant den gleichen Betrag anlegt, kauft bei niedrigen Kursen mehr Anteile und bei hohen weniger. So entsteht mit der Zeit ein günstiger Durchschnittspreis – ganz ohne Markttiming. **Ein Beispiel:**

MONAT	PREIS PRO ANTEIL [€]	INVESTITION [€]	GEKAUFTE ANTEILE [STÜCK]
Januar	100	50	0,5
Februar	80	50	0,625
März	50	50	1,0
April	80	50	0,625
Mai	100	50	0,5

Ergebnis: 250 Euro investiert, 3,25 Anteile gekauft, durchschnittlicher Kaufpreis: circa 77 Euro – günstiger als der Durchschnittskurs.

Wann ist der Cost-Average-Effekt sinnvoll?

- **bei langfristigen Sparzielen**, etwa Altersvorsorge oder Vermögensaufbau
- **in volatilen Märkten**
- **mit breit gestreuten ETFs** (z. B. auf den MSCI World)
- für Anleger **mit regelmäßigem Sparverhalten**

Vorteile des Cost-Average-Effekts:

- kein Timing nötig
- Schutz vor impulsiven Entscheidungen
- automatisierter Vermögensaufbau
- psychologisch stabilisierend

Grenzen? In stark steigenden Märkten kann eine Einmalanlage renditestärker sein, da das gesamte Kapital sofort voll investiert ist. Besonders sinnvoll: nach Kursrückgängen oder Crashs, bei klarem Aufwärtstrend und wenn ausreichend Kapital verfügbar ist.

Aha-Moment: Der Durchschnittskosteneffekt ist kein Trick, sondern systematische Disziplin mit Renditevorteil.

Impuls für den Tag: Sparplan starten. Automatisieren. Dranbleiben. Wer Zeit und Regelmäßigkeit nutzt, investiert oft klüger als viele Profis.

▶ TAG 246, DIE RENTENILLUSION – WARUM SIE IHRE ZUKUNFT SELBST BERECHNEN MÜSSEN

Makrotrends erkennen – Frühindikatoren gezielt nutzen

Märkte bewegen sich nicht zufällig. Große Veränderungen beginnen leise – lange bevor sie in den Kursen sichtbar werden. Wer erst reagiert, ist meist zu spät. Makrotrends beschreiben diese langsamen Verschiebungen: Demografie, Technologie, Konsum oder geopolitische Entwicklungen. Sie wirken nicht plötzlich, sondern bauen sich über die Zeit auf – und genau darin liegt ihr Einfluss.

Frühindikatoren helfen, diese Bewegungen früher zu erkennen. Sie zeigen nicht, was war – sondern, was sich abzeichnet. Genau deshalb sind sie wertvoll – und gleichzeitig anspruchsvoll.

Typische Signale sind:

- **Auftragseingänge:** Hinweis auf kommende Produktion
- **PMI (Einkaufsmanagerindex):** frühe Signale für Wendepunkte
- **Zinsstruktur:** mögliche Vorboten von Abschwüngen
- **Kreditvergabe und Konsum:** zeigen wirtschaftliche Dynamik

Doch kein Indikator liefert Gewissheit. Erst das Zusammenspiel mehrerer Signale ergibt Orientierung.

Der entscheidende Punkt:

- Wer auf Zahlen reagiert, folgt dem Markt.
- Wer Frühindikatoren versteht, denkt voraus.

Gleichzeitig gilt: Zu viel Interpretation führt ebenso in die Irre wie zu wenig. Makroanalyse ist kein Blick in die Zukunft, sondern ein strukturierter Umgang mit Unsicherheit. Makrotrends sind deshalb kein Timing-Instrument. Sie geben Richtung – nicht den perfekten Einstieg.

Worauf es ankommt:

- Zusammenhänge erkennen statt Einzelwerte überbewerten
- Signale kombinieren statt isoliert lesen
- Geduld behalten – Trends entfalten sich über die Zeit

Aha-Moment: Märkte drehen selten plötzlich – Änderungen kündigen sich an, bevor sie sichtbar werden.

Impuls für den Tag: Beobachten Sie einen Frühindikator über mehrere Monate. Erst im Verlauf entsteht Verständnis.

▶ TAG 248, GLOBALE MEGATRENDS – ZUKUNFTSMÄRKTE FRÜH ERKENNEN

Family Offices – Vermögen über Generationen sichern und entwickeln

Große Vermögen entstehen selten zufällig – und sie verschwinden oft schneller, als sie aufgebaut wurden. Family Offices existieren, um genau das zu verhindern. Sie verwalten Vermögen mit einem klaren Ziel: erhalten, entwickeln und über Generationen weitergeben.

Im Unterschied zu Fonds oder Staaten gibt es hier keinen anonymen Auftrag. Das Kapital hat einen Namen – und eine Geschichte. Es geht nicht um Quartale, sondern um Jahrzehnte. Nicht um Vergleiche, sondern um Substanz.

Der zentrale Gedanke: Vermögen ist kein Ergebnis – es ist ein System.

Family Offices investieren breit, aber nicht beliebig. Neben Aktien spielen Beteiligungen, Immobilien und alternative Anlagen eine wichtige Rolle. Entscheidend ist nicht die Anlageklasse, sondern die Kontrolle über das Kapital. Direkte Beteiligungen und langfristige Partnerschaften stehen oft im Mittelpunkt.

Ein prägendes Merkmal ist die Flexibilität. Family Offices müssen nicht investieren. Sie können warten, selektiv handeln und Chancen gezielt nutzen. Nicht investiert zu sein, ist hier keine Schwäche, sondern Teil der Strategie.

Die Leitlinien dieser Kapitallogik:

- **Langfristigkeit:** Entscheidungen wirken über Generationen
- **Substanzfokus:** reale Werte statt kurzfristiger Trends
- **Kontrolle:** Einfluss statt anonymer Anlagen
- **Flexibilität:** kein Zwang zu permanentem Handeln
- **Risikobewusstsein:** Verluste vermeiden vor Renditemaximierung

Viele dieser Vermögen stammen aus unternehmerischem Erfolg – und genau dieses Denken bleibt erhalten. Investiert wird dort, wo Geschäftsmodelle, Märkte und Wertschöpfung verstanden werden.

Gerade in Krisen zeigt sich die Stärke. Während andere reagieren müssen, können Family Offices ruhig bleiben oder gezielt investieren – nicht aus Mut, sondern aus Unabhängigkeit.

Aha-Moment: Vermögen wächst nicht nur durch gute Anlagen, sondern durch die Fähigkeit, es über Generationen zu bewahren.

Impuls für den Tag: Denken Sie Ihr Vermögen in Zeiträumen: Was davon soll in Jahrzehnten noch Bestand haben?

▶ TAG 300, UNKONVENTIONELLE INVESTOREN – WARUM GEGEN-DEN-STROM-DENKER MÄRKTE BEWEGEN

Sector-Rotation-Strategie – im Takt der Konjunktur investieren

Die Börse ist wie ein Orchester: Mal spielt das Blech laut, mal übernehmen die Streicher. Kein Sektor führt dauerhaft – die Musik wechselt mit dem Konjunkturzyklus. Die Sector-Rotation-Strategie nutzt genau dieses Muster: Anleger investieren gezielt in die Branchen, die von der aktuellen Wirtschaftsphase am stärksten profitieren.

So geht's:

- Konjunkturzyklus einschätzen: Aufschwung, Boom, Abschwung, Rezession
- Branchen identifizieren, die typischerweise vorne liegen
- Kapital gezielt in diese Sektoren umschichten
- regelmäßig prüfen, ob die Wirtschaftslage kippt

Warum funktioniert das?

- Unterschiedliche Branchen reagieren verschieden auf Zinsen, Wachstum und Inflation.
- Frühzyklische Sektoren wie Industrie und Technologie profitieren oft zuerst, wenn die Wirtschaft anspringt.
- Spätzyklische Bereiche wie Energie oder Rohstoffe laufen häufig in Boomphasen besonders stark.
- Defensive Sektoren wie Gesundheit und Basiskonsum stützen eher in schwächeren Phasen.

Beispiel: Zwischen 1948 und 2007 zeigte sich in einer häufig zitierten Untersuchung: Selbst wenn Anleger die Konjunkturphasen sehr gut treffen und ihr Kapital passend zwischen Sektoren umschichten, fällt der Mehrwert gegenüber einer statischen Marktanlage eher begrenzt aus (1). Gerade das macht die Strategie anspruchsvoll: Nicht die Theorie ist das Problem, sondern das rechtzeitige Erkennen des Zyklus.

CHANCEN	RISIKEN
▪ Potenzial für Überrenditen durch gezielte Schwerpunktsetzung ▪ Schutz in schwächeren Phasen durch defensive Branchen ▪ logisch nachvollziehbares Top-down-Prinzip	▪ Konjunkturprognosen sind schwer und oft fehleranfällig. ▪ Häufiges Umschichten erhöht Kosten und Steuerlast. ▪ Die größten Trends werden oft erst erkannt, wenn ein Teil der Bewegung schon gelaufen ist.

Fazit: Sector Rotation ist eine elegante Top-down-Strategie: Wer die Konjunktur richtig liest, kann sein Depot gezielt an die jeweils stärksten Branchen anpassen. Der mögliche Vorteil steht und fällt jedoch mit der Fähigkeit, Wendepunkte früh genug zu erkennen.

Aha-Moment: Nicht jede Branche glänzt zur gleichen Zeit. Die Kunst liegt darin, im richtigen Moment die richtige Stimme spielen zu lassen.

Impuls für den Tag: Prüfen Sie, in welcher Konjunkturphase wir gerade stehen. Welche Branchen passen – und welche sollten Sie aktuell eher meiden?

▶ TAG 268, VALUE INVESTING – GÜNSTIG BEWERTETE SUBSTANZ MIT SICHERHEITSMARGE

Rohstoffbörsen – Handel mit der Zukunft seit Jahrhunderten

Weizen, Kupfer, Öl, Kaffee, Kakao – so unterschiedlich diese Güter sind, eines eint sie: Sie sind Rohstoffe des Lebens – und der Spekulation. Denn an Rohstoffbörsen wird seit Jahrhunderten nicht nur mit Waren gehandelt, sondern mit Erwartungen. Mit Wetter, Kriegen, Trends – und Hoffnungen. Hier wird Zukunft greifbar – in Zahlen, Terminen und Kontrakten.

Schon im alten Babylon handelten Kaufleute mit künftigen Getreideernten – per Vorvertrag und oft lange vor der eigentlichen Lieferung. Die ersten Terminmärkte entstanden im mittelalterlichen Japan – für Reis. Die eigentliche Blüte begann im 19. Jahrhundert: 1848 wurde in Chicago das **Chicago Board of Trade (CBOT)** gegründet – ein Meilenstein im Handel mit Mais und Weizen. In London florierte der Metallhandel, in New York der mit Baumwolle. Und stets galt: Wer schneller informiert war, konnte Risiken besser steuern – oder Chancen früher nutzen.

Rohstoffbörsen sind keine Orte der Romantik. Sie sind Seismografen globaler Spannung. Wenn Öl teurer wird, geraten Fluggesellschaften unter Druck. Wenn Weizen fehlt, wird Hunger politisch. Hier reagieren Märkte, bevor Statistiken es zeigen.

Zugleich folgen Rohstoffmärkte einer eigenen Psychologie. Sie handeln mit Dingen, die physisch greifbar sind – und doch hoch abstrakt. Der Käufer sieht oft kein Korn, kein Fass, keine Tonne. Er kauft Zeit, Absicherung, Richtung. Entscheidend ist nicht die Lieferung, sondern der Glaube an den Trend.

Gerade deshalb tragen Rohstoffbörsen Verantwortung. Denn was hier entschieden wird, beeinflusst nicht nur Preise, sondern den Zugang zu Nahrung, Energie und Ressourcen für Millionen.

In einer Welt im Wandel – zwischen Klimakrise, Ressourcenknappheit und geopolitischer Unsicherheit – sind Rohstoffbörsen Spiegel, Steuerungsinstrument und Spannungsknoten zugleich.

Aha-Moment: Der erste standardisierte Terminkontrakt wurde 1865 am CBOT für Mais eingeführt – der Startpunkt des modernen Futures-Handels.

Impuls für den Tag: Treffen Sie Entscheidungen für den Moment – oder für das, was kommt?

▸ TAG 271, NASDAQ – VON HANDELSRÄUMEN ZU DATENSTRÖMEN

Timing am Limit – wenn der Kalender die Kurse tanzen lässt

Gibt es an der Börse einen Takt, der verlässlich schlägt? Viele setzen genau darauf – vor allem beim **Monatswechseleffekt**. Die Theorie: In den letzten vier Handelstagen eines Monats und den ersten fünf des folgenden steigt der Markt überdurchschnittlich oft. Besonders im S&P 500 zeigte sich dieses Muster über Jahrzehnte hinweg auffallend stabil (1).

Warum? Zum Monatsbeginn fließt frisches Kapital in die Märkte – durch Sparpläne, Pensionsfonds oder Neugewichtungen institutioneller Investoren. Diese Liquidität erzeugt Nachfrage, die Kurse anschiebt. Der Monatsanfang signalisiert zudem Aufbruch – Anleger reagieren optimistischer, während Unsicherheiten des alten Monats oft »abgerechnet« sind.

Rund **40 Prozent der Jahresrendite** des S&P 500 zwischen 1980 und 2018 entfielen auf nur **20 Prozent der Handelstage** – rund um den Monatswechsel.

Bemerkenswert: In etwa 70 Prozent dieser Fälle verzeichnete der Index Kursgewinne (2).

Doch auch dieses Muster kennt Aussetzer: Der Übergang von März auf April 2025 – sonst einer der stärksten Abschnitte im Börsenjahr – enttäuschte deutlich. Das zeigt, wie dynamisch – und zugleich störanfällig – dieser Effekt ist: Der Index brach um 15 Prozent ein, bezogen auf einen Futures-Kontrakt bedeutete das einen Verlust von mehr als 40 000 US-Dollar.

Was war passiert? Neben Inflationssorgen war es vor allem **Donald Trumps** Zolloffensive, die den gewohnten Rhythmus saisonaler Stabilität aus dem Takt brachte. Die Lektion: Auch der Monatswechseleffekt lebt von Wahrscheinlichkeiten – nicht von Gewissheiten.

Gerade in Zeiten globaler Vernetzung reicht ein Tweet, ein Bericht oder eine geopolitische Nachricht – und die Märkte tanzen aus der Reihe. Wer den Kalender kennt, besitzt ein Werkzeug. Doch auch **Timing-Strategien** sollten einen Airbag haben: etwa ein **Verlustlimit**, angepasst an Kontogröße oder prozentuales Risiko. Denn ein Rückgang von 5 Prozent bedeutete früher bei 1200 Punkten rund 3000 US-Dollar Verlust – heute bei 6000 Punkten bereits 15 000 US-Dollar.

Und dennoch: Der Monatswechsel bleibt ein faszinierender Taktgeber. Wer ihn nutzen will, sollte Stimmungen, Nachrichtenlage und Marktverfassung einbeziehen – sonst bleibt es Statistik ohne Substanz (3).

Aha-Moment: Selbst starke Muster wie der Monatswechseleffekt sind anfällig für Schocks – Timing braucht Kontext.

Impuls für den Tag: Märkte tanzen selten nach Plan, aber oft im Rhythmus. Wer nur auf Statistik setzt, tanzt allein.

▶ TAG 262, TURNAROUND TUESDAY – WENN DER DAX DEN TAKT WECHSELT

Warren Buffett – Meister der Geduld und der Einfachheit

In Omaha, Nebraska, begann Warren Buffett früh, den Wert des Geldes zu verstehen. Mit sechs Jahren verkaufte er Kaugummis in der Nachbarschaft, mit elf kaufte er seine ersten Aktien – für sich und seine Schwester. Als Teenager verdiente er mit Zeitungsrouten, Flipperautomaten und dem Handel mit gebrauchten Golfbällen mehr als viele Erwachsene. Seinen ersten Rolls-Royce vermietete er – gewinnbringend – noch als Highschool-Schüler. Schon damals war klar: Dieser Junge denkt in Rendite.

Später studierte er bei **Benjamin Graham** in Columbia und übernahm dessen Prinzip des Value Investing. Doch Buffett ging weiter: Er erkannte, dass nicht nur Bilanzkennzahlen zählen, sondern das Management, der Wettbewerbsvorteil und vor allem die Zeit.

»Der Aktienmarkt ist ein Instrument zur Übertragung von Geld von den Ungeduldigen zu den Geduldigen.«

Geduld war stets sein größter Hebel.

Ab den 1960er-Jahren machte er **Berkshire Hathaway** zu einem Finanzimperium. Aus einer Textilfirma wurde eine Beteiligungsgesellschaft, die in Versicherungen, Eisenbahnen, Energiekonzerne und Coca-Cola investierte – immer mit klarem Blick für den inneren Wert eines Unternehmens. Buffett kaufte nicht, was gefragt war, sondern was Bestand hatte. Er wurde reich – und blieb dabei einfach. Hamburger, Cherry Coke – und das Telefonbuch als Datenquelle.

Sein Talent? Dinge verständlich zu erklären, klug zu handeln, wenn andere in Panik geraten – und nie die Bodenhaftung zu verlieren. Wer ihm zuhörte, lernte: Investieren ist kein Wettlauf, sondern ein Lebensstil.

Im Mai 2025, mit 94 Jahren, gab Buffett die Führung seines Lebenswerks weiter. Die Leitung von Berkshire Hathaway übernahm Greg Abel. Buffett blieb – wie immer – gelassen: Er übergab nicht nur ein Imperium, sondern eine Haltung. Eine, die auf Werte, Weitblick und Vertrauen basiert.

Aha-Moment: Warren Buffett zeigt, dass Reichtum kein Zufall ist, sondern das Ergebnis aus Disziplin, Weitsicht und der Bereitschaft, auch mal nichts zu tun.

Impuls für den Tag: Investieren Sie nicht nur Ihr Geld klug, sondern auch Ihr Vertrauen, Ihre Zeit und Ihre Geduld.

▶ TAG 252, PHILIP FISHER – WACHSTUMSAKTIEN UND LANGFRISTIGE VISION

Spielend reich? – Ökonomische Strategiespiele im Realitätscheck

Wirtschaft, Strategie und eine Prise Glück – das sind die Zutaten, die ökonomische Strategiespiele so faszinierend machen. Sie entführen uns in eine Welt, in der wir mit Fantasie und Geschick unseren eigenen Weg zum Erfolg bahnen – risikofrei, nicht aber folgenlos.

Drei Hotels auf der Schlossallee. Der Mitspieler ist pleite. Sie fühlen sich wie ein Investment-Genie. Willkommen in der Welt der ökonomischen Strategiespiele – wo Reichtum in Runden gemessen wird. Ob beim Würfeln um Grundstücke in Monopoly, beim Taktieren in Catan oder beim Aktienpoker in Stockpile – diese Spiele holen die Dynamik der Wirtschaft direkt auf den heimischen Tisch.

Was sie besonders macht? Ihre Fähigkeit, ökonomische Prinzipien auf unterhaltsame Weise erlebbar zu vermitteln – wenn auch stark vereinfacht. Denn in der Spielewelt gibt es keine Inflation, keine schwarzen Schwäne, keine Systemkrisen. Risiken sind kalkuliert – und der Schaden bleibt im Spiel.

Monopoly zeigt, wie Kapital gebündelt Macht schafft. Catan lehrt Ressourcenmanagement, Verhandlungsgeschick und strategische Kooperation. Mit Erweiterungen wie Händler und Barbaren rückt der Handel stärker ins Zentrum. Und Stockpile – ein raffiniert konstruiertes Auktionsspiel – macht deutlich, wie entscheidend Information, Bluff und Timing sein können.

Diese Spiele sind mehr als nur Unterhaltung. Sie fördern Kommunikation, trainieren das Denken in Wahrscheinlichkeiten – und machen Ökonomie greifbar. Sie zeigen: Glück schadet nie, aber ohne Strategie wird daraus selten Erfolg. Vor allem machen sie deutlich, wie stark unser Denken vom Spielmodus geprägt wird: Wer gewinnen will, denkt in Zügen. Wer lernt, denkt in Zusammenhängen.

Was im Spiel leicht erscheint, ist in der Realität komplexer. Entscheidungen haben Konsequenzen, Mitspieler werden zu Marktteilnehmern – mit echten Risiken, Emotionen und Systemgrenzen. Ökonomische Spiele sind keine Simulation der Wirklichkeit – aber sie schärfen unser Gespür für wirtschaftliche Dynamik, Wettbewerb und Ressourcenlogik.

»Spielend reich« ist mehr als ein Motto – es ist eine Einladung, Wirtschaft zu erleben, ohne sie zu verkomplizieren. Ob Anfänger oder Stratege: In der Welt der ökonomischen Strategiespiele zeigt sich, wie wir mit Chancen, Risiko – und Niederlagen – umgehen. Sind Sie bereit für den ersten Zug?

Aha-Moment: Spiele sind keine Märkte – aber sie zeigen, wie wir im Markt ticken. Zwischen Würfel und Strategie blitzt oft unser echtes Entscheidungsverhalten auf.

Impuls für den Tag: Wer klug spielt, lernt strategisch zu handeln. Denn im echten Leben ist jeder Zug ein Einsatz mit Folgen.

▶ TAG 335, DIE BÖRSE ALS SPIELFELD – ENTDECKEN SIE DIE VIELFALT DER BÖRSENSPIELE

QUIZ 8

TAG 224: WELCHE AUSSAGEN ÜBER DEN LIBOR-SKANDAL STIMMEN?

A) Der Libor war ein global wichtiger Referenzzinssatz, der unter anderem Hypotheken und Anleihen beeinflusste.
B) Zwischen 2005 und 2010 manipulierten Banker den Libor durch koordinierte Falschangaben mit dem Ziel, Gewinne zu erzielen.
C) Die Aufdeckung des Skandals gelang unter anderem durch Whistleblower und Ermittlungen von Behörden wie der FSA.
D) In Folge des Skandals wurde der Libor nach und nach durch alternative Zinssätze wie den SOFR ersetzt.

TAG 227: WELCHE FESTSTELLUNGEN ÜBER CFDS TREFFEN ZU?

A) Der Hebel verändert die Marktbewegung selbst und macht den Basiswert volatiler.
B) Mit CFDs lassen sich sowohl steigende als auch fallende Kurse handeln.
C) CFDs bilden ausschließlich die Preisveränderung eines Basiswertes ab, ohne dass dieser direkt besessen wird.
D) Finanzierungskosten können bei CFDs eine wichtige Rolle spielen.

TAG 237: WELCHE BEHAUPTUNGEN ÜBER DEN COST-AVERAGE-EFFEKT SIND ZUTREFFEND?

A) Der Cost-Average-Effekt sorgt dafür, dass bei niedrigen Kursen mehr Anteile gekauft werden als bei hohen.
B) Durch regelmäßiges Sparen erzielen Anleger garantiert höhere Renditen als mit Einmalanlagen.
C) Der Effekt ist besonders sinnvoll bei langfristigen Sparzielen und volatilen Märkten.
D) In stark steigenden Märkten kann eine Einmalanlage renditestärker sein als monatliches Sparen.

TAG 238: WELCHE THESEN ÜBER MAKROTRENDS UND FRÜHINDIKATOREN SIND KORREKT?

A) Frühindikatoren sollen Hinweise auf zukünftige wirtschaftliche Entwicklungen liefern.
B) Der PMI (Einkaufsmanagerindex) gilt häufig als möglicher Frühindikator für wirtschaftliche Wendepunkte.
C) Makrotrends eignen sich vor allem dazu, den exakten Zeitpunkt für Käufe und Verkäufe vorherzusagen.
D) Einzelne Indikatoren liefern selten allein ein vollständiges Bild der wirtschaftlichen Lage.

TAG 241: WELCHE FORMULIERUNGEN ÜBER DIE ROHSTOFFBÖRSEN PASSEN?

A) Rohstoffbörsen existieren erst seit dem 20. Jahrhundert und wurden für den physischen Soforthandel geschaffen.
B) An Rohstoffbörsen wird vor allem mit Erwartungen, Risiken und Trends gehandelt – oft ohne tatsächliche Lieferung.
C) Die ersten Formen des Rohstoffhandels gab es bereits im alten Babylon und im mittelalterlichen Japan.
D) Rohstoffmärkte haben keinen Einfluss auf reale Bereiche wie Energiepreise oder Ernährungssicherheit.

Risikomanagement – Verluste kontrollieren statt fürchten

Erfolg an der Börse entsteht nicht nur durch gute Ideen, sondern auch durch den klugen Umgang mit Fehlern. Wer investiert oder handelt, wird Verluste erleben. Entscheidend ist deshalb nicht, ob sie auftreten, sondern, wie stark sie das Vermögen treffen. Genau hier beginnt Risikomanagement.

Viele Anleger vernachlässigen diesen Punkt, weil der Blick lieber auf Chancen als auf Verluste fällt. Doch nachhaltiger Vermögensaufbau braucht Regeln, die das Kapital schützen. Dazu gehören passende Positionsgrößen, klare Verlustbegrenzungen und eine sinnvolle Streuung. Risikomanagement ist deshalb kein Zeichen von Vorsicht, sondern von Professionalität.

Was Risikomanagement konkret bedeutet:

- **Positionsgröße festlegen:** Setzen Sie pro Position nur einen begrenzten Teil Ihres Kapitals ein.
- **Stop-Loss beachten:** Klare Ausstiegspunkte helfen, Verluste zu begrenzen und emotionale Fehlentscheidungen zu verringern.
- **Diversifikation sichern:** Streuen Sie über Branchen, Regionen und Anlageklassen.
- **Chance-Risiko-Verhältnis prüfen:** Achten Sie darauf, ob der mögliche Gewinn in einem vernünftigen Verhältnis zum eingegangenen Risiko steht.

Fünf Regeln für gutes Risikomanagement:

1. **Legen Sie das Maximalrisiko pro Position fest** – zum Beispiel 1 bis 2 Prozent des Depotwerts.
2. **Berechnen Sie die Positionsgröße vom Depotwert aus** – denken Sie in **Euro-Risiken**, nicht nur in Stückzahlen.
3. **Setzen Sie Stop-Loss-Marken konsequent** – suchen Sie keine Ausnahmen und verschieben Sie diese nicht nachträglich.
4. **Stellen Sie Ihr Depot breit auf** – vermeiden Sie einseitige Wetten auf einzelne Branchen, Länder oder gleichartige Investitionen.
5. **Halten Sie Ihre Regeln diszipliniert ein** – rechnen Sie damit, dass Angst und Gier im Zeitverlauf an Ihrer Regeltreue arbeiten. Gerade dann zeigt sich gutes Risikomanagement.

Aha-Moment: Langfristiger Börsenerfolg entsteht oft weniger durch die größten Gewinne als durch die Fähigkeit, Verluste klein zu halten.

Impuls für den Tag: Prüfen Sie heute für jede Depotposition, wie hoch Ihr maximales Risiko ist und ob dafür klare Regeln festgelegt sind.

▶ TAG 280, CORE-SATELLITE-STRATEGIE – STABILER KERN, FLEXIBLE CHANCEN

Die Rentenillusion – warum Sie Ihre Zukunft selbst berechnen müssen

Das Rentensystem in Deutschland gerät unter Druck. Lange Zeit galt: Wer arbeitet, erhält im Alter seine verdiente Rente. Doch das Gleichgewicht kippt – und mit ihm die Gewissheiten. Immer mehr Rentner stehen immer weniger Beitragszahlern gegenüber. Gleichzeitig steigen die Lebenshaltungskosten: Miete, Energie, Gesundheit. Wer heute nicht handelt, riskiert morgen finanzielle Enge.

Besonders betroffen: Menschen mit mittlerem oder geringem Einkommen. Ein Bruttoverdienst von 2000 Euro reicht oft schon jetzt kaum aus – doch was bleibt im Alter?

MONATLICHES BRUTTO [€]	GESETZLICHE RENTE (GESCHÄTZT) [€]	FEHLBETRAG ZUM LETZTEN NETTO [€]
2000	ca. 950	rund 450
4000	ca. 1600	rund 1000

Quelle: Eigene Berechnung auf Basis eines Rentenniveaus von circa 48 Prozent, Durchschnittsabgabenquote, ohne private Vorsorge. Angaben gerundet.

Ernüchternd: Wer 2000 Euro verdient, muss im Alter mit weniger als der Hälfte seines letzten Nettoeinkommens auskommen – währende die Preise weiter steigen. Ohne zusätzliche Vorsorge lässt sich diese Lücke kaum schließen.

Was jetzt hilft:

- **frühzeitiges Sparen:** ETF- oder Fondssparpläne für den langfristigen Vermögensaufbau
- **Sachwerte als Inflationsschutz:** physisches Gold, Farbedelsteine (mit Expertise), Immobilien, Beteiligungen an Unternehmen oder Start-ups
- **zusätzliche Einkommensquellen:** Nebenprojekte wie Beratung, Freelancing, Coaching, digitale Modelle (E-Books, Online-Kurse, Plattformverkäufe), Vermietung (z. B. möbliertes Zimmer, Ferienwohnung), passives Einkommen durch Dividenden oder Lizenzmodelle, Weiterbildung

Es geht nicht um Luxus – sondern um Wahlfreiheit. Wer später finanziell eingeschränkt ist, verliert auch an Entscheidungsspielraum – im Alltag wie im Lebensstil.

Aha-Moment: 950 Euro Rente bei steigenden Preisen sind kein Plan, sondern ein Weckruf. Die Rentenlücke betrifft uns alle.

Impuls für den Tag: Berechnen Sie Ihre Versorgungslücke schwarz auf weiß. Nicht aus Angst, sondern aus Verantwortung. Wer heute plant, lebt morgen freier.

▶ TAG 267, ZINSESZINS ERKLÄRT – DIE UNSICHTBARE MASCHINE HINTER IHREM VERMÖGEN

Saisonalität handeln – wiederkehrende Muster gezielt nutzen

Märkte folgen nicht nur Nachrichten – sie folgen auch Mustern in der Zeit. Manche Bewegungen treten zu bestimmten Zeiten im Jahr, im Monat oder sogar innerhalb einer Handelswoche häufiger auf. Genau hier setzt Saisonalität an: Sie nutzen Zeit als zusätzlichen Entscheidungsfaktor.

Der Reiz dieser Strategie liegt in ihrer Wiederholbarkeit. Bestimmte Zeitfenster zeigen in vielen Märkten ähnliche Tendenzen – etwa stärkere oder schwächere Monate oder typische Bewegungen rund um Quartalsenden, Feiertage oder Berichtssaisons. Saisonalität zeigt keine Gewissheit, sondern Wahrscheinlichkeiten.

Der entscheidende Punkt: Saisonalität wirkt nicht allein, sondern nur im richtigen Marktumfeld.

Deshalb nutzen gute Trader saisonale Muster nicht isoliert, sondern zusammen mit Trend, Chartbild, Volumen oder Marktlage. Erst diese Kombination macht aus einem Muster ein handelbares Setup.

Worauf Trader bei Saisonalität achten:
- wiederkehrende starke oder schwache Marktphasen
- typische Bewegungen rund um Quartalswechsel, Feiertage oder Berichtssaisons
- statistische Muster über längere Zeiträume
- Bestätigung durch Chartbild und Marktstruktur

Typische Fehler:
- saisonale Muster als sichere Vorhersage missverstehen
- ohne Blick auf das aktuelle Marktumfeld handeln
- alte Kalenderregeln blind übertragen
- Statistik mit Gewissheit verwechseln

Saisonalität zu handeln, heißt nicht, an Kalenderregeln zu glauben, sondern zeitliche Muster als zusätzlichen Vorteil gezielt einzusetzen.

Aha-Moment: Märkte wirken oft zufällig – folgen aber erstaunlich häufig wiederkehrenden Rhythmen.

Impuls für den Tag: Analysieren Sie einen Markt über mehrere Jahre und prüfen Sie, ob bestimmte Phasen regelmäßig Stärke oder Schwäche zeigen.

▶ TAG 269, RELATIVE STÄRKE HANDELN – DIE BESTEN WERTE FINDEN

Globale Megatrends – Zukunftsmärkte früh erkennen

Märkte bewegen sich nicht nur – sie verschieben sich. Genau das sind Megatrends: langfristige Entwicklungen, die Wirtschaft und Gesellschaft über Jahre prägen.

Künstliche Intelligenz, demografischer Wandel oder neue Energieformen sind Beispiele dafür. Sie entstehen nicht plötzlich – sie bauen sich auf und ziehen Kapital an, lange bevor sie im Alltag sichtbar sind.

Trendforscher wie das Zukunftsinstitut (1) beschreiben solche Entwicklungen als stabile Kräfte, die Branchen verändern und neue Märkte schaffen. Für Investoren entstehen Chancen früh – und bleiben oft lange bestehen.

Doch Megatrends sind kein Selbstläufer. Der Trend kann richtig sein – das Investment trotzdem falsch. Nicht jedes Unternehmen profitiert, nicht jede Strategie geht auf.

Der entscheidende Punkt: Megatrends zeigen die Richtung – die Gewinner müssen Sie trotzdem finden. Deshalb geht es nicht nur um das Erkennen, sondern um die richtige Übersetzung.

Worauf es ankommt:
- **Trend verstehen:** Welche Entwicklung ist wirklich strukturell?
- **Branchen ableiten:** Wo entsteht Nachfrage?
- **Unternehmen prüfen:** Wer kann den Trend umsetzen?

Megatrends wirken langsam, aber kraftvoll. Kapital folgt ihnen oft früher als die breite Wahrnehmung – und bleibt dann über Jahre gebunden. Genau dort entsteht langfristig Vermögen.

Gleichzeitig gilt: Je offensichtlicher ein Trend wird, desto anspruchsvoller werden oft die Bewertungen. Megatrends sind kein Timing-Instrument. Sie zeigen die Richtung – nicht den Einstiegspunkt.

Aha-Moment: Megatrends zeigen, wohin Kapital fließt, aber nicht, bei wem es bleibt.

Impuls für den Tag: Notieren Sie zwei Megatrends, die Sie für unvermeidlich halten – und prüfen Sie die Branchen dahinter.

▶ TAG 270, VOM EINZELWERT ZUM PORTFOLIO – DIE KUNST DER STRUKTUR

Dopamin & Gewinne – warum Belohnung unser Verhalten antreibt

Warum fühlt sich ein Gewinn oft größer an, als er tatsächlich ist? Warum treibt ein steigender Depotstand uns dazu, sofort nach dem nächsten Hoch zu streben? Die Antwort liegt in einem einzigen Botenstoff: Dopamin – dem chemischen Motor unserer Motivation.

Doch Dopamin wird nicht erst ausgeschüttet, wenn wir etwas bekommen, sondern bereits, wenn wir es erwarten. Allein die Aussicht auf einen Gewinn aktiviert das Striatum, insbesondere den *Nucleus accumbens* (1).

Das Gehirn schaltet in den Vorfreudemodus: Fokus, Energie, Zielorientierung. Handeln wird belohnt – im Kopf, bevor es im Depot ankommt. Selbst kleine Kursschwankungen wirken stärker, als wir glauben. Studien zeigen: In Phasen hoher Volatilität reagiert das Belohnungssystem besonders sensibel. Menschen entscheiden schneller, emotionaler – und gehen eher Risiken ein, selbst ohne belastbare Grundlage (2).

Die Aussicht auf Belohnung verstärkt Verhalten – unabhängig von dessen Qualität.

Steigende Kurse entfalten eine eigene Anziehungskraft. Sie aktivieren Systeme, die tief in unserer Verhaltensbiologie verwurzelt sind. Gewinne geben nicht nur Geld – sie geben dem Gehirn einen Kick.

Doch genau hier liegt das Risiko: Dopamin unterscheidet nicht zwischen Strategie und Impuls. Ist Dopamin einmal im Spiel, verstärkt es unser Streben – und erhöht die Erwartung auf »mehr«. Bei starkem Anstieg sinkt die Aktivität im präfrontalen Kortex, unserem Kontrollzentrum. Was folgt, kann Overtrading, Suchtverhalten oder Kontrollverlust (3) sein.

Langfristig erfolgreich ist daher nicht, wer den größten Dopaminschub jagt, sondern, wer seine neuronalen Antriebe erkennt und reguliert: durch klare Ziele, bewusste Etappen und das Wissen, wann »genug« wirklich reicht.

Denn Dopamin zeigt nicht, was richtig ist – nur, was reizt.

Aha-Moment: Dopamin wird nicht nur beim Gewinn selbst ausgeschüttet, sondern vor allem schon in Erwartung darauf. Börsenhandel triggert daher oft Vorfreude, nicht Erfüllung.

Impuls für den Tag: Was motiviert Sie heute – Strategie oder der bloße Reiz?

▶ TAG 279, LANGFRISTDENKEN IM GEHIRN – WIE WIR ZUKUNFT VERSTEHEN UND IN SIE INVESTIEREN

Sicherheit im Krypto-Markt – Hacks, Betrug & Schutzstrategien

Der Krypto-Markt bietet Freiheit, Tempo und direkte Kontrolle – genau das macht ihn zugleich anfällig für Fehler, Angriffe und Betrug. Werte lassen sich schnell übertragen, Zugänge sind technisch sensibel, und Eigenverantwortung ersetzt oft den Schutz klassischer Finanzsysteme. Wer hier investiert, braucht deshalb nicht Angst, sondern Struktur.

Viele Verluste entstehen im Krypto-Markt nicht durch fallende Kurse, sondern durch Sicherheitsprobleme. Frühere Fälle zeigen: Börsen werden angegriffen, Projekte brechen zusammen, Zugangsdaten werden abgegriffen. Die Technik dahinter ist oft komplex, doch der Auslöser ist erstaunlich oft ein einfacher Fehler im Umgang mit Zugang, Verwahrung oder Vertrauen.

Typische Gefahren sind:

- **Börsenhacks:** Zentrale Handelsplattformen bündeln große Vermögen und sind deshalb attraktive Ziele.
- **Phishing:** Gefälschte Webseiten oder Nachrichten imitieren bekannte Anbieter und stehlen Zugangsdaten.
- **Rug Pulls:** Entwickler bewerben ein Projekt, ziehen Kapital ab und lassen wertlose Tokens zurück.
- **Fake-Apps:** Nachgebaute Wallets fragen gezielt nach der Seed-Phrase.
- **Social Engineering:** Betrüger arbeiten mit Vertrauen, Druck oder Hilfsangeboten, um an sensible Informationen zu gelangen.

Guter Schutz beginnt nicht bei der Software, sondern bei klarer Trennung. Wer Handel und Verwahrung sauber auseinanderhält, reduziert Risiken deutlich. Hot Wallets eignen sich für den laufenden Gebrauch, Cold Wallets für größere Beträge und längere Aufbewahrung. Genau diese Aufteilung schafft Sicherheit durch Struktur.

Bewährte Schutzstrategien:

- **Cold Storage nutzen:** größere Beträge offline verwahren
- **Zwei-Faktor-Authentifizierung aktivieren:** möglichst appbasiert statt per SMS
- **direkte Wege wählen:** Webseiten manuell aufrufen, keine Mail-Links nutzen
- **Seed-Phrase offline sichern:** niemals digital ungeschützt speichern
- **Warnsignale ernst nehmen:** unrealistische Renditeversprechen sind oft ein Alarmsignal

Aha-Moment: Im Krypto-Markt schützt nicht Technik allein, sondern vor allem die Disziplin, Zugänge, Verwahrung und Vertrauen sauber zu trennen.

Impuls für den Tag: Prüfen Sie heute, wo Ihre Coins liegen, ob eine Zwei-Faktor-Authentifizierung aktiviert ist und wie Ihre Seed-Phrase tatsächlich gesichert wird.

▶ TAG 278, KRYPTO-REGULIERUNG – SPIELREGELN, CHANCEN UND STOLPERFALLEN

Neobroker & Trading-Apps – Revolution der Gebühren

Früher bedeutete Aktienkauf Banktermin, Orderformular und spürbare Gebühren. Heute genügt ein Smartphone. Ein Fingertipp, und der Handel ist ausgeführt – oft scheinbar kostenlos. Neobroker und Trading-Apps haben den Zugang radikal vereinfacht und damit nicht nur die Kostenstruktur, sondern auch das Handelsverhalten verändert.

Neobroker sind digitale Wertpapierhändler ohne Filialnetz. Sie arbeiten mit schlanken Prozessen, automatisierten Abläufen und geringen Fixkosten. Anbieter wie Trade Republic oder Scalable Capital werben mit Ordergebühren von 1 Euro oder weniger. Niedrige Einstiegshürden treffen auf hohe Benutzerfreundlichkeit.

Doch kostenlos ist der Handel nicht. Viele Neobroker erhalten Vergütungen dafür, dass sie Kundenorders an bestimmte Handelsplätze weiterleiten. Dieses Modell wird als *Payment for Order Flow* bezeichnet. Für Anleger ist das kaum sichtbar, kann jedoch Einfluss auf Ausführungspreise und Spreads haben. Die Gebühr verschwindet nicht – sie wird an anderer Stelle verdient. Damit verschiebt sich die Einnahmequelle vom Kunden hin zum Handelsplatz. Entscheidend ist nicht, ob gezahlt wird, sondern, wer zahlt und welche Anreize dadurch entstehen.

Der Vorteil ist real: Ein ETF-Sparplan über 100 Euro kostet bei klassischen Banken oft mehrere Euro pro Ausführung, bei Neobrokern meist nichts. Geringere Kosten erhöhen langfristig die Rendite. Das senkt Eintrittsbarrieren – und erhöht die Marktaktivität.

Gleichzeitig verschiebt sich der Fokus. Wenn die Order kaum etwas kostet, sinkt die Hemmschwelle. Handel wird häufiger, Entscheidungen fallen kurzfristiger. Die zentrale Frage lautet nicht mehr: Lohnt sich der Trade trotz Gebühren? Sondern: Warum handle ich so oft?

Spreads, also die Differenz zwischen Kauf- und Verkaufspreis, geraten dabei leicht aus dem Blick. Doch genau hier entstehen häufig die versteckten Kosten. Was transparent wirkt, ist nicht immer vollständig sichtbar.

Neobroker verändern daher nicht nur Preise, sondern Marktmechanik. Mehr Teilnehmer, mehr Transaktionen, höhere Aktivität – Gebührenrevolution trifft Verhaltensökonomie.

Aha-Moment: Niedrige Gebühren verändern nicht nur Kosten, sondern Ihr Handelsverhalten.

Impuls für den Tag: Prüfen Sie neben Ordergebühren auch Spreads und Ausführungsplätze. Entscheidend ist die Gesamtkostenquote.

▶ TAG 285, ESG & NACHHALTIGKEIT – WIE INNOVATION DEN GRÜNEN WANDEL TREIBT

Philip Fisher – Wachstumsaktien und langfristige Vision

Philip Fisher war kein kurzfristiger Taktiker – er war ein Architekt für nachhaltigen Vermögensaufbau. Als einer der ersten Investoren erkannte er: Echtes Wachstum entsteht nicht durch Bilanztricks, sondern durch visionäre Führung, Innovationskraft und unternehmerische Qualität. Mit seinem 1958 erschienenen Werk *Common Stocks and Uncommon Profits* (1) legte er den Grundstein für einen Investmentansatz, der bis heute wirkt.

Warren Buffett, selbst geprägt von Benjamin Graham, nannte Fisher später seinen wichtigsten zweiten Einfluss:

»*Ich bin 85 Prozent Graham und 15 Prozent Fisher*«, sagte er – ein klares Bekenntnis zur Verbindung von Substanzwerten und Wachstumspotenzial.

Fisher glaubte weniger an Unterbewertungen – mehr an Unternehmen mit außergewöhnlicher Zukunft. Seine Methode: tiefgehende fundamentale Analyse. Er entwickelte den sogenannten **»Scuttlebutt«**-Ansatz – Informationen aus erster Hand, durch Gespräche mit Kunden, Wettbewerbern, Lieferanten und Mitarbeitern. Nur wer wirklich versteht, wie ein Unternehmen tickt, kann dessen Potenzial erkennen.

Er suchte Firmen mit Innovationskraft, starker Führung und der Fähigkeit, über Jahre hinweg kontinuierlich zu wachsen – sogenannte **»compounders«**. Für Fisher war Investieren vor allem eine Frage der Geduld:

> *»Die Börse ist voll von Menschen, die den Preis*
> *von allem kennen – aber den Wert von nichts.«*

Was ihn auszeichnete, war sein kompromissloser Blick für Qualität. Keine Spekulationen, kein hektisches Umschichten. Stattdessen: Fokus auf Unternehmen mit Vision, Struktur und Beständigkeit. Fisher war kein Börsenstar – aber ein stiller Mentor für Generationen von Qualitätsinvestoren.

Aha-Moment: Fisher zeigte: Die besten Investments entstehen nicht aus Hype, sondern aus fundierter Analyse, Geduld und dem Vertrauen in exzellente Unternehmen.

Impuls für den Tag: Hinterfragen Sie nicht nur den Preis – hinterfragen Sie das Potenzial. Wer langfristig denkt, erkennt Werte, bevor sie offensichtlich werden.

▸ TAG 272, PAUL TUDOR JONES – MAKRO-STRATEGIEN UND PERFEKTES TIMING

Die Südseeblase 1720 – goldene Versprechen, bittere Wahrheit

Was verbindet Seefahrt, Monarchie und Spekulation? Eine der schillerndsten Blasen der Finanzgeschichte. Im Jahr 1720 versetzte die **South Sea Company** ganz England in kollektive Ekstase. Die Idee: Sie übernahm Staatsschulden und erhielt dafür exklusive Handelsrechte in Südamerika – mit angeblich sagenhaften Renditen. Eine Gleichung mit vielen Unbekannten, aber glänzendem Marketing.

Politik, Adel, Prominenz – alle wollten ein Stück vom Traum. Selbst **Isaac Newton** stieg ein. Und stieg aus. Doch er ließ sich erneut mitreißen – und verlor am Ende alles. Die Aktienkurse kannten nur eine Richtung: steil nach oben. In London entstanden täglich neue Gesellschaften – je absurder die Idee, desto größer die Nachfrage. Eine Firma zur Ausbeutung eines Projekts, *»of great advantage, but nobody to know what it is« (»von großem Nutzen, aber niemand darf wissen, worum es geht«)?* Kein Problem. Kapital floss trotzdem – und das reichlich.

Doch die Südsee blieb ein Traum auf dem Papier – die realen Erträge dagegen: kaum messbar. Als erste Zweifel laut wurden, platzte die Illusion. Die Kurse stürzten, Vermögen verpufften, politische Karrieren gleich mit. Zurück blieb ein Land im Schock – und ein Finanzsystem, das seiner Illusion beraubt war.

Ein Weckruf mit Tiefenwirkung: Die Südseeblase war der erste große Test einer entstehenden Finanzpsychologie. Sie zeigte, wie Erwartungen konstruiert, Vertrauen gehandelt und Risiken kollektiv ignoriert werden. Politik, Märkte, Medien und Massenfantasie – ein gefährlicher Cocktail. Es war nicht nur Gier, sondern der Glanz gemeinsamer Einbildung, der alles überstrahlte. Bis das Licht verglühte.

Die Konsequenz? Erste Regeln gegen Insiderhandel, strengere Finanzaufsicht und die Erkenntnis, dass Börsenträume selten steuerfrei – und nie risikolos – sind. Manche nennen es ein moralisches Erwachen. Andere nur den ersten Akt eines endlosen Spiels: Wenn Geld zur Bühne wird, folgt das Drama mit Ansage.

Aha-Moment: Die Südseeblase zeigt: Wenn der Glaube größer ist als die Realität, kippt die Wahrheit – und Märkte verlieren den Boden unter den Füßen.

Impuls für den Tag: Fragen Sie sich heute: Investiere ich in Substanz – oder in Geschichten, deren Glanz erst bei näherem Hinsehen verblasst?

▶ TAG 259, DIE FINANZKRISE 2008 – DER CRASH, DER DIE WELT VERÄNDERTE

Wandelanleihen – zwischen Anleihe und Aktie

Wandelanleihen verbinden zwei Welten: die Planbarkeit einer Anleihe mit der Kurschance einer Aktie. Sie sind hybride Instrumente – eine bewusst konstruierte Zwischenform aus Fremd- und Eigenkapital.

Mit dem Kauf einer Wandelanleihe leihen Sie einem Unternehmen für eine festgelegte Laufzeit Geld. Dafür erhalten Sie einen meist niedrigen Zins und zusätzlich ein besonderes Recht: die Wandlungsoption. Sie erlaubt es, die Anleihe zu einem späteren Zeitpunkt in eine festgelegte Anzahl von Aktien des Unternehmens zu tauschen.

Der Kern liegt in der Wahlmöglichkeit. Am Ende der Laufzeit – teils auch schon vorher – entscheiden Sie, ob Sie die Rückzahlung in Geld annehmen oder Aktionär werden. Dieses Recht müssen Sie nicht ausüben. Es lohnt sich nur dann, wenn der Aktienkurs so weit gestiegen ist, dass der Wert der Aktien über der Rückzahlung liegt.

Während der Laufzeit sind Wandelanleihen in der Regel börslich handelbar. Ihr Kurs reagiert auf zwei Faktoren: auf Zins und Bonität der Anleihe sowie auf die Entwicklung der zugrunde liegenden Aktie. Steigt der Aktienkurs, gewinnt die Wandelanleihe an Attraktivität. Bleibt er zurück, dominiert der Anleihecharakter.

Wandelanleihen bieten damit Aktienpotenzial mit Begrenzung. Der Preis dafür ist ein niedrigerer Zins. Das Risiko liegt in einer schwachen Aktienentwicklung und im Emittentenrisiko. Ihre Stärke entfalten sie vor allem bei soliden Unternehmen mit Wachstumsperspektive.

Worauf es bei Wandelanleihen wirklich ankommt:

- **Der Wandlungspreis:** Er bestimmt, ab welchem Aktienkurs sich die Wandlung lohnt.
- **Die Restlaufzeit:** Zeit begünstigt die Option. Längere Laufzeiten erhöhen ihre Chance.
- **Der Zins als Boden:** Der Kupon ist der Preis für die Option – nicht ihr Hauptzweck.
- **Die Qualität des Unternehmens:** Ohne Zahlungsfähigkeit gibt es weder Rückzahlung noch Aktienchance.
- **Die Nähe zur Aktie:** Gute Wandelanleihen steigen mit der Aktie, fallen aber weniger stark.

Wandelanleihen entfalten ihren Wert nicht durch Prognosen, sondern durch Geduld, Struktur und die Qualität der eingebauten Option.

Aha-Moment: Wandelanleihen kaufen Zeit und Optionen: Sicherheit heute, Aktienchance morgen.

Impuls für den Tag: Schauen Sie sich eine Wandelanleihe an. Fragen Sie sich: Trägt hier der Zins – oder die Qualität der Option auf die Aktie?

▶ TAG 289, ROHSTOFFE HANDELN – GOLD, ÖL UND MEHR

Zinskurve erklärt – wenn die Kurve Rezession signalisiert

Der Zins ist der Preis des Geldes. Je länger Kapital gebunden wird, desto höher ist normalerweise die erwartete Rendite. Deshalb steigen bei einer gesunden, normalen Zinsstruktur die Renditen mit der Laufzeit. Genau dieser Verlauf wird in der Zinskurve sichtbar.

Was zeigt die Zinskurve? Die Zinskurve bildet die Renditen von Staatsanleihen mit unterschiedlichen Laufzeiten ab. Im Normalfall gilt: Kurzlaufende Anleihen rentieren niedriger, langlaufende höher. Der Grund liegt in der längeren Bindung, der größeren Unsicherheit und dem höheren Risiko über die Zeit.

- **kurzfristige Anleihen** = niedrigere Rendite
- **langfristige Anleihen** = höhere Rendite

Spannend wird es, wenn die Kurve flacher wird oder sich umkehrt. Dann liegen die kurzfristigen Renditen nahe an den langfristigen oder sogar darüber. Eine solche inverse Zinskurve gilt als Warnsignal. Sie deutet darauf hin, dass Märkte mit schwächerem Wachstum, sinkender Inflation oder später wieder fallenden Zinsen rechnen.

Kurzfristige Renditen steigen oft, wenn Notenbanken die Geldpolitik straffen. Langfristige Renditen bleiben dagegen niedriger oder fallen, wenn Anleger der Konjunktur weniger zutrauen und stärker in sichere Anleihen gehen. Genau diese Kombination macht die inverse Zinskurve für Anleger so interessant. **Typische Formen der Zinskurve:**

FORM	BEDEUTUNG	SIGNAL FÜR MÄRKTE
normal	Lange Laufzeiten rentieren höher.	Wachstum, stabile Konjunktur
flach	Kurz- und Langfristzinsen liegen nah beieinander.	Unsicherheit, mögliche Wende
invers	Kurzfristzinsen liegen über Langfristzinsen.	erhöhte Rezessionsgefahr

Was Anleger aus der Zinskurve lesen können: Sie ist mehr als ein Diagramm. Sie verdichtet Erwartungen zu Wachstum, Inflation und Geldpolitik in einer einzigen Linie. In der Vergangenheit gingen viele Abschwünge einer inversen Zinskurve voraus. Das heißt nicht, dass jede Inversion automatisch eine Rezession auslöst. Aber sie kann früh zeigen, dass die Märkte vorsichtiger auf die wirtschaftliche Zukunft blicken. **Das zeigt sich häufig an mehreren Stellen zugleich:**

- **Banken** vergeben Kredite oft vorsichtiger, wenn die Refinanzierung kurzfristig teuer wird.
- **Unternehmen** investieren zurückhaltender, wenn Unsicherheit und Finanzierungskosten steigen.
- **Aktienmärkte** reagieren häufig empfindlich, wenn sich die Konjunkturaussichten eintrüben.

Aha-Moment: Die Zinskurve zeigt nicht nur Zinsen, sondern die Erwartungen der Märkte an Wachstum, Inflation und Konjunktur.

Impuls für den Tag: Beobachten Sie die Zinskurve von US-Staatsanleihen und achten Sie darauf, ob sie steiler, flacher oder invers verläuft.

▶ TAG 282, WECHSELKURSE – WARUM EURO UND DOLLAR DIE BÖRSE BEWEGEN

Wirecard – der Absturz eines deutschen Börsenlieblings

Es sollte die deutsche Antwort aufs Silicon Valley sein: ein Fintech, das Zahlungen weltweit digitalisiert – innovativ, effizient, made in Germany. Doch Wirecard war kein Wunderkind. Es war ein Trugbild. Der kometenhafte Aufstieg des Unternehmens mündete 2020 in einen der größten Finanzskandale der Bundesrepublik. 1,9 Milliarden Euro – angeblich auf philippinischen Treuhandkonten – existierten nie. Der DAX-Konzern hatte Luft verbucht, Gewinne erfunden, Investoren und Behörden jahrelang getäuscht.

Jahrelang galt Wirecard als Vorzeigeunternehmen. Politiker wie **Angela Merkel** warben im Ausland für den Konzern, Aufsichtsbehörden wie die BaFin verteidigten ihn gegen kritische Journalisten. Die Financial Times hatte bereits früh auf Unregelmäßigkeiten hingewiesen – doch nicht das Unternehmen, sondern die Zeitung wurde zur Zielscheibe. Kritiker wurden verklagt, diskreditiert – und überhört.

Der damalige CEO **Markus Braun** wurde zur Symbolfigur eines Systems, das Vertrauen gegen Wachstum eintauschte. Während **Jan Marsalek**, der flüchtige COO, wie ein abgetauchter Strippenzieher verschwand, offenbarte sich ein Geflecht aus Lügen, Scheingewinnen und dubiosen Partnern in Dubai, Manila und Singapur.

Bemerkenswert war nicht nur der Betrug selbst, sondern wie lange er ungestört funktionierte. Wirtschaftsprüfer segneten jahrelang fragwürdige Bilanzen ab. Behörden verließen sich auf Prüfer. Die Politik wollte lieber fördern als hinterfragen. Und viele Investoren sahen, was sie sehen wollten: grenzenloses Wachstum – aus Deutschland heraus, endlich.

Wirecard war mehr als ein Bilanzskandal – es war ein Weckruf. Für die deutsche Finanzkultur. Für die Rolle von Aufsicht, Wirtschaftsprüfung, Medien und Politik. Und für die Frage, wie blind Wachstumssehnsucht machen kann. Im digitalen Zeitalter zeigte dieser Fall: Auch Daten können Illusionen sein – wenn niemand wirklich hinschaut.

Aha-Moment: Verantwortung endet nicht beim Täter – sie beginnt bei allen, die bereit sein müssen, rechtzeitig hinzusehen.

Impuls für den Tag: Vertrauen braucht Kontrolle. Seien Sie wachsam, wenn der Applaus zu laut wird. Echtheit zeigt sich nicht in Hochglanz – sondern im Fundament.

▸ TAG 286, ARCHEGOS – WIE EIN FAMILY OFFICE MILLIARDEN VERNICHTETE

J. P. Morgan – der Mann, der Amerikas Finanzwelt stabilisierte

Es war eine Zeit der Eisenbahnen, der Ölbarone, der Industrieimperien – und der Krisen. Amerika wuchs rasant, aber nicht immer geordnet. Inmitten dieses wirtschaftlichen Wildwuchses stand ein Mann, dessen Name bis heute für Macht, Stabilität und Einfluss steht: John Pierpont Morgan. Kein Politiker, kein Gesetzgeber – und doch der Mann, der das Finanzsystem stützte, wenn staatliche Institutionen versagten.

J. P. Morgan war mehr als ein Bankier. Er war ein Architekt wirtschaftlicher Ordnung in einem System ohne Sicherheitsnetz. Als in der Panik von 1907 mehrere Banken zu kollabieren drohten und der Staat machtlos blieb, übernahm Morgan die Verantwortung – ganz ohne offizielles Mandat. In einer einzigen Nacht versammelte er New Yorks führende Banker in seiner Bibliothek, schloss die Tür – und ließ niemanden gehen, bevor ein Rettungsplan stand. Mit privaten Mitteln stabilisierte er das Finanzsystem. Ein historischer Moment: Morgan wurde zur lebenden Zentralbank – Jahre bevor es die Federal Reserve gab.

Er plante in Strukturen, in industrieller Logik und in langfristiger Verantwortung. Morgan finanzierte den Ausbau der Eisenbahnnetze, war Geburtshelfer von U.S. Steel und General Electric und trieb die Konsolidierung ganzer Branchen voran. Für ihn war Kapital kein Spekulationsgut, sondern ein Werkzeug zur Stabilisierung. Einfluss war für ihn keine Trophäe, sondern Pflicht zur Ordnung.

Natürlich blieb er umstritten. Kritiker warfen ihm Monopolmacht vor, sahen in ihm den Inbegriff des wirtschaftlichen Patriarchen. Doch selbst seine Gegner mussten anerkennen: Wenn das System wackelte, war Morgan die Stütze. Sein Netzwerk, seine Urteilskraft und sein Ruf beruhigten Märkte und Menschen.

Morgan glaubte nicht an laute Auftritte, sondern an Prinzipien. Seine Devise: Kredit nur für Charakter, Vertrauen nur für Verlässlichkeit. Kein Glanz, kein Spektakel – sondern Autorität durch Integrität. J. P. Morgan wartete nicht auf Anweisungen, wenn es ernst wurde – er handelte. Ein Kapitalist mit Verantwortungsgefühl. Ein Pragmatiker mit Prinzipien. Und in Momenten der Unsicherheit: der Fels in der Brandung.

»Der erste Test für Kredit ist nicht Vermögen – es ist Charakter.« – Dieser Satz bringt seine Haltung auf den Punkt – und erklärt, warum er nicht nur Finanzgeschichte schrieb, sondern Vertrauen schuf.

Aha-Moment: J. P. Morgan bewies: Stabilität entsteht nicht durch Regeln allein, sondern durch Menschen mit Haltung, Urteilsvermögen und dem Mut, Verantwortung zu tragen.

Impuls für den Tag: Wahre Führung zeigt sich, wenn andere wanken – durch Klarheit, Integrität und entschlossenes Handeln.

▶ TAG 287, PAUL WARBURG – DER VORDENKER DER US-NOTENBANK

Von der Watchlist ins Depot – so treffen Sie Entscheidungen

Eine Watchlist ist kein Abstellgléis, sondern ein Denkraum. Hier sammeln Sie keine Aktien, weil sie gerade spannend wirken, sondern weil sie Ihre Aufmerksamkeit verdient haben. Genau darin liegt ihr Wert: Sie trennt Neugier von Entscheidung. Erst wenn aus Beobachtung eine klare Entscheidung wird, gehört ein Wert ins Depot.

Viele Anleger scheitern genau an diesem Übergang. Die einen kaufen zu früh, nur weil sich ein Kurs bewegt. Die anderen beobachten ewig, obwohl ihre Argumente längst ausreichen würden. So wird die Watchlist entweder zum Sprungbrett für Impulse oder zum Friedhof guter Ideen. Beides kostet Qualität: Hast führt zu Fehlkäufen, Zögern zu verpassten Chancen.

Der bessere Weg ist ein klarer Entscheidungsrahmen. Eine Aktie wandert nicht ins Depot, weil sie interessant aussieht, sondern weil sie zu Ihrer Strategie, Ihrem Zeithorizont und Ihrem Risiko passt. Genau deshalb braucht jede Position vor dem Kauf eine kurze, belastbare Begründung. Nicht kompliziert, aber klar. Wer vorher weiß, warum er kauft, reagiert später ruhiger auf Lärm, Schwankungen und Schlagzeilen.

Hilfreich ist eine einfache Entscheidungsstruktur:

- **Idee:** Warum ist der Wert überhaupt interessant?
- **Einordnung:** Ist das ein kurzfristiger Impuls oder ein langfristiges Investment?
- **Preis:** Ist die Bewertung für Sie nachvollziehbar?
- **Rolle im Depot:** Ergänzung, Beobachtungsposition oder Kernbestand?

Die Watchlist erfüllt damit eine wichtige psychologische Funktion. Sie schafft Abstand zwischen Reiz und Reaktion. Genau dieser Abstand schützt vor Spontankäufen und gibt der Vernunft Zeit. Nicht jede gute Aktie muss sofort gekauft werden. Aber jede gekaufte Aktie sollte vorher eine gute Frage überstanden haben.

Von der Watchlist ins Depot zu kommen, ist deshalb kein Sprung ins Ungewisse, sondern ein Zeichen von Reife. Sie kaufen dann nicht, weil der Markt drängt, sondern weil Ihre Überlegung trägt. Genau so wird aus Beobachtung Überzeugung – und aus Interesse eine Position mit Substanz.

Aha-Moment: Eine gute Watchlist sammelt nicht Aktien, sondern Gründe. Gekauft wird erst, wenn daraus eine klare Entscheidung geworden ist.

Impuls für den Tag: Wählen Sie heute eine Aktie aus Ihrer Watchlist und notieren Sie in drei Sätzen Idee, Preis und Rolle im Depot. Danach wissen Sie, ob sie schon reif für den Kauf ist.

▶ TAG 297, REBALANCING – ORDNUNG IM DEPOT SINNVOLL UMSETZEN

Die Finanzkrise 2008 – der Crash, der die Welt veränderte

Es war das Beben, das die Welt erschütterte. Und niemand blieb verschont. Die Finanzkrise von 2008 war kein klassischer Börsencrash, sondern eine tektonische Verschiebung im Fundament des globalen Finanzsystems. Ein Lehrstück über Hybris, Kettenreaktionen und das Versagen vermeintlich sicherer Strukturen.

Auslöser war der **US-Immobilienmarkt**. Hauskredite wurden massenhaft an Menschen vergeben, die sie sich eigentlich nicht leisten konnten. Diese sogenannten **Subprime Loans** wurden gebündelt, in strukturierte Wertpapiere verpackt, weiterverkauft – und trotz hoher Risiken von **Ratingagenturen** wie **Moody's, Standard & Poor's (S&P)** oder **Fitch** als nahezu ausfallsicher bewertet. Ein Kartenhaus, errichtet aus Gier und gestützt von Ratings – bis ein Luftzug genügte, um es zum Einsturz zu bringen.

Ab 2007 begannen Hypotheken auszufallen. Banken verloren das Vertrauen ineinander, der Kreditfluss kam abrupt zum Stillstand. Als am 15. September 2008 **Lehman Brothers** kollabierte, wurde Panik zum Flächenbrand. Aktienmärkte stürzten weltweit, Menschen verloren Jobs, Häuser, Altersvorsorge. Was als **Immobilienblase** begann, wurde zur **globalen Vertrauenskrise mit Dominoeffekten** auf Banken, Versicherungen und ganze Staaten.

Doch die Krise zeigte auch, wie eng die Weltwirtschaft verflochten ist und wie entscheidend entschlossenes Handeln sein kann. Regierungen schnürten Rettungspakete in Billionenhöhe. Zentralbanken senkten Zinsen auf null und fluteten die Märkte mit Liquidität. Das Vertrauen kehrte langsam zurück. Aber der Schock saß tief.

Die Finanzkrise veränderte vieles: die Rolle der Zentralbanken, die Regulierung des Bankensektors, das Bewusstsein für systemische Risiken. Sie hinterließ drängende Fragen: Wie viel Risiko ist tragbar? Wie viel Kontrolle braucht ein freier Markt?

Sie war der Weckruf für eine Ära der Unsicherheiten – und ein Prüfstein für politische Glaubwürdigkeit. Vor allem aber war sie der Beweis: Vertrauen ist das wahre Kapital der Finanzwelt. Und es darf nie leichtfertig verspielt werden.

Aha-Moment: Der größte Verlust der Finanzkrise war nicht Geld – sondern Vertrauen. Und Vertrauen lässt sich schwerer zurückgewinnen als jeder Kursgewinn.

Impuls für den Tag: Prüfen Sie, worauf Sie bauen. In Finanzen und im Leben ist Vertrauen kein Detail. Es ist das Fundament, auf dem alles steht.

▶ TAG 290, DIE ÖLKRISE 1973 – ALS DAS SCHWARZE GOLD DIE MÄRKTE AUSBREMSTE

Wochenrückblick – lernen aus Ihren eigenen Trades

Der Trade ist vorbei. Ihre Entscheidung bleibt. Ohne Rückblick bleibt jedes Ergebnis ein Einzelfall.

Der entscheidende Punkt: Verbesserung beginnt, wenn Sie Ihr eigenes Verhalten sichtbar machen.

Viele bewerten ihre Woche nach Plus oder Minus. Das führt in die Irre. Ein sauberer Trade kann verlieren – ein impulsiver kann gewinnen. Nicht das Ergebnis zählt, sondern die Umsetzung.

Ein Wochenrückblick stellt die richtige Frage:
Nicht: Was hat der Markt gemacht?
Sondern: Habe ich nach meinen Regeln gehandelt?

Genau hier entstehen Unterschiede:

- Setup eingehalten – oder abgewichen?
- Stopp gesetzt – oder verschoben?
- Risiko konstant – oder angepasst?
- Trade geplant – oder spontan entstanden?

Diese Abweichungen entscheiden darüber, ob Sie besser werden.

Ein klarer Rückblick reduziert Selbsttäuschung. Er zeigt nicht, ob Sie »richtig lagen«, sondern, ob Sie sauber gearbeitet haben.

Wichtig ist die Trennung:

- Ergebnisse schwanken.
- Umsetzung ist kontrollierbar.

Nur was kontrollierbar ist, lässt sich verbessern. Ohne Rückblick wiederholen Sie Muster – mit Rückblick verändern Sie sie.

Ein klarer Wochenrückblick braucht keine Stunden. Wenige Minuten reichen – wenn Sie konsequent hinschauen.

Aha-Moment: Sie entwickeln sich nicht durch Trades, sondern durch deren Auswertung.

Impuls für den Tag: Prüfen Sie Ihre letzte Woche – und markieren Sie jeden Trade, bei dem Sie von Ihren Regeln abgewichen sind.

▶ TAG 299, FEHLERANALYSE IM TRADING – SYSTEMATISCH BESSER WERDEN

Stop-Loss und Hebel – Überlebensregel Nummer eins

Im Hebelhandel wird aus einem kleinen Fehler schnell ein großer Verlust. Genau deshalb ist der Stop-Loss unverzichtbar.

Der entscheidende Punkt: Nicht der Einstieg entscheidet über Ihren Trade, sondern die Fähigkeit, Verluste zu begrenzen.

Ein Stop-Loss legt bereits vor dem Trade fest, wann die Idee gescheitert ist. Damit begrenzen Sie nicht nur den Verlust, sondern auch spontane Entscheidungen unter Druck.

Ohne Stop-Loss entsteht ein gefährlicher Mechanismus: Der Markt läuft gegen Sie, der Verlust beschleunigt sich durch den Hebel – und die Hoffnung übernimmt die Kontrolle.

Genau hier scheitern viele Trader:
- Stopps werden verschoben.
- Verluste werden ausgesessen.
- Positionen werden nachgekauft.
- Risiken werden ignoriert.

Nicht der Markt wird dann zum Problem, sondern das fehlende Limit. Ein Hebel ohne Stop-Loss wirkt zunächst kontrollierbar. Tatsächlich wächst der Verlust ohne klare Grenze weiter.

Deshalb planen professionelle Trader den Ausstieg zuerst:
- Wo ist die Idee widerlegt?
- Wie groß darf der Verlust maximal sein?
- Passt die Positionsgröße dazu?

Erst danach entsteht der eigentliche Trade. Ein Stop-Loss garantiert keinen Erfolg.

Aber er verhindert, dass einzelne Fehler existenziell werden. Bei starken Kurslücken oder Übernachtpositionen kann ein Markt jedoch über den Stopp springen – der Verlust fällt dann größer aus als geplant.

Aha-Moment: Der Hebel beschleunigt die Bewegung – der Stop-Loss begrenzt ihre Folgen.

Impuls für den Tag: Prüfen Sie Ihren letzten Hebeltrade: War Ihr Stopp Teil des Plans – oder nur eine nachträgliche Absicherung?

▸ TAG 275, STRATEGIEN MIT HEBEL – WANN ES WIRKLICH SINNVOLL IST

Turnaround Tuesday – wenn der DAX den Takt wechselt

Montage sind an der Börse selten beliebt. Der Wochenauftakt verläuft oft schleppend – geprägt von Zurückhaltung, offenen Fragen und dem Echo des Wochenendes. Doch dann kommt der Dienstag. Und mit ihm überraschend oft die Wende. Trader nennen es den **Turnaround Tuesday** – ein Marktrhythmus, der sich nicht nur beobachten, sondern auch statistisch belegen lässt.

Die Idee: Nach einem schwachen Wochenstart steigen am Dienstag die Chancen für eine positive Gegenbewegung – besonders im **DAX**. Statistisch liefern Dienstage im DAX die höchste Tagesrendite – bei gleichzeitig geringerer Volatilität (1). Sie sind damit nicht zufällige Ausreißer, sondern markieren einen verlässlichen Taktwechsel im Wochenverlauf.

Was steckt dahinter? Viele institutionelle Anleger starten montags zurückhaltend, analysieren die Nachrichtenlage vom Wochenende und warten auf klare Signale. Erst am Dienstag fließt wieder systematisch Kapital in die Märkte. Hinzu kommen technische Faktoren: überzogene Kursrückgänge, algorithmische Rückkäufe oder strategische Umschichtungen in den Depots – allesamt Impulse, die dem Dienstag auffallend oft Auftrieb geben.

Eine Langzeitstudie der Universität Ulm zeigte: Zwischen 1993 und 2010 erzielte der DAX an Dienstagen die höchste durchschnittliche Tagesrendite – bei zugleich geringerer Schwankungsbreite (2). Das Muster hält bis heute an: Besonders in sensiblen Marktphasen funktioniert es auffallend gut. Wenn Unsicherheit das Wochenende bestimmt, schafft der Dienstag oft neue Struktur – und Gelegenheit.

Für Trader heißt das: Wer antizyklisch vorgeht, findet im Montagabend oft einen günstigen Einstieg – nicht aus dem Bauch heraus, sondern gestützt durch Marktstimmung, Nachrichtenlage und technische Signale. Turnaround Tuesday ist kein Wundermittel, sondern ein Beispiel dafür, wie aus Unsicherheit systematische Chancen entstehen.

Aha-Moment: Der Dienstag ist nicht einfach ein weiterer Wochentag – er ist oft der erste echte Richtungsgeber des Markts.

Impuls für den Tag: Muster lesen, heißt, Märkte fühlen. Nutzen Sie den Rhythmus – und entscheiden Sie mit Taktgefühl.

▶ TAG 292, DIVIDENDENRHYTHMUS – PASSIVES EINKOMMEN CLEVER GETAKTET

Giralgeld – warum das Geld auf Ihrem Konto der Bank gehört

Was auf unserem Kontoauszug steht, fühlt sich nach Eigentum an. Doch juristisch ist es keines. Giralgeld – also Bankguthaben – ist kein Bargeld, sondern eine Forderung an die Bank. Wer Geld auf dem Konto hat, leiht es der Bank – und hofft, es bei Bedarf zurückzubekommen.

Das klingt abstrakt, ist aber hochrelevant: Wenn Sie 1000 Euro auf dem Konto haben, liegt dieses Geld nicht für Sie bereit. Es bedeutet: Die Bank schuldet Ihnen 1000 Euro. Sie kann mit dem Geld arbeiten, es verleihen, investieren – solange Sie es nicht abheben. Sie haben keinen Anspruch auf einen Anteil am Banktresor, sondern lediglich einen Rückzahlungsanspruch. Eigentümer des Geldes ist die Bank.

In normalen Zeiten funktioniert das System. Doch in der Krise zeigt sich die Bruchstelle: In Zypern verloren Sparer 2013 teils ihr Guthaben. In Griechenland wurden 2015 Auszahlungen begrenzt. In Argentinien konnten Menschen 2001 wochenlang nicht an ihr Geld. Wenn Vertrauen wankt, wird Giralgeld zur Illusion.

Hinzu kommt: Giralgeld wird nicht von Zentralbanken geschaffen – es entsteht, wenn Geschäftsbanken Kredite vergeben. Das heißt: Die meisten Euros, die wir besitzen, existieren nur als Zahl im System – erschaffen aus Schulden. Über 90 Prozent des umlaufenden Geldes sind solches Buchgeld.

Giralgeld ist bequem, digital, schnell – und unsichtbar. Es lebt vom Vertrauen in ein stabiles System. Doch dieses Vertrauen ist nicht selbstverständlich: Wenn zu viele Menschen gleichzeitig auf ihr Guthaben zugreifen wollen, stößt selbst ein modernes Finanzsystem schnell an physische Grenzen. Deshalb ist es kein Zufall, dass Zentralbanken und Regierungen Krisenvorsorge treffen – nicht wegen des Geldes, sondern wegen des Vertrauens dahinter.

Aha-Moment: Wenn Sie 1000 Euro auf dem Konto haben, gehört Ihnen kein Geld – sondern eine Forderung. Das Geld gehört der Bank.

Impuls für den Tag: Was bedeutet »Vermögen«, wenn es nicht in der Tasche liegt, sondern im Versprechen anderer? Und wie viel Kontrolle haben Sie wirklich über Ihr Geld?

▶ TAG 288, DIGITALE BANKENWELT – VOM SCHALTER ZUR SMARTPHONE-APP

Trading-Pausen – warum Ihre tradingfreie Zeit entscheidend ist

Trading ist kein Lückenfüller. Es ist ein mental anspruchsvoller Prozess – und wer ihn ernst nimmt, braucht mehr als nur Zeit am Markt. Er braucht Zeit für sich selbst. Viele Trader sehnen sich nach Erfolg – finden aber kaum Zeit zum Traden. Andere sitzen täglich stundenlang vor dem Chart, aber ohne Struktur, Plan oder klares Ende. Beides ist riskant. Denn wer auf Dauer wachsen will, muss lernen, mit seiner Zeit genauso bewusst umzugehen wie mit seinem Kapital.

In einer Welt, in der Eltern mit Sportbuggys joggen, während sie ihre Kinder spazieren fahren, scheint der Alltag keine Pausetaste mehr zu kennen. Alles soll schneller, effizienter, produktiver sein. Doch echte Trading-Qualität entsteht nicht im Dauerlauf, sondern in klar definierten Zeitfenstern – mit einem bewussten Anfang, einem festgelegten Ende und mentaler Erholung dazwischen.

Gerade bei Day-Tradern endet die Handelszeit nicht zwingend mit der Uhr, sondern oft erst mit dem Erreichen klarer Tages-, Wochen- oder Monatsziele. Auch wenn der Markt weiterläuft, ist es professionell, sich zurückzuziehen und in den Pausenmodus zu wechseln. Diese Zeit ist nicht leer – sie will bewusst gestaltet werden: durch Bewegung, Begegnung, andere Projekte oder schlicht durch Entlastung des Nervensystems. Tradingfrei heißt nicht untätig, sondern präsent außerhalb des Marktes.

Reflexionsaufgabe – Zeiträume erkennen und schützen

- Wann habe ich wirklich Zeit zum Traden – ehrlich und realistisch betrachtet?
- Wann ist der Markt »bereit« – mit Liquidität, Bewegung und echten Chancen?
- Wo beginnt mein konkretes Handelszeitfenster – und wann ist konsequent Schluss?
- Was gehört zu einem vollständigen Trading-Tag? Vorbereitung, Umsetzung, Nachbereitung?

Tipp: Arbeiten Sie mit einem analogen Kalender. Markieren Sie Feiertage, Ferienzeiten, familiäre oder berufliche Verpflichtungen – und planen Sie Ihre Handelszeiten bewusst. Trading ist Arbeit. Und gute Arbeit braucht klaren Raum.

Denn ohne definierten Start und bewusstes Ende kann Trading ausfransen – in eine dauerhafte Verfügbarkeit, die am Ende Ihre Disziplin, Energie und Klarheit gefährdet. Wer willkürlich außerhalb seiner eigenen Struktur handelt, lädt Chaos ein – und wird es früher oder später auch im Konto ablesen.

Aha-Moment: Trading-Zeit ist Qualitätszeit. Und tradingfreie Zeit ist kein Verlust, sondern Voraussetzung für gute Entscheidungen, Stabilität und langfristiges Wachstum.

Impuls für den Tag: Planen Sie heute nicht nur, wann Sie traden, sondern auch, wann Sie bewusst pausieren. Ihre Auszeit ist kein Luxus, sondern ein Bestandteil Ihrer Professionalität.

▶ TAG 295, IHR TRADING-TAGEBUCH – SPIEGEL, LEHRER UND KATALYSATOR

Selbstüberschätzung – warum wir uns für klüger halten, als wir sind

Die meisten Anleger halten sich für überdurchschnittlich – beim Timing, bei der Analyse, bei der Intuition. Nur: Statistisch kann das nicht stimmen. Dieses psychologische Phänomen nennt sich Selbstüberschätzung – und gilt als einer der gefährlichsten Stolpersteine an der Börse (1).

Menschen neigen dazu, ihre Fähigkeiten, ihr Wissen und ihren Einfluss systematisch zu überschätzen. Besonders in komplexen, unvorhersehbaren Systemen – also genau dort, wo echte Kontrolle am geringsten ist: an den Finanzmärkten.

Die Folge:

- Trader handeln zu oft, weil sie glauben, den perfekten Moment zu erkennen.
- Sie ignorieren Gegenargumente – Bestätigung zählt mehr als Widerspruch.
- Erfolge schreiben sie dem eigenen Können zu – und Misserfolge dem »Markt«.

Studien zeigen: Überzeugte Vieltrader erzielen langfristig oft niedrigere Renditen – weil sie zu aktiv, zu selbstsicher oder zu spät reagieren (2). Besonders trügerisch: Wer früh Erfolg hatte, verwechselt Glück mit Können – und lernt nicht dazu (3). Das wachsende Selbstvertrauen wirkt wie ein Verstärker: Je öfter es klappt, desto weniger wird reflektiert. Doch wer sich zu sicher ist, hört irgendwann auf zu lernen.

Dabei ist genau das der Schlüssel: Wer zwischen Kompetenz und Zufall unterscheiden kann, schützt sich vor sich selbst. Demut ist keine Schwäche – sondern eine Strategie. Nicht alles, was funktioniert hat, war klug. Manches war einfach nur Glück. Und genau das zu erkennen, macht langfristig erfolgreicher.

Aha-Moment: Ein Großteil der Marktteilnehmer hält sich für überdurchschnittlich kompetent – ein statistisches Paradoxon mit realen Folgen.

Impuls für den Tag: Was, wenn Sie heute nicht recht haben – und genau deshalb die bessere Entscheidung treffen?

▶ TAG 281, KONTROLLILLUSION – WARUM WIR GLAUBEN, DEN MARKT ZU STEUERN

Technische Indikatoren – die Werkzeuge des Traders

Stellen Sie sich vor, Sie fahren durch dichten Nebel. Ohne Orientierung wären Sie verloren – doch mit Tacho, Navi und Abstandsmesser behalten Sie die Kontrolle. Genau das leisten Indikatoren im Trading: Sie verdichten Kurs- und Volumendaten zu klaren Signalen. Sie zeigen nichts Geheimes – sie strukturieren nur, was der Markt bereits preisgibt.

Indikatoren zeigen nicht die Zukunft – sie filtern die Vergangenheit. Sie basieren vollständig auf dem Preis selbst – sie erzeugen keine neuen Informationen. Sie helfen, Muster schneller zu erkennen, Trends einzuordnen und Fehlsignale besser zu vermeiden. Wichtig: Kein Indikator funktioniert allein zuverlässig. Erst im Zusammenspiel entfalten sie ihre Kraft. Kontext schlägt Signal.

Die Lernstufen:

- **Gleitender Durchschnitt:** glättet Schwankungen, zeigt die Grundrichtung des Marktes (Trend aufwärts / abwärts).
- **Volumen-Indikatoren:** bestätigen Trends: Steigt das Volumen, ist die Bewegung meist »echt«.
- **RSI (Relative Strength Index):** zeigt, ob ein Markt überkauft (>70) oder überverkauft (<30) ist: ein Hinweis auf überdehnte Marktphasen.
- **MACD (Moving Average Convergence Divergence):** kombiniert zwei Durchschnitte und zeigt Momentum sowie Trendwechsel.
- **Bollinger Bänder:** visualisieren die normale Schwankungsbreite: Ein Ausbruch kann eine Trendwende oder Fortsetzung signalisieren.

Einsteigertipp: Starten Sie mit gleitendem Durchschnitt und Volumen – diese Kombination liefert schon viel Klarheit. Ergänzen Sie dann Schritt für Schritt RSI, MACD und Bollinger, sobald Sie sicherer im Chartlesen sind.

Typischer Anfängerfehler: Ein Trader sieht, dass der RSI bei 30 liegt, und kauft sofort. Doch der gleitende Durchschnitt zeigt weiter klar nach unten – der Abwärtstrend ist nicht gebrochen. Das Ergebnis: Verlust. Erst die Kombination mehrerer Indikatoren schützt vor voreiligen Einstiegen. Ein Indikator allein ist wie Autofahren mit Navi – aber ohne Blick auf die Straße.

Weniger ist mehr: Nutzen Sie lieber zwei bis drei gut verstandene Indikatoren, die zu Ihrem Stil passen, statt zehn bunte Linien im Chart.

Aha-Moment: Indikatoren sind keine Kristallkugel. Sie sind Werkzeuge zur Strukturierung – nicht zur Vorhersage.

Impuls für den Tag: Wählen Sie Ihre drei Lieblingsindikatoren – und testen Sie sie bewusst im Zusammenspiel, statt ständig neue zu probieren.

▶ TAG 301, UNTERSTÜTZUNG & WIDERSTAND – DIE UNSICHTBAREN BARRIEREN IM MARKT

Zinseszins erklärt – die unsichtbare Maschine hinter Ihrem Vermögen

Albert Einstein nannte ihn »die stärkste Kraft des Universums«. Und tatsächlich: Der Zinseszins ist mehr als nur Mathematik – er ist ein psychologisches Meisterwerk. Wer ihn versteht, erkennt: Reichtum ist oft keine Frage des Einkommens, sondern der Konsequenz. Es geht nicht darum, viel zu sparen – sondern früh und regelmäßig.

Das Prinzip: Auf Erträge werden erneut Erträge gezahlt. Wer diese reinvestiert, entfacht eine finanzielle Kettenreaktion – und profitiert am meisten, je länger der Zeitraum.

Was regelmäßiges Sparen bei 4 Prozent Rendite über 30 Jahre bewirken kann:

MONATLICHE SPARRATE [€]	KAPITAL [€]
20	13 881
50	34 702
100	69 405

Annahme:
monatliche Einzahlung, monatliche Verzinsung, keine Steuern oder Gebühren berücksichtigt

Je früher, desto kraftvoller: Wer etwa zur Geburt eines Kindes monatlich 50 Euro zurücklegt, schafft bis zum 18. Geburtstag ein Startkapital von rund 15 718 Euro – für Ausbildung, Studium oder die erste Wohnung.

Und es geht nicht um klassisches Sparen, sondern um cleveres Investieren:

- Breit gestreute Aktienfonds wie der **MSCI World** (rund 1500 Aktien aus 23 Industrieländern) erzielten in den letzten 20 Jahren etwa 7 **Prozent jährlich.**
- Nachhaltige ETFs lagen bei **5 bis 6 Prozent.**
- Konservative Mischfonds kamen auf **3 bis 4 Prozent** (1).

Wer langfristig investiert, nutzt nicht nur die Zeit, sondern auch die Kraft der Märkte.

Was bedeutet das für Anlegerinnen und Anleger?

- Früh anfangen ist wichtiger als hohe Beträge.
- Der Zinseszins wirkt leise – aber unaufhaltsam.
- Die richtige Produktauswahl kann den Effekt enorm verstärken.

Aha-Moment: 50 Euro im Monat – 18 Jahre lang: Das schafft Vermögen. Und echte Startfreiheit fürs Leben.

Impuls für den Tag: Jetzt starten, statt ewig abzuwarten: Vermögen wächst mit dem ersten Schritt – nicht mit dem perfekten Moment.

▶ TAG 276, DER STILLE DIEB – WIE INFLATION IHR VERMÖGEN HEIMLICH SCHRUMPFT

Value Investing – günstig bewertete Substanz mit Sicherheitsmarge

Value Investing gehört zu den ältesten und bekanntesten Anlagestrategien. Die Grundidee ist einfach: Kaufen Sie Unternehmen nicht deshalb, weil sie gerade beliebt sind, sondern weil ihr innerer Wert höher ist als ihr aktueller Börsenpreis. Entscheidend ist dabei die Sicherheitsmarge – also der Abstand zwischen dem, was ein Unternehmen wert sein könnte, und dem, was Sie dafür bezahlen (1).

So geht's:
- Suchen Sie nach Aktien, die im Verhältnis zu Gewinn, Buchwert oder Cashflow günstig bewertet sind.
- Prüfen Sie, ob hinter dem niedrigen Kurs ein solides Unternehmen steht und nicht bloß ein strukturelles Problem.
- Kaufen Sie nur dann, wenn der Preis deutlich unter Ihrem geschätzten inneren Wert liegt.
- Denken Sie langfristig und geben Sie dem Markt Zeit, die Unterbewertung zu korrigieren.

Warum funktioniert das?
- Märkte neigen dazu, gute und schlechte Nachrichten zeitweise zu übertreiben.
- Unbeliebte Aktien werden oft pauschal gemieden, auch wenn ihr tatsächlicher Wert höher liegt.
- Die Sicherheitsmarge schützt vor Fehlurteilen und schafft Spielraum, wenn sich die Entwicklung langsamer entfaltet als erwartet.

CHANCEN	RISIKEN
▪ Einstieg in Unternehmen zu vergleichsweise günstigen Bewertungen ▪ Sicherheitsmarge kann helfen, Fehler und Marktschwankungen besser abzufedern ▪ besonders interessant, wenn Angst und Unsicherheit gute Firmen mit nach unten ziehen	▪ Nicht jede günstige Aktie ist unterbewertet – manche sind aus gutem Grund billig. ▪ Der Markt kann lange brauchen, um Unterbewertungen zu korrigieren. ▪ Ohne sorgfältige Analyse drohen Value-Fallen statt Substanzwerte.

Fazit: Value Investing ist keine Jagd nach billigen Aktien, sondern die Suche nach Wert mit Abstand zum Preis. Der Kern der Strategie liegt nicht im niedrigen Kurs allein, sondern in der disziplinierten Prüfung, ob Substanz, Ertragskraft und Sicherheitsmarge zusammenpassen.

Aha-Moment: Günstig ist nicht automatisch wertvoll – interessant wird eine Aktie erst dann, wenn ihr Preis unter ihrer Substanz liegt.

Impuls für den Tag: Schauen Sie auf eine Aktie mit niedriger Bewertung. Wirkt sie nur billig – oder steckt dahinter tatsächlich mehr Wert, als der Markt aktuell anerkennt?

▸ TAG 296, SMALL-CAP-STRATEGIE – RENDITECHANCEN JENSEITS DER GIGANTEN

Relative Stärke handeln – die besten Werte finden

Nicht alle Aktien sind gleich stark – und genau darin liegt die Chance. Manche laufen nur mit dem Markt, andere ziehen ihm sichtbar davon. Genau hier setzt relative Stärke an: Sie handeln nicht den Durchschnitt, sondern die Führenden im Markt.

Der Reiz dieser Strategie liegt in ihrer Klarheit. Relative Stärke fragt nicht zuerst, ob ein Markt steigt oder fällt, sondern welche Werte sich relativ besser entwickeln als ihr Umfeld. Eine Aktie, die in einem starken Markt überdurchschnittlich steigt oder in einem schwachen Markt stabil bleibt, zeigt, wo Kapital bevorzugt hinfließt. Stärke zeigt sich im Vergleich.

Der entscheidende Punkt: Relative Stärke entsteht nicht an einem Tag – sondern über Zeit im Vergleich zum Markt.

Deshalb prüfen gute Trader nicht einzelne Gewinner, sondern die Entwicklung über Tage und Wochen im Verhältnis zu Index, Branche oder Konkurrenz. Erst daraus entsteht ein belastbares Muster.

Worauf Trader bei relativer Stärke achten:

- Aktien, die stärker laufen als ihr Gesamtmarkt
- Werte, die sich in schwächeren Phasen robust halten
- Branchenführer mit anhaltender Dynamik
- klare Vergleichsmaßstäbe wie Index, Sektor oder Konkurrenz

Typische Fehler:

- einzelne Tagesbewegungen mit echter Stärke verwechseln
- nur auf Gewinnerlisten schauen
- überdehnte Werte ohne Plan hinterher kaufen
- Stärke ohne Marktumfeld beurteilen

Relative Stärke zu handeln, heißt nicht, Trends vorherzusagen, sondern, gezielt dorthin zu gehen, wo der Markt Stärke bestätigt.

Aha-Moment: Die stärksten Werte bleiben oft länger stark, als viele erwarten.

Impuls für den Tag: Vergleichen Sie drei Aktien derselben Branche und prüfen Sie, welcher Wert über Wochen die höchste relative Stärke zeigt.

▸ TAG 291, POSITIONSTRADING – TRENDS LANGFRISTIG BEGLEITEN

Vom Einzelwert zum Portfolio – die Kunst der Struktur

Ein Investment kann scheitern – ein Portfolio darf daran nicht scheitern. Genau darin liegt der Unterschied zwischen Einzelentscheidungen und systematischem Investieren.

Ein Portfolio ist keine Sammlung von Ideen, sondern ein System. Es verbindet Chancen mit Kontrolle und sorgt dafür, dass Fehler nicht das gesamte Ergebnis bestimmen. Wer nur auf einzelne Treffer setzt, macht sich abhängig. Wer strukturiert, gewinnt Stabilität.

Die größte Gefahr liegt oft nicht im Markt, sondern in der Konzentration: zu wenige Titel, zu starke Gewichtung, zu einseitige Ausrichtung. Klumpenrisiken entstehen leise – sichtbar werden sie erst, wenn es zu spät ist.

Ein starkes Portfolio folgt einfachen Prinzipien:

- **Diversifikation:** Verteilung über Branchen, Regionen und Anlageklassen
- **Risikogewichtung:** Nicht jede Position trägt das gleiche Gewicht.
- **strategischer Kern:** stabile Basis, ergänzt durch gezielte Chancen

Der Kern vieler Depots besteht aus breit gestreuten Anlagen, etwa ETFs. Einzelwerte ergänzen gezielt, statt zu dominieren. So entsteht Balance zwischen Wachstum und Stabilität.

Welche Struktur sinnvoll ist, hängt vom Risikoprofil ab. Es gibt kein perfektes Portfolio – nur ein passendes. Entscheidend ist, dass Aufbau und Ziel zusammenpassen.

Doch Struktur ist kein einmaliger Akt. Märkte verändern Gewichtungen automatisch. Was gut läuft, wird größer – und damit oft auch riskanter. Genau deshalb gehört regelmäßiges Rebalancing dazu: überprüfen, anpassen, zurück zur Strategie.

Ein Portfolio ist damit kein statisches Gebilde. Es ist ein System – und verlangt Führung.

Aha-Moment: Nicht die einzelne Aktie entscheidet über Ihren Erfolg, sondern die Struktur Ihres gesamten Depots.

Impuls für den Tag: Prüfen Sie Ihr Depot: Welche Position dominiert – und passt das noch zu Ihrer ursprünglichen Idee?

▸ TAG 284, RENDITE UND RISIKO AUSBALANCIEREN – IHR PROFIL BEWUSST SCHÄRFEN

NASDAQ – von Handelsräumen zu Datenströmen

Als die NASDAQ 1971 gegründet wurde, unterschied sie sich grundlegend von den klassischen Börsen ihrer Zeit. Statt Börsensaal, Händlergesten und Telefonaufträgen setzte sie auf Computer, elektronische Kurse und eine revolutionäre Idee: Handel braucht keinen physischen Ort mehr. Er braucht Tempo, Transparenz und Technologie.

Die **National Association of Securities Dealers Automated Quotations** – kurz **NASDAQ** – war die erste vollständig elektronische Börse der Welt. Sie brach mit Traditionen und wurde zur Blaupause für die Börse von morgen. Nicht Geschichte, sondern Geschwindigkeit. Nicht Gebäude, sondern Gigabyte.

Früh wurde die NASDAQ zur Bühne für Unternehmen des Wandels: Microsoft, Apple, Intel. Später folgten Amazon, Google, Meta, Tesla – Ikonen des digitalen Zeitalters. Sie alle begannen ihre Kapitalmarktkarriere in einem System, das für Innovation und Wachstum stand – nicht für alte Industrien. Die NASDAQ wurde zum Börsenschaufenster des Silicon Valley.

Doch die Revolution war nicht nur technisch – Sie war demokratisch. Durch die elektronische Struktur wurde der Zugang für kleinere Broker leichter, die Kurse waren transparenter, die Spread-Kontrolle effizienter. Die NASDAQ öffnete die Märkte – für Unternehmen und für Anleger.

Sie wurde zur Börse im Takt der Digitalwirtschaft: volatil, visionär, vernetzt. Und auch wenn sie 2000 in der Dotcom-Krise hart getroffen wurde, zeigte sich genau dort ihre Resilienz: Innovation fällt – aber sie steht auch wieder auf. Heute ist die NASDAQ die Bühne der Zukunftsmärkte – dort, wo sich Ideen in Echtzeit bewähren müssen.

Die NASDAQ ist mehr als eine Börse: Sie ist ein Ökosystem für Technologie, Fortschritt und Kapital – und eine Erinnerung: Wer neue Wege geht, muss nicht laut sein – aber konsequent.

Aha-Moment: Die NASDAQ startete 1971 mit rund 2500 gelisteten Aktien – heute ist sie Heimat der wertvollsten Tech-Konzerne der Welt.

Impuls für den Tag: Wenn Sie Ihren Alltag wie ein Start-up bauen würden – was würden Sie morgen anders machen?

▶ TAG 302, ETFS – DIE STILLE REVOLUTION DER GELDANLAGE

Paul Tudor Jones – Makro-Strategien und perfektes Timing

Paul Tudor Jones ist einer der wenigen Trader, die Märkte nicht nur verstehen, sondern antizipieren. Sein Name steht für blitzschnelle Entscheidungen, messerscharfe Analysen und einen fast schon instinktiven Spürsinn für Wendepunkte.

Berühmt wurde er 1987: Während andere den Schwarzen Montag kommen sahen – aber zögerten –, handelte er. Seine Short-Wetten auf den Dow Jones brachten ihm an nur einem Tag dreistellige Millionenbeträge. Für viele war das reines Glück. Für Jones war es Vorbereitung. Analyse, Risikomanagement – und der Mut, das Richtige zur richtigen Zeit zu tun.

Jones denkt in Makro-Zusammenhängen: Zinsen, Inflation, Währungen, Rohstoffe, Zentralbankpolitik – alles ist miteinander verwoben. Und genau dort setzt er an. Er erkennt Kettenreaktionen, bevor sie ausgelöst werden – und weiß, dass Märkte nicht isoliert, sondern im Kontext reagieren. Seine Philosophie:

»Du passt dich an, entwickelst dich weiter, kämpfst – oder gehst unter.«

Stillstand? Keine Option. Wer erfolgreich sein will, muss sich schneller bewegen als der Markt – ohne in blinden Aktionismus zu verfallen.

Was ihn besonders macht, ist nicht nur sein Timing – sondern sein Denken. Er weiß: Hinter jeder Kursbewegung steckt menschliches Verhalten. Deshalb verbindet er wirtschaftliche Logik mit psychologischem Feingefühl. In seiner Firma **Tudor Investment Corporation** baute er ein System aus Disziplin, Szenarioplanung und Entscheidungsroutinen. Keine Wette ohne Plan B. Kein Einstieg ohne klare Ausstiegsstrategie.

Doch Jones ist auch Philanthrop. Mit der Gründung von Robin Hood, einer der effektivsten Anti-Armutsstiftungen in den USA, zeigt er: Erfolg und Verantwortung schließen sich nicht aus. Er glaubt an Kapital mit Haltung – und daran, dass Märkte nicht nur Gewinne erzeugen, sondern auch Wirkung entfalten können.

Aha-Moment: Paul Tudor Jones zeigt: Der entscheidende Vorteil liegt nicht im Wissen, sondern im Reagieren. Wer vorbereitet ist, braucht keine hellseherischen Fähigkeiten.

Impuls für den Tag: Erfolgreiches Trading lebt nicht vom ersten Schritt, sondern vom klugen und rechtzeitigen Kurswechsel. Flexibilität ist oft der unterschätzte Teil von Disziplin.

▸ TAG 331, CATHIE WOOD – DIE INVESTORIN, DIE GRENZEN VERSCHIEBT

Gesund durch den Markt – Pharma & MedTech als Investmentchance

Gesundheit begleitet unseren Alltag permanent. Vom Vitaminpräparat über Fitness-Apps bis zur Smartwatch, die Puls und Schlaf misst – wir investieren täglich Zeit, Geld und Aufmerksamkeit in unser körperliches und mentales Wohlbefinden. Gesundheit ist kein kurzfristiger Trend, sondern ein strukturelles Grundthema moderner Gesellschaften. Genau deshalb spielt der Sektor auch an den Kapitalmärkten eine zentrale Rolle.

Der Gesundheitsmarkt wächst aus mehreren stabilen Quellen zugleich: alternde Bevölkerungen, steigender Wohlstand, medizinischer Fortschritt und der Wunsch nach Lebensverlängerung, Lebensqualität und Kontrolle über den eigenen Körper. An der Börse übersetzt sich dieser Bedarf in dauerhafte Nachfrage, hohe Investitionen in Forschung und einen Markt, der weniger konjunkturabhängig ist als viele andere Branchen.

Dabei reicht das Spektrum weit über klassische Arzneimittel hinaus. **Gesundheit ist heute ein Ökosystem aus Medikamenten, Geräten, Dienstleistungen und digitalen Anwendungen:**

- **Pharma & Biotechnologie:** Pfizer, Roche, Johnson & Johnson, Merck & Co. (USA), BioNTech (mRNA)
- **Medizintechnik:** Medtronic, Siemens Healthineers, Stryker, Intuitive Surgical (OP-Roboter)
- **Digitale Gesundheit:** Teladoc (Telemedizin), Dexcom (Glucosesensoren)
- **Fitness & Prävention:** Garmin, Peloton, Technogym
- **Gesundheitsdienstleister (USA):** UnitedHealth Group (Versicherungen & Services), CVS Health (Apotheken und Versicherungen)

Für Anleger liegt die Attraktivität des Sektors in seiner Struktur: Die Nachfrage ist relativ stetig, selten impulsgetrieben und weniger modisch als in Konsum- oder Technologiemärkten. Menschen verzichten eher auf Reisen oder Luxus als auf medizinische Versorgung. Genau das macht viele Gesundheitsunternehmen zu defensiven Depotbausteinen.

Doch Stabilität bedeutet nicht Risikofreiheit. Regulierung, Forschungserfolge und technologische Durchbrüche entscheiden oft abrupt über Gewinner und Verlierer. Medikamente können scheitern, Studien enttäuschen, neue Verfahren bestehende Produkte verdrängen. Der Gesundheitsmarkt belohnt nicht Hoffnung, sondern wissenschaftliche Substanz, Skalierbarkeit und regulatorische Kompetenz.

Aha-Moment: Gesundheit ist kein Trend, sondern ein permanenter Bedarf. An der Börse gewinnt nicht, wer Visionen verkauft, sondern, wer Versorgung verlässlich organisiert.

Impuls für den Tag: Beobachten Sie Ihren Alltag: Wo geben Menschen dauerhaft Geld für Gesundheit aus – unabhängig von Mode, Konjunktur oder Stimmung?

▶ TAG 307, ESSEN, TRINKEN, INVESTIEREN – LEBENSMITTELKONZERNE IM FOKUS

Neuromarketing – warum wir für 9,99 Euro mehr verkaufen als für 10 Euro

Manchmal entscheidet nicht das Produkt, sondern der Preis. Oder genauer: die Art, wie unser Gehirn ihn verarbeitet. Im Zentrum dieser Erkenntnis steht das Neuromarketing: die Verbindung von Neurobiologie und Konsumforschung. Es fragt nicht, was wir kaufen – sondern, warum wir dabei fühlen, was wir fühlen.

Denn Kaufentscheidungen sind keine rationalen Rechenakte. Sie entstehen in Sekundenbruchteilen, oft unbewusst – gesteuert durch emotionale Zentren im limbischen System. Ein Klassiker: Warum wirkt 9,99 Euro attraktiver als 10,00 Euro? Der Grund liegt in der linksbasierten Preisverarbeitung unseres Gehirns. Wir lesen von links nach rechts – und erfassen zuerst die »9«. Das reicht aus, um ein Angebot als emotional günstiger einzustufen. Rational ist der Unterschied winzig – emotional spürbar. Selbst minimale Reize aktivieren Bewertungsnetzwerke wie das Striatum – besonders, wenn sie mit dem Gefühl eines »guten Deals« verknüpft sind.

Funktionelle Magnetresonanztomografie (fMRT) – ein bildgebendes Verfahren, das Veränderungen im Blutfluss sichtbar macht – zeigt: Preise aktivieren das Schmerzzentrum im Gehirn, vor allem dann, wenn sie als unfair oder überhöht empfunden werden (1). Kaufen kann sich also biologisch gesehen »falsch« anfühlen – auch wenn es ökonomisch sinnvoll wäre. Doch clever gesetzte Preise – etwa charmante Ziffern wie 9,99 Euro oder eine positiv gestaltete Verpackung – dämpfen diesen »Preisschmerz« messbar. Genau hier setzt modernes Neuromarketing an: Nicht mit Manipulation, sondern mit gezielten, neuropsychologisch fundierten Reizen. Aber es geht weit über Zahlen hinaus. Auch Farben, Formen, Schriften oder Klangwelten stimulieren Hirnregionen, die für Vertrauen, Lust oder Entscheidungsfreude zuständig sind (2).

Das gilt auch für Finanzprodukte: Ob Depotoberfläche oder Trading-App – was wir sehen, beeinflusst, wie wir fühlen. Und wie wir entscheiden. Selbst die Darstellung eines Charts – Balken statt Linien, grün statt grau – kann unsere Risikobereitschaft subtil verändern. Wir klicken anders, wenn es *gut aussieht.* Und wir bewerten anders, wenn es sich *gut anfühlt.*

Was bedeutet das für Ihren Alltag an der Börse? Zahlen sind niemals neutral. Sie haben eine Ästhetik, einen Rhythmus – und eine emotionale Botschaft. Ein Pluszeichen motiviert anders als ein grüner Balken. Eine rote Kurslinie lässt sich rational erklären – aber sie wirkt tief emotional. Neuromarketing erinnert uns: Wir investieren nicht nur mit der Vernunft. Sondern mit dem ganzen Nervensystem.

Aha-Moment: Ein Preis von 9,99 Euro statt 10,00 Euro steigert die Kaufbereitschaft messbar – nicht wegen des Werts, sondern wegen der neuronalen Verarbeitung im Gehirn.

Impuls für den Tag: Welche Zahl haben Sie zuletzt gefühlt – nicht gerechnet? Und was hat sie in Ihnen ausgelöst?

▶ TAG 304, CROWDFUNDING – WARUM WIR GEMEINSAM EHER INVESTIEREN ALS ALLEIN

QUIZ 9

TAG 246: WELCHE AUSSAGEN ZUR RENTENILLUSION SIND KORREKT?

A) Das gesetzliche Rentenniveau liegt derzeit bei rund 75 Prozent, wodurch auch Geringverdiener im Alter gut abgesichert sind.
B) Wer heute 2000 Euro brutto verdient, muss im Alter mit weniger als der Hälfte seines letzten Nettoeinkommens auskommen.
C) Private Vorsorge durch ETF-Sparpläne oder Sachwerte kann helfen, die Rentenlücke zu schließen.
D) Zusätzliche Einkommensquellen im Alter sind kaum realistisch, da die meisten Menschen im Ruhestand nicht mehr arbeiten können.

TAG 249: WELCHE FESTSTELLUNGEN ZU »DOPAMIN & GEWINNE – WARUM BELOHNUNG UNSER VERHALTEN ANTREIBT« SIND ZUTREFFEND?

A) Dopamin wird im Gehirn erst nach dem tatsächlichen Gewinn ausgeschüttet – als direkte Belohnung.
B) In Phasen hoher Volatilität reagiert das Belohnungssystem besonders stark, was zu impulsiveren Entscheidungen führen kann.
C) Das Streben nach Gewinnen kann zu einer Abnahme der Aktivität im präfrontalen Kortex führen – dem Kontrollzentrum des Gehirns.
D) Dopamin bewertet rational die Qualität einer Entscheidung und hilft bei objektiver Risikoeinschätzung.

TAG 254: WELCHE AUSSAGEN ÜBER WANDELANLEIHEN TREFFEN ZU?

A) Wandelanleihen verbinden Eigenschaften von Anleihen und Aktien.
B) Mit einer Wandelanleihe besteht die Möglichkeit, die Anleihe später in Aktien umzutauschen.
C) Der Wert einer Wandelanleihe hängt ausschließlich von den Zinsen ab.
D) Eine steigende Aktie kann die Attraktivität einer Wandelanleihe erhöhen.

TAG 257: WELCHE FAKTEN ÜBER J. P. MORGAN STIMMEN?

A) J. P. Morgan war offizieller Leiter der US-Zentralbank während der Panik von 1907.
B) Er finanzierte den Ausbau der Eisenbahnnetze und förderte industrielle Konsolidierung.
C) Morgan sah Kapital als Mittel zur Stabilisierung, nicht bloß zur Spekulation.
D) Seine Devise lautete: *»Kredit nur für Vermögen – Vertrauen nur für Macht.«*

TAG 273: WELCHE BEHAUPTUNGEN ÜBER DEN GESUNDHEITSSEKTOR ALS INVESTMENT SIND RICHTIG?

A) Der Gesundheitsmarkt wird unter anderem durch alternde Bevölkerungen und medizinischen Fortschritt angetrieben.
B) Gesundheitsunternehmen gelten häufig als weniger konjunkturabhängig als viele andere Branchen.
C) Stabilität im Gesundheitssektor bedeutet, dass kaum regulatorische oder technologische Risiken bestehen.
D) Zum Gesundheitsmarkt gehören neben Pharmaunternehmen auch Medizintechnik, digitale Gesundheit und Gesundheitsdienstleister.

Strategien mit Hebel – wann es wirklich sinnvoll ist

Ein Hebel verstärkt keine Idee, sondern deren Wirkung. Ohne klare Strategie wird daraus schnell reine Spekulation.

Der entscheidende Punkt: Hebelprodukte sind nur dann sinnvoll, wenn sie gezielt eingesetzt werden. Viele verbinden Hebel ausschließlich mit schnellen Gewinnen.

Professionelle Marktteilnehmer nutzen sie oft anders:
- zur kurzfristigen Umsetzung klarer Setups
- zur gezielten Absicherung von Risiken
- zur effizienten Kapitalnutzung

Der Unterschied liegt nicht im Produkt, sondern im Zweck. **Typische Einsatzbereiche:**
- **Kurzfristige Trades:** kleine Marktbewegungen gezielt verstärken
- **Absicherung:** Verluste im Depot mit Short-Positionen oder Optionen begrenzen
- **News-Trading:** auf starke Marktbewegungen nach Quartalszahlen, Wirtschaftsdaten oder Notenbankentscheidungen reagieren
- **Kapitaleffizienz:** mit geringerem Kapitaleinsatz kontrolliert Marktpositionen aufbauen

Nicht jede Strategie passt jedoch zu jedem Markt. Volatile Einzelaktien erfordern andere Hebel als ruhige Indizes. Auch der Zeithorizont entscheidet: Intraday-Trades folgen anderen Regeln als Positionen über mehrere Tage.

Genau hier entstehen viele Fehler: Hebel werden eingesetzt, weil schnelle Gewinne möglich erscheinen – nicht, weil die Strategie es verlangt. Dann wird der Hebel zum Selbstzweck.

Professionelle Trader wählen deshalb zuerst:
- Markt
- Strategie
- Risiko
- Zeithorizont

Erst danach entscheiden sie über den Hebel. Ein sinnvoll eingesetzter Hebel erhöht nicht nur die Chance, sondern die Präzision des gesamten Ansatzes.

Aha-Moment: Nicht der höchste Hebel ist entscheidend, sondern der, der zur Strategie passt.

Impuls für den Tag: Prüfen Sie bei Ihrem nächsten Trade zuerst die Strategie – und erst danach, ob ein Hebel überhaupt sinnvoll ist.

▶ TAG 323, HEBEL UND EMOTIONEN – PSYCHOLOGIE UNTER DRUCK

Der stille Dieb – wie Inflation Ihr Vermögen heimlich schrumpft

Inflation kommt nicht mit Pauken und Trompeten – sie schleicht sich ein. Leise. Unauffällig. Und nimmt Ihnen Jahr für Jahr Kaufkraft, ohne dass Sie es sofort bemerken. Der Espresso kostet plötzlich 3 Euro. Die Lieblingsschokolade wird kleiner. Der Wocheneinkauf? 20 Prozent teurer als letztes Jahr.

Was wie Alltag wirkt, ist in Wahrheit ein schleichender Vermögensverlust. Inflation frisst nicht Ihr Geld, sondern den Wert Ihres Geldes. Und sie tut es konsequent.

Der stille Dieb in Zahlen – Kaufkraftverlust bei unterschiedlichen Inflationsraten (ohne Zinseszinseffekt, kumuliert):

INFLATIONSRATE	KAUFKRAFTVERLUST NACH		
PRO JAHR [%]	10 JAHREN [%]	20 JAHREN [%]	30 JAHREN [%]
1	-9	-18	-26
2	-18	-33	-45
3	-26	-45	-59
5	-39	-62	-77

Beispiel: 10 000 Euro, unverzinst auf dem Konto, verlieren bei 3 Prozent Inflation nach 20 Jahren rund ein Drittel ihrer Kaufkraft – ohne dass ein einziger Euro ausgegeben wurde. Sparen auf dem Konto fühlt sich sicher an, ist es aber langfristig nicht.

Was hilft? Wer seine Kaufkraft erhalten will, muss sein Geld für sich arbeiten lassen – und auf Sachwerte setzen. Historisch gesehen haben breit gestreute Aktien-ETFs, Immobilien, Gold oder Produktivkapital (z. B. Unternehmensbeteiligungen) die Inflation zuverlässig übertroffen (1).

Tipp: Mit **DocZins – DER Finanzrechner** (2) können Sie genau berechnen, wie Inflation Ihr Vermögen über Jahre hinweg entwertet – und wie stark sich Investieren oder Zinseszins dagegen auswirken. Einfach, verständlich, aufschlussreich.

Aha-Moment: Inflation ist kein abstraktes Risiko – sie wirkt jeden Tag. Und sie hört nicht von selbst auf.

Impuls für den Tag: Wenn Sie heute nichts tun, müssen Sie morgen doppelt sparen – nur, um dasselbe zu kaufen.

▸ TAG 328, COMEBACK-FORMEL – WIE MÄRKTE NACH CRASHS ÜBERRASCHEND STARK ZURÜCKKEHREN

Kulturelle Unterschiede – wie Mentalitäten Märkte bewegen

Märkte sind keine Maschinen. Sie sind Spiegel – von Denkweisen, Prägungen, Werten. Wer international investiert, begegnet nicht nur anderen Währungen, sondern anderen Wirklichkeiten. Denn Kapital folgt nicht nur Logik. Es folgt Kultur.

In den **USA** ist der Markt Bühne und Spielfeld zugleich. Scheitern gehört zum Spiel – solange man es in Bewegung verwandelt. »Fail fast, learn faster« ist nicht nur ein Motto aus dem Silicon Valley, sondern ein mentaler Algorithmus: Mut schlägt Vorsicht, Tempo schlägt Zweifel.

In **Deutschland** regiert der Sicherheitsreflex. Stabilität gilt als Tugend, Schwankung als Störung. Dividenden sind Vertrauensbeweise – nicht bloß Ausschüttungen. Investieren? Gern – aber bitte mit Substanz, Historie, Plan.

Japan dagegen denkt in Rhythmen – nicht in Renditen. Konsens schlägt Konfrontation. Der Markt bewegt sich in leisen Schritten, aber mit tiefem Nachhall. Der Begriff »Gesichtsverlust« ist hier keine Metapher, sondern Realität. Verluste werden nicht rasch akzeptiert, sondern gründlich durchdacht. Wer hier eine Wende erkennt, sollte wissen: Sie ist keine Laune – sie ist ein Kulturereignis.

China? Ein Hybrid: Markt, Staat, Strategie. Konfuzianische Harmonie trifft auf digitale Geschwindigkeit und geopolitische Zielsetzungen. Wer in China investiert, braucht mehr als einen Bloomberg-Ticker – er muss zwischen den Zeilen lesen: Parteitermine, Sprachbilder, Plattformverordnungen. Die offizielle Nachricht ist selten die entscheidende.

Auch Zeit ist kulturell kodiert. Während in New York das Quartal regiert, zählen in Mumbai oder Peking die Dekaden. Ein Kursrückgang wird hier als Krise gedeutet – dort als notwendige Phase im langen Spiel.

Sogar Sprache prägt Haltung: Im Englischen heißt »profit« schlicht Gewinn. Im Japanischen meint »tokui« (得意) das, worin man aus innerer Meisterschaft heraus gut ist. Geld ist dort Resultat von Können – nicht bloß von Gelegenheit.

Aha-Moment: Kapital bewegt sich schnell – aber nicht überall gleich. Wer Märkte verstehen will, muss ihre kulturelle DNA lesen.

Impuls für den Tag: Verlassen Sie heute Ihre gewohnte Perspektive. Wie sähe der Markt aus – durch die Augen eines Amerikaners, Japaners oder Chinesen? Neue Blickwinkel eröffnen neue Einsichten.

▸ TAG 283, HARMONIE DER MÄRKTE – WAS BÖRSE UND MUSIK GEMEINSAM HABEN

Krypto-Regulierung – Spielregeln, Chancen und Stolperfallen

Zu Beginn wuchs der Krypto-Markt fast ohne einheitliche Leitplanken. Handelsplätze entstanden rund um die Uhr, neue Projekte kamen im schnellen Takt hinzu und Regeln unterschieden sich je nach Land deutlich. Heute verändert Regulierung den Markt spürbar: Sie beeinflusst Geschäftsmodelle, Zugänge, Verwahrung und das Vertrauen der Anleger.

Was Krypto-Regulierung leisten soll: Krypto-Regulierung umfasst Gesetze und Vorgaben für Handel, Verwahrung und Ausgabe digitaler Vermögenswerte. Ziel ist es, Geldwäsche zu erschweren, Anleger besser zu schützen und Marktmissbrauch einzudämmen, ohne Innovation vollständig abzuwürgen. Für Investoren bedeutet das meist mehr Klarheit und Sicherheit, aber auch zusätzliche Hürden, Prüfungen und Pflichten. In der EU schafft **MiCA** (Markets in Crypto-Assets) erstmals einen einheitlicheren Regulierungsrahmen für Krypto-Anbieter. In den USA war die Lage lange stärker von Zuständigkeitsfragen geprägt, zuletzt gab es dort mehr Abstimmung zwischen **SEC** (Securities and Exchange Commission) und **CFTC** (Commodity Futures Trading Commission).

Typische Regelungsfelder sind:
- **KYC (Know Your Customer, kenne deine Kunden):** Identitätsprüfung bei der Kontoeröffnung auf Handelsplattformen
- **AML (Anti-Money Laundering, Anti-Geldwäsche):** Meldepflichten bei verdächtigen Transaktionen
- **Steuern:** Regeln für Gewinne aus Handel, Staking und anderen Erträgen
- **Token-Einordnung:** Wertpapier, Nutzungstoken oder andere Kategorie – mit Folgen für Nutzung, Vertrieb und Besteuerung

Die Welt reguliert noch nicht im Gleichschritt:
- **Europa:** MiCA schafft einen einheitlicheren Rahmen für Krypto-Anbieter in der EU.
- **USA:** Zuständigkeitsfragen und die Einordnung einzelner Krypto-Assets bleiben wichtig, auch wenn SEC und CFTC zuletzt enger zusammenarbeiten.
- **Asien:** Die Ansätze reichen von Lizenzmodellen bis zu sehr restriktiven Vorgaben.

Regulierung wirkt oft schon vor dem Inkrafttreten. Märkte reagieren auf Ankündigungen, auf neue Pflichten und auf die Frage, ob ein Land Krypto eher fördert, begrenzt oder enger beaufsichtigt. **Damit wird Politik zum Kursfaktor:** nicht wegen der Technik selbst, sondern weil klare oder unklare Regeln Vertrauen schaffen oder zerstören.

Aha-Moment: Im Krypto-Markt bewegen nicht nur Technologie und Marktstimmung die Kurse, sondern auch die Spielregeln, die Staaten und Aufsichtsbehörden setzen.

Impuls für den Tag: Prüfen Sie bei einem Krypto-Investment heute nicht nur das Projekt, sondern auch Steuerregeln, Verwahrungspflichten und den regulatorischen Rahmen des Anbieters.

▶ TAG 313, DEFI ERKLÄRT – FINANZWELT OHNE BANKEN UND HANDEL ÜBER DEZENTRALE BÖRSEN

Langfristdenken im Gehirn – wie wir Zukunft verstehen und in sie investieren

Der Zinseszinseffekt mag mächtig sein – aber unser Gehirn denkt nicht in Jahrzehnten. Evolutionär auf Sofortreaktion gepolt, fällt es uns schwer, heute klug zu handeln für ein Morgen, das sich fern und abstrakt anfühlt.

Langfristiges Denken verlangt eine besondere Fähigkeit: die Vorstellung der eigenen Zukunft. Eine Studie zeigt, dass dabei vor allem der präfrontale Kortex aktiv ist – jener Bereich, der für Planung, Selbststeuerung und Weitblick bei der Zukunftsorientierung zuständig ist (1). Doch je vager das Bild unserer Zukunft, desto schwerer fällt es, unser heutiges Verhalten darauf auszurichten – beim Investieren genauso wie beim Sparen oder in der Altersvorsorge.

Unser Gehirn ist nicht gegen die Zukunft – aber sie muss emotional und konkret vorstellbar sein. Je greifbarer das eigene Später erscheint, desto eher handeln wir sinnvoll dafür.

Hinzu kommt ein tief verankertes Bewertungsmuster: Unser Gehirn gewichtet unmittelbare Belohnungen stärker als spätere. Was wir sofort bekommen können, wirkt emotional lohnender – selbst wenn das langfristige Ziel objektiv besser wäre (2). Das macht uns anfällig für schnelle Gewinne und spontane Reaktionen – auch auf Kosten nachhaltiger Strategien.

Aber: Wer sich bewusst mit seinem Zukunfts-Ich verbindet, verändert sein Entscheidungsverhalten. Visualisierungen, Sparroutinen oder konkrete Zielbilder (etwa: »Wie möchte ich in zehn Jahren leben?«) helfen, den inneren Zeithorizont zu verlängern – und sogar die Aktivität im dopaminergen System umzulenken: weg von der Sofortbelohnung, hin zur Zukunftswirkung.

Langfristdenken ist kein Charakterzug, sondern eine trainierbare Fähigkeit. Wer investiert, braucht nicht nur Kapital, sondern Vorstellungskraft. Denn an der Börse gewinnt nicht, wer am schnellsten reagiert – sondern, wer dem eigenen späteren Ich am meisten zutraut.

Aha-Moment: Je klarer Sie Ihr Zukunfts-Ich sehen können, desto eher trifft Ihr Gehirn Entscheidungen, die es Wirklichkeit werden lassen – emotional wie strategisch.

Impuls für den Tag: Wie würden Sie heute entscheiden, wenn Ihr Ich aus dem Jahr 2035 dabeisäße – und Ihnen zuhören würde?

▸ TAG 310, EMOTION & INTUITION – WIE DER BAUCH SCHNELLER DENKT ALS DER KOPF

Core-Satellite-Strategie – stabiler Kern, flexible Chancen

Die Core-Satellite-Strategie verbindet Stabilität und Beweglichkeit in einem Depot. Der Kern, also der **Core**, besteht aus breit gestreuten, kostengünstigen Anlagen, etwa weltweit investierenden ETFs auf großen Indizes. Dieser Teil bildet das Fundament des Portfolios: Er sorgt für Breite, senkt Kosten und gibt dem Depot langfristige Stabilität. Umschichtungen sind hier nur selten nötig.

Die **Satelliten** ergänzen diesen Kern um gezielte Chancen. Hier können Sie Einzelaktien, Themen-ETFs, Small Caps oder andere spezielle Ideen beimischen. Dieser Depotanteil ist bewusst kleiner, flexibler und risikoreicher. Typischerweise machen Satelliten etwa 10 bis 30 Prozent des Gesamtdepots aus. Genau das macht den Ansatz so attraktiv: Neue Ideen lassen sich testen, ohne das Fundament des Depots infrage zu stellen.

Der große Vorteil liegt in der klaren Aufgabenteilung. Der Kern sorgt für Kontinuität, die Satelliten für zusätzliche Chancen. Läuft eine Satellitenposition gut, steigert sie die Renditechancen. Enttäuscht sie, kann sie ersetzt werden, ohne dass das gesamte Depot neu aufgebaut werden muss.

So kann das aussehen: Der Core besteht zu 60 Prozent aus einem weltweit anlegenden Aktien-ETF und zu 20 Prozent aus einem Anleihen-ETF. Die restlichen 20 Prozent verteilen sich auf Satelliten, etwa aus den Bereichen Technologie, Künstliche Intelligenz oder Rohstoffe. Selbst wenn eine dieser Positionen schwächer läuft, bleibt die Grundstruktur des Portfolios stabil.

Die Core-Satellite-Strategie ist deshalb mehr als ein hübsches Bild. Sie ist eine praktische Handlungsanleitung für Anleger, die breit streuen, Kosten niedrig halten und dennoch gezielt eigene Ideen umsetzen möchten. Gerade darin liegt ihre Stärke: Sie verbindet Disziplin mit Flexibilität.

Aha-Moment: Ein stabiler Kern gibt dem Depot Ruhe, während kleinere Satelliten Raum für Chancen schaffen.

Impuls für den Tag: Prüfen Sie Ihr Depot heute darauf, was bei Ihnen bereits den Kern bildet und welche Positionen eher Satellitencharakter haben.

▶ TAG 319, DIVIDENDENSTRATEGIE – PASSIVES EINKOMMEN GEZIELT AUFBAUEN

Kontrollillusion – warum wir glauben, den Markt zu steuern

Es fühlt sich gut an, den richtigen Moment zu treffen – und noch besser, wenn es zweimal klappt. Doch genau hier beginnt ein Denkfehler, den Psychologen **Kontrollillusion** nennen: die Vorstellung, mehr Einfluss auf komplexe Systeme zu haben, als tatsächlich möglich ist (1).

Anleger erleben das so:

- Sie glauben, mit Charts kurzfristige Kursverläufe vorhersagen zu können.
- Sie deuten Zufall als Muster (»Jetzt muss die Aktie steigen«).
- Sie überschätzen den Wert ihrer Analysen – und glauben, daraus Vorteile gegenüber dem Markt ziehen zu können.

Das Problem: Finanzmärkte sind keine Maschine mit Schaltern. Sie sind dynamische Systeme mit zahllosen, oft unvorhersehbaren Einflussfaktoren. Kontrolle beruhigt – aber sie ist meist nur eine Illusion. Und genau das macht sie so gefährlich.

Diese Selbsttäuschung führt zu Überaktivität, hektischen Umschichtungen – und zu einem gefährlichen Reflex: Aktionismus statt Strategie. Studien zeigen: Viele Privatanleger reagieren impulsiv auf Nachrichten – nicht aus Analyse, sondern aus dem Bedürfnis, etwas zu tun (2). Wer mehr Informationen konsumiert, wird nicht zwangsläufig klüger – oft nur ungeduldiger (3).

Auch der Ton der Berichterstattung beeinflusst unser Verhalten mehr, als wir denken. Euphorie, Panik, Alarmismus – all das steuert unsere Entscheidungen, selbst wenn sich an den Fakten wenig ändert (4). Die gefühlte Kontrolle basiert selten auf echtem Wissen, sondern auf emotionalem Reiz.

Die Alternative? Keine Resignation, sondern realistisches Risikobewusstsein. Wer akzeptiert, dass Zufall, Dynamik und Zeit mehr Einfluss haben als der eigene Plan, handelt ruhiger, strategischer, klüger. Kontrolle ist selten echt – Selbstkontrolle hingegen schon.

An der Börse bedeutet Stärke nicht, alles zu wissen – sondern, sich selbst zu kennen. Wer die Illusion erkennt, gewinnt Klarheit. Und trifft bessere Entscheidungen.

Aha-Moment: Menschen würfeln mit mehr Kraft, wenn sie eine hohe Zahl wollen – obwohl sie wissen, dass sie nichts beeinflussen.

Impuls für den Tag: Welche Entscheidung würden Sie heute treffen, wenn Sie nicht das Gefühl hätten, alles kontrollieren zu müssen?

▶ TAG 326, SICHERHEITSBEDÜRFNIS – WARUM ES OFT ZUM RENDITEKILLER WIRD

Wechselkurse – warum Euro und Dollar die Börse bewegen

Wirtschaft und Börse sind längst kein nationales Spielfeld mehr. Unternehmen produzieren global, verkaufen international und rechnen in unterschiedlichen Währungen. Genau deshalb sind Wechselkurse für Anleger so wichtig. Ein starker oder schwacher Euro, Dollar oder Yen kann Umsätze, Margen und Bewertungen deutlich verändern und damit auch Aktienkurse bewegen.

Warum Währungen für die Börse so wichtig sind:

- **Starker Euro:** Deutsche Exporte verteuern sich im Ausland, die Wettbewerbsfähigkeit kann leiden.
- **Schwacher Euro:** Exporte werden attraktiver, Importe teurer, der Preisdruck im Inland kann steigen.
- **Starker Dollar:** US-Importe werden günstiger, während Exporteure in den USA Gegenwind spüren können.

Wechselkurse als Wettbewerbsfaktor

Währungsschwankungen beeinflussen, wie teuer oder günstig Produkte auf den Weltmärkten werden. Damit verändern sie nicht nur Absatzchancen, sondern oft auch die Gewinnmargen von Unternehmen:

- Ein **schwacher Yen** kann japanische Autos auf dem Weltmarkt günstiger machen.
- Ein **starker Euro** kann die Margen deutscher Maschinenbauer unter Druck setzen.
- **Wechselkurse** wirken damit wie ein zusätzlicher Preishebel im internationalen Wettbewerb.

Checkliste für Anleger:

- **Exportzahlen im Blick?** Hier zeigt sich, wie stark ein Unternehmen vom Auslandsgeschäft abhängt.
- **Handelsbilanz verstanden?** Überschüsse und Defizite sagen viel über die Wirtschaftsstruktur aus.
- **Währungsentwicklung beachtet?** Sie kann Gewinne und Erwartungen deutlich beeinflussen.
- **Depot geprüft?** Welche Unternehmen profitieren eher von einem schwachen Euro, welche eher von einem starken?

Aha-Moment: Welche Unternehmen profitieren eher von einem schwachen Euro, welche eher von einem starken?

Impuls für den Tag: Schauen Sie bei einem exportstarken Unternehmen in Ihrem Depot nach, wie stark Umsatz und Gewinn vom Wechselkurs abhängen.

▶ TAG 315, ROHSTOFFPREISE – ÖL, GAS & CO. ALS KONJUNKTURINDIKATOREN

Harmonie der Märkte – was Börse und Musik gemeinsam haben

Die eine spricht in Zahlen, die andere in Klang – doch wer Börse und Musik versteht, hört schnell: Beide folgen einem verborgenen Puls – präzise, wiederkehrend, spannungsgeladen.

Märkte wie Musik leben von Zyklen, Mustern, Umbrüchen. Ein Aufwärtstrend gleicht einem Crescendo, eine Korrektur einem Decrescendo. Volatilität klingt wie Jazz: frei, überraschend – aber nie ohne Struktur. Was auf dem Chart wie Chaos wirkt, erinnert bei genauem Hinsehen an eine Fuge: Themen kehren zurück, variieren, modulieren.

Auch in der Musikgeschichte finden sich Parallelen: Bach komponierte mit mathematischer Strenge – wie Märkte, die unter der Oberfläche einem klaren Code folgen. Minimal Music arbeitet mit Wiederholung und Verschiebung – ähnlich wie Trends, die sich leicht versetzt neu formieren. Und Jazz? Eine Art Live-Trading mit Intuition, Risiko und Disziplin.

Die Chartanalyse erkennt ebenfalls Muster: Elliot-Wellen, Fibonacci-Retracements, gleitende Durchschnitte. Wer genau hinhört – oder hinsieht –, merkt: Märkte sind keine linearen Maschinen, sondern resonante Systeme. Sie schwingen, reagieren – und übersteuern.

Der Bezug reicht tiefer. Die Musiktheorie kennt das pythagoreische Stimmungssystem –Töne in klaren Proportionen. Auch Fibonacci und der Goldene Schnitt erscheinen nicht als Esoterik, sondern als akustische Struktur. Harmonie ist Mathematik – und Märkte sind ihr Resonanzkörper.

Sogar Frequenzen haben ein Pendant: Ein Kursimpuls ist wie ein Basston – alles schwingt mit, auch wenn der Ursprung längst verklungen ist. Widerstandslinien? Nichts anderes als harmonische Oberwellen. Und Stimmungen an den Märkten erinnern an Tonarten: mal Dur, mal Moll, mal dissonant.

Die besten Trader sind stille Taktleser – nicht getrieben vom Getöse, sondern geführt vom inneren Puls des Markts. Sie erkennen Muster, bevor sie laut werden – und treffen den Einsatz. Wie Musiker, die den richtigen Moment spüren und den Raum zum Klingen bringen.

Der Ton kommt vor dem Takt – genauso wie der Impuls vor der Bewegung. Wer beides spürt, handelt früher. Und bewusster. Musik braucht Gehör – Märkte brauchen Gespür. In beiden steckt ein Rhythmus, der das Offensichtliche überdauert.

Aha-Moment: Märkte klingen nicht laut, sie klingen tief. Wer genau hinhört, erkennt ihre Melodie.

Impuls für den Tag: Stimmen Sie sich nicht auf das Getöse der Kurse ein – sondern auf den Takt dahinter. Wer hinhört, erkennt Richtung, bevor sie sichtbar wird.

▸ TAG 337, INVESTIEREN IM ALL – WO BÖRSE DIE ERDE VERLÄSST

Rendite und Risiko ausbalancieren – Ihr Profil bewusst schärfen

An der Börse beginnt alles mit einer Erwartung: mehr Rendite. Doch jede Rendite hat ihren Preis – und der heißt Risiko. Entscheidend ist nicht, ob Sie Risiko eingehen, sondern wie viel Sie tragen können.

Viele unterschätzen dabei nicht das Risiko selbst, sondern ihre Reaktion darauf. Verluste sind keine Zahlen – sie sind Gefühle. Genau hier entscheidet sich, ob Strategie bestehen bleibt oder zerbricht.

Der entscheidende Zusammenhang: Rendite entsteht nicht durch Risiko – sondern durch ausgehaltenes Risiko.

Doch diese Balance ist nicht objektiv festgelegt. Sie ist persönlich. Was für den einen eine normale Schwankung ist, ist für den anderen ein Ausstiegsgrund. Deshalb entsteht ein tragfähiges Portfolio nicht aus Modellen, sondern aus Selbsterkenntnis.

Ein stabiles Risikoprofil verbindet drei Elemente:
- **Tragfähigkeit:** Wie viel Verlust können Sie finanziell verkraften?
- **Toleranz:** Wie viel Schwankung halten Sie emotional aus?
- **Zeithorizont:** Wie lange kann Ihr Kapital arbeiten?

Erst wenn diese drei Faktoren zusammenpassen, entsteht Stabilität.

Was konkret hilft:
- **Streuung** reduziert Einzelrisiken.
- **Zeit** glättet Schwankungen.
- **Liquidität** verhindert Zwangsentscheidungen.

Diese Faktoren reduzieren nicht das Risiko selbst. Sie reduzieren die Wahrscheinlichkeit, falsch darauf zu reagieren.

Ein häufiger Fehler: das eigene Risikoprofil im Aufschwung zu überschätzen. Mut ist einfach, solange Kurse steigen – Disziplin zeigt sich im Rückgang.

Rendite entsteht nicht durch maximale Chancen, sondern durch durchgehaltene Strategien. Die beste Balance ist nicht die höchste Rendite, sondern die, die Sie langfristig aushalten.

Aha-Moment: Ihr Risiko ist nicht der Markt – Ihr Risiko ist Ihre Reaktion darauf.

Impuls für den Tag: Fragen Sie sich ehrlich: »Bei welchem Verlust würde ich meine Strategie infrage stellen – und passt mein Depot dazu?«

▶ TAG 303, STRESSTEST FÜRS DEPOT – HÄLT IHRE STRATEGIE AUCH KRISEN STAND?

ESG & Nachhaltigkeit – wie Innovation den grünen Wandel treibt

Nicht erst seit Bewegungen wie »Fridays for Future« steht Nachhaltigkeit im Fokus. Umwelt, Klima und gesellschaftliche Verantwortung sind zu wirtschaftlichen Faktoren geworden. Kapitalmärkte reagieren darauf – nicht nur moralisch, sondern strategisch. Das Schlagwort dafür lautet ESG.

ESG steht für Environmental, Social, Governance – also Umwelt, Soziales und verantwortungsvolle Unternehmensführung. Unternehmen werden nicht mehr allein nach Gewinn bewertet, sondern auch nach ihrem Umgang mit Ressourcen, Mitarbeitern und Regulierung. Nachhaltigkeit ist damit kein Zusatzkriterium, sondern ein Risikofaktor – und zunehmend ein Wettbewerbsfaktor. Wer ESG ignoriert, kalkuliert Zukunft wie Vergangenheit.

Staatliche Klimaziele, CO_2-Bepreisung und strengere Berichtspflichten verändern Geschäftsmodelle. Ein Unternehmen mit hohen Emissionen steht unter stärkerem regulatorischem Druck als ein Anbieter erneuerbarer Energien. Innovation wird zum Hebel: Effizientere Technologien, neue Energiesysteme, Kreislaufwirtschaft – wer hier Lösungen anbietet, gestaltet Märkte aktiv mit.

Beispiel: Zwei Energieversorger erzielen heute vergleichbare Umsätze. Der eine investiert in fossile Infrastruktur, der andere in Windkraft und Wasserstoff. Kurzfristig unterscheiden sich die Zahlen wenig. Langfristig jedoch entscheidet die Anpassungsfähigkeit an Regulierung, Technologie und Nachfrage. ESG-Analysen versuchen, solche Zukunftsrisiken systematisch zu erfassen. Ratingagenturen wie MSCI liefern dafür Daten und Indizes.

Nachhaltigkeit bedeutet nicht automatisch Renditeverzicht. Im Gegenteil: Viele Investoren sehen in klimafreundlichen Technologien strukturelle Wachstumsfelder – etwa Batterietechnik, Netzinfrastruktur oder Recycling. Gleichzeitig können Umweltverstöße, soziale Konflikte oder Governance-Skandale erhebliche Wertverluste auslösen. Nachhaltigkeit wirkt daher in beide Richtungen: als Chance und als Risiko.

ESG verändert damit Kapitalströme. Unternehmen mit überzeugender Nachhaltigkeitsstrategie erhalten leichter Zugang zu Kapital, andere zahlen Risikoaufschläge. Kapitalmärkte werden zum Steuerungsinstrument wirtschaftlicher Transformation. Kapital folgt Regulierung – und Regulierung folgt gesellschaftlichem Druck.

Aha-Moment: Nachhaltigkeit ist kein Imagefaktor – sie beeinflusst Risiko, Kapital und Bewertung.

Impuls für den Tag: Prüfen Sie bei ESG-Fonds nicht nur das Label. Analysieren Sie, welche Unternehmen tatsächlich enthalten sind.

▶ TAG 321, ALTERNATIVE DATEN – VON SATELLITENBILDERN BIS SUCHMASCHINEN-TRENDS

Archegos – wie ein Family Office Milliarden vernichtete

Es war kein Hedgefonds, keine Großbank, keine Spekulationsplattform mit bekanntem Namen – und doch richtete **Archegos Capital Management** 2021 einen der größten Einzelschäden der modernen Finanzgeschichte an. Das **Family Office** von **Bill Hwang**, einem einst gefeierten Wall-Street-Investor, platzte innerhalb weniger Tage – und riss namhafte Banken wie Credit Suisse, Nomura oder Morgan Stanley mit Milliardenverlusten ins Chaos.

Was war passiert? Archegos hatte mit sogenannten **Total Return Swaps (TRS)** auf immense Positionen in wenigen Tech- und Medienaktien gesetzt – ViacomCBS, Discovery, Tencent Music. Nach außen blieb Hwangs Einfluss unsichtbar. Doch intern hebelte er seine Wetten bis zum Anschlag und baute riesige Positionen auf – oft mit einem Hebel, der das eingesetzte Kapital um das Zehnfache überstieg. Als die Kurse kippten und Banken Sicherheitsleistungen einforderten, kam es zum Feuersturm: Aktien stürzten ab, Positionen wurden zwangsgeschlossen, Verluste summierten sich auf zweistellige Milliardenbeträge.

Archegos war ein Lehrstück über Risikomanagement im digitalen Schatten. Family Offices unterliegen kaum Regulierung. Sie gelten als privat, diskret, unabhängig. Doch Hwangs System funktionierte wie ein getarnter Hedgefonds – mit einer Undurchsichtigkeit, die selbst erfahrene Risikoprüfer zu spät erkannten.

Brisant: Gleich mehrere Großbanken finanzierten parallel dieselben Positionen – ohne voneinander zu wissen. Es gab keine zentrale Übersicht, keine abgestimmte Kontrolle. Die Gefahr baute sich leise auf, versteckt in bilateralen Verträgen, verschleiert durch Hebel. Als sie explodierte, zeigte sich: Auch Einzelne, die unter dem Radar laufen, können globale Finanzstrukturen erschüttern.

Nicht minder erstaunlich: Hwang war bereits 2012 wegen Insiderhandels belangt worden, seine frühere Firma hatte 44 Millionen US-Dollar gezahlt. Trotzdem gewährten ihm Banken erneut Kredite in Milliardenhöhe – basierend auf Vertrauen, Beziehungen, Hoffnung. Ein gefährlicher Cocktail. Credit Suisse verlor durch Archegos über 5 Milliarden US-Dollar – ein Schlag, der zum schleichenden Niedergang der Bank beitrug.

Aha-Moment: Gefahr entsteht nicht nur durch Lücken, sondern durch Systeme, die sich selbst kontrollieren wollen.

Impuls für den Tag: Achten Sie auf das Verborgene – Hebel, Abhängigkeiten, Muster, die nicht auf den ersten Blick auffallen.

▸ TAG 314, JORDAN BELFORT – VOM WOLF DER WALL STREET ZUM MOTIVATIONSGURU

Paul Warburg – der Vordenker der US-Notenbank

In der Geschichte der Finanzwelt gibt es Persönlichkeiten, deren Einfluss leise bleibt – aber langfristig wirkt. Paul Warburg war einer von ihnen: ein Architekt moderner Finanzstabilität, dessen Ideen tief im US-Systems verankert sind.

Geboren 1868 in Hamburg, brachte Warburg weit mehr als Bankwissen in die Vereinigten Staaten – er brachte eine Haltung. Als kultureller Mittler zwischen Europa und Amerika stand er für Stabilität, Weitsicht und institutionelle Verantwortung. Mit ihm kam nicht nur das Konzept einer Zentralbank über den Atlantik, sondern auch eine Vorstellung davon, wie Vertrauen in Geldpolitik organisiert werden kann.

Zunächst wurde er belächelt. In einem Amerika, das staatlicher Kontrolle skeptisch gegenüberstand, wirkte die Idee einer unabhängigen Notenbank wie ein Fremdkörper. Doch Warburg blieb beharrlich. Seine Essays, Gutachten und Reformvorschläge bildeten das intellektuelle Fundament für den sogenannten **Aldrich-Plan** – und damit für den **Federal Reserve Act** von 1913. Warburg war nicht nur beteiligt: Er war der geistige Architekt des heutigen US-Zentralbanksystems.

Sein Einfluss kulminierte in jener legendären Sitzung auf Jekyll Island, bei der die Grundstruktur der Fed im Geheimen vorbereitet wurde. Dort war Warburg einer der wenigen Nicht-Amerikaner – aber der wohl wichtigste Vordenker im Raum. Er wirkte nicht durch Lautstärke, sondern durch Argumente. Seine Stärke war seine Tiefe: ökonomisch durchdacht, praktisch umsetzbar, politisch vermittelbar. Auch Skeptiker erkannten die Kraft seiner Ideen – nicht zuletzt, weil sie auf Stabilität in Krisenzeiten setzten.

Doch Warburgs Weg war steinig. Im Ersten Weltkrieg wurde ihm – als Deutscher und Jude – misstraut, trotz seiner Verdienste. Öffentliche Anfeindungen zeigten, wie dünn die Decke zwischen Dankbarkeit und Vorurteil oft ist. Aber er ließ sich nicht beirren.

Warburgs Vision ging über Amerika hinaus: Er träumte von einem globalen Finanzsystem, das auf Kooperation, Koordination und Stabilität basiert – lange bevor es Institutionen wie Weltbank oder Internationaler Währungsfonds (IWF) gab. Für ihn war ökonomische Sicherheit immer auch eine politische Verantwortung.

Paul Warburgs Vermächtnis ist kein lauter Paukenschlag, sondern eine still funktionierende Struktur – tief verankert und bis heute tragend. Er zeigte: Systemwandel beginnt mit Ideen. Und Fortschritt mit der Geduld, sie durchzusetzen.

Aha-Moment: Paul Warburg zeigte, dass Stabilität aus klarem Denken und stillem Gestaltungswillen wächst.

Impuls für den Tag: Große Ideen starten nicht mit Applaus, sondern mit Ausdauer. Bleiben Sie dran, wenn es stimmt.

▶ TAG 318, JOHN MAYNARD KEYNES – DER ÖKONOM, DER DIE WELTORDNUNG VERÄNDERTE

Digitale Bankenwelt – vom Schalter zur Smartphone-App

Früher ging man zur Bank. Heute trägt man sie in der Hosentasche. Die digitale Bankenwelt hat den Geldverkehr demokratisiert, beschleunigt – und still revolutioniert. Was einst eine Terminsache war, ist nun Sofortzugriff. Geld ist nicht verschwunden – es ist unsichtbar geworden.

Der Wandel begann schleichend: Onlinebanking war Anfang der 2000er für viele ein Novum. Überweisungen vom Wohnzimmer aus? Die Skepsis war groß. Doch bald zeigte sich: Komfort schlägt Gewohnheit. Digitale Lösungen machten den Weg zur Filiale überflüssig – nicht nur für Jüngere.

Mit dem Smartphone kam der nächste Sprung: Mobile Banking, Push-TAN, Echtzeitüberweisung, digitales Haushaltsbuch. Was früher der Kontoauszugsdrucker erledigte, passiert heute per App – übersichtlich, intuitiv, jederzeit verfügbar.

Neobanken wie N26, Revolut oder Vivid setzen auf vollständige Digitalisierung: keine Schalter, keine Formulare, kein Warten. Stattdessen: Kontoeröffnung in Minuten, Live-Chats, Investieren per Wischen. Die klassische Filialbank geriet unter Druck – und musste sich anpassen.

Doch mit der Freiheit kam Verantwortung. Cybersecurity, Datenschutz und digitale Kompetenz wurden zu neuen Grundpfeilern. Gleichzeitig veränderte sich unser Verhältnis zum Geld: weniger haptisch, mehr abstrakt. Zwischen Mensch und Kapital liegt heute ein Display.

Zugleich eröffnen sich neue Chancen: automatisiertes Sparen, Finanzanalysen durch Künstliche Intelligenz, intelligente Budgets. Digitale Banken werden zum persönlichen CFO (also zur digitalen Schaltzentrale für Ihre Finanzen) – und zur Plattform für alle Fragen rund ums Geld.

Der Schalter wurde zur Schnittstelle. Der Tresor zur Cloud. Die Frage ist heute nicht mehr: »Wo ist mein Geld?« – sondern: »Wie bin ich angebunden?«

Aha-Moment: Noch 2008 nutzten in Deutschland weniger als 30 Prozent der Bevölkerung digitales Banking – heute sind es über 80 Prozent.

Impuls für den Tag: Wann haben Sie sich zuletzt wirklich mit Ihrem Geld beschäftigt – nicht technisch, sondern bewusst?

▸ TAG 317, BLOCKCHAIN STATT BANK – REVOLUTION ODER ILLUSION?

Rohstoffe handeln – Gold, Öl und mehr

Rohstoffe sind keine Unternehmen, keine Verträge und keine Versprechen. Sie sind physische Grundlagen wirtschaftlicher Aktivität. Gold, Öl, Silber, Kupfer oder Weizen stehen am Anfang von Produktionsketten und reagieren sensibel auf Knappheit, Nachfrage, politische Eingriffe und Vertrauen.

Daraus ergibt sich ihre besondere Rolle im Depot. Rohstoffe folgen anderen Logiken als Aktien oder Anleihen. Während Unternehmenswerte von Gewinnen, Innovation und Managemententscheidungen abhängen, werden Rohstoffpreise durch globale Angebots- und Nachfragestrukturen geprägt. Das macht sie zu einer eigenständigen Anlageklasse mit eigener Dynamik.

Im Portfolio können Rohstoffe stabilisierend wirken, weil sie sich häufig anders verhalten als klassische Finanzanlagen. In Phasen steigender Inflation, geopolitischer Spannungen oder geldpolitischer Unsicherheit gewinnen sie an Bedeutung. Besonders Edelmetalle gelten dann als Wertaufbewahrungsmittel – weniger wegen laufender Erträge, sondern wegen ihrer Funktion als Vertrauensträger. Rohstoffe ersetzen keine produktiven Anlagen. Sie ergänzen sie dort, wo andere Logiken greifen.

Diese Schutzfunktion ist jedoch kein Naturgesetz. Rohstoffe sind oft hoch volatil. Politische Entscheidungen, Wetterereignisse oder Fördermengen können Preise abrupt bewegen. Genau deshalb verlangen sie ein anderes Verständnis als Unternehmensbeteiligungen.

Ein zentraler Unterschied: Rohstoffe erzeugen keine laufenden Erträge. Ihr Wert entsteht ausschließlich durch Preisveränderungen, bestimmt durch Knappheit, Nachfrage und Machtverhältnisse. Rohstoffpreise reagieren daher besonders sensibel auf geopolitische Entwicklungen – oft früher als klassische Finanzmärkte. Langfristige Untersuchungen zeigen, dass Portfolios mit einem moderaten Rohstoffanteil über die Zeit häufig geringere Gesamtschwankungen aufweisen, weil Rohstoffe auf andere Risikofaktoren reagieren als Aktien und Anleihen (1, 2).

Rohstoffe eignen sich daher nicht als dominierende Anlage, sondern als gezielte Beimischung. Ihr Einsatz verlangt Verständnis für globale Zusammenhänge und die Bereitschaft, mit Volatilität umzugehen. Wer Rohstoffe nutzt, investiert weniger in Prognosen als in strukturelle Ausgleichseffekte im Gesamtportfolio.

Faustregel: Rohstoffe stabilisieren nicht den Ertrag, sondern den Verlauf.

Aha-Moment: Rohstoffe sind keine Renditetreiber, sondern Risikobalancierer. Ihr Wert liegt im Anderssein.

Impuls für den Tag: Betrachten Sie die Entwicklung von Gold über mehrere Marktphasen. Fragen Sie sich: Wann schützt es – und wann bleibt es ruhig?

▶ TAG 332, KRYPTOWÄHRUNGEN ALS ANLAGEKLASSE – ZWISCHEN INNOVATION UND SPEKULATION

Die Ölkrise 1973 – als das schwarze Gold die Märkte ausbremste

Bis 1973 war Öl vor allem eines: billig, scheinbar unerschöpflich – der Treibstoff des westlichen Wohlstands. Es befeuerte Wachstum, Mobilität und industrielle Expansion. Doch dann endete die Illusion. Am 16. Oktober 1973, als Reaktion auf den Jom-Kippur-Krieg, drosselten die OPEC-Staaten die Produktion. Der Ölpreis vervielfachte sich – und mit ihm kam die plötzliche Erkenntnis, wie verwundbar die Welt durch ihre Abhängigkeit vom schwarzen Gold geworden war.

Was als geopolitisches Signal begann, wurde zum ökonomischen Beben. Binnen Wochen geriet das Leben aus dem Takt: Tankstellen rationierten Benzin, autofreie Sonntage leerten die Straßen, Minister fuhren Rad für die Kameras. Börsen stürzten, Unternehmen gerieten ins Wanken, die Inflation galoppierte – mitten hinein in eine neue wirtschaftliche Schreckensformel: Stagflation – Preisauftrieb bei gleichzeitigem Stillstand. Ökonomisch kaum greifbar, politisch schwer steuerbar. Zugleich trat die Energiefrage endgültig ins Zentrum der Weltpolitik: Neue Allianzen entstanden, Importstrategien wurden überdacht, und Versorgungssicherheit rückte in den Fokus nationaler Sicherheitsinteressen.

Plötzlich war Öl nicht mehr nur Rohstoff, sondern Risikoindikator – ein globaler Schaltpunkt. Die Krise zwang zur Kurskorrektur: Energiepolitik, Mobilität, Technologie – alles wurde neu gedacht. Die Ölkrise war der Startschuss für Effizienzprogramme, erneuerbare Energien, alternative Antriebe – und ein neues Bewusstsein: Energie ist keine Selbstverständlichkeit, sondern eine kritische Sollbruchstelle in unserem Wachstumsmodell.

Für die Börsen war es ein Crash mit Langzeitwirkung. Nicht nur Kurse brachen ein – auch Gewissheiten. Der Ölpreisschock zeigte, wie tief Märkte mit Machtfragen, Ressourcen und geopolitischen Spannungen verwoben sind. Systembrüche entstehen meist nicht im Inneren, sondern treffen von außen – unerwartet, unberechenbar, unumkehrbar.

Aha-Moment: Die Ölkrise zeigte: Wohlstand ohne Diversifikation ist verletzlich. Energiepreise sind keine Randgröße – sie sind systemrelevant.

Impuls für den Tag: Investieren Sie noch in fossile Pfade – oder schon in das, was Zukunft trägt?

▸ TAG 293, DER SCHWARZE MONTAG 1987 – ALS ALGORITHMEN DAS RUDER ÜBERNAHMEN

Positionstrading – Trends langfristig begleiten

Nicht jede Trading-Strategie lebt von Tempo. Manche der stärksten Marktbewegungen entfalten sich über Wochen, Monate oder sogar länger. Genau hier setzt Positionstrading an. Die Idee ist, einen übergeordneten Trend früh zu erkennen und ihm mit Geduld zu folgen, statt auf jede kurzfristige Schwankung zu reagieren.

Der Reiz dieser Strategie liegt in ihrer Ruhe. Positionstrader suchen keine kleinen Ausschläge, sondern größere Marktbewegungen mit Substanz. Sie orientieren sich stärker an Tages- und Wochencharts, an Trendstrukturen, Ausbrüchen oder fundamentalen Veränderungen, die einen Markt über längere Zeit tragen können. Das schafft Abstand zum Markt – und klarere Entscheidungen.

Entscheidend ist dabei Disziplin. Wer Positionstrading ernsthaft betreibt, muss Schwankungen aushalten können, ohne ständig an der Position zu zweifeln. Gleichzeitig braucht die Strategie klare Regeln für Einstieg, Absicherung und Ausstieg. Denn ein längerer Zeithorizont bedeutet nicht, dass Risiko unwichtig wird. Im Gegenteil: Gerade weil Positionen länger gehalten werden, müssen Idee, Struktur und Risikobewusstsein besonders sauber zusammenpassen.

Worauf Positionstrader achten:

- klare Trends auf Tages- und Wochenbasis
- tragfähige Ausbrüche oder fundamentale Veränderungen
- genug Raum für größere Bewegungen
- klare Stop-Loss- und Ausstiegsregeln

Typische Fehler vermeiden:

- kurzfristige Schwankungen überbewerten
- zu früh aus einem intakten Trend aussteigen
- Positionen ohne klare Trendlogik zu lange halten
- längerfristige Trades ohne saubere Absicherung führen

Positionstrading ist deshalb eine Strategie für Trader, die Bewegung mit Geduld verbinden wollen. Es liegt zwischen aktivem Trading und langfristigem Investieren und ist gerade für diejenigen interessant, die Trends nutzen möchten, ohne jeden Tag handeln zu müssen.

Aha-Moment: Große Trends entstehen selten an einem Tag. Positionstrading lebt davon, starke Bewegungen mit Ruhe und Struktur zu begleiten.

Impuls für den Tag: Analysieren Sie einen Wochenchart und prüfen Sie: Wo ist ein Trend entstanden – und was hat ihn getragen?

▸ TAG 312, SWING-TRADING – BEWEGUNGEN ÜBER TAGE UND WOCHEN NUTZEN

Dividendenrhythmus – passives Einkommen clever getaktet

Dividenden sind weit mehr als ein Bonus – sie bilden den Herzschlag vieler langfristiger Anlagestrategien. Trotz schwankender Kurse sind sie oft eine stabile Konstante – und belohnen Geduld. Historische Daten zeigen: Dividenden machten im S&P 500 von 1926 bis 2025 durchschnittlich etwa ein Drittel der Gesamtrendite aus (1). Seit den 1970er-Jahren ist dieser Beitrag bemerkenswert stabil – mit besonders hohen Anteilen vor allem bei sogenannten »**Dividend Aristocrats**« wie Coca-Cola oder Johnson & Johnson, die ihre Ausschüttungen über Jahrzehnte hinweg kontinuierlich erhöht haben (2). Diese Unternehmen bieten im Vergleich zum Gesamtmarkt oft höhere Renditen bei geringerer Volatilität (3).

Warum sind Dividenden entscheidend? Dividenden zeigen nicht nur Ertragskraft – sie beweisen auch Verlässlichkeit. Besonders in Marktphasen mit Unsicherheit oder Seitwärtsbewegung sorgen Dividenden für Stabilität im Depot. Werden sie zudem reinvestiert, entfalten sie eine mächtige Langzeitwirkung: Wer 1990 in den S&P 500 einstieg und Dividenden wieder anlegte, hätte aus 10 000 US-Dollar nahezu 130 000 US-Dollar gemacht – ohne Reinvestition wären es nur rund 85 000 US-Dollar gewesen (4).

Auch im DAX sind Dividenden mehr als Beiwerk – sie sind ein zentraler Renditefaktor. Da der Leitindex als **Performanceindex** berechnet wird, werden ausgeschüttete Dividenden rechnerisch wieder angelegt – und erhöhen so den Indexstand. Im Gegensatz zum **Kursindex**, der nur Preisveränderungen abbildet, macht der Performanceindex die tatsächliche Gesamtentwicklung inklusive Wiederanlage sichtbar. So wird deutlich, welchen Beitrag Dividenden zum Vermögensaufbau leisten.

Zwischen 1991 und 2023 stammten im Durchschnitt rund 40 Prozent der DAX-Gesamtrendite aus Dividenden (5). Besonders dividendenstarke Unternehmen wie Allianz, BASF oder Münchener Rück zahlen seit Jahren stabil – und oft überdurchschnittlich. Wer gezielt auf solche Titel setzt, nutzt den Dividendenrhythmus für nachhaltigen Vermögensaufbau.

Dividenden sind nicht nur passives Einkommen – sie sind ein strategischer Motor für langfristiges Wachstum. In Kombination mit Disziplin und Weitblick ermöglichen sie einen systematischen Vermögensaufbau – wachsend, stabil und im Rhythmus der Märkte.

Aha-Moment: Dividenden sind kein nebensächlicher Zusatz – sie sind ein effektiver Turbo fürs Depot. Reinvestiert entfalten sie nachhaltige Wirkung – kraftvoll und oft unterschätzt.

Impuls für den Tag: Denken Sie Dividenden nicht nur als Auszahlung, sondern als Einladung zur Wiederanlage – und nutzen Sie den Rhythmus, damit Zeit und Kapital gemeinsam wachsen.

▶ TAG 311, CHARLES DOW – WIE MÄRKTE IHREN RHYTHMUS FINDEN

Der Schwarze Montag 1987 – als Algorithmen das Ruder übernahmen

Am **19. Oktober 1987** hielt die Finanzwelt den Atem an: An nur einem Tag verlor der Dow Jones über 22 Prozent – der größte prozentuale Tagesverlust in der Geschichte der Wall Street. »**Schwarzer Montag**«, ein düsteres Echo – und eine technologische Fortsetzung – auf 1929. Doch diesmal war alles schneller. Und globaler.

Computer hatten Einzug in den Börsenhandel gehalten. Mit ihnen kamen neue Mechanismen – etwa das sogenannte »programmierte Trading«. Was Effizienz versprach, wurde zur Lawine – ausgelöst nicht von Menschen, sondern von Code. Als die Kurse zu fallen begannen, reagierten Algorithmen reflexartig mit Verkäufen. Eine automatische Kettenreaktion entstand – ein digitaler Flächenbrand, der sich in Lichtgeschwindigkeit um den Globus fraß.

Anders als 1929 folgte kein jahrelanger wirtschaftlicher Niedergang. Die fundamentalen Daten waren stabil, die Panik technisch beschleunigt. Regierungen und Notenbanken griffen beherzt ein. Die Märkte fingen sich. Was blieb, war die Erkenntnis: Technologie kann nicht nur beschleunigen – sie kann verstärken, verzerren und verschärfen. Märkte sind keine Maschinen – sie denken nicht, sie fühlen. Sie leben von Erwartungen, Emotionen und Vertrauen – und reagieren sensibel auf Geschwindigkeit.

Der Crash von 1987 war ein Weckruf. Nicht nur für Investoren, sondern für Regulatoren. Er führte zur Einführung sogenannter »**Circuit Breaker**« – automatische Handelsunterbrechungen bei starken Kursbewegungen. Ein Not-Aus fürs System, geboren an einem Tag, der alles veränderte.

Trotz seiner Wucht war der Schwarze Montag eine paradoxe Katastrophe: brutal im Moment, aber relativ glimpflich in der Langzeitwirkung. Und ein Lehrstück für die Zukunft: Komplexe Systeme brauchen nicht nur Rechenleistung, sondern auch Verantwortungsbewusstsein – und Menschen, die wissen, wann man eingreifen muss.

Aha-Moment: Es ist kein Zufall, sondern ein Lehrstück: Wenn Maschinen handeln, verstärken sie nicht nur Signale – sondern auch Ängste.

Impuls für den Tag: Verlassen Sie sich auf Technik – aber nicht blind. Systeme brauchen Kontrolle. Und Menschen mit klarem Kopf.

▶ TAG 294, EUROPAS SCHULDENKRISE – MILLIARDENHILFEN UND DER KAMPF UM VERTRAUEN

Europas Schuldenkrise – Milliardenhilfen und der Kampf um Vertrauen

Sie begann nicht mit einem lauten Knall, sondern mit einem Zweifel. Zweifel an Griechenlands Zahlen, an Europas Stabilität, an der Frage: Wer haftet, wenn ein Staat strauchelt? Aus der Finanzkrise wurde eine Schuldenkrise. Und Europa musste sich neu erfinden.

Am 20. Oktober 2009 wurde sichtbar, dass Griechenlands Defizite deutlich höher lagen, als bislang gemeldet. Was folgte, war kein Einzelfall, sondern ein Flächenbrand: Irland, Portugal, Spanien – ganze Volkswirtschaften gerieten unter Druck. Investoren zogen Kapital ab, Anleihezinsen stiegen, Ratingagenturen stuften Länder herab. Der Euro, das Symbol europäischer Einigung, wankte.

Die Märkte fragten nicht nur nach Zahlen, sie verlangten Vertrauen. Doch Vertrauen lässt sich nicht drucken. Also begann die Suche nach Stabilität: mit Rettungsschirmen wie dem **EFSF (Europäischer Finanzstabilisierungsfonds)** und später dem **ESM (Europäischer Stabilitätsmechanismus)**, mit Missionen der sogenannten Troika – bestehend aus **EU-Kommission**, **Europäischer Zentralbank (EZB)** und **Internationalem Währungsfonds (IWF)** – etwa in Griechenland, Portugal oder Irland. Es folgten Spar- und Reformprogramme, die ganze Gesellschaften veränderten. Ein Balanceakt zwischen Solidarität und Eigenverantwortung, zwischen Rettung und Restrukturierung.

Für viele Bürger bedeutete das harte Einschnitte, steigende Arbeitslosigkeit und wirtschaftliche Unsicherheit. Für Europa: die härteste Bewährungsprobe seit dem Zweiten Weltkrieg. Und für die Finanzmärkte: eine Lektion in politischer Risikoanalyse.

Doch Europa hielt stand – nicht perfekt, nicht geräuschlos, aber entschlossen. Die EZB wurde zur Krisenmanagerin, und **Mario Draghis »Whatever it takes«** zum Wendepunkt. Der Euro überlebte. Und Europa lernte: Eine Währungsunion braucht mehr als eine gemeinsame Währung – sie braucht politischen Zusammenhalt.

Bis heute wirkt die Schuldenkrise nach: im Misstrauen gegenüber Institutionen, in der Debatte um Schuldenregeln und in einem neuen Bewusstsein für fiskalische Glaubwürdigkeit.

Aha-Moment: Nicht nur Banken oder Firmen können »too big to fail« sein – auch Staaten. Und manchmal wird eine Währung nicht durch Stärke, sondern durch Zusammenhalt gerettet.

Impuls für den Tag: Vertrauen ist kein Vertrag, sondern ein Versprechen – und es muss täglich eingelöst werden.

▶ TAG 298, DER SCHWARZE DONNERSTAG 1929 – ALS DIE WELTWIRTSCHAFT INS WANKEN GERIET

Ihr Trading-Tagebuch – Spiegel, Lehrer und Katalysator

Trading ist kein Glücksspiel – es ist ein Lernprozess. Und wie bei jedem Lernprozess ist ein ein Werkzeug zur Reflexion nötig: Ihr Tagebuch.

Viele Trader unterschätzen das. Sie handeln, beobachten – und vergessen. Oder schlimmer: Sie wiederholen dieselben Fehler und wundern sich über die Ergebnisse. Der Grund? Es fehlt nicht nur eine klare Strategie, sondern auch die Entscheidung, diesen Weg wirklich professionell zu gehen.

Ein Trading-Tagebuch hilft, genau das zu ändern. Es ist Spiegel, weil es Entwicklung sichtbar macht. Lehrer, weil es zeigt, was funktioniert – und was nicht. Und Katalysator, weil es zwingt, ehrlich mit sich selbst zu sein.

Reflexionsaufgabe – schreiben Sie sich erfolgreich

- Dokumentieren Sie jeden Trade vollständig – inklusive Einstieg, Stopp, Kursziel, Ausstieg und Ergebnis.
- Beschreiben Sie den Verlauf: Gab es Rücksetzer, Seitwärtsphasen oder plötzliche Bewegungen? Wurde das Ziel direkt erreicht? Habe ich Stopps angepasst?
- Kommentieren Sie Ihre Gedanken und Gefühle: Was habe ich gesehen? Was gespürt?
- Halten Sie Ihre Erkenntnisse fest: Was lerne ich aus diesem Trade – technisch wie emotional?
- Entwickeln Sie Ihren persönlichen »Trading-Wortschatz« für wiederkehrende Situationen.
- Nutzen Sie Farbmarkierungen oder Filter, um typische Muster, Fehler, Stimmungen oder Entscheidungsqualitäten sichtbar zu machen.

Wer konsequent dokumentiert, kann gezielt auswerten: Welche Strategien liefern stabile Ergebnisse? Wie diszipliniert setzen Sie Ihre Pläne um? Wie gestalten Sie das Verhältnis von Stopp zu Kursziel, um Ihre Ergebnisse langfristig zu optimieren?

Ein professionelles Tagebuch wächst mit der Zeit – und sollte langfristig mindestens 250 dokumentierte Trades enthalten. Ob aus Live-Trading, Demo oder Backtest, spielt dabei weniger eine Rolle – entscheidend ist die Tiefe der Reflexion. Denn daraus entsteht Substanz. Keine Mythen, kein Bauchgefühl – sondern belastbare Daten und echte Erkenntnis.

Aha-Moment: Ihr Trading-Tagebuch ist kein Pflichtenheft, sondern ein Schatz. Es zeigt, wer Sie im Markt wirklich sind. Und wer Sie werden können.

Impuls für den Tag: Beginnen Sie heute, den Trader in sich zu dokumentieren. Erfolg entsteht dort, wo Erfahrung auf Reflexion trifft.

▶ TAG 325, TRADING MEETS LIFE – NUTZEN SIE DIE UNIVERSELLEN GESETZE DES ERFOLGS

Small-Cap-Strategie – Renditechancen jenseits der Giganten

Große Namen ziehen an der Börse viel Aufmerksamkeit auf sich. Gerade deshalb geraten kleinere Unternehmen oft in den Hintergrund – obwohl dort nicht selten mehr Wachstum und mehr Dynamik steckt. Die Small-Cap-Strategie setzt genau hier an: Sie richtet den Blick bewusst auf kleinere börsennotierte Unternehmen, die abseits der großen Indexschwergewichte oft weniger im Fokus stehen.

So geht's:
- Suchen Sie gezielt nach kleineren börsennotierten Unternehmen mit tragfähigem Geschäftsmodell.
- Achten Sie auf Wachstumspotenzial, solide Finanzierung und einen klaren Markt.
- Streuen Sie breiter, weil einzelne Small Caps deutlich stärker schwanken können.
- Denken Sie langfristig: Die Stärke kleiner Unternehmen zeigt sich oft erst über Jahre.

Warum funktioniert das?
- Kleinere Unternehmen haben oft mehr Raum, um zu wachsen, als bereits sehr große Konzerne.
- Sie werden von vielen Investoren und Analysten weniger intensiv beobachtet, wodurch Fehlbewertungen eher entstehen können.
- In der Kapitalmarktforschung gilt der Größeneffekt seit Langem als wichtiger Erklärungsansatz für Renditeunterschiede zwischen kleinen und großen Unternehmen (1).

CHANCEN	RISIKEN
▪ überdurchschnittliches Wachstumspotenzial jenseits der großen Indexschwergewichte ▪ größere Chance auf Fehlbewertungen und interessante Einstiege ▪ breitere Streuung statt starker Abhängigkeit von wenigen Giganten	▪ Kleinere Unternehmen schwanken oft stärker und reagieren empfindlicher auf Rückschläge. ▪ Geringere Liquidität kann Käufe und Verkäufe erschweren. ▪ Nicht jedes kleine Unternehmen wächst erfolgreich – die Qualitätsprüfung ist besonders wichtig.

Fazit: Die Small-Cap-Strategie ist keine Wette auf Größe, sondern auf Entwicklung. Ihr Reiz liegt darin, dort zu investieren, wo Wachstum noch nicht vollständig im Kurs angekommen ist.

Aha-Moment: Kleine Unternehmen sind nicht automatisch interessanter, weil sie kleiner sind – sondern weil sie oft nicht so stark im Fokus des Marktes stehen.

Impuls für den Tag: Schauen Sie auf eine kleinere Aktie außerhalb der großen Leitindizes. Steckt dahinter nur Größe – oder echtes Entwicklungspotenzial?

▶ TAG 324, QUALITY INVESTING – AUF STARKE BILANZEN UND RENDITEN SETZEN

Rebalancing – Ordnung im Depot sinnvoll umsetzen

Ein Depot bleibt nie von selbst ordentlich. Auch wenn Sie monatelang nichts kaufen oder verkaufen, verschiebt sich seine innere Struktur ständig. Stärker steigende Positionen werden größer, schwächere kleiner. Genau dadurch verändert sich schleichend Ihr Risiko. Was einmal als ausgewogene Vermögensaufteilung gedacht war, kann sich mit der Zeit in eine einseitige Wette verwandeln. Ordnung im Depot ist deshalb keine Nebensache, sondern gelebtes Risikomanagement.

Genau hier setzt Rebalancing an. Gemeint ist das bewusste Nachjustieren der ursprünglichen Depotverteilung. Wenn Aktien im Aufschwung deutlich stärker steigen als andere Bausteine, wächst ihr Anteil automatisch. Rebalancing bedeutet dann, die Gewichte wieder an den ursprünglichen Plan anzunähern. Sie führen das Depot damit zurück zu Ihrer ursprünglichen Strategie, statt die Gewichtung unbemerkt vom Markt verändern zu lassen.

Der große Vorteil liegt in der Disziplin. Rebalancing zwingt Sie dazu, nach klaren Regeln zu handeln: gestiegene Positionen etwas zurückzunehmen und schwächer gelaufene wieder auf das geplante Maß zu bringen. Das fühlt sich nicht immer intuitiv an, ist aber oft genau der Unterschied zwischen impulsivem Reagieren und planvollem Investieren. Bewährt haben sich zwei Wege: feste Termine, etwa einmal im Jahr, oder klare Schwellenwerte, wenn eine Anlageklasse deutlich vom Soll abweicht.

Digitale Werkzeuge können dabei helfen, aber sie ersetzen nicht das Denken. Eine gute Depot-App schafft Übersicht, zeigt Gewichtungen, Entwicklungen und Abweichungen auf einen Blick und erleichtert die Kontrolle. Die App ist damit nicht die Strategie, sondern das Instrument, das Ihre Strategie sichtbar macht. Entscheidend bleiben klare Regeln, nicht bunte Oberflächen.

Worauf Sie achten sollten:

- **Klare Zielgewichtung:** Wissen Sie, wie Ihr Depot eigentlich aussehen soll?
- **Fester Prüfzeitpunkt:** Ordnung entsteht leichter mit Rhythmus.
- **Abweichungen erkennen:** Nicht jede Bewegung ist relevant, aber manche verändern das Risiko spürbar.
- **Einfaches Werkzeug nutzen:** Übersicht schlägt Spielerei.

Ein gutes Depot lebt deshalb nicht nur von guten Ideen, sondern von innerer Ordnung. Rebalancing ist kein lästiger Verwaltungsakt, sondern die Kunst, dem eigenen Plan treu zu bleiben, wenn der Markt längst in eine andere Richtung zieht.

Aha-Moment: Ein Depot verändert sein Risiko auch dann, wenn Sie gar nichts tun. Genau deshalb ist Rebalancing so wichtig.

Impuls für den Tag: Prüfen Sie heute, ob Ihre größten Positionen noch zu Ihrer ursprünglichen Depotidee passen oder ob der Markt die Gewichtung längst verändert hat.

▸ TAG 330, STRATEGIE DOKUMENTIEREN – SCHLÜSSEL ZUR UMSETZUNG

Der Schwarze Donnerstag 1929 – als die Weltwirtschaft ins Wanken geriet

New York, Oktober 1929. Die Wall Street brummt. Aktienkurse klettern täglich, jeder will dabei sein. Taxifahrer, Hausmädchen, Geschäftsleute – alle investieren, alle gewinnen. Oder glauben es – für einen letzten, trügerischen Moment. Denn was sich abzeichnet, ist nicht das »Goldene Zeitalter des Wohlstands«, sondern die größte Illusion der Moderne: dass Wachstum keine Grenzen kennt.

Der 24. Oktober 1929, der »Schwarze Donnerstag«, markiert den Anfang vom Ende. Als die ersten Verkaufswellen über die Ticker rollen, bricht Panik aus. Innerhalb weniger Tage verdampfen Milliarden an Marktwert. Am folgenden Montag kehrt keine Ruhe ein – im Gegenteil: Die Panik eskaliert. Am Dienstag schließlich brechen alle Dämme. Millionen verlieren Jobs, Häuser, Perspektiven. Die Welt taumelt in die Große Depression.

Doch dieser Crash war kein Blitzschlag – er war das Finale eines langen Tanzes auf dem Drahtseil: Geld ohne Deckung, Gier ohne Grenzen, Märkte ohne Kontrolle. Der Glaube, man könne aus Geld unendlich Wohlstand schöpfen, prallte auf die harte Realität wirtschaftlicher Grenzen.

Der Börsenkollaps von 1929 war mehr als eine ökonomische Krise – er war ein globales Beben mit politischen Nachbeben: Arbeitslosigkeit, Protektionismus, Misstrauen, Populismus. Und zugleich eine Lektion, die bis heute wirkt – ökonomisch, politisch, psychologisch. Märkte brauchen Regeln. Vertrauen braucht Transparenz. Und Fortschritt braucht Verantwortung.

Wer aus 1929 lernt, versteht: Euphorie ist ein schlechter Ratgeber. Die gefährlichsten Krisen beginnen nicht mit einem Knall, sondern mit dem trügerischen Gefühl, dass es immer so weitergeht. In einer trügerischen Gewissheit liegt ihre wahre Sprengkraft.

Aha-Moment: Der Crash von 1929 machte deutlich: Es sind nicht Zahlen, die Märkte zum Einsturz bringen – es ist das Vertrauen, das zuerst fällt.

Impuls für den Tag: Denken Sie voraus: Hält meine Strategie auch dann, wenn die Musik aufhört – oder tanze ich noch im Takt der letzten Euphorie?

▸ TAG 40, DIE TULPENMANIE – ALS EINE BLUME EUROPA IN DEN RAUSCH TRIEB

Fehleranalyse im Trading – systematisch besser werden

Fehler sind unvermeidlich. Unverändert bleiben müssen sie nicht. Wer Fehler nicht analysiert, wiederholt sie – oft unbemerkt.

Der entscheidende Punkt: Fortschritt entsteht, wenn Sie Abweichungen erkennen und gezielt korrigieren.

Ein Verlust ist kein Fehler. Ein Regelbruch ist einer. Genau hier beginnt saubere Fehleranalyse: Nicht das Ergebnis zählt, sondern die Umsetzung.

Typische Fehler:
- Einstieg ohne klares Setup
- Stopp verschoben oder entfernt
- Risiko erhöht
- Trade außerhalb der eigenen Strategie
- spontane Eingriffe aus der Emotion heraus

Diese Abweichungen sind kein Zufall – sie sind Muster. Und genau deshalb sind sie korrigierbar.

Entscheidend ist ein klarer Ablauf:
- **Erkennen:** Was genau ist passiert?
- **Einordnen:** Ist die Ursache technisch, strategisch oder emotional?
- **Korrigieren:** Welche Regel verhindert den Fehler künftig?

Erst die Konsequenz macht Fehler wertvoll. Ohne klare Anpassung bleibt jede Erkenntnis wirkungslos.

Fehleranalyse ist kein Rückblick – sie ist Steuerung. Wer sie vermeidet, bleibt stehen.

Aha-Moment: Fehler zeigen nicht, dass Sie scheitern – sie zeigen, wo Sie ansetzen müssen.

Impuls für den Tag: Wählen Sie einen wiederkehrenden Fehler – und formulieren Sie eine klare Regel, die ihn künftig verhindert.

▶ TAG 329, IHR VORTEIL IM MARKT – WARUM MANCHE DAUERHAFT GEWINNEN

Unkonventionelle Investoren – warum Gegen-den-Strom-Denker Märkte bewegen

Märkte entstehen aus Mehrheiten. Preise bilden sich dort, wo viele zur gleichen Zeit ähnlich denken und handeln. Genau hier setzen unkonventionelle Investoren an. Sie suchen nicht den Konsens – sie suchen die Abweichung.

Diese Investoren, oft als Contrarians bezeichnet, folgen einer einfachen Logik: Wenn sich Meinungen angleichen, entstehen Übertreibungen. Genau dort liegen Chancen.

Der entscheidende Unterschied: Unkonventionelle Investoren reagieren nicht auf Trends – sie hinterfragen sie. Sie kaufen, wenn Pessimismus dominiert, und verkaufen, wenn Euphorie überhandnimmt. Das ist kein Reflex, sondern Analyse. Nicht der Markt wird bekämpft, sondern die Übertreibung im Markt.

Viele bekannte Investoren folgen dieser Denkweise. Ob große Wetten gegen überbewertete Märkte, antizyklische Käufe in Krisen oder bewusstes Abweichen vom Mainstream – entscheidend ist nicht die Provokation, sondern die unabhängige Beurteilung von Chancen und Risiken. Doch diese Strategie hat ihren Preis. Gegen den Strom zu investieren, bedeutet oft, über längere Zeit gegen den Mark zu stehen. Geduld und Überzeugung sind Voraussetzung.

Unkonventionelle Investoren bewegen Märkte, weil sie handeln, wenn andere es nicht tun. Sie stellen Liquidität bereit, wenn sie fehlt – und entziehen sie, wenn sie im Übermaß vorhanden ist. Damit wirken sie stabilisierend und chancenorientiert zugleich.

Für private Anleger liegt die wichtigste Erkenntnis nicht im Nachahmen einzelner Ideen, sondern im Denken. Wer den Markt verstehen will, muss erkennen, wann Meinungen zu einseitig werden.

Daraus ergeben sich klare Leitlinien:

- **Konsens hinterfragen:** Wo alle gleich denken, steigt das Risiko.
- **Übertreibungen erkennen:** Emotionen verzerren Preise.
- **Geduld bewahren:** Abweichung braucht Zeit.
- **Risiken begrenzen:** Einzelmeinungen sind kontrolliert umzusetzen.

Unkonventionelles Investieren ist kein Selbstzweck. Es ist ein Werkzeug, um Marktmechanismen besser zu verstehen.

Aha-Moment: Rendite entsteht oft dort, wo es sich kurzfristig falsch anfühlt.

Impuls für den Tag: Prüfen Sie Ihre letzte Entscheidung: »Folge ich eigener Analyse – oder der Mehrheit?«

▸ TAG 32, DIE GATES FOUNDATION – LANGFRISTIG DENKEN, GLOBAL WIRKEN

Unterstützung & Widerstand – die unsichtbaren Barrieren im Markt

Im Trading gibt es zwei Begriffe, die Sie überall hören werden: **Support** und **Resistance**. Das sind die englischen Wörter für **Unterstützung** und **Widerstand** – und sie beschreiben die zentralen Orientierungspunkte im Chart.

Stellen Sie sich einen Ball in einem Raum vor:

- Der **Boden** ist die Unterstützung (Support). Sobald der Ball auftrifft, federt er meist nach oben.
- Die **Decke** ist der Widerstand (Resistance). Trifft der Ball von unten dagegen, stoppt er oder prallt zurück.

Doch anders als bei echten Wänden sind diese Grenzen an der Börse unsichtbar. Sie entstehen nicht durch Beton, sondern durch die kollektive Psychologie der Marktteilnehmer: Käufer verteidigen bestimmte Preisbereiche nach unten – Verkäufer blocken sie nach oben. Weil Menschen Verluste vermeiden und Gewinne sichern wollen, reagieren sie an denselben Preisbereichen immer wieder ähnlich.

Wodurch entstehen diese Zonen?

- **Alte Hochs und Tiefs:** Historische Marken bleiben im Gedächtnis.
- **Runde Zahlen:** »10 000 Punkte« oder »100 Euro« sind psychologische Schwellen.
- **Seitwärtszonen:** Preisbereiche, in denen lange gehandelt wurde, wirken wie Magnetfelder.
- **Volumenhäufungen:** Dort, wo viel gehandelt wurde, entstehen häufig markante Unterstützungs- oder Widerstandszonen.

Besonders spannend: Rollenwechsel – wird ein Widerstand durchbrochen, wird er oft zur neuen Unterstützung. Ein Durchbruch verändert nicht nur den Preis – er verändert die Erwartung. Ein alter Boden kann zur Decke werden, wenn der Markt dreht.

Mehrfach scheitert der DAX an 25 000 Punkten. Der Trader definiert die Marke als Widerstand, positioniert sich knapp darunter und sichert oberhalb ab. Der Markt reagiert – die Erwartung bestätigt sich.

Checkliste für starke Zonen:

1. Wurde die Zone mehrfach getestet?
2. Bestätigen Volumen oder Muster die Zone?
3. Ist der Stopp logisch gesetzt?
4. Passt die Zone in verschiedene Zeiteinheiten?

Aha-Moment: Je häufiger eine Zone hält, desto mehr Marktteilnehmer erkennen sie und handeln danach.

Impuls für den Tag: Markieren Sie in Ihrem Chart je drei Unterstützungs- und Widerstandszonen. Beobachten Sie, ob der Kurs prallt, stoppt oder durchbricht – und wie sich Trader dort verhalten.

▶ TAG 320, TRENDS ERKENNEN – HANDELN MIT DEM STROM DER MÄRKTE

ETFs – die stille Revolution der Geldanlage

Manche Revolutionen kommen ohne Parolen. Sie brauchen keine Aufstände, keine Aufmacher, keine Anführer. Sie kommen leise – und bleiben für immer. So war es mit den **ETFs: Exchange Traded Funds**. Kaum jemand bemerkte 1993, als in den USA der erste ETF auf den S&P 500 startete, dass gerade ein Paradigmenwechsel begann.

Was ETFs so wirkungsvoll machte, war ihre Einfachheit: ein Produkt, das den ganzen Index abbildet, wie eine Aktie handelbar ist – und dabei deutlich günstiger als klassische Fonds. Keine Star-Manager. Keine Geheimformeln. Nur ein Ziel: den Markt nicht schlagen, sondern konsequent spiegeln – schlicht, strukturiert, zugänglich.

Diese Logik passte in eine Zeit, in der Anleger mehr forderten: mehr Transparenz, mehr Kontrolle, mehr Effizienz. ETFs senkten die Einstiegshürden, steigerten die Diversifikation, reduzierten Kosten – und machten Vermögensaufbau planbarer. Für alle – nicht nur für Profis.

Was in den 1990er-Jahren noch belächelt wurde, wurde zur Massenbewegung. Heute verwalten ETFs Billionen an Vermögen. Sie bilden alles ab – von Weltmärkten bis Klimastrategien, von Hightech bis Nachhaltigkeit. Und sie fordern aktiv gemanagte Fonds heraus wie nie zuvor.

Doch mit der Masse kommt auch Verantwortung: ETFs beeinflussen ganze Märkte, verschieben Liquiditäten, bündeln Kapitalströme. Sie verändern, wie Preise entstehen – und wie Risiko verteilt wird. Die stille Revolution hat längst eine laute Debatte ausgelöst.

Und dennoch gilt: Der ETF ist kein Trend – er ist Struktur. Ein Symbol dafür, dass Finanzmärkte auch klarer, fairer, zugänglicher werden können – ohne Drama, aber mit Wirkung.

Aha-Moment: Der erste ETF wurde 1993 in den USA eingeführt – heute machen ETFs rund 30 Prozent des weltweiten Fondsvolumens aus.

Impuls für den Tag: Welche einfache Entscheidung könnte für Sie heute den größten langfristigen Unterschied machen?

▸ TAG 333, GLOBALISIERUNG DER BÖRSEN – WENN MÄRKTE KEINE GRENZEN MEHR KENNEN

Stresstest fürs Depot – hält Ihre Strategie auch Krisen stand?

Ein Depot zeigt seine Stärke nicht im Aufschwung. Es zeigt sie im Rückgang. Solange Märkte steigen, wirken viele Strategien überzeugend. Erst Verluste legen offen, was wirklich trägt.

Ein Stresstest stellt deshalb eine einfache, aber unbequeme Frage: Hält Ihre Strategie auch dann, wenn es schwierig wird?

Es geht nicht um Modelle, sondern um Szenarien:

- Was passiert, wenn Märkte deutlich fallen?
- Was passiert, wenn mehrere Positionen gleichzeitig unter Druck geraten?
- Was passiert, wenn Sie Kapital benötigen, während Kurse niedrig stehen?

Diese Situationen sind unangenehm – aber realistisch.

Der entscheidende Punkt: Nicht der Markt bricht Strategien, sondern Ihr Verhalten im falschen Moment.

Beispiel: Ihr Depot verliert 30 Prozent. Bleiben Sie investiert – oder handeln Sie unter Druck? Genau diese Antwort entscheidet über langfristigen Erfolg.

Ein sinnvoller Stresstest prüft:

- **Maximale Verluste:** Wie tief kann es gehen?
- **Liquidität:** Müssen Sie im falschen Moment verkaufen?
- **Abhängigkeiten:** Fallen mehrere Positionen gleichzeitig?
- **Reaktion:** Bleiben Sie handlungsfähig?

Wer nur für gute Zeiten plant, baut ein Depot für Schönwetter. Krisen sind kein Sonderfall – sie sind Teil des Systems.

Ein belastbares Portfolio entsteht deshalb nicht in der Theorie, sondern im gedanklichen Durchspielen extremer Situationen. Was Sie im Kopf aushalten, halten Sie auch im Markt aus. Alles andere ist Theorie.

Aha-Moment: Ein Stresstest prüft nicht Ihr Depot, sondern Ihr Verhalten im Ernstfall.

Impuls für den Tag: Stellen Sie sich ein Minus von 30 Prozent vor: »Welche Position würde ich halten – und welche würde ich infrage stellen?«

▸ TAG 308, BÄRENMÄRKTE NUTZEN – RÜCKGÄNGE ALS CHANCEN VERSTEHEN

Crowdfunding – warum wir gemeinsam eher investieren als allein

Warum investieren Menschen eher, wenn sie sehen, dass andere es auch tun? Warum überzeugt eine fast erreichte Zielsumme oft mehr als ein brillantes Konzept? Crowdfunding ist nicht nur ein Geschäftsmodell – es ist Ausdruck eines sozial-neuronalen Prinzips.

Wenn viele Menschen kleine Beträge geben, entsteht oft Großes. Doch hinter dem technischen Prozess steckt ein tief verankerter biologischer Mechanismus: Unser Gehirn liebt geteilte Bewegung. Mithilfe funktioneller Magnetresonanztomografie (fMRT) – einem Verfahren, das aktive Hirnregionen über den Blutfluss sichtbar macht – wurde gezeigt: Gruppenbeteiligung aktiviert das Belohnungssystem im Striatum, besonders dann, wenn wir glauben, Teil von etwas Sinnvollem zu sein (1).

Soziale Resonanz wirkt wie ein neuronaler Verstärker. Wer sieht, dass viele bereits investiert haben, erlebt einen stillen Vertrauensimpuls: »Das fühlt sich richtig an – und ich bin nicht allein.« Verarbeitet wird diese soziale Einordnung unter anderem im präfrontalen Kortex – einer Hirnregion, die soziale Normen, Zugehörigkeit und Bewertungen mit steuert (2). Sie signalisiert: »Du gehörst dazu« – und genau das fühlt sich gut an.

Crowdfunding nutzt genau diesen Mechanismus: Sichtbarkeit, Teilhabe, Momentum. Die Entscheidung für ein Investment wird nicht nur durch Zahlen, sondern durch emotionale Beteiligung und soziale Nähe geprägt. Viele fühlen sich dabei weniger als klassische Anleger – sondern als Unterstützer, Möglichmacher, kreative Teilhaber. Diese emotionale Identifikation verschiebt die Bewertung: weg vom reinen Ertrag – hin zur sinnstiftenden Beteiligung.

Diese subtile Verschiebung ist rational oft schwer zu fassen – aber neurobiologisch klar nachvollziehbar. Wir investieren nicht nur mit Kalkül, sondern mit einem inneren Bild davon, wer wir sein wollen.

Was Crowdfunding uns zeigt: Finanzielle Entscheidungen sind nie rein persönliche Angelegenheiten. Sie sind sozial verdrahtet – und sie fallen leichter, wenn wir spüren: Wir sind nicht allein.

Aha-Moment: fMRT-Studien zeigen: Die Aussicht, Teil eines erfolgreichen Kollektivs zu sein, aktiviert Hirnregionen wie persönlicher Gewinn. Soziale Zugehörigkeit belohnt.

Impuls für den Tag: Welche Entscheidung würden Sie eher treffen, wenn Sie wüssten: Andere sind bereits vorangegangen? Und ist das wirklich ein Nachteil – oder ein evolutionärer Vorteil?

▶ TAG 365, NACHHALTIGKEIT – WARUM WIR BEREIT SIND, FÜR WERTE MEHR ZU ZAHLEN

Frugalismus – die Kunst, mit weniger zu leben

Was wäre, wenn finanzieller Erfolg nicht bedeutete, mehr zu besitzen, sondern weniger zu brauchen? Frugalismus ist mehr als ein Trend: Er ist eine Haltung. Eine Antwort auf Konsumdruck, Lebenshektik und den ewigen Vergleich. Und ein radikaler Gedanke in einer Welt, die immer mehr will.

Frugalisten verzichten nicht aus Zwang – sondern aus Überzeugung. Sie verringern ihre Ausgaben, hinterfragen Konsum, investieren klug und leben gezielt unter ihren Möglichkeiten – nicht aus Mangel, sondern für mehr Freiheit. Sie tauschen Besitz gegen Optionen, Konsum gegen Klarheit, Abhängigkeit gegen Entscheidungsspielraum. Weniger Verpflichtungen, mehr Raum für das Wesentliche.

Hinter der Idee steckt oft ein Ziel: finanzielle Unabhängigkeit. Wer seine Lebenshaltungskosten verringert und gezielt spart, kann dem Hamsterrad früher entkommen – und selbst entscheiden, wie er seine Zeit nutzt. Manche Frugalisten erreichen mit 40 das, was andere mit 67 planen: den Ruhestand. Doch freiwillig – und oft mit neuen Projekten statt Stillstand.

Frugalismus hat viele Gesichter. Manche sind Minimalisten, andere Investoren. Einige leben asketisch, andere einfach bewusst. Doch alle eint ein Gedanke: Geld ist Mittel, nicht Zweck. Sie fragen nicht: Was kann ich mir leisten? Sondern: Was brauche ich wirklich – und warum?

Kritiker sehen darin Verzichtskult oder Wohlstandsprivileg. Aber wer genauer hinschaut, erkennt: Frugalismus ist keine Enthaltsamkeit, sondern eine Suche nach dem Wesentlichen. Was macht mich wirklich reich? Vielleicht ist es das Frühstück mit Freunden. Die Zeit für ein Buch. Der Spaziergang ohne Ziel. Oder die Freiheit, Nein zu sagen – zu Dingen, die nicht guttun.

Schon die antike Philosophie kannte diese Gedanken. **Epikur** etwa meinte: **»Reich ist, wer wenig braucht.«** Und selbst in spirituellen Traditionen gilt oft: Besitz schafft Bindung – Loslassen schafft Raum. Wer weniger braucht, hat mehr Spielraum – finanziell, emotional, existenziell.

Frugalismus ist keine Dogmatik. Er ist ein Experiment. Eine Einladung, das eigene Verhältnis zu Geld, Arbeit und Glück neu zu definieren – jenseits von Statussymbolen.

Aha-Moment: Freiheit beginnt nicht beim Kontostand, sondern bei der Frage, wie viel genug ist.

Impuls für den Tag: Was könnten Sie heute weglassen – um mehr Raum für das zu schaffen, was wirklich zählt?

▶ TAG 306, LETZTER WILLE, LETZTER WERT – WIE WIR ÜBER ERBE, NACHLASS UND BEDEUTUNG NACHDENKEN

QUIZ 10

TAG 276: WELCHE BEHAUPTUNGEN ZUR INFLATION SIND KORREKT?

A) Eine Inflation von 3 Prozent pro Jahr führt nach 30 Jahren zu einem Kaufkraftverlust von rund 59 Prozent.
B) Sparen auf dem Konto ist bei Inflation eine sichere Strategie zum Vermögenserhalt.
C) Sachwerte wie Aktien-ETFs oder Immobilien können langfristig Schutz vor Inflation bieten.
D) Eine Inflationsrate von 1 Prozent pro Jahr hat nach zehn Jahren keinen nennenswerten Effekt auf die Kaufkraft.

TAG 282: WELCHE FESTSTELLUNGEN ÜBER WECHSELKURSE UND BÖRSE SIND KORREKT?

A) Wechselkurse können Umsätze, Margen und Wettbewerbsfähigkeit von Unternehmen beeinflussen.
B) Ein schwacher Euro kann Exporte aus dem Euroraum auf dem Weltmarkt attraktiver machen.
C) Wechselkurse spielen für international tätige Unternehmen kaum eine Rolle.
D) Währungsschwankungen können sich indirekt auf Aktienkurse und Gewinnerwartungen auswirken.

TAG 283: WELCHE AUSSAGEN ZUR »HARMONIE DER MÄRKTE – WAS BÖRSE UND MUSIK GEMEINSAM HABEN« STIMMEN?

A) Ein Aufwärtstrend an der Börse lässt sich mit einem musikalischen Crescendo vergleichen.
B) Fibonacci-Zahlen spielen sowohl in der Musik als auch in der Technischen Analyse eine Rolle.
C) Märkte sind rein chaotisch – ohne erkennbare Struktur oder Wiederholung.
D) Der Goldene Schnitt ist eine esoterische Idee ohne Bezug zu Finanzmärkten oder Musiktheorie.

TAG 292: WELCHE FORMULIERUNGEN ÜBER DIVIDENDEN SIND RICHTIG?

A) Der DAX ist ein reiner Kursindex, der Dividenden bei der Berechnung nicht berücksichtigt.
B) Dividenden machen im S&P 500 langfristig nur einen kleinen Teil der Rendite aus.
C) Dividend Aristocrats sind Unternehmen, die ihre Dividenden über lange Zeiträume kontinuierlich erhöht haben.
D) Reinvestierte Dividenden können langfristig erheblich zur Vermögensentwicklung beitragen.

TAG 294: WELCHE AUSSAGEN ZUR EUROPÄISCHEN SCHULDENKRISE SIND KORREKT?

A) Die Krise begann, nachdem bekannt wurde, dass Griechenlands Staatsdefizit deutlich höher war als zuvor angegeben.
B) Während der Schuldenkrise gerieten mehrere europäische Staaten durch steigende Anleihezinsen unter Druck.
C) Der ESM (Europäische Stabilitätsmechanismus) wurde geschaffen, um Mitgliedstaaten der Eurozone in finanziellen Krisen zu stabilisieren.
D) Mario Draghis Aussage »Whatever it takes« gilt als wichtiger Wendepunkt im Kampf um Vertrauen in den Euro.

Letzter Wille, letzter Wert – wie wir über Erbe, Nachlass und Bedeutung nachdenken

Ein Testament regelt, was bleibt – zumindest auf dem Papier. Doch was bleibt wirklich, wenn ein Mensch geht? Geld, Immobilien, Schmuck – oder Geschichten, Werte, Haltungen? Wenn wir über Erbe sprechen, reden wir oft über Besitz. Doch das eigentlich Entscheidende ist der Nachlass der Bedeutung.

Was bleibt von uns, wenn nichts Materielles mehr zählt? In vielen Kulturen gilt: Wer stirbt, lebt weiter in dem, was er gegeben hat – nicht nur an Dingen, sondern an Zeit, Fürsorge, Ideen. Der letzte Wille ist mehr als ein juristisches Dokument – er ist Spiegel dessen, was wirklich zählte. In Momenten des Abschieds zeigt sich oft, was tatsächlich Gewicht hatte – nicht in Zahlen, sondern in Erinnerungen. In Blicken, Worten, Gesten.

Und doch tun sich viele mit dem Thema schwer. Es ist emotional – und unbequem. Wer sein Erbe regelt, denkt an den Tod. Wer sein Leben plant, denkt ans Jetzt. Doch beides gehört zusammen: Was wir heute entscheiden, kann morgen Wirkung entfalten.

Es gibt neue Fragen: Was passiert mit digitalen Nachlässen – mit Social-Media-Profilen, Cloud-Accounts, Zugangscodes? Was heißt gerechtes Erben in einer Welt wachsender Ungleichheit? Und was, wenn man nicht viel zu vererben hat – außer Liebe, Haltung, Humor?

Manche setzen auf vererbte Verantwortung: durch Stiftungen, nachhaltige Investments, Bildungsfonds. Andere schreiben Briefe an ihre Kinder, sprechen Audionachrichten ein, pflanzen Bäume oder vergeben Schenkungen mit Sinn zu Lebzeiten. Formen von Vermächtnis, die jenseits von Zahlen und Depotauszügen zählen. Denn ein bewusst gestalteter Abschied kann zu einem Geschenk werden – für die, die bleiben.

Denn das kostbarste Erbe ist selten das, was sich zählen lässt, sondern das, was prägt. Eine Entscheidung, ein Wert, ein Moment der Nähe. Vielleicht ist der wahre letzte Wille nicht das, was im Testament steht – sondern das, was bleibt.

Aha-Moment: Das Wichtigste, was wir hinterlassen, ist selten materiell – es sind Spuren im Denken, Fühlen, Handeln anderer.

Impuls für den Tag: Was möchten Sie einmal weitergeben – und was davon könnten Sie schon heute teilen?

▶ TAG 342, DIE SCHACHBRETT-LEGENDE – WAS EXPONENTIELLES WACHSTUM LEHRT

Essen, trinken, investieren – Lebensmittelkonzerne im Fokus

»Gegessen wird immer« – dieser Börsenspruch hält einer nüchternen Prüfung stand. Ernährung ist ein Grundbedürfnis. Was sich jedoch verändert hat, ist, wer für uns produziert. Ein Großteil unserer täglichen Nahrung entsteht heute in hochindustrialisierten, global organisierten Konzernen. Sie kaufen Rohstoffe, verarbeiten sie zentral, standardisieren Geschmack und Haltbarkeit und platzieren ihre Produkte weltweit in Supermarktregalen. Für Verbraucher ist das Alltag. Für Anleger ist es ein strukturell stabiler Milliardenmarkt.

Die Nahrungsmittelindustrie verbindet dauerhafte Nachfrage mit hoher Planbarkeit. Gegessen und getrunken wird unabhängig von Konjunkturzyklen, politischen Stimmungen oder technologischen Moden. Genau diese Konsumtreue macht den Sektor zu einem klassischen defensiven Baustein im Depot. Gleichzeitig ermöglichen Skaleneffekte, globale Lieferketten und starke Marken stabile Margen – zumindest für die Marktführer.

Zu den prägenden Akteuren zählen einige der bekanntesten Konzerne der Welt:

- **Klassische Nahrungsmittelkonzerne:** Nestlé, Unilever, Mondelez, General Mills, Kellogg's, Danone
- **Getränke & Genussmittel:** Coca-Cola, PepsiCo, Diageo (Spirituosen), Anheuser-Busch InBev (Bier)
- **Neue Ernährung & Wachstum:** Beyond Meat, Oatly, Celsius (Energy Drinks), Simply Good Foods
- **Lebensmitteleinzelhandel:** Walmart, Kroger
- **Agribusiness & Vorstufen:** Archer Daniels Midland (Agrarhandel), Deere & Company (Landtechnik)

Die Stärke dieser Unternehmen liegt in Markenmacht, Verfügbarkeit und Preissetzungsspielraum. Doch selbst dieser Sektor ist nicht immun gegen Wandel. Ernährungstrends, Nachhaltigkeitsanforderungen, Regulierung und veränderte Konsumgewohnheiten zwingen selbst etablierte Konzerne zu teuren Anpassungen. Wer Trends zu spät erkennt oder zu schwerfällig reagiert, verliert Marktanteile – auch als Branchenriese.

Für Anleger bedeutet das: Lebensmittelaktien sind keine Renditewunder, aber oft verlässliche Stabilitätsanker. Sie liefern keine spektakulären Wachstumsstorys, sondern kalkulierbare Geschäftsmodelle mit langer Lebensdauer. Entscheidend ist nicht, was gerade »angesagt« ist, sondern, wer dauerhaft gekauft wird.

Aha-Moment: Lebensmittelaktien leben nicht von Trends, sondern von Gewohnheiten. An der Börse ist Wiederholung oft wertvoller als Innovation.

Impuls für den Tag: Werfen Sie beim nächsten Einkauf einen Blick in Ihren Einkaufswagen. Welche Marken kaufen Sie immer wieder – und welche Unternehmen verdienen damit seit Jahrzehnten Geld?

▶ TAG 357, SHARING ECONOMY & PLATTFORMGIGANTEN – WENN VERMITTLUNG ZUR INVESTITION WIRD

Bärenmärkte nutzen – Rückgänge als Chancen verstehen

Wenn Märkte fallen, fühlt es sich falsch an zu investieren. Genau deshalb entstehen hier die besten Chancen.

Bärenmärkte sind keine Störung. Sie sind Teil des Systems. Kurse sinken, Bewertungen fallen, Unsicherheit steigt. Was gleich bleibt: die Qualität guter Unternehmen.

Der entscheidende Unterschied: Die meisten verkaufen, wenn Kurse fallen.

Die Erfolgreichen kaufen, wenn es unbequem wird. Ein Bärenmarkt verändert nicht nur Preise, sondern Verhalten. Angst führt zu Übertreibungen. Nicht weil Unternehmen plötzlich schlechter sind, sondern weil Anleger unsicher werden.

Genau daraus entstehen Chancen:

- **Bewertungen sinken:** Qualität wird günstiger.
- **Emotionen dominieren:** Preise entfernen sich vom Wert.
- **Erholungen starten leise:** Das gilt, bevor Sicherheit zurückkehrt.

Genau darin liegt das Paradox der Börse:

Wenn sich Investieren gut anfühlt, ist ein großer Teil der Chance oft schon vorbei. Wenn es sich falsch anfühlt, beginnt sie häufig erst.

Doch diese Chancen haben eine Voraussetzung: Vorbereitung. Wer erst im Crash nachdenkt, reagiert. Wer vorher plant, handelt.

Was wirklich hilft:

- **Liquidität:** kaufen können, wenn andere verkaufen
- **Klarheit:** wissen, was Qualität für Sie bedeutet
- **Regeln:** Entscheidungen vor dem Stress treffen

Perfektes Timing ist eine Illusion. Handlungsfähigkeit ist entscheidend. Bärenmärkte sind unbequem. Genau dort entsteht Rendite.

Aha-Moment: Die besten Kaufgelegenheiten fühlen sich nicht wie Chancen an.

Impuls für den Tag: Definieren Sie drei Werte, die Sie im nächsten Rückgang kaufen würden – bevor er kommt.

▶ TAG 327, LANGFRISTIG INVESTIEREN – HYPES, KRISEN UND GEDULD RICHTIG EINORDNEN

SAP – Europas Antwort aufs Silicon Valley

Während im Silicon Valley über Schnittstellen philosophiert wurde, schrieb man in Deutschland Code für die Realität. Aus einem Projekt in einem Mannheimer Vorort entstand eines der erfolgreichsten Technologieunternehmen Europas: SAP. Die Idee: Unternehmen nicht nur digitalisieren – sondern durch Software völlig neu denken.

1972 gegründet von fünf ehemaligen IBM-Mitarbeitern, wurde SAP zum Pionier für Echtzeit-Datenverarbeitung. Während andere auf Stapelverarbeitung setzten, entwickelte SAP Software, die sofort reagierte – ein radikaler Fortschritt. Das erste Produkt: SAP R/1. Die eigentliche Revolution: SAP R/3 – ein modulares, skalierbares System für alle Unternehmensbereiche.

ERP – Enterprise Resource Planning – wurde zum Herzschlag moderner Unternehmen: Logistik, Buchhaltung, Personalwesen – alles integriert, alles transparent. SAP schuf eine neue Disziplin: Unternehmenssoftware, die ganze Industrien orchestriert.

Der Börsengang 1988 war unspektakulär – die Wirkung enorm. SAP wurde zur Benchmark für Tech »made in Germany« und ist heute das größte börsennotierte Softwareunternehmen Europas. Von Walldorf aus eroberte SAP die Welt – nicht mit Visionären im Hoodie, sondern mit Ingenieursgeist, Präzision und Verlässlichkeit.

Ab den 2000er-Jahren wurde SAP global – mit Kunden in über 180 Ländern. Das Unternehmen passte sich an, baute Cloud-Services aus, übernahm Firmen wie SuccessFactors, Concur oder Qualtrics. Und doch blieb der Kern unverändert: Software für komplexe Prozesse – nutzbar, stabil, integriert.

SAP steht nicht für Hype – sondern für Wirkung. Keine lauten Produkteinführungen, sondern leise Transformation – in den Tiefen von Lieferketten, Fabriken, Krankenhäusern, Städten. SAP ist kein Lifestyle – SAP ist Infrastruktur für die Realwirtschaft.

Heute investieren Unternehmen Milliarden, um ihre Abläufe zu digitalisieren – und SAP ist fast immer Teil davon. Von der SAP Business Suite zur SAP S/4HANA-Plattform, vom On-Premise-System zur Cloud-Strategie. SAP denkt Prozesse neu – und bleibt dabei seinem Markenkern treu: Vertrauen durch Verlässlichkeit.

SAP ist Europas Antwort auf die digitale Weltordnung. Kein Rausch, keine Blase, sondern Substanz, Innovation mit Tiefgang. Und ein Beweis, dass Technologie aus Deutschland nicht nur Maschinen bedeutet – sondern Mut, Software und Weitblick.

Börsengang: 4. November 1988 – **Börsenkürzel:** SAP – **Börse:** FWB (Frankfurter Wertpapierbörse)

▶ TAG 316, IBM – DER URVATER DER IT, PIONIER DER COMPUTERINDUSTRIE

Emotion & Intuition – wie der Bauch schneller denkt als der Kopf

Manchmal »wissen« wir etwas, bevor wir es begründen können – ein ungutes Gefühl vor dem Kauf, ein gutes Gefühl beim Einstieg. Intuition ist kein Zufall – sie ist eine blitzschnelle, unbewusste Form von Intelligenz. Und sie entsteht tief im emotionalen Gehirn.

Eine zentrale Rolle spielt dabei das sogenannte interozeptive Feedback – also die Fähigkeit, innere Körperzustände wie Herzschlag, Anspannung oder Atemrhythmus wahrzunehmen und zu deuten. Diese feinen Signale wirken wie emotionale Wegweiser: Sie spiegeln, ob etwas stimmig ist – noch bevor der Verstand ein Urteil fällt. Studien zeigen: Je besser Menschen auf diese körperinternen Signale achten können, desto treffsicherer sind ihre intuitiven Entscheidungen (1, 2).

Wenn wir dann intuitiv entscheiden, arbeitet unser präfrontaler Kortex im Hintergrund. Er scannt Erfahrungen, erkennt Muster und ruft sogenannte somatische Marker ab – körperlich-emotionale Reaktionen, die mit früheren Erlebnissen verknüpft sind (3).

Die berühmte »Bauchentscheidung« ist oft nichts anderes als gespeichertes Erfahrungswissen – neubiologisch verschlüsselt.

Gleichzeitig treten Amygdala und Insula auf den Plan. Sie bewerten, ob eine Situation emotional relevant ist. Ist das wichtig? Ist das riskant? Ist das vertraut. Eine Studie zeigt: Menschen mit besonders starker Verbindung zwischen diesen Regionen und den Entscheidungszentren im Gehirn handeln unter Unsicherheit oft schneller – und erfolgreicher (4).

Gerade im Börsenalltag wirkt Intuition wie ein neuronaler Frühwarnsensor. Sie reduziert kognitive Last, gibt Orientierung in Datenfluten – vorausgesetzt, sie ist reflektiert. Denn Intuition ist keine Abkürzung, sondern eine schnelle Antwort auf oft lange Erfahrung.

Entscheidend ist: Lernen Sie zu unterscheiden, ob Ihr Impuls auf echter Erfahrung basiert – oder nur auf Emotion, Druck oder Wunschdenken. Je besser Sie sich selbst kennen, desto klarer spricht Ihr inneres Feedback. Denn Intuition ist kein Gegenspieler des Verstands – sie ist sein schnellerer Zwilling. Vorausgesetzt, sie wird nicht mit bloßer Impulsivität verwechselt.

Aha-Moment: Intuitive Entscheidungen basieren auf unbewusst gespeicherten Erfahrungen – sie sind schnelle Reaktionen des Gehirns auf vertraute Muster, nicht spontane Eingebungen.

Impuls für den Tag: Welcher Impuls fühlt sich für Sie heute stimmig an – nicht, weil er laut ist, sondern weil er tief verankert ist?

▶ TAG 340, DER SEKUNDENBRUCHTEIL DER ENTSCHEIDUNG – WENN DAS GEHIRN AUF GEWINN ODER VERLUST REAGIERT

Charles Dow – Wie Märkte ihren Rhythmus finden

Kaum ein Name hat die moderne Marktanalyse so geprägt wie Charles Henry Dow. Als Mitgründer des Wall Street Journal und Entwickler des Dow Jones Industrial Average (DJIA) – des bis heute wohl bekanntesten Aktienindex der Welt – schrieb er Börsengeschichte. Doch Dows eigentliche Leistung reicht tiefer: Er schuf ein fundamentales Verständnis davon, wie Märkte sich bewegen.

Bereits 1896 stellte Dow seinen Index aus zwölf Industriewerten vor – ein Versuch, die Entwicklung der US-Wirtschaft in einer Zahl greifbar zu machen. Heute umfasst der DJIA 30 Großkonzerne und notiert bei über 35 000 Punkten – ein beeindruckender Beleg langfristigen Marktwachstums. Doch viel entscheidender als der Punktestand ist das Prinzip dahinter: Märkte folgen Strukturen – nicht dem Zufall.

Charles Dow legte mit seiner Theorie den Grundstein für die **Technische Analyse**. Sie geht davon aus, dass sich Märkte in überlagernden Zyklen bewegen: einem langfristigen Haupttrend **(Primärtrend)**, mittelfristigen Korrekturen **(Sekundärtrend)** und kurzfristigem Rauschen **(Tertiärtrend)**. Wer diese Ebenen erkennt, findet Muster – und kann analysieren, anstatt sich vom täglichen Auf und Ab treiben zu lassen.

Ein **Trend** ist nach Dow eine wiederkehrende Struktur: im **Aufwärtstrend** steigende Hochs und Tiefs, im **Abwärtstrend** fallende. Dieses einfache, aber kraftvolle Modell half Anlegern, Märkte nicht als zufällige Bewegung zu sehen, sondern als Ausdruck kollektiver Dynamik – als Geschichte mit Richtung.

Dow suchte nach Orientierung inmitten von Unsicherheit. Er glaubte: Wer Struktur erkennt, kann Entscheidungen mit Klarheit und Disziplin treffen: Später fasste eine Börsenweisheit das zusammen: »**The trend is your friend**« – solange man ihn erkennt und ihm geduldig folgt.

Wer bereit ist, hinter die Kurse zu schauen, erkennt mehr als Zahlen – er sieht Struktur, Richtung und Bedeutung. Trends entstehen aus kollektiven Entscheidungen – sie spiegeln Erwartungen, Vertrauen und Bewegung. Wer sie zu lesen lernt, handelt mit Weitblick.

Aha-Moment: Die Dow-Theorie lehrt: Hinter jeder Marktbewegung steckt ein Muster. Wer es erkennt, gewinnt Orientierung – auch in volatilen Zeiten.

Impuls für den Tag: Lesen Sie das Muster hinter der Bewegung. Folgen Sie dem Fluss mit klarem Blick und ruhiger Hand.

▶ TAG 353, IPO-EFFEKT – WAS DIE ERSTE STUNDE SO BESONDERS MACHT

Swing-Trading – Bewegungen über Tage und Wochen nutzen

Nicht jede Bewegung entsteht in Minuten – viele Werte entwickeln sich über Tage. Genau hier setzt Swing-Trading an: Hier werden nicht kurzfristige Ausschläge gehandelt, sondern klar erkennbare Bewegungen über mehrere Tage.

Der Reiz dieser Strategie liegt in ihrer Balance. Swing-Trader sind aktiver als Investoren, aber deutlich ruhiger als Day-Trader. Sie suchen Trends, Ausbrüche oder Gegenbewegungen, die genug Kraft haben, um sich über mehrere Tage zu entfalten. Mehr Zeit bedeutet bessere Entscheidungen – und weniger Fehler unter Druck.

Der entscheidende Punkt: Swing-Trading funktioniert nicht durch Daueraktivität, sondern durch Geduld in klaren Bewegungen.

Typisch ist der Blick auf Tages- und Stundencharts. Trader suchen Einstiege an markanten Zonen, nach Ausbrüchen oder in Pullbacks innerhalb eines Trends. Ein guter Einstieg entscheidet oft darüber, ob der Trade Raum hat – oder sofort unter Druck gerät.

Wichtig ist dabei ein klares Chance-Risiko-Verhältnis. Da Positionen länger gehalten werden, können Rücksetzer spürbar gegen die Position laufen. Klare Stop-Loss-Marken sind deshalb entscheidend.

Worauf Swing-Trader achten:

- klare Bewegungen über mehrere Tage oder Wochen
- Einstiege an Ausbrüchen, Pullbacks oder Umkehrzonen
- passendes Chance-Risiko-Verhältnis
- klare Ausstiegs- und Absicherungsregeln

Typische Fehler:

- kurzfristige Hektik mit einem echten Swing verwechseln
- zu früh aussteigen, obwohl die Bewegung noch intakt ist
- Positionen ohne Plan über Nacht oder übers Wochenende halten
- den übergeordneten Trend ignorieren

Swing-Trading ist damit eine Strategie für Trader, die Bewegung nutzen wollen, ohne permanent reagieren zu müssen.

Aha-Moment: Gute Bewegungen brauchen Zeit – und genau diese Zeit ist Teil der Strategie.

Impuls für den Tag: Suchen Sie im Tageschart eine mehrtägige Bewegung und markieren Sie, wo ein strukturierter Einstieg möglich gewesen wäre.

▶ TAG 334, DAY-TRADING – CHANCEN INNERHALB EINES TAGES NUTZEN

DeFi erklärt – Finanzwelt ohne Banken und Handel über dezentrale Börsen

Der Griff zum Smartphone ersetzt den Gang zur Bankfiliale: Kredit, Zins oder Tausch entstehen per Klick. Genau das ist die Idee von **DeFi**. DeFi steht für **Decentralized Finance** (dezentralisierte Finanzanwendungen) und beschreibt Finanzdienste, die nicht von einer Bank oder einem einzelnen Unternehmen gesteuert, sondern über die Blockchain organisiert werden. Regeln stehen hier nicht in Verträgen auf Papier, sondern im Code – und sollen für alle nach denselben Bedingungen gelten.

Im Zentrum stehen **Smart Contracts** (selbstausführende Programme). Sie laufen auf einer Blockchain und setzen Finanzgeschäfte automatisch um, sobald vorher definierte Bedingungen erfüllt sind. Wer Tokens verleiht, kann Zinsen erhalten. Wer Sicherheiten hinterlegt, kann einen Kredit aufnehmen. Der entscheidende Unterschied zur klassischen Finanzwelt: Dafür werden keine Berater, keine Filiale und oft auch keine zentrale Gegenpartei benötigt.

Eine Schlüsselrolle spielen dabei **dezentrale Börsen**, kurz **DEX (Decentralized Exchange**, also dezentrale Handelsplattform). Dort handeln Nutzer nicht über eine zentrale Börse, sondern direkt über Smart Contracts. Statt eines klassischen Orderbuchs arbeiten viele DEX mit **Liquidity Pools (Liquiditätstöpfen**, aus denen Käufe und Verkäufe abgewickelt werden). Nutzer stellen dafür Tokens bereit und erhalten im Gegenzug Gebühren. So werden Anleger zugleich zu Liquiditätsgebern.

Typische DeFi-Anwendungen sind:
- **DEX:** Tausch von Kryptowährungen ohne zentrale Plattform
- **Lending (Kreditvergabe):** Verleihen und Leihen von Tokens gegen Zinsen
- **Yield Farming:** Erträge durch das gezielte Bereitstellen von Liquidität
- **Derivate:** Abbildung von Preisen, Zinsen oder Ereignissen über Smart Contracts

Das Versprechen von DeFi ist groß: offener Finanzzugang, globale Nutzbarkeit und oft geringere Hürden als im klassischen Bankensystem. Gleichzeitig entstehen neue Risiken. Fehler im Code wirken sofort, weil sie nicht einfach rückgängig gemacht werden können. Auch Betrugsmodelle wie **Rug Pulls** (plötzlicher Kapitalabzug durch Entwickler) zeigen, dass DeFi nicht automatisch sicherer, sondern vor allem anders organisiert ist.

DeFi ist deshalb weniger eine fertige neue Finanzwelt als ein Experimentierfeld für Finanzsysteme auf Blockchain-Basis. Genau das macht den Bereich so spannend: Hier zeigt sich, was passiert, wenn Handel, Kredit und Liquidität nicht mehr von Institutionen, sondern von Protokollen gesteuert werden.

Aha-Moment: DeFi ersetzt die Bank nicht einfach durch eine App, sondern durch Regeln im Code, die Finanzgeschäfte automatisch ausführen.

Impuls für den Tag: Schauen Sie sich eine große DEX wie Uniswap an und prüfen Sie, was dort anders läuft als bei einer klassischen Börse oder Bank.

▶ TAG 339, KRYPTO-ZYKLEN VERSTEHEN – HYPE, HALVING UND MARKTPSYCHOLOGIE

Jordan Belfort – vom Wolf der Wall Street zum Motivationsguru

In den 1990er-Jahren wurde Jordan Belfort zum Inbegriff des exzessiven Börsenbetrugs. Als Gründer der Investmentfirma **Stratton Oakmont** orchestrierte er ein massives »**Pump-and-Dump**«-System, bei dem Aktienkurse künstlich in die Höhe getrieben wurden, um die Aktien anschließend mit Gewinn zu verkaufen. Dieses Vorgehen führte zu Verlusten von über 200 Millionen US-Dollar zulasten ahnungsloser Investoren.

Belforts Firma war berüchtigt für aggressive Verkaufstaktiken und eine Firmenkultur, die von Drogenexzessen und hemmungslosen Partys geprägt war. Die **National Association of Securities Dealers** (heute **FINRA**) beobachtete das Unternehmen bereits seit 1989 kritisch – und entzog 1996 schließlich die Lizenz.

1999 wurde Belfort wegen Wertpapierbetrugs und Geldwäsche angeklagt. Er kooperierte mit den Behörden, trug zur Aufklärung bei und verbüßte eine 22-monatige Haftstrafe. Zudem wurde er zur Rückzahlung von 110 Millionen US-Dollar an seine Opfer verpflichtet.

Nach seiner Entlassung aus dem Gefängnis veröffentlichte Belfort 2007 seine Memoiren *The Wolf of Wall Street*, die 2013 von **Martin Scorsese** verfilmt wurden, mit **Leonardo DiCaprio** in der Hauptrolle. Der Film wurde ein internationaler Erfolg – und trug dazu bei, Belfort zugleich zur Kultfigur und zum umstrittenen Symbol für exzessiven Kapitalismus zu machen. Die Grenzen zwischen Kritik und Faszination verschwammen.

Heute tritt Belfort als Motivationsredner und Autor auf, wobei er seine Erfahrungen nutzt, um über Ethik im Geschäftsleben zu sprechen. Er betont die Bedeutung von Integrität und warnt vor den Gefahren ungezügelter Gier. Trotz seines heutigen Auftretens als Mahner bleibt seine Vergangenheit ein eindrucksvolles Beispiel für die zerstörerische Kraft finanzieller Verfehlungen.

Aha-Moment: Jordan Belforts Geschichte zeigt, wie schnell Erfolg ohne ethisches Fundament in den Abgrund führen kann.

Impuls für den Tag: Wahrer Erfolg basiert auf Integrität. Streben Sie nach Wachstum, aber eben nicht um jeden Preis.

▶ TAG 346, GAMESTOP – REDDIT GEGEN DIE WALL STREET IM KAMPF DER KLEINANLEGER

Rohstoffpreise – Öl, Gas & Co. als Konjunkturindikatoren

Stellen Sie sich die Weltwirtschaft wie einen riesigen Industriemotor vor. Öl liefert Energie, Gas versorgt Industrie und Haushalte, Kupfer steckt in Leitungen, Maschinen und Baustellen. Genau deshalb sind Rohstoffpreise weit mehr als bloße Marktpreise: Sie zeigen oft früh, ob die Weltwirtschaft an Tempo gewinnt, unter Druck gerät oder an Schwung verliert.

Wer Rohstoffpreise beobachtet, blickt gewissermaßen unter die Motorhaube der Weltwirtschaft. Noch bevor viele Konjunkturdaten veröffentlicht werden, zeigen Öl, Gas oder Kupfer oft, wo Wachstum entsteht, wo Druck zunimmt und wo die nächste Belastung drohen könnte. Gerade für Anleger macht sie das so spannend.

Warum Rohstoffpreise Frühwarnsysteme sind:

- **Steigt der Ölpreis**, verteuern sich Transport, Produktion und oft auch viele Vorprodukte. Das kann Inflation anheizen und Unternehmen belasten.
- **Fällt der Ölpreis deutlich**, entlastet das zwar Verbraucher und Unternehmen, kann aber auch auf eine schwächere Nachfrage hindeuten.
- **Der Kupferpreis** gilt an den Märkten als besonders aufschlussreich, weil Kupfer in Bau, Industrie und Infrastruktur breit eingesetzt wird.
- **Gaspreise** sind vor allem in Europa ein sensibler Indikator, weil sie direkt auf Energiekosten, Wettbewerbsfähigkeit und Rezessionsrisiken wirken.

Rohstoffpreise zeigen damit nicht nur, wie teuer zentrale Inputs der Weltwirtschaft gerade sind, sondern oft auch, wo Engpässe, Nachfrageschwächen oder Belastungen entstehen. Für Anleger sind sie deshalb ein Frühindikator: Sie geben Hinweise darauf, ob Konjunktur, Inflation und Unternehmensmargen eher Rückenwind oder Gegenwind bekommen.

Gerade für exportstarke Industrieländer wie Deutschland ist das besonders wichtig. Wenn Energie dauerhaft teuer bleibt, geraten Branchen wie Chemie, Maschinenbau oder Industrieproduktion schneller unter Druck. Rohstoffpreise wirken deshalb nicht nur auf Märkte, sondern tief in die reale Wirtschaft hinein.

Aha-Moment: Rohstoffpreise zeigen oft früher als viele Konjunkturdaten, ob die Weltwirtschaft unter Druck gerät oder neuen Schub bekommt.

Impuls für den Tag: Achten Sie in den Börsennachrichten einmal bewusst auf Öl, Gas und Kupfer und fragen Sie sich: Signalisieren sie gerade Wachstum, Belastung oder Abschwächung?

▶ TAG 349, QUARTALSZAHLEN VERSTEHEN – HERZSCHLAG DER BÖRSE

IBM – der Urvater der IT, Pionier der Computerindustrie

Bevor das Silicon Valley zum Mythos wurde, gab es da IBM. Ein Unternehmen, das nicht nur Computer baute, sondern digitales Denken prägte. Gegründet 1911 als *Computing-Tabulating-Recording Company (C-T-R)*, ging IBM bereits 1915 an die Börse. 1924 folgte die Umbenennung in **International Business Machines** – ein Name, der Anspruch und Ausrichtung definierte. Unter **Thomas John Watson** wurde IBM mehr ein Technologiekonzern: ein Symbol für Ordnung, Systematik und unternehmerische Vision.

Der IBM 701 war in den 1950ern der erste Großrechner, den das Unternehmen für die Wirtschaft entwickelte. 1964 folgte das revolutionäre System/360 – eine modulare, skalierbare, standardisierte Plattform. IBM war nicht nur Innovator, sondern der Architekt der modernen IT.

Lange galt: »*Nobody gets fired for buying IBM.*« Kein Werbeslogan, sondern gelebte Realität. Banken, Versicherungen, Regierungen: Alle vertrauten auf IBM. Auch an der Börse stand IBM für Stabilität, Verlässlichkeit und technologische Substanz.

Doch selbst Titanen müssen sich wandeln. Mit dem Aufstieg von PCs, Apple und Internet wirkte IBM in den 1980ern zeitweise aus der Zeit gefallen – und wurde unterschätzt. In den 1990ern gelang unter **Lou Gerstner** die Neuausrichtung: weg vom Hardware-Giganten, hin zu integrierten IT-Dienstleistungen.

Heute ist IBM leiser, aber nicht weniger visionär: mit Watson (KI), Quantencomputing, Cloud-Lösungen und ethischer IT. IBM denkt nicht in Geräten – sondern in Systemen. Von Lochkarten zu Quantenbits. Vom Mainframe zur hybriden Infrastruktur. IBM bleibt ein Leuchtturm – für Technologie mit Haltung.

»You don't get points for predicting rain. You get points for building arks.«
– Lou Gerstner (Ex-CEO, führte IBM in den 1990ern aus der Krise)

Börsengang: 11. November 1915 (als C-T-R) – **Umbenennung in IBM:** 1924 – **Börsenkürzel:** IBM – **Börse:** NYSE

▸ TAG 347, APPLE – VOM GARAGENPROJEKT ZUM WERTVOLLSTEN UNTERNEHMEN DER WELT

Blockchain statt Bank – Revolution oder Illusion?

2009 erschien ein Whitepaper im Netz, verfasst von einem Unbekannten namens **Satoshi Nakamoto**. Die Idee: ein digitales Zahlungsmittel, unabhängig von Staaten, Banken und zentralen Instanzen. Das war die Geburtsstunde von **Bitcoin** – und einer Vision, die das Geldverständnis radikal infrage stellt.

Im Zentrum steht weniger die Währung selbst als ihre Technologie: die Blockchain. Ein dezentrales Netzwerk, in dem Transaktionen transparent dokumentiert und gemeinschaftlich überprüft werden. Vertrauen wird ersetzt durch Code. Die Bank fällt weg, das Protokoll bleibt.

Bitcoin war auch ein Protest. Gegen Finanzkrisen, Bankenrettungen und inflationäres Gelddrucken. Sein Versprechen: digitales Gold – begrenzt, transparent, unabhängig. 21 Millionen Bitcoins – nicht mehr. Sein Wert wird nicht garantiert, sondern permanent neu ausgehandelt. Auf dem freien Markt. In Echtzeit.

Doch mit der Revolution kamen Fragen: Wie sicher ist die Blockchain? Wie hoch der Energieverbrauch? Wie groß die Preisschwankungen? Und wie anonym ist »anonym« wirklich? Kritiker sehen in Kryptowährungen eine spekulative Blase. Befürworter eine Befreiung von alten Machtstrukturen.

Inzwischen ist Krypto mehr als nur Bitcoin: Ethereum, Solana, NFTs (digitale Besitznachweise), **Smart Contracts** (automatisierte Verträge) und **DeFi** (dezentrale Finanzsysteme) – stehen für eine neue Finanzwelt – offen, global und experimentell. Noch kaum reguliert, aber mit realen Effekten. Staaten, Banken und Unternehmen beobachten – und entwickeln eigene Antworten.

Was bleibt: Bitcoin ist weniger Zahlungsmittel als Denkimpuls. Er zeigt, dass Geld nicht mehr gedruckt oder geprägt werden muss, um zu funktionieren – sondern programmiert. Und dass Vertrauen nicht immer eine Institution braucht, sondern manchmal nur einen Algorithmus.

Aha-Moment: Die erste reale Bitcoin-Transaktion war 2010: Ein Programmierer zahlte 10 000 BTC für zwei Pizzen – heute (je nach Kurs) Millionen Euro für ein Abendessen.

Impuls für den Tag: Wem oder was vertrauen Sie mehr – Menschen, Systemen oder Ideen? Vielleicht liegt der Wert manchmal in der Frage, nicht in der Antwort.

▶ TAG 345, DIGITALES ZENTRALBANKGELD – DIE NÄCHSTE STUFE DER WÄHRUNGEN

John Maynard Keynes – der Ökonom, der die Weltordnung veränderte

Es gibt Ökonomen – und es gibt Keynes. John Maynard Keynes war nicht nur ein brillanter Denker seiner Zeit, sondern ein Vordenker für Generationen. Kaum ein anderer hat das wirtschaftliche Denken und Handeln so tiefgreifend verändert – und dabei eine Idee hinterlassen, die bis heute das Rückgrat moderner Wirtschaftspolitik bildet: der Staat als aktiver Gestalter, nicht als passiver Beobachter.

Keynes trat auf die Bühne der Weltpolitik, als sie in Flammen stand. Nach dem Ersten Weltkrieg war er einer der wenigen, die den fatalen Fehler der Reparationen erkannten – und laut warnten. Nach dem Zweiten Weltkrieg wurde er zum Architekten einer neuen Finanzordnung: **Bretton Woods**, **Weltbank**, **Internationaler Währungsfonds (IWF)** – all das trägt seine Handschrift. Doch sein eigentliches Erbe ist geistiger Natur.

Mit seiner *Allgemeinen Theorie der Beschäftigung, des Zinses und des Geldes* stellte er das damalige Denken auf den Kopf. Nicht Angebot schafft Nachfrage, sondern Nachfrage schafft Wachstum. In einer Welt, die unter Wirtschaftskrisen und Massenarbeitslosigkeit litt, war das revolutionär – und zugleich der Weg zurück zur Stabilität.

Keynes zeigte, dass Märkte nicht immer zur Balance finden, dass Unsicherheit real ist – und dass es staatlicher Impulse bedarf, um Krisen zu überbrücken. Seine Ideen legten den Grundstein für das, was wir heute als antizyklische Wirtschaftspolitik kennen. In jeder Rezession, in jedem Konjunkturprogramm, in jedem Hilfspaket lebt ein Stück Keynes weiter.

Doch Keynes war weit mehr als ein Theoretiker. Er war Berater, Stratege, Diplomat, Visionär – und ein Mensch mit Witz, Kultur, Neugier. Er kannte Shakespeare ebenso wie Zinsmodelle, schrieb Theaterkritiken und finanzpolitische Memoranden – oft in derselben Woche. Sein Denken war komplex, aber nie abgehoben. Es folgte einem klaren Ziel: Wirtschaft soll den Menschen dienen – nicht umgekehrt.

Keynes war überzeugt: Zukunft ist offen – und sie gehört denen, die bereit sind, sie zu gestalten. Nicht aus Ideologie, sondern aus Verantwortung. Damit wurde er zum Kompass für politische Ökonomie – und zu einem der wirkmächtigsten Gestalter der Geldwelt.

Aha-Moment: John Maynard Keynes hat nicht nur die Ökonomie neu gedacht, sondern gezeigt, dass kluges Eingreifen oft wirksamer ist als reines Marktvertrauen.

Impuls für den Tag: Wirtschaft ist kein Selbstzweck. Trägt Ihr Denken nur zum Wachstum bei – oder auch zum Wohl? Verantwortung beginnt dort, wo Sie Wirkung haben.

▶ TAG 348, DAVID ROCKEFELLER – KAPITAL, DIPLOMATIE UND DAS GLOBALE NETZWERK

Dividendenstrategie – passives Einkommen gezielt aufbauen

Unternehmen, die dauerhaft Gewinne erzielen, können einen Teil davon an ihre Aktionäre ausschütten. Genau darin liegt die Idee der Dividendenstrategie: Sie investieren gezielt in Unternehmen, die ihre Eigentümer regelmäßig am Gewinn beteiligen. Für Anleger sind Dividenden nicht nur laufende Erträge, sondern oft auch ein Zeichen für Ertragskraft, finanzielle Stabilität und eine verlässliche Unternehmenspolitik.

Was ist eine Dividendenstrategie? Sie wählen gezielt Unternehmen aus, die verlässlich und möglichst über viele Jahre Dividenden zahlen. Besonders geschätzt werden Firmen, die ihre Ausschüttungen regelmäßig steigern. Entscheidend ist dabei nicht die höchste Dividendenrendite, sondern die Qualität der Ausschüttung. Eine gute Dividende ist tragfähig, verlässlich und idealerweise wächst sie.

Vorteile von Dividendenstrategien:
- **Laufende Erträge:** Regelmäßige Ausschüttungen schaffen einen stetigen Geldfluss.
- **Stabilität im Depot:** Dividendenzahler sind oft etablierte und profitable Unternehmen.
- **Zinseszinseffekt:** Reinvestierte Dividenden können die Vermögensentwicklung langfristig spürbar beschleunigen.
- **Mehr Ruhe:** Erträge fließen oft auch dann, wenn die Kurse zeitweise kaum vorankommen.

Ihr Dividendendepot in drei Schritten:
1. Unternehmen mit stabiler Dividendenhistorie auswählen
2. Branchen und Regionen breit streuen
3. Dividenden entweder als laufenden Ertrag nutzen oder konsequent reinvestieren

Typische Fehler vermeiden:
- **Nicht nur auf eine hohe Dividendenrendite schauen:** Oft ist gerade sie ein Warnsignal, wenn der Kurs stark gefallen ist.
- **Auf die Ausschüttungsquote achten:** Eine Dividende ist nur dann gesund, wenn sie aus den Gewinnen getragen werden kann.
- **Steuern mitdenken:** Ausschüttungen werden steuerlich belastet und sollten realistisch eingeplant werden.

Eine Dividendenstrategie liefert deshalb mehr als laufende Ausschüttungen. Sie kann Vermögensaufbau, Stabilität und planbare Erträge miteinander verbinden – besonders dann, wenn Qualität, Streuung und Reinvestition zusammenkommen.

Aha-Moment: Eine gute Dividende zahlt nicht einfach viel, sondern verlässlich und aus echter Unternehmensstärke.

Impuls für den Tag: Prüfen Sie bei Dividendenwerten nicht nur die Rendite, sondern auch die Dividendenhistorie, die Ausschüttungsquote und die finanzielle Stabilität des Unternehmens.

▶ TAG 350, WACHSTUMSSTRATEGIE – AUF UNTERNEHMEN MIT ZUKUNFT SETZEN

Trends erkennen – Handeln mit dem Strom der Märkte

Stellen Sie sich vor, Sie schwimmen im offenen Meer: Mit der Strömung gleiten Sie mühelos voran, gegen sie kostet jeder Meter Kraft. Genauso ist es an der Börse. Der Trend beschreibt die Richtung eines Kurses – aufwärts, abwärts oder seitwärts. Er ist das sichtbare Ergebnis kollektiver Entscheidungen und zeigt sich im Chart durch Hochs (H) und Tiefs (T):

AUFWÄRTSTREND	ABWÄRTSTREND	SEITWÄRTSTREND (RANGE)
Höhere Hochs und höhere Tiefs entstehen. Käufer treiben den Kurs nach oben. Rücksetzer sind keine Schwäche – sie sind Atempausen im Aufstieg und oft Einstiegsgelegenheiten.	Der Kurs bildet tiefere Hochs und tiefere Tiefs. Verkäufer dominieren. Erholungen wirken wie kurze Hoffnungen – doch die übergeordnete Bewegung zeigt nach unten.	Hochs und Tiefs pendeln zwischen festen Marken. Der Markt sammelt Kraft, ohne sich festzulegen. Hier gewinnt nicht Tempo, sondern Geduld – und das Verständnis für Spannungszonen.

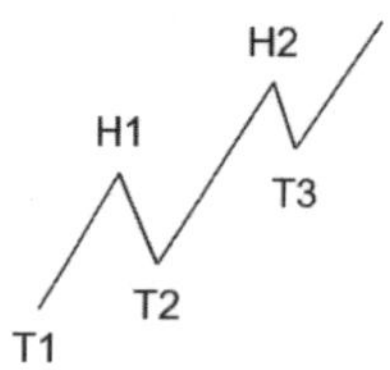

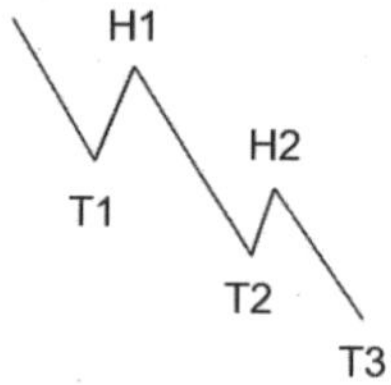

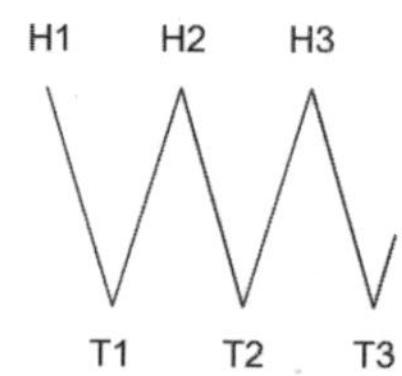

Trends entstehen, weil Erwartungen sich selbst verstärken. Steigende Kurse ziehen Käufer an, fallende Kurse lösen Verkäufe aus. Was beginnt, setzt sich oft fort.

Trendlinien können diese Struktur sichtbar machen, gleitende Durchschnitte glätten sie. Besonders belastbar wird ein Trend, wenn das Volumen ihn bestätigt.

Viele Trader scheitern, weil sie gegen die dominante Bewegung handeln. Der Markt belohnt nicht den Mut zum Wendepunkt, sondern die Disziplin, der Struktur zu folgen.

Checkliste für Ihre Trenderkennung:

1. Steigen oder fallen Hochs und Tiefs?
2. Bestätigt das Volumen die Richtung?
3. Passt mein Einstieg zur dominanten Bewegung?
4. Habe ich Stopps logisch gesetzt – auch gegen Trendbrüche?

Aha-Moment: Trendfolge funktioniert nicht durch Vorhersage, sondern durch Anpassung – und genau das macht sie stabil.

Impuls für den Tag: Markieren Sie Hochs und Tiefs in drei Charts. Handeln Sie nur mit der dominanten Richtung – nicht gegen sie.

▸ TAG 364, DAS TRADING-TAGEBUCH – IHR EHRLICHSTER MENTOR

Alternative Daten – von Satellitenbildern bis Suchmaschinentrends

Stellen Sie sich vor, Sie blicken aus der Luft auf ein großes Einkaufszentrum. Der Parkplatz ist voll. Für Kunden ist das eine Alltagsszene. Für Investoren kann es ein Frühindikator sein. Genau hier beginnen alternative Daten – Informationsquellen, die nicht aus Geschäftsberichten stammen, sondern aus digitalen Spuren realer Aktivität. Sie zeigen nicht, was Unternehmen berichten, sondern, was Menschen tatsächlich tun.

Traditionell stützen sich Anleger auf Umsatz, Gewinn oder makroökonomische Kennzahlen wie das Bruttoinlandsprodukt. Diese Zahlen sind geprüft, aber rückwärtsgerichtet. Alternative Daten verkürzen den Informationsabstand zwischen Realität und Marktpreis. Satellitenbilder zeigen Lagerbewegungen, Kreditkartendaten spiegeln Konsumverhalten, Suchmaschinentrends machen Nachfrage sichtbar. Was im Alltag entsteht, wird in Echtzeit zu ökonomischem Signal. Information wird vom statischen Bericht zur beobachteten Bewegung. Der Markt beobachtet nicht mehr nur Zahlen – er beobachtet Verhalten. Wer Realität misst, bevor sie bilanziert wird, verschiebt den Preisbildungsprozess.

Beispiel: Sie prüfen einen Einzelhändler. Der Quartalsbericht erscheint erst in einigen Wochen. Datenanbieter analysieren jedoch bereits heute Parkplatzbelegung, Lieferströme oder Online-Suchvolumen. Steigt die Aktivität, verändert sich die Erwartung – lange bevor sie im Geschäftsbericht erscheint. Unternehmen wie Planet Labs liefern entsprechende Bilddaten. Plattformen stellen aggregierte Trendanalysen bereit, die Nachfrageverschiebungen messbar machen. Erwartungen entstehen somit nicht mehr ausschließlich aus Bilanzzahlen, sondern aus beobachtbarem Verhalten.

Alternative Daten ersetzen keine Fundamentalanalyse – sie erweitern Ihren Zeithorizont. Ein volles Parkhaus kann einen Sondereffekt widerspiegeln, kein strukturelles Wachstum. Entscheidend ist die Kombination aus klassischer Bewertung und Echtzeitsignalen. Professionelle Investoren integrieren beides in Modelle, um Erwartungsänderungen früher zu identifizieren als der Markt. Wer beides verbindet, analysiert nicht nur Unternehmen, sondern Bewegung.

Damit verschiebt sich der Wettbewerb: Nicht wer die meisten Informationen besitzt, sondern wer Relevantes schneller interpretiert, gewinnt. Alternative Daten sind kein Datenüberfluss – sie sind ein Zeitvorsprung. An der Börse entscheidet oft nicht Wissen, sondern Timing.

Aha-Moment: Märkte reagieren auf Veränderungen – nicht auf Berichte. Alternative Daten zeigen, wann sich Realität verschiebt.

Impuls für den Tag: Fragen Sie sich bei jedem Investment: Welche Echtzeitsignale sehe ich, bevor der Quartalsbericht erscheint?

▶ TAG 354, PREDICTIVE ANALYTICS – MÄRKTE MIT STATISTIK VORHERSAGEN?

Ihr Weg im Markt – Investor oder Trader und was das konkret bedeutet

Sie können beides tun – aber nicht gleichzeitig in derselben Entscheidung. Genau hier verlieren viele die Klarheit.

Der entscheidende Punkt: Ihr Ergebnis entsteht nicht durch den Markt, sondern durch die Konsequenz, mit der Sie Ihren Ansatz verfolgen.

Investoren denken in Zeit. Sie treffen wenige Entscheidungen, akzeptieren Schwankungen und lassen Entwicklung wirken. Ihr Vorteil entsteht durch Geduld und Struktur.

Trader denken in Bewegungen. Sie treffen viele Entscheidungen, steuern Risiko aktiv und handeln gezielt Setups. Ihr Vorteil entsteht durch Präzision und konsequente Umsetzung.

Fehler entstehen, wenn Sie Ansätze vermischen:

- Sie investieren langfristig – und verkaufen bei fallenden Kursen aus Unsicherheit.
- Sie traden kurzfristig, aber ohne klare Regeln, und hoffen auf die richtige Entwicklung.

Dann fehlt jeder Entscheidung eine klare Grundlage.

Klarheit entsteht durch Trennung:

- **Investing:** Ziel, Zeitraum, ruhige Umsetzung
- **Trading:** Setup, Risiko, Wiederholung, konsequente Ausführung

Was beim Investieren sinnvoll ist, kann beim Trading Verluste erzeugen – und umgekehrt. Beide Wege können funktionieren, aber nur, wenn Sie sie klar trennen. Ein Investment folgt anderen Regeln als ein Trade.

Ihr Weg im Markt ist keine Frage von Richtig oder Falsch. Er entsteht dort, wo Klarheit auf Konsequenz trifft. Der Markt entscheidet nicht für Sie – er zeigt nur, ob Sie sich entschieden haben.

Aha-Moment: Sie entscheiden nicht über den Markt – Sie entscheiden, welche Rolle Sie darin einnehmen.

Impuls für den Tag: Legen Sie fest: Wann handele ich als Investor – und wann als Trader? Trennen Sie beides klar und folgen Sie jeweils eigenen Regeln.

▶ TAG 2, INVESTOR ODER TRADER – WELCHER WEG PASST ZU IHNEN?

Hebel und Emotionen – Psychologie unter Druck

Hebel verändern nicht nur das Ergebnis eines Trades, sondern auch die Art, wie Entscheidungen entstehen.

Der entscheidende Punkt: Je höher Hebel und Volatilität, desto schneller wird aus Marktbewegung emotionaler Druck.

Was bei kleinen Schwankungen noch beherrschbar wirkt, verändert sich unter Hebel oft abrupt. Gewinne fühlen sich größer an, Verluste bedrohlicher. Der Markt bewegt sich nicht anders – Ihre Wahrnehmung schon.

Genau darin liegt die psychologische Falle: Nicht der Chart eskaliert zuerst, sondern die emotionale Reaktion darauf.

Schon kleine Kursbewegungen können dann ausreichen, um

- Euphorie auszulösen,
- Angst zu verstärken,
- Regeln infrage zu stellen,
- spontane Entscheidungen zu provozieren.

Viele Trader unterschätzen diesen Effekt. Nicht weil sie den Markt falsch analysieren, sondern weil sie ihre eigene Belastungsgrenze falsch einschätzen.

Je stärker Kontostände schwanken, desto schwieriger wird es, strukturiert zu bleiben:

- Gewinne werden zu früh realisiert.
- Verluste werden panisch geschlossen.
- Regeln werden situativ verändert.

Dann verschiebt sich der Fokus: Nicht mehr die Strategie steuert den Trade, sondern das Gefühl im Moment. Hohe Volatilität verstärkt diesen Effekt zusätzlich. Professioneller Umgang mit Hebelprodukten beginnt deshalb nicht beim Markt, sondern bei der eigenen Stabilität unter Druck.

Wer Hebel handelt, handelt deshalb immer auch gegen einen unsichtbaren Gegner: die eigene Reaktion auf Unsicherheit.

Aha-Moment: Hebel verstärken nicht nur Gewinne und Verluste, sondern auch Ihre emotionale Reaktion darauf.

Impuls für den Tag: Beobachten Sie bei Ihrem nächsten Trade nicht nur den Markt, sondern auch, wie sich Ihre Entscheidungen unter Schwankung verändern.

▶ TAG 338, HEBELWIRKUNG – WARUM GEWINNE UND VERLUSTE EMOTIONAL ESKALIEREN

Quality Investing – auf starke Bilanzen und Renditen setzen

Nicht jede Aktie mit günstiger Bewertung ist ein Schatz. Manche wirken nur preiswert, weil das Unternehmen schwach ist. Quality Investing dreht die Perspektive: Statt vor allem nach Schnäppchen zu suchen, konzentrieren sich Anleger auf Unternehmen mit stabilen Gewinnen, soliden Bilanzen und nachhaltigen Wettbewerbsvorteilen. Kurz gesagt: Qualität zählt mehr als eine günstige Bewertung.

So geht's:

- Suchen Sie nach Firmen mit hoher Eigenkapitalrendite und stabilen Cashflows.
- Achten Sie auf geringe Verschuldung – starke Bilanzen überstehen Krisen besser.
- Setzen Sie auf verlässliches Gewinnwachstum, nicht nur auf kurzfristige Hypes.
- Bevorzugen Sie Geschäftsmodelle mit dauerhaften Wettbewerbsvorteilen.

Warum funktioniert das?

- Qualitätsfirmen überstehen Abschwünge oft besser und profitieren in Erholungsphasen überdurchschnittlich.
- Anleger unterschätzen häufig die Kraft stetiger Profitabilität.
- Der Qualitätsfaktor wird in der Forschung mit langfristig attraktiven Renditen bei vergleichsweise moderatem Risiko in Verbindung gebracht (1).

Beispiel: Die Forschung zum Qualitätsfaktor zeigt, dass Portfolios aus Qualitätsaktien über lange Zeiträume oft besser abschneiden als der Gesamtmarkt – bei geringeren Schwankungen (2). Unternehmen wie Microsoft oder Nestlé gelten vielen Investoren als typische Quality-Titel, weil sie seit Jahren mit soliden Margen, stabilen Erträgen und belastbaren Geschäftsmodellen überzeugen.

CHANCEN	RISIKEN
▪ langfristig oft stabilerer Depotverlauf ▪ Solide Geschäftsmodelle können Krisen besser abfedern. ▪ weniger Abhängigkeit von kurzfristigen Marktstimmungen	▪ Qualität hat oft ihren Preis – starke Unternehmen sind selten wirklich günstig. ▪ In spekulativen Boomphasen hinken Quality-Titel oft hinterher. ▪ Qualität lässt sich nicht an einer einzigen Kennzahl festmachen.

Fazit: Quality Investing ist kein spektakulärer, sondern ein disziplinierter Ansatz. Er setzt nicht auf die billigste Aktie, sondern auf die robusteste. Der Vorteil entsteht aus Substanz, nicht aus Schlagzeilen.

Aha-Moment: Qualität zeigt sich nicht nur im Gewinn von heute, sondern in der Stärke, auch morgen noch verlässlich zu liefern.

Impuls für den Tag: Prüfen Sie eine Aktie in Ihrem Depot: Überzeugt sie durch Qualität – oder nur durch eine gute Geschichte?

▶ TAG 352, EQUAL-WEIGHT-STRATEGIE – GLEICHGEWICHT STATT GIGANTENLAST

Trading meets Life – nutzen Sie die universellen Gesetze des Erfolgs

Auch im Trading wirken universelle Prinzipien – ob bewusst oder unbewusst. Wer sie erkennt, gewinnt Orientierung, Mustererkennung und Handlungsspielraum.

Diese Gesetze gelten überall – im Leben wie im Markt. Wer sich auf sie einlässt, vertieft sein Verständnis. Wer sie ignoriert, wiederholt Fehler – oft unbewusst.

Sechs Prinzipien, die wirken:

1. **Ursache und Wirkung:** Was Sie säen, werden Sie ernten. Wer sein Risikomanagement vernachlässigt, zahlt langfristig. Wer diszipliniert handelt, wird stabiler traden. Der Markt ist Spiegel und Verstärker Ihrer Entscheidungen.
2. **Polarität:** Gewinn und Verlust. Long und Short. Vertrauen und Angst: Alles hat zwei Pole – und jeder Trader erlebt beide. Wer das akzeptiert, reagiert weniger impulsiv und lernt aus jeder Erfahrung.
3. **Resonanz:** Ihre innere Haltung wirkt – oft stärker als jede Strategie. Wer von Angst oder Verlustdenken geprägt ist, tradet entsprechend. Sie senden und empfangen auf der Frequenz Ihres Mindsets.
4. **Rhythmus:** Märkte verlaufen in Zyklen – und auch unser Denken, Fühlen und Handeln folgt oft einem inneren Rhythmus. Wer Timing, Tagesform und wiederkehrende Muster erkennt, trifft bessere Entscheidungen – und bleibt auch bei Rückschlägen stabil.
5. **Analogie:** Wie oben, so unten. Der Makrokosmos spiegelt sich im Mikrokosmos – und umgekehrt. Auch im Trading zeigen sich persönliche Muster. Wer sich selbst versteht, erkennt mehr im Chart.
6. **Mentalität:** Gedanken sind nicht neutral – sie wirken. Wer klar, ruhig und zielgerichtet denkt, schafft bessere Resultate. Ein fokussierter Geist ist oft die effektivste Strategie.

Reflexionsaufgabe – die eigenen Muster erkennen

- Welche dieser Prinzipien erlebe ich besonders deutlich in meinem Trading-Alltag?
- Wann handele ich im Einklang mit ihnen – und wann nicht?
- Bei welchen Kursverläufen oder Situationen erkenne ich wiederkehrende Verhaltensmuster bei mir?
- Welcher Gedanke zieht sich durch meine letzten zehn Trades?
- Welche Prinzipien möchte ich bewusster für mich nutzen?

Aha-Moment: Märkte folgen Mustern – genau wie Menschen. Wer die tieferen Gesetzmäßigkeiten versteht, erkennt sich selbst im Chart. Und genau dort beginnt Veränderung.

Impuls für den Tag: Trading folgt denselben Prinzipien wie ein erfülltes Leben: Klarheit, Rhythmus, Verantwortung. Wer sich darauf ausrichtet, gewinnt auf beiden Ebenen.

▶ TAG 355, DANKBARKEIT IM ALLTAG – IHR UNTERSCHÄTZTER MINDSET-BOOSTER

Sicherheitsbedürfnis – warum es oft zum Renditekiller wird

Sicherheit klingt vernünftig. Doch an der Börse kann sie trügen. Viele Anleger unterschätzen, wie teuer es sein kann, kein Risiko einzugehen. Denn der Wunsch nach Stabilität führt oft genau dorthin, wovor man sich eigentlich fürchtet: zu verpassten Chancen und stagnierendem Vermögen.

Eine Studie zeigt: Menschen bevorzugen sichere Gewinne – selbst wenn riskantere Alternativen langfristig mehr Ertrag bringen würden (1). Dieser sogenannte **Sicherheitseffekt** führt dazu, dass viele zu konservativ investieren. Paradox: Im Verlustfall werden sie plötzlich risikofreudig – etwa, wenn sie mit spekulativen Investments versuchen, Verluste auszugleichen.

Hinzu kommt ein zweiter Mechanismus: Viele Anleger denken zu kurzfristig. Sie checken ihr Depot täglich, reagieren panisch auf Schwankungen – und gewichten Verluste emotional stärker als Gewinne (2). Das Ergebnis: Sie meiden Aktien, obwohl diese langfristig die besten Renditen liefern. Ein klassischer Fall von **Verlustaversion**.

Selbst wenn Risiken objektiv kalkulierbar wären, nehmen wir sie subjektiv verzerrt wahr. Menschen überschätzen kleine Risiken – und verharmlosen größere, sobald sie sich sicher fühlen (3). Die Folge: Manchmal handeln sie zu vorsichtig, manchmal zu impulsiv. Eine gefährliche Mischung aus Überreaktion und Stillstand.

Was also tun? Lernen, mit Unsicherheit zu leben – und bewusst zwischen Risiko und Gefahr zu unterscheiden. Denn kein Risiko einzugehen, ist auf lange Sicht oft das größte. Wer Vermögen aufbauen will, muss bereit sein, kalkuliert zu investieren: nicht blind optimistisch, aber mutig durchdacht.

Rendite braucht kein All-in – aber ein klares Ja zum Risiko. Der Kapitalmarkt belohnt langfristiges Denken, nicht spontanes Zögern. Denn Sicherheit entsteht oft erst durch bewusstes Risiko.

Aha-Moment: Viele Anleger halten zu wenig Aktien – nicht weil sie es nicht könnten, sondern weil sie sich vor Schwankungen mehr fürchten als vor Stillstand.

Impuls für den Tag: Fragen Sie sich bei Ihrer nächsten Anlageentscheidung: Vermeide ich gerade ein Risiko – oder eine Chance?

▶ TAG 356, HEIMATLIEBE IM DEPOT – DER PREIS DES VERTRAUTEN

Langfristig investieren – Hypes, Krisen und Geduld richtig einordnen

Die Börse ist nicht nervenaufreibend. Sie testet Geduld. Wer bleibt, wird belohnt. Wer reagiert, zahlt den Preis.

Märkte schwanken. Hypes treiben Kurse nach oben, Krisen drücken sie nach unten. Beides ist kein Ausnahmefall, sondern das System. Entscheidend ist nicht, diese Phasen zu vermeiden, sondern sie einzuordnen.

Der zentrale Zusammenhang: Rendite entsteht nicht durch Timing, sondern durch Zeit im Markt.

Langfristige Daten zeigen: Märkte wachsen über Jahre, nicht linear, sondern in Wellen. Rückgänge sind kein Risiko, sondern der Preis für Rendite.

Hypes entstehen, wenn Erwartungen schneller wachsen als die Realität. Abstürze folgen, wenn diese Erwartungen korrigiert werden. Der Preis schwankt schnell, der Wert entwickelt sich langsam.

Wer langfristig investiert, trennt beides. Er folgt nicht der Stimmung, sondern seiner Struktur. Geduld ist dabei kein passives Warten. Sie ist Disziplin unter Unsicherheit.

Genau hier trennt sich Theorie von Praxis: In starken Marktphasen fällt Geduld leicht. In Krisen wird sie zur Herausforderung. Kurse fallen, Nachrichten werden negativer, Zweifel nehmen zu. Ohne klaren Rahmen wird Strategie durch Reaktion ersetzt. Erfolgreiche Investoren bereiten sich deshalb nicht auf den Aufschwung vor, sondern auf Rückgänge. Sie entscheiden vorab – nicht im Stress.

Worauf es ankommt:

- **Erwartungen kalibrieren:** langfristige Renditen realistisch einschätzen
- **Zyklen akzeptieren:** Schwankungen als Teil des Systems verstehen
- **Disziplin bewahren:** nicht auf jede Bewegung reagieren

Die größten Fehler entstehen nicht in Krisen, sondern im Verhalten. Wer in Euphorie kauft und in Panik verkauft, tauscht Zeit gegen Verluste.

Langfristiges Investieren bedeutet deshalb nicht, alles auszusitzen. Es bedeutet, das Richtige auszuhalten.

Aha-Moment: Nicht die beste Aktie bringt Rendite, sondern die, die Sie lange genug halten.

Impuls für den Tag: Prüfen Sie Ihr Depot: »Welche Position würde ich auch in fünf Jahren noch halten – unabhängig von kurzfristigen Schwankungen?«

▶ TAG 336, VERKAUFEN MIT PLAN – DEN RICHTIGEN ZEITPUNKT FINDEN

Comeback-Formel – wie Märkte nach Crashs überraschend stark zurückkehren

Wenn Märkte fallen, scheint es oft, als stünde die Welt still. Schlagzeilen dominieren, Panik macht sich breit, Kurse brechen ein. Doch was in der Krise wie ein Kontrollverlust wirkt, ist oft nur der Anfang einer ganz anderen Bewegung: der Rückkehr.

Ein Blick in die Vergangenheit zeigt: Je tiefer der Absturz, desto kräftiger oft das Comeback. Und es kommt meist schneller, als die Stimmung vermuten lässt. Die größte Lehre aus über 30 Jahren Börsengeschichte: Märkte brechen ein – und stehen wieder auf. Wer dann verkauft, wenn es am dunkelsten scheint, verpasst oft das Licht, das folgt.

Crashs wie die Dotcom-Blase, die Finanzkrise oder der Corona-Schock waren drastisch – aber nicht das Ende. Ganz im Gegenteil: Wer investiert blieb oder sogar mutig nachgelegt hat, wurde häufig überproportional belohnt. Denn Börsen bewerten keine Gegenwart, sondern Zukunft. Und die kündigt sich selten laut an, sondern kehrt leise und entschlossen zurück.

Rückschläge & Comebacks im Überblick:

EREIGNIS	RÜCKGANG CA.	ERHOLUNGSZEIT CA.
Dotcom-Blase (2000 – 2002)	-73 %	87 Monate
Finanzkrise (2007 – 2008)	-55 %	48 Monate
Corona-Crash (2020)	-36 %	5 Monate
Ukraine-Krieg (2022)	-25 %	9 Monate
Trumps Zollschock (März / April 2025)	-15 %	1 Monat

DAX-Entwicklung, eigene Berechnung

Was auffällt: In den letzten Jahren wurden Rückschläge deutlich schneller »verdaut«. Die Erholungszeit verkürzt sich – vielleicht, weil Liquidität, Erfahrung und Algorithmen das System schneller reagieren lassen. Vielleicht auch, weil immer mehr Anleger gelernt haben: Krisen sind keine Haltestellen – sondern Einstiegspunkte.

Was lässt sich daraus lernen?

- Nicht jeder Rückgang ist der Anfang vom Ende – aber jeder Crash der Beginn einer Erholung.
- Wer antizyklisch denkt, investiert genau dann, wenn andere fliehen – und wird oft belohnt.
- Die heftigsten Rückgänge passieren nicht im Depot – sondern im Kopf. Es sind emotionale Reaktionen, keine rationalen Bewegungen, die Anleger zu Fehlern treiben.
- Der größte Fehler passiert selten am Markt, sondern fast immer beim Anleger: auszusteigen, wenn man eigentlich einsteigen sollte.

Aha-Moment: Crashs fühlen sich wie das Ende an – sind aber oft der Anfang eines neuen Aufschwungs.

Impuls für den Tag: Denken Sie in Jahren, nicht in Tagen. Börsenerfolg belohnt nicht Timing – sondern Haltung, Weitblick und Standhaftigkeit in stürmischen Zeiten.

▶ TAG 351, MARTINGALE & ANTIMARTINGALE: ZWEI WEGE, RISIKO ZU MANAGEN – NUR EINER FÜHRT WEIT

Ihr Vorteil im Markt – warum manche dauerhaft gewinnen

Märkte sind offen für alle. Gewinne sind es nicht. Der Unterschied liegt selten in der Information, sondern in der Umsetzung.

Der entscheidende Punkt: Dauerhafter Erfolg entsteht, wenn ein klarer Vorteil konsequent umgesetzt wird.

Ein Vorteil im Markt ist kein Geheimtipp. Er ist ein wiederholbarer Ansatz mit positivem Erwartungswert. Viele suchen nach dem perfekten Trade. Erfolgreiche Marktteilnehmer bauen auf Wiederholung.

Ein Vorteil zeigt sich nicht im einzelnen Ergebnis, sondern in der Serie:

- klare Setups
- definierte Regeln für Einstieg, Stopp und Ziel
- konstantes Risiko
- konsequente Umsetzung

Der Unterschied entsteht nicht im Markt, sondern im Verhalten.

Typische Brüche:

- Regeln werden situativ angepasst.
- Risiko wird nach Gefühl verändert.
- Verluste werden nicht begrenzt.
- Gewinne werden nicht realisiert.

So verschwindet jeder Vorteil. Ein funktionierender Ansatz reicht nicht. Er muss unter Druck umgesetzt werden.

Deshalb gewinnen manche dauerhaft: Nicht, weil sie mehr wissen, sondern, weil sie weniger abweichen.

Aha-Moment: Ihr Vorteil liegt nicht im nächsten Trade, sondern in der konsequenten Umsetzung Ihres Ansatzes.

Impuls für den Tag: Prüfen Sie Ihren Ansatz – und vor allem, wie konsequent Sie ihn umsetzen.

▸ TAG 43, SETUP-QUALITÄT ERKENNEN – NICHT JEDER EINSTIEG IST EIN TRADE

Strategie dokumentieren – Schlüssel zur Umsetzung

Viele Anleger scheitern nicht am Wissen, sondern im entscheidenden Moment. Solange Märkte ruhig sind, wirken Pläne klar, vernünftig und leicht umsetzbar. Doch wenn Kurse fallen, Euphorie aufkommt oder Unsicherheit den Blick verengt, gerät selbst eine gute Überzeugung schnell ins Wanken. Genau deshalb reicht es nicht, eine Strategie im Kopf zu haben. Sie muss festgehalten sein, damit sie auch dann trägt, wenn Emotionen Druck machen.

Eine dokumentierte Strategie schafft Abstand zur aktuellen Situation. Sie verlagert wichtige Entscheidungen aus dem Augenblick in eine Phase der Ruhe. Das ist ihr eigentlicher Wert. Sie schützt nicht vor Angst, Gier oder Zweifel, aber sie schützt davor, diesen Gefühlen spontan die Führung zu überlassen. Wer seine Regeln vorher formuliert, reagiert in schwierigen Phasen nicht nur ruhiger, sondern meist auch klarer.

Dafür braucht man kein langes Konzeptpapier. Oft reichen ein bis zwei Seiten. Entscheidend ist nicht die Länge, sondern die Verbindlichkeit. Ihre Strategie sollte beantworten, warum Sie investieren, welchen Zeithorizont Sie haben, welche Schwankungen Sie aushalten und nach welchen Grundsätzen Sie handeln wollen. Je klarer diese Punkte vorab formuliert sind, desto kleiner wird die Versuchung, sie später je nach Stimmung umzudeuten.

Gerade in schwierigen Marktphasen zeigt sich der Unterschied. Fallen Kurse deutlich, beginnt ohne klare Strategie fast zwangsläufig die innere Diskussion: Vielleicht sollte ich verkaufen, vielleicht nachkaufen, vielleicht einfach abwarten. Alles wirkt gleichzeitig möglich und nichts wirklich sicher. Mit einer dokumentierten Strategie stellen Sie stattdessen eine andere Frage: Hat sich an meinen Annahmen wirklich etwas geändert, oder spricht hier nur die aktuelle Marktstimmung? Genau dieser Unterschied macht aus Reaktion wieder Entscheidung.

Typische Inhalte einer Strategie sind:

- **Ziel:** wofür dieses Vermögen oder dieser Depotteil gedacht ist
- **Zeithorizont:** wie lange das Geld arbeiten soll
- **Aufteilung:** wie Ihr Vermögen auf Anlageklassen verteilt werden soll
- **Regeln:** wann Sie kaufen, nachkaufen, halten oder verkaufen
- **Grenzen:** welche Risiken und Schwankungen Sie akzeptieren

Eine gute Strategie ist deshalb kein starres Korsett. Sie ist ein belastbarer Rahmen. Sie gibt Orientierung, ohne jede Bewegung vorzuschreiben. Was nur im Kopf existiert, ist im Stress verhandelbar. Was geschrieben ist, hat deutlich mehr Bestand. Genau darin liegt ihre Stärke: Eine schriftliche Strategie macht aus guter Absicht belastbare Handlung.

Aha-Moment: An der Börse scheitern viele nicht am Wissen, sondern an der Umsetzung. Eine geschriebene Strategie macht aus Überzeugung Verbindlichkeit.

Impuls für den Tag: Schreiben Sie heute auf einer Seite auf, warum Sie investieren, wie Ihr Vermögen aufgeteilt sein soll und nach welchen Regeln Sie handeln wollen.

▸ TAG 343, KURSEINBRUCH IM DEPOT? – RÜCKSETZER VERSTEHEN UND RUHIG BLEIBEN

Cathie Wood – die Investorin, die Grenzen verschiebt

Sie glaubt nicht nur an die Zukunft – sie investiert in sie. Cathie Wood ist die Frau, die mit visionären Investments die Regeln der Wall Street neu schreibt. Mit ihrer Investmentfirma **ARK Invest** setzte sie früh auf Technologien, die andere noch als Science-Fiction belächelten: Künstliche Intelligenz, Genomforschung, Robotik, Blockchain. Ihr Ansatz? Disruption ist kein Risiko – sie ist die größte Chance.

Als Frau in der männerdominierten Finanzwelt ging sie unbeirrbar ihren Weg – gegen Widerstände, gegen kurzfristige Marktmeinungen, gegen Konventionen. Ihr Mut, antizyklisch zu denken, machte sie zur Kultfigur: Während andere bei Tesla zögerten, investierte sie entschlossen. Als die Kurse einbrachen, blieb sie standhaft – nicht aus Trotz, sondern weil sie an ihre Analysen und das langfristige Potenzial glaubte. Ihre Maxime: Innovation ist exponentiell – und wer nur linear denkt, wird von der Zukunft überrollt.

Wood verbindet Hightech-Fokus mit tiefgreifendem Research – und einem beinahe spirituellen Vertrauen in Fortschritt. Ihre Modelle blicken nicht zurück, sondern voraus: Wie verändern Technologien unser Leben, unsere Gesellschaft, unsere Wirtschaft? Für sie ist Investieren mehr als Renditejagd – es ist eine Wette auf das Morgen.

Doch Wood ist nicht nur Analystin. Sie ist auch Sinnsucherin in einer oft zynischen Branche. Glaube, Kultur und Kapital sind für sie kein Widerspruch, sondern ein Dreiklang. Ihre Meetings beginnen mit Bibelzitaten oder historischen Querverweisen. Sie liest **Adam Smith, Ayn Rand, Hannah Arendt** – und trifft Entscheidungen auf Basis datengetriebener Modelle. Visionär – aber niemals vage.

Natürlich polarisiert sie. Ihre Strategien sind volatil, ihre Prognosen mutig. Doch genau darin liegt ihre Kraft: Sie denkt nicht in Quartalen, sondern in Dekaden. Sie fordert nicht Sicherheit, sondern Vorstellungskraft. Und sie zeigt, dass Überzeugung Kapital sein kann – wenn man bereit ist, Gegenwind zu ertragen.

Aha-Moment: Cathie Wood zeigt: Zukunftsinvestments sind kein Ratespiel, sondern eine Disziplin aus Forschung, Mut und Perspektivwechsel.

Impuls für den Tag: Fragen Sie sich: Investiere ich in das, was war – oder in das, was werden kann?

▶ TAG 362, LINDA RASCHKE – STRATEGIN MIT SYSTEM UND GESPÜR FÜR DIE MÄRKTE

Kryptowährungen als Anlageklasse – zwischen Innovation und Spekulation

Kryptowährungen wie Bitcoin, Ethereum oder Solana sind längst kein Randphänomen mehr. Sie haben sich zu einer eigenständigen Anlageklasse entwickelt, die global diskutiert, gehandelt und reguliert wird. Ihr Kern liegt dabei weniger im einzelnen Coin als in der Blockchain-Technologie: einem dezentralen System zur Speicherung und Überprüfung von Transaktionen – unabhängig von Zentralbanken und klassischen Finanzintermediären.

Diese Dezentralität ist ihr zentrales Versprechen. Kryptowährungen sind nicht staatlich gesteuert, nicht beliebig vermehrbar und weltweit transferierbar. Daraus speist sich die Vorstellung von Inflationsschutz, finanzieller Souveränität und offenem Zugang. In der Praxis zeigt sich jedoch ein differenziertes Bild: Die extreme Volatilität vieler Kryptowährungen untergräbt ihre Funktion als stabiles Wertaufbewahrungsmittel.

Für Anleger sind Kryptowährungen heute Teil eines neuen Finanzökosystems. Börsen, Wallets, dezentrale Finanzanwendungen (DeFi) und sogenannte Smart Contracts – digitale, automatisch ausgeführte Verträge – bilden eine Infrastruktur, die klassische Finanzprozesse herausfordert und teilweise ersetzt. Hier liegt der eigentliche Innovationskern.

Als Zahlungsmittel spielen Kryptowährungen bislang nur eine untergeordnete Rolle. Wer Bitcoin hält, nutzt ihn selten für den täglichen Austausch. In der Praxis fungieren viele Kryptowährungen als Spekulations- und Erwartungsobjekte. Ihr Wert speist sich aus Knappheit, Netzwerkeffekten, technologischem Vertrauen und kollektiven Narrativen – weniger aus laufender Nutzung oder Erträgen.

Der Zugang für Anleger ist vielfältig: über direkte Käufe an Kryptobörsen, über strukturierte Produkte oder über börsennotierte Vehikel. Entscheidend ist dabei nicht der Zugangsweg, sondern das Verständnis des Gegenstands. Ein Coin ist keine Aktie, keine klassische Währung und kein Anspruch auf Cashflows, sondern ein digitales Protokoll innerhalb eines Netzwerks.

Die Blockchain selbst ist dabei von den Kryptowährungen zu unterscheiden. Als dezentrales Datenbanksystem besitzt sie Potenzial weit über den Finanzbereich hinaus – etwa in Logistik, Abwicklung oder Identitätsmanagement. Nicht jede Blockchain braucht einen Investment-Coin, und nicht jeder Coin steht für nachhaltige Nutzung. Kryptowährungen sind daher keine klassische Anlageform, sondern eine Wette auf Technologie, Akzeptanz und Zukunftsnarrative. Sie können Chancen bieten, verlangen aber eine hohe Risikotoleranz, Disziplin und klare Begrenzung im Portfolio. Ihr Platz ist nicht im Fundament, sondern in der bewussten Beimischung.

Aha-Moment: Kryptowährungen sind kein Geld im klassischen Sinn, sondern ein technologisches Versprechen mit Marktpreis.

Impuls für den Tag: Würden Sie Ihr Gehalt in Bitcoin erhalten? Wenn nicht, behandeln Sie Kryptowährungen als spekulative Beimischung mit klaren Grenzen.

▶ TAG 358, FOREX VERSTEHEN – WÄHRUNGEN HANDELN, RELATIONEN LESEN

Globalisierung der Börsen – wenn Märkte keine Grenzen mehr kennen

Früher hatte jede Börse ihre Glocke, ihre Regeln, ihre Sprache. Heute: ein Klick – und Kapital fließt über Kontinente. Die Globalisierung der Börsen ist längst kein Trend mehr, sondern Realität. Sie hat Märkte entgrenzt, Handelszeiten verlängert, Investoren vernetzt – und zugleich neue Abhängigkeiten geschaffen.

Was einst lokal begann – in Amsterdam, London oder New York –, wurde zu einem globalen Netzwerk aus Datenströmen, Transaktionen und Erwartungen. Börsen fusionierten, kooperierten, verknüpften sich technologisch. Ein Zinsschritt in Washington beeinflusst Währungen in Brasilien, eine Regulierung in China verändert Risikoprofile in Europa.

Der Handel hat die Zeitzonen abgeschafft: Über digitale Schnittstellen, Dark Pools (verdeckte Plattformen für Großaufträge) und Hochfrequenzsysteme fließt Kapital rund um die Uhr. Strategien, die einst für nationale Märkte gedacht waren, müssen heute geopolitische Risiken, Wechselkursschwankungen und länderspezifische Dynamiken integrieren. Jeder Handelsplatz ist nur noch ein Knoten in einem fein gesponnenen Netz.

Doch mit der Effizienz kam auch Komplexität. Wo beginnt Marktmanipulation in fragmentierten, algorithmischen Systemen? Wie sichert man Transparenz, wenn Handel in Mikrosekunden über zahlreiche Plattformen verstreut stattfindet? Und was bedeutet globale Börsenteilnahme in Märkten, in denen Rechtsstaatlichkeit, Meinungsfreiheit oder Eigentumsschutz nicht selbstverständlich sind?

Die Globalisierung hat aus der Börse ein Spiegelbild der Welt gemacht: hochkomplex, sensibel, reaktiv – aber auch voller Möglichkeiten. Weltweit zu investieren, war nie einfacher – und nie anspruchsvoller. Denn wer global handelt, braucht mehr als Kapital: Er braucht Kontext, kritisches Denken und kulturelles Verständnis. Nur wer Märkte lesen kann, kann sie auch navigieren.

Aha-Moment: Mehr als 60 Prozent der Umsätze an deutschen Börsenplätzen entfallen heute auf internationale Investoren – Tendenz steigend.

Impuls für den Tag: Wie lokal ist Ihr Blick – und wie global sind Ihre Entscheidungen?

▶ TAG 366, DIE BÖRSE 4.0 – WO TECHNOLOGIE UND HANDEL VERSCHMELZEN

Day-Trading – Chancen innerhalb eines Tages nutzen

Beim Day-Trading zählt nicht der Blick auf Wochen oder gar Jahre, sondern auf Stunden, Minuten und oft sogar Sekunden. Positionen werden innerhalb eines einzigen Handelstags eröffnet und wieder geschlossen. Genau hier liegt der Kern: kurze Bewegungen zu nutzen, ohne Risiko über Nacht einzugehen.

Der Reiz des Day-Tradings liegt in seiner Unmittelbarkeit. Kurse reagieren auf Nachrichten, Orderfluss, Volumen und technische Marken oft sehr schnell. Die Bewegungen sind klein – aber sie wiederholen sich ständig. Wer sie strukturiert handelt, kann auch auf engem Raum Chancen nutzen.

Der entscheidende Punkt: Day-Trading funktioniert nicht durch Schnelligkeit allein, sondern durch klare Regeln unter Zeitdruck.

Typisch für Day-Trader ist ein fester Plan: Welche Märkte werden gehandelt? Welche Setups sind erlaubt? Wo liegt der Einstieg, wo der Stop-Loss, wo das Ziel? Da sich Kurse schnell bewegen, führen unklare Entscheidungen oft zu späten Einstiegen, schlechten Preisen oder unnötigen Verlusten. Struktur ist deshalb wichtiger als Intuition.

Worauf Day-Trader achten:
- klare Setups und feste Regeln
- hohe Liquidität und enge Spreads
- markante Zonen, Volumen und Dynamik
- konsequente Absicherung jeder Position

Typische Fehler:
- ohne Plan in schnelle Bewegungen einsteigen
- zu viele Trades aus Aktionismus machen
- Stopps verschieben statt Verluste begrenzen
- Tempo mit Kontrolle verwechseln und zu schnell handeln

Day-Trading ist damit keine Strategie für Nervenkitzel, sondern präzise Umsetzung unter Zeitdruck.

Aha-Moment: Nicht der Schnellste gewinnt, sondern der, der auch unter Tempo strukturiert bleibt.

Impuls für den Tag: Beobachten Sie die erste Handelsstunde und achten Sie darauf, wie Tempo, Volumen und Richtung die Entscheidungen bestimmen.

▶ TAG 344, SETUP-BASIERTES TRADING – NUR HANDELN, WENN IHR MUSTER STIMMT

Die Börse als Spielfeld – entdecken Sie die Vielfalt der Börsenspiele

Lernen durch Verlieren? Schmerzhaft – es sei denn, man spielt mit Spielgeld. Börsenspiele sind das Trainingscamp für alle, die Märkte nicht nur verstehen, sondern erleben wollen. Hier trifft Neugier auf Nervenkitzel, Strategie auf Emotion, Wissen auf Wettbewerb.

Seit 1983 dabei und bis heute ein Klassiker: Das **Planspiel Börse der Sparkassen** (1). Es ist die traditionsreichste Börsensimulation im deutschsprachigen Raum. Schüler, Azubis und Studierende handeln mit virtuellen Depots auf Basis realer Kurse – und lernen ganz nebenbei, wie Märkte funktionieren. Es geht nicht nur um Rendite, sondern um Finanzbildung, Teamplay und Timing.

Finanzbildung trifft Gamification: Das **VR-Börsenspiel von Digital Project** (2) ist seit 1999 am Markt und seit 2023 auch als App verfügbar. Vor allem in Schulen und Ausbildungsbetrieben bringt es Spielspaß und Bildungsauftrag unter einen Hut – ein bewährtes Tool für zeitgemäße Finanzbildung und Talentförderung.

Für alle, die mehr wollen: Trading Masters (3) ist Börsenspiel und Lernplattform zugleich – umgesetzt von der Agentur excellents. Webinare, Analysen, Coachings und attraktive Preise machen es zur gelungenen Kombination aus Spiel, Wissen und Belohnung.

Derivate verstehen und testen: Das **Trader-Börsenspiel von Société Générale** (4) bietet zwei Depots, Echtzeitkurse, wöchentliche Gewinne – und einen hochwertigen Hauptpreis. Ideal für Mutige mit System und Entdeckergeist, die ihre Strategie risikofrei verfeinern wollen.

Auch die Schweiz spielt mit: Der Traders Cup (5) verbindet praxisnahes Trading mit fundiertem Börsenwissen. In einem realitätsnahen Wettbewerb entwickeln die Teilnehmer Handelsstrategien, sammeln Erfahrungen mit Strukturierten Produkten und vertiefen gleichzeitig ihr Finanzwissen.

Ob Einsteiger oder Fortgeschrittener: Spielgeld ist kein echtes Risiko – aber eine echte Chance, sich zu testen. Hier darf man scheitern, ohne zu verlieren. Wer in der Simulation übt, steigt wachsam ins echte Börsenspiel ein – mit Haltung, Erfahrung, und vielleicht dem entscheidenden Wissensvorsprung.

Aha-Moment: Börsenspiele sind kein Spielzeug – sondern Werkzeuge mit Lernkurve. Wer spielt, versteht mehr – und entscheidet im echten Markt bewusster.

Impuls für den Tag: Testen Sie heute eine Entscheidung unter Echtzeitbedingungen – mit Spielgeld. Wenn der Einsatz fehlt, entstehen oft die klarsten Einsichten.

▶ TAG 29, WARUM WIR SPIELEN – DIE PSYCHOLOGIE DES MENSCHLICHEN SPIELTRIEBS

QUIZ 11

TAG 309: WELCHE THESEN ÜBER SAP ENTSPRECHEN DER WAHRHEIT?

A) SAP wurde ursprünglich als Lifestyle-Start-up im Silicon Valley gegründet.
B) Mit SAP R/3 schuf das Unternehmen eine integrierte Lösung für verschiedene Unternehmensbereiche.
C) SAP ist heute das größte börsennotierte Softwareunternehmen Europas.
D) Der Börsengang von SAP war ein mediales Großereignis mit internationalem Aufsehen.

TAG 312: WELCHE FAKTEN ÜBER CHARLES DOW SIND KORREKT?

A) Charles Dow entwickelte den Dow Jones Industrial Average, um kurzfristige Spekulation zu erleichtern.
B) Dows Theorie unterscheidet zwischen Primärtrend, Sekundärtrend und Tertiärtrend.
C) Der Dow Jones Industrial Average wurde ursprünglich aus zwölf Industrieaktien zusammengesetzt.
D) Nach Dow folgt ein Abwärtstrend einer Abfolge aus steigenden Hochs und Tiefs.

TAG 316: WELCHE AUSSAGEN ÜBER IBM STIMMEN?

A) IBM wurde 1911 gegründet und bereits 1915 börsennotiert.
B) Das System/360 war ein einheitliches, nicht skalierbares Einsteigermodell für den Heimgebrauch.
C) In den 1990er-Jahren verlagerte IBM seinen Fokus auf IT-Dienstleistungen.
D) IBM ist heute führend in Bereichen wie KI, Quantencomputing und Cloud-Lösungen.

TAG 320: WELCHE BEHAUPTUNGEN ÜBER TRENDS AN DER BÖRSE TREFFEN ZU?

A) Ein Aufwärtstrend besteht typischerweise aus höheren Hochs und höheren Tiefs.
B) In einem Seitwärtstrend pendeln Kurse häufig zwischen festen Unterstützungs- und Widerstandsbereichen.
C) Trendfolge bedeutet vor allem, Wendepunkte möglichst früh vorherzusagen.
D) Volumen kann helfen einzuschätzen, wie belastbar ein Trend ist.

TAG 324: WELCHE FORMULIERUNGEN ÜBER QUALITY INVESTING SIND KORREKT?

A) Quality Investing konzentriert sich häufig auf Unternehmen mit stabilen Gewinnen und soliden Bilanzen.
B) Eine niedrige Bewertung allein reicht aus, um ein Unternehmen automatisch zu einer Qualitätsaktie zu machen.
C) Qualitätsunternehmen zeichnen sich oft durch stabile Cashflows und nachhaltige Wettbewerbsvorteile aus.
D) In stark spekulativen Marktphasen können Quality-Titel zeitweise hinter dem Gesamtmarkt zurückbleiben.

TAG 330: WELCHE AUSSAGEN ÜBER EINE DOKUMENTIERTE INVESTMENTSTRATEGIE SIND ZUTREFFEND?

A) Eine schriftlich festgehaltene Strategie kann helfen, emotionale Entscheidungen in Stressphasen zu reduzieren.
B) Ohne klare Strategie sind Marktphasen mit starken Schwankungen oft emotional schwieriger zu bewältigen.
C) Typische Bestandteile einer Strategie sind Ziele, Zeithorizont, Regeln und Risikogrenzen.
D) Eine gute Strategie muss möglichst komplex und umfangreich formuliert sein.

Verkaufen mit Plan – den richtigen Zeitpunkt finden

Der Verkauf eines Wertpapiers ist für viele Investoren die schwierigste Übung an den Börsen. Nicht der Einstieg entscheidet, sondern der Ausstieg. Emotionen verdrängen Vernunft: Angst, Hoffnung und Zweifel überlagern die Logik. Die Verhaltensökonomie (engl. Behavioral Economics) beschreibt diese Muster seit Jahren.

Warum wir zögern: Anleger orientieren sich an Referenzpunkten – oft unbewusst. Höchstkurse werden zur Zielmarke, Einstandskurse zur emotionalen Grenze. Aus Analyse werden Erwartungen, aus Erwartungen werden Hoffnungen – und genau dort beginnt der Fehler.

Einfach vorher entscheiden: Wer vermeiden möchte, dass Emotionen das Handeln bestimmen, braucht klare Regeln. Eine Ausstiegsstrategie definiert nicht den perfekten Zeitpunkt, sondern die Bedingungen für den Verkauf. Sie verlagert Entscheidungen aus dem Moment in die Vorbereitung.

Ein Plan muss nicht perfekt sein – aber ohne Plan entscheidet der Markt für Sie. Ein Verkaufsplan nimmt Druck aus der Situation. Er beantwortet nicht die Frage »Wann verkaufe ich optimal?«, sondern folgende Frage: »Wann verkaufe ich konsequent?« Entscheidend ist, ob sich die ursprüngliche Investmentidee bewahrheitet – nicht, wie sich der Kurs kurzfristig bewegt.

Typische Verkaufsgründe sind:

- Das Anlageziel ist erreicht.
- Die ursprüngliche Annahme ist nicht mehr gültig.
- Das Gewicht im Portfolio ist zu groß geworden.
- Eine bessere Alternative ist verfügbar.

Wie die Strategie konkret wird: Regeln müssen einfach und umsetzbar sein. Komplexität scheitert im Ernstfall. Sie können festlegen:

- Verkauf bei klar definierten Gewinn- oder Verlustgrenzen
- Verkauf bei ausbleibenden Entwicklungen oder veränderten Rahmenbedingungen
- Verkauf, wenn attraktivere Alternativen entstehen (z. B. steigende Anleiherenditen)

Aha-Moment: Gewinne entstehen im Einkauf. Ergebnisse sichern Sie im Verkauf.

Impuls für den Tag: Definieren Sie für Ihre wichtigsten Positionen konkret und schriftlich: Gewinnziel, Verlustgrenze und Bedingungen für Teilverkäufe.

▶ TAG 363, REGELMÄSSIGER DEPOT-CHECK – STRUKTUR, GEWICHTUNG UND ZIELE PRÜFEN

Investieren im All – wo Börse die Erde verlässt

»To boldly go where no one has gone before« – dieser berühmte Satz aus *Star Trek* ist längst Realität geworden. Was einst ein Prestigeprojekt der Supermächte war, ist heute ein Wettlauf um Märkte, Daten und Zukunft: Satelliten, Erdbeobachtung, Space Tourism, Ressourcenabbau auf Asteroiden – die wirtschaftliche Eroberung des Alls hat begonnen – visionär, risikoreich, milliardenschwer.

Unternehmen wie SpaceX, Blue Origin, Rocket Lab und Astra haben den Zugang ins All geöffnet. Start-ups entwickeln Trägersysteme, wiederverwendbare Raketen, modulare Raumstationen oder Mini-Satelliten, die heute schon Klima, Schifffahrt und Landwirtschaft unterstützen. Börsennotierte Raumfahrtfirmen wie Virgin Galactic oder Planet Labs machen Science-Fiction für Anleger investierbar – mit echten Geschäftsmodellen statt bloßer Zukunftsrhetorik.

Und das ist erst der Anfang: Tausende Satelliten umkreisen bereits die Erde – als Rückgrat für Kommunikation, Navigation und Echtzeitdaten. Megakonstellationen wie Starlink versprechen weltweiten Internetzugang, während neue Konzepte für Weltraumfabriken, Mondstationen oder sogar Marsmissionen in Planung sind. Was nach Zukunft klingt, hat längst begonnen – oft unbemerkt im Alltag verankert.

Doch Raumfahrt ist mehr als ein Technologiethema. Sie berührt Grundfragen: Wie wollen wir wirtschaften, forschen, wachsen – jenseits der Erde? Wer in diesen Sektor investiert, spekuliert nicht nur auf Gewinne, sondern auf einen Kulturwandel: vom kurzfristigen Renditedenken hin zu planetaren Visionen, Nachhaltigkeit in neuer Dimension und Verantwortung im grenzenlosen Raum.

Der Börsenhandel mit Space-Aktien ist dabei wie eine Mission selbst: ambitioniert, voller Unsicherheiten, mit steilen Abstürzen – aber auch mit Aussicht auf Horizonte, die andere nicht einmal erahnen.

Risikomanagement? Essenziell. Substanzanalyse? Pflicht. Aber auch: Vorstellungskraft. Denn viele Raumfahrtaktien hängen nicht von aktueller Marge ab, sondern vom Glauben an künftige Realitäten. Investieren im Orbit erfordert irdische Disziplin – und interstellaren Mut.

Aha-Moment: Raumfahrt ist kein ferner Traum mehr, sondern ein Sektor mit wirtschaftlichem Potenzial, politischer Sprengkraft und philosophischer Tiefe.

Impuls für den Tag: Denken Sie heute nicht nur an Märkte, sondern an Umlaufbahnen für Ideen, Mut und Zukunft.

▶ TAG 28, WENN KONTROLLE ZUR WÄHRUNG WIRD – DER DIGITALE EURO IM BLICK

Hebelwirkung – warum Gewinne und Verluste emotional eskalieren

Hebel verstärken nicht nur Marktbewegungen, sondern auch die Geschwindigkeit emotionaler Reaktionen.

Der entscheidende Punkt: Im Hebel-Trading entsteht schnell eine psychologische Eskalationsschleife.

Der Ablauf beginnt oft unscheinbar:

- stärkere Kursschwankungen
- höherer emotionaler Druck
- impulsivere Entscheidungen
- größere Verluste

Der Stress steigt – und die Schleife beschleunigt sich.

Genau darin liegt die Gefahr: Nicht einzelne Verluste werden zum Problem, sondern die zunehmende emotionale Dynamik.

Viele Trader reagieren darauf vorhersehbar:

- Positionen werden hektisch verändert.
- Risiken werden spontan erhöht.
- Verluste wollen sofort zurückgewonnen werden.

Dann verschiebt sich der Fokus. Nicht mehr der Markt wird analysiert, sondern nur noch der eigene Kontostand. Hebel verstärken deshalb nicht nur Bewegungen im Markt. Sie verkürzen oft auch den Abstand zwischen Emotion und Handlung.

Professionelle Trader versuchen deshalb, nicht nur Verluste zu begrenzen, sondern die Eskalation emotionaler Reaktionen zu vermeiden durch:

- klare Regeln
- Feste Risiko-Grenzen
- bewusste Distanz zum aktuellen Ergebnis

Denn langfristig entscheidet nicht die Intensität eines Trades über Erfolg, sondern, wie stabil sich Trader unter Druck verhalten.

Aha-Moment: Hebel verstärken nicht nur Verluste, sondern auch die Geschwindigkeit emotionaler Fehlentscheidungen.

Impuls für den Tag: Beobachten Sie bei Ihrem nächsten Hebeltrade nicht nur den Markt, sondern den Moment, in dem Emotionen beginnen, Ihre Entscheidungen zu verändern.

▶ TAG 46, WAS IST EIN HEBEL? DAS PRINZIP, DAS ALLES VERÄNDERT

Krypto-Zyklen verstehen – Hype, Halving und Marktpsychologie

Kaum ein Markt schwankt so stark zwischen Euphorie und Ernüchterung wie der Krypto-Markt. Auf Phasen rasanter Kursanstiege folgen oft tiefe Einbrüche, auf Skepsis und Müdigkeit später wieder neue Hoffnungen. Gerade deshalb lohnt sich der Blick auf Krypto-Zyklen: Wer sie versteht, erkennt schneller, dass viele Bewegungen nicht zufällig entstehen, sondern aus Knappheit, Liquidität und Marktpsychologie.

Ein wichtiger Taktgeber ist bei Bitcoin das Halving. Etwa alle vier Jahre halbiert sich die Menge neu entstehender Bitcoins. Dadurch wächst das Angebot langsamer. Diese Verknappung garantiert keine steigenden Kurse, verändert jedoch das Verhältnis zwischen neuer Nachfrage und neuem Angebot. Genau deshalb verfolgen Marktteilnehmer das Halving besonders aufmerksam.

Doch Krypto-Zyklen leben nicht nur von Technik, sondern auch von Erwartungen. Steigen die Kurse, wächst die Aufmerksamkeit. Medien berichten intensiver, neue Anleger kommen hinzu, soziale Netzwerke verstärken die Dynamik. Aus Interesse wird Hoffnung, aus Hoffnung oft Euphorie. In solchen Phasen steigen häufig nicht nur etablierte Kryptowährungen, sondern auch spekulative und fundamental schwächere Coins. Genau das gilt oft als Warnsignal: Der Markt wird nicht nur stärker, sondern zunehmend heißer.

Irgendwann kippt die Stimmung. Überzogene Erwartungen treffen auf schwächere Realität, Kapital wird vorsichtiger, und aus Gier wird Unsicherheit. Viele Anleger verkaufen nicht am Anfang der Schwäche, sondern erst dann, wenn Verluste emotional spürbar werden. Gerade darin zeigt sich die eigentliche Kraft der Marktpsychologie: Kurse werden nicht nur von Daten bewegt, sondern von Hoffnung, Herdenverhalten und Enttäuschung.

Typische Phasen eines Krypto-Zyklus sind:

- **Frühe Erholung:** Erste Zuversicht entsteht nach einer langen Schwächephase.
- **Beschleunigung:** Steigende Kurse ziehen Aufmerksamkeit und neues Kapital an.
- **Euphorie:** Bewertungen entfernen sich teils deutlich von der Substanz.
- **Korrektur:** Erwartungen werden zurückgesetzt, schwächere Kryptowährungen brechen ein.
- **Bereinigung:** Der Markt trennt wieder stärker zwischen Qualität und bloßer Fantasie.

Wer Krypto-Zyklen verstehen will, sollte deshalb nie nur auf den Kurs schauen. Wichtig sind auch Liquidität, Marktstimmung, regulatorische Signale, technologische Fortschritte und die Frage, ob ein Anstieg von Substanz oder vor allem von Begeisterung getragen wird. Zyklen verlaufen nie identisch, aber ihre innere Dramaturgie kehrt erstaunlich oft zurück.

Aha-Moment: Im Krypto-Markt entstehen große Bewegungen oft dort, wo Knappheit, Hoffnung und Herdenverhalten gleichzeitig wirken.

Impuls für den Tag: Markieren Sie in einem langfristigen Bitcoin-Chart Euphorie, Einbruch und Erholung. So wird die Logik von Krypto-Zyklen sichtbar.

▶ TAG 11, BITCOIN VERSTEHEN – DIGITALES GOLD ODER KÜNFTIGE WELTWÄHRUNG?

Der Sekundenbruchteil der Entscheidung – wenn das Gehirn auf Gewinn oder Verlust reagiert

Was passiert im Gehirn, wenn wir gewinnen – und was, wenn wir verlieren? Die Antwort kommt schneller, als wir denken. Zwischen Ereignis und Reaktion liegt oft nur ein Wimpernschlag – doch genau dieser Moment prägt Verhalten, Strategie und Emotion.

Eine wegweisende Untersuchung zeigte: Das Gehirn unterscheidet binnen 250 Millisekunden zwischen Gewinn und Verlust – noch bevor wir bewusst reagieren (1). In diesem kurzen Zeitfenster wird im präfrontalen Kortex eine erste Bewertung angestoßen. Eine Art neuronales Frühwarnsystem codiert das Ereignis als positiv oder negativ – und aktiviert entsprechende Reaktionsmuster. Dieses Sofortsignal beeinflusst, ob wir vorsichtiger handeln, risikofreudiger werden oder strategisch entgleisen. Denn unser Gehirn reagiert nicht nur auf Zahlen, sondern auf Bedeutung. Und Bedeutung entsteht blitzschnell aus Erfahrung, Kontext und Emotion.

In einem EEG-Experiment (Elektroenzephalografie, misst elektrische Aktivität im Gehirn) beobachteten die Forscher die Hirnaktivität von Probanden bei einfachen Glücksspielentscheidungen. Das Ergebnis: Verluste führten zu einer markanten Aktivierung im präfrontalen Kortex – einem neuronalen Alarmsignal, das Enttäuschung und Fehler markiert.

Gleichzeitig aktivierten Gewinne das Striatum, insbesondere den *Nucleus accumbens* – das Belohnungszentrum des Gehirns. Doch die Reaktion war deutlich schwächer.

Das Gehirn reagiert also schneller und intensiver auf Negatives als auf Positives – ein neurobiologisches Echo der Verlustaversion.

Diese Erkenntnisse sind mehr als reine Daten. Sie zeigen, wie tief Emotionen in Entscheidungen eingebettet sind. Noch bevor wir rational abwägen, ist das neuronale Urteil längst gefällt: »Das war gut.« Oder: »Das war ein Fehler.« Und genau dieses Frühfeedback beeinflusst unser Verhalten – oft dauerhaft.

Gerade an der Börse ist dieses Wissen entscheidend: Wer sich selbst kennt, erkennt Muster – nicht nur im Chart, sondern im eigenen Kopf. Wer Gewinne überschätzt oder Verluste nicht loslassen kann, folgt vielfach keinem Plan – sondern einem Reflex.

Aha-Moment: Das Gehirn bewertet Verluste bereits nach 250 Millisekunden – schneller, stärker und emotionaler als vergleichbare Gewinne.

Impuls für den Tag: Welche Ihrer heutigen Entscheidungen ist wirklich bewusst – und welche folgt einen alten Reflex auf vergangene Emotionen?

▶ TAG 5, PSYCHOLOGIE DES SPARENS – WIE UNSER GEHIRN SPARER ODER KONSUMENTEN FORMT

Der Börsen-Nikolaus – ein seltenes, aber regelmäßig erwartetes Phänomen

Seit Jahrzehnten berichten Marktteilnehmer von einem wiederkehrenden Ereignis Anfang Dezember: Kurse steigen ohne klaren Anlass. Dieses Phänomen wird im Sprachgebrauch als »Börsen-Nikolaus« bezeichnet.

Auffällig ist, dass seine Existenz weniger durch Daten als durch Erwartung gestützt wird. Bereits Wochen vor dem Termin steigt die Aufmerksamkeit. Marktteilnehmer positionieren sich vorsorglich, sichern Gewinne oder erhöhen ihr Risiko – nicht wegen neuer Informationen, sondern aufgrund eines erwarteten Ereignisses.

Der Börsen-Nikolaus folgt keiner festen Regel. In manchen Jahren erscheint er früh, in anderen verspätet, gelegentlich bleibt er ganz aus. Seine Wirkung schwankt – seine Erwartung bleibt stabil.

Typische Reaktionen lassen sich klar beobachten:

- Steigende Kurse gelten als Bestätigung,
- ausbleibende Bewegungen als Verzögerung,
- Rückgänge als vorübergehende Abweichung.

Ein Ausbleiben wird erfahrungsgemäß selten als Widerlegung gewertet. Das Phänomen passt sich der Erwartung an – nicht umgekehrt.

Eine eindeutige empirische Bestätigung steht bis heute aus. Die Überzeugung seiner Existenz hingegen gilt als bemerkenswert robust.

In der Praxis erfüllt der Börsen-Nikolaus eine klare Funktion: Er strukturiert Erwartungen, reduziert Unsicherheit – und liefert eine Begründung für Entscheidungen. In Einzelfällen wird sogar von vorgezogenen Erscheinungen berichtet.

Ob er existiert, ist offen. Dass er wirkt, ist kaum zu übersehen.

Aha-Moment: Märkte reagieren nicht nur auf Fakten, sondern auf Erwartungen, die als Fakten behandelt werden.

Impuls für den Tag: Prüfen Sie, ob Sie auf Daten reagieren – oder auf eine Geschichte, die Sie sich selbst erzählen.

Die Schachbrett-Legende – was exponentielles Wachstum lehrt

Ein Reiskorn auf dem ersten Feld, zwei auf dem zweiten, vier auf dem dritten. Klingt harmlos – bis man beim 64. Feld ankommt: Dort liegen 9,2 Trillionen Körner. Und auf dem ganzen Brett zusammen? 18 446 744 073 709 551 615. Eine Zahl so gewaltig, dass sie nicht nur alle Felder der Erde sprengen würde, sondern auch Lager, Logistik und Vorstellungskraft. Kein König der Welt hätte diese Belohnung zahlen können.

Die berühmte Legende stammt aus dem alten Indien: Ein weiser Gelehrter bittet den Herrscher um einen scheinbar bescheidenen Lohn – ein Reiskorn, auf jedem Feld verdoppelt. Was auf den ersten Blick bescheiden erscheint, wird zur mathematischen Detonation. Eine Kettenreaktion mit Sprengkraft, die seither als Sinnbild für exponentielles Wachstum dient. Zitiert in Business Schools, in Start-up-Pitches, in KI-Debatten – und auf jeder Seite zum Zinseszins.

Denn exponentielles Wachstum ist kein Spezialfall. Es ist der stille Grundton vieler Systeme. Ob Zinsen, Datenmengen, Virenverbreitung oder Klimadynamik – es beginnt leise und endet laut. Unser Denken ist linear, doch viele Entwicklungen sind nicht additiv, sondern multiplikativ: Was sich erst harmlos anfühlt, wird plötzlich unaufhaltsam. Erst tröpfeln die Effekte – dann stürzen sie.

Auch in der Finanzwelt ist dieses Muster allgegenwärtig: Kleine Renditen über lange Zeiträume können ein Vermögen schaffen. Oder umgekehrt: stille Schulden, die sich unbemerkt verdoppeln – bis sie zur Welle werden. Digitale Plattformen, Netzwerke, Marktdynamiken – überall wirkt dasselbe Prinzip: Wachstum verläuft nicht gleichmäßig. Es beschleunigt sich.

Die Schachbrett-Geschichte ist keine Kuriosität. Sie ist eine Warnung. Oder besser: eine Einladung, die Wucht von Zeit, Zins und Skalierung nicht zu unterschätzen – weder im Risiko noch in der Chance. Wer auf den frühen Feldern zögert, erkennt zu spät, wie schnell sich das Spiel verändert.

Aha-Moment: Exponentielles Wachstum ist kein Rechentrick – es ist ein Verstärker. Wer zu spät reagiert, sieht nur das Ergebnis. Wer früh versteht, erkennt das Prinzip.

Impuls für den Tag: Denken Sie heute einmal nicht in »mehr«, sondern in »mal zwei«. Und dann: Wie oft?

▶ TAG 359, DIE KRAFT DES GEBENS – WARUM SPENDEN MEHR IST ALS VERZICHT

Kurseinbruch im Depot? – Rücksetzer verstehen und ruhig bleiben

Rote Zahlen im Depot fühlen sich selten nüchtern an. Sie wirken bedrohlich, obwohl sie an der Börse zum normalen Verlauf gehören. Kurse steigen nicht geradlinig, sondern in Wellen. Genau deshalb sind Rücksetzer kein Betriebsunfall, sondern Teil des Weges.

Der wichtigste Punkt ist: Ein fallender Kurs beweist noch keine falsche Entscheidung. Märkte reagieren oft heftig auf Zinsen, Politik, Konjunktursorgen oder Schlagzeilen. Doch nicht jede Kursbewegung verändert sofort die Substanz eines guten Unternehmens oder die Logik eines breit gestreuten Investments. Ein Rücksetzer ist deshalb zuerst ein Anlass zum Prüfen, nicht zum Panikverkauf.

Langfristiger Erfolg entsteht genau hier. Wer im Schreck verkauft, macht aus vorübergehender Unsicherheit schnell einen dauerhaften Verlust. Wer dagegen ruhig bleibt und prüft, ob sich am Geschäftsmodell, an der Strategie oder am Zeithorizont wirklich etwas geändert hat, handelt stärker. Rücksetzer trennen deshalb oft nicht gute von schlechten Anlegern, sondern hektische von geduldigen. Ruhe bedeutet also nicht, Verluste blind auszusitzen, sondern zwischen Kurslärm und echter Veränderung zu unterscheiden.

Was bei Rücksetzern hilft:

- **Pausieren** – handeln Sie nicht im ersten Schreck.
- **Horizont prüfen** – langfristiges Denken nimmt kurzfristigem Lärm die Macht.
- **Substanz prüfen** – hat sich wirklich etwas Grundsätzliches verändert?
- **Plan prüfen** – handeln Sie nach Strategie oder nach Stimmung?
- **Chancen erkennen** – Qualität wird in schwachen Phasen oft günstiger.

Rücksetzer sind deshalb nicht angenehm, aber oft notwendig. Sie erinnern daran, dass Rendite der Preis für Unsicherheit ist. Wer nur steigende Kurse aushält, wird langfristig kaum investiert bleiben. Wer dagegen akzeptiert, dass selbst starke Märkte Rückschläge erleben, gewinnt einen ruhigeren und reiferen Blick auf Vermögensaufbau.

Aha-Moment: Rücksetzer sind nicht das Gegenteil von Börsenerfolg, sondern oft sein unvermeidlicher Begleiter.

Impuls für den Tag: Schreiben Sie heute in zwei Sätzen auf, warum Sie Ihre wichtigste Position besitzen. In schwachen Phasen gibt Ihnen das mehr Halt als jede Schlagzeile.

▶ TAG 31, IHR ERSTES DEPOT ERÖFFNEN – SCHRITT FÜR SCHRITT

Setupbasiertes Trading – nur handeln, wenn Ihr Muster stimmt

Viele Verluste entstehen nicht durch die Strategie, sondern durch Trades ohne klares Setup. Mal wirkt der Markt spannend, mal lockt Bewegung, mal drängt das Gefühl, etwas zu verpassen. Genau hier setzt setupbasiertes Trading an. Die Idee ist, nur dann aktiv zu werden, wenn ein zuvor definiertes Muster wirklich vorliegt.

Der Reiz dieser Strategie liegt in ihrer Disziplin. Ein Setup ist keine spontane Eingebung, sondern eine klar beschriebene Marktsituation mit festen Bedingungen für Einstieg, Absicherung und Ausstieg. Das kann ein Breakout, ein Pullback, ein Gap oder ein Reversal sein. Entscheidend ist nicht der Name, sondern die Konsequenz: Gehandelt wird nur, wenn das Muster vollständig da ist.

Der entscheidende Punkt: Ein Setup ist nur dann ein Setup, wenn alle Bedingungen erfüllt sind – sonst ist es kein Trade.

Gerade das macht setupbasiertes Trading so wertvoll. Es verhindert Trades aus Impuls, Unsicherheit oder dem Drang, nichts verpassen zu wollen. Wer immer wieder dasselbe Muster unter ähnlichen Bedingungen handelt, lernt mit der Zeit, was funktioniert und was nicht. Aus Einzeltrades wird so ein Prozess. Genau das unterscheidet planvolles Trading von bloßer Marktreaktion.

Worauf Setup-basierte Trader achten:

- klar definiertes Muster mit festen Regeln
- eindeutiger Einstiegspunkt
- klare Stop-Loss- und Ausstiegsmarken
- schlüssiges Chance-Risiko-Verhältnis

Typische Fehler vermeiden:

- Setups zu früh erkennen wollen
- halbfertige Muster trotzdem handeln
- Regeln nachträglich an den Markt anpassen
- aus Ungeduld oder dem Drang, dabei sein zu wollen, ohne klares Setup handeln

Setupbasiertes Trading ist deshalb mehr als eine Methode. Es ist eine Haltung aus Geduld, Klarheit und Wiederholbarkeit. Wer nur dann handelt, wenn sein Muster wirklich da ist, gewinnt etwas, das an der Börse oft wertvoller ist als Tempo: Struktur.

Aha-Moment: Die Qualität eines Trades beginnt oft lange vor dem Einstieg – nämlich bei der Disziplin, auf das richtige Setup zu warten.

Impuls für den Tag: Definieren Sie heute ein Setup in drei Sätzen: Einstieg, Stopp, Ziel. Alles andere wird nicht gehandelt.

▸ TAG 3, TRENDFOLGE – MIT DER BEWEGUNG STATT GEGEN SIE HANDELN

Digitales Zentralbankgeld – die nächste Stufe der Währungen

Was wäre, wenn man Bargeld neu erfinden könnte – digital, sicher, staatlich garantiert? Genau das ist die Idee hinter Digitalem Zentralbankgeld (Central Bank Digital Currency, CBDC). Kein Krypto, kein Spekulationsobjekt, sondern gesetzliches Zahlungsmittel, nur ohne Papier, ohne Münze, ohne Filiale.

Der Unterschied zu Bitcoin & Co.? CBDCs sind zentralisiert, reguliert und stabil – direkt ausgegeben von der Zentralbank, nicht durch private Netzwerke geschöpft. Sie verbinden die Vorteile des Bargelds mit der Effizienz digitaler Zahlungen. Und: Sie könnten jedem Bürger direkt zugänglich gemacht werden – ohne Zwischenbank.

Weltweit wird getestet, pilotiert, geplant: In China ist der digitale Yuan bereits Realität, der E-Euro (digitaler Euro) ist in Vorbereitung – und viele Länder experimentieren. Ziele: Innovation, Inklusion – aber auch geopolitische Macht. Denn CBDCs könnten Zahlungsströme kontrollierbarer und politische Sanktionen durchsetzbarer machen.

Doch mit der Chance wächst die Verantwortung. CBDCs werfen Fragen auf: Wie anonym darf digitales Geld sein? Wer kontrolliert den Zugriff? Was passiert bei Systemausfällen oder politischen Eingriffen? Werden Geschäftsbanken verdrängt? Und wie programmierbar darf Geld sein – etwa für Subventionen, Strafen, Sperrungen?

Denn klar ist: Digitales Zentralbankgeld wäre mehr als ein technisches Upgrade. Es würde das Geldsystem von Grund auf verändern – strukturell, rechtlich, kulturell. Es kann Zugang schaffen – oder Macht konzentrieren. Für manche ist es die nächste Stufe moderner Währung. Für andere der erste Schritt in die finanzielle Überwachungsgesellschaft.

Noch ist nichts entschieden. Aber der Weg ist geebnet. Wie bei jedem Geldsystem wird am Ende nicht nur zählen, wie es funktioniert – sondern wem wir es anvertrauen.

Aha-Moment: Der digitale Euro wäre das erste EZB-Zahlungsmittel ohne physische Form – mit dem gleichen rechtlichen Status wie Bargeld.

Impuls für den Tag: Wenn Geld künftig programmierbar ist – was bedeutet dann Freiheit beim Bezahlen?

▸ TAG 10, NATURALGELD – ALS DER WERT NOCH IM ALLTAG LAG

GameStop – Reddit gegen die Wall Street im Kampf der Kleinanleger

Anfang 2021 erlebte die Finanzwelt ein Schauspiel, das zugleich Revolte, Spekulation und Massenphänomen war: Kleinanleger auf Reddit trieben den Aktienkurs des fast vergessenen Videospielhändlers GameStop in absurde Höhen – und brachten milliardenschwere Hedgefonds ins Wanken.

Was als lose Diskussion auf dem Subreddit r/WallStreetBets begann, wurde schnell zur digitalen Welle. Millionen von Nutzern schlossen sich zusammen, um Short-Seller zu »bestrafen«, die auf den Kursverfall der GameStop-Aktie wetteten. Der Plan: Wenn genug Kleinanleger kaufen, treiben sie den Kurs in die Höhe – und zwingen die Leerverkäufer, ihre Positionen mit Verlust zurückzukaufen. Der sogenannte Short Squeeze entfaltete sich spektakulär: Innerhalb weniger Tage stieg der Kurs von unter 20 auf über 480 US-Dollar.

Doch es war mehr als ein Börsenspiel. Es war ein Aufstand – eine Protestbewegung gegen ein System, das viele als einseitig und ungerecht empfanden. Hedgefonds galten als Profiteure von Krisen, während kleine Anleger oft die Verlierer waren. Nun drehte sich das Spiel – zumindest kurzzeitig. Hedgefonds wie Melvin Capital verloren Milliarden, Robinhood musste den Handel aussetzen und selbst der US-Kongress schaltete sich ein.

Getragen wurde die Bewegung von Memes, Trading-Apps und Plattformlogik. In Echtzeit entstanden neue Narrative – eine Mischung aus Popkultur, Rebellion und Gewinnfantasie. Doch mit der Dynamik kam auch die Volatilität: Viele stiegen spät ein, nur um wenig später mit Verlust auszusteigen. Das Machtgefühl war real – die Risiken auch.

Es war ein Moment der digitalen Ermächtigung – aber auch ein Stresstest für Marktregeln, Plattformethik und Finanzbildung. Wer darf wen herausfordern? Und wie stabil ist ein Markt, der durch Online-Dynamiken kippen kann? Was blieb, war ein Symbol für Machtverschiebung durch Technologie. Die neue Realität: Märkte können heute nicht nur durch Fundamentaldaten, sondern auch durch virale Dynamiken beeinflusst werden – mit enormem Risiko.

Aha-Moment: Die Märkte folgen nicht nur der Logik von Rendite – sie folgen auch Emotionen, digitalen Bewegungen und dem Wunsch nach Gerechtigkeit.

Impuls für den Tag: Kollektive Überzeugung kann Märkte bewegen – doch sie ersetzt keine Fundamentaldaten. Was wie eine Kursrakete aussieht, kann ebenso schnell verglühen.

▶ TAG 12, FTX – DER KRYPTO-KAISER UND DAS ENDE EINER ILLUSION

Apple – vom Garagenprojekt zum wertvollsten Unternehmen der Welt

Es begann in einer Garage – mit einem Holzrahmen, einer Tastatur und einer Vision: den Computer zum persönlichen Werkzeug zu machen. Heute ist Apple das wertvollste Unternehmen der Welt. Ein Tech-Konzern, eine Kultmarke, ein globales Phänomen.

Als **Steve Jobs, Steve Wozniak** und **Ronald Wayne** 1976 den Apple I vorstellten, ahnte niemand, dass dies der erste Takt einer digitalen Revolution sein würde. Der Apple II machte den Heimcomputer populär, der Macintosh brachte die grafische Benutzeroberfläche – und ein neues Denken in Design und Nutzerfreundlichkeit.

Doch Apple war nie nur Hardware. Es war Haltung. In einer Welt der Komplexität wollte Apple Klarheit schaffen: Produkte, die funktionieren – und Freude machen. Als Jobs 1984 sagte: »*Der Computer ist ein Fahrrad für den Geist*«, war das mehr als ein Slogan. Es war Philosophie.

Die Börse sah das zunächst nüchtern. Nach dem Börsengang 1980 war Apple schnell erfolgreich – und stürzte ab, als Fokus und Führung fehlten. Die Rückkehr von Jobs 1997 wurde zum Wendepunkt. Aus der Fast-Pleite entstand Innovation. Aus dem Computerhersteller wurde ein digitaler Lebensbegleiter.

Mit dem iPod veränderte Apple die Musikindustrie. Mit dem iPhone revolutionierte es die Kommunikation. Der App Store schuf ein neues Ökosystem. Mit dem iPad, der Apple Watch, den AirPods und den eigenen Chips (M1, M2) wurde Apple zur integrierten Tech-Plattform – vom Silizium bis zur Oberfläche.

Apple schuf nicht nur Produkte – es setzte Maßstäbe. Bedienung, Design, Sicherheit, Service: Alles wurde zur Bühne für ein perfektes Nutzererlebnis. Während andere laut warben, ließ Apple wirken. Reduktion statt Reizüberflutung. Qualität statt Quantität.

An der Börse war Apple lange unterbewertet – heute ist es Ikone. Das erste Unternehmen, das 1, 2 und 3 Billionen US-Dollar an Börsenwert erreichte. Ein Titel, der nicht nur von Zahlen lebt, sondern von Vertrauen.

Apple ist der Beweis, dass Technologie Seele haben kann. Dass Software und Hardware zusammengehören. Und dass ein Garagentraum die Welt verändern kann – wenn man bereit ist, ihn immer wieder neu zu denken.

»The people who are crazy enough to think they can change the world are the ones who do.«

– Steve Jobs

Börsengang: 12. Dezember 1980 – **Börsenkürzel:** AAPL – **Börse:** NASDAQ

▶ TAG 22, NVIDIA – VOM NISCHENCHIP ZUM MOTOR DER KI-REVOLUTION

David Rockefeller – Kapital, Diplomatie und das globale Netzwerk

Wenn es einen Mann gab, der verstand, dass Kapital nicht nur Reichtum, sondern Verantwortung bedeutet, dann war es David Rockefeller. Als langjähriger Vorstandschef der Chase Manhattan Bank war er weit mehr als Banker: ein globaler Stratege, ein stiller Machtvermittler, ein Architekt wirtschaftlicher Beziehungen zwischen Staaten, Kulturen und Märkten.

Rockefeller wusste früh: Kapital ist nicht nur eine Bilanzsumme – es ist Verbindungskraft. Und so handelte er auch: nicht laut, sondern gezielt. Nicht ideologisch, sondern pragmatisch. Während andere Banken in nationalen Grenzen dachten, baute er ein internationales Netzwerk auf – nicht nur aus Filialen, sondern aus persönlichen Kontakten zu Staatschefs, Diplomaten und Vordenkern.

Er traf sich mit **Mao Zedong**, sprach mit **Gorbatschow**, knüpfte Beziehungen zwischen Washington, Moskau, Peking und den Finanzzentren der Welt – lange bevor Globalisierung ein ökonomisches Schlagwort war. Seine Visitenkarte war die einer Bank – aber im Auftrag eines Weltvermittlers.

Im Ton blieb er stets zurückhaltend, im Handeln jedoch visionär. Er glaubte an offene Märkte – und an offene Gespräche. An ökonomischen Fortschritt – und kulturelles Verständnis. Für ihn gehörte beides zusammen: wirtschaftlicher Erfolg und globale Verantwortung.

David Rockefeller war kein Philosoph – aber sein Wirken hatte Tiefgang. Er gründete und unterstütze Gremien wie die Trilateral Commission oder den Council on Foreign Relations. Er wusste: Wer Einfluss haben will, muss zuerst zuhören. Und dann vernetzen.

Er war Erbe eines großen Namens – doch sein Lebenswerk ging über Herkunft hinaus. Er nutzte sein Vermögen und seine Position, um Räume zu öffnen, Vertrauen zu schaffen und Dialoge über Grenzen hinweg zu ermöglichen.

David Rockefeller verkörperte eine Form von Kapitalismus, die neben Gewinn vor allem auf Verständigung setzte – ein Wirtschaften mit Weitblick, Verantwortung und weltumspannendem Anspruch.

Aha-Moment: David Rockefeller zeigte: Kapital kann trennen – oder verbinden. Wer Netzwerke baut statt Mauern, investiert nicht nur in Märkte, sondern in Verständigung.

Impuls für den Tag: Wirtschaftliche Stärke gewinnt an Tiefe, wenn sie auf Verbindung trifft. Heute ist ein guter Tag für beides.

▶ TAG 13, ALAN GREENSPAN – DER MAESTRO DER MÄRKTE UND DER GELDPOLITIK

Quartalszahlen verstehen – Herzschlag der Börse

Stellen Sie sich vor, Sie warten gespannt auf die Quartalszahlen eines Unternehmens aus Ihrem Depot. Die Marktteilnehmer schauen genau hin, der Kurs reagiert oft schon in den ersten Minuten spürbar. Dann erscheinen die Zahlen – und die Aktie legt deutlich zu. Oder sie gerät unter Druck, weil eine Kennzahl oder der Ausblick enttäuscht. Quartalsberichte sind wie ein Gesundheitscheck für ein Unternehmen: Sie zeigen, wie robust das Geschäft wirklich ist.

Für Anleger zählt dabei mehr als die nackte Zahl. Ein starker Bericht kann den Kurs beflügeln, ein schwächerer Bericht die Bewertung rasch unter Druck setzen. Entscheidend ist nicht nur das Ergebnis selbst, sondern der Vergleich mit den Erwartungen. Wurde mehr verdient als gedacht? Liegt der Umsatz über den Prognosen? Oder bremst ein vorsichtiger Ausblick die Zuversicht? Genau diese Abweichung zwischen Erwartung und Realität bewegt die Börse. Schon kleine Überraschungen können deshalb ausreichen, um eine Aktie kräftig zu bewegen.

Wichtige Kennzahlen im Überblick:

KENNZAHL	BEDEUTUNG
Umsatz	Gesamterlös aus dem Kerngeschäft – zeigt Nachfrage und Marktstärke
Bruttomarge	Verhältnis von Umsatz zu direkten Produktionskosten – ein wichtiger Effizienzindikator
Operative Marge	zeigt, wie profitabel das eigentliche Kerngeschäft arbeitet
Gewinn je Aktie	Profit pro Aktie – eine zentrale Kennzahl für Anleger
Operativer Cashflow	tatsächlich erwirtschafteter Mittelzufluss – wichtig für Investitionen und Schuldentilgung
Dividende	Ausschüttung an Aktionäre – kann Stärke oder Vorsicht signalisieren
Ausblick	erwartete Entwicklung der kommenden Quartale – oft besonders kursrelevant

Quartalszahlen sind mehr als Daten. Sie zeigen, ob ein Unternehmen Erwartungen erfüllt, übertrifft oder verfehlt. Genau darauf reagiert die Börse häufig am stärksten. Besonders wichtig sind dabei der Vergleich mit Analystenschätzungen, die Entwicklung der Margen, der Cashflow und der Ausblick. Jede Berichtssaison ist deshalb ein Härtetest für Bewertungen, Erwartungen und Stimmungen an den Märkten.

Aha-Moment: An der Börse bewegt oft nicht die Zahl selbst den Kurs, sondern die Abweichung zwischen Ergebnis und Erwartung.

Impuls für den Tag: Beobachten Sie in der nächsten Berichtssaison nicht nur Umsatz und Gewinn, sondern vor allem Margen, Ausblick und die Reaktion des Marktes.

▶ TAG 8, INFLATION ERKLÄRT – WENN STEIGENDE PREISE DIE BÖRSE BEWEGEN

Wachstumsstrategie – auf Unternehmen mit Zukunft setzen

Amazon begann in den 90er-Jahren als Online-Buchhändler und wurde zu einem der wertvollsten Unternehmen der Welt. Genau darin liegt die Faszination von Wachstumsstrategien: Sie setzen auf Unternehmen, die heute investieren, um morgen deutlich größer zu sein.

Was ist eine Wachstumsstrategie? Sie investieren gezielt in Unternehmen mit überdurchschnittlichem Wachstumspotenzial. Diese Firmen stecken einen großen Teil ihrer Gewinne in Expansion, neue Produkte, Märkte oder Technologien. Sie zahlen oft keine oder nur geringe Dividenden. Anleger hoffen dafür auf stark steigende Umsätze, Gewinne und Unternehmenswerte.

So erkennen Sie Wachstumsaktien:

- überdurchschnittliches Umsatz- und Gewinnwachstum
- hohe Reinvestitionen und meist geringe oder keine Dividenden
- hohe Bewertungen, weil viel Zukunft bereits eingepreist ist
- stärkere Kursschwankungen als bei reiferen Unternehmen

Growth-Check – vier Fragen für Ihre Auswahl:

- Ist das Geschäftsmodell skalierbar und zukunftsfähig?
- Sind die Wachstumsprognosen plausibel oder zu optimistisch?
- Passt das Chance-Risiko-Verhältnis zu meinem Depot?
- Entspricht die Aktie meiner langfristigen Strategie?

Typische Fehler vermeiden:

- in Wachstumswerte mit überhitzter Bewertung einsteigen
- Wachstum mit sicherem Erfolg verwechseln
- nur auf Technologie setzen und andere Wachstumsfelder übersehen
- ohne klare Verkaufsstrategie investieren

Wachstumsaktien und Value-Aktien folgen unterschiedlichen Logiken. Wachstumsaktien leben stärker von Zukunftserwartungen, Value-Aktien eher von Substanz und günstiger Bewertung. Beides kann erfolgreich sein – entscheidend ist, was zu Ihrer Strategie passt.

Wachstumsstrategien bieten große Chancen, verlangen aber einen klaren Blick für Qualität, Bewertung und Risiken. Wer Innovation, Marktpotenzial und Skalierbarkeit richtig einschätzt, kann außergewöhnliche Renditen erzielen.

Aha-Moment: Wachstumsaktien leben von der Zukunft – genau deshalb liegen hier große Chancen und große Enttäuschungen nah beieinander.

Impuls für den Tag: Prüfen Sie bei einer Wachstumsaktie nicht nur die Story, sondern auch Bewertung, Skalierbarkeit und die Plausibilität der Prognosen.

▶ TAG 16, WARUM INVESTIEREN VERMÖGEN SCHAFFT – UND WANN SPAREN TROTZDEM WICHTIG IST

Martingale & Antimartingale: zwei Wege, Risiko zu managen – nur einer führt weit

Wie gehen Sie mit Verlusten um? Verdoppeln Sie den Einsatz, um alles zurückzuholen? Oder treten Sie einen Schritt zurück, um neu zu starten? Diese Frage berührt den Kern zweier grundverschiedener Risikostrategien – mit klaren Folgen für Ihre Kapitaldisziplin.

Martingale – Einsatz nach Verlust verdoppeln: Nach jedem Verlust wird der Einsatz verdoppelt. **Ziel:** Ein einziger Gewinn soll alle Verluste und den ursprünglichen Einsatz kompensieren. Klingt logisch – scheitert aber meist am begrenzten Kapital.

Antimartingale – Einsatz nach Gewinn verdoppeln: Hier wird nur erhöht, wenn zuvor ein Gewinn erzielt wurde. Nach einem Verlust kehrt man zum Starteinsatz zurück. So steigt das Risiko nur in Gewinnphasen und bleibt bei Verlustserien begrenzt.

Das Rechenbeispiel – 10 Trades à 100 Euro Einsatz:

Annahmen: Startkapital 1000 Euro

Ergebnisreihenfolge: Gewinn, Verlust, Verlust, Verlust, Verlust, Gewinn, Verlust, Gewinn, Gewinn, Gewinn

Rendite pro Gewinn: +100 Prozent. **Verlust:** –100 Prozent des Einsatzes.

TRADE	ERGEBNIS	MARTINGALE KONTOSTAND [€]	ANTIMARTINGALE KONTOSTAND [€]
1	Gewinn	1100	1100
2	Verlust	1000	900
3	Verlust	800	800
4	Verlust	400	700
5	Verlust	-400 (Totalverlust)	600
6–10	-	-	1200

Fazit: Martingale kann schon nach wenigen Verlusten das gesamte Kapital vernichten – es setzt auf Hoffnung und Timing. Antimartingale hingegen schützt das Kapital in Schwächephasen und nutzt erst dann größere Einsätze, wenn das Momentum auf seiner Seite ist. Wer Verluste begrenzt und Gewinne skaliert, bleibt liquide – und profitiert nachhaltig.

Aha-Moment: Nicht jeder Verlust verlangt Reaktion mit Wucht – oft ist Struktur die bessere Antwort. Wer Gewinne stetig ausbaut und Risiken steuert, bleibt souverän.

Impuls für den Tag: Nicht die Höhe des Einsatzes zählt, sondern der Umgang mit Rückschlägen. Börsenerfolg entsteht aus Selbstdisziplin, nicht aus Verdopplung.

▸ TAG 15, SYSTEMISCHE UND UNSYSTEMISCHE RISIKEN – WAS SIE WIRKLICH BEEINFLUSSEN KÖNNEN

Equal-Weight-Strategie – Gleichgewicht statt Gigantenlast

Bei den meisten Börsenindizes bestimmt die Marktkapitalisierung das Gewicht: Je größer ein Unternehmen, desto mehr Einfluss hat es. Das Problem: Giganten wie Apple, Microsoft oder Amazon dominieren – kleinere, aber dynamische Firmen geraten in den Hintergrund. Die Equal-Weight-Strategie durchbricht dieses Muster: Jede Aktie im Index erhält das gleiche Gewicht – Größe allein entscheidet nicht über Einfluss.

So geht's:

- Statt kapitalisierungsgewichtet (nach Marktkapitalisierung) wird jede Aktie gleich stark ins Depot aufgenommen.
- **Beispiel:** Im S&P 500 Equal Weight Index macht jede Aktie bei der quartalsweisen Neugewichtung 0,2 Prozent aus – egal ob Apple oder ein deutlich kleineres Unternehmen.
- Regelmäßiges Rebalancing (z. B. quartalsweise) stellt sicher, dass die Gleichgewichtung erhalten bleibt.

Warum funktioniert das?

- Es verhindert Klumpenrisiken durch Mega-Caps.
- Es gibt kleineren und mittelgroßen Unternehmen mehr Gewicht.
- Der Ansatz profitiert häufig vom Rebalancing-Effekt und von einer stärkeren Ausrichtung auf Size- und Value-Einflüsse; selbst nach Berücksichtigung höherer Umschichtungskosten kann Equal Weight wirtschaftlich sinnvoll bleiben (1).

CHANCEN	RISIKEN
▪ mehr Diversifikation – alle Aktien zählen ▪ Rebalancing kann langfristig ein zusätzlicher Renditetreiber sein. ▪ breiteres Gewicht jenseits der größten Indexschwergewichte	▪ höhere Transaktionskosten durch regelmäßiges Rebalancing ▪ in Phasen starker Großkonzern-Rallyes oft schwächere Entwicklung ▪ Geringer gewichtete, weniger liquide Titel können stärkere Schwankungen mitbringen.

Fazit: Die Equal Weight-Strategie ist eine einfache, aber wirkungsvolle Alternative zu klassischen Indizes. Sie verteilt Einfluss breiter, reduziert die Dominanz einzelner Schwergewichte und macht das Depot unabhängiger von wenigen Riesen.

Aha-Moment: Gleichgewicht heißt nicht Gleichförmigkeit, sondern breitere Teilhabe an der Marktentwicklung.

Impuls für den Tag: Vergleichen Sie den klassischen S&P 500 mit seiner Equal-Weight-Variante. Welche Logik passt besser zu Ihrem Blick auf Diversifikation?

▶ TAG 23, DOGS OF THE DOW – DIVIDENDENSTARKE BLUE CHIPS SYSTEMATISCH AUSWÄHLEN

IPO-Effekt – was die erste Stunde so besonders macht

Es gibt Augenblicke an der Börse, die elektrisieren. Der erste Handelstag eines IPOs (Initial Public Offering – also eines Börsengangs) ist genauso ein Moment. Hier prallen Kalkül und kollektive Emotion aufeinander. Und wer genau hinschaut, sieht: Diese erste Stunde ist kein bloßer Hype – sie ist ein Prüfstein für Wahrnehmung, Psychologie und Zusammenspiel von Angebot und Nachfrage.

Typisch ist der sogenannte »First Day Pop«: Der Emissionspreis wird häufig bewusst konservativ angesetzt, um eine Überzeichnung zu erzeugen. Sobald der Handel beginnt, übersteigt die Nachfrage das Angebot – und die Kurse explodieren. Emotionen übernehmen das Steuer, oft verstärkt durch FOMO (»Fear of Missing Out«) – die Angst, eine exklusive Chance zu verpassen (1). In dieser **Market Magic Hour** zählt weniger die Bewertung – mehr die Bewegung.

Historische Daten zeigen: Dieser Effekt ist mehr als eine Randnotiz. Die durchschnittliche Rendite am ersten Handelstag von US-IPOs zwischen 1980 und 2024 lag bei rund 18,9 Prozent (1). Doch genau diese Euphorie ist trügerisch – langfristig schneiden viele dieser Aktien schwächer ab als der Gesamtmarkt.

Ein oft unterschätzter Faktor: Auch Namen beeinflussen die Kursverläufe. Während des Dotcom-Hypes zeigte eine Untersuchung: Allein der Zusatz ».com« im Firmennamen führte – ganz ohne Änderungen am Geschäftsmodell – zu signifikanten Kursgewinnen (2). Der Name genügte, um Erwartungen zu wecken und die Kurse kurzfristig zu treiben.

Ein weiteres Beispiel: Firmen mit modernen, wachstumsorientierten Namen erzielten im Schnitt höhere Ersttagsrenditen – nicht wegen harter Fakten, sondern weil ihre Namen im Anlegerhirn Aufbruch, Fortschritt und Renditechancen verankerten (3).

Der IPO-Effekt ist also ein Spiegel kollektiver Erwartungen – er erzählt weniger vom Unternehmen selbst als davon, wie sehr wir bereit sind, an eine Geschichte zu glauben.

Aha-Moment: Nicht das Geschäftsmodell entscheidet über den Kurs am ersten Tag, sondern Aufmerksamkeit, Inszenierung und Psychologie. Die Realität folgt später.

Impuls für den Tag: Würden Sie heute investieren, wenn es keinen Hype gäbe? Oder denken Sie längst in Schlagzeilen?

▶ TAG 18, DIE FIBONACCI-MAGIE – WIE ZAHLEN DIE MÄRKTE LENKEN

Predictive Analytics – Märkte mit Statistik vorhersagen?

Wer die Welt aufmerksam beobachtet, erkennt Muster. Manchmal sind es Zufälle, manchmal belastbare Zusammenhänge. Predictive Analytics versucht, aus solchen Mustern systematisch Wahrscheinlichkeiten für die Zukunft abzuleiten. Nicht durch Intuition, sondern durch Statistik.

Im Kern verbinden diese Modelle Daten, Rechenleistung und Mathematik zu Entscheidungssystemen. Kurse, Handelsvolumen, Zinsen oder Konjunkturdaten werden analysiert, um Beziehungen sichtbar zu machen: Wie reagieren Märkte auf steigende Inflation? Wie entwickeln sich Aktien bei schwächerem Wachstum? Aus diesen Korrelationen entstehen Prognosen – keine Gewissheiten. Modelle bilden Realität nicht ab, sie strukturieren sie. Sie machen Unsicherheit nicht kleiner, aber berechenbarer.

In der Praxis bedeutet das: Wenn eine Aktie historisch empfindlich auf Ölpreissteigerungen reagiert, erkennt ein datenbasiertes Modell diese Abhängigkeit über Jahre hinweg. Steigt der Ölpreis, berechnet das System eine veränderte Wahrscheinlichkeit für den Kursverlauf. Fonds reagieren darauf – teils durch Managerentscheidungen, teils automatisiert. Wer Wahrscheinlichkeiten schneller erkennt, verschiebt seinen Entscheidungszeitpunkt.

Große Marktteilnehmer investieren erhebliche Mittel in solche Verfahren. Investmentbanken, Hedgefonds und Datenfirmen entwickeln eigene Modelle oder nutzen spezialisierte Plattformen. Prognosemodelle sind längst Teil der Marktmechanik. Vorhersage ist kein Orakel mehr – sie ist Rechenleistung.

Doch hier liegt auch die Grenze. Modelle basieren auf Vergangenheitsdaten und Annahmen über Zusammenhänge. Unerwartete Ereignisse, politische Entscheidungen oder strukturelle Brüche können diese Beziehungen verändern. Zudem beeinflussen Prognosen selbst das Marktgeschehen. Wenn viele dieselben Modelle nutzen, reagieren Märkte auf ihre eigene Erwartung.

Predictive Analytics verändert daher nicht die Unsicherheit, sondern den Umgang mit ihr. Die Zukunft wird nicht sicherer, aber sie wird in Wahrscheinlichkeiten übersetzt.

Aha-Moment: Modelle liefern Wahrscheinlichkeiten – keine Wahrheiten. Entscheidend ist Ihr Umgang damit.

Impuls für den Tag: Nutzen Sie datenbasierte Prognosen als Entscheidungsgrundlage, nicht als Entscheidungsersatz.

▸ TAG 14, KI AN DER BÖRSE – ALGORITHMEN ALS CO-PILOTEN

Dankbarkeit im Alltag – Ihr unterschätzter Mindset-Booster

Dankbarkeit ist keine Schwäche. Sie ist Klarheit, Fokus, Haltung – und oft der fehlende Hebel im mentalen Repertoire vieler Trader. Wer dankbar ist, zentriert sich. Und wer zentriert ist, trifft bessere Entscheidungen – ruhiger, überlegter, langfristiger.

Gerade im Trading – einem Feld, das von Zahlen, Vergleichen und Gewinnen dominiert wird – wirkt Dankbarkeit wie ein stiller Gegenpol. Sie ist nicht laut, aber sie wirkt tief. Nicht als freundlicher Gedanke, sondern als stabilisierender innerer Zustand. Dankbarkeit entschleunigt. Sie verringert Druck, weitet den Blick – und bringt Sie zurück in den Moment.

Dankbarkeit verändert nicht den Markt – aber sie verändert, wie Sie ihm begegnen. Wer erkennt, was er bereits hat, kann Verluste besser einordnen. Wer weiß, worauf er bauen kann – auf innere Ressourcen, äußere Unterstützung, gewachsene Fähigkeiten –, bleibt auch in schwierigen Phasen stabil. Dankbarkeit schafft die emotionale Grundlage, auf der Disziplin, Geduld und Strategie überhaupt erst wirken können. Sie ist kein Luxus für ruhige Tage. Sie ist Fundament – besonders dann, wenn es unruhig wird.

Reflexionsaufgabe – wofür sind Sie dankbar?

- Welche Menschen haben mich unterstützt, inspiriert oder gefördert – privat oder beruflich, heute oder früher? (Schreiben Sie ihre Namen auf.)
- Welche Organisationen, Mentoren oder Unternehmen haben meine Entwicklung geprägt?
- Wer hat mich – vielleicht gerade durch Konflikte oder schwierige Phasen – stärker gemacht?
- Mit welchem Familienmitglied fühle ich mich besonders verbunden? Und gibt es jemanden, dessen Einfluss mich stark geprägt hat – vielleicht gerade durch Ablehnung oder Abgrenzung?
- Was habe ich erreicht, das heute ein ehrliches »Danke« an mich selbst verdient?

Diese Übung ist kein Blick durch die rosa Brille. Sie ist eine Rückverbindung mit dem, was Sie trägt. Und manchmal auch eine Erinnerung daran, dass Sie selbst an diesem Fundament mitgebaut haben.

Aha-Moment: Dankbarkeit ist kein Gefühl für entspannte Momente. Sie ist ein aktiver Zustand – und Ihre mentale Stabilisierungslinie im Markt. Wer dankbar ist, handelt aus Fülle.

Impuls für den Tag: Starten Sie Ihren Handelstag mit Dank – nicht für Gewinne, sondern für die Chance, zu wachsen, zu lernen und klar im Moment zu sein. Das ist Ihr Mindset-Booster.

▶ TAG 20, GELD & SIE – WARUM IHRE GELDGESCHICHTE MITENTSCHEIDET

Heimatliebe im Depot – der Preis des Vertrauten

Viele Anleger investieren bevorzugt in bekannte Werte: Aktien ihrer Hausbank, Fonds mit Heimatbezug oder Unternehmen, die sie aus dem Alltag kennen. Dieses Verhalten nennt sich **Home Bias** – die Tendenz, beim Investieren das Naheliegende dem Globalen vorzuziehen (1).

Psychologisch beruht der Home Bias auf Vertrautheit, Identifikation und einer Kontrollillusion. Was wir kennen, wirkt sicher. Was wir verstehen (oder zu verstehen glauben), scheint beherrschbar – auch wenn diese Einschätzung oft nicht mehr ist als ein Bauchgefühl (2).

Die Folge:

- Deutsche Anleger übergewichten DAX-Werte, obwohl diese nur rund 2 bis 3 Prozent der weltweiten Marktkapitalisierung ausmachen.
- US-Anleger zeigen ebenfalls Home Bias – investieren damit aber in einen Markt, der rund 60 Prozent der globalen Börsenkapitalisierung abbildet.
- Wer global investiert, profitiert von mehr Wachstumsmärkten, Innovationskraft, Branchenvielfalt – und reduziert das Klumpenrisiko im Heimatmarkt.

Viele Anleger investieren nicht nur national, sondern regional – etwa in Unternehmen aus der eigenen Stadt oder Branche (3). Vertrautes wird überschätzt, Fremdes gemieden (4). Das Resultat: geografisch einseitige Portfolios mit strukturellen Schwächen – geringerer Diversifikation, höheren Schwankungen, verpassten Chancen.

Wie groß die Effekte sein können, zeigt ein Blick auf die Renditen:

Ein DAX-lastiges Depot erzielte zwischen 2014 und 2024 im Schnitt rund 6 Prozent pro Jahr. Ein global gestreuter Index wie der MSCI World kam im gleichen Zeitraum auf etwa 9 Prozent jährlich. Über zehn Jahre ergibt das einen Renditevorsprung von mehr als 40 Prozent – allein durch konsequentere Streuung.

Während US-Anleger automatisch in globale Marktführer wie Apple oder Microsoft investieren, konzentrieren sich deutsche Investoren oft auf zyklische Industrieaktien mit geringerer Innovationskraft und schwächerer Preissetzungsmacht.

Die Lösung? Kein Entweder-oder, sondern bewusste Balance: global investieren, lokal verankert bleiben. Denn was uns nah erscheint, ist nicht automatisch stabil. Und was fern wirkt, ist oft näher an der Zukunft, als wir glauben.

Aha-Moment: Deutsche Anleger halten meist weniger als 20 Prozent ihres Depots außerhalb Europas – obwohl 80 Prozent der globalen Marktkapitalisierung dort liegen.

Impuls für den Tag: Welche Anlageentscheidungen beruhen auf Vertrautheit statt Vielfalt – und wie würden Sie entscheiden, wenn Sie durch die Brille eines Weltbürgers blicken?

▸ TAG 24, DIE PSYCHOLOGIE HINTER GELD – WIE DIE PROSPECT THEORY UNSER HANDELN PRÄGT

Sharing Economy & Plattformgiganten – wenn Vermittlung zur Investition wird

Ein Apartment über Airbnb, eine Fahrt mit Uber, das Abendessen per Lieferdienst – was wie Bequemlichkeit wirkt, ist ein tiefgreifender Strukturwandel. Die Plattformökonomie hat Märkte nicht einfach digitalisiert, sondern neu organisiert. Plattformen besitzen keine Wohnungen, keine Autos, keine Küchen. Sie koordinieren Angebot und Nachfrage – und verdienen an jeder Transaktion mit.

Der wirtschaftliche Kern dieser Modelle liegt in der Trennung von Leistung und Risiko. Die Plattform stellt Infrastruktur, Reichweite und Abwicklung. Die operative Leistung – Fahrzeug, Wohnung, Arbeitszeit – tragen die Anbieter. Für Anleger ist das entscheidend: Fixkosten bleiben vergleichsweise niedrig, Skalierung erfolgt digital, Wachstum entsteht durch Netzwerkeffekte.

Die sogenannte Sharing Economy funktioniert nach einer eigenen Logik. Je mehr Nutzer und Anbieter eine Plattform versammelt, desto attraktiver wird sie – für beide Seiten. Diese Dynamik kann zu dominanten Marktpositionen führen. Gelingt dieser Kipppunkt, wachsen Umsätze oft schneller als Kosten. Scheitert er, bleibt wenig Substanz.

Typische Plattformen im Alltag:

- **Mobilität:** Uber, Lyft, BlaBlaCar
- **Reisen & Wohnen:** Airbnb, Booking Holdings (Booking.com), Expedia Group
- **Lieferdienste:** DoorDash, Just Eat Takeaway (Lieferando), Uber Eats
- **Arbeit & Dienstleistungen:** Upwork, Fiverr
- **Inhalte & Community:** Twitch (Amazon), Patreon

Aus Anlegersicht sind Plattformen keine Selbstläufer. Sie greifen in bestehende Arbeitsmärkte ein, verschieben Verantwortlichkeiten und fordern Regulierung heraus. Gesetzliche Eingriffe, Preiswettbewerb und geringe Wechselkosten können Margen unter Druck setzen. Gleichzeitig sind viele Anbieter hoch bewertet – oft auf Basis erwarteter Dominanz, nicht stabiler Gewinne.

Entscheidend ist daher nicht das Narrativ des Teilens, sondern die Qualität der Plattform: Marktmacht, Preissetzungsspielraum, Nutzerbindung und regulatorische Anpassungsfähigkeit. Wer diese Faktoren beherrscht, kontrolliert den Markt. Wer sie verliert, wird austauschbar.

Aha-Moment: Plattformen besitzen wenig – aber sie kontrollieren viel. Ihr Wert entsteht aus Vermittlung, nicht aus Produktion.

Impuls für den Tag: Denken Sie an einen Dienst, den Sie regelmäßig nutzen. Wer trägt das operative Risiko – und wer kassiert bei jeder Nutzung mit?

▶ TAG 21, DIE BÖRSE IM EINKAUFSWAGEN – WIE IHR SUPERMARKTBESUCH ZUR INVESTMENTIDEE WIRD

Forex verstehen – Währungen handeln, Relationen lesen

Der Devisenmarkt, kurz Forex (Foreign Exchange), ist der größte und liquideste Finanzmarkt der Welt. Täglich wechseln hier Billionenbeträge den Besitzer – rund um die Uhr, fünf Tage pro Woche. Anders als Aktienmärkte kennt Forex keinen zentralen Handelsplatz. Er ist global, dezentral und reagiert unmittelbar auf wirtschaftliche, politische und geldpolitische Impulse.

Im Forex-Handel geht es nie um eine einzelne Währung, sondern immer um ein Verhältnis. Gehandelt werden Währungspaare wie EUR/USD. Kaufen Sie dieses Paar, setzen Sie auf einen stärkeren Euro gegenüber dem US-Dollar. Verkaufen Sie es, erwarten Sie einen stärkeren Dollar. Jede Position ist damit zugleich Entscheidung für eine Währung und gegen eine andere.

Forex-Trading findet überwiegend außerbörslich (»Over the Counter«) über spezialisierte Broker statt. Ein zentrales Merkmal ist der Hebel. Schon kleine Kursbewegungen – gemessen in sogenannten Pips – können durch den Hebel eine große Wirkung auf das eingesetzte Kapital entfalten. Der Hebel beschleunigt Ergebnisse, verstärkt aber ebenso Verluste. Im Forex ist Präzision wichtiger als Richtung.

Die meistgehandelten Währungspaare – etwa EUR/USD, USD/JPY oder GBP/USD – gelten als besonders liquide und vergleichsweise stabil. Exotische Paare wie USD/ZAR oder USD/TRY reagieren deutlich stärker auf politische Risiken, Kapitalflüsse und Zinserwartungen. Mehr Bewegung bedeutet hier nicht mehr Qualität, sondern mehr Unsicherheit.

Forex ist kein Markt für langfristiges Halten, sondern für aktive Steuerung. Kurse reagieren auf Zinsentscheidungen, Inflationsdaten, Arbeitsmarktzahlen und geopolitische Ereignisse – oft innerhalb von Sekunden. Diese Informationen sind öffentlich und sofort eingepreist. Wer hier erfolgreich sein will, braucht weniger Nachrichten als klare Regeln, Timing und Risikokontrolle.

Der Forex-Markt belohnt Struktur, nicht Meinung. Er eignet sich für erfahrene, disziplinierte Trader, die Wahrscheinlichkeiten handeln und Verluste konsequent begrenzen. Für Privatanleger ist er zugänglich, aber anspruchsvoll. Der Maßstab ist nicht Aktivität, sondern Kontrolle.

Aha-Moment: Forex handelt keine Länder, sondern Kräfteverhältnisse. Erfolg entsteht aus Struktur, nicht aus Prognosen.

Impuls für den Tag: Beobachten Sie ein Währungspaar aus Ihrem Alltag. Welche wirtschaftlichen Kräfte wirken – und wie zeigen sie sich im Kurs?

▶ TAG 7, AKTIEN VERSTEHEN – WAS SIE WIRKLICH KAUFEN

Die Kraft des Gebens – warum spenden mehr ist als Verzicht

Spenden – das klingt für manche nach Verzicht. Doch wer wirklich gegeben hat, weiß: Es ist oft genau das Gegenteil. Geben verändert – nicht nur den Empfänger, sondern auch den, der gibt. Und manchmal mehr, als Geld je kaufen könnte.

In einer Welt, die von Haben und Horten geprägt scheint, ist freiwilliges Geben ein Akt der Selbstbestimmung – und ein stilles Statement gegen Egoismus, Angst und Gleichgültigkeit. Es zeigt: Wohlstand ist nicht nur eine Frage des Besitzes, sondern auch der Bereitschaft zu teilen. Diese Kraft des Gebens spiegelt sich in Vorbildern, die Generationen geprägt haben:

- **Elisabeth von Thüringen** verschenkte ihren Besitz im Mittelalter aus Überzeugung – und wurde zum Symbol gelebter Nächstenliebe.
- **Franz von Assisi** wählte radikale Einfachheit – nicht aus Mangel, sondern aus innerer Freiheit.
- **Mutter Teresa** veränderte mit kleinen Gesten das Leben vieler – ihre Währung war Mitgefühl, nicht Geld.
- **Der Heilige Martin von Tours** teilte seinen Mantel mit einem frierenden Mann – und wurde zur Ikone tätiger Menschlichkeit.

Auch moderne Geber schreiben diese Geschichte fort:

- **MacKenzie Scott** spendete Milliarden – schnell, gezielt, ohne Stiftung oder PR. Ihre Gaben stärken Bildung, Vielfalt und soziale Gerechtigkeit.
- **Bill & Melinda Gates** setzen ihr Vermögen ein gegen globale Ungleichheiten – mit Entschlossenheit, Daten und Weitblick.
- **Warren Buffett** will 99 Prozent seines Vermögens abgeben – und inspiriert mit der *Giving Pledge* andere Superreiche zum Mitziehen.
- **Muhammad Yunus** veränderte mit Mikrokrediten Millionen Leben – vor allem das von Frauen. Seine Idee: Hilfe, die nicht bindet, sondern befähigt.

All diese Beispiele zeigen: Spenden ist mehr als finanzielle Hilfe. Es ist Haltung. Vertrauen. Verantwortung. Wer gibt, setzt ein Zeichen – für Verbundenheit, Hoffnung und Zukunft.

Psychologische Studien belegen: Wer regelmäßig gibt, fühlt sich verbundener, zufriedener – und sogar glücklicher. Denn Geben aktiviert unser Belohnungssystem (1, 2). Es bereichert – nicht nur das Konto anderer, sondern auch das eigene Leben.

Aha-Moment: Geben ist keine Einbahnstraße, sondern eine Brücke. Sie verbindet Herz mit Handlung, Vermögen mit Wirkung.

Impuls für den Tag: Was könnten Sie heute geben – nicht, weil Sie müssen, sondern, weil Sie es können?

▶ TAG 360, SEGEN ODER VERSUCHUNG? – WIE RELIGIONEN REICHTUM BEWERTEN

Segen oder Versuchung? – Wie Religionen Reichtum bewerten

Goldene Altäre, bescheidene Mönchszellen, Spendenboxen in Tempeln – das Verhältnis von Religion und Reichtum ist so alt wie der Mensch selbst. Und so ambivalent. Ist Wohlstand ein göttlicher Lohn – oder eine spirituelle Prüfung? Die großen Religionen geben unterschiedliche Antworten – und doch verbindet sie ein Gedanke: Geld ist nie neutral. Es ist entweder Werkzeug oder Versuchung. Mittel zum Guten – oder Spiegel unserer Motive.

Im **Christentum** heißt es: »Eher geht ein Kamel durch ein Nadelöhr, als dass ein Reicher in das Himmelreich gelangt.« (Matthäus 19,24) Und doch gilt Großzügigkeit als Tugend, achtsamer Umgang mit Reichtum als Zeichen innerer Reife. Nicht Reichtum an sich steht in der Kritik – sondern Gier, Habgier und das Vergessen der Mitmenschen. Im **Islam** ist Wohlstand eine Gabe Gottes – mit einem klaren Auftrag: Wer gibt, reinigt seinen Besitz; wer hortet, beschwert seine Seele. Die Zakat – die Pflicht zur Wohltätigkeit – ist fest im Glaubensleben verankert und zählt zu den fünf Säulen des Islam. Im **Judentum** wird Reichtum weder glorifiziert noch misstrauisch beäugt – er wird ethisch eingebettet. Besitz ist erlaubt und kann gesegnet sein, doch immer verbunden mit Verantwortung: gegenüber der Gemeinschaft, gegenüber Bedürftigen, gegenüber Gott. Wohltätigkeit (Zedaka) gilt nicht als freiwillige Geste, sondern als moralische Pflicht – auch für den, der wenig hat. Ein Prinzip, das Gerechtigkeit und Teilhabe über bloßes Geben stellt. Der **Buddhismus** sieht in Besitz oft eine Quelle von Leid, Illusion und Anhaftung. Wahres Glück kommt durch Loslassen – nicht durch Ansammeln. Und doch spielt auch hier Spendenkultur eine Rolle: Nicht der Besitz ist falsch, sondern die Bindung daran. Im **Hinduismus** ist Reichtum mit Karma verknüpft: Wer ethisch handelt, kann Erfolg erleben – aber nur, wenn er ihn teilt. Materieller Segen verpflichtet zu moralischem Handeln. Auch hier ist Wohlstand kein Selbstzweck, sondern Teil eines größeren Gleichgewichts.

In all dem zeigt sich eine überraschende Einigkeit: Religionen verteufeln Reichtum nicht – sie fragen nur genauer, was er mit uns macht. Gier, Stolz, Angst? Oder Vertrauen, Mitgefühl, Verantwortung? Geld ist immer auch Charaktertest. Gerade heute – in einer Welt, in der Besitz zur Visitenkarte geworden ist – klingen diese alten Lehren plötzlich überraschend modern. Sie fragen nicht: **Wie viel hast du?** Sondern: **Was gibst du weiter?**

Aha-Moment: Reichtum ist selten das Problem. Wie wir damit umgehen – das ist die wahre Glaubensfrage.

Impuls für den Tag: Was würden Sie mit Geld tun, wenn es niemand sieht – und was sagt das über Sie?

▸ TAG 361, BÖRSENFIEBER IM KINO – REICHTUM, GIER UND GROSSE ABSTÜRZE AUF DER LEINWAND

Börsenfieber im Kino – Reichtum, Gier und große Abstürze auf der Leinwand

Die Börse hat alles, was gutes Kino braucht: Tempo, Risiko, Exzesse – und dramatische Fallhöhen. Kein Wunder, dass sie seit Jahrzehnten Stoff für Filme liefert, in denen es längst nicht nur um Geld geht. Es geht um Macht, Moral, Gier – und um den Moment, in dem alles kippt.

In *Wall Street* (1987) erschuf **Oliver Stone** die Ikone eines entfesselten Kapitalismus: **Gordon Gekko**. Seine Parole **»Greed is good«** wurde zum Zitat einer Ära – bewundert und gefürchtet zugleich. Der Film zeigt, wie moralische Grenzen verschwimmen, wenn Zahlen wichtiger werden als Menschen.

The Wolf of Wall Street treibt das Spiel auf die Spitze: **Leonardo DiCaprio** als **Jordan Belfort** schwebt zwischen Rausch, Reichtum und Realitätsverlust. Der Film ist ein Exzess – grell, komisch, erschreckend. Und er stellt die Frage: Wer lässt sich stärker verführen – die Figuren im Film oder wir als Publikum?

Margin Call und *The Big Short* blicken direkter auf die Finanzkrise – mit Fokus auf Mechanismen statt Moral. Sie zeigen nicht nur, wie Märkte versagen, sondern auch, wie Ignoranz, Bonuskultur und Angst vor Kontrollverlust ganze Systeme ins Wanken bringen.

Weniger bekannt, aber ebenso intensiv: *Rogue Trader*, das reale Drama um **Nick Leeson,** der mit riskanten Spekulationen die Barings Bank zu Fall brachte. Ein Film über Selbstüberschätzung, Isolation – und das Scheitern der Kontrolle.

Endstation Parkett, einer der wenigen deutschen Filme mit Finanzfokus, beleuchtet den psychischen Druck von Tageshandel und Verlustangst – roh, intensiv, nah am Menschen.

Und dann ist da noch *Inside Job* – der vielleicht treffendste Blick auf die Ursachen der Krise von 2008. Der oscarprämierte Dokumentarfilm seziert gnadenlos, wie Gier, Deregulierung und Verflechtungen zwischen Banken, Politik und Wissenschaft die Weltwirtschaft an den Abgrund führten. Kein Drama – und doch dramatisch. Weil alles stimmt.

Was all diese Filme verbindet: Sie erzählen nicht von Zahlen – sondern von Menschen im Ausnahmezustand. Von der Versuchung, alles zu wollen. Vom Absturz nach dem Höhenflug. Und vom Preis, den man oft erst begreift, wenn der Bildschirm schwarz wird. Kino wird zum moralischen Stresstest in Spielfilmlänge – spannend, verstörend, wahr.

Aha-Moment: Börsenfilme zeigen nicht nur, wie Geld gemacht wird, sondern, was es aus Menschen macht.

Impuls für den Tag: Wären Sie Zuschauer, Akteur – oder der, der geht, bevor der Vorhang fällt?

▸ TAG 6, JENSEITS VON PREIS UND WERT – WAS WIRKLICH KOSTBAR IST

Linda Raschke – Strategin mit System und Gespür für die Märkte

Sie begann dort, wo andere aufhören: im Detail. Linda Raschke zählt zu den systematischsten – und zugleich unauffälligsten – Legenden der Trading-Welt. Seit den 1980er-Jahren handelt sie erfolgreich an den Märkten, zunächst als Market-Makerin an der Optionsbörse, später als Hedgefonds-Managerin. Ohne laute Worte, ohne Spektakel. Dafür mit Methode, Präzision – und einem außergewöhnlichen Gespür für Timing.

Während viele auf große Theorien setzten, konzentrierte sich Raschke auf das, was in der Praxis funktioniert: wiederkehrende Kursmuster, klare Einstiegssignale, gut dokumentierte Handelsroutinen und konsequentes Risikomanagement. Ihr Motto:

»Plane den Trade – und trade den Plan.«

Sie kombinierte Technische Analyse mit strukturiertem Denken und einem feinen Gefühl für Marktpsychologie – und wusste dabei: Ein klarer Prozess schlägt jedes Bauchgefühl, wenn es darauf ankommt.

Was sie auszeichnete, war nicht ein einzelner Coup, sondern ihre beeindruckende Konstanz über Jahrzehnte hinweg. Ihre Entscheidungen waren keine Wetten, sondern Wahrscheinlichkeitsrechnungen auf Basis statistisch belastbarer Handelsmuster. Sie arbeitete mit Checklisten, Trading-Tagebüchern und klar definierten Ein- und Ausstiegskriterien. Ihr Stil: klar, diszipliniert, replizierbar. Ihre Strategie, bekannt als der **»Holy Grail«**-Ansatz, ist bis heute fester Bestandteil vieler Ausbildungskonzepte im systematischen Trading.

Und sie entwickelte sich ständig weiter – nicht aus Unruhe, sondern aus Prinzip. *»Die Märkte ändern sich – also muss ich mich auch ändern«*, sagte sie einmal. Für Raschke war Trading kein Spiel, sondern ein Handwerk – mit Regeln, Werkzeugen und einem respektvollen Umgang mit Risiko. Ihre größte Stärke lag nicht im Instinkt, sondern in der Fähigkeit, Muster zu erkennen und ihnen konsequent zu folgen – selbst in Phasen emotionaler Unsicherheit.

Später gab sie ihr Wissen weiter: als Autorin, Mentorin und Vortragende. Ihre Bücher und Seminare zählen zu den Klassikern unter systematischen Tradern. Sie zeigte, dass man keine große Bühne braucht, um nachhaltig Eindruck zu hinterlassen – sondern einen funktionierenden Rahmen, in dem Disziplin, Erfahrung und geistige Beweglichkeit zur Entfaltung kommen.

Aha-Moment: Linda Raschke beweist, dass systematisches Trading keine starre Technik ist, sondern strukturierte Intuition in disziplinierter Form.

Impuls für den Tag: Was Sie regelmäßig prüfen und konsequent umsetzen, wird zu Ihrem Vorteil – im Markt wie im Leben. Struktur schafft Handlungsspielraum.

▶ TAG 1, CHARLIE MUNGER – BUFFETT-PARTNER UND MEISTER DES KLAREN DENKENS

Regelmäßiger Depot-Check – Struktur, Gewichtung und Ziele prüfen

Ein Schiff bleibt nicht auf Kurs, weil man ständig am Steuer dreht, sondern weil man regelmäßig prüft, wo man steht. Für Ihr Depot gilt dasselbe. Kontrolle entsteht nicht im Markt, sondern im Abstand zum Markt.

Sie sind Eigentümer, Entscheider und Controller in einer Person. Wer nicht prüft, reagiert. Wer prüft, steuert.

Ein Depot-Check ist keine Reaktion auf Kurse, sondern eine strukturierte Standortbestimmung. Es geht nicht um Schwankungen, sondern um Balance. Viele Anleger schauen zu oft auf Kurse und erzeugen damit Druck. Andere schauen zu selten hin und verlieren die Kontrolle.

Der Depot-Check bringt beides zurück: Überblick und Handlungsfähigkeit.

Stellen Sie sich dabei die entscheidenden Fragen:
- Hat sich die Gewichtung deutlich verschoben?
- Sind einzelne Positionen zu dominant geworden?
- Passt das Risiko noch zu meiner ursprünglichen Strategie?
- Haben sich Branchen- oder Regionenschwerpunkte aufgebaut?
- Hat sich mein Liquiditätsbedarf verändert?
- Gibt es versteckte Kosten oder Auffälligkeiten?

Vom Check zur Entscheidung: Ein Depot-Check ist kein Selbstzweck. Er entfaltet seinen Wert erst durch Konsequenz. Wenn sich Gewichtungen verschoben haben oder Risiken nicht mehr passen, folgt die Anpassung. Das kann bedeuten, Positionen zu reduzieren, aufzustocken oder neu zu strukturieren. Dieses Rebalancing führt Ihr Depot zurück in die gewünschte Balance – und hält Ihre Strategie lebendig. Ohne diesen Schritt bleibt Analyse folgenlos.

Der richtige Rhythmus: nicht täglich, nicht zufällig: Ein strukturierter Check alle drei Monate reicht in der Regel aus. Die Strategie braucht Raum, um zu wirken.

Wichtig: Dokumentieren Sie Ihre Ergebnisse. Ein Depot-Check ohne Protokoll ist schnell vergessen – und damit wirkungslos.

Aha-Moment: Ein gutes Depot entsteht nicht durch Auswahl allein, sondern durch regelmäßige Korrektur.

Impuls für den Tag: Legen Sie heute einen festen Termin für Ihren nächsten Depot-Check fest – und behandeln Sie ihn wie einen unverrückbaren Geschäftstermin.

▶ TAG 4, GROWTH VERSUS VALUE – ZWEI WEGE ZU GUTEN INVESTMENTS

Das Trading-Tagebuch – Ihr ehrlichster Mentor

Ein Trader ohne Tagebuch handelt, aber er lernt nicht systematisch. Ohne Dokumentation bleibt Trading Erinnerung statt Erkenntnis. Erfolg wird zufällig statt reproduzierbar.

Ein Trading-Tagebuch ist kein Verwaltungsakt, sondern ein Steuerungsinstrument. Es macht Ihr Verhalten sichtbar: Einstiege, Stopps, Positionsgröße – aber auch Zweifel, Impulse und Abweichungen vom Plan. Es trennt Emotion von Entscheidung. Es zeigt nicht nur, was der Markt tat, sondern was Sie dachten.

Ohne Aufzeichnungen verschwinden Fehler im Nebel. Mit einem Tagebuch entsteht Struktur. Sie erkennen Muster – nicht im Markt, sondern in sich selbst. Was gemessen wird, kann verbessert werden.

Wie das aussehen kann, zeigt eine einfache Struktur:

EINSTIEG								
Datum	Symbol / Basiswert	Stücke Kontrakte [Zahl]	Long / Short	Zeit	Preis [Euro]	Stopp [Euro]	Risiko [Euro]	Gewinnziel [Kurs]

AUSSTIEG					
Datum	Zeit	Preis [Euro]	Gewinn / Verlust [Punkte / Pips]	Gewinn / Verlust [Euro]	Gebühren [Euro]

Kommentare	
Beschreibung des Trades	Verbesserungen

Richtig wertvoll wird das Tagebuch erst durch Auswertung. Welche Setups funktionieren? Welche Marktphasen liegen Ihnen? Wo weichen Sie vom Plan ab? Mit einer größeren Stichprobe – oft mehrere Hundert dokumentierte Trades – wird Ihre Strategie statistisch greifbar. Sie erkennen Ihren Erwartungswert, typische Verlustserien und reale Drawdowns. Dann sprechen nicht einzelne Gewinne oder Verluste, sondern Daten.

Ein Tagebuch verwandelt Trading von Aktivität in Prozess. Professionelle Trader dokumentieren nicht, um sich gut zu fühlen, sondern, um ihr System messbar zu machen.

Aha-Moment: Ein Tagebuch kontrolliert nicht den Markt – es kontrolliert Ihr Verhalten.

Impuls für den Tag: Dokumentieren Sie Ihren nächsten Trade vollständig – inklusive Emotion vor, während und nach dem Einstieg. Erkenntnis beginnt mit Ehrlichkeit.

▸ TAG 26, WAS IST TRADING? – DER SCHNELLE HANDEL ERKLÄRT

Nachhaltigkeit – warum wir bereit sind, für Werte mehr zu zahlen

Was bringt uns dazu, mehr zu zahlen, obwohl das Produkt dasselbe ist? Warum greifen wir zu Ökostrom, fairem Kaffee oder nachhaltigen Investmentfonds – selbst wenn sie teuer sind und auf den ersten Blick weniger rentabel erscheinen? Die Antwort liefert kein Taschenrechner – sondern die Neuroökonomie.

Denn nachhaltiges Verhalten ist selten eine rein rationale Kosten-Nutzen-Abwägung. Oft ist es ein identitätsgetriebener Impuls. Studien zeigen: Wer bewusst nachhaltig handelt, aktiviert das Belohnungssystem im Gehirn – insbesondere das Striatum. Es reagiert ähnlich wie bei einem Gewinn. Was moralisch richtig ist, fühlt sich auch emotional richtig an (1).

Noch interessanter: Auch der präfrontale Kortex – zuständig für Selbstbild und moralische Bewertung – zeigt erhöhte Aktivität, wenn Entscheidungen mit den eigenen Werten übereinstimmen (2). Das Gehirn signalisiert: »Das bin ich.« Nachhaltiger Konsum oder bewusstes Investieren wird damit zur neurobiologischen Selbstvergewisserung.

In diesem Zusammenhang gewinnt ein Begriff an Bedeutung: ESG – kurz für Environmental, Social and Governance. Dahinter verbirgt sich kein Marketinglabel, sondern ein Orientierungsrahmen für verantwortungsbewusstes Handeln. Umweltverträglichkeit, soziale Wirkung und ethische Unternehmensführung werden damit zu handfesten Kriterien – für Konsumenten wie für Investoren.

Genau deshalb akzeptieren viele Menschen höhere Preise oder geringere Renditen – nicht aus Idealismus, sondern weil sie sich als Teil von etwas Größerem verstehen.

Nachhaltigkeit ist kein Luxus. Sie ist Ausdruck von Haltung.

Auch an den Finanzmärkten zeigt sich das: Unternehmen mit glaubwürdiger ESG-Strategie genießen nachweislich mehr Vertrauen. Investoren bewerten längst nicht nur Bilanzzahlen, sondern auch die Werte, die dahinterstehen. Neurowissenschaftlich betrachtet investieren sie nicht nur in Rendite, sondern in Bedeutung.

Nachhaltigkeit ist damit nicht nur ein Trend. Sie ist ein neurobiologisch fundiertes Bedürfnis: der Wunsch, dass unser Geld im Einklang mit unseren Überzeugungen wirkt – und Wirkung entfaltet (3).

Aha-Moment: Studien zeigen: Nachhaltige Entscheidungen aktivieren im Gehirn ähnliche Netzwerke wie altruistisches Handeln. Sinn wird zur Belohnung – nicht auf dem Konto, sondern im Kopf.

Impuls für den Tag: Was wären Sie heute bereit zu tun – nicht, weil es günstig ist, sondern, weil es stimmig ist?

▶ TAG 60, NEUROÖKONOMIE – DIE WISSENSCHAFT HINTER UNSEREN GELDENTSCHEIDUNGEN

Die Börse 4.0 – wo Technologie und Handel verschmelzen

Die Börse war nie ein statisches System. Sie hat sich ständig neu erfunden – mit Federkielen, Telegrafen, Parketthandel. Doch das, was wir heute erleben, ist mehr als ein Update: Es ist Börse 4.0 – eine Ära, in der Technologie nicht nur unterstützt, sondern prägt.

Algorithmen handeln in Mikrosekunden. Künstliche Intelligenz analysiert Stimmungen in Echtzeit. Blockchain schafft Vertrauen – nicht durch Mittler, sondern durch Code. Und Börsenplätze sind keine Gebäude mehr, sondern globale Netzwerke aus Servern, Datenströmen und automatisierten Entscheidungen.

Willkommen in der Zeit, in der Maschinen nicht nur Preise berechnen, sondern sie machen. Wo Privatanleger Strategien kopieren, die früher Hedgefonds vorbehalten waren. Wo Börsengänge über SPACs (börsennotierte Firmenhüllen für schnelle Listings) erfolgen, reale Werte in Tokens übersetzt und Geschäftsmodelle als digitale Zwillinge neu entworfen werden – also als virtuelle Abbilder realer Prozesse, Produkte oder Systeme.

Die Börse 4.0 ist schnell, vernetzt, datengetrieben – aber auch fragil. Denn mit der Effizienz wächst die Verantwortung: Wie fair ist ein Markt, wenn Millisekunden über Gewinne entscheiden? Wer kontrolliert Blackbox-Systeme – also Algorithmen, deren Entscheidungslogik für Außenstehende und oft selbst für Entwickler schwer nachvollziehbar ist –, die täglich Milliarden bewegen? Und was passiert, wenn ein Softwarefehler einen globalen Kurssturz auslöst?

Doch genau darin liegt ihre Bedeutung. Die Börse 4.0 ist keine technische Spielerei – sie ist ein Paradigmenwechsel. Eine Einladung, die Grundlogik von Kapitalmärkten neu zu denken: Was ist ein Unternehmen wert, wenn es keinen physischen Standort mehr braucht? Wie sieht ein Börsengang aus, wenn er über Tokens erfolgt – nicht über Aktien? Und wie bewahren wir Stabilität in einem System, das von Geschwindigkeit lebt?

Diese neue Börsenwelt verlangt Mut, Neugier – und Weitblick. Denn sie ist kein Ort mehr.

Sie ist eine Architektur aus Daten, Vertrauen – und Code.

Aha-Moment: Über 70 Prozent des Börsenhandelsvolumens in den USA werden heute durch automatisierte Systeme abgewickelt – ohne direkten menschlichen Eingriff.

Impuls für den Tag: Was ist Ihre Idee wert – in der realen und der digitalen Welt? Und was zählt mehr: Substanz oder Skalierbarkeit?

▶ TAG 27, VON MUSCHELN ZU MÄRKTEN – DIE GEBURT DES HANDELS

QUIZ 12

TAG 337: WELCHE FAKTEN ZU »INVESTIEREN IM ALL« SIND KORREKT?

A) Raumfahrtaktien wie Virgin Galactic oder Planet Labs sind reine Zukunftsvisionen ohne aktuelle Geschäftsmodelle.
B) Der Raumfahrtsektor umfasst heute Anwendungen wie Navigation, Kommunikation und Erdbeobachtung.
C) Megakonstellationen wie Starlink zielen auf globalen Internetzugang.
D) Investitionen in den Weltraumsektor erfordern sowohl Risikobewusstsein als auch Vorstellungskraft.

TAG 343: WELCHE AUSSAGEN ÜBER KURSRÜCKSETZER IM DEPOT TREFFEN ZU?

A) Rücksetzer gehören an der Börse grundsätzlich zum normalen Marktverlauf.
B) Ein fallender Kurs bedeutet automatisch, dass die ursprüngliche Investmentidee falsch war.
C) Langfristig orientierte Anleger prüfen bei Rücksetzern oft zuerst Substanz, Strategie und Zeithorizont.
D) Wer aus Panik verkauft, kann vorübergehende Verluste dauerhaft realisieren.

TAG 349: WELCHE BEHAUPTUNGEN ÜBER QUARTALSZAHLEN STIMMEN?

A) Quartalsberichte zeigen unter anderem, wie profitabel und robust ein Unternehmen wirtschaftet.
B) Für die Börse zählt häufig nicht nur das Ergebnis selbst, sondern auch die Abweichung zu den Erwartungen.
C) Der Ausblick auf kommende Quartale spielt für Anleger oft eine wichtige Rolle.
D) Quartalszahlen beeinflussen Aktienkurse kaum, solange Umsatz und Gewinn positiv bleiben.

TAG 359: »DIE KRAFT DES GEBENS – WARUM SPENDEN MEHR IST ALS VERZICHT«. WELCHE FORMULIERUNGEN SIND RICHTIG?

A) Elisabeth von Thüringen, Mutter Teresa und Martin von Tours stehen sinnbildlich für Besitzvermehrung durch kluge Spendenpolitik.
B) MacKenzie Scott spendete Milliarden ohne großen öffentlichen Auftritt oder feste Stiftung.
C) Psychologische Studien zeigen, dass regelmäßiges Geben positive Auswirkungen auf das eigene Wohlbefinden haben kann.
D) Der Text betont: Spenden bedeutet vor allem Verzicht und Verlust.

TAG 365: WELCHE THESEN ÜBER NACHHALTIGKEIT SIND ZUTREFFEND?

A) Menschen handeln nachhaltig ausschließlich aus rationaler Kosten-Nutzen-Analyse.
B) Das Belohnungssystem im Gehirn kann bei nachhaltigem Handeln ähnlich reagieren wie bei einem finanziellen Gewinn.
C) Der präfrontale Kortex spielt keine Rolle bei moralisch motivierten Entscheidungen.
D) ESG steht für Umwelt, Soziales und verantwortungsvolle Unternehmensführung – und ist ein wichtiges Bewertungskriterium für viele Investoren.

QUIZLÖSUNGEN

QUIZ 1

Tag 10

A ist falsch.
Naturalgeld hatte keinen Symbolwert – es bestand aus Dingen, die einen echten Gebrauchswert hatten.

B ist richtig.
Teeziegel, Salz, Vieh, Muscheln oder Eisenwerkzeuge – je nach Region wurden unterschiedliche Dinge als Zahlungsmittel genutzt.

C ist falsch.
Naturalgeld war kein zentrales System – es basierte auf lokalem Gebrauch, nicht auf institutioneller Garantie.

D ist richtig.
In Notlagen und Krisenzeiten greifen Menschen oft wieder auf Naturalgeld oder Tauschmittel mit direktem Nutzen zurück.

Tag 11

A ist falsch.
Bitcoin basiert nicht auf einer zentralen Datenbank, sondern auf einer dezentral gespeicherten Blockchain, die weltweit auf vielen Rechnern verteilt ist.

B ist richtig.
Das Bitcoin-System sieht eine feste Obergrenze von 21 Millionen Einheiten vor. Diese künstliche Knappheit ist ein zentraler Bestandteil des Konzepts.

C ist falsch.
Bitcoin ist keine Aktie und kein Unternehmensanteil. Es gibt weder Dividenden noch Ansprüche auf Gewinne oder Substanzwerte.

D ist richtig.
Bitcoin-Transaktionen sind nicht anonym, sondern pseudonym. Die Bewegungen bleiben dauerhaft in der Blockchain gespeichert und technisch nachvollziehbar.

Tag 13
A ist richtig.
Alan Greenspan war von 1987 bis 2006 Chairman der Federal Reserve – unter vier US-Präsidenten.

B ist falsch.
Seine Reden galten als Meisterwerke des »Fedspeak« – bewusst mehrdeutig und schwer zu durchschauen.

C ist richtig.
Nach dem Börsencrash 1987 stellte er rasch Liquidität bereit, um Vertrauen zu schaffen und die Märkte zu stabilisieren.

D ist richtig.
Nach der Finanzkrise 2008 wurde seine Überzeugung von der Selbstregulierung der Märkte öffentlich stark kritisiert – auch von ihm selbst, da er sich später selbstkritisch zeigte.

Tag 23
A ist richtig.
Die Strategie wählt die zehn Aktien mit der höchsten Dividendenrendite aus dem Dow Jones aus – meist etablierte Blue Chips mit gefallenen Kursen.

B ist richtig.
Eine hohe Dividendenrendite kann entstehen, weil der Kurs stark gefallen ist. Bleiben die Probleme bestehen, droht eine sogenannte Value-Falle.

C ist falsch.
Dogs of the Dow ist kein kurzfristiger Trendansatz. Die Strategie folgt festen Regeln und setzt auf antizyklisches Investieren.

D ist falsch.
Die Aktien werden nicht täglich angepasst. Typischerweise erfolgt die Neuauswahl einmal pro Jahr.

Tag 24
A ist richtig.
Trading zielt typischerweise darauf ab, kurzfristige Kursbewegungen aktiv zu nutzen – mit klar definiertem Risiko und festen Regeln.

B ist falsch.
Beim Day-Trading werden Positionen normalerweise noch am selben Handelstag geschlossen. Längere Haltedauern sind eher typisch für Swing- oder Positionstrading.

C ist richtig.
Ein Setup beschreibt ein vorab definiertes Handelsszenario mit klaren Regeln für Einstieg, Stopp und Ziel. Es schafft Struktur und reduziert spontane Entscheidungen.

D ist richtig.
Der Spread ist die Differenz zwischen Bid und Ask – also zwischen Kauf- und Verkaufskurs – und wirkt wie eine indirekte Handelsgebühr.

Tag 29
A ist falsch.
Spielen ist mehr als bloße Unterhaltung – es ist Lernen, Selbsterfahrung und ein Mittel zur Bewältigung von Unsicherheit.

B ist richtig.
Im Spiel zeigen sich Merkmale wie Risikofreude, Geduld, Täuschung oder Fairness – es ist ein Spiegel der Persönlichkeit.

C ist richtig.
Verlieren kann das Belohnungssystem herausfordern und zu erneuten Spielversuchen motivieren.

D ist richtig.
Spiele bieten Regeln und Strukturen, die im echten Leben oft fehlen – das verleiht ein Gefühl von Kontrolle.

QUIZ 2

Tag 36

A ist falsch.
Verluste lösen messbare körperliche und neurologische Reaktionen aus – zum BeispielStressreaktionen und Aktivierung der Insula.

B ist richtig.
Die Insula, die auf Schmerz, Ekel und Bedrohung reagiert, wird bei finanziellen Verlusten stark aktiviert.

C ist falsch.
Unter Stress wird der präfrontale Kortex gehemmt – genau das erschwert rationale Entscheidungen bei Verlustangst.

D ist falsch.
Verluste wirken etwa doppelt so stark wie gleich hohe Gewinne – das ist das zentrale Prinzip der Verlustaversion.

Tag 40

A ist falsch.
Ein Großteil des Handels lief über sogenannte Futures – also Verträge auf zukünftige Lieferungen, nicht über reale Ware.

B ist richtig.
Die Tulpenmanie gilt als eines der ersten belegten Beispiele für eine Spekulationsblase in der Wirtschaftsgeschichte.

C ist richtig.
Einzelne Tulpenzwiebeln erreichten Preise in der Größenordnung des 30-Fachen eines Jahreslohns.

D ist falsch.
Der Einbruch kam abrupt – innerhalb weniger Tage brach der Markt zusammen, nachdem ein Käufer bei einer Auktion ausblieb.

Tag 42

A ist richtig.
Mean Reversion basiert auf der Annahme, dass sich übertriebene Kursbewegungen häufig wieder in Richtung eines durchschnittlichen Gleichgewichts zurückbewegen.

B ist falsch.
Die Strategie sucht keine Trendfortsetzung, sondern mögliche Gegenbewegungen nach starken Übertreibungen.

C ist richtig.
Mean-Reversion-Trader beobachten oft deutliche Abweichungen vom Durchschnitt, überdehnte Bewegungen oder technische Extremzonen.

D ist richtig.
Starke Trends können länger anhalten als erwartet. Ohne klare Regeln und Absicherung kann antizyklisches Handeln schnell riskant werden.

Tag 54

A ist richtig.
Buy-and-Hold basiert auf der Idee, über viele Jahre oder Jahrzehnte in starke Unternehmen investiert zu bleiben.

B ist richtig.
Reinvestierte Dividenden und Erträge können Vermögen langfristig deutlich wachsen lassen. Genau darauf beruht der Zinseszinseffekt.

C ist falsch.
Buy-and-Hold setzt nicht auf häufiges Umschichten oder kurzfristige Marktreaktionen, sondern auf langfristige Beteiligung und Geduld.

D ist richtig.
Wer langfristig investiert bleibt, muss auch stärkere Kursschwankungen aushalten können, ohne impulsiv zu verkaufen.

Tag 56

A ist falsch.
Leeson spekulierte unautorisiert und verursachte massive Verluste – nicht Erfolge. Eine Auszeichnung erhielt er dafür nicht.

B ist richtig.
Er hatte in Singapur gleichzeitig die Kontrolle über Handel und Abwicklung – ein gravierender struktureller Fehler.

C ist richtig.
Das Erdbeben von Kōbe im Jahr 1995 löste Kursverluste aus, die Leesons gehebelte Positionen endgültig zum Einsturz brachten.

D ist richtig.
Leeson nutzte das geheime Konto 88888, um Verluste zu verschleiern und Bilanzen zu manipulieren.

QUIZ 3

Tag 63

A ist richtig.
Viele große Tech-Unternehmen verknüpfen Geräte, Software, Daten und Dienste zu umfassenden digitalen Ökosystemen.

B ist falsch.
Je stärker digitale Dienste in den Alltag eingebunden sind, desto schwieriger und unattraktiver wird für viele Nutzer ein Wechsel.

C ist richtig.
Netzwerkeffekte, Plattformstrukturen und wiederkehrende Nutzung machen die Geschäftsmodelle vieler Tech-Konzerne besonders stabil.

D ist falsch.
Technologischer Fortschritt ist wahrscheinlich – dauerhafte Marktführerschaft jedoch nicht. Auch dominante Plattformen können durch Innovation oder Regulierung unter Druck geraten.

Tag 64

A ist falsch.
Die Basisinnovationen entstehen meist aus unternehmerischer oder technischer Pionierarbeit, nicht aus staatlicher Einführung.

B ist richtig.
Der fünfte Kondratieff-Zyklus begann in den 1970ern mit dem Mikrochip und der digitalen Revolution.

C ist falsch.
Kondratieff-Zyklen dauern in der Regel 40 bis 60 Jahre – sie sind keine kurzfristigen Konjunkturzyklen.

D ist richtig.
Joseph Schumpeter prägte den Begriff der »kreativen Zerstörung« – Innovationen verdrängen bestehende Strukturen.

Tag 68

A ist richtig.
1967 wurde Muriel Siebert die erste Frau mit einem Sitz an der NYSE – gegen massiven Widerstand.

B ist richtig.
Während ihrer Amtszeit als Leiterin der Bankenaufsicht in New York ging keine Bank pleite – ein Zeichen ihrer Kompetenz.

C ist falsch.
Sie gründete 1969 ihre eigene Firma »Muriel Siebert & Co.« – sie war Unternehmerin, keine bloße Symbolfigur.

D ist richtig.
Sie engagierte sich stark für die finanzielle Bildung, besonders für junge Frauen – durch Auftritte, Programme und Aufklärung.

Tag 73

A ist richtig.
MS-DOS war Microsofts erster großer Meilenstein – der Auftrag von IBM machte das Unternehmen bekannt.

B ist falsch.
Windows (1985) wurde vor Microsoft Office als Komplettpaket veröffentlicht – Office wurde erst später zur dominanten Anwendungssuite.

C ist richtig.
Nach dem Börsengang 1986 verdreifachte sich der Aktienkurs innerhalb eines Jahres – ein starkes Signal an den Markt.

D ist richtig.
Satya Nadella leitete die strategische Neuausrichtung in Richtung Cloud (Azure), KI (u. a. OpenAI), Gaming (Xbox, Activision) und Unternehmenslösungen.

Tag 75

A ist richtig.
Das Bruttoinlandsprodukt zeigt, wie viel innerhalb eines Landes produziert, investiert und konsumiert wird – und gilt als zentrale Kennzahl der Wirtschaftsleistung.

B ist richtig.
An den Märkten zählt häufig nicht nur die absolute Zahl, sondern auch die Abweichung von den Erwartungen der Anleger und Analysten.

C ist richtig.
Von einer technischen Rezession spricht man typischerweise, wenn die Wirtschaftsleistung in zwei aufeinanderfolgenden Quartalen zurückgeht.

D ist falsch.
Das wirtschaftliche Umfeld beeinflusst Nachfrage, Gewinne, Stimmung und Bewertungen an den Börsen – deshalb spielt das BIP für Anleger eine wichtige Rolle.

Tag 91

A ist richtig.
Das Kurs-Gewinn-Verhältnis (KGV) vergleicht den Aktienkurs mit dem Gewinn je Aktie und gehört zu den bekanntesten Bewertungskennzahlen.

B ist richtig.
Beim DCF-Modell werden erwartete zukünftige Cashflows auf den heutigen Wert abgezinst, um die mögliche wirtschaftliche Substanz eines Unternehmens einzuschätzen.

C ist falsch.
Unternehmensbewertung basiert auf Annahmen zu Wachstum, Risiken, Margen oder Zinsen. Deshalb entstehen meist Bandbreiten und keine exakten Werte.

D ist richtig.
Bewertung soll nicht den perfekten Kurs vorhersagen, sondern helfen einzuschätzen, ob eine Aktie eher günstig, fair bewertet oder teuer erscheint.

QUIZ 4

Tag 98

A ist richtig.
Stablecoins sollen digitale Handelbarkeit mit möglichst stabilen Kursen verbinden und dadurch starke Schwankungen reduzieren.

B ist richtig.
Fiat-gedeckte Stablecoins sollen durch Reserven wie Bargeld oder kurzlaufende Staatsanleihen abgesichert werden.

C ist falsch.
Algorithmische Stablecoins gelten oft als besonders anfällig, da ihre Stabilität von Marktmechanismen und Vertrauen abhängt. In der Praxis gab es bereits spektakuläre Zusammenbrüche.

D ist richtig.
Stablecoins dienen häufig als Zwischenstation für Kapital, beeinflussen Liquidität und erleichtern den Handel innerhalb des Krypto-Marktes.

Tag 100

A ist falsch.
Bitcoin ist auf 21 Millionen, nicht Milliarden, begrenzt – und steht für digitale Verknappung, nicht Überproduktion.

B ist richtig.
Marken wie Rolex oder Hermès nutzen bewusste Verknappung, um Prestige und Preisniveau hochzuhalten.

C ist falsch.
Der Wert von NFTs entsteht nicht nur durch Technik, sondern stark durch Narrative, Marke, Exklusivität – also psychologische und soziale Faktoren.

D ist richtig.
Echte Knappheit bei kritischen Rohstoffen beeinflusst Preise, Lieferketten und strategische Entscheidungen ganzer Industrien.

Tag 101

A ist richtig.
Einzelne Kennzahlen wirken oft erst im Zusammenhang mit Branche, Zeitverlauf und anderen Unternehmensdaten wirklich aussagekräftig.

B ist falsch.
Ein niedriges KGV allein macht noch keine günstige Aktie. Probleme im Geschäftsmodell oder schwaches Wachstum können ebenfalls dahinterstehen.

C ist richtig.
Der freie Cashflow zeigt, ob nach Investitionen tatsächlich überschüssige Mittel im Unternehmen verbleiben.

D ist richtig.
Profis analysieren nicht nur Zahlen, sondern auch Faktoren wie Geschäftsmodell, Managementqualität und Kapitalverwendung.

Tag 109

A ist falsch.
Zoom wurde nicht für die Unterhaltungsbranche entwickelt, sondern als Videokonferenzlösung – mit dem Ziel, Meetings einfacher und stabiler zu gestalten.

B ist richtig.
Benutzerfreundlichkeit, Stabilität und klare Funktionalität machten Zoom zur beliebten Alternative gegenüber größeren Playern wie Cisco WebEx oder Microsoft Teams.

C ist richtig.
Die COVID-19-Pandemie führte zu einem explosionsartigen Nutzerwachstum – von 10 auf über 300 Millionen tägliche Nutzer im Frühjahr 2020.

D ist falsch.
Zoom wurde 2011 von Eric Yuan gegründet, nicht von Google, und war kein Open-Source-Projekt, sondern ein eigenständiges Unternehmen.

Tag 121

A ist falsch.
Person A geht ein Risiko ein – die Rückzahlung durch Person B ist nicht garantiert. Es handelt sich also nicht um eine sichere Rendite.

B ist richtig.
Vertrauen aktiviert unter anderem das Striatum und den präfrontalen Kortex – Regionen, die mit Belohnung, Erwartung und sozialem Verhalten assoziiert sind.

C ist falsch.
Oxytocin reduziert Angst, fördert Empathie und stärkt soziale Bindung – es wirkt vertrauensfördernd, nicht hemmend.

D ist richtig.
Wenn Vertrauen enttäuscht wird, reagiert die Amygdala – das emotionale Warnzentrum. Wiederholte Enttäuschungen senken die zukünftige Bereitschaft zu vertrauen.

QUIZ 5

Tag 123

A ist richtig.
Der Goldstandard begrenzte die Geldmenge: Es durfte nur so viel Geld ausgegeben werden, wie durch Goldreserven gedeckt war.

B ist falsch.
Gerade das war nicht möglich – der Goldstandard beschränkte die geldpolitische Flexibilität, besonders in Krisenzeiten.

C ist richtig.
Das Bretton-Woods-System etablierte eine indirekte Goldbindung: Der US-Dollar war an Gold gekoppelt, andere Währungen an den Dollar.

D ist falsch.
Der klassische Goldstandard wurde 1971 endgültig beendet. Heute gibt es keine globalen Goldanleihen, die auf diesem System basieren.

Tag 125

A ist richtig.
Tokenomics beschreibt das wirtschaftliche Regelwerk eines Krypto-Projekts – darunter Angebot, Verteilung, Nutzung und Anreizstrukturen.

B ist falsch.
Knappheit allein reicht nicht aus. Ohne echte Nutzung oder Nachfrage bleibt auch ein begrenztes Angebot oft wirkungslos.

C ist richtig.
Sperrfristen und Vesting-Regeln legen fest, wann größere Tokenbestände schrittweise freigegeben oder verkauft werden dürfen.

D ist richtig.
Beim Token-Burning werden Tokens dauerhaft vernichtet, wodurch sich das verfügbare Angebot reduziert.

Tag 127

A ist falsch.
Es gab keine politischen oder wirtschaftlichen Nachrichten, die den Crash auslösten – der Auslöser war technischer Natur: eine Kettenreaktion durch Algorithmen und Liquiditätsengpässe.

B ist richtig.
Der automatisierte Hochfrequenzhandel spielte eine zentrale Rolle. Der Flash-Crash war ein Paradebeispiel für Systeme, die aufeinander reagieren, ohne dass Menschen direkt eingreifen.

C ist richtig.
Der Vorfall führte zur Anpassung der bestehenden Circuit Breaker, da klar wurde, dass sie für die Geschwindigkeit moderner Märkte nicht mehr ausreichten.

D ist falsch.
Der Flash-Crash dauerte nur Minuten, nicht Tage. Es war ein kurzer, aber extremer Einbruch, der sich ohne Zentralbankintervention innerhalb desselben Handelstags teilweise erholte.

Tag 148

A ist richtig.
Die TER (Total Expense Ratio) gibt an, welche laufenden jährlichen Kosten direkt dem Fondsvermögen entnommen werden.

B ist richtig.
Der Spread beschreibt die Differenz zwischen Kauf- und Verkaufskurs und beeinflusst die tatsächlichen Handelskosten.

C ist falsch.
Eine niedrige TER allein reicht nicht aus. Auch Spread und Qualität der Indexnachbildung spielen für die Rendite eine wichtige Rolle.

D ist richtig.
Der Tracking Error zeigt, wie genau ein ETF seinen zugrunde liegenden Index tatsächlich abbildet.

Tag 150

A ist richtig.
Historische Daten (z. B. S&P 500, DAX) zeigen, dass die Performance zwischen Mai und Oktober oft schwächer ist als zwischen November und April.

B ist falsch.
Der Spruch ist keine Garantie für höhere Renditen. Ereignisse wie die Rallye im Sommer 2020 zeigen, dass sich Saisonalitäten nicht immer bewähren.

C ist richtig.
Der Juli ist historisch einer der stärkeren Sommermonate, was den pauschalen Effekt von »Sell in May« relativiert.

D ist richtig.
Saisonale Muster können Orientierung geben – ersetzen aber keine umfassende Anlagestrategie mit technischer und fundamentaler Analyse.

QUIZ 6

Tag 156

A ist richtig.
REITs investieren beispielsweise in Bürogebäude, Einkaufszentren oder Logistikimmobilien und geben einen großen Teil ihrer Erträge an Anleger weiter.

B ist richtig.
BDCs finanzieren häufig kleinere und mittelgroße Unternehmen und erzielen Erträge unter anderem über Zinsen und Gebühren.

C ist falsch.
Hohe Ausschüttungen wirken attraktiv, hängen aber von der Stabilität des zugrunde liegenden Geschäftsmodells ab und sind nicht automatisch sicher.

D ist richtig.
REITs und BDCs werden oft genutzt, um laufende Erträge ins Depot zu integrieren und klassische Wachstumswerte zu ergänzen.

Tag 159

A ist richtig.
Ein gutes CRV (z. B. 2:1 oder höher) kann eine niedrige Trefferquote kompensieren – und so trotzdem zu langfristigem Erfolg führen.

B ist falsch.
Ein CRV von 0,5 bedeutet, dass der mögliche Verlust doppelt so hoch ist wie der Gewinn – keine vorteilhafte Ausgangslage.

C ist richtig.
Das ist die Definition eines CRV von 3: Der erwartete Gewinn ist dreimal so hoch wie das mögliche Risiko.

D ist falsch.
Das CRV sollte immer vor dem Einstieg festgelegt werden – als Grundlage für Disziplin und klare Entscheidungen.

Tag 164
A ist richtig.
Der zentrale Trick bei Cum-Ex war, dass Kapitalertragsteuer mehrfach erstattet wurde, obwohl sie nur einmal gezahlt wurde – ein massiver Schaden für den Staat.

B ist falsch.
Cum-Ex war hochkomplex, verschachtelt und jahrelang nicht effektiv kontrolliert – von Transparenz und schneller Unterbindung keine Spur.

C ist richtig.
Anne Brorhilker war eine der führenden Ermittlerinnen im Fall Cum-Ex und spielte eine entscheidende Rolle in der Aufdeckung und Verfolgung des Skandals.

D ist falsch.
Der Schaden durch Cum-Ex wird auf über 10 Milliarden Euro geschätzt – nicht unter 1 Milliarde.

Tag 165
A ist richtig.
Peter Thiel war einer der ersten Investoren bei Facebook und spielte eine zentrale Rolle in dessen frühem Aufstieg.

B ist falsch.
Der Founders Fund investiert nicht ausschließlich in gemeinnützige Projekte, sondern in profitgetriebene Technologieunternehmen, oft mit klarer ideologischer Ausrichtung.

C ist richtig.
Palantir, mitbegründet von Thiel, ist bekannt für seine Datenanalyse-Software und arbeitet unter anderem mit dem US-Verteidigungsministerium (Pentagon) zusammen.

D ist falsch.
Thiels Wirken ist klar ideologisch geprägt, insbesondere durch eine tech-libertäre, elitenorientierte Weltsicht. Neutralität gehört nicht zu seinem Markenzeichen.

Tag 171

A ist richtig.

Zyklische Branchen wie Industrie, Bau oder Technologie profitieren überdurchschnittlich vom Aufschwung – durch wachsende Nachfrage und Investitionen.

B ist falsch.

In der Boomphase besteht oft die Gefahr einer Überhitzung, weshalb Zentralbanken die Zinsen erhöhen, nicht senken.

C ist richtig.

In der Rezession sinken Einkommen, Nachfrage und Produktion – Regierungen und Zentralbanken reagieren oft mit Konjunkturprogrammen und Zinssenkungen.

D ist richtig.

Im Abschwung sinkt das Vertrauen, Kurse korrigieren, Anleger wechseln häufig in defensive Sektoren wie Gesundheit oder Grundversorgung.

Tag 175

A ist richtig.

Gold produziert keine Cashflows, zahlt keine Dividenden und erwirtschaftet keine laufenden Erträge.

B ist richtig.

Viele Anleger nutzen Gold zur Diversifikation oder als möglichen Schutz in Krisen- und Stressphasen.

C ist richtig.

Steigende reale Zinsen machen zinstragende Anlagen oft attraktiver und können dadurch die Nachfrage nach Gold belasten.

D ist falsch.

Gold gilt eher als Ergänzung eines Depots. Produktive Anlagen wie Aktien bleiben langfristig wichtige Wachstumstreiber.

QUIZ 7

Tag 184

A ist richtig.
Die Krise begann in Thailand, als die Zentralbank den Baht freigab. Die Währung stürzte ab – der Auslöser für die gesamte Asienkrise.

B ist richtig.
Der IWF unterstützte mehrere Staaten mit Milliardenhilfen, verbunden mit strikten Reformauflagen in Politik und Finanzaufsicht.

C ist falsch.
Die Krise blieb nicht regional – sie erfasste Russland, Brasilien und beeinflusste selbst die US-Börsen. Die Folgen waren global spürbar.

D ist falsch.
Viele betroffene Länder hatten eine hohe Auslandsverschuldung und Leistungsbilanzdefizite – keine soliden Finanzpolster. Genau das verschärfte die Krise.

Tag 190

A ist falsch.
Ein klassischer Stopp ist starr und berücksichtigt nicht die Schwankungsbreite – das ist gerade sein Nachteil.

B ist falsch.
Bei hoher Volatilität ist der ATR-Stopp weiter entfernt, nicht enger – um normale Schwankungen zuzulassen.

C ist richtig.
Der ATR misst die durchschnittliche Handelsspanne – dadurch lässt sich der Stoppkurs volatilitätsbasiert und marktgerecht setzen.

D ist falsch.
Die Positionsgröße wird angepasst, je nachdem, wie groß der Stoppabstand ist – so bleibt das Risiko pro Trade konstant.

Tag 195

A ist richtig.
Die fünf Söhne in fünf Städten bildeten ein vernetztes Bankensystem, das damals einzigartig war – und sehr effektiv.

B ist richtig.
Rothschild war Krisenfinanzierer, Stabilitätsfaktor und Unterstützer staatlicher Projekte, zum Beispiel während der Napoleonischen Kriege.

C ist falsch.
Ganz im Gegenteil: Rothschild blieb bewusst im Hintergrund, mied die Öffentlichkeit und vertraute auf leise Wirkung.

D ist richtig.
Vertrauen, Diskretion und Einigkeit waren nicht nur Werte – sie waren das strukturelle Fundament des Erfolgs.

Tag 197

A ist richtig.
Algorithmisches Trading setzt Entscheidungen im Moment durch vorher definierte Regeln und Abläufe um.

B ist falsch.
Geschwindigkeit kann eine Rolle spielen, der eigentliche Vorteil liegt jedoch häufig in konsequenter und emotionsfreier Umsetzung.

C ist richtig.
Nur klare und strukturierte Regeln lassen sich sinnvoll automatisieren und reproduzierbar umsetzen.

D ist richtig.
Ein Algorithmus bewertet keine Strategie. Er setzt lediglich um, was vorher definiert wurde – unabhängig davon, ob der Ansatz gut oder schlecht ist.

Tag 204

A ist richtig.
Die Margin dient als Sicherheitsleistung und ermöglicht es, mit vergleichsweise wenig Kapital eine größere Position zu handeln.

B ist falsch.
Der Hebel verändert nicht die Bewegung des Marktes, sondern nur deren Wirkung auf das eingesetzte Kapital.

C ist richtig.
Reicht die Margin nicht mehr aus, kann ein Broker zusätzliches Kapital fordern (Margin Call) oder Positionen automatisch schließen.

D ist richtig.
In volatilen Marktphasen erhöhen Broker teilweise die Margin-Anforderungen, wodurch Positionen mehr Kapital binden können.

QUIZ 8

Tag 224

A ist richtig.
Der Libor war global relevant – er beeinflusste Finanzprodukte im Wert von Hunderten Billionen Dollar.

B ist richtig.
Die Manipulation war koordiniert und profitgetrieben – kleine Änderungen bedeuteten Millionen an Gewinnen.

C ist richtig.
Whistleblower und Behörden wie die FSA und das US-Justizministerium spielten eine entscheidende Rolle bei der Aufdeckung.

D ist richtig.
Der Libor wurde abgeschafft und ersetzt, zum Beispiel durch SOFR in den USA.

Tag 227

A ist falsch.
Der Hebel verändert nicht die Bewegung des Marktes, sondern nur die Wirkung der Kursbewegung auf das eingesetzte Kapital.

B ist richtig.
CFDs ermöglichen sowohl Long-Positionen auf steigende Kurse als auch Short-Positionen auf fallende Märkte.

C ist richtig.
Bei CFDs wird nicht der Basiswert selbst gehandelt, sondern lediglich dessen Kursbewegung über einen Differenzkontrakt.

D ist richtig.
Da CFDs kreditfinanziert sind, können Finanzierungskosten entstehen – insbesondere bei länger gehaltenen Positionen.

Tag 237
A ist richtig.
Regelmäßiges Investieren führt bei niedrigen Kursen zu mehr Anteilen – das senkt den Durchschnittspreis.

B ist falsch.
Der Cost-Average-Effekt reduziert Schwankungsrisiken, garantiert aber keine höhere Rendite als Einmalanlagen.

C ist richtig.
Volatile Märkte und langfristige Ziele machen den Effekt besonders wirkungsvoll.

D ist richtig.
In Aufwärtstrends ist eine Einmalanlage oft renditestärker, weil das Kapital direkt arbeitet.

Tag 238
A ist richtig.
Frühindikatoren sollen Entwicklungen sichtbar machen, bevor sie vollständig in Wirtschaftsdaten oder Kursen erkennbar werden.

B ist richtig.
Der Einkaufsmanagerindex (PMI) wird häufig genutzt, um frühe Hinweise auf konjunkturelle Veränderungen zu erhalten.

C ist falsch.
Makrotrends geben eher langfristige Richtung und Orientierung, sind aber kein präzises Timing-Instrument für Ein- oder Ausstiege.

D ist richtig.
Erst das Zusammenspiel verschiedener Indikatoren ermöglicht häufig eine sinnvollere Einschätzung wirtschaftlicher Entwicklungen.

Tag 241

A ist falsch.
Rohstoffhandel existiert seit Jahrtausenden. Moderne Börsen wie das CBOT entstanden im 19. Jahrhundert, aber der Ursprung reicht viel weiter zurück.

B ist richtig.
Der Handel an Rohstoffbörsen basiert oft auf Erwartungen, Absicherung und Spekulation – nicht auf physischer Lieferung.

C ist richtig.
Frühe Terminmärkte entstanden zum Beispiel im alten Babylon (Getreide) und in Japan (Reis).

D ist falsch.
Rohstoffpreise beeinflussen reale Bereiche wie Flugpreise, Energieversorgung oder Nahrungsmittelverfügbarkeit direkt.

QUIZ 9

Tag 246

A ist falsch.
Das Rentenniveau liegt bei etwa 48 Prozent, nicht 75 Prozent. Besonders Geringverdiener sind betroffen.

B ist richtig.
Bei einem Bruttogehalt von 2000 Euro bleiben im Alter laut Beispiel circa 950 Euro – deutlich unter dem letzten Netto.

C ist richtig.
Langfristiges Sparen, etwa über ETFs oder Sachwerte, ist eine empfohlene Strategie zur Schließung der Rentenlücke.

D ist falsch.
Viele Rentner können und wollen im Alter noch aktiv sein – zum Beispiel mit digitalen Nebenprojekten, Vermietung oder passiven Einkünften.

Tag 249

A ist falsch.
Dopamin wird bereits bei der Erwartung eines Gewinns ausgeschüttet – nicht erst danach.

B ist richtig.
Hohe Volatilität macht das Belohnungssystem sensibler – Menschen handeln emotionaler und riskanter.

C ist richtig.
Starke Belohnungserwartung kann die Kontrolle schwächen, da der präfrontale Kortex weniger aktiv wird.

D ist falsch.
Dopamin zeigt nicht, ob etwas sinnvoll oder strategisch ist – nur, dass es reizvoll erscheint.

Tag 254

A ist richtig.
Wandelanleihen gelten als hybride Instrumente, da sie Merkmale von Fremd- und Eigenkapital kombinieren.

B ist richtig.
Die Wandlungsoption erlaubt es, die Anleihe zu einem festgelegten Verhältnis in Aktien des Unternehmens umzutauschen.

C ist falsch.
Der Kurs einer Wandelanleihe wird nicht nur von Zinsen und Bonität beeinflusst, sondern auch von der Entwicklung der zugrunde liegenden Aktie.

D ist richtig.
Steigt der Aktienkurs, gewinnt die Wandlungsoption häufig an Wert und macht die Wandelanleihe attraktiver.

Tag 257

A ist falsch.
Morgan hatte kein offizielles Mandat – er handelte privat, weil staatliche Institutionen versagten.

B ist richtig.
Er unterstützte aktiv den Ausbau von Infrastruktur und industrielle Großprojekte wie U.S. Steel.

C ist richtig.
Für Morgan war Kapital ein Werkzeug zur Ordnung – nicht für kurzfristige Gewinne.

D ist falsch.
Seine Devise war: *»Kredit nur für Charakter, Vertrauen nur für Verlässlichkeit.«*

Tag 273

A ist richtig.
Demografischer Wandel, steigender Wohlstand und medizinischer Fortschritt zählen zu den wichtigsten Wachstumstreibern des Gesundheitsmarktes.

B ist richtig.
Die Nachfrage nach medizinischer Versorgung bleibt oft auch in wirtschaftlich schwächeren Phasen relativ stabil.

C ist falsch.
Regulierung, Forschungserfolge und technologische Veränderungen können den Gesundheitssektor stark beeinflussen und einzelne Unternehmen erheblich unter Druck setzen.

D ist richtig.
Der Gesundheitsmarkt umfasst heute ein breites Spektrum – von Pharma und Biotechnologie über Medizintechnik bis hin zu Telemedizin und Gesundheitsdienstleistungen.

QUIZ 10

Tag 276

A ist richtig.
Nach 30 Jahren und 3 Prozent Inflation beträgt der Kaufkraftverlust circa 59 Prozent.

B ist falsch.
Unverzinstes Sparen führt bei Inflation zu realem Vermögensverlust.

C ist richtig.
Breit gestreute Sachwerte haben historisch Inflation geschlagen.

D ist falsch.
Selbst 1 Prozent Inflation führt nach zehn Jahren zu rund 9 Prozent Kaufkraftverlust – ist also durchaus spürbar.

Tag 282

A ist richtig.
Veränderungen von Euro, Dollar oder Yen beeinflussen häufig Preise, Margen und internationale Wettbewerbsfähigkeit von Unternehmen.

B ist richtig.
Ein schwächerer Euro kann Produkte aus dem Euroraum im Ausland günstiger und damit wettbewerbsfähiger machen.

C ist falsch.
Gerade global tätige Unternehmen reagieren oft empfindlich auf Wechselkursveränderungen, da Produktion, Einkauf und Verkauf international stattfinden.

D ist richtig.
Wechselkurse beeinflussen Gewinne, Erwartungen und damit häufig auch die Bewertung und Kursentwicklung von Aktien.

Tag 283

A ist richtig.
Ein Aufwärtstrend wird im Text als »Crescendo« beschrieben – eine zunehmende Dynamik.

B ist richtig.
Fibonacci-Zahlen tauchen sowohl in musikalischen Strukturen als auch in Chartanalysen auf.

C ist falsch.
Märkte wirken chaotisch, folgen aber wiederkehrenden Mustern – wie Musik.

D ist falsch.
Der Goldene Schnitt erscheint in Musik und Chartanalyse als mathematisch harmonisches Verhältnis – nicht als Esoterik.

Tag 292

A ist falsch.
Der DAX ist ein Performanceindex, der ausgeschüttete Dividenden rechnerisch wieder anlegt.

B ist falsch.
Historisch machten Dividenden etwa ein Drittel der Gesamtrendite im S&P 500 aus.

C ist richtig.
Dividend Aristocrats zeichnen sich durch kontinuierlich steigende Dividenden über viele Jahre aus.

D ist richtig.
Reinvestierte Dividenden führen zu deutlich höheren Erträgen im Vergleich zur Nicht-Wiederanlage.

Tag 294

A ist richtig.
2009 wurde bekannt, dass Griechenlands Defizit deutlich höher lag als zuvor angegeben. Das erschütterte das Vertrauen der Finanzmärkte und markierte den Beginn der europäischen Schuldenkrise.

B ist richtig.
Steigende Risikoaufschläge führten dazu, dass sich Staaten wie Griechenland, Portugal oder Spanien immer teurer refinanzieren mussten.

C ist richtig.
Der Europäische Stabilitätsmechanismus (ESM) wurde als dauerhafter Rettungsmechanismus für Staaten der Eurozone geschaffen.

D ist richtig.
Mit seiner Aussage »Whatever it takes« signalisierte EZB-Präsident Mario Draghi 2012 die Entschlossenheit der EZB, den Euro zu verteidigen. Dies gilt als wichtiger Wendepunkt für das Vertrauen in die Gemeinschaftswährung.

QUIZ 11

Tag 309

A ist falsch.
SAP wurde 1972 in Deutschland gegründet – nicht im Silicon Valley und nicht als Lifestyle-Unternehmen.

B ist richtig.
SAP R/3 war ein Durchbruch: ein modulares ERP-System für alle zentralen Unternehmensbereiche.

C ist richtig.
SAP ist das größte börsennotierte Softwareunternehmen Europas – mit globaler Präsenz.

D ist falsch.
Der Börsengang 1988 war unspektakulär, aber langfristig sehr wirkungsvoll.

Tag 312

A ist falsch.
Der DJIA sollte die wirtschaftliche Entwicklung greifbar machen, nicht kurzfristige Spekulation fördern.

B ist richtig.
Dow unterschied drei Trendarten: Primärtrend, Sekundärtrend und Tertiärtrend – ein zentrales Konzept der Technischen Analyse.

C ist richtig.
Der ursprüngliche Dow-Index bestand 1896 aus zwölf Industrieaktien.

D ist falsch.
Ein Abwärtstrend ist laut Dow durch fallende Hochs und fallende Tiefs gekennzeichnet – nicht durch steigende.

Tag 316
A ist richtig.
IBM wurde 1911 als C-T-R gegründet und ging bereits 1915 an die Börse.

B ist falsch.
Das System/360 war modular, skalierbar und standardisiert – ein Meilenstein der IT, nicht für den Heimgebrauch gedacht.

C ist richtig.
In den 1990er-Jahren erfolgte die strategische Neuausrichtung auf IT-Services unter CEO Lou Gerstner.

D ist richtig.
IBM investiert heute in zukunftsweisende Technologien wie Künstliche Intelligenz (Watson), Quantencomputing und Cloud-Infrastrukturen.

Tag 320
A ist richtig.
Ein Aufwärtstrend zeigt sich häufig durch steigende Hochs und steigende Tiefs im Chartverlauf.

B ist richtig.
Seitwärtsmärkte bewegen sich oft innerhalb klarer Spannungszonen, ohne eine eindeutige Richtung auszubilden.

C ist falsch.
Trendfolge basiert nicht auf exakten Vorhersagen von Wendepunkten, sondern auf der Anpassung an die dominante Marktbewegung.

D ist richtig.
Bestätigt das Handelsvolumen die Bewegung, gilt ein Trend häufig als stabiler und belastbarer.

Tag 324

A ist richtig.
Quality Investing richtet den Fokus auf Unternehmen mit stabiler Profitabilität, robuster Bilanz und nachhaltiger wirtschaftlicher Stärke.

B ist falsch.
Eine günstige Bewertung allein macht noch keine Qualitätsaktie. Entscheidend sind unter anderem Stabilität, Profitabilität und Wettbewerbsvorteile.

C ist richtig.
Viele Qualitätsunternehmen verfügen über verlässliche Cashflows, starke Marktpositionen und belastbare Geschäftsmodelle.

D ist richtig.
In spekulativen Boomphasen geraten Qualitätsaktien zeitweise oft ins Hintertreffen, da Anleger stärker auf Wachstum und Risiko setzen.

Tag 330

A ist richtig.
Eine dokumentierte Strategie verlagert wichtige Entscheidungen in ruhige Phasen und hilft, impulsive Reaktionen unter emotionalem Druck zu reduzieren.

B ist richtig.
Ohne klare Orientierung geraten Anleger in turbulenten Marktphasen oft stärker in innere Konflikte und spontane Entscheidungen.

C ist richtig.
Zu einer Strategie gehören häufig Zielsetzung, Zeithorizont, Vermögensaufteilung sowie Regeln für Kauf, Halten oder Verkauf.

D ist falsch.
Entscheidend ist nicht die Länge, sondern die Klarheit und Verbindlichkeit der festgelegten Regeln und Ziele.

QUIZ 12

Tag 337

A ist falsch.
Raumfahrtunternehmen wie Virgin Galactic oder Planet Labs verfügen bereits über reale Geschäftsmodelle, zum Beispiel im Bereich Satellitendaten oder Weltraumtourismus – sie sind nicht nur reine Vision.

B ist richtig.
Navigation, Kommunikation und Erdbeobachtung sind heute zentrale Anwendungen der Raumfahrttechnologie.

C ist richtig.
Starlink ist ein Projekt von SpaceX zur Bereitstellung weltweiten Internetzugangs durch Tausende Satelliten – eine sogenannte Megakonstellation.

D ist richtig.
Investitionen im Raumfahrtsektor erfordern sowohl klassisches Risikomanagement als auch Vorstellungskraft, da viele Geschäftsmodelle langfristig angelegt sind.

Tag 343

A ist richtig.
Märkte bewegen sich typischerweise nicht geradlinig, sondern in Schwankungen und Rücksetzern.

B ist falsch.
Nicht jede Kursbewegung verändert sofort die Qualität eines Unternehmens oder die Logik eines Investments.

C ist richtig.
Viele langfristige Anleger prüfen bei Rücksetzern zunächst, ob sich am Geschäftsmodell, an der Strategie oder am Anlagehorizont tatsächlich etwas geändert hat.

D ist richtig.
Wer in Panik verkauft, macht aus vorübergehenden Kursverlusten häufig einen endgültig realisierten Verlust.

Tag 349

A ist richtig.
Quartalsberichte liefern wichtige Einblicke in Umsatz, Profitabilität, Cashflow und die wirtschaftliche Stabilität eines Unternehmens.

B ist richtig.
An den Märkten zählt oft besonders, ob Zahlen besser oder schlechter ausfallen als zuvor erwartet.

C ist richtig.
Der Ausblick des Unternehmens auf kommende Quartale beeinflusst häufig Stimmung, Erwartungen und Kursreaktionen.

D ist falsch.
Auch bei positiven Zahlen können Aktien deutlich reagieren, wenn Erwartungen verfehlt werden oder Prognosen vorsichtiger ausfallen als erhofft.

Tag 359

A ist falsch.
Diese Persönlichkeiten stehen für gelebte Nächstenliebe, Verzicht und Mitgefühl, nicht für Besitzvermehrung oder strategische Spendenpolitik.

B ist richtig.
MacKenzie Scott spendete Milliarden gezielt und ohne mediale Inszenierung, oft direkt an gemeinnützige Organisationen – ohne eigene Stiftung.

C ist richtig.
Psychologische Studien belegen, dass regelmäßiges Geben das Wohlbefinden steigert – durch Aktivierung des Belohnungssystems.

D ist falsch.
Der Text widerspricht dem explizit: Spenden ist kein Verzicht, sondern ein Akt der Selbstbestimmung, Verbundenheit und inneren Bereicherung.

Tag 365

A ist falsch.

Nachhaltiges Verhalten ist nicht rein rational, sondern identitäts- und wertegetrieben. Neuroökonomisch betrachtet geht es um emotionale Übereinstimmung mit dem Selbstbild.

B ist richtig.

Studien zeigen: Das Striatum, Teil des Belohnungssystems, wird auch bei nachhaltigem Verhalten aktiviert – ähnlich wie bei einem monetären Gewinn.

C ist falsch.

Der präfrontale Kortex ist zentral für moralische Bewertungen und wird aktiv, wenn Entscheidungen mit den eigenen Werten übereinstimmen.

D ist richtig.

ESG steht für Environmental, Social, Governance – und dient Anlegern wie Konsumenten als Orientierungsrahmen für verantwortungsvolles Handeln.

Verzeichnisse

Personen- und Stichworte

Literatur

5. Januar | 5. Tag
(1) McClure, S. M. et al. (2004) Separate neural systems value immediate and delayed monetary rewards. *Science 306*, 503–507; https://doi.org/10.1126/science.1100907.
(2) Mischel, W., Shoda, Y., & Rodriguez, M. L. (1989) Delay of gratification in children. *Science 244*, 933–938; https://doi.org/10.1126/science.2658056 .

9. Januar | 9. Tag
(1) Faith, C. M. (2007) *Way of the Turtle: The secret methods that turned ordinary people into legendary traders*. McGraw-Hill.

16. Januar | 16. Tag
(1) European Central Bank. (2024). *Two per cent inflation target*. European Central Bank.
(2) Dimson, E., Marsh, P., & Staunton, M. (2014). *Credit Suisse Global Investment Returns Yearbook 2014*. Credit Suisse.
(3) U.S. Securities and Exchange Commission. (n.d.). *Compound interest*.
Investor.gov.

19. Januar | 19. Tag
(1) Lynch, P. & Rothchild, J. (2000) *One up on Wall Street: How to use what you already know to make money in the market* (überarbeitete Ausgabe). Simon & Schuster. (Original erschienen 1989)

23. Januar | 23. Tag
(1) O'Higgins, M. & Downes, J. (1991) *Beating the Dow*. HarperBusiness.

24. Januar | 24. Tag
(1) Kahneman, D. & Tversky, A. (1979) Prospect Theory: An Analysis of Decision Under Risk. *Econometrica 47*, 263–291; http://doi.org/10.2307/1914185.
(2) Barberis, N., Huang, M. & Santos, T. (2001) Prospect Theory and Asset Prices. *The Quarterly Journal of Economics 116*, 1–53; http://doi.org/10.1162/003355301556310.
(3) Shefrin, H. & Statman, M. (1985) The Disposition to Sell Winners Too Early and Ride Losers Too Long: Theory and Evidence. *The Journal of Finance 40*, 777–790;
http://doi.org/10.1111/j.1540-6261.1985.tb05002.x.

5. Februar | 36. Tag
(1) De Martino, B. et al. (2006) Frames, biases, and rational decision-making in the human brain. *Science 313*, 684–687; https://doi.org/10.1126/science.1128356.
(2) Shenhav, A., Botvinick, M. M. & Cohen, J. D. (2013) The expected value of control: An integrative theory of anterior cingulate cortex function. *Neuron 79*, 217–240;
https://doi.org/10.1016/j.neuron.2013.07.007.

16. Februar | 47. Tag
(1) Wenn der VDAX bei 25 liegt: Tägliche Schwankung (%) = VDAX / Wurzel aus 250;
250 ist die durchschnittliche Anzahl an Handelstagen pro Jahr
25 % = 25 / Wurzel aus 250 = 1,57 %.

21. Februar | 52. Tag
(1) Kahneman, D. & Tversky, A. (1979) Prospect Theory: An Analysis of Decision under Risk. *Econometrica 47*, 263–291; http://doi.org/10.2307/1914185.
(2) Odean, T. (1998) Are Investors Reluctant to Realize Their Losses? *The Journal of Finance, 53*, 1775–1798; http://doi.org/10.1111/0022-1082.00072.
(3) Benartzi, S. & Thaler, R. H. (1995) Myopic Loss Aversion and the Equity Premium Puzzle. *The Quarterly Journal of Economics 110*, 73–92; http://doi.org/10.2307/2118511.
(4) Thaler, R. H. & Johnson, E. J. (1990) Gambling with the House Money and Trying to Break Even: The Effects of Prior Outcomes on Risky Choice. *Management Science 36*, 643–660; http://doi.org/10.1287/mnsc.36.6.643.

22. Februar | 53. Tag
(1) Baker, M., Bradley, B. & Wurgler, J. (2011) Benchmarks as Limits to Arbitrage: Understanding the Low-Volatility Anomaly. *Financial Analysts Journal 67*, 40–54. https://doi.org/10.2469/faj.v67.n1.4.

27. Februar | 58. Tag
(1) Fama, E. F. & French, K. R. (2010) Luck versus skill in the cross-section of mutual fund returns. Journal of Finance 65, 1915–1947; https://doi.org/10.1111/j.1540-6261.2010.01598.x.

29. Februar | 60. Tag
(1) Soon, C. S. et al. (2008) Unconscious determinants of free decisions in the human brain. *Nature Neuroscience 11*, 543–545; https://doi.org/10.1038/nn.2112.
(2) Libet, B. (1985) Unconscious cerebral initiative and the role of conscious will in voluntary action. *Behavioral and Brain Sciences 8*, 529–539; https://doi.org/10.1017/S0140525X00044903.

1. März| 61. Tag
(1) https://www.deutsches-edelstein-kontor.de
(2) https://deutsches-edelsteinhaus.com

2. März | 62. Tag
(1) Kuhnen, C. M. & Knutson, B. (2005) The neural basis of financial risk taking. *Neuron 47*, 763–770; https://doi.org/10.1016/j.neuron.2005.08.008.
(2) De Martino, B., Camerer, C. F. & Adolphs, R. (2010) Amygdala damage eliminates monetary loss aversion. *Proceedings of the National Academy of Sciences 107*, 3788–3792; https://www.pnas.org/doi/full/10.1073/pnas.0910230107.
(3) Coates, J. M. & Herbert, J. (2008) Endogenous steroids and financial risk taking on a London trading floor. *Proceedings of the National Academy of Sciences 105*, 6167–6172; http://doi.org/10.1073/pnas.0704025105.

(4) Kandasamy, N. et al. (2014) Cortisol shifts financial risk preferences. *Proceedings of the National Academy of Sciences 111*, 3608–3613; http://doi.org/10.1073/pnas.1317908111.

16. März | 76. Tag
(1) Investment Quality Trends. (ohne Jahr). *Newsletter-Archiv*. IQ Trends, LLC.

20. März | 80. Tag
(1) Dunn, E.W., Gilbert, D.T. & Wilson, T.D. (2011) If money doesn't make you happy, then you probably aren't spending it right. *Journal of Consumer Psychology 21*, 115–125; https://doi.org/10.1016/j.jcps.2011.02.002.
(2) Kasser, T. & Ryan, R.M. (1993) A dark side of the American dream: Correlates of financial success as a central life aspiration. *Journal of Personality and Social Psychology 65*, 410–422; https://doi.org/10.1037/0022-3514.65.2.410.

21. März | 81. Tag
(1) Greenblatt, J. (2005) *The little book that beats the market*. Wiley.

24. März | 84. Tag
(1) Thaler, R. H. (1985) Mental Accounting and Consumer Choice. *Marketing Science 4*, 199–214; https://doi.org/10.1287/mksc.4.3.199.
(2) Prelec, D. & Loewenstein, G. (1998) The red and the black: Mental accounting of savings and debt. *Marketing Science 17*, 4–28; https://doi.org/10.1287/mksc.17.1.4.
(3) Barberis, N. & Huang, M. (2001) Mental Accounting, Loss Aversion, and Individual Stock Returns. *Journal of Finance 56*, 1247–1292; https://doi.org/10.1111/0022-1082.00367.

30. März | 90. Tag
(1) Rapoport, A. & Chammah, A. M. (1965) *Prisoner's Dilemma,* University of Michigan Press.
(2) Nash, J. F. (1950) Equilibrium Points in N-Person Games. *Proceedings of the National Academy of Sciences 36*, 48–49; https://doi.org/10.1073/pnas.36.1.48.

5. April | 96. Tag
(1) Knutson, B. et al. (2001) Anticipation of increasing monetary reward selectively recruits nucleus accumbens. *Journal of Neuroscience 21*, RC159; https://doi.org/10.1523/JNEUROSCI.21-16-j0002.2001.
(2) Figner, B. et al. (2010) Lateral prefrontal cortex and self-control in intertemporal choice. *Nature Neuroscience 13*, 538–539; https://doi.org/10.1038/nn.2516.

19. April | 110. Tag
(1) Borowski, K. & Lukasik. M. (2015) Analysis of Selected Seasonality Effects in the Following Agricultural Markets: Corn, Wheat, Coffee, Cacoa, Sugar, Cotton and Soybeans. *Eurasian Journal of Business and Management 3*, 12–37; https://doi.org/10.15604/ejbm.2015.03.02.002.
(2) Seasonax GmbH, *Seasonal Insights and Investment Timing Tools*; https://www.seasonax.com.

24. April | 115. Tag
(1) Tversky, A. & Kahneman, D. (1974) Judgment under Uncertainty: Heuristics and Biases. Science *185*, 1124–1131; https://doi.org/10.1126/science.185.4157.1124.
(2) Mussweiler, T. & Strack, F. (2001) The Semantics of Anchoring. *Organizational Behavior and Human Decision Processes 86*, 234–255; https://doi.org/10.1006/obhd.2001.2954.
(3) Epley, N. & Gilovich, T. (2006) The anchoring-and-adjustment heuristic: Why the adjustments are insufficient. *Psychological Science 17*, 311–318; https://doi.org/10.1111/j.1467-9280.2006.01704.x.

25. April | 116. Tag
(1) Piotroski, J. D. (2000). Value investing: The use of historical financial statement information to separate winners from losers. *Journal of Accounting Research 38*, 1–41; https://doi.org/10.2307/2672906.

30. April | 121. Tag
(1) Berg, J., Dickhaut, J. & McCabe, K. (1995) Trust, reciprocity, and social history. *Games and Economic Behavior 10*, 122–142; https://doi.org/10.1006/game.1995.1027.
(2) King-Casas, B. et al. (2005) Getting to know you: Reputation and trust in a two-person economic exchange. *Science 308*, 78–83; https://doi.org/10.1126/science.1108062.
(3) Kosfeld, M. et al. (2005) Oxytocin increases trust in humans. *Nature 435*, 673–676; https://doi.org/10.1038/nature03701.

5. Mai | 126. Tag
(1) Hermans, E. J. et al. (2014) Dynamic adaptation of large-scale brain networks in response to acute stressors. *Trends in Neurosciences 37*, 304–314; https://doi.org/10.1016/j.tins.2014.03.006.
(2) Arnsten, A. F. T. (2009) Stress signalling pathways that impair prefrontal cortex structure and function. *Nature Reviews Neuroscience 10*, 410–422; https://doi.org/10.1038/nrn2648.
(3) Doll, A. et al. (2015) Mindfulness is associated with intrinsic functional connectivity between default mode and salience networks. *Frontiers in Human Neuroscience 9*, 461; https://doi.org/10.3389/fnhum.2015.00461.
(4) Kral, T. R. A. et al. (2018) Impact of short- and long-term mindfulness meditation training on amygdala reactivity to emotional stimuli. *NeuroImage 181*, 301–313; https://doi.org/10.1016/j.neuroimage.2018.07.013.

9. Mai | 130. Tag
(1) Graham, B. & Dodd, D. L. (1934) *Security analysis.* New York: McGraw-Hill. (deutsche Ausgabe: *Die Geheimnisse der Wertpapieranalyse*, Finanzbuch Verlag).
(2) Newton, I. (1999) *The Principia: Mathematical principles of natural philosophy* (übersetzt von I. B. Cohen & A. Whitman). Berkeley: University of California Press. (Original erschienen 1687).
(3) Graham, B. (1949) *The Intelligent Investor: A Book of Practical Counsel* (deutsche Ausgabe: *Intelligent investieren: Der Bestseller über die richtige Anlagestrategie* (aktualisiert mit neuen Kommentaren von J. Zweig), FinanzBuch Verlag).

14. Mai | 135. Tag
(1) Fear & Greed Index (CNN) http://www.cnn.com/markets/fear-and-greed
(2) VIX (Cboe Volatility Index) http://www.cboe.com/tradable-products/vix
(3) VDAX (Deutschland; bis September 2024: VDAX-New)
http://www.live.deutsche-boerse.com/derivatives
(4) AAII Sentiment Survey http://www.aaii.com/sentimentsurvey
(5) Put-Call-Ratio (Cboe Market Statistics) http://www.cboe.com/us/options/market_statistics
(6) Commitments of Traders (COT), U.S. Commodity Futures Trading Commission
(CFTC) http://www.cftc.gov/MarketReports/CommitmentsofTraders/index.htm

19. Mai | 140. Tag
(1) O'Neil, W. J. (1995). *How to Make Money in Stocks*. McGraw-Hill.

24. Mai | 145. Tag
(1) Tversky, A. & Kahneman, D. (1973) Availability: A heuristic for judging frequency and probability. *Cognitive Psychology 5*, 207–232; https://doi.org/10.1016/0010-0285(73)90033-9.
(2) Redelmeier, D. A. & Tversky, A. (1992) On the framing of multiple prospects. *Psychological Science 3*, 191–193; https://doi.org/10.1111/j.1467-9280.1992.tb00025.x.
(3) Barber, B. M. & Odean, T. (2008) All that glitters: The effect of attention and news on the buying behavior of individual and institutional investors. *The Review of Financial Studies 21*, 785–818; https://doi.org/10.1093/rfs/hhm079.

29. Mai | 150. Tag
(1) Bouman, S. & Jacobsen, B. (2002) The Halloween Indicator »Sell in May and Go Away«: Another Puzzle. *American Economic Review 92*, 1618–1635;
https://doi.org/10.1257/000282802762024683.
(2) Andrade, S. C., Chhaochharia, V. & Fuerst, M. E. (2013) Sell in May and Go Away Just Won't Go Away. *Financial Analysts Journal 69*, 94–105; https://doi.org/10.2469/faj.v69.n4.4.
(3) Maberly, E. D. & Pierce, R. M. (2004) Stock Market Efficiency Withstands Another Challenge: Solving the »Sell in May/Buy after Halloween« Puzzle. *Econ Journal Watch 1*, 29–46.

30. Mai | 151. Tag
(1) Schultz, W. (1998) Predictive reward signal of dopamine neurons. *Journal of Neurophysiology 80*, 1–27. http://doi.org/10.1152/jn.1998.80.1.1.
(2) Skinner, B. F. (1953) *Science and Human Behavior.* New York: Free Press.

5. Juni | 157. Tag
(1) Kosfeld, M. et al. (2005) *Oxytocin increases trust in humans. Nature 435*, 673–676;
https://doi.org/10.1038/nature03701.
(2) Engell, A. D., Haxby, J. V. & Todorov, A. (2007) Implicit trustworthiness decisions: Automatic coding of face properties in the human amygdala. *Journal of Cognitive Neuroscience 19*, 1508–1519; https://doi.org/10.1162/jocn.2007.19.9.1508.

16. Juni | 168. Tag
(1) Taylor, S. E. & Fiske, S. T. (1978) Salience, attention, and attribution: Top of the head phenomena. *Advances in Experimental Social Psychology 11,* 249–288; https://doi.org/10.1016/S0065-2601(08)60009-X.
(2) Sunstein, C. R. (2003) Terrorism and probability neglect. *Journal of Risk and Uncertainty 26,* 121–136; https://doi.org/10.1023/A:1024111006336.
(3) Hertwig, R. et al. (2004) Decisions from experience and the effect of rare events in risky choice. *Psychological Science 15*, 534–539; https://doi.org/10.1111/j.0956-7976.2004.00715.x.

22. Juni | 174. Tag
(1) Jegadeesh, N. & Titman, S. (1993). Returns to Buying Winners and Selling Losers: Implications for Stock Market Efficiency. *Journal of Finance 48*, 65–91; https://doi.org/10.1111/j.1540-6261.1993.tb04702.x.
(2) Rouwenhorst, K. G. (1998). International momentum strategies. *The Journal of Finance, 53*(1), 267–284; https://doi.org/10.1111/0022-1082.95722.

30. Juni | 182. Tag
(1) Sanfey, A. G. et al. (2003) The Neural Basis of Economic Decision-Making in the Ultimatum Game. *Science 300*, 1755–1758; https://doi.org/10.1126/science.1082976.
(2) Güth, W., Schmittberger, R. & Schwarze, B. (1982) An Experimental Analysis of Ultimatum Bargaining. *Journal of Economic Behavior & Organization 3*, 367–388; https://doi.org/10.1016/0167-2681(82)90011-7.

5. Juli | 187. Tag
(1) Figner, B. et al. (2010) Lateral prefrontal cortex and self-control in intertemporal choice. *Nature Neuroscience 13*, 538–539; https://doi.org/10.1038/nn.2516.
(2) Hare, T. A., Camerer, C. F. & Rangel, A. (2009) Self-control in decision-making involves modulation of the vmPFC valuation system. *Science 324*, 646–648; https://doi.org/10.1126/science.1168450.
(3) Fox, K. C. R. et al. (2016) Functional neuroanatomy of meditation: A review and meta-analysis of 78 functional neuroimaging investigations. *Neuroscience & Biobehavioral Reviews 65*, 208–228; https://doi.org/10.1016/j.neubiorev.2016.03.021.
(4) Kang, Y. & Choi, J. H. (2020) Meditation enhances self-control over cue-induced craving for food: An ERP study. *Frontiers in Psychology 11*, 1059.

18. Juli | 200. Tag
(1) Banerjee, A. V. (1992) A Simple Model of Herd Behavior. *The Quarterly Journal of Economics 107*, 797–817; https://doi.org/10.2307/2118364.
(2) Bikhchandani, S., Hirshleifer, D. & Welch, I. (1992) A Theory of Fads, Fashion, Custom, and Cultural Change as Informational Cascades. *Journal of Political Economy 100*, 992–1026; https://doi.org/10.1086/261849.
(3) Le Bon, G. (1895) *Psychologie der Massen.* (dt. Ausgabe 1911).

21. Juli | 203. Tag
(1) Oettingen, G., Hönig, G. &Gollwitzer, P. M. (2009) The influence of mental contrasting on goal commitment: The mediating role of energization. *Personality and Social Psychology Bulletin 35*, 608–622; https://doi.org/10.1177/0146167208330856.

24. Juli | 206. Tag
(1) S&P Dow Jones Indices. (jährlich). *S&P 500 Dividend Aristocrats Index Methodology.* https://www.spglobal.com/spdji/pt/documents/methodologies/methodology-sp-dividend-aristocrats-indices.pdf.
(2) S&P Dow Jones Indices. (2025, July 7). *S&P 500 Dividend Aristocrats: The importance of stable dividend income.* https://www.spglobal.com/spdji/en/research/article/a-fundamental-look-at-sp-500-dividend-aristocrats.

26. Juli | 208. Tag
(1) Lefèvre, E. (1923) *Reminiscences of a Stock Operator.* New York: George H. Doran Company. (deutsche Ausgabe: *Die Erinnerungen eines Börsenspekulanten*, Ullstein Taschenbuch)

31. Juli | 213. Tag
(1) Moll, J. et al. (2005) The neural basis of human moral cognition. *Nature Reviews Neuroscience 6*, 799–809; https://doi.org/10.1038/nrn1768.
(2) Harbaugh, W. T., Mayr, U. & Burghart, D. R. (2007) Neural responses to taxation and voluntary giving reveal motives for charitable donations. *Science 316*, 1622–1625; https://doi.org/10.1126/science.1140738.

5. August | 218. Tag
(1) Shenhav, A., Botvinick, M. M. & Cohen, J. D. (2013) The expected value of control: An integrative theory of anterior cingulate cortex function. *Neuron 79*, 217–240; https://doi.org/10.1016/j.neuron.2013.07.007.
(2) Iyengar, S. S. & Lepper, M. R. (2000) When choice is demotivating: Can one desire too much of a good thing? *Journal of Personality and Social Psychology 79*, 995–1006; https://doi.org/10.1037/0022-3514.79.6.995.

8. August | 221. Tag
(1) Dalio, R. (2017) *Principles: Life and work.* New York, NY: Simon & Schuster. (deutsche Ausgabe: *Die Prinzipien des Erfolgs.* FinanzBuch Verlag)
(2) Dalio, R. (2018) *Principles for Navigating Big Debt Crises: The Archetypal Big Debt Cycle, Detailed Case Studies & Compendium of 48 Cases.* Bridgewater. (deutsche Ausgabe: *Wie Staaten bankrott gehen. Der große Schuldenzyklus.* FinanzBuch Verlag)

10. August | 223. Tag
(1) Bulkowski, T.N. (2005) *Encyclopedia of Chart Patterns.* 2. Aufl. Hoboken: Wiley.

16. August | 229. Tag
(1) Portfolio Visualizer: http://www.portfoliovisualizer.com/asset-correlations.

21. August | 234. Tag
(1) Shefrin, H. & Statman, M. (1985) The Disposition to Sell Winners Too Early and Ride Losers Too Long: Theory and Evidence. *The Journal of Finance 40*, 777–790; http://doi.org/10.1111/j.1540-6261.1985.tb05002.x.
(2) Odean, T. (1998) Are Investors Reluctant to Realize Their Losses? *The Journal of Finance, 53*, 1775–1798; http://doi.org/10.1111/0022-1082.00072.

27. August | 240. Tag
(1) Jacobsen, B., Stangl, J. & Visaltanachoti, N. (2009). Sector rotation across the business cycle. *SSRN*. http://dx.doi.org/10.2139/ssrn.1467457.

29. August | 242. Tag
(1) Hensel, C. R. & Ziemba, W. T. (1996) Investment Results from Exploiting Turn-of-the-Month Effects. *Journal of Portfolio Management 22,* 17–23; https://doi.org/10.3905/jpm.1996.409556.
(2) Dichtl, H., Drobetz, W. & Wambach, M. (2019) *Month-End Magic: Fact or Fiction? Journal of Asset Management 20*, 244–258
(3) Seasonax GmbH, *Seasonal Insights and Investment Timing Tools*; https://www.seasonax.com.

4. September | 248. Tag
(1) https://www.zukunftsinstitut.de.

5. September | 249. Tag
(1) Schultz, W., Dayan, P. & Montague, P. R. (1997) A neural substrate of prediction and reward. *Science 275*, 1593–1599; https://doi.org/10.1126/science.275.5306.1593.
(2) Knutson, B. et al. (2005) Neural Predictors of Purchases. *Neuron 53*, 147–156; https://doi.org/10.1016/j.neuron.2006.11.010.
(3) Breiter, H. C. et al. (2001) Functional imaging of neural responses to expectancy and experience of monetary gains and losses. *Neuron 30*, 619–639; https://doi.org/10.1016/S0896-6273(01)00303-8.

8. September | 252. Tag
(1) Fisher, P. A. (1958) *Common stocks and uncommon profits.* New York: Harper & Brothers. (deutsche Ausgabe: Fisher, P. A. (2006) *Gewöhnliche Aktien – Außergewöhnliche Gewinne*. FinanzBuch Verlag)

18. September | 262. Tag
(1) Dichtl, H., Drobetz, W., & Wambach, M. (2011) *Seasonality in the German Stock Market. Applied Financial Economics 21*, 1039–1051
(2) Lien, D., & Yang, L. (2005) *Intraday Market Behavior and the Day-of-the-Week Effect: Evidence from the German DAX. Global Finance Journal 16*, 303–317

21. September | 265. Tag
(1) Odean, T. (1999) Do Investors Trade Too Much? *The American Economic Review 89*, 1279–1298; http://doi.org/10.1257/aer.89.5.1279.
(2) Barber, B. M. & Odean, T. (2000) Trading is Hazardous to Your Wealth: The Common Stock Investment Performance of Individual Investors. *The Journal of Finance 55*, 773–806; http://doi.org/10.1111/0022-1082.00226.
(3) Gervais, S. & Odean, T. (2001) Learning to Be Overconfident. *The Review of Financial Studies 14*, 1–27; http://doi.org/10.1093/rfs/14.1.1.

23. September | 267. Tag
(1) MSCI, Morningstar, & Finanztip (2024) *Historische Performance von Aktienindizes, ETFs und Mischfonds.* Abgerufen am 11. Juli 2025 von https://www.msci.com, https://www.morningstar.de und https://www.finanztip.de.

24. September | 268. Tag
(1) Graham, B. (2006). *The intelligent investor* (Rev. ed.). HarperBusiness.

30. September | 274. Tag
(1) Knutson, B. et al. (2007) Neural predictors of purchases. *Neuron 53*, 147–156; https://doi.org/10.1016/j.neuron.2006.11.010.
(2) Plassmann, H. et al. (2008) Marketing actions can modulate neural representations of experienced pleasantness. *PNAS 105*, 1050–1054; https://doi.org/10.1073/pnas.0706929105.

2. Oktober | 276. Tag
(1) - MSCI Inc (2024) *MSCI World Index (USD) Factsheet.* https://www.msci.com.
- Finanztip (2024) *Inflation: So schützt du deine Kaufkraft.* https://www.finanztip.de/inflation.
- Morningstar (2024) *Long-term Returns of Major Asset Classes.* https://www.morningstar.com.
(2) DocZins (2024) *DocZins – DER Finanzrechner* (Mobile App). Verfügbar im Apple App Store und Google Play Store.

5. Oktober | 279. Tag
(1) Schacter, D. L., Addis, D. R. & Buckner, R. L. (2007) *Remembering the past to imagine the future: the prospective brain. Nature Reviews Neuroscience 8*, 657–661; https://doi.org/10.1038/nrn2213.
(2) McClure, S. M. et al. (2004) Separate neural systems value immediate and delayed monetary rewards. *Science 306*, 503–507; https://doi.org/10.1126/science.1100907.

7. Oktober | 281. Tag
(1) Langer, E. J. (1975) The illusion of control. *Journal of Personality and Social Psychology 32*, 311–328; http://doi.org/10.1037/0022-3514.32.2.311.

(2) Barber, B. M. & Odean, T. (2008) All That Glitters: The Effect of Attention and News on the Buying Behavior of Individual and Institutional Investors. *The Review of Financial Studies 21*, 785–818; https://doi.org/10.1093/rfs/hhm079.
(3) Guiso, L. & Jappelli, T. (2006) Information Acquisition and Portfolio Performance. *CSEF Working Paper No. 167*; https://papers.ssrn.com/sol3/papers.cfm?abstract_id=954121.
(4) Tetlock, P. C. (2007) Giving Content to Investor Sentiment: The Role of Media in the Stock Market. *The Journal of Finance 62*, 1139–1168; http://doi.org/10.1111/j.1540-6261.2007.01232.x.

15. Oktober | 289. Tag
(1) Gorton, G. & Rouwenhorst, K. G. (2006) The facts and fantasies about commodity futures. *Financial Analysts Journal 62*, 47–68; https://doi.org/10.2469/faj.v62.n2.4083.
(2) Erb, C. B. & Harvey, C. R. (2006) The strategic and tactical value of commodity futures. *Financial Analysts Journal 62*, 69–97; https://doi.org/10.2469/faj.v62.n2.4084.

18. Oktober | 292. Tag
(1) Soe, A. (2025) *Dividends' Contribution to Long-Term Total Return of the S&P 500*. S&P Dow Jones Indices; www.spglobal.com.
(2) S&P Dow Jones Indices (2025) *S&P 500 Dividend Aristocrats: The Importance of Stable Dividend Income*; www.spglobal.com.
(3) Rubber Watts, B., & Barrera, H. (2025) *The Role of Dividends in Low-Volatility Equity Strategies*; S&P Global Research.
(4) Hartford Funds (2024) *The Power of Dividends – Past, Present, and Future Performance*; www.hartfordfunds.com.
(5) Deutsche Börse AG / DAX-Guide (2023) *DAX Performance Index vs. Kursindex – Methodik, Historie und Dividendenwirkung*; www.deutsche-boerse.com.

22. Oktober | 296. Tag
(1) Banz, R. W. (1981). The relationship between return and market value of common stocks. *Journal of Financial Economics, 9(1)*, 3–18. https://doi.org/10.1016/0304-405X(81)90018-0.

30. Oktober | 304. Tag
(1) Harbaugh, W. T., Mayr, U. & Burghart, D. R. (2007) Neural responses to taxation and voluntary giving reveal motives for charitable donations. *Science 316*, 1622–1625; https://doi.org/10.1126/science.1140738.
(2) Zaki, J. & Mitchell, J. P. (2011) Equitable decision making is associated with neural markers of subjective value. *PNAS 108*, 19761–19766; https://doi.org/10.1073/pnas.1112324108.

5. November | 310. Tag
(1) Critchley, H. D. et al. (2004) Neural systems supporting interoceptive awareness. *Nature Neuroscience 7*, 189–195; https://doi.org/10.1038/nn1176.

(2) Dunn, B. D., Dalgleish, T. & Lawrence, A. D. (2006) The somatic marker hypothesis: A critical evaluation. *Neuroscience & Biobehavioral Reviews 30*, 239–271; https://doi.org/10.1016/j.neubiorev.2005.07.001.
(3) Bechara, A., Damasio, H. & Damasio, A. R. (2000) Emotion, decision making and the orbitofrontal cortex. *Cerebral Cortex 10*, 295–307; https://doi.org/10.1093/cercor/10.3.295.
(4) Lieberman, M. D. (2007) Social cognitive neuroscience: A review of core processes. *Annual Review of Psychology 58*, 259–289; https://doi.org/10.1146/annurev.psych.58.110405.085654.

19. November | 324. Tag
(1) Asness, C. S., Frazzini, A. & Pedersen, L. H. (2019). Quality minus junk. *Review of Accounting Studies, 24(1)*, 34–112. https://doi.org/10.1007/s11142-018-9470-2.
(2) Rohit, P. & Walia, N. (2023). A strategic and systematic approach to quality investing strategies. *International Journal of Research in Finance and Management, 6*(2), 273–278. https://doi.org/10.33545/26175754.2023.v6.i2c.356.

21. November | 326. Tag
(1) Tversky, A. & Kahneman, D. (1981) The Framing of Decisions and the Psychology of Choice. *Science 211*, 453–458; http://doi.org/10.1126/science.7455683.
(2) Benartzi, S. & Thaler, R. H. (1995) Myopic Loss Aversion and the Equity Premium Puzzle. *The Quarterly Journal of Economics 110*, 73–92; http://doi.org/10.2307/2118511.
(3) Rabin,M. & Thaler, R. H. (2001) Anomalies: Risk Aversion. *Journal of Economic Perspectives 15*, 219–232; http://doi.org/10.1257/jep.15.1.219.

30. November | 335. Tag
(1) http://www.planspiel-boerse.de.
(2) http://info.vr-boersenspiel.de.
(3) http://www.tradingmasters.de.
(4) http://www.sg-zertifikate.de/trader-boersenspiel.
(5) http://traders-cup.ch.

5. Dezember | 340. Tag
(1) Gehring, W. J. & Willoughby, A. R. (2002) The medial frontal cortex and the rapid processing of monetary gains and losses. *Science 295*, 2279–2282; https://doi.org/10.1126/science.1066893.

17. Dezember | 352. Tag
(1) Malladi, R. & Fabozzi, F. J. (2017). Equal-weighted strategy: Why it outperforms value-weighted strategies? Theory and evidence. *Journal of Asset Management, 18*(3), 188–208; https://doi.org/10.1057/s41260-016-0033-4.

18. Dezember | 353. Tag
(1) Ritter, J. R. (2024) Initial Public Offerings: Updated Statistics 1980–2025. University of Florida; https://site.warrington.ufl.edu/ritter/files/IPO-Statistics.pdf.

(2) Cooper, M. J., Dimitrov, O. & Rau, P. R. (2001) A rose.com by any other name. *The Journal of Finance 56*, 2371–2388; https://doi.org/10.1111/0022-1082.00408
(3) Pensa, P. (2006) Nomen est omen: How company names influence short- and long-run stock market performance, Working papers 2006/13, Faculty of Business and Economics - University of Basel.

21. Dezember | 356. Tag
(1) French, K. R. & Poterba, J. M. (1991) Investor Diversification and International Equity Markets. *American Economic Review 81*, 222–226; http://dx.doi.org/10.3386/w3609.
(2) Huberman, G. (2001) *Familiarity Breeds Investment. The Review of Financial Studies 14*, 659–680; https://doi.org/10.1093/rfs/14.3.659.
(3) Coval, J. D. & Moskowitz, T. J. (1999) Home Bias at Home: Local Equity Preference in Domestic Portfolios. *The Journal of Finance 54*, 2045–2073; https://doi.org/10.1111/0022-1082.00181.
(4) Grinblatt, M. & Keloharju, M. (2001) How Distance, Language, and Culture Influence Stockholdings and Trades. *The Journal of Finance 56*, 1053–1073; https://doi.org/10.1111/0022-1082.00355.

24. Dezember | 359. Tag
(1) Moll, J. et al. (2006) Human fronto–mesolimbic networks guide decisions about charitable donation. *Proceedings of the National Academy of Sciences 103*, 15623–15628; https://doi.org/10.1073/pnas.0604475103.
(2) Dunn, E. W., Aknin, L. B. & Norton, M. I. (2008) Spending money on others promotes happiness. *Science 319*, 1687–1688; https://doi.org/10.1126/science.1150952.

30. Dezember | 365. Tag
(1) Tankersley, D., Stowe, C. J. & Huettel, S. A. (2007) Altruism is associated with an increased neural response to agency. *Nature Neuroscience 10*, 150–151; https://doi.org/10.1038/nn1833.
(2) Hare, T. A. et al. (2010) Value computations in ventral medial prefrontal cortex during charitable decision making incorporate input from regions involved in social cognition. *Journal of Neuroscience 30*, 583–590; https://doi.org/10.1523/JNEUROSCI.4089-09.2010.
(3) Bartra, O., McGuire, J. T. & Kable, J. W. (2013) The valuation system: A coordinate-based meta-analysis of BOLD fMRI experiments examining neural correlates of subjective value. *NeuroImage 76*, 412–427; https://doi.org/10.1016/j.neuroimage.2013.02.063.

Über die Autoren

Carlos Martins gehört zu den prägenden Persönlichkeiten der deutschen Trading-Landschaft. Als ehemaliger Leistungssportler, Unternehmer und Gründer des TradersClub24 verbindet er Disziplin, strategisches Denken und mentale Stärke – Eigenschaften, die ihm sowohl im Spitzensport als auch an der Börse zum Erfolg verholfen haben.

Über ein Jahrzehnt war er Mitglied der deutschen Taekwondo-Nationalmannschaft und nahm an Europa- und Weltmeisterschaften teil. Die Erfahrungen aus dem Leistungssport wurden zum Fundament seiner späteren Karriere als Börsenhändler: fokussiert, ausdauernd und methodisch.

Nach seiner aktiven Sportlaufbahn absolvierte Carlos Martins eine fundierte Ausbildung im internationalen Wertpapierhandel und war anschließend im Venture-Capital-Bereich tätig. In leitenden Positionen bei namhaften Online-Brokern sammelte er umfassende Expertise in den Bereichen Digitalisierung, Risikomanagement und Anlegerverhalten.

2009 gründete er den TradersClub24, der heute mit über 5000 Mitgliedern zu den größten aktiven Trading-Communitys im deutschsprachigen Raum zählt. Seit über 16 Jahren analysiert er Märkte in Echtzeit und setzt gemeinsam mit seinen Mitgliedern tägliche Live-Trades um – mit über 20 000 dokumentierten Positionen.

Carlos Martins ist seit über zwei Jahrzehnten auf den großen Bühnen der deutschsprachigen Börsenszene präsent – ob auf Messen, Börsentagen, der World of Trading oder der Cashflow-Konferenz. Sein Stil: klar, praxisnah und überzeugend zwischen Theorie und Umsetzung.

Mit dem TradersClub24 hat Carlos Martins nicht nur eine Marke etabliert, sondern eine Plattform geschaffen, die Menschen dazu befähigt, eigenständig und verantwortungsvoll zu handeln – an der Börse wie im Leben.

Weitere Informationen unter: www.tradersclub24.de

Dr. Raimund Schriek zählt zu den profiliertesten Köpfen im deutschsprachigen Raum, wenn es um die Psychologie des Tradings geht. Der promovierte Biochemiker mit Forschungsstationen in der Stress-, Neuro- und Ernährungsforschung kennt die Mechanismen von Denken, Fühlen und Entscheiden wie kaum ein anderer – und hat dieses Wissen konsequent in die Welt des Tradings übertragen.

Als Geschäftsführer eines universitätsübergreifenden Forschungsnetzwerks arbeitete er an der Schnittstelle von Wissenschaft, Strategie und Praxis. Vom Wissenschaftsmanagement führte ihn sein Weg dorthin, wo Kopf und Kapital aufeinandertreffen: Heute begleitet er Trader und Anleger dabei, mentale Klarheit, psychologische Stabilität und Entscheidungsstärke zu entwickeln – Fähigkeiten, die im Markt oft mehr zählen als Wissen allein.

Er konzipiert Seminare, Trainings und Webinare in Zusammenarbeit mit namhaften Banken, Brokern und Emittenten – praxisnah, fundiert und auf nachhaltige Entwicklung ausgerichtet. Als Speaker und Trainer ist er regelmäßig auf finanzwirtschaftlichen Veranstaltungen im In- und Ausland präsent.

Nachhaltiges Trader-Coaching ist eng mit seinem Namen verbunden. In seine Arbeit fließen langjährige Erfahrungen aus systemischer Arbeit, Körpertherapie sowie der Analyse von Namen, Zahlen und Rhythmen ein – eine ungewöhnliche, aber wirkungsvolle Verbindung von analytischem Denken und intuitivem Verstehen.

Mit seinen Büchern *Du bist Trader!*, *Trading Mind* und weiteren Veröffentlichungen hat er sich einen Namen als Vermittler komplexer Inhalte gemacht – verständlich, wissenschaftlich fundiert und mit klarem Fokus auf die Praxis.

Weitere Informationen unter: www.raimundschriek.com